U0945277

廈門圖書館

厦门华侨资料选编

【1909-1949】

洪卜仁 ◎ 主编

厦门市图书馆 ◎ 编

厦门大学出版社 XIAMEN UNIVERSITY PRESS 国家一级出版社 全国百佳图书出版单位

图书在版编目(CIP)数据

厦门华侨资料选编：1909—1949 / 洪卜仁主编；厦门门市图书馆编. —厦门：厦门大学出版社，2019.12

（厦门市图书馆馆藏旧报刊资料丛书）

ISBN 978-7-5615-7616-8

Ⅰ. ①厦…　Ⅱ. ①洪…　②厦…　Ⅲ. ①华侨—史料—汇编—厦门—1909—1949　Ⅳ. ①D693.73

中国版本图书馆 CIP 数据核字(2019)第 194730 号

出 版 人　郑文礼
责任编辑　薛鹏志
封面设计　蒋卓群
技术编辑　朱　楷

出版发行　厦门大学出版社
社　　址　厦门市软件园二期望海路 39 号
邮政编码　361008
总　　机　0592-2181111　0592-2181406(传真)
营销中心　0592-2184458　0592-2181365
网　　址　http://www.xmupress.com
邮　　箱　xmup@xmupress.com
印　　刷　厦门集大印刷厂

开本　720 mm×1 000 mm　1/16
印张　35.5
插页　2
字数　580 千字
印数　1～2 000 册
版次　2019 年 12 月第 1 版
印次　2019 年 12 月第 1 次印刷
定价　116.00 元

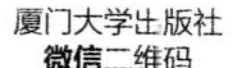

厦门大学出版社
微信二维码

厦门大学出版社
微博二维码

厦门市图书馆馆藏旧报刊资料丛书
编 委 会

《厦门华侨资料选编(1909—1949)》
编 辑 组

总　序

厦门碧海环抱，人杰地灵，自唐代中叶开始有文献记载的历史以来，英才辈出，享有“海滨邹鲁”之誉，文化积淀深厚。近代，厦门是最早对外开放的五个通商口岸之一，中外文化交融，是中国最早有报纸的城市之一。

厦门第一份报纸，是 1872 年传教士创办的《厦门航运报道》，随后传教士又在厦门创办了《厦门钞报》《厦门新报》《鹭江报》等。

清末，厦门地方爱国人士和海外爱国华侨，出版了《鹭江日报》《福建日日新闻》《福建日报》《厦门日报》《南声日报》等，反映了要求发展工商业和提高国民素质的社会思潮。辛亥革命后，厦门市面上相继出现《民钟日报》《江声报》《厦声日报》《思明日报》等。1921 年起，厦门的新兴报刊不断涌现，到 1925 年达到极盛。《厦门商报》《时潮日报》《厦门晚报》《厦门晨报》等，你方唱罢我登场。1929 年爆发第一次资本主义世界经济危机，许多闽南籍华侨回国，投资工商业、房地产和报业。至 1935 年，《华侨日报》《星光日报》等相继创刊。《江声报》和《星光日报》是新中国成立前厦门发行量、影响力较大的两份报纸。

昨天的新闻，就是今天的历史。

厦门历史上的这些报纸，记载了当年这座城市经济、社会的变化，记录了这座岛上的人民生活、奋斗、抗争、进取的重大事件，是我们认识先辈思想观念、生活方式的一条时光隧道。

习近平总书记在福建工作期间曾说过：要了解一个地方的重要情况，就要了解它的历史。了解一个地方的山川地貌、乡情民俗、名流商贾、桑麻农事，可以从中把握很多带有规律性的东西。只有加深对历史的掌握和理解，才能“以古为鉴，鉴古知今”，不重复历史上的错误。

“治天下者以史为鉴，治郡国者以志为鉴。”为地方治理提供经验和智慧，是方志文献“存史、育人、资政”重要作用的具体表现。历史上的地方报刊资料，因为它的材料丰富、涵盖面广，是地方史志的重要组成部分。

据《人民日报（海外版）》（2015 年 10 月 26 日第 7 版）报道，习近平总书记过去在地方任职期间，就十分重视方志文献的作用。1985年6月，即将任职厦门市副市长的习近平，通过同学向时任厦门市方志办副主任洪卜仁借阅地方志，以了解厦门的历史和民俗风情。2006年，在中共浙江省委书记任上的习近平，赴温州苍南考察台风“桑美”灾后重建工作时，调阅了《苍南县志》，并在与当地领导座谈时大段朗读书中关于台风的记载，告诫地方干部要以史为戒，科学决策。他在担任中共上海市委书记期间，还专门要求报送《上海通志》，以备查阅。

厦门市图书馆成立于1919年，有近百年的历史，馆藏大量旧报刊。日军侵略厦门时，一炬成灰。后经过几代人的搜集、整理，目前厦门市图书馆收藏的旧报刊，有清末的《鹭江报》《厦门日报》，抗战前的《江声报》《民钟日报》，抗战胜利后的《江声报》《星光日报》《立人日报》等，以及厦门出版的一些杂志。开发整理旧报刊资料，不仅可以为地方修志提供基础资料，也可为厦门经济建设和文化发展提供有益的借鉴。

但是，因年代久远，旧报刊已经纸质发黄，字迹模糊，如不及时抢救整理，不仅不利于保存，也不利于研究、利用，为现实服务。

为此，厦门市图书馆请来福建文史馆馆员洪卜仁，由老先生主持，带领馆内的同志，对这部分旧报刊资料进行抢救性整理。历时5年，他们从旧报刊中辑录有关近代厦门地区经济、教育、文化、华侨、外事、城市建设、社情等方面的相关新闻报道和文章，分册选编，计划出版《厦门市图书馆馆藏旧报刊资料丛书》，公诸社会。

编纂系统化的厦门近代旧报刊资料，工作量巨大，费时耗力。如今成果已现，可喜可贺。厦门市图书馆的同志在此丛书出版之际，索序于我，本人仅将所知一二，略述于此，权作序言。希望地方文史工作者像李克强总理要求的那样：力学笃行，直笔著信史，彰善引风气，为当代提供资政辅治之参考，为后世留下堪存堪鉴之记述。

让我们一起努力！

中共厦门市委常委、宣传部长　**叶重耕**

2016年9月

前　言

近代以来，厦门因其特殊地理区位，成为闽南乃至福建华侨出入的主要口岸。

厦门籍华侨人数众多，他们旅居海外，参与侨居地的开发和建设，促进当地的经济发展和社会进步。他们在侨居地发展教育文化事业，大力开拓金融、工商、交通运输等关系到当地经济发展的领域。此外，他们参与当地的民族解放和民族独立运动，对于侨居地社会的发展起了一定的推动作用。

厦门是福建华侨参与祖国民族、民主革命的活动中心，他们义无反顾地资助、参加历次革命运动，如辛亥革命、五四运动、抗日救亡等，许多华侨成为中国革命的先驱。

华侨是厦门近代化城市和侨乡文化事业的重要推动者和建设者，他们赈济扶贫、兴学育人、投资建设医疗卫生等公益事业和市政工程。厦门是福建华侨的经济中心，大量侨汇的输入和近代工业的投资开发，大大促进了厦门经济社会的发展与繁荣。

随着华侨规模的不断扩大，一系列机构和华侨、侨眷团体应运而生。这些机构中，既有官方管理性质的机构，如厦门侨务局，也有华侨自发组成的团体，如厦门华侨公会、厦门海外华侨公会等。侨务机关通过出台一系列政策和措施保护归侨、侨眷合法权益，疏通侨汇侨信、安置救济和组织生产等，来实现对于华侨、侨务的全面管理和保障。华侨团体是归侨、侨眷有目的成立的自治互助性团体，他们通过组织和实务来支持和规范侨务，切实维护了华侨、侨眷的切身权益。

厦门华侨名人熠熠生辉。有华侨领袖陈嘉庚、庄银安，医学名宿林文庆、林可胜，金融巨子黄奕住、陈延谦，文化名流陈桂琛、谢云声，侨务名士江亚醒、李怡星等。这些名人从各方面对厦门和侨居地的建设都有着重要的贡献，至今为人们所铭记。

华侨作为海内外交往重要的纽带之一，他们出洋谋生，归国避难，复原创业，在厦门留下了深刻的履痕，产生了较大的影响。当时厦门的报刊对华侨、侨务多有报道，为后人留下了大量的资料。本书从厦门市图书馆馆藏旧报刊中，选取了相关的报道，汇编成册，希冀为广大读者提供一份研究近代厦门华侨的原始史料。

编　者

2019年2月

编辑说明

一、本书辑录的资料，选自厦门市图书馆收藏的旧报刊，时间起自1909年，止于1949年厦门解放前夕。

二、本书辑录的资料，先按专题分类，后各类内容再按原报纸报道先后顺序编排。

三、本书辑录的资料，一般以一篇报道或文章为一标题，标题基本上原文照录。

四、竖排文中之“左”、“左列”字样，均作“下”、“下列”字样注明。

五、为保存历史原貌，选编的资料一般原文照录，但改用现代汉语简化字和规范用字。数字用法，除了数量的统计数据，公元纪年、月份和日期改用阿拉伯数字，其他一概保留原文的汉字用法。

六、民国纪年保留原文的汉字表述，缺省“民国”两字的，予以补加“(民国)”字样，并加括注公元纪年。

七、原文不分段、无标点者，编者一律进行分段、标点。凡有残缺不全、字迹不明者，用□取代，大段残文以“(下缺)”字样注明。原文中有错别文字，由编者径予改正，或后加[ ]符号，并将正字置其中。脱漏文字经补正后以( )表示，存疑之处以(?)表示。

目　录

第一章

华侨出入境概况

第一节 华侨出境概况

南洋开放华工进口准增加一倍

每月二千五百名 驻厦英领昨奉命令

由厦前往英属新嘉(加)坡、槟榔屿、仰光各埠华侨,前年,英政府曾限制每月只许进口1250名。现因各该埠树胶、锡各项生产已稍涨价,(树胶去年每担值价十一元左右,现已奖至二十七八元)英政府以有需用华工必要,特定于本年5月1日起,准每月入口华工增至2500名。昨大马鸭家轮到厦,此间英领经奉到英政府命令,并即转知各船头行遵照云。

《江声报》1934年4月22日

执星州政府雇工照来厦招华工已数千人

星洲少数华侨视此为谋利捷径 每名勒剥六七十元

北籍工人百余滞留在厦

华工渡洋,以闽粤籍为多,若北籍则可谓绝无仅有,最近有山东籍贫民130余人,自沪来厦,寓于豆仔尾一带民居,候轮赴新嘉(加)坡。此项贫民,系有人自沪招来,盖欲往新嘉(加)坡内地求工作者也。先是英政府限制华工入口后,凡由厦往新嘉坡轮只,每艘载客均有定额,但在彼地如有树胶园,或其他工厂需用华工者,可向政府请求给予雇工凭照。如执有此项工照者,可将之寄厦,或自带厦雇工前往,或百名,或数十名,皆可随时首途,不在限制之列。于是一般久居彼地之华侨,遂多有向政府请求此项工照,来厦牟利者,例如向彼地政府领有百名工照者,可持照来厦,向各轮船公司购票百名,分售于各客栈欲前往新嘉(加)坡各地之新客,彼则冒认为工头,带之前往。盖每客票可售价 90 至 100 元,而彼向轮公司购入只 30 元左右,每名有六七十元之利。在船公司方面,此为额外之所得;在旅客方面,则时有行不得之苦。均何乐而不为。而此之所谓华侨者,已腰缠累累,作富家翁矣。据船票旅栈业中人言,去年以来,持此工照来厦,招揽华工者,已不下数千名,获利之巨,可见一斑。至此次来厦之北籍工人,因零星首途,既有所不能,整批前往,又未得有工照,故尚逗留在厦。现船票旅栈中人,已代设法,拟于一二星期内先遣往半数云。

《江声报》1935 年 3 月 23 日

出洋华侨百余名至香港被验病配回

本月万福士轮,上月 29 日,由厦载客赴新加坡。在香港时,再经医生检验,间有黄三妹、吴鉴、关金榜等旧客,妇孺 13 人。因中途患病及眼疾,被遣配回厦。尚有大马鸭家、海利、丰祥等轮之旧客百余名,亦因在港被验有疾,行将配回厦门云。

《江声报》1936 年 4 月 6 日

往星洲新客船票资被二盘商垄断抬高

从前华侨往实叻(新加坡)者,因无新客之限定,故票资不过十余元。迨后实叻(新加坡)英政府限制新客入口,于是有所谓船票二盘商应运而生。彼辈交结船头行,百夺不厌,翻新花样,一般新客船之票资,不但加增 10 倍,且有不得出洋之痛苦。未事变时,其横暴榨取,致生反抗,闹得满城风雨。迨事变后,厦市复兴,彼更再来辈鼓,现已有三四家,仍故技重萌,从中获利。查现往实叻(新加坡)新客,男客每名 2500 元,女客每名 2300 元,尤其所以如此高价，无罪系彼辈所操纵。闻现鼓太古轮船公司，每12名旧客中限插一名新客，但若彼辈往购，每10名可安插1名新客，有若彼辈野心渐大，当此闽南壮丁被受征招入伍之苦，咸逃亡出洋，日见增加。对于此辈，若非加以取缔，将来出洋新客定遭其祸匪浅。故厦鼓旅栈业，开会讨论对策云。

鼓某某馆馆员敲剥出国华侨

近顷福建驻军，强征暴敛，民不聊生，于是出洋华侨，日见增加。此因中录，并非南洋景气发达。乃因不堪压迫，为求顾全残生，遂即倾家荡产，离乡背井，惨难罄述。迨及厦鼓，候轮出洋，虽受华侨招待所招待备至，无何船期延搁，多所浪费。查现厦鼓间，候轮南渡之华侨，数约一千六七百人。凡欲往某地者，获照须到鼓某某馆签署。该馆职员鉴于来请签署者，日见增加，欲有所榨取，渐渐减少逐日签署之人数，以期抬高运动费。查三月前该馆所签署之人数，每日约有50人，其时每名运动费系26元。嗣后签署人数，日被减少，一般华侨为期早日出洋，免在厦延搁浪费，咸趋说贿。该馆遂得陇望蜀，不厌所求，现运动费每名增至300元，每日限定签署10名。因此华侨出洋，实非容易。闻此次张家口轮停船厦门，系因旅客极少，其实由刁难签署所致云。

《华侨月刊》第1卷第5～6期合刊，1941年

芝巴德来厦后准备航菲　济南昨开香港

太古公司济南轮，昨晨由厦载客50余名，开赴香港，其统舱客票每名收国币27000元。又渣华公司芝巴德轮，自吧城运载归侨千五百余名返国。预定6月7日抵厦。该轮抵厦后，拟即驶返香港，开赴马里剌(马尼拉)，备运菲侨千余名来厦。据该公司称：菲厦乘客票资，决守不超过两倍之原则，大约由菲来厦票资，每人不致多于菲币90元云。

《江声报》1946年5月30日

菲政府苛辱华侨　侨胞入境一律裸体检查

市息　据抵厦菲客谈，航行岷厦之玛丹、吕宋、宿务三轮，先后由厦运载

侨客凡一千余名。抵岷里拉时,旅客均遭受菲人苛待,而我领事馆竟置若罔闻,未曾提出抗议,使列入四大强国之国民仍居处于战前之殖民地人民之地位,华侨莫不愤慨。查该轮到菲时,菲律宾海港检疫所托词验疫,令轮上华侨(无论男女)一律露体受检,先以五寸长左右之玻璃管,插入肛门,拔出后一一浸入玻璃筒内,书名号数,并禁轮上两天。始移靠码头,受移民局人员检验,先检验眼疾,继又裸体检验胱膀,验无花柳等病。而系1945年以后有回菲证件者,当日放行,1941年以前离菲重入境者,悉数由菲移民局押往利艺实盼大新旅社及巴西李汉昌之住家楼下关禁,一一检查各人入口手续。如系合法,亦须经五六日之久,始获放行。而1940年及1939年返国者,即须纳保证金始获放行。目下尚被扣禁27名,另有冒用死人大字者二人,不日将遣配来厦云云。

《立人日报》1946年9月3日

华侨入菲手续变更后滞厦菲侨咸觉彷徨
玛丹轮定今下午开菲　马来华侨登记今截止

本报讯　关于华侨入菲手续变更事已屡志本报,究竟今后1941年前返国华侨是否免经美领签证而得登陆,以及前次搭荣旋轮赴菲者是否完全登陆,抑有一部分被遣回,俟该轮抵埠后当得分晓。初新合美公司接得电报,谓1941年度者照常招揽,甚至谓1940年度者亦得前往无阻,但最后电报则谓并1941年度者亦不许登陆。照常情观察,最后电报当最为靠得住,致已抵厦候轮出国之1941年度菲侨感觉彷徨,各轮船公司亦随而受打击。盖倘只能载运1945年度以后之归侨,则人数不过数十人,乏利可图。昨旅栈公会陈水南曾向新合美建议,略谓滞厦菲侨固均须急欲出国,但倘欲令彼等多花船费赴沪请美领签证,则菲侨多一负担事小。倘未能成效,岂非空花一笔冤枉钱,最好由船公司将各侨胞持签证件派专人持赴沪上请美领签发,所需飞机票或其他费用归由各侨民负担,则各侨胞可免赴沪跋涉之苦,而所平均分摊之款为数亦极有限云云。陈氏此种建议颇为多数人赞同,惟据新合美人员云:照前美国对菲移民条例,曾规定凡申请签证者,须经本人申请,且须当面宣誓,是以由船履行代办能否畅通无阻,尚属疑问云。一般人意见,为无论为船头行仰侨客利益计,双方须互相合作推举代表赴沪,探询美领意见，再作定夺。而船头行意见则为将由菲总公司再度与菲政府交涉，暂准照旧条例施行云。

又讯 玛丹轮定今日下午开菲，搭客数十人均为 1945 年及 1946 年度者，票价三等舱，遵照市府规定为 176000 元。

《中央日报》1946 年 9 月 23 日

荷轮芝巴德明将抵厦

载运复员华侨赴星

本报讯 据渣华公司传消息，芝巴德轮将于明日由港抵厦，即将载运厦门二批马来复员华侨开往新嘉(加)坡、槟榔屿等处。大生里复员站以芝巴德轮今可抵厦，故定今晨分发已登记华侨号码，俾便登船。惟该轮既延期，该站将否缓一日分发登轮号码，尚待今日决定云。

《中央日报》1946 年 11 月 7 日

菲轮荣旋 已获准许航驶厦菲

菲轮荣旋号，此次运来归侨行李货物 2500 余件，已于昨日起运上陆，寄入东南货仓，海关订今已开舱检验。该轮昨已开始售票，统舱票价为国币 272000 元，经订今晨落客，11 时开往马尼拉。昨日该轮代理人新合美公司，接总公司通知，该轮航行岷厦线执照，已由我交通部发下，并已通知厦门海关查照。故该轮返菲后，预订本月 26 日再开厦，今后即继续航行厦菲线。

《江声报》1946 年 11 月 20 日

黑市飞机票 乘坐亦不易

本报讯 查由旅菲归侨郑通成等十余人，以急需返菲，数向中国航空公司购票不得，乃于上星期一设法购得黑市票数张。初言定于翌日即可搭坐，讵星期二各侨胞前往航站时竟被挡驾。迨至上星期五航期，各侨胞又于是携带行李前往搭乘时复被拒绝。各侨胞于愤懑之余，乃相率晋谒黄市长，请予援助。当由黄市长致函该站有所述说，该站当局至是始允其搭机飞菲云。

《中央日报》1946 年 12 月 10 日

第三批复员星侨今启程赴星

闽东北各地星侨 首批月底可遣送

本报讯 第三批新嘉(加)坡出口华侨600人,业于昨日下午齐上夏利南轮。该轮一俟检疫手续完竣,即将开往汕头载运百余名星侨,然后直放星洲。查此计分6队,总队长为陈枢庭,副为张福星、杨资深2人,各该代表对于维持秩序,井井有条云。

又讯 第四批将遣送马来联邦,本日起继续登记,船舶已定为芝巴德。该轮或可于本月20日首途,或须月底方可启行云。

《中央日报》1946年12月14日

取道暹罗赴缅路程一览

本市讯 查滞厦待返缅甸华侨为数甚多,兹因通安行所代理之巨轮"德士域乐"号近日拟启程曼谷,该批缅侨群趋查询取道曼谷回缅之手续及路线。该行为服务起见,特向各方调查。据称:凡往缅华侨,可取道暹罗(泰国)转赴仰光,其办法即自厦乘轮船抵曼谷,入境时缴交入境费暹币百五十铢,于离暹罗(泰国)时可申请领回百铢。由曼谷搭火车抵美扫,车资每名暹币39铢。由美扫乘汽车入缅境之景栋,汽车费每人暹币20铢。由景栋再乘汽车往东技,汽车费每人缅币15盾。由东技转搭火车抵堤司,每人车资10盾。由堤司搭火车直达仰光,车资每名8盾。查此路线系前敌寇攻缅时所开,后为暹缅政府连(联)合开为新路线,近已正式通车。

《中央日报》1946年12月18日

留厦星侨请求援助

本报讯 自华侨遣送站前通告星洲政府截止华侨复员后,留厦马来亚华侨700余名,大感失望。昨由华侨青年服务分社筹备主任董敏翔,偕同该批代表至行总厦处,晋见该处主任林承志,请予电港联总转电星政府体恤侨情,准续送一批。经林主任答允办理,并许倘如无法出国,亦将发给赈来及旅费遣送回籍云。

《中央日报》1947年3月28日

滞厦缅籍侨胞近可搭轮返国

本报讯 缅甸籍滞厦侨胞计200余名，经缅甸代表宇吞貌氏准请先予复员，该批缅侨订由8日搭怡美利轮返国。又丰庆轮订本日由槟城星(新)加坡抵厦，载来华侨千余名。该轮定□日载华侨200余名赴星，□月底返国接运复员缅侨2000名。

本报讯 太古公司安徽轮于前(3)日由星经港来厦，载来侨客80余名，进口杂货盐鱼75箱，油渣127桶，油40桶，白腊(蜡)150件，其他杂货430件，计800余件。该轮于昨下午五时开往安南，转新加坡槟城一带，载出侨客450人。

《中央日报》1947年5月5日

缅甸归侨注意受骗

中央社讯 此间缅甸归侨复员协助委员会负责人，今日郑重告记者称：外传有人向缅甸归侨兜商，如愿付以200元港币之代价，即可代为设法获得宇吞貌之签准复员。该会竭诚希望归侨勿予受骗。盖宇吞貌氏，甄询复员缅侨，均由其个人之主见决定，且2000人之名单、将作一次发表，并非其他人可左右者也。代为设法之事，绝对无此可能。此种卑污之徒，对已受尽艰辛之缅侨，尚施此敲诈手段，至为可恶。该会刻对待，正严密查究中。

《江声报》1947年5月11日

海利轮载侨明开赴香港

本报讯 本市永福公司代理海利轮，于昨午后1时许由港经汕抵厦，载来搭客14人，内有转赴星洲等埠侨胞540名。该轮在厦并招有搭客百余名，货物一批，订明午8时首途开往香港、实叻(新加坡)、槟城、仰光等埠云。

《中央日报》1947年5月17日

复员手续迟缓　缅侨表示不满

反对代表胡茂萱敲诈

本报讯　自缅甸政府代表宇吞貌氏等来厦办理缅侨复员,迄今日久,以甄询手续迟缓,致一般缅侨啧有怨言,本早大生里华侨遣送站,突发有贴有标语数张,系不满代表胡茂萱。本日下午海口侨务局壁上,亦发现贴该项标语,内云打倒勒索缅侨金磅(镑)4 枚,始准签证之胡茂萱,及勒索国币 90 万元始得批准出口等字样。复署名为缅侨,待遣一般缅侨,以宇代表吞貌,此次奉令来厦,协助缅侨复员,早经表示愿竭力办理,使缅侨得以早日出国。今竟有此种事件发生,深盼宇氏彻查,并就速帮助侨胞复员,以安生活。

《中央日报》1947 年 5 月 17 日

申请赴菲华侨获准者极少数　原因系菲政府内部不睦

本报讯　自菲领馆来厦设立后,菲侨前往申请登记赴菲者数达四□余名,约为 1941 年以后返国。该批申请华侨获准出国者为数甚微,每一申请侨胞,均须经领馆电请菲外交部及移民局核准电覆后,始由领馆通知前往办理,手续周折麻烦。一般侨胞不知内中,纷由故乡鬻卖田产告贷来厦,多方运动,卒至落空。据悉,菲外交部与移民局以不□统属,意见纷歧,内部缺乏一致,各存谬误之排华心理,故对菲侨复员手续多方刁难。

《中央日报》1947 年 5 月 18 日

由厦赴菲华侨遭移民局扣留　总统府重作裁决中

中央社马尼剌 17 日合众电　昨日自厦门驶抵此间之芝渣连加船上,有华人 18 人,遭菲移民局扣留。彼系于 1941 年太平洋战事爆发前不允离菲,刻正等候菲总统府重准彼等返菲之裁决。

《江声报》1947 年 5 月 19 日

欺骗华侨榨取财物　事实被揭发　林子扬被扭交水警

本报讯　昨日下午3时许，芝巴德轮拟开驶缅属各地，惟留厦市之缅甸复员华侨，经于吞貌发表之合格者，业已随同于吞貌、胡茂萱等下轮。唯有一部缅甸华侨80左右名，亦蜂拥下轮，乃将随同胡茂萱之甸侨林子扬1名，指交水警带送队部。据华侨语人，当于吞貌未发表华侨可否复员时，林乃秘密向人宣布，如有华侨愿出巨款活动，可得赴甸，是一部华侨被骗者已达80余名，或以港币200元，或以国币40余万元，暗中携托林子扬，请予斡旋，便可赴缅。惟至昨日赴缅华侨已悉数发表，其被骗而未发表华侨，即认林行骗事实，乃联呈厦门缅甸归侨协助复员委员会，检举以上罪证，并拥下船，将林扭交警水查究云。

《江声报》1947年5月24日

滞厦缅甸归侨再请协助复员

本报讯　缅甸代表宇吞貌，此次莅厦甄审复员华侨3464人，而无法复员者，尚有3000余人。因此次能得复员华侨中，有系宇氏随员胡茂萱、林子雄从中舞弊、循情用事者，以致无数有复员资格归侨，反而不能复员。故宇吞貌下芝巴德轮时，即检举罪证，报警拘捕林子雄。其经过情形，详载本报。查该批滞厦归侨，昨午选派代表陈祖铭、苏佐雄、萧汉滨等6人，偕同归侨协委会白三江，前往行总厦处、市政府暨各机关，请示善后救济问题，并请向缅政府交涉复员。各首长面允设法协助，晚7时，并招待各报记者，由陈祖铭报告请示经过，谓未获得完满解决，已可慰归侨之心云。

又讯　本市未复员缅甸华侨王学渊、陈祖铭、苏佐雄、杨贻谋等代表滞厦归侨2000余人，联呈善后救济总署暨各有关机关，略谓：侨民等于去年10月22日向缅甸华侨复员协助委员会登记，由联总造名册汇转缅甸政府立案。复员有案，满望缅甸代表莅厦办理复员工作时，取得优先复员权利，何图缅甸代表随员胡茂萱，爪牙林子雄勾结客籍华侨江泽民、卢汉民、许文耀等，利用此次复员机会，异想天开，诡计百出，竟勒索各侨友财物，破坏复员前途。侨民等自去年来厦，迄今典产卖业，困留已达七阅月，耗资不少。今遭意外，归家不得，复员不得，进退维谷，痛苦万状。因思与其困顿厦市，拖累政府救济，不如乘此时关，据理力争。为此迫切沥情，请求察念侨艰，凡经取得中华民国两广外交部特派员分署临时护照者，一律予以登记出国云云。

［又讯］ 大生里华侨遣送站，因日来收容人数超过2000名限额，故管理欠善，秩序凌乱，厕所犹欠卫生。一般华侨对该站此项管理，颇有责难。际兹初夏，气候渐趋炎热之秋，最易发生疫疠，故均盼该站对于卫生时予注意云。

《江声报》1947年5月27日

菲驻厦领事贪污　菲外部经揭发

马尼剌7日专电　据此间公理报载：菲外交部近日揭发菲驻厦门领事尼利，贪污案刻正调查中。尼利之任命未经参院任命委会通过，已被召回。据称：菲外部自厦门方面接获可靠之报告称：尼利通过其属员曾向任何默其协助之中国人索取私人手续费75元至150元。据新自国内来此之人士告中央社记者称：来菲之每一移民，必须至少缴纳七八十元之一切关系□面，名为手续费。据菲岛移民之规定，所征费用限制，不得超过10元。据称：纳费者并不能悉数入境，必须有幕后人予以协助始可。

《中央日报》1947年6月9日

赴菲华侨新旧客们　看看出国的手续

报上发表没有你的名，可免去领馆办手续，应酬费是一种欺骗的敲剥，不应该花的钱。

驻厦菲领馆为便利华侨到馆应询口词，将口词单表，印成汉文，经从此华侨不识英文者，对于华文口词单，经可一目了然。盖该馆更换口词表而为华文，实可避免华侨受译员之所愚，而骗取应酬费。至于应纳手续费菲币10元，该馆收费后均发有收据云。

又讯　往菲华侨，其手续经驻厦领馆发表合格者，可往该馆办理手续，各华侨原大字迭经本报刊载。至于报上无名者，则系手续未合，希勿滞留厦门，或异想天开花钱，否则必致将耗费无谓之金钱与时间云。

又讯　关于国内华侨申请办理往菲律宾手续，每因不谙菲领事馆办理许可移民程序，急于往菲，而愿破钞，从事人情请托之愚昧行为。间有一部分旅栈自称为代理人，即乘机欺诈，向无知侨民索巨额为应酬费。间关转接，内外包庇，或直与该馆华属人员从中说项，耗费巨金者亦复不少。记者为明了一般华侨往菲手续，特探访该领事馆承告如下：国民申请赴菲之客请，如游历、教员等，或返国过期等，在菲申办入口手续者，其程序为，先由住菲华侨向移民局申请办理，然后将手续移送菲外交部。审核后，认为无异议，即电驻厦菲领馆照办。然以在菲华侨亲朋所办手续，每送达于移民局，不及候至菲外交部正式命令通知后，即将移民局通知函证等径寄其国内之申请人，由申请人于接获其菲亲友通知后，即携带原件来厦向驻厦菲领馆办理出国。殊不知菲之移民局与外交部，乃为不相隶属之机构，移民局不能直接指挥驻外领馆。故领馆非接获其外交部核准证件，不能认为有效，或称之为手续不完全。目前在厦待候出国者，其有一部分所持大字，乃系菲移民局之通知，而非菲外交部核准之证件。故新欲出国之国民，因无从了解其中情节，以为可以学中国社会用钱疏通贿赂经办人员，即无不可称便者，致易为人所欺骗云。

《江声报》1947 年 6 月 13 日

丰祥轮今日开航

本报讯 丰祥轮于昨早 10 时由星洲抵厦，载来客货一批。该轮订本早承载本市复员滞厦缅侨百余人，开航仰光。

《中央日报》1947 年 6 月 16 日

缅甸迄未恢复旧观 华侨生活难安定 荷侨百余人昨离厦出国

中央社厦门 5 日电 联总驻厦侨务专员安培金昨由仰光转香港飞厦，今晤记者，据称丰庆轮于上月 18 日抵仰光，复员缅侨沿途秩序良好，唯缅甸情况欠佳，建设及公用事业迄未恢复旧貌。是以华侨到达目的地后，一时间尚难求得安定的生活。渠在仰光为时一周，曾与我驻仰光总领事许绍昌数度会晤，对华侨复员事曾共同与缅政府洽商。惟缅政府之态度，拟有待于宇吞貌之报告而作最终决定。

中央社厦门5日电 芝沙连加轮昨午5时离厦,开爪哇,随轮复员出国之荷属归侨160人。

《星光日报》1947年7月6日

未得遣送缅侨 请求全部出国

本报讯 滞厦缅侨1027名,前系寄在大生里归侨接待站,后因故全部退出,由市府商请行总拨发救济品,暂时遣送回籍,静候出国日期。惟向有一部分缅侨,以回籍谋生乏术,徘徊厦市伫候出国佳期。日来彼等欣闻出国有期,该批缅侨纷由内地来厦,缅政府批准悉仅惟厦市甄审合格之缅侨,先予遣送400人。侨胞闻讯,美不惨然啧啧之声,到处皆有怨言。虽经市府及有关当局,纷电联总遣侨事专员安培金氏设法处置,迄未获妥善办法。记者以该批滞厦缅侨历时甚久,既无生产,生活至为艰苦,特走访滞厦缅侨委员会负责人及一般未中选第三批遣送之缅侨。承告以彼等亟盼当局得再会同安培金氏与缅代表宇吞貌氏,力争交涉,俾能如数出国,或节谓当局直接向缅政府妥商遣侨办法,并予合理之改善。至未获出国之缅侨,亦盼当局体恤侨艰,能予合理之处置与救济云。

又讯 联总遣侨专员安培金氏,于昨(4)日抵厦。闻此行与遣送缅侨事有关,缅侨闻讯,无不期望当局能与安氏妥商遣侨事宜云。

《中央日报》1947年8月5日

缅侨一批 昨日启行

本报讯 昨(6)日上午,夏利南轮抵埠,于同日下午开往香港、新加坡、槟城、仰光等地。该轮离埠时,载运复员缅侨150余名赴缅。查此批缅侨,系前由线应搭乘丰庆、海利二轮出国而未克前往者云。(风)

《中央日报》1947年9月7日

二缅侨复员心切 藏身舱底被搜出 盼当局切实救济

本报讯 本月6日下午,夏利南轮离埠时,曾发觉有缅侨2名无票上轮,藏身于货舱底下,并用油布加盖其上。于查票时,始被船员搜出,惟以舱底空气缺乏，被发见，面呈土色，几致窒息。据悉，该缅侨籍隶永定，因来厦候遣为时已久，生活无着，急欲出国谋生。至其姓名，则避不告人云。（风）

又讯　现滞厦之缅侨，心理上至为恐慌，明（9）日复员站，即将停止供应膳食，彼等甚盼当局能予更大同情，赐予切实有效之救济。尤其企望本省侨务处李处长，向行总闽处交涉，拨给救济物资事宜，能获早日实现，以免饥馑之虞云。

《中央日报》1947 年 9 月 8 日

新近赴菲华侨证件不全被扣情况

自厦开来之荣旋轮于□疫站扣留两日后，已靠 9 号码头落客。入境乘客计有 173 名，10 时开始放行。大部证件齐全，除 16 名因入口证件不全被扣留外，大部获释登陆。查被扣诸人，其中 8 名持 1937 年及 1938 年之过期返菲证，两菲妇携带儿童，其余为自称菲公民学生者，移民局业以各案须详细侦查。又因时间迫促，不能即时解□，遂下令暂予扣留候办，一俟调查清楚，即予以放行。又太平轮此次抵岷，载客 120 名，入境文件大多齐全，除 16 名外，皆已登陆。该 16 名中有 9 名系返菲旧客，1 名学生，4 名土生子，2 名证件不全。顷已移禁锡恩公园移民拘留所候查。另据菲移民局息：海关太平二轮近载来□客 342 人，其中 5 人被禁马利迷礼示验疫所，被移民局拘留待讯者计 51 人，其中大部分为 1941 年回华旧客，中有菲妇 2 人及未成年华童 4 名。据□勿例局长宣称：有帐罗洛华□名商，自承系某华童之父，要求□□局长准许携其子返其寓所同进午晚餐。局长知其爱子情殷，大发慈悲，准其所请。但嘱其于太平轮离菲驶厦时，须携其子至轮上，以便遣配。

《中央日报》1947 年 9 月 9 日

菲寄厦移民文件　竟发生遗失情事

查华侨欲申请赴菲者，须经菲移民局及外交部批准，电覆驻厦菲领馆后，该馆始予签证。最近菲外交部发觉其寄交厦菲领馆华侨申请赴菲之文件，该馆多未收到。初尚以为系电报拍发迟延，惟经调查后，是项文件并未交与电报公司拍发，究竟如何，现尚在调查中。闻华侨被遗失此种文件者共约 30 人，此事经外交部与移民局决定，先将移民局之存根再寄厦门菲领馆，

使申请者得办理签证手续赴菲。(南侨社)

《江声报》1947 年 10 月 22 日

厦门无霍乱　为何要验粪

侨胞希望向菲交涉

马尼拉讯　菲律宾海港验疫局与移民局,近对自厦门与香港来客之验疫特别注意,所有旅客,均须验粪,华侨大感不便。据菲检疫局负责人解释称:该局此举,系因厦门、上海及曼谷为霍乱菌流行区,至香港来客,多由上海、厦门或曼谷动程途经香港者,故亦列入在内。凡由上述各处来菲之轮船,均须禁港 48 小时,乘客并须在马里未利士经过验粪手续。若乘飞机,即在圣拉沙洛医院施行。验后如发现带霍乱菌者,立刻将其隔离,由该局负责免费医治,至愈后放行。查厦门现并非霍乱区,且华侨出国,均经施行防疫注射。菲当局上述解释,显与事实不符,无过系故意刁难而已,侨胞咸望政府交涉改善。(南侨社)

《江声报》1947 年 11 月 9 日

华侨抵星遭留难　旅栈业联合抗议

本市旅栈同业公会,近因获悉渣华公司船只波士文号,于上月底由厦汕载去侨胞 700 余人抵达星洲,被当地海港检疫所留难苛待,及因该船公司不负责任供给膳食,引起全批搭客绝食抗议。该会于闻情之后,特于昨日与汕头旅业公会联函我驻星伍总领事,贡献意见两点,请予据理力争。原函云:

顷据星洲归客来会声称:本年 10 月 30 日,荷轮波士文号由汕厦载客 700 余名抵星,将所有统舱搭客送上棋樟山检验时,因被发现内有一名染患天花,致全批乘客受延长两周,羁留检疫,膳宿待遇极为恶劣,引起团体绝食抗议。嗣蒙我驻星伍总领事闻讯,亲往劝解,并赠贴食粮,一面交涉改善等语。本会等闻悉之下,特对本案交涉贡献意见如下:查汕厦各船务公司,对出洋搭客,除按照定价收取外,未尝有任何额外需索,为南洋航运数十年来之定例。讵自本年 4 月起,各船公司意藉目前物价升涨不能再负担禁港费用为词,于票价之外,加收禁港费,每名叻币 16 元。惟曾声明视时间久暂,费用多寡,多还少补。当时本会等以此项费用,乃船公司业务上支出之一,不应归由乘客负担，且鉴一般归侨因受战事影响，经济枯竭，为欲出洋复员，大都典鬻举债，以应用资。其有不敷者，尚须旅栈设法予垫借。际兹票价提高，再予加收禁港费。不但出国侨胞不胜其负，即欲旅栈多予贷款，亦有困难。因此几经交涉取消，结果只允减收叻币 8 元。惟查每次搭客被送上浮屿检疫，通常为二三天之久，而星洲政府所收禁港费，每名每日只须 1 元 3 角。以此计算，每名所费不外叻币 4 元，不但现收之数得剩其半，而初时所收 16 元之数则剩余更巨。自 4 月迄今，时间半载，船帮数十次，此项超收禁港费，数目惊人，未见有分文发还。此次波士文号搭客被禁浮屿多日，该船公司即使稍有津贴，理当负责担负。今竟不为搭客设法周给膳食，此种行为，实堪愤恨。再查由汕厦开抵菲律宾客轮，虽亦有同样施行检疫手续，但其办法则系于船至港口时停泊"月夏美利"(译音)浮屿 24 小时，由屿上医官下船检验，如全船未发现有疫病者，即予放行。原船驶入岷里拉卸客登岸，假若发现有患疫者，仅将该患者送上月夏美利医馆医治，其余无患病之人仍由原船载至岷埠起卸。至于所被留医之搭客，则须俟至病愈时送登岷岸。未若星洲政府对所有入口侨民不管患疫不患疫，悉予送棋樟山羁留检验，更予被羁留者以恶劣待遇，不但影响健康，且传染堪虞。似此不顾人道，岂国际法所得允许。基上事实两点，谨提出交涉主张：(一)请对星洲之渣华、太古、和记、和丰、永福等各船公司，清理前所超收禁港费，发还于搭客，并取消预收禁港费陋规。(二)请向星洲政府抗议，迅饬卫生机关，对今后自我国入口船只检疫手续，应参照菲律宾方面办法办理。

《江声报》1947 年 11 月 27 日

厦区缅侨遣送迄无消息

厦门区第三批复员缅甸归侨名单发表后，迄无遣送消息。此项归侨最近陆续由漳泉各县集中厦门者甚多，据国际难民机构厦门办事处负责人称：何时能遣送出国，迄未接获任何方面之通知。惟据推测，福州区缅甸归侨可能较厦区为早，因厦区过去已送过两批故也。(中央社)

《江声报》1947 年 11 月 27 日

在厦登记菲岛归侨复员问题夜长梦多

菲移民局对入口学生将严加查讯

本市讯　本市侨务局前曾登记1941年以前，及战时被迫返国之菲岛归侨，数达3221名，以为我政府将与菲政府交涉，准许彼等返菲之准备，惟此事迄无具体结果。据侨务方面息：此事尚有问题，盖菲移民局长法布礼于上月杪对此曾有表示，渠称该三千余名归侨，若均持有完备之移民证件，与1941年之允许返菲证，则彼等可获许每月不超逾100名之名额入口。是项名额，可不包括于每年入口之500名移民限额中。截至目前止，菲外交部尚未接获任何方面正式通知，渠等强调如允许三千余名归侨同时返菲，则将使菲岛发生房屋、粮食与劳工等问题，同时将影响每年500移民额，及持1941年返回证，每月准许50名至百名入口之规定云。

又据马尼拉息，菲司法部已决定，凡外国人拟赴菲求学者，准列非限额移民。此种学生移民证，仅限于拟赴菲入大学或中学肄业之学生，对赴菲入幼稚园或小学者，不在此例。凡以学生移民证入境者，其居留期间直至学业完成时为止，至拟赴菲研究专门学科者，将获得入境优先权。惟菲移民当局近宣布，今后对申请赴菲就学之学生，与非限额移民，将采取严格政策，须加彻底查讯后始能放行云。(南侨社)

《星光日报》1947年12月11日

赴菲不走捷径　难渡厦门一关

侨胞每多进退不得　盼望当局注意及之

赴菲华侨自菲领馆发表认为手续合格者，准予办理登记指定月份放洋以来，为时业已半年，前往登记归侨，得如期往菲者有之，在指定期间提前启程者亦有之。唯多数假手于旅栈，及走偏途捷径，不识此径者，虽经指定出洋日期，但结果仍是望洋兴叹。至领事馆询问时，则告以指定期间已过，业被取消。其显未到期者，则云上海、香港配额增加，须改缓日期，究何时方可放洋，未有肯定答覆。准备出洋侨客莫不着急万分，因彼等俱经在菲，费尽金钱与心血，办到手续，独难以渡过厦门一关，且由内地来厦探询手续、办理登记等等，花费不少，甚至有鬻子卖业，孤注一掷，以求出洋谋生者。如今处于进退两难，莫不啼笑皆非。一般华侨俱盼侨务当局能予顾及，近菲议会访华团行将莅厦，有人主张应将此一问题提出，促其注意设法纠正，扫除害马，以增进两国友谊云。

《江声报》1947 年 12 月 15 日

待遣缅侨复员无期　联呈侨局请命

市息　查缅甸待遣侨民代表陈保全等，□联呈侨务局称：以侨民等自民国三十五年(1946 年)7 月间候遣复员返缅，迄今年余，仍滞厦岛。继经厦门市政府暨前行总及厦各机关协助救济，得延残喘。惟复员期间仍属悠悠，嗣后联合国国际难民组织远东局厦门办事处成立后，继续办理。乃于去年 10 月 5 日正式发表经缅代表宇吞貌氏签准返缅，第四批四百名候遣出国，以及留站待遣侨民，只望能获按期遣送。讵料迁延数日，遣送日期复无决定，使侨民等进退维谷，□□俱废，饱受饥寒交迫之苦，惨凄何极。为此□情具文联呈恳请，钧长体恤侨艰，俯赐准予转函联合国国际难民组织远东局厦门办事处电请层峰优先遣送，并函厦门市政府拨给物资救济。实感德便等情据此。查该侨所称各节，确系实情，揣该当局不拟能设法物资救济云。

《立人日报》1948 年 1 月 29 日

滞厦缅侨再吁遣送

本报讯　缅甸归侨留站待遣委员会，昨天复具呈侨务局说：本会前以滞厦缅甸归侨，因复员不能，家归不得。自去年 6 月 12 日，即组织同侨集中意志，分向海内外有关机关呼吁，并要求提早复员工作。无如言轻，成效毫无，致各缅甸归侨同仁，滞留厦市华侨遣送站，年来既感生活无着，又痛复员未成，遥望海天，椎心泣血，蹉跎岁月，日坐针毡。今也扶老携幼，破楼避身，衣鹑百结，菜根充饥，实有生所未遭遇！窃思离乱以来，妇别其夫，子违其父，弃业遗产，辗转流离，殊望复员，得以家庭骨肉团聚，重整旧时事业。想不到稽延迄今，复员仍是遥遥，在典卖皆空，罗掘俱尽的生活压迫下，同侨中较壮者，或充苦力，或挑路贩以自维持。奈来日方长，后顾堪忧，虽蒙当局予以办理急赈，其如杯水车薪何！同人等以责之所在，不得不再竭诚呼吁钧局，请于集会之时，对于尚未中选滞厦留站待遣缅甸归侨 349 名，提出专案讨论。

迅准电请海内外各层层暨有关机关赐予援助,极力代为交涉,俾能早日复员,而解侨困,不胜迫切待命之至!

《星光日报》1948 年 3 月 3 日

滞厦缅马归侨呼吁援助出国

中央社讯 滞厦缅侨,以生活窘迫,急待复员,特代电各界呼吁声援。原电文略称:

中央社电转中央部院,海外各使馆暨各报馆钧鉴:滞厦缅甸归侨,自经缅代表宇吞貌个别甄审合格待遣后,卒以一时复员不能,家归不得,即于去年 6 月 12 日,组织留站待遣委员会,集中意志,分向海内外各有关机关呼吁交涉提早复员。无如会微言轻,功亏一篑。缅侨同仁,迄今仍颠沛流离于厦市,民出国复员遣送站,年来既感生活之无依,又痛复业之未成,遥望海天,椎心泣血,蹉跎岁月,日坐针毡。今国内仅有恒产,典卖皆尽,不得已,扶老携幼,破产避身,鹑衣百结,菜根充饥,尝有生之所未遇。最难堪者,以复员遥遥无期,而生活钢鞭,无情打击,来日方长,将伯谁呼?涸辙(泽)之鱼,满望来苏,同人等心所谓危,缄默难安。迫不获已,掬诚呼吁,沥陈衷情,泣述于各界之前,电本民胞物与,痛苦在抱,迅将尚未抽选之滞厦留站待遣缅侨 349 名代电有关当局,切实交涉,俾早复员,而儆侨情。临电不胜迫切待命之至。

本报讯 马来亚暨荷属滞厦待遣复员归侨数百人,以滞厦日久,生活发生问题,日前特推派代表具呈侨务局呼吁援助。该局对于复员归侨之处境问题,甚表关怀,经一面转呈侨委会及电请外交部对英荷政府进行交涉,一面与国际难民组织远东局厦处洽商提早遣送,以慰侨情。据悉:遣站厦处,以复员归侨人数及应搭由何轮出国,均系总局所决定,颇有爱莫能助之慨。

《星光日报》1948 年 3 月 23 日

缅侨三百零九名昨续遣送出国

本报讯 和丰公司丰祥轮,周前由星来厦,嗣再转港入坞修整内部及刷洗舱底。继于前日招收客货,于昨日离港返厦。此行并载有国际难民遣送站之缅甸复员华侨 309 名,其中男性者 135 人,女性 64 名,儿童 84 名,婴孩

26名云。

又讯 岳州轮于前日由港来厦，海关下轮检查时，发现该轮载有漏税之海参2件，布匹2件，糖精1件。当予带关没收云。

《中央日报》1948年6月15日

荷印华侨复员 侨委会新令传旧事 是否有误尚待证实

查荷印滞厦待遣华侨，前因当地政府索寄证件复审，致迟迟未能出国。昨日侨务局接侨委会令，略以准国际难民组织远东局电称：以据我国领事（原函未告姓名及任职处所）过港时称，巴达维亚当局已准华侨1000名返回战前原居留地。现该局拟将经审查合格之荷印归侨277人，于5月中旬遣往巴达维亚，并拟遣送160人至雪拉贝亚云云。按电文所称日期，迄今已逾一月，而本市遣侨站从未接得是项通知，是否有误，不得而知。另据私人消息，香港远东局已接获巴达维亚政府通知，前以证件送审之荷印复员华侨，首批经核准600余名，不日出国，惟尚未证实。（厚）

《江声报》1948年6月17日

厦华侨往港沪两地办理赴菲手续 菲移民局通告拒绝接受

南侨社讯 菲律宾驻厦领事馆，过去对于华侨手续种种麻烦，致受阻厦地未能出国华侨数达数千人。该种华侨为求迅速出国计，纷纷设法转道前往香港及上海两地办理出国手续。因以上两地签证案件，办事人易易于通融，昨日本社接获驻马尼拉记者来讯称：菲移民局日前已发出通告，谓现在厦门之战前归侨（1941年）或新客，近来请求当局准许彼等改赴港沪两地菲领事馆办理护照签证手续者，兹为防生流弊起见，本移民局自即日起拒绝该项申请并称：移民局为此事曾与外部会商决定分配驻华各菲领事馆每月签证1941年返华旧侨之护照数额。该种旧侨每月得100名来菲，中厦门分配75名，上海12名，香港13名，并决定除特殊情形，华侨仅准近其原籍之菲领馆办理签证手续。

但华侨对于该种份额之分配，有表示不满者，认为此种硬性分配，殊有多种不当之处。且上海方面华侨人数甚少，而占12名，亦不甚妥善。

《江声报》1948年6月20日

南洋船费高昂　旅栈公会函述情形

新加坡中华总商会近以由星返港及国内之船费,较川走他处船费高昂,认此弊端系在船公司之船票代理人与客栈交相牟利所致。曾函本市商会转函各船公司及旅栈公会设法革除,情志本报。顷查旅栈公会对此问题,已于昨(24)日函市商会转复,原文略谓:我国航业不振,厦门南洋间船运在昔即为外轮所垄断,抗战胜利后票价收取港币之外,又复加征引港费、禁港费。本会因不满外轮公司额外苛索,加重侨胞负担,前项引港费早经交涉取消,其禁港费亦经一度交涉减半,直至最近一再上书,蒙我驻新加坡总领事伍据理力争,始获全部豁免。至于船费原定厦门至星洲统舱每名收取港币256元,近经本会函请各外轮公司厦门船务行转函交涉,已于5月间降低为224元。惟是目前外币狂奖不已,每名船费折合国币亿元以上,于出国侨胞尚多困难,仍应交涉减少。按各外轮公司总行设立新加坡,尤希当地侨团就近极力交涉,本会极愿与时时联系,采取一致步骤。再查下厦门至星洲统舱票价国币224元,船务行收210元,旅栈佣金14元,仅有0665佣,尚系合法利润。惟因旅客大多川资不足,又须予以借垫,到南洋后或即汇还,或一年半载未能寄返,不但银根周转发生问题,即于币值而论,往往不能得到相当回偿,而受亏损。虽有佣金之利,然每得不偿失,故旅栈一经开设而后,因借贷债务类多勉强维持,形成欲罢不能之势,直至无法支持时,始不得不宣告歇业。因是目前厦市旅栈月有停业,由此可证船票高抬弊端不在旅栈云云。

《江声报》1948年6月25日

便利华侨申请签照　菲领馆设登记处

菲律师非法勒索望可敛迹

本报讯　菲律宾驻厦领事馆原设鼓浪屿三丘田汇丰银行旧址,距离船渡码头甚远。新任领事沈显(译音)视事后,对馆务处理颇为认真,为便利华侨起见,特向菲国当局建议,向美政府商租美国在厦领馆旧址(鼓浪屿和记渡头),业于前日迁移开始办公。并于馆内增设登记处,凡华侨申请签照,均直接携带出国证件,先向登记处登记,取回收据后,即到办公厅依照程序办理。此种办法,系为防杜所谓代理人及菲籍律师等在外非法行为,敲诈华侨。如能切实推行,对出国华侨当可减少许多麻烦与损失。但据熟识内幕者云:现有菲籍律师罗洒钮、比儿蔽、亚啥示(均译音)等多人在厦专门在外接收华侨大字代办签发手续,1941 年离菲大字每张索费美钞 250 元,古踏字每张 200 元,游历探亲字 300 元,游历观光字 150 元,学生字 180 元,加速则者另议价。查菲律师之任务,乃系为菲民在菲华侨办理法律案件,对华侨出国登记并无延请律师代理之理,更有一部华侨败类,自诩熟识领馆人员,在外申请岷栈收接大字 ,代理登记签发出国证,索取手续费。种种苛索,罄竹难书,现该领馆特设登记处,办法至为妥善,华侨办理手续,一获便利,则非法分子勒索行为,当可无行消灭。故显沈领事对此办法颇为一般华侨所赞许。又菲律师在本市既无正当业务,领馆方面实有将彼等调回菲国之必要,以免长留本市无所事事。

《中央日报》1948 年 9 月 6 日

出洋华侨伪入口证　船公司称不能负责

前日市商会转函各轮船公司,以据新加坡中华总商会函告,以由厦前往之侨胞,常有受人欺骗误买伪造入口证件,致被当地政府发觉扣留情事。此种事件发生,不特侨胞自身适受侮辱,对国家体面亦属有关。请转各轮船公司于发售船票时,务须严密查验出口证件有无伪造嫌疑,并请规定凡装载伪造入口证件之旅客出国之船只,一经查觉,其往返川资及途中伙食,应由该船全部负责供应等情。昨日渣华、和丰、太古、和记、得忌利士等代理船务公司,已联函复市商会,谓渠等各公司,前日每发售客票往新加坡时,对其入口证,均有严密查验,并曾函该地移民机关,请示辨别真伪方法。承复以伪造证件,多系窃换证书上之相片,因手法灵巧,难于鉴别,须俟该执证人抵星核对移民局保留存根的原贴相片时,始能辨出真伪。故有逃漏而遭拘禁者,并非该公司等之疏于查验。至于被当地政府查验,系伪造证件遭拘者,船公司应负载回出口地及供途中伙食一节,船公司实不能负责云。(大)

《江声报》1948 年 10 月 16 日

严冬瞬届　滞厦缅侨亟待救济

本报讯　滞留本市大生里侨遣站的许多待遣复员缅甸归侨,因为滞厦倏经两年,复员前途尚是遥遥无期,不但生活感到十分困难,况且寒冬季节又到,御寒无衣,实际已陷于饥寒交迫之绝境。该归侨所成的缅甸归侨留站待遣委员会,昨特致函国际难民组织机构远东局厦门办事处,呼吁请求设法救济称:“溯自1946年缅政府派宇吞貌来厦办理缅甸归侨复员,本省各地之归侨,均到厦登记,经获遣送出国虽多,而未获遣送尚滞留侨遣站及厦市者亦复不少。迄今2年,企望复员竟未实现,殊引为盼。兹者冬令已届,寒气逼人,各滞厦归侨过去因典鬻殆尽,御寒无物。且目下米贵如珠,亟望贵处体念待遣已久,即拨旧存救济物资予以救济,俾得御寒疗饥,是所厚望。”

《星光日报》1948年11月2日

赴菲侨客特别拥挤　未贴印花证件扣留

他士文轮昨晨开航赴菲,载客1200余名,乘客之多,为前所未见。盖目前国内时局动荡,侨汇又受限制,且年关将届,经营生意者须往结账,故出国者特别拥挤。

又:本市国税稽征局,以侨民放洋所持之出国许可证,照章应贴印花1元,本市方面多未遵办。昨日他士文轮开行之际,该局特派员登轮检验。经查出乘客黄种源、三板尼等8名之出国证未贴印花,即将证件扣留,案移法院办理。

据国税局职员语记者,本市每月　出国华侨,为数近万。倘均遵照法令购贴印花,每人多付出1元不为重,惟集数成多,本市商家负担之印花税当大为减轻也。(厚)

《江声报》1948年11月26日

滞厦缅侨联请救济

市息　滞厦待遣缅侨,久未获出国机会。现以严冬已至,口粮无着,特联函侨务局,请向市政府交涉,拨给平价户口米,俾济饥寒。(厚)

《江声报》1948年12月25日

荷侨一批昨日遣送

市讯 联合国国际难民组织远东局厦门办事处，昨(15)日由芝渣里加轮，遣送荷属复员华侨一批，计 20 人。内男子 12 人，女子 4 人，童子 4 人。

《立人日报》1949 年 3 月 16 日

战火复燃地力(方)动荡 归侨纷纷申请出国

市息 昨天一日间，一共 156 名菲律宾华侨(旧客)到侨务局申请出国手续，突破一年来最高纪录。渠等决定于本星期内，由商办航空公司加班载运。据查此批华侨，其急于出国原乃因战事关系。内地动荡不安，故归侨纷纷重理行装，远走国外云。

《江声报》1949 年 5 月 3 日

侨乡不靖

归侨纷纷南渡 两月来赴菲者达四千人

南侨社厦门讯 时局紧张，侨乡不靖，近因华侨纷纷重渡南洋，尤以菲岛侨胞为最。据交通界息，两月来仅前往菲律宾者即达四千人以上。现中菲直航班机已获洽议先行试办，每日厦门至马尼拉均有直达班机往返各一次，由中国航空公司与菲律宾航空公司派机轮流飞行。全部收入，中国约十分之五点一，菲方得十分之四点九。第一次飞行已于 11 日，此间中航公司派机前往，情形顺利，搭客颇挤。为配合实际需要，空运服务社遂应时而兴，本市最近成立之晋和联运社，即系联合本市大部分旅栈所组成，专门为华侨服务，只购机票，不另收费，华侨咸称便利。

《星光日报》1949 年 5 月 14 日

侨客纷纷南渡 出国人数突增 今后侨汇恐将受影响

本报讯 厦市兴南洋有关商业，有旅栈与民信局，计达五百余号，过去两年，生理蓬勃，自战局急转。该两途业务，于最近一星期中，可谓紧张状态，如菲律宾线，凡有大字归侨，不分男女，堆满岷栈，争先恐后，搭机飞菲，日达数百，以故央航、国航两航空公司，其生理之热闹已达登峰造极。关于民信局、侨信部分，闻新加坡与菲律宾将告停收，惟电汇侨款，照常收寄，是今后侨汇之绝续，非惟有关本市之兴衰，对闽南侨眷之生活，尤堪值得重视。

南侨社厦门讯 现南洋各地对华侨入境已加以限制，凡在共区者均不准入境，致日来闽南各地华侨均纷纷办理出国手续。彼等恐一旦闽南为共党所统治，再无出国机会。据侨务局统计，近日办理出国手续之华侨，每日多200余名，此种现象为以前所未有云。

《星光日报》1949年8月24日

第二节 华侨入境概况

顺轮载来一批失业华侨计二十九名

(8)日安顺轮由槟城抵厦，地政府配回失业侨民29人，送交水上公安分局。嗣由转送第三区警察署发落，兹该29名失业侨民姓名、籍贯等列表如左(下)：

张 □:35岁 惠安人
翁高仔:42岁 福清人
□□惠:52岁 惠安人
李 贱:52岁 惠安人
黄 球:51岁 兴化人
陈 成:33岁 惠安人
李 坡:35岁 永春人
陈 芦:36岁 惠安人
陈老铜:65岁 兴化人
陈 连:36岁 南安人
林师空:38人 惠安人
陈火仙:32岁 晋江人

林金德:27 岁　　　　　惠安人
陈文山:54 人　　　　　惠安人
杨楼古:22 岁　　　　　漳浦人
陈安番:33 岁　　　　　惠安人
丘　顺:29 人　　　　　海澄人
陈孝若:25 岁　　　　　惠安人
林　开:32 人　　　　　南安人
张纲标:30 岁　　　　　惠安人
曾听松:45 岁　　　　　福清人
丁水清:42 岁　　　　　龙岩人
郑兰花:48 岁　　　　　福清人
陈六月:32 岁　　　　　福清人
何金字:38 岁　　　　　福清人
陈阿五:30 岁　　　　　福清人
陈福永:30 岁　　　　　惠安人
郑依嫩:29 岁　　　　　闽侯人
庄桃花:49 岁　　　　　惠安人

《江声报》1931 年 9 月 9 日

旅日华侨昨返国二百余

地厘丸载来　日本洋灰八千件

自沈阳事件发生后,旅日各地华侨,多纷纷返国,尤以大连、台湾、东京、大阪等处为最。故大阪商轮独能维持者,以返国华侨多,尚可弥补抵制之失也。昨上午 11 时,日轮地厘丸由台湾高雄抵厦,载搭客 270 名,内除男性 53 名,女性数名为台商外,余均归国华商。盖均继中日发生战事,受日凌辱压迫而返国者也。是日地厘丸除载客 270 名外,复载有日本洋灰 8000 件,查系东升行所配,愿吾厦建筑家注意之。县党部昨接旅日神户福建商业会来函,谓有第二帮驻神华侨代表周应彰、黄毓明、柯炳黄、陈□才等带眷乘地剌华轮返国,计男女老幼 46 人,抵埠时恳祈妥为保护云。

《江声报》1931 年 10 月 18 日

华侨九人被驱出台湾

到厦资穷走投无路　商会奉令资遣回籍

市商会昨奉市府训令，略谓：据公安局长沈觐康签呈称，据回国贫侨刘鸿德、朱履福、朱道生、钟大吉、沈永祥、毛通汉、沈源、蔡礼佑、蔡礼俊等签呈称：窃贫侨籍为赣南雩都，惨遭匪祸，脱险逃生，赴台湾谋业。讵命运不佳，落魄流离数载，孰知祸不单行，际此中日恶化之秋，旅台侨民等遭受日本政治森严压迫，无故拘拿侨民等监禁在狱中，日日审问无稽，不由分说，硬行鞭挞，刑法恶劣，惨无人道。而后押送回国，侨民等归后，身无分文，日暮途穷，举目无亲，告借无门，欲回故籍，奈无川资，势必转于沟壑。素钦钧长关怀侨胞，爱护至诚，迫得沥陈衷曲，恳钧府察核，俯准怜援，速予救济。伏乞批饬，速予筹资遣归，给领护照及船票车票，俾资早日回籍，恩公两便等情。并据刘鸿德等九人，则局请求发给每人川资十二三元等语。查来呈所称各节，情属可悯，惟据请发给川资一项，职局无款可给。事关救济，理合据情签请钧座察核拨款办理，并乞示遵等情。据此，仰即遵照，设法募集捐款，以便遣送回籍云。

《江声报》1936 年 12 月 11 日

三百人绝粮　日台二千余日金被扣
归侨援乞　旅栈居奇抬价

旅日归国华侨，留日者 300 余人。昨陷于绝粮，而旅台归侨翁贤钿，因带日金 2400 元，过泉被驻军扣留。昨分向厦市商会乞助，商会令向主管机关申请，又驻神户我国领事函厦门市府，谓厦门旅栈任意抬价，每件行李运至福清，花费 9 元，请予取缔云云。兹志各详情如下。

日金被扣

旅日归国华侨薛田祯，昨到市商会称：渠等前日由台返厦，经市府设法遣送回籍，同行翁贤钿，带有日金票 3450 元，因在厦向法币机关兑换国币未得，只得原票携带回乡。讵抵泉州时，被驻泉四七九团以携带仇币，连人扣留。请为咨函四七九团部证明，予以放行云云。商会嘱令径向市府代为声请发还。

归侨绝粮

旅日归侨过厦者数千人，除首二批已回原籍，第三批 320 余人，前日抵厦。经抗敌会救济部长林启成，为设法安置于大生里，由益同人公会供给口粮 3 天，共费 70 余元。昨该会以限于经费，无法再为供给，乃由该归侨自行鸠集 30 余元，托由益同人代办。昨午该侨推代表倪庭喜、王贤□、徐功铭、朱桂正、贾仁远等，分向市府、侨局、商会、抗敌会等，请求设法救济，并速遣送回籍。据朱桂正称：渠等返国，在日财产均放弃，仅带现金合共 983 元零，除捐助国防金 85 元□分外，余托市府保存。现渠等留宿大生里已 3 天，今日全体陷于绝粮，同人等 300 余名，除男妇百数十名，余均为孩童。间有染病者二三十人，已送中山医院疗治。昨晨死 5 岁女孩 1 名，该女孩之父高徽麒，与宦锦贵、梅厚生、徐奕六等 4 名，均在日遭日警拘捕酷刑，体无完肤，大约当被极刑处死。渠等拟鸠集款项，为之抚恤家属云云。商台委员对其所陈述，极表同情，当令将情呈请抗敌会，自能设法救济。

旅栈抬价

市府昨请令旅栈公会，略谓：准驻神户总领事馆函开。据报告，厦旅馆膳宿等费任意抬价，每件行李搬运福清，须费国币 9 元，殊属骇人听闻。此间华侨，原以事变□□川资返国。若再有此意外剥削，前途何堪设想，恳行文厦门当局，予以救济保护，并减低运费及旅馆费等情。查自沪战发生，上海航线已不通行，不仅在日福清侨民，即江浙侨民，亦只能绕道厦门遣返原籍。旅费既不充裕，言语亦难通达，困难之多，自无待言。前经本馆函请饬属保护救济。兹据前情，应再函请饬属严予取缔，务使归侨不受意外损失等由。准此，仰该会遵照，据实查覆，以凭核办云。

《江声报》1937 年 3 月 9 日

旅日华侨昨千余人到厦　各诉悲惨　纷请救济
留长崎一千余人

旅居日台华侨，陆续返国。昨地剌华轮抵厦，又载来东京、长崎、九州等地华侨 1531 名。内闽浙籍千百五十名，由本市登陆。以 500 余名，分寓南洋旅行社，其余散住大生里等处。同轮尚有 340 名，系为粤籍，即日乘原轮返粤。由厦登陆归侨，均携有门司长崎等地我国领事馆登记，其中宁波、青岛人 38 名，系在日轮服务，近被撤职者，又其中旅长崎者有林孔宁等 4 名，旅鹿儿岛者林孔增□名，旅久留米者林蜚增等 2 名，旅佐世保者戴春松等□名，此外对马陈和信，广岛陈贤振，北方王传汉、郭世金，宫崎陈泰钿、林学尔，大分薛锡恩等□6 名。昨归侨局长江亚醒，江令先为登记，以便向市政府领照，俟日内遇有便轮，分别送回原籍。

该归侨谈自抗战开展，旅日华侨备受日政府仇视，我们旅居长崎等地，月来该地华侨大小生理均不能做，只好关门，被日人所欠账项，亦无从鸠收，行动均不自由。党务工作人员更受拘束，中国国民党驻佐世保分部常务郑某，此次系化名逃出。十余日前国民大会神户华侨代表杨寿彭被其监视，日间由警部派员押其到店办公，晚间押回狱中收禁。一个月前熊本县林明香、林须克、叶伦诗、叶伦松、徐根荣、叶伦馨等 6 人，均发押禁于日本军部，叶伦馨系党分部执委，因在地上拾得日本出兵到我国番号及数目□张。该单谅系日本军官遗失，斯时被警察触见，即将叶拘捕。又有温州籍归侨时寄函林明香，云彼此次回国，已将参加杀敌，请君亦速返乡参加等语。信被邮局检得，林遂遭其扣押，至今生死未详。

我国民党在日本有五支部，计为长崎、仙台、东京、横滨、神户，长崎等另设七分部，日本政府将勒令一律取消。此行归侨多为商人，在长崎尚有二千余人，间多党员及知识分子。余等归国手续，系由旅日福建同乡会，及中国领事馆共同办理，21 日动身，其中百人因系小本商人，一切账款被日人所欠，无处收讨。川资仅由中华领事馆津贴 20 元，然船票每人须 25 元，尚不敷 5 元。不得已，即由各方□凑足。到厦后一切费用及回籍川资，尚无从筹措，拟于今日往访抗敌会救济部，请求设法救济云云。又其中江西籍者 94 人，昨由代表黄九长等具呈侨局，请予救济。原呈略称：侨民等原籍赣南，远居台湾，均系手艺工业，平日辛苦所得，差堪自给，鲜有殷商拥资千数百元者。近受居留国种种虐待，相率返国，昨日抵厦，遥望家乡，尚有千数百里。海道已无轮只，势必绕由漳龙陆路回家，自叹手中空空如也，一文莫名。由台带回财物，既被台地海监搜括一空。倘由陆路回家，强壮者尚可沿途觅食，日夜奔走。老弱少幼妇孺，安能徒步跋涉，其不死于沟壑者几希，侨民等流落斯间，进退维谷。欲回里则川资无着，欲寄居则谋乏术，迫不得已，惟有哭求钧长大发慈悲，实为救济，或给资回籍，或给沿途免费车票护照，俾侨民等数，蚁命安全到家。其造福无涯，胜造七级浮屠矣。素仰钧局对于侨民维护周至，侨民等同隶帡幪之下，谅必一视同仁也。除另推代表扣诉外，用敢详叙下情，伏惟矜鉴。闻侨务局现与各机关商议救济资遣回籍云。

《江声报》1937 年 3 月 26 日

台湾排华

华侨十一人无故被逐出境　昨日到厦呼吁

旅台华侨薛春裕等 11 人，被当地政府无故驱逐出境，于 28 日押配福建丸轮抵厦，寓大千旅社。据薛称：渠在台湾高雄洲，开设春裕西服店，总历 24 年，目睹当地政府苛待我侨，言之痛心。最近排侨尤其激烈，对于旅台侨胞。迭以莫须有之事，任意拘捕。此次本人无故，竟被指为捣乱地方秩序，立予下令驱逐。押配福建丸来厦，同轮被逐出境者 10 人，亦均为无理受其压迫。分前，不容挈携家眷随。如此蛮横，令人发指。现将在厦向各界请求援助，并望舆论界唤醒国人注意，本人日内即转往泉漳省垣各处，呼吁乞援云。

《江声报》1937 年 5 月 30 日

台湾华侨廿余殷商被扣

财产已被剥尽　欲归重遭留难

自我国宣布抗战，旅居□台华侨，备受敌人之残酷待遇，其能空手归来，亦已有幸。盖敌人竭思尽虑，以吞没我侨财产。稍有异议，立遭惨祸。而财产剥尽，获准归国，于出口时，尚须一再搜检，凡携带现款 50 元以上者，彼即托词禁止出口。凡该国商家，于侨界较有名望者，更必遭其留难。二十□日，荷轮赴台，运载侨民 700 余名来厦。中有 20 余人，被再搜检完毕，一切手续亦已办清，乃待其下轮后，再行召回。该 20 余名皆为正当商人，颇有居积。敌殆疑其携带巨款回国，故死缠不放也。闻中有在台创办华侨垦殖公司董事长黄蓉等数人，亦被扣在内。黄在台颇有资望，家产亦有十余万元。此次因被敌人敲剥殆尽，曾据理力争，乃准其归国而仍不许携款过多，在下轮后，敌复遣派水兵召回。深恐凶多吉少，又凡华侨稍有积蓄，敌人必使财尽道穷，乃准放其归来云。

《江声报》1937 年 11 月 24 日

顺东公司维护回梓贫桥船票减收半价

厦鼓旅栈船票业,及旅栈落海公会,素对归国华侨,颇予种种便利。故凡欲买舟回乡者,因未稔一切手续,无不殷勤说导及代办。惟有一般贫苦或乘轮至洋,因手续欠完全,致被载回,而逗留在厦鼓者,生活窘迫,乏资回梓,进退两难,殊属堪悯。于是旅栈业时以同乡关系,而出资使之得回故乡,时有所闻。兹更为维护侨胞计,旅栈业爰于前日推派吴连传,向本市顺东船务公司磋商,如遇有上述事情之华侨,船票应减收一半,俾华侨减轻痛苦,而免流落异地。该公司刘经理,亦以护侨为重,遂一言许诺,诚贫侨之幸福也。

《华侨月刊》第 2 卷第 1 期,1942 年

泰国归侨病毙旅邸

泰国曼谷华侨吴记清,年 50 岁,籍隶广东潮阳县。于前月中旬,乘贵阳轮到厦,拟转途回归厦籍,投宿于本市晨光路 49 号公发盛客栈。讵料吴于旅途中突患重病,不数日,遽尔毙命。该栈除向西区警察署报告外,并向招待所请派员调查。闻确系因病致死,招待所乃予以存案备查。至于死者,尚遗现款 120 元,及行李杂物计 22 件,招待所所饬该栈予以保管,并嘱该栈驰函请其家属派人来厦领回云。

《华侨月刊》第 2 卷第 1 期,1942 年

尼滋号轮离菲来厦　明后日可抵达

本市建兴旅栈汇兑信局,昨日接到马尼拉□□信局来函称:难民船 LEECHIO 尼滋号 19 日启航赴厦,批信及汇票随轮带厦转泉,今日华安、联华、大华、同隆等号亦接菲岛类似电报,预计该轮可于明日下午或 24 日晨入港云。

又据香港来客谈,美总统轮于本月 11 日由菲载港沪厦等地难侨千余名,于 15 日抵港。除粤汕归侨 400 余人在港登陆外,泉厦侨客百余人亦在港登陆,候轮来厦。

《江声报》1946 年 1 月 22 日

第四批难侨下月初抵厦

美加礼逊运轮舰，运载台人956人返台后，奉联合国船务管理处命令，在台任务完成后，立即开返马尼拉运载第四批难侨来厦。昨日市府已接马尼拉来电略谓，第四批难侨，2月5日可到厦云。

《江声报》1946年1月29日

存留海关救济物资　将先提出保管

归侨行李三千余件　今可全部起运完竣

旅菲第四批难侨于前(7)日抵厦，本拟转回原籍，因行李遗留于美舰，致未成行，尚徘徊市上。市府特令社会科，负责设法起运各该难侨行李，于昨晨租用凯歌轮(每次20万元)，前往起卸。先后运载1277件，交海关检验放行。其起运时，由关警及归侨管理员监护，以防遗失。闻尚有2000件，因时间关系，不及起运。今晨将继续工作，据海关负责人谈：归侨行李如系零星少数者，准予免税放行，而成数货物，须照海关规程纳税。至在关行李，今晨9时起将陆续开验放行。

又菲妇慰会所捐赠救济物品，共150件，今日起运，交给市府赈发。至前被海关所扣留之救济物资，行政院救济总署特派员冯瑞祺与市长黄天爵及救济总署美方人员洽商后，决向海关先行提出保管。其节外问题，另行解决。又归侨张尚灶，原籍南安县岭兜乡人，年60岁，于前日搭拉米示美舰返国，因长途劳顿，兼之抵达厦时饥寒交加，于轮中逝世。当由市府代表设法将尸体运送益同人公会，由该会临时布置场所，暂事停放，并由菲侨代表黄和德等商请该会代办一应殓葬事宜。乃于昨(8日)下午3时，在该会门口发引安葬于天界山之麓(即仙洞脚)，依照第一批归侨王孝全办法，将续为之造坟竖碑，以待其家属认知云。

归侨代表开座谈会

又归侨以此行行李，仍遗留于美舰舱中，迄未起运放行，至滞留厦岛，未能返籍，不但耗费资力，且稽延时日，使家中老少，倚门而待，焦急异常，特于昨(8)午举行座谈会，商讨应付方策。计出席者，吴世庚、张道存、苏远、高墀成等，主席周冰心，报告事项，此次归侨上陆，事前极力筹备招待，原祈便利归侨行程,不料行李迄今尚在美舰舱中,应如何设法起卸?当由蔡杰士首先报告,前以本人因救济品被海关扣留,多方交涉,迄今虽得要领,然尚未办妥。至于行李事项,市长曾向海关极力交涉,当可便利检放。又民政科长林善庆称:归侨到厦计有三批,依政府规定,侨务局是办理出入国手续,当地政府负有保护便利责任,且市长系华侨出身,特别关心,乃设华侨服务社,以利归侨。同时因前一二次招待设备未周,故于此次事先筹备,以祈完善。不料侨务局与水警队接洽,控制一切,致市府代表未能登船招待,实非常抱歉。

市府所称事件经过

市府因鉴于第三批归侨到厦时,船舶港外,起卸诸多不便,事先特别在市府会议厅召集宪、警、水警、要港司令部、工务、卫生等机关及旅栈公会、挑挽工会、各团体开会,决定具体办法,并由旅栈公会准备租用凯歌船及其他汽船多艘,听候应用,并派民政科长林善庆、华侨服务社主任蔡杰士,并会同华侨代表周冰心、吴宗穆、菲中华商会代表黄焕为、华妇女慰劳会代表陈南村、救济总署视察冯瑞祺、中央社特派员冯文质、卫生局医师护士多人,于昨日上午9时,乘小汽艇登轮接待照料及慰问。乃汽艇靠近轮船时,竟被先上船之本市侨务局代表叶航民阻止,经再三交涉,只有市府代表等5人准许登轮,其余旅栈公会、新闻界、华侨代表、卫生局医生,均无法登轮。而侨务局所发布条之客栈工人,均得尽先登轮,叶航民对华侨领队负责人孙清标谓,渠可代表侨务局对侨胞及行李起卸负完全责任。但直至下午3时许,华侨仍无法登陆,且行李至今仍无法全部起卸,并阻止市立医院医生登轮,以至华侨张尚灶急病,无法医治而死亡云。

准派代表质问侨局

各归侨代表周冰心等,乃联合第一、二、三次归国侨领及管理员等20余人,召开紧急会议,讨论各要案如下:(一)推举代表向侨务局质问,推举第一次代表周冰心、吴宗穆、杨荣标,第二次回国代表黄和德、李法相,第三次代表孙清标、施守己等,向侨务局质问。其要点如下:一、侨务局是否招待华侨,抑是为难华侨。二、不许市府医生登轮,致侨胞张立灶急病身亡,侨务局应负完全责任。三、市府负有保护照料及救济责任。因奉有何总司令、刘主席、善后救济总署命令,侨务局竟阻止市府代表登轮,致昨日秩序大乱,侨胞及行李无法起卸,且忍受饥寒之苦,侨务局应负完全责任。四、阻止市府代表及新闻界、善后救济总署、华侨公会、菲中华商会、妇慰会代表登轮招待及慰问,侨务局用意何在。侨务局科长叶航民此次擅发布条,私盖图章,准许与其有关侨栈登轮而推翻市府及各界议决案，阻止旅栈公会执行任务，用意何在？（二）将昨日经过情形电呈中央侨务委员会，报告、议决通过，并推举周冰心、黄和德、杨荣标代表起草。四、五略。

又据侨务局科长叶航民云：第三批难侨返厦，水警大队以过去秩序不佳，致有轮上盗窃情事。此次特严格管理，先公函侨务局及各机关，是日除侨务局、旅栈业公会及挑挽工会三机关人员外，概不许登轮。旅栈业公会由侨务局发给证章，另造名册报队。挑挽业工会及民船业工会由各该工会发给证章，送队盖印，并各造名册送队。轮上如发生盗窃及敲诈情事，惟侨务局、旅栈业工会、挑挽工会三机关是问。难侨 7 日抵厦，水警队严厉执行预定计划，凡非三机关人员佩有上述规定之证章者，均不许登轮。旅栈业佩有原约侨务局发给之证章者，均许登轮，改佩其他证章者则否。此为侨务局对水警队所负之责任，至市政府人员执有市府文件者，水警队检视后准予登轮，其他则否。准许登轮与否，其权属于负责水上治安之水警队，并非侨务局、水警队事先公函亦致市政府，昨日事件则非侨务局所知云云。

《江声报》1946 年 2 月 9 日

美舰昨晨抵厦　载来难侨九百

泉属救济物资　六百二十三件

菲律宾第五批难侨 916 人，由菲乘美舰迦里逊号于昨晨安抵厦港，停泊于屿仔尾海面。本市各团体机关、报社代表 40 余名，于晨 8 时集合水警大队部，九时由水警码头乘海利号汽船前往慰问欢迎。据该难侨总领队陈鼎亮谈，该舰于 8 日晚 10 时由菲启程，沿途曾遇暴风，致行程受阻。此批归侨计 916 人，中晋江籍七八四(十)人，南安 81 人，厦禾 39 人，龙溪 32 人，惠安 17 人，安溪 7 人，同安 65 人，永春 8 人。驻菲总领事特将难侨分为 9 组，每组推派正副组长各 1 人，负责各该组秩序，并指派各项管理员及巡察等职员 35 人。故途中秩序甚佳，行李计 2800 余件等语。

菲筹赈总会驻厦代表黄和德为募捐救济厦禾鼓难民赈金，偕该会人员 4 人携带柑及面包登轮义卖，计得菲币 884 元、国币 1400 元。当时市府及各机关团体代表指导难侨登陆手续，于上午 10 时开始由凯歌轮及漳嵩电船陆续运载至太古码头登陆，计有 400 余人，余 500 人尚在舰中，今晨当可运竣，行李亦仅起卸 1/3。

又查市府为维持秩序,特禁止旅栈上舰接客,讵有建兴、长发、永宁、晋益、建安等旅栈,竟派职员假冒归侨,诈称上轮接待亲友,在轮中恣意招揽难侨。经各机关代表发觉,驱逐下舰云。

又该舰此次由菲运来救济计有中华总商会募集救济泉属物资 623 件,罐头肉 167 箱,重 10466 磅。另救济总署军毡 2700 件云。

《江声报》1946 年 2 月 13 日

美舰拉美斯由菲来厦

载有难民千余　今晨或可抵达

市府接菲律宾总领馆本月 16 日上午 8:49 发来电称:副领事张嘉福于 16 日搭乘美舰“拉美斯”号赴厦。同轮载有难侨 1200 名,中汕籍难侨苦工一百多名云。该轮若能如期起航,今(20)晨即可抵港云。

《江声报》1946 年 3 月 20 日

菲侨三百余人昨安抵本市

恩典轮返菲日期未定

本市讯　华侨公司恩典号轮计载男妇老幼凡 288 人,于昨晨由菲抵厦,先泊□□中,待欢迎人员上轮慰问,并经海关检验,至于 1 时才移泊太古码头,便利归侨上岸。所有搭客及行李,昨均已起卸完竣。搭客中遭菲政府移民局配遣回原籍者,有晋江王志秀、林再二人。闻彼等遭配遣回籍原因,系有充当日人间谍嫌疑,但彼等均自称为爱国分子,业经侨务局准予交保释放。查恩典轮,船身仅用木板。

《中央日报》1946 年 4 月 30 日

安徽轮昨抵厦　载货逾千件

本报讯　太古安徽轮原定本月 5 日由港抵厦,后因入坞改由战时装备为平时装备,以致一再迁延时日,直至昨晨方由港经汕抵厦。载来货物 1917 件,其中肥皂占最大多数,计 1170 件;西药次之,计 187 件。此外橡皮鞋 12 件,以及洋灰 30 包,此两种货物均为胜利以后首次运入本市者。此外并载来旅客凡数百名，其中由星洲搭贵阳轮抵港转搭该轮来厦者，凡百余名。

《中央日报》1946 年 5 月 15 日

马来亚归侨首批昨抵厦　菲侨一百余名明日抵达

爪哇首批归侨　乘芝巴德返国

战后马来亚首批归侨林吉隆等 62 名，乘贵阳轮抵香港，转搭安徽轮于昨晨到厦。经有关当局检验后登陆，一切利便，该侨胞咸表满意。安徽轮定今(15)日午后，由厦接运客货前往香港或星洲，港厦客票每名收国币二万四千元。又查贵阳轮印籍船员歧视我侨胞，该船行厦门华经理，决据情报告总行，务使将印籍船员撤职，而改换华人船员云。

又讯　荷兰轮船公司之万福士轮，定本月 19 日抵厦，21 日开往汕头、香港、星洲、槟城、日里等处，已开始预收客货。而川走爪哇、香港、厦门、上海等处之芝巴德轮，已自爪哇运载荷属归侨，可于本月 27 日抵香港，6 月 1 日到厦，然后开往马尼剌，运载菲侨返厦，恢复以前航线。

又讯　恩典轮运载菲岛华侨 300 余名，12 日首途，明(16)日即可抵厦。订 18 日接运客货返岷，其统舱客票，每名仍收美金 100 元，货物每吨量尺收国币 20 万元，量重 30 万元。据旅栈业负责人谈：恩典轮所收票价及载资，其昂贵特甚，比之外轮相差甚多，如安徽轮开往星洲，水路 10 日之久，统舱票价每名只收港币 240 元，折合美金不到 50 元，货载每吨则收国币 10 万元。乃恩典轮往岷不过 71 小时，仅及星洲三分之一之路程，而票价载资如此昂贵，不啻十倍于外轮，侨胞及各商家与旅栈对此有以应付云。

《江声报》1946 年 5 月 15 日

吕宋客到厦　昨四百余名

恩典轮遇风受损　将入坞检查修理

恩典轮昨自马里拉运载归侨 405 名抵厦，各机关代表登轮接待。海港检疫所亦上轮检验，发觉减少一人，经该轮黄怡泉奉告：该轮于 13 日下午 2 时由岷启程，3 小时后，有搭客朱奕霓突然心停，经医生注射施救罔效，旋告气绝。当经照例举行海葬，其行李暂予保存，候其家属领取。

遇风迟到　据搭客谈：该轮此来客票收价，原订统舱每名菲币 250 元，房舱350元。因侨众认为太贵,卒减为统舱菲币200元,房舱300元。惟此次载客404名,闻超过菲政府所限定逾倍,搭客在船颇为局促。轮行第二日即遇风浪,被飘泊至台湾附近海峡,般身受有损坏,船中搭客及行李尽湿,全船搭客惶恐。第三日风平浪静,转危为安,迟至本晨抵厦。该轮年龄已25岁,垂垂将老,非酌加调补,未足以策安全。本月5日,该轮由厦运菲侨客38名,8日抵岷,经菲医生禁轮验疫两天,至10日搭客即全部登陆云云。

起卸行李 又查该轮昨到厦时,海关登轮检验搭客行李,非常利便。所收关税,侨客因无带国币,酌量情形,按额暂收美金或菲币,并限各侨客于3日内随带应纳国币之额,前往海关挽回美金或菲币,逾期则将预缴之菲币或美金兑换抵额。

查获漏税 又搭客行李将行起完时,海关检验员发觉舱面陈列漏税货物西药、纸烟、洋酒、杂货等20余箱,价值数千万元。将起落小船,箱皮多书明收件:姓名中有交南方栈,或陈活水,或陈志良查收者.海关以其并未报税,予以全数运入海关,并报告税务司,请予处罚没收。据海关监督课课长黄昌樊云:该货显系与船东有关,故混入行李,以图避税。如系侨客所有,则情有可原云。

午后4时,该轮又被查获未报税货物数件,及美国香烟数百包。海关欲全部没收,惟香烟乃系船伙在船之用,经买办黄怡泰证明,卒将该香烟封入舱房,而货物仍带海关查究。最后又查获吴必芳交黄福俊消化灭碇西药一大箱,据称系救济品,经海关密查,系营业性质,所持证明书,被认为不足证明,故该西药亦被带关。

轮船方面 主事人谈话 又据中原轮船公司息,恩典轮此来,载客415名,13日由岷开出,翌日即遇飓风,船身稍微受损。该公司为顾全旅客安全,决定在厦入坞检验修理,大概须三四天耽搁。至于客载资问题,记者昨晚晤及该公司主持人,曾以恩典轮赴菲客货资如何收法为询,据答:本人顷接菲总公司来函,谓前次赴菲侨胞,因未得本港检疫所证明本地未曾发生鼠疫证明书,珉里拉检疫所曾多方留难,拟予禁港10天。嗣经公司商请美军部下轮注射,经过许多周折,始得放行。因入口手续困难重重,故嘱勿收载客货,原怡□菲,尚须一番考虑。问:倘欲收载客货,票资载资是否减低。答:本公司之创办,系因感觉祖国复员伊始,交通工具至感缺乏,为适应祖国需要及便利华侨运输,因而设立。故前次来厦,严商会长嘱将载资减轻为每吨20万元,本人即一口应承。至于此次客货,如果□足此载,只要不亏本太多,亦可再行减低。本人旨在服务,并非专以营利为目的。问:外轮收费何以较国轮为低,渠等之成本又较国轮为高,原因何在。答:外轮为争取我国航业,现在均以低价竞争,同时又受其政府补助,目前国轮商营者须自力更生,故不能与外轮同一而论云。

《江声报》1946 年 5 月 18 日

星洲二批归侨七百余名明日到厦

星洲第二批归侨 2100 名乘万福士轮已抵香港,在港卸下粤侨 1100 名,昨离港开往汕头,有潮汕籍归侨 158 名,将由汕登岸。此外为闽南归侨 742 名,可乘原轮于明晨抵厦。该轮预订 27 日离厦往汕头、香港,而在厦收香港搭客,该搭客等并须于 6 天前向海港检疫所种痘及注射防疫,始可购票。同时并须有相当铺保,以防海盗混充搭客。

《江声报》1946 年 5 月 25 日

昨星洲归侨七百余人到厦　受万福士轮虐待

死一人弹伤二人

万福士轮船于昨晨 10 时抵厦,市府民政科长林善庆、华侨服务社主任蔡杰士,及侨务局、水警队等分头登轮,接待归侨。查昨日到厦归侨为来自马来亚者 707 人,其中日里 16 人,槟城 160 人,星洲 575 人。而此全体归侨中,闽北籍 430 人,余 270 人为闽南籍。该轮并运来货物 9653 件,一部系自香港起运,余由星洲起运。

马来近况　据该归侨称:星洲陷敌期间,华侨商业损失殆为 75%,战后数月逐渐恢复,树胶、锡矿为马来亚经济命脉。迩者英政府已拨款借贷,继续开展,华工生活,遂亦得以勉强维持,华商亦渐形活动。惟华侨在马来亚出口颇感困难,回国者须先向星洲中华总商会申请登记,乃由该会转马来亚移民局保安科审查,认为善良分子,始获分配船位。如系壮丁年龄,大多不获准许归来。间可取得优先回国者为:一、老弱及妇孺;二、有特种任务者;三、被敌人拘捕生还者。目前马来亚粮食大部仰给于联总,民食系依户口人数公价配购,侨汇则受英政府经济管理处管制,每一华侨返国,只准携带叻币一百元,物资则不准出口。

归侨备受船员虐待 万福士轮系自15日由星洲首途,21日抵香港,起卸广东籍海员四百余名。该海员系被日寇捕往星洲充当船员者,现获资遣回国。另有粤籍归侨千余名,亦在香港登岸,转回原籍。万福士轮员多为东印度人,搭客膳食茶水俱感缺乏,旅途痛苦万分,不幸沿途轮中又发生两起命案:一为归侨李泰松,21岁,温州人。因患神经病,其父李军荣有失监护,致在途中跳海,葬身鱼腹。一为南安籍深垵乡人叶绌,与汕籍由香港搭客一名,当船将离港,该轮四伙船员玩枪失火,两人均受微伤,幸未致命。该轮负责人发觉后,即将该船员扣押,送香港政府惩办,并将受伤者送入香港医院治。该公司除表示歉意外,并负责伤者医药等费云云。

一死两伤 据另有归侨纷向市府科长林善庆报告,谓此次搭万福士轮船,备受荷兰船员辱待,不但三餐不得一饱,且态度异常鄙视,更有骇人听闻者,在香港公然开枪,击伤侨胞2人,现均在港就医。更有甚者,温州籍归侨李泰祥,因晕船失神跌入海中,该轮船员坐视不救等情。林善庆据报,当向船当局严重交涉,由该船负责人陈伟棠解释,谓枪击侨胞之船员,已由香港政府予以扣留法办,对于受伤侨胞医药费,一概负责赔偿,晕船落海侨胞,则推诿不知,候查办理。至于伙食招待不周,愿力谋改善,并于船上发生意外事表示歉意。林经将情报告市长,拟请中央提出交涉。

又讯 万福士轮运载归侨到厦,水警大队,派警上船维持秩序,市府、侨局、晋江、惠安等同乡会,均派人前往慰问,旅栈公会亦派员上船,协助起卸。该轮于战后首次到厦,各方前往参观,颇为拥挤,船上秩序良好,起卸时间迅速,侨客甚为满意。该轮离港时,船上管理员荷人,因检验船票发生纠纷,开枪示威,弹伤华侨叶绌等2人,现留港医治。

在厦交涉 提出六条 各方对该轮苛待归侨,愤激异常,轮抵厦时,该批归侨即向当局报告,请向渣华公司交涉,并提六项重要条件。若该公司无圆满答复,将向层峰控告,业由旅栈公会据情函渣华公司,并呈市府及水警队备查,原函所提六项条件如下:

一、严惩行凶荷人。二、保证该负伤华侨性命安全。三、赔偿全部医药等费。四该负伤华侨出院后,负责护送至安全目的地。五、保证以后不得再发生同样事件。六、登报道歉。

去后,据查华公司函覆:略以该轮荷兰船员误伤搭客,系属轻微擦伤,经船长异送香港医院诊治,不日自能安然出院。对于第□款,该荷籍船员经香港分局惩办在案。第二款至第五款,自应负责办理,登报道歉。经该船长同意办理，函覆查照云。

又讯 该万福士轮订今日午后离厦，开往香港，再赴星洲。

南安同乡会 欢迎席上 南安同乡会昨晚假天仙旅社□楼开会，欢迎乘万福士轮回国之南安侨胞。到侨胞梁子民，叶秀华等50余人，由林善庆主席致欢迎词，次侨胞梁子民、叶秀峰先后发言报告侨情，各侨胞均尽力对同乡会给予物质上之协助，并对南安同乡侨胞叶绌，此次由吉隆坡搭乘万福士归国，于5月25日在香港被该公司船员荷兰人开枪击伤事，经议决由该会呈请市府转请中央政府严重交涉：(一)同乡侨胞叶绌，乘万福士轮回国，于5月25日在香港被该船船员荷兰人开枪击伤，本会应如何表示案？议决，由本会呈请市府，转请中央，向荷兰政府严重交涉，请求赔偿医药及调养费，暨所受之一切损失。(二)如有生命危险，除赔偿生命损失外，并负责抚恤其家属。(三)依法严惩凶手。(四)担保嗣后不得再有同样事项发生。(五)如伤口治愈或不幸伤亡，该船公司应负责送回原籍。

晋江同乡会 26日3次理监事联席会议，到十余人，主希宋馨。议决：(一)推举蔡天一、张修明、施志霜、黄奕森、丁逊等5人，于万福士轮抵厦时，代表该会登轮欢迎晋籍归侨。(二)订本月29日下午2时，在该会所茶会，招待本市晋籍诸岷栈东。讨论代办晋籍归侨在南洋各属入口手续事项，及招待菲岛归国同乡。(三)联络各埠晋江同乡会，共谋故乡建设事业之展开。余略。

《江声报》1946年5月28日

荷属华侨六百余人昨乘芝巴德[illegible]

船上克扣伙食饿毙六侨胞 交部港[illegible]抵厦

本报讯 姗姗来迟之芝巴德轮，终于昨侵晨抵[illegible]外，待海关检验毕，再移泊猴屿海面。该轮载乘华侨620人，因[illegible]，耽搁时间，自吧城启行至昨抵厦，先后历15日之久，票资较[illegible]倍余，而膳食则粗陋不堪。二等搭客食米，较□厦市上所售三等米尤劣。三等及统舱搭客之膳食更可想而知。

虐待搭客

最令搭客不安者，为饮水供应之缺乏，致侨胞多感口渴如焚，其晕船或抱病者，更因茶水之缺乏，感极大苦痛。不幸有侨胞6人，因饥渴过甚，竟致身亡,其中3人为成人,余系孩童。已查出姓名者,李顺德(成人)、王文仁(一岁小孩),及甫出世6个月之李尔梅。该6人中3人在未到港前死亡,系被海葬,另3人则葬于香港。侨胞别离祖国多年,今万里来归,不幸中途亡故,良可慨也。查荷人所营,渣华轮船公司,前次之万福士轮发生枪击及侮辱侨胞事,尚未结案,今芝巴德轮又发生6人因膳食及茶水之缺乏而致身亡。

遣配难侨

再该轮此次载来被荷政府遣配,华侨129人。闻该批难侨系战时横遭敌人剥夺,战后又受土人勒索,所有财产尽被劫空者。今战事已结束,荷政府未予设法救济,而将其遣配回国了事。该批华侨几均福清籍,业由福清福旅栈照料,旅栈公会并特在昨晚召开紧急会议,讨论救济办法,决定呈请市府令饬各轮船公司免费遣送回籍,并由市府转福沿途各县政府照料。至在厦候轮期间,市府民政科长林善庆及侨务局长江亚醒经商请救署厦处设法救济云。

又讯 行政院工程计划团主任工程师兼交部航政司港务科科长邵福,偕美籍顾问工程师海玛荪,昨由汕搭芝巴德轮抵厦。市府主任秘书吴春熙,外事秘书潘澄馥,民政科长林善庆,工务局长郭宗太,均至轮上欢迎。邵氏此行目的为设计全国路线港口,作为建国之准备,对于华侨出入国之人数,侨汇数目,以及商场之动态等调查甚详,渠等拟本日随芝巴德赴港。

运厦货物

又讯 芝巴德轮载来面粉3072件,肥皂705,麦片320,油35,轮胎45,油渣271,洋灰504,杂货329,麻皮35件,合计5227件。至于行李方面,一因荷属目下颇感物资缺乏,且严禁出口。二因外轮不肯让搭客多带行李,其行李中混有货品者,须入舱报关。故行李中除发现洋酒一小箱,洋烟三小箱等,经带入海关照章应纳224%税款外,无发现如恩典轮搭客有带军衣、军毡25大箱充当行李之情事。

该轮如本日货物得卸清,将往港转菲,往港船票为一等86000元,二等55900元,三等38700元,统舱27950元。搭客须担保,且须注射防疫针□日以上有证明书者。

爪哇现况

又讯 关于荷属现况,据记者向昨日归侨探得者如下:爪哇各地除巴城、泗水、三宝垄及万隆等四大都市治安尚称安谧外,其余各地均甚紊乱。

盖印度尼西亚民族独立运动，正积极发展中，暴动时间，交通阻隔，侨胞惶惶不可终日。该民族似曾中日人之毒，此可从该民族尚重视日人分文遗下分文不值之军用票可窥见。物价方面因物资之缺乏，以及军用票紊乱，与去交通不便诸原因。故物价皆在奖涨中，如报纸一项，即无法按月发售，而须按日照市情售卖。吧城新报战前出至三四张，且日有画报一张，今则仅出一大张，售价初为盾半。大张售价初为盾半，近奖为二盾半，折合国币1000元。其他各物亦然。幸粮食、必需品定量分配，价格尚便宜，米每担售百余盾，侨胞生活尚可勉强维持。其他物价行情，极为混乱。上述四大都市价格又自不同，吧城最廉而泗水最贵。盖离泗水市区25公里处，即属印尼民族势力范围，不许人民随便往来，是以同一物品，市内与市外价格相差悬殊。如离一头市外售四五十盾，市内会售至六七百盾。至于市容，在日人占领期间，无甚损失，但在印尼求独立战争期间，万隆曾连纵火焚毁，损失甚巨。属于华侨入口，未闻有何新法规，亦未闻何时将准许照常入口云。

《中央日报》1946年6月12日

安徽轮昨由星抵厦　载来侨胞七百余

两侨胞中途因病身故

本市讯　第一批星洲归侨，乘搭安徽轮于本月10日由星开出，经香港于昨(17)晨6时抵厦。载星洲华侨男497名，女36名，小童24名；槟城男114名，女10名，小童17名；香港男30名，女□名，小童乙名。共762名(内巴城到新加坡搭轮者□名)。本市侨务局江局长，特派职员□同水警队，市府暨同乡会等代表登轮接待。行李经海关检查1小时之久，全部完竣。轮靠太古码头，由水警队维持秩序，华侨均皆登岸。因船尚有粤省华侨120名，须由汕头登岸，该轮于午后客货卸完后，载轮南行。查此次归国华侨，有二人因病中途逝世，一为杨汝裕，现年40岁，浙江温州瑞安□大上村人，因肺病身死。一为郭良发，现年49岁，惠安人，亦因肺病不治身故。均皆分别海葬，所有遗下行李，由船主交由太古钿记，转交还死者家属云。

《中央日报》1946年6月18日

芝巴德轮由菲抵厦　载来归侨一千余名

本报讯　渣华轮船公司芝巴德轮，于昨(27日)晨六时许，自菲抵厦，泊大担屿附近海面。本市侨务局派员会同市府、水警队暨各社团、各报记者，于八时半乘水警队电船，分别登轮接待慰问。归侨计有男1400名，女及孩童285名，共1685名。查同船中归侨，有不幸死者二人。(一)邱荣木，因病身故。(二)吴青光(即吴泉良)，投海自尽。死者遗物，交该轮船公司驻厦办事处暂时保存，待死者家属前来具领。至搭客行李五千余件，经海关关员以三小时期间，验放完竣后，各旅栈以电船四艘运载登岸。闻该轮不再往菲，今明日可开返爪哇，运载华侨归国。

船上待遇

查投海者吴青光，南安诗口人，自杀原因，其亲属以泉良由岷里拉起程，精神上并无异状。此次跳海，或因备受船上荷人辱待，一时感触，而萌短见。其亲属正拟向该公司提出交涉，要其负相当责任。闻该轮此次由岷开出，虽待遇较万福士轮为佳，但仍不免有为难，并额外敲索情事，因此引起归侨不满。该轮代理人戴正中之子，及一荷兰船员，曾被殴打。又船上伙食甚坏，茶水缺乏，归侨因天气炎热，难耐口渴，只得买茶止渴，每杯索费菲币五角。每位归侨，仅茶水一项，耗资都在菲币数十元云。

扣获匪徒

当该轮抵厦之前，市府接获驻菲总支部来电，谓有著匪李资源，偕同其他二匪，附搭来厦，以在菲处治颇难，特派姚铭雄监视回国，希就船拘捕法办等语。故当该轮抵厦时，即派员会同姚铭雄，指交水警队扣押，转解市府法办云。

《中央日报》1946年6月28日

恩典轮触礁后半截沉海

归侨脱险抵厦百余人　行李货物颇有损失

中原公司之恩典轮，在东山海面触礁，详情已志本报。兹续据脱险华侨谈该轮于25日自菲启航，风平浪静，为历来所罕有，虽妇孺亦无晕船者。迨至28(日)夜，至近东山时，浓雾□布，众不以为意，满拟于29日晨可抵厦，均相畅入寐。至2时许，闻汽笛声鸣一下，旋觉船身反撞，继而停顿，始知肇祸。经警灯探视，则船已触礁矣。乃撞船方急□请援，又发现轮机失灵，因而乘客纷扰达旦，妇孺嚎哭。乃设计以铅绳系于船首，钉于岸上，中悬巨篮，从妇孺运送上岸，并促船方分船往东山、厦门乞援，并将行李起卸上船。彼等不待汽轮来援，聚60余人，醵资450万雇船一艘，于今(31)日来厦。当彼离船时，该船下部已陷于水中，船首仍靠岸。盖船首洞破，前舱入水，倒灌二三舱，致尾部逾重下沉。行李货物，多有损失。闻有二搭客回落入船取行李，失足堕落，生死未卜。据彼所见，该船一遇巨大风浪，恐将粉碎。

又讯 华侨自雇帆船来厦者，至昨晚8点正，共达100余人，各自投宿旅社。另有100余人，是否已搭国保专轮离开江屿，尚未明了。

《江声报》1946年8月1日

荷轮芝巴德抵厦 载归侨六百人

轮中复病毙一男童

荷轮芝巴德，昨午间11时许抵厦。客货卸后，下午4时许离厦北驶上海，招载客货，然后南下香港、滨城。查该轮此次由爪哇来厦，共载客635名，行李千件，货物□件。迄晚，行李仍放置于驳船，靠海关码头搬卸中。又当该轮抵厦泊白礁港外时，海港验疫所登轮检验，发现船中病死男童1名，名杨定国，6岁，于离香港患肺炎而毙命，由其父杨世购棺收殓云。

又招商局之延凯轮，岷船吕宋号，前昨两日先后离厦他驶云。

《江声报》1946年8月7日

第二批复员华侨日内可出国

荷轮定七日来厦承运 玛丹轮明由菲抵厦

本市胜丰行昨接马尼拉来电称：对玛丹轮于10月31日上午10时运载侨客400余名启程来厦，明(3)日可抵达云。

荷轮芝巴德号，昨晨由泗水、吧城、日里等地运载归侨1332名抵厦。经海关检验后，午后入港起卸客货。定今晨开往香港，7日返厦，运载第二批星洲、马来亚复员华侨出国云。

《江声报》1946年11月2日

星洲民政恢复后　归国侨胞数逾两万

复员出国者迄今仅六千余人

福州讯　记者于前(19)日访晤一刚由星洲返闽,曾服务于星(新)加坡移民局之华侨,据谈:太平洋战事不发生前,川行我国各要港与马来亚之轮船约30艘。但定期航行者实际上每月仅有10艘,每轮每二星期开航一次,每月来往搭客甚夥,依平时计算,该10艘轮船每月载客约四千余名。第二次世界战事结束后,川行华南航线者,仅有十余艘,而照固定时间航行者,仅有安徽、万福士、登庆、丰祥及最近将来之法轮公司之六轮川行。中南航运,当更畅通,但万福士、安徽及丰庆三轮每月所运载之搭客,比战前较少,因每次每轮返国所容纳之人数,最少为1500名,丰庆及万福士可容纳至1800名。故倘其他轮船不计在内,此后此三轮每月即可运载5100余人返国,倘丰祥加入,则可增至6000余人之搭客。由中国南来之搭客,因目前入境受限制,故其人数较少,与返国人数比较,仅约十分之三。据现下各轮公司之统计称:自4月民政恢复后,乘轮返国之华侨,迄今总计为21000余名。此数目包括全新加坡及联邦之人数,大部分返国者为本坡侨胞,联邦人数居十分之四以下。战后第一艘运搭客返国者为贵阳号,当时人数计400名。继之由安徽轮续运客,迄今安徽已开航5次,载回华侨人数约7700余名。但运载最多搭客来往本坡者,系为荷兰轮船公司之船只,自5月至11月止,万福士、芝者令加及芝者丹那,共运返9000名华侨搭客。丰庆轮于上月由本坡运首批搭客回国,其人数约1800名。莫实德所代理之查甸轮船,运载搭客者计5艘,为吉生、怡生、和生、贵生及茂生,共载千余名搭客返国。法人马沙芝里斯航务公司之安德烈里依及霞□将军轮,共运百余名归侨。大部分之归侨乃在香港、汕头及厦门下船,一小部分之搭客由上海下船。

由中国返星(新)加坡及马来亚之侨胞计6700余名,大部分由香港及厦门出发,一半之搭客由万福士及芝巴德轮运来,安徽轮运回2900余名,丰庆90名(另千余名为仰光华侨)。莫实德公司安南(越南)所载回之搭客,甚(其)司轮船(载)来之华侨,大部分为战前居留星(新)加坡者,一部分乃于马来亚联邦。

目前各轮船公司之船票,舱位之价格□□相同,但一等及二等船票同。尤其最近有一二间船公司,□增加一等及二等之船票,增加之数额由5巴仙至13仙巴。安徽轮及莫实德船务公司之各等票价，依照票价，并无增加。法轮公司之舱位价格，比其他较高，赴香港之舱票为100元，其他仅95元。一等及二等票价最高者为万福士，赴香港、汕头及厦门之一等票价，已增至135元，275元及300元；赴上海之一等票，法轮公司之价格为300元，二等220元，三等180元，舱位130元。

移民厅局长并曾宣布，目前当局并无统制等之船位，但倘凡政府之人员，欲需用一等位时，船公司须协助供给船位。过去因接到甚多华侨请求入境之书信，迄今仍有颇多未能理清，使请求者须等候甚久，方能来星。倘在数周内能理清，在12月或可重新接收，但目前未能决定。此事非禁止华侨入境之事，乃一暂时之步骤。现请求获得居留证之人数，每日最多为170余人云。

《中央日报》1946年12月28日

芝沙丹尼昨晨抵厦

本报讯 渣华轮公司芝沙丹尼号，今晨7时，由荷属爪哇经港来厦，泊于厦港海面。该轮计载来本市侨客700余名，其中53名系前在爪哇被日军征召服役之台湾人。本次经当地领事遣送来厦，候轮返台。尚载来面粉500包，铁条75条。

又讯 渣华公司代理之外轮HELLENIC赫兰尼号，于昨入港，载来救济总署肥田粉19000余包云。

又讯 同益报关行代理之国平轮，昨载救济品35吨，杂货10吨，开往汕头云。

《中央日报》1947年2月18日

旅栈伙计求死先登

马容轮昨自菲抵厦，午后4时进港，乘客600余名。又“暹罗怡美利”轮亦于昨晚由菲入港，乘客300余名。据乘客称：该轮离菲未数小时，乘客1名在船病毙。轮又驶靠近岸，使尸身移登岸上后，始再开厦。至厦时，因各旅栈落海争相攀登上轮，人事拥挤，致其中一人，坠落海中，未见浮起，谅已凶多吉少。

《江声报》1947年3月20日

海利轮归侨控诉船方虐待

一个小孩被浪抢去　二千侨胞惨受折磨

厦门侨务局昨接海利轮归侨黄家选等29名联呈,谓海利轮虐待搭客,致死多人,恳请将该轮扣办,严令赔偿人命财产。兹将原文照录于下:窃侨民等此次乘海利轮返国,全轮侨胞计二千余人,于3月11日由星启碇,岂料该轮船长忽视侨胞利益,以可容千人之轮,竟尽量接纳搭客。故全轮人满,行亦不便,致千余侨胞露宿舱面,受风吹雨打浪沧之苦。闻有数十位侨胞,行李尽被海浪吞没,数年痛苦,换来物资尽付之汪洋,赤手空拳,徒唤奈何。更有一小孩被浪卷去,痛悲情形,非可形容。不料该轮长见状,不但不加体恤,剥削方法百出,将侨胞坐位逐去,尽量开设饭桌。计有七八处之多,饭每碗售叻币一元,盐粥碗叻币一元,澳水一瓶一元,其余食品超过平常数倍。侨胞有钱者尚可忍痛购买,维持生命,而行李先落者,被饿毙数人,病者甚多。此种情形,该轮长竟丧尽天良,沿途竟加载往南洋货物,以图获利,而延时日,致使侨胞痛苦万分。故自□□起碇,至今一月。夫我同胞远离祖国,日寇南侵时期,曾被受种种摧残,虎口余生,而今幸望返故乡,所带有限之物,损失无遗。今骤遭惨痛情形,冤莫能伸,仰钧长爱惜侨胞,故沥情呈恳钧核,请准将该轮扣办,严令赔人命、财物损失,以儆效尤,而安侨情,至感德便。闻该局江局长据呈后,决与严重交涉云。

《江声报》1947年3月25日

六十八名华人由麦阳轮运厦

中央社马尼拉10日专电　据此间华侨消息,两周前,据云非法入菲之68名华人,将于14日由麦阳轮押回厦门。此间我总领事沈祖征称:我国公使馆及领事馆,均已获悉此事经过,渠并谓菲移民局曾请求此间中国当局,分担刻在拘禁中之68名华人之生活费用及船费。按菲移民局局长芮布尔昨日曾谓:中国公使馆应负担一切费用,尽该公使馆之责任,厥为照料此间华侨也。某有地位之侨胞称:芮氏之语意,即菲政府盼中国政府或华侨纳税人，担负执行菲移民后一切费用。

《江声报》1947 年 4 月 11 日

旅缅华侨昨行泼水节

本报讯 昨为缅甸泼水节，该地男女老幼皆泼水互戏，其意在洗除一年来之污垢。此次适缅甸政府代表宇吞貌等抵厦，寓华侨服务社，本市缅甸难民及旅缅回国华侨，为表示亲切纪念，于昨午集合在该社举行泼水节礼，情绪极为热烈。

《中央日报》1947 年 4 月 21 日

马容轮由菲载来被配华人一批

侨棍蔡某在台捕获

菲轮马容号，于 17(日)晚离菲，载来侨客五百余名，另菲移民局遣配华人出境者 69 名。该轮华代理人陈永洲，亦随轮来厦，沿途指挥职员，招待茶水伙食。陈对于该批被遣配者，受尽风霜饥饿之惨，甚表同情，特倡捐菲币 380 元，全轮侨客一致响应。再捐菲币 460 元，计 840 元，被遣配者每名分得菲币 12 元。全体难侨，得此资助，深为感动。

查此次被配华人，多系南安、晋江县籍，由许逊仲等于去年底在泉南一带诱骗入菲，集中安海三菲岛。有辱国体，经电闽台省当局，下令通缉。

《江声报》1947 年 4 月 22 日

华侨陈存岩金饰被没收　请求海关发还

本报讯 荷属三宝垄华侨陈存岩，近日由荷属返国，携带黄金十余两。当抵厦时，海关人员在轮上检查行李，发觉该批首饰，乃予没收。陈昨呈请侨务局，以现荷印当局禁止金饰出口，惟渠行前，适其病殁，遗嘱将其生平积蓄金饰携归，以为儿孙返国求学费用。未出口时，经呈□荷印当局，准予携带。此非营业牟利，目不触犯刑章，请予俯念侨情，代向海关交涉发还，以免侨胞一生血汗、积蓄全部破产。

《中央日报》1947 年 5 月 5 日

台人强占华侨产业　杨纯美向法院起诉

海外社讯　荷属万隆筹赈会主席杨纯美，侨居海外多年，素对教育及公益事业颇具热心，在其故乡漳浦创设纯美中学一所，学生甚众。氏于战前在厦置有楼屋2座，址在大中路3至4号。沦陷期中，因不愿向伪家屋部及伪市府登记，遂被该部所管理。旋为台人何景寮申请租用，迄今十有余载。杨纯美前曾函嘱其代表人何虚怀向景寮索回，竟遭拒绝。现何景寮已逃往台湾，该屋仍由渠所开设之新民公司占住，最近杨氏由南洋携眷归来，直接索屋，竟遭再度拒绝。现已具呈地方法院提起控诉，要求追回云。

本报讯　漳浦纯美中学校主杨纯美氏，此次乘芝沙连加返国，该学旅厦校友特假中华中校开茶会欢迎，到会者有李克柔、蓝子扬，及校友30余名。首由主席蓝利贞致欢迎词，继略校主杨纯美氏答词，由谓本人创办纯美中学，旨在利便家乡子弟求学。今年逾古稀，别无所求，愿继续添设高中部。校友闻言，莫不兴奋鼓舞。继由李克柔、杨早达、蓝子扬及校友先后演说，均以杨纯美热心教育，难能可贵，令人钦佩，望于下学期高中部即可添办。

《中央日报》1947年5月8日

马容轮中检查行李苛刻　乘客喊打　关员张皇

川走岷厦之马容轮，此次由岷运载侨客36名，已于昨晨9时到厦港外，海关林副税务司及梁二总亲自督队登轮检查行李。因检查过于严格，致引起侨众之不满，纷纷喊打，林等由关警护卫避入餐厅。据侨客庄克明谈，马容轮于是晨8时许抵厦，海关关员登轮检验，归侨均遵守法令，服从检查。但关员因林副税务司督促之下，检查过于苛刻，每一小包，检查达半小时之久。全船计三七六名，如此检查，须费两天之久。侨客困顿海中，已历4天之久，乃派兄弟与谢作真、黄楷楠等向副税务司商请关员分别检查，如系成宗货物，遵守纳税；如系行李，随便放行。因林副税务司不允，关员益变本加厉，甚至已验讫打税之行李，重开再验者。至午后4时许，一二等搭客行李尚未检验完妥，全侨以时间已晚，如此检查，当日必不能登陆，须禁轮上。又因检查之间，与侨客发生误会，因而喊打。林副税务司避入餐厅，乃由方监察司课长，及梁二总出与归侨代表商办法，许允当日入港起客。但侨客各自行李打开受检，遵章纳税，侨客全体服从，并自维持秩序，结局完满。至7时许，船乃入港，侨客登岸时已9时左右云。

《江声报》1947年5月9日

海利轮昨抵厦　接载华侨出国

本报讯　永福公司海利轮昨(9日)由仰光、星洲驶厦，载来缅归侨60余人，星归侨500余人及缅米2万余包。午后开往香港卸米后，仍将开厦接载华侨出国。查该批食米，系由缅运港接济民食者。

《中央日报》1947年5月10日

首批星洲归侨搭安徽轮昨安抵厦大批物资同时涌到

本报讯　英商太古公司轮船安徽号，运载星(新)加坡华侨60人。其中成人52名，小孩8名，以及大批物资。于本月12日下午由香港驶往汕头，翌日自汕启航来厦，已于昨晨7时许抵厦，9时半靠泊码头。搭客除星侨外，并有港客200余名。运载货物，计有肥皂1174箱，胡椒18包，西药179箱，土药165件，药品9件，胶鞋8箱，苏打24包，油渣60桶，纸类10箱，颜料6桶，漆油7箱，漂粉4桶，影片5件，麻索70捆，铁器17件，化学品33件，生粉20包，士多43包，胶轮15捆，苏木12包，文具2件，电盘10件，杂货36件，合计1919件。全部货物，昨日冒雨起卸完竣。乘客行李均□□□□□□订今日下午4时运载大批生油，离厦驶往汕头、香港。头等舱客票每位港币180元，二等舱120元，三等舱60元云。

《星光日报》1947年5月15日

归侨陈守经典屋受骗

本市民国路152号归侨陈守经，昨午后向市侦缉队报告诉，谓有楼屋一座，址在大同路71号，战前由其兄守辉开设美美布店，兼营烟草公司。厦岛沦陷，其兄逃往星洲。厦门光复，着渠先返整理产业。该店被敌占领，租人开设大同五谷店。渠返厦后，隔邻□兴金铺(现改□兴)号东沈笃芸，殷勤相待，料为诚实商人，将该店楼契据寄存其店内，陆续贷借零费一共900余万元。去年遂将店楼,引就卖与沈笃芸,议价 3600 万元,定本日找清盖印行契。讵沈存心侵占,渠与未婚妻到店行契领款,于画押后竟将款及契据,并夺逃逸。经多方计较,避不见面,而萌厌世之念,独至轮渡码头,跳海身死,为未婚妻姑瞥见,拉回家中。即向当局申冤,请求追还契据。该队据报后,即派组员按址拘传沈笃芸,及其子到队质讯。据沈供称:陈守经前后取去国币 5000 万元,多收去千余万元,双方各执一词,讯后暂保候查云。

《江声报》1947 年 5 月 15 日

芝巴德昨抵厦　载来侨客一批

本报讯　荷轮芝巴德号,于昨中午由沪开抵货埠,载来侨客百余名,货物一批。客货起卸后,即于当日下午 5 时许,开往香港、石叻(新加坡)、爪哇、仰光等埠。

《中央日报》1947 年 5 月 25 日

(星流浪华侨首批运厦)

本报讯　市府昨接外交部电,以驻新加坡总领事馆与联总合作遣送返国各流浪华侨第一批,已于 20 日乘丰庆轮起程,计 50 人,到达时希照料。查该轮所载运回华侨,已于昨抵本港。

《星光日报》1947 年 5 月 29 日

华侨回国的遭难　保甲强敲榨(诈)　海关故留难
政风不改变　政治无希望

本报讯　菲律宾难侨生邱妈内(MACARIO.OU),现年 23 岁,本年 4 月 20 日由菲抵厦,拟在厦学习闽南语言,居住鼓浪屿内厝澳 170 号。昨午亲到警局行政科外事股报告,以昨晨 9 时许,有保甲方面人员数名,到其住宅,欲抽彼为壮丁。邱闻讯避匿室内,其继母出门查询究竟。该批人员口口声声,以邱系现役壮丁,应征调入伍。其继母看势凶恶,急以金钱说项。该辈始悻悻而去。临行时且声言,准其留厦两星期,如不离厦,仍捐之入伍。查邱有中菲之双重国籍,如系国民,按兵役法,华侨返国可免役 6 个月。今邱返国仅月余，保甲人员以其未稔祖国兵役法规，竟乘机敲诈勒索，殊碍国体。亟盼有关当局，彻底查究严办，以杜流弊云。

华侨林意寿等 10 人，前由星岛带回自由车计 10 架，遭受海关扣留一节，经林等呈请各侨团代为交涉，海关允以照估价 7 折 435 万元领还。林等不愿接受，据理力争，海关当局乃表示降为估价 5 折领回，惟每辆须追征入口税 14 万元。林意寿等以依照海关规定，每人原可携带自由车 2 架，除 1 架自用外，另 1 架始须纳税。现彼等每人仅带 1 架，竟被刁难。旁人曾劝彼等设法与查缉人员说项，彼等以说项应酬，私人节省无几，乃借款欲向海关领回。讵海关查验课竟谓仍照估价 8 折缴纳，林意寿等闻悉大愤，认为此系不甘纳贿之后果，对海关当局之反覆无常，决予力争到底。据林等告人，彼宁愿依法课税点滴归于国家，不愿纳贿，使税吏暴发横财云。（海外社）

《江声报》1947 年 6 月 4 日

马容轮抵厦　本日可返菲

本报讯　川走厦菲线之马容轮，于前 4 日下午抵厦，载来归侨 120 名，货物一批。该轮订明(6)日返航菲岛，刻即已向该公司登记购票往菲侨胞数达百余名。

《中央日报》1947 年 6 月 6 日

发现华侨搭客行李挟带枪弹　太平轮被扣留查询

华侨回国慎勿携带违禁品　菲外侨登记证印花提高菲币 5 元

本报讯　据悉，菲总统经于本月 1 日签署国会通过提高外侨登记证印花税案，移民局亦经于本月 1 日即已开始执行该案。移民局长法布礼，4 日并已通令各省市社司库官于办理外侨登记时，对该案予以执行。按该案，即□将每年在菲外侨所贴于登记证上之印花费，本为菲币 5 角，现提高为菲币 5 元。又据移民局长法布礼 4 日宣布，截至目前，经已向该局登记之华侨，共计 96648 人云。

又讯　兹由有关方面探悉，太平轮本于 4 日如期从岷尼拉开厦，后经菲政府海关侦探及港警于检查华侨搭客行李时，发现某搭客之行李中，藏有违禁品，并在一铁罐中，发现手枪与弹药，以致海关当局不允许所有搭客行李送上轮船。且将搜出之违禁品及手枪之该搭客,扣留查询,致该轮未能立即启碇,惟其他所有搭客则已准许登轮。因此海关当局昨晚促以后一般搭轮前往各地搭客注意,慎勿携带违禁品,致耽误轮船之启行日期云。

又讯 本市太平轮船公司负责人告记者,以该公司接获岷尼拉来电,太平轮已于昨(6)日由岷尼拉启航开厦云。

《江声报》1947 年 6 月 7 日

芝巴德昨晨抵厦　载归侨一千余名　订今驶返爪哇

渣华轮船公司之芝巴德轮,于昨晨自菲抵厦,泊大担屿附近海面。侨务局江局长亚醒,派员会同水警大队部、市政府暨各社团、各报记者,登轮接待慰问归侨。计有男 1400 名,女及孩童 285 名,共 1685 名。查同船中归侨有不幸死者 2 人:一、邱荣才因病身故;二、吴青光投海自尽。死者遗物,交该轮船公司驻厦办事处,暂行保存,待死者家属具领。至搭客行李数千件,经海关关员验放后,各旅栈以电船 4 艘运载。故搭客能以 2 小时内,完全登岸。闻该轮不再往菲,今闻返爪哇,运载华侨归国。

又讯 船上伙食甚坏,茶水又感缺乏。归侨因天气炎热,难耐口干,只得掬出自己腰包,买茶水止渴,每杯开水索费菲币 5 角。每位华侨仅茶水一项,耗资都在数十元以上(菲币)云。

《星光日报》1947 年 6 月 28 日

威胁侨眷　索回契约　庄腰投诉同乡会

昨有同安马巷镇侨眷朱庄氏腰呈诉本市同安同乡会,谓有马巷桐梓保顶仔社朱笼者,战时曾向伊借去巨款,并典与田地二丘。近因伊将到安南寻儿,朱笼乃于本月 6 日率带好汉多猛,各持武器,到伊家威胁伊交出借款账簿及所典田地契约。伊年近耳顺,两儿均在安南,无法反抗,只得交出,请求同乡会代为交涉追回云云。

《江声报》1947 年 10 月 23 日

忍饥挨饿吃尽苦头　两百侨客由菲抵厦

经常川走厦门、菲律宾的海陇号轮船，于昨日下午 6 点钟左右到达厦门。从菲律宾趁该轮回国的侨胞男女约二百余名，大多弄得脸容瘦削，状极疲惫。搭客数人特为记者说明实情如次：海陇轮在马尼拉是决定上月 30 日晨开船的，旅客便都在 29 日下午上船，当晚船方不供应膳食，是以船上的小商店顾客极为拥挤，每小盘炒米粉索价达菲币两元。大家觉得昂贵无比，然亦没可奈何。而且买不到的人还多着呢，普通客人，可能都会为了肚子问题而把仅有的钱花个精光的。翌日早晨，船离开了马尼拉，船上才正式供给客人的饮食，每日三餐，船方每顿饭以 50 人的名额发给两百余人吃，数目和分量相差的这么多。所以进餐时候，宛如老虎扑羊，真不够受用，手脚慢的，则连米粒残羹也难以到口。食荒蔓延每个角落，结果大家就上书船长，备述委曲。说道："大萝卜、卤菜汤供给客人，无异养猪，尚且没有猪的福气，可吃个饱，急待改善。"于是始稍有转机，否则专向小商店购买昂贵的食物，船上旅费不很多的客人，简直是不堪设想！

船由马尼拉出口到玛尼米礼示附近海面时，机件就发生障碍，走不动。停泊了一天一夜之后，才勉强每日以数海里的路程行驶，有若老牛破车。好容易挨尽了六天如一年的时间，才慢吞吞的到达厦门，新从菲岛回国的侨胞，对此所谓"国营事业"，莫不大感骇异。

《江声报》1947 年 12 月 7 日

归侨六百多荷轮已抵　既遭欺骗又受虐待

本报讯　前(19)日晚 12 时，荷轮芝沙丹妮由岷抵厦，载来归侨 6 百多人，业于 20 日午上岸。类皆精神疲倦，行李凌乱，似饱尝苦楚。据彼等语记者云：在菲受芝沙丹妮代理人戴正中(华人)欺骗所致。先是国轮海陇与芝沙丹妮同定本月 15 日由岷开厦，侨胞皆纷向招商局购海陇票，芝沙丹妮代理人戴正中大急，遂登报谓：该轮此次系直开往厦门，45 小时可达。归侨以阴历年关将届，亟欲回乡，乃纷纷退票，改搭芝沙丹妮。讵 17 日晚过香港，该轮竟下锭(碇)6 小时，致被英水兵及海关下轮检查，甚为苛刻，备受骚扰。又船中所供伙食，甚为恶劣——饭只够半饱，菜只番薯、白菜、臭咸鱼而已。

饮水尤不足,买诸船伙,则咖啡一杯菲币 3 角,□剪每块菲币一元。至于礼貌,完全没有。全航程计航 5 天,为 45 小时之一倍半,一泗水归侨因不堪艰苦,毙命船中。现该轮搭客蔡先宪(重庆日报董事)、杨廷玉第(等)40 余人联电菲方,向戴正中交涉。

《中央日报》1948 年 1 月 21 日

沙丹拿轮抵厦载来归侨一批

本报讯 沙丹拿轮,昨天上午由缅甸经日里、新加坡抵厦,载来各埠归侨 452 人。另有被当地政府遣配返日本原籍之日俘 60 人,20 余名英国派遣军奉派赴日盟军总部服务者。

《星光日报》1948 年 7 月 9 日

两洋轮抵厦　载来归侨一批

本报讯 昨日安徽轮及夏捷臣轮由星洲抵厦,载来归侨共 169 人,内日里 22 人,槟城 59 人,新加坡 88 人。又香港怡美利轮昨日开往星洲,载运出国华侨共 300 余人,内往新加坡者 78 人,槟城 20 人,沙罗越 8 人,复员北婆罗洲 6 人。榕籍华侨 214 人,内复员华侨占 100 余人。

《星光日报》1948 年 7 月 14 日

华侨的厄运　为了莫须有罪嫌　星洲又解返十名

本报讯 昨日水警局得渣华公司电话报告:是日下午抵厦的万福士轮有马来亚英政府遣配回厦的华侨 10 名,请即派警下轮提解。该局即派何队附率警前往解局,该十华侨的姓名及籍贯如下:郑文光(福州)、余成金(诏安)、陈金福(兴化)、陈玉成(兴化)、黄秀添(福州)、许奔(南安)、黄臣才(南安)、徐亚士(兴化)、余锦祥(兴化)、雷金锸(福州)。据水警局方面的人说:"该十华侨是被关在轮底暗房内,并无马来亚英政府的照文。后来电询市府,始知是被加以某种罪嫌遣送回国。"又据该华侨对记者说:他们在马来亚当小贩或店伙,都是因货无标价,或其他细小违警律,在路上被暗牌(即侦探)架下轮底暗房中,甚至妻儿也不使知道。所以他们都是只身回国的,在厦门举目无亲,甚望各同乡会能代为通知家属。

《中央日报》1948 年 8 月 8 日

菲地出口搜查极严　华侨返国困难

芝巴德仅载归侨十六名

市息　芝巴德轮于昨(12)日抵厦,载客菲属华侨仅有 16 名,其间有 6 名,系由当地政府遣回。抵厦后,即由水警局收领待查,其姓名如下:龚兴、林元、王鼻、王通、林国章、庄才影、洪祥克、洪狗。闻此帮华侨,在菲有 400 余名,登轮拟行返国,讵菲当局,以吾政府颁布经济紧急措施,严禁纱布南运。菲政府亦严禁纱布出口,对轮上华侨搜查限制,致 400 名无法返国,只好退票再度登陆云。

海洋社晋江 12 日电　据岷尼拉电,菲海关前日突下令,严密搜查华侨返国行李,并限定每人所带布料不得超过 3 码。因此本帮搭芝巴德回厦之归侨,有甚多行李无法携返,而该轮启锭时间,亦因此被留难而延搁多时。

《立人日报》1948 年 9 月 13 日

芝巴德轮配回侨民

移警局处理　内一埃及人

本市水上警察分局于昨日函解由菲岛遣回侨民庄在鼎及外侨埃及人伊力等 8 名于市警察局,据称:该分局于本月 11 日据渣华公司函称:芝巴德轮于本月 12 日由岷到厦,载有岷埠配回侨客 8 名,请于船抵港时派警登轮遽解,以免发生意外。水警分局即于该轮到埠时,派警士上轮将庄等 8 人拘押到局,转移警局司法科,分别侦讯办理。据悉,被遣人庄在鼎(晋江青阳人)因偷渡至岷被发觉遣回。汪通、汪篇(晋江林湖人)、林源(晋江西边人)、洪松克、龚兴(晋江石狮人)等 5 人均因登记手续不完全被遣回。林国华(侨生抵埠)因滋事打人,无护照被遣回。至于外侨埃及人伊力 1 名,乃为从上海往菲,遗失护照,菲政府以该外侨从上海往菲,故予以遣回中国。查该埃及人于昨日下午经警局司法科令同外事科审讯,据供年 31 岁,业土木工程师,1946 年由新加坡到上海谋生,前月间在沪生活陷入困境,乃即渡菲。所持埃及政府护照于途中遗失,故被遣返中国,唯彼对菲政府对外侨所采取之恭据不均态度，甚感不满，并附带声请欲往南京，进谒埃及领事馆驻京领事，请求善后。警局于询问后，经决定，于今日电请本市英国领事馆，予以照会受理附带事宜云。(衣)

《江声报》1948 年 9 月 14 日

菲政府遣配华侨七名　昨由岷抵埠

荷轮芝沙丹尼昨由岷抵埠，乘客中有被菲政府遣配回国之旅菲手续不明之华侨 7 名。经水警扣押查讯，据称该 7 名系岷沦陷日伪手内，证件遗失，菲政府成立后，补领未出，即被认为手续不明，遣配来厦。其 7 人姓名如次：杨报弟、姚志豪、姚平勋、杨应炎、李勋雕、陈道树、吴锡强。

《江声报》1948 年 10 月 12 日

星洲配回华侨十九名抵厦

各地排华之风日炽，当地政府每借故驱逐华侨出境。昨海利抵埠，配回新加坡华侨 19 名。该批被配回难侨，多在当地谋生十数年，此次因摊贩执照问题不容当地政府之法令而被遣配。抵厦时，因旅外年久，举目无亲，生活发生问题，即由代表陈福顺至市府请求救济。市府乃令救济院暂予收容，以免餐风露宿，流落街头之苦云。(默)

《江声报》1948 年 10 月 13 日

星洲华侨二十六人被配回国

14 日晨，丰祥船由新加坡进口，运来回国华侨百余名，各情已志报端。兹据水警分局悉，此次有吉隆坡华侨 20 余名，因被当地政府认有入口手续不合，遣送返国。当经水警分局押上提讯，昨(15 日)悉数解送警局核办。兹悉，该被遣回华侨姓名如次：计陈亚安，45 岁；黄亚发，23 岁；蔡亚双，22 岁；黄亚玉，33 岁；陈新撰，30 岁；蔡尤陶，39 岁；林定，18 岁；洪阳浅，23 岁；郭顺清，28 岁；林荣谟，33 岁；李炳辉，24 岁；王瑞福，32 岁；雷树，40 岁；褚亚憨，33 岁；王再添，23 岁；苏登，67 岁；张文耀，67 岁；许玉林，50 岁；曾亚仁，37 岁；苏月，35 岁；美妹宋，34 岁；林水弟，19 岁；郑洪光，19 岁；王金泉，22 岁；

王乌乌，21 岁；陈细细，37 岁。（支）

《江声报》1948 年 12 月 16 日

圣诞岛华侨廿六人返国

市讯 国际难民组织厦门办事处，顷奉香港办事处电称：因战事滞留圣诞岛之华侨 26 人（内 23 人原籍福州，3 人原籍闽南），业经该处由芝沙丹尼轮遣返祖国。该轮将于本月 25 日抵厦，应即转达社会福利机构，于轮船到埠时，派员登轮照料，设法遣返原籍云。该处奉电后，经分函有关机关查照。（厚）

《江声报》1948 年 12 月 22 日

华侨十五名登记候查释放

荷轮芝渣莲加昨晨抵厦，手续不明，被配回国之旅菲华侨 15 名，交由水警侦办。兹悉，业经该局登记，候查明交保释放。计有颜栋，33 岁；高武端，19 岁；李珍，37 岁；林家况，43 岁；高祖章，20 岁；丁德泰，33 岁；吴政，34 岁；丁玉彬，30 岁；丁芳，17 岁；林汀，41 岁；林昕，41 岁；蔡越，17 岁；蔡文章，16 岁；高武额，20 岁；林及时，30 岁。（雷）

《江声报》1948 年 12 月 23 日

莫须有罪名　马来亚华侨又遣回十名

本报讯 马来亚华侨陈李弟、黄里生、黄亚发、林亚桃、陈亚暹、陈亦廷、陈天文、陈亚九、王金星、黄田等 10 名，为当地政府遣配回国，昨日搭贵阳轮来厦。渠等俱系居住于巴山者，在排华日紧声中，违反所谓“紧急命令”，为当地政府纵火焚毁其住所，然后予以驱配。经水警局派警下轮提局，即予保外。

《中央日报》1949 年 1 月 14 日

归侨美金多　纠纷事亦多

本报讯　归侨傅子重，于昨具呈刑警队称：彼有美金 3000 元，因家里房居急于修造建筑，故于昨晨将该款寄其友林坚及伙林瑞良，乘飞安轮前往泉州。不意船开行前之数分钟，林等急急跑回告，称该款已被扒手偷去。美金 3000 元，数目庞大，林等未加慎藏，显系企图吞没，伪称被偷，故具呈请求缉犯，追回原物云。(铭)

本报讯　中山路 286 号 2 楼，菲律宾归侨陈奋石，于昨具呈思明分局称：彼于去年 12 月 27 日下午 3 时，由大中路兴南栈取美金 600 元，菲币 270 元，偕友至晨光路 22 号朋友陈朝宗处谈话。未数分钟，突有名石狮及阿贼者，上楼招彼参加赌博。彼婉言拒绝，然石狮、阿贼因见彼持有外币，乃拔出手枪示威，将彼所持款强夺而去。事后□于地上拾回美金 30 元，而菲币则幸无遗失，请饬警缉凶，追回彼所失之美钞等语。该局据报，当派员往该址(晨光路 22 号)传讯被告到案侦询。然传三次，该被告竟抗不到案，分局乃呈报总局下令通缉云。(铭)

《立人日报》1949 年 2 月 8 日

马来亚华侨八十余被驱出境　昨日抵厦

市息　昨晨和丰船务公司代理之捷丰轮由星抵厦，配回被英政府驱逐出境华侨 89 人。查该批被英政府遣回华侨，多散居乡村营业，最近英政府欲收各乡村权，即下令华侨迁他处。该处华侨因侨居已久，一时无法他迁，故被拘禁数月而后始行驱逐。据该批华侨称：尚有被逐华侨千余名，将陆续返国云。(默)

《江声报》1949 年 3 月 4 日

遣配回马来亚华侨　呈请向英政府交涉

市息　日昨被英政府由捷丰轮配回马来亚华侨 89 名，昨联名侨务局，略以侨民等此次被英政府无理遣配回国，其所有文件均被没收，且有侨生亦不准入境。因生长该地，历年营业，因一时被逐，财产损失不贷。出国日久，

一旦回国，人地两疏，生活感受重大威胁，恳将情转呈侨务委员会，提向英政府交涉彼等此次所受之损失云。（默）

《江声报》1949 年 3 月 5 日

菲人排华苛例日增　大批华侨将被遣配

昨他士文抵厦配回两侨供称

市息　昨日他士文抵厦，菲政府配回华侨两名，水警局即派员下轮，提局讯问：一供王关（30 岁，晋江籍），1946 年由星洲转赴菲岛，侨居已两年余。半月前代理移民局长敏顺上任后，即订定苛例以资排华，如“游历客展期不能超过 1 年”及“回菲证要在 30 天内申请”，“旧客向菲政府申请展期须绕一大圈子”等等麻烦与限制。该法令颁布后，即实行检查华侨大字，王关被认为手续未完全而遭遣配。渠扣押监牢时备受辱待，饮食比外籍人犯，更为恶劣。晚间牢内蚊虫成群，亦不喷“除蚊药水”。至外籍人犯，非但饮食优良，卫生设备亦佳。一供王尚汀（22 岁，晋江人），11 岁时随父赴菲，上年因与同侨互殴，刺伤对方手腕，被判徒刑 2 年 4 月。拘禁 1 年 2 月后，菲政府竟费尽排华方法，设词欺骗其宣誓后即可获释放。渠信以为真，即依命宣誓，冀得出狱，讵料所谓宣誓出狱，即骗逐其出境也。关于菲政府新颁苛例后，华侨哗然，各华字报为文指责，本月 13 日华侨公理报，特将移民局开始传讯游历字华侨，报导如下：据菲移民局消息，凡持游历客字留菲之华侨，其居留期间已逾 1 年，而尚未返国者，昨已开始被代理移民局长敏顺传讯。惟敏顺局长虽未表示将采取何种行动，但移民局方面相信，凡持游历字留菲满期已逾 15 天，而尚不自动返国者，则必将被提控，而依据移民律予以惩处。盖敏顺局长在就职视事时即已宣布，彼将严厉遵行移民律条例，绝对限制持游客字留菲者至多仅能有 1 年期间云。

据称将被配回华侨数达数百名，菲当局拟分期遣配云。

《江声报》1949 年 3 月 17 日

沙丹那轮上　病毙华侨名王志辉　遗物待领

市息　日昨沙丹那轮病毙华侨王志辉一名，情志昨报。死者因单身返国，其遗物尚无人认领。查死者，龙溪人，现年 30 岁，系一知识青年。遗物中有(民国)三十七八年(1948—1949 年)生活日记两本,其日记中多记病状情况,迄至返国为止。另有星洲华侨林文生托其转交海沧街桥顶 15 号陈罔柿铁罐一只,内藏何物,因无启开,故不得而知。至其遗物,现由和记公司田有秋保管。如有人得知死者家属,可通知其向该公司领回,以免日久遗失云。(默)

《江声报》1949 年 3 月 20 日

华侨的悲哀! 丰祥轮昨抵厦　载来难侨廿名

他们说:我们都是在紧急条例下遭遣返的

本报讯　和丰公司轮船"丰祥"号昨(1)日由新加坡经港转汕抵厦,载来上列各地搭客 300 余名,内有陈德成、施亚月、鲍金泉、张古爱、李色贵、张亚八、杨源水、李亚祺、林亚毛、洪亚狮、陈泽滨、张景章、李水英、李亚宝等 20 名,内女性 2 名,婴儿 2 名,系旅居新加坡的华侨。当地政府认为触犯"紧急条约(例)"罪名,予以拘捕配遣回国者。经由水警分局于轮到埠时,派警登轮提接上岸,拟于讯问后,送交市府处理。渠等于该局接见室中,对记者说:新加坡政府的排华手段,近益酷辣,华侨动辄即被认为触犯"紧急条例",遭拘捕遣配回国者已有十数批。该地数百万华侨处于帝国主义魔爪之阴影下,居住之自由与财产权益,毫无保障。渠等继说,该地华侨甚望国内早日和平,国家强盛,海外侨胞能得国家的保护。最后一妇人含泪盈眶道:"请将我们的话写在报上,让政府知道。"(贝)

又讯　"海利"轮昨日由仰光经新加坡、香港抵厦,载来侨客 200 余名。又海关于轮上扣获货私四大件。(贝)

《星光日报》1949 年 4 月 2 日

马来亚遣返华侨　九十二名昨抵厦

痛陈殖民地虐待苦况　各机关代表登轮接待

本报讯　以"触犯紧急法令"罪名,遭受非法逮捕遣配,由"芝查连加"轮回国之马来亚华侨一批,共 168 名。内潮汕籍 76 名,已于轮经海口时登陆,余萧道昌等 92 名,亦已于昨抵厦。市府、水警局等机关均派代表登轮,提接安置于"飞安"汽船客舱中,并代为觅旅舍。迄晚九时半,该批难侨饥寒交迫，蜷缩舱中，焦急万状，咸以为回国又遭当局扣留，怨声满舱。嗣后各同乡会代表闻悉赶至，予以安慰，并送稀饭充饥。

记者于“飞安”舱中与渠等闲谈，渠等说：“马来亚英政府因民抗军蠢起，治安日趋不靖，在‘紧急法令’下，无论何地发现有民抗军踪影，即将该地全部华侨逮捕，纵火焚屋，至尽毁而后已。妇孺送入集中营，15 岁起男子，则拘入牢监，施以毒刑，迫问口供。其毒刑有冰刑、电刑（阳具及屁股）、烟炙全体、灌汽油等，至鞭笞则系家常便饭，有吉打属神岛某村华侨 5000 余人，遭英军纵火毁屋，妇孺不及趋避，十数人被枪毙。渠等受拘禁期间少者四五个月，多者半余年。至随身资产，在牢中用光后，始遭遣配回国。有者系侨生，回国后，四顾无亲，生活将成问题，于被押登轮前，曾向政府哀求免配，则答贵国在打内战，蒋总统需要你们。”渠等又云：“当地华报登载当地政府曾通知华侨公会，筹备 50 万名旅费，拟于今年内驱逐 50 万名华侨出境也。”

《星光日报》1949 年 4 月 17 日

马来亚难侨一批昨乘安徽轮抵厦

食宿无着盼　亲友认领

本报讯　太古公司轮船“安徽”号，昨（20 日）由新加坡抵厦，载有马来亚遣配回国的难侨一批。渠等在星俱无职业，系靠求乞为生，抵厦后囊无分文，生活发生严重问题，乃由水警区分局暂予收容，甚盼其亲属前往认领。兹志其姓名列下：陈加隆、彭稽盛、林存兴、张盛、林水清、赵天来、施来成、曾勇成、廖必记、姚凤女、汪文章、叶赞生、黄安、萧熙邹、林阿木、谢大好、许吉英、徐淑美、徐亚美、李吉龙等 20 名。（贝）

《星光日报》1949 年 4 月 21 日

被遣难侨百名　搭丰祥轮返国

盼望各界人士予以援助

本报讯　被新加坡英政府遣配，由“丰祥”轮回国之百名华侨，经市府、水警局等单位于前（16）日夜派员引接上岸，分遣与各同乡会负责收容，并资助返乡。该批华侨在星遭遇与前此数批被遣配回国者同一命运，他们被加以“触犯紧急条例”之莫须有罪名后，多数经半年以上之拘禁，直至财产耗光时(拘禁期间伙食自备),始予遣配回国。一入国门,生活即成严重问题,各地同乡会虽竭力予以救济,但多困于财力,施惠目前,无济于后。渠等甚望各界人士,能予以有效援助,以解决来日生活。

《星光日报》1949 年 5 月 18 日

万利士轮昨抵厦　载难侨四十四人

海关在该轮扣获红宝石一批

本报讯　渣华公司轮船“万利士”号,昨(23)日午后由星经港抵厦,载有被马来亚英政府拘捕遣配回国之难侨 44 人,具系闽南籍。经厦水警区分局派员上船接导上岸,已分属同乡会负责收容,并予以资助回乡。

又讯　海关检查员在该轮扣获客带红宝石 900 余颗,因系禁止进口物品,即予带关,候上峰处理。(草)

《星光日报》1949 年 5 月 24 日

旅马华侨多遭遣返　往往不悉所犯何罪

市息　最近旅居马来亚华侨时被当地政府根据紧急处分令,遣送返国。被遣诸侨,闻多自幼在马来亚生长,一抵国门,难免举目无亲,投依无门,生活陷入绝境。而当地政府将华侨遣返,最多只以简单名单一纸送达我方政府,往往华侨本身不悉自身所犯何罪,致被遣返。而被遣地政府于侨民抵达时,亦无从办理,显有失友好待态。李怡星市长为此,特乘日前与英驻厦总领事斯美锡曼会晤之机会,提出口头上之建议,嗣后有华侨被遣返时,应在名单上抄录犯罪事实,遣返理由,以示公允。斯氏已答应将情转达马来政府查照云。(厚)

《江声报》1949 年 7 月 6 日

利南轮昨抵厦　载来归侨四十四名

被遣返难侨三十五人

本报讯　厦利南轮昨日抵厦,载来马来亚归侨 44 名,其中 35 名是在“紧急法令”下被当地政府迫遣回国者,自由搭客仅 9 名。该批遭遣者姓名为：郑源兴、潘纪水、陈光英、黄定、林天佐、林良兴、柯清云、蔡启德、施春来、杨亚成、陈火炎、佘鞠妹、郑蛟龙、颜连琼、施得来。

《星光日报》1949 年 7 月 18 日

星洲华侨横遭放逐　女人小孩亦难获免

一批难侨昨乘轮返抵厦

市讯　昨日来厦之胜高拉轮，又有被配回之难侨 35 名，其中有女人、小孩。咸被新加坡政府之所谓犯紧急法令而扣捕之，闻者莫不为华侨之遭遇掬一滴泪。（文）

又息　胜高拉昨午后 4 时抵港，有鹭江道新开明岷栈落海工友蔡梓宣登船招揽侨客，由第一舱下至第三舱时，行经货舱盖顶，忽失足坠落舱底，一时昏迷气绝，不省人事，鼻孔鲜血淋流。据云：该舱管理员在客未卸离前，擅将货舱盖抽出，仍盖以白帆布，致误坠舱底。受伤工友蔡梓宣，现伤势甚重，经开元路福民诊疗所先服强心剂，晚 8 时左右已送入中山医院治疗，热度仍在百度以上，尚未脱险。闻旅栈工友咸表不满，认为该轮管舱员应负责任，故将一致声援云。

《江声报》1949 年 7 月 18 日

华侨出入国最近均形锐减

半年来被配回者达二十批

市息　祖国烽火漫天，华侨归来者，寥寥无几，而出国者亦不见多。盖因南洋各地竭力排华声中，华侨在外，谋生大感困难，以致这几月来华侨出入国顿即减少。据侨务局云：他士文轮 24 日来厦时仅载有 20 名搭客，赴菲时仅载 40 名。中兴轮 26 日来厦，载华侨 52 名，出国者仅 19 名。又民间“普度”已届，本来侨汇应该大量涌进，但意外地最近侨汇数字，仍一再减少，大有不景气之现象。

又息　万利轮昨日来厦，载有由新加坡遣回之华侨 225 名，在汕头登陆者 170 名，在海口登陆者十余名，被配来厦者 22 名。兹探志姓名如下：林亚再、徐瑞、黄真、梁炼、张锦、林青叶、邱金定、颜烛、吴乎、王雄、张拱农、黄朝高、黄赐、刘白省、王来、朱东发、陈亚家、吴亚池、陈亚妙、林琴、黄顺、张如。

又息 据侨务局发表统计，自元月起至最近止，共有被遣回之华侨20批，数有646名。(文)

《江声报》1949年7月28日

丰祥轮昨日抵厦 载归侨一八八名

本报讯 和丰公司轮船丰祥号，此次由仰光开航，经槟城、星洲、香港等地，于昨日中午抵厦。计载来沿途兜载的搭客188名，其中17名是又被马来亚英政府加以莫须有的"触犯紧急法令"罪名，拘捕遣配回国的遭难侨胞。他们的姓名：陈如香、杨麒麟、杨承水、白锡祥、陈福华、陈文、叶清友、林玄柿、王因瑞、白天赐、蔡荣长、胡宽然、郑亚海、林亚米、郑乾娘、林乌、张荣华。

又讯 丰祥轮搭客蔡用建是星洲归侨，因肺病毙命轮中，遗下行李四件。其后事由和丰公司代为料理，至死者身后所遗行李，将留待死者家属到厦领回。(克)

《星光日报》1949年8月13日

马来遣配华侨一批 由安徽轮运载抵厦

百五人身无长物待救济

市息 海外排华声中，昨日上午由星到厦之安徽轮上，又搭载被马来亚联邦政府遣配华侨一批，计王怡钗、王密、蒋敬、李居、陈开洽、林贵、林元正、陈亚礼、庄谓、郭海泉、李天吉、陈锥、陈振生、邱莲、尤凤、陈玉理、朱绩福、许定、蒋金水、蒋亚英、蓝大头、蓝土生、潘金英、王文执、林亚金、林俊秀、蔡云峰、林志坚、林忠茅、陈文殊、张荣生、林新华、刘碧月、詹水深、赖西墨、钟兰双、黄亚英、李兴□、李庆金等155名，由市警局司法科分别侦讯后，均予交保。彼等系被马来亚政府，以触犯紧急条例，予以逮捕监禁，而财产、田园被捕时，都被抢光毁光，且遣配下轮时，事前既无通知，复不准亲友接见，行李亦不许随带，厥状至惨亟待救济。

《江声报》1949年9月11日

被遣回马华　发现有共党

解警备部办理中

市息　目前搭安徽轮由马来亚配遣来厦华侨，王清权、郑侠等 21 名。中有陈金水 1 名，因在马来亚参加橡皮工会，被当地政府认为有重大共党嫌疑，而陈本人在司法科直供参加共党不讳。警局经于昨日将该陈金水解送警备司令部办理云。

《江声报》1949 年 9 月 18 日

第二章

海外创业

第一节　社会概况

今昔迥殊

往年出洋人客仅正、两月居多数，至三月有事田畴即暂见稀少，叻屿单价亦逐渐降跌。讵今年光景与昔大不相侔，出洋之客熙来获往，值此播种时届，竟不加少而加多。下晚有双美大轮开往新加坡、槟城、仰光各埠，载客不下 2000 左右名，单价仍甚昂贵。间有川资不给附搭末由者，不免望洋兴叹，噫可慨矣。

《厦门日报》1910 年 4 月 27 日

李清泉谈菲华侨前途

计顺任总统不至影响　惟不自奋发为可思

省政府委员李清泉，自菲返厦养病，近已痊可，外传李氏有赴台参观台博会，及赴沪参观全国运动会两说。记者昨日访李氏于其鼓寓，对于此事，及报载岷里拉(马尼拉)华侨失业 3 万余人，暨计顺当选菲律宾共和国总统后，旅菲华侨会否发生影响各问题？承李见告如次：一、本人健康虽渐复原，但尚需长时间将息，短期内并不他往。二、全菲华侨只有10万左右人，其中闽籍约7万余人，粤籍二三万人，而居于岷里拉埠者，约3万人。若报端所载而实，是全岷里拉之华侨已一概失业矣。倘非天灾人祸，发生不测，必无是事。此事理之易明者，无待探讯也。三、计顺为菲律宾独立运动最努力之一人，其为人精明而有干才，平素与菲埠华侨人士，亦颇有情感。副总统奥斯梅那，为华菲混合种，其妻亦为华人。二氏执政，华侨在菲商务，绝不致发生任何影响，惟一事，本人甚希望旅菲侨胞能早觉悟者。盖日人在菲商则商，工则工，终日孜孜，事其所事，甚少有涉足跳舞场、娱乐场者。而华人则无论有闲阶级，或无闲阶级，偶得温饱，便终日继夜，沉迷于跳舞场中，过其搂抱生活，此亦华商失败。

日商崛起之一极大原因，现时旅菲日侨，在纳卯一埠有一万二三千人，其他各埠合约七八千人。若华侨不及早觉悟，不惟商业无增进希望，诚恐报载云云，亦必有实现之一日矣。李氏又谈：计顺于亚银那将军时代，曾任国长，嗣改任律师、检察官、驻美外交官、参议院长等职。今年47岁，与奥斯梅那总统同年，且同为8月建生云。

《江声报》1935年9月23日

吕宋客皆大欢喜

岷厦船票削价求售

自岷栈业抵制太古之安庆轮，迩来赴岷侨客，皆经岷栈招徕，乘坐日荷轮船起程。芝加哥丸本期所载厦客190名，因患疾病被检验退回者9名，实数为181名。其3号船票，每名收价29元，种痘费1元，入口税27.3元，较前已大低减。荷轮芝沙丹尼，昨午开港转岷。计载岷客280名，已超过额定30名。间尚有80余名，无法收容，留厦守待。至各客栈欲租国轮航行岷厦，其筹集资金，据说已25000元。拟与菲律宾中华商会合作，然后再与香港太行合办，船名拟定为普安轮。岷栈代表黄本源，昨已赴港接洽。在此情形之下，岷厦侨客往来，总不致吃亏。安庆轮船票，闻将再行削价。荷日苛轮亦随之而削，则左一削，右一削，吕宋客皆大欢喜矣。

《江声报》1936年4月12日

李清泉回厦谈菲侨商况

商会再组归国考察团　国选及寿蒋皆进行中

省委李清泉,昨晨6时,自港乘海坛轮抵厦。登轮欢迎者,有省府参议林寄凡,中兴银行董事李泉领、李昭煌,经理叶天送,及华侨公会代表洪朝焕、苏谷南、吕天宝、黄天恩等。李氏上岸,即赴鼓屿升旗山脚住宅休息。10时记者往访,询以返国任务,李氏谈,前因在菲患肠炎,入院割治,愈后以事务繁忙,未遑将息,致精神体力颇受损失。有乘时修养必要,因于上星期三日,自岷首途赴港。抵港后,适值海坛轮启碇,遂乘之返厦。此来系养病,无他任务,关于购机寿蒋委员长事,岷中华商会已在积极进行,成绩甚佳。菲华侨商业,迩来无甚变化。惟独立政府成立后,一切多所更张,致华侨在菲经商者,多感不利。现岷中华商会正努力请求改善中。今者菲岛土人,开发金矿。我国华侨,亦有参加工作,故商况稍有转机。关于国选事务,中央派驻菲领事监督,正在进行。候选人尚未选出,菲商会近拟组织华侨归国考察团,规模较大,现极力参酌国内各省情形,进行组织中。预备明春由菲出发,赴港入粤,即转粤汉路赴长江流域,归途由沪取道海程过厦返菲。本人业商,政情未熟。

省委一职,决退让贤能。闽省建设,比前大有进步,实堪欣慰。前与建厅拟创之建设银公司,因商务繁忙,未得办理。自本人赴菲后,已陷于停顿,将来恐不能实现云云。

又息　菲岛国代候选人,各方属望者2人,为王泉笙及李氏。另宿务怡朗1人。李氏留厦休养一二月,届时或赴京一行,顺途视察上海中兴银行。

《江声报》1936年9月14日

六千侨客望洋兴叹　八月方克全数起程

客栈与六和　各乘机取巧

迩来南洋商业好转,而本省各内地生计尚甚艰难,为谋出略,惟有过番。故日来本市候轮出洋之客,至为拥挤。已向六和登记抽签购票者,竟达4000余人。前昨两日,在厦种痘登记又千余人。各客栈均告人满,据总调查,目下在厦候轮新客,达6000人之多。六和为分七组,依限制客数分期出洋,须至8月方得全数起程。第一三个月后方组预算，须能完全放洋，而各客中有已候轮月余，抽签十数次。尚未能购得船票者，欲再等候则遥遥无期，资斧已近，欲即还乡，则已耗费数千元，未能甘心。似此情形，其觉出洋难矣。在此情形下，客栈轮行，各有取巧，客栈以栈伙，混入抽签，得票后赴汕转售。六和各行，则凡购峇厘船票者，均免□加抽签。但峇厘票新客1名，须有旧客3名，方得购买。若此峇厘客，即可扩充，客数又可增加。二盘及客栈对此，认为轮行支配不公。昨会开会，决定提出交涉云。又川走南洋之万福士金马轮船星洲总行经理PPRO□K偕S R VAR.DFBE及香港渣华公司经理W. H .CEBAT7日到厦视察业务，认厦门代理合福庆，成绩甚佳，颇示嘉奖。昨已遄返回星洲，临行，由万福士轮买办。在轮欢宴中外官绅、各国领事及李市长，陈科长、张大队长等均应请云。

《江声报》1937年5月9日

新客出洋难　奸民伎俩多
逃港者又将逃洋　吕宋船票再抬价

敌人犯粤，空气浓厚。前者移居香港之闽省等处富人，又皆纷纷移往外洋。故香港新客出洋船票，每名奖价至二百余元，而厦门冒充新客抽签买得船票者，到港转售，利益更加丰厚。此类奸民，亦日见增多，甚而上下串通。于是登记抽签，弊端重重。其真实欲求出洋新客，更觉难上加难矣。查目前出洋新客登记，已达四千余名。纵于此时截止登记，亦须两个半月，方克(可)全数起程。而在厦守候，栈费伙食，所费实已不赀。近日客栈曾商诸轮行，变通购买办法，拟将每期新客票，半数抽签，半数自由买票。以利携眷急欲出洋者。轮行对此，闻在考虑中。又查在厦候轮赴岷之客，亦尚有二千余名。太古、渣华两轮行，决定本期起再行加价，三等给每名加五元，峇厘每名加十元。

《江声报》1937年12月20日

金门岛华侨概况

金门岛民，自吾国海禁洞开以后，遂四出海外经营，于历史上已有数百年之进展，对于祖国之经济、文化、建设之赞助，咸不逊他邑。在南洋群岛之地位,亦可与各方面并驾齐驱。但关于侨运之记载,则可谓绝无。以此,则可概见旧政府时代之当局不注意实际侨务。言念及此,能不咸慨系之。然该岛自更生以还,地方明朗,庶民乐业。当兹和运日益进展,中日亲善,极臻紧密之秋,汪主席之鸿猷硕划,亟须宣扬海外之今日,而该岛侨运亦乘时崛起,为政府之助力,为侨胞之前躯。用以怀远民,而柔来归,俾共同协力,完成建设新金门,进而得以□骥中枢,完成建设新东亚新秩序。是以不管如何困难,抱此本旨,以完成使命。希望诸已归未归之侨胞,认识此和平"反共"建国真谛,共同奋斗,完成王道乐土。此不但国家之举,而亦侨胞之福也。兹将金门华侨状况,探志如下,想当为读者所乐闻,金门原为风俗淳厚,人民诚朴,只以岛中生活,大半务农,余者则为渔业及小商贾。故近百年来,相率放洋谋生者甚多,其发展状况,略述如下:

一、业务比较。商业约占全数32%,航业约占全数16%,工业约占全数15%,农林约占全数14%,渔业约占全数10%,学界则为全数5%。资产至千万以上者,十数人;资产至百万以上者,五十余人;资产至五十万以上者,百余人。

二、资产发展。资产至千万以上者,十数人;资产至百万以上者,五十余人;资产至五十万以上者,百余人。

《华侨月刊》第1卷第5～6期合刊,1941年

厦门星洲航线定四月间复航　马来西亚当局限制华侨进口

战前川走厦门、新加坡航线之邮船金马、万福士二轮之荷兰皇家邮船公司,于太平洋战事爆发时,有大小船只约有一百六十余艘,均被征服务,损失三分二,而金马轮亦在服务时沉没,万福士尚健在。现该公司积极赶造新船,预计本年内恢复原有规模。对于厦门、新加坡航线,决于四月初旬复航,除万福士船以外,将加派新式邮船一艘云。

又由渣华公司传出消息,接总行函称:英属马来西亚人口过多,物资缺乏,航运初恢复时,对于前往该属侨民,不论新旧客,须先向该属军政府申请许可证,始得入口。在未得入口许可以前,如侨客到达该地,有被驳回之可能。

《江声报》1946年3月4日

菲政府仍坚持外侨入口办法　恩典轮废然南返

川走岷厦之恩典轮，收载归侨出国，因受菲政府限制，须有1945年以后出口领有回菲证件者，方为合格。该轮当事人林光华，连日有1941年回国之归侨纷纷请求搭该轮赴菲，乃再电菲政府请示。昨(4)日接得电复，仍谓："须有1945年以后之回菲证方得赴菲，否则须经美领事签字许可，如不遵照，即予处分。"该船奉电，不敢违法滥收。故仅有搭客30余名，货载60余吨，决于今(5)晨启碇返菲。

《江声报》1946年5月5日

星洲归侨谈四年来沧桑　战时损失与战后复员

马来食粮充裕物价平稳　锡矿胶园渐复旧观

战后马来亚首批归侨62名，由港转搭安徽轮，于昨晨抵厦。记者登轮访问，与吉隆坡瑞和树胶商华侨筹赈会委员林吉隆接谈，林氏称：1941年1月间马来亚陷于日寇，至去年9月27日敌寇投降，历经3年8个月，华侨处于倭寇跌蹄下，痛苦难以名状。华侨物资多被没收，五金机器全部损失，被移往他处，锡矿停顿，树胶全部被铲除，强迫居民改种杂粮。侨胞被杀害者殆有10万人，其中星洲占十分之四。侨胞财产损失，不计其数。华侨有一部分参加为抗日军者，盟军发给奖金，每名叻币300元。当盟军收复失地期间，美军大批粮食运至马来亚，救济民众，依照户口配给，政府公价发售，约两个月之久，白米每斤售叻币8仙，白糖每斤12仙，面粉每斤11仙，牛乳膏每罐41仙，其他杂粮均依公价售出。英政府严厉制裁抬高物价，故最近期间，白米每斤市价仍仅叻币25仙，一切物品平均，较之战前高涨十余倍。胜利后侨胞关怀祖国，急欲汇款接济眷属，惟受英政府限制，每人每月只许汇出叻币45元。如有特殊情形，须依法向英政府申请许可，但最多亦不得超过叻币1000元。去年9月间，我侨急欲回国，奈船械缺乏，本人因有产业在厦，契据均带往海外，竟于陷敌期间被人盗卖，故此次急回整理。经向马来亚我总领事馆申请回国登记，历3个月之久，至本年五月五日始搭贵阳轮离开星洲。同轮计400人，内120名为星侨，其余280名为马来亚各属华侨。该轮此次运载马来亚首批侨胞回国，每名船票叻币122元，折港币222.5元。

历程7日之久,延至5月11日始抵香港,其中有粤侨280名,即由港登岸,转返广东各处。彼等120名,12日离开香港,转搭安徽轮启程,13晨抵汕头,汕侨58名,当上陆回籍。余下彼等62名,于是日午后离汕,今始抵厦。沿途备受苦楚,如贵阳轮招待甚欠周到,船员多系万加里人,极端歧视华侨,有华妇数人关门入浴,竟被击开门户,故意羞辱,殊属可恨。船中不但茶水缺乏,食粮亦且不足。该船包办伙食者,每日三餐,均以腐坏米饭供给,亦无副粮菜蔬。如此待遇侨客,倘不改良,我等将劝今后侨胞勿再尝试。该船抵香港时,当地海关勾结香港客栈工人,登轮检验行李,种种刁难,藉词勒索,每人被诈数十元至百余元不等。侨客稍不注意,行李即被盗窃。惟到厦时,情形显有不同,厦门侨务人员及水警登轮照料,海关检验行李,手续简便,同侨十分满意云云。

又据霹雳归侨吴侗谈:马来亚因锡业停顿,华工失业甚多。现英政府已计划复工开采,并拨巨款补助及借予华商,霹雳一地已拨叻币90万元,交当地侨领刘伯华,以资恢复锡矿开发。树胶业亦已复工,树胶价格,战事初结束时,每磅36仙,今已奖至43仙,各树胶园已多数复员云。

《江声报》1946年5月15日

华侨返菲复员可免遭诈骗

菲派员到厦验证　陈松柏财到人逃

据菲律宾来客谈,旅菲华侨入口手续代办处,所包办返菲复员之华侨,乘玛丹轮到岷,被禁轮上四天,每名交保证金菲币500元后,始行登陆。而代办人陈松柏未履约言,逃避无踪,华侨极为不满。另有华客30余名,仍禁于轮上,将被遣回。又称7月27日移民局通告,凡在菲外侨有合法居住证(1941年以前携带大字,或四菲证离菲者),一律准予返菲。该局已派员(菲人)乘吕宋号轮来厦,主持检验返菲华侨(1941年以前回国者)证件(不收手续费),以免复员华侨横受意外损失云。

《江声报》1946年8月2日

菲当局对归侨复员　决定派员来厦办理

移民局三要员月内即可启程　凡证件遗失者仍得重新申请

岷里拉讯　据移民局事务处消息:菲移民局确定派员3名赴厦,办理回国华侨返菲手续。所派3人,为移民局重要职员ASOAR OROUETO,检查员HILARIOREYES及指纹学专家NEMESIO。彼等将于下周内首途赴厦,至迟亦可于本月内起程。查战前回国华侨,凡持有出口字或在地字,经移民局派厦人员验明许可后,即可来菲。倘上项文件遗失及未办理1945、1946年度之外侨登记,仍得向菲政府重新申请,惟新客入口则尚未开始办理。

计划来华设置领馆

又据英文前驱报载:罗哈示总统将遣派一委员会,于本月中旬前往中国。该委员会系由律师ANJONIO PAGUIA及移民局委派之代表两人组成之。该委员会将收集一切报告,以检验来菲之华侨所有文件档案。此举受影响者将为许多经已非法进入菲岛之不良华侨。凡居住菲岛之华侨,有反对菲人之嫌疑者,均将被检查。若被检查属实,则总统府建议予以遣配,该委员会将获得领事之权力,并将调查是否可能在南京设立领事馆。又据现任外长之副总统计仁络获得之一切报告,因中国内战之关系,政府已拒绝接受在中国各地设立领事馆之一切建议云。

新侨旧客应备证件

又据菲移民局专员巴勿礼称:今后新侨旧客来菲,应备有1941年之返菲证。此事除经照会我总领馆外,并通知一般移民经纪人照办。巴勿礼又称:未曾来过菲岛之华侨新客,因移民局尚未健全,今尚无法发给新客来菲之护照。若在厦设办事处顺利进行,此地之水厝及移民局原址已收回或已有妥当地点,而新客来菲之问题亦经菲政府外交部及有关方面讨论后,则可按照所定手续发给护照,予以来菲。又据我副领事称:菲外交部近会正式通知领馆,凡由厦来菲侨胞,均须向美领馆请求签证。其无签证者,不得登陆。此项办法,与菲移民局通知领馆者相反,现总领馆正向菲外交部接洽中,俟有确定结果,当即公布。又查我国驻菲公使陈质平,曾发表谈话,谓除在岷市设公使馆和总领馆外,斐(菲)岛其他各地有许多华侨之地方,亦要设立领事馆。又称:斐政府现在计划要在厦门设立领事馆。

四百华侨将被遣回

岷报 8 月 2 日载:最近斐(菲)当局表示将抛弃“大字”要求。上周由厦来斐之中国人 400 名,大多数可以不有大字而允许登陆。该 400 中国人多数无有大字 ,仅有入口字及其他手续。入口字系 1941 年发给者,有效期间为一年,但该中国人等则以受战事影响不能如限回斐为理由,故甚充分。现美在斐仍未设有外交办事处,以代菲办理外交事务,故“大字”系由美领馆在起程之地方发给者。该 400 名中国人尚被拘留,当局在个别究研彼等案件。罗哈斯告诉劳工部称:他没有同意释放这些被审查及抵押的人们。

《江声报》1946 年 8 月 12 日

新合美高抬票资　妨害华侨出国

旅栈公会请层峰纠正

本市讯　查关各菲轮船公司在厦代理人,任意高抬票价,影响华侨出国事。兹据旅栈公会方面表示,称战前星厦航线一千三百余里,各轮公司所收票资国币 60 元,菲厦一线六百余里,以客少略高,转收其半,亦仅为国币 30 元。今星各轮票资,客收国币十七万元,非厦线方面,若以□其□数计算,则仅八九万元已足。但事实适得其反,目下菲方轮船公司厦门代理,如新合美等,均收国币三十万至五十万,比诸星厦线轮,不但不见其数,反而增高数倍。难怪各方哗然,华侨兴叹。长此以往,影响所至,当不仅华侨本身之经济,且将影响华侨事务之进展。故本会除竭力向层峰请求改善外,昨并为此,特函我驻菲总领事,请其协同就近向菲方轮船公司交涉,务求降低票价,以解侨困云云。查该会以新合美公司不顾市府评定票资,且于比价方面,故意提高,深为华侨不满,一再请示市府。昨为星期日,适市府停(止)办公,未有下文。但该会为力争华侨益,已通告各栈在事未成前,绝对不可为其所算,并且会工会纠察云。

(又)讯　新合美公司荣旋轮,原订昨(8)日返航,卒因票价问题悬而未决,侨客观望,而行李亦大部未起。且昨天雨,透湿甚多,各归侨以焦急行李透湿损失,群集该公司交涉,并请注意赔偿问题。同时群拥该代理人林步瀛及柯某等至海关,请求准予先行提起被雨打湿之行李。当得海关许可,起出一小部,故该轮最快非有三五日不能成行云。

《中央日报》1946 年 9 月 9 日

马来亚及缅甸政府欢迎复员华侨

行总厦处获该地电告正赶调船舶来厦运载

本报讯 关于遣送华侨出国复员菲岛不成问题，而英、荷各属政府目前是否需要华侨前往，须俟联总处人员克拉克氏与各该属政府商定后，方能确定，经志日前本报。昨晚承侨务处处长李怡星语记者，联总侨处已获马来亚与缅甸两地政府来电，谓欢迎复员华侨，尤欢迎泥水匠、木作匠、医师、护士及教员等人急送前往。至于船只，正赶速调遣中，不久当可抵厦。

《中央日报》1946 年 9 月 17 日

1941 年前回国菲侨菲方未允登陆

因回菲证已失时效

本报讯 胜丰公司马丹轮抵厦已□日，但何时返菲，迄未确定。据悉，原因有二，其一为票价问题，另一则系搭客赴菲入口问题。关于票价事，船公司意欲照荣旋价格，船舱每名收菲币 140 元，而旅栈公会则谓玛丹设备不如荣旋，应自动将票价抑低，至 120 元左右。市府社会科，对此未作表示。至于赴菲手续，据悉，胜丰公司曾接菲方来电，略谓 1941 年以前回厦，今欲再往者发生问题。盖菲移民厅对于人民入境手续略有变更，此次该厅不许 1941 年以前回国侨民登陆，所持理由为前各侨民所取得回菲证有效期间限定一年，现均已逾期，未合允许登陆条例。胜丰公司于接到此项电报后，经去电详查，闻俟日内荣旋轮抵厦后，当可分晓。待荣旋轮所载往 1941 年以前归侨得上陆无阻，则准备搭玛丹前往之 200 余名战前归侨，自可前往。至 1945 年后返国持有菲证者，自无问题云。

又讯 招商局代理福民轮明日开榕，搭客每名仅收七千元，行总厦处遣散周墩难民庄金珠二名附搭该轮前往云。

《中央日报》1946 年 9 月 19 日

海外华侨处境黯淡　经营诸受苛扰

政府能予实际权益保证　大量侨资不难移归祖国

中华社福州22日电　据甫由星洲来此之归侨与记者谈南洋侨情，谓太平洋战事结束之后，各地华侨正以当初拓荒者精神，首先从事复业工作，予当地政府及盟军极大便利。惟其后地方秩序渐次安定，商业并趋兴起，英美货物大量运进，华侨遂沦于民族资本与殖民地宗主国势力敌视夹击中，除经济排挤外，且受种种非法压迫。故日前各地华侨，皆咸有他邦终无故乡好之感，均拟移资返国。惟因对祖国近况未尽明了，加之中共在海外之歪曲宣传，对与政府多存观望态度。上月胡文虎在星洲倡议集资300亿，筹办福建经建公司，一般认为如政府能予实际权益保证，则可多倍于此之资金，亦不难筹集。华侨应尽量设法，初除其在侨居地所受之压迫困难外，更宜多作确切宣传，呼吁华资来归。据称目前除星洲华侨经营树胶尚有发展外，其他各地因受控制，维持目下已感艰难，尚以越南法越斗争不歇，华胞遭打击，处境最为困苦。爪哇一带华侨经营糖业，诸受苛扰，甚见黯淡。星洲华侨经营情形较为稳定，中共颇见□动，菲律宾方面因中菲邦之促进，华侨情况渐有好转。目前该地华侨于急需教育人才，甚望祖国供应。现各地华侨数及经济力量，仍以闽省为最，号召回乡投资决非难事。

《中央日报》1946年9月23日

荣旋轮上华侨已暂准登岸

无正当理由将被送回厦　荣旋轮公司被处罚巨款

中华社马尼拉27日电　据悉，总统府已允准荣旋轮上华侨520人，在移民局长尚未决定渠等之身份以前，可暂时上岸。闻华侨若有正当理由，此前菲外交部将发给护照，否则渠等将被送回厦门。荣旋号因触犯当地航运法上之技术原则，其公司昨晚且向菲政府付罚款2500美金。

《中央日报》1946年9月29日

缅境秩序迄未恢复　华侨谋生不易

物价高涨地方未靖　丰庆轮昨由缅抵厦

本报讯　和丰公司丰庆轮，战前航行厦港星等地。太平洋战争期间被英政府征用，加以武装，在太平洋、大西洋间各口岸运送同盟国军队粮食。胜利后，在港改装完毕，即载运首批复员缅甸华侨，由港赴缅。上月21日，由缅开往星岛，昨晨由星抵厦，载来缅侨288人，马来各属1719人。各报记者以该轮系收复后首次抵厦，特上轮参观，蒙船主叶李波殷招待。查该轮长430尺，阔50尺，排水量6167顿。闻该轮于战争期间，曾有过遇德潜水艇，但未遭攻击。其原因系该轮原系德太子游船，德潜艇人员睹物思人，不忍下手云云。果系如此，亦战争中一佳话也。关于首批缅侨抵缅后情形，暨当地最近状况，谅为本市缅侨所乐闻者。兹将记者向昨甫抵厦侨胞陈双珪所探得者分志如下：

上次由港所载首批复员缅侨于国庆前日抵达，凡1813人，闽籍者仅占50余人。故一上陆后，即先分赴亲朋戚友处。至于粤籍1300余人，及潮汕籍之300余人，则因人数过多，而当地秩序未尽恢复，一时容纳不下，仍住宁阳会馆，由广东人士招待膳宿。目前当地秩序可谓混乱，据警局统计，三个月中发生劫案杀案、窃案1400余起，其治安情形可以想见。且电灯昏暗不明，自来水(无)力冲至高楼，道路又泥泞崎岖，何时恢复至战前状态，当难预料。物价方面，平均较战前涨三四倍至七八倍不等，但地方未靖，谋生困难。故当地政府拒绝新客前往，旧客亦须有职业者方许前往。设祖国有一啖饭之地，最好目前勿前往云云。记者有询以米价，据陈氏答称：下等米每斤(按每□重、市担)十七八盾，中等二十七八盾，最上等者四十一二盾。照现下行情每盾900元计算，则最上等米每斤不过一百八九十元，中等者不过一百二三十元，下等者八九十元，即使运杂等费等于米价，照此推算，仍较本市为廉，无如当地政府获未肯让粮食出口耳。

又讯　丰庆轮于昨晨抵埠时，各旅栈落海工友争先恐后，上轮招揽旅客。乃因人数过多，而轮上扶梯受不住压力，竟而折断，梯上五六十人并维持秩序之水警1人一起翻入海中。该水警经人救起，然所持枪械则没入水晶宫。至落海工友多谙水性者，自行泅靠小舟，闻有3人遭灭顶之祸，但未证实云。

《中央日报》1946年11月12日

在印尼控制地区　我华侨处境困难
不特无法汇款接济侨眷
即信件亦无法自由递寄　郭美丞对本报记者谈荷印近状

本报讯　日本投降迄今已一年又数阅月，拥有许多数目华侨之荷属东印度仍在混乱中，除荷军控制下之吧城、三宝垄、万隆等四地区外，不特无法汇款前来接济侨眷，甚或书信亦未能通达，即吧城等四地区侨胞，亦未能按月汇款接济国内侨眷。症结所在，以及有无补救办法，当为荷属侨眷亲友所最关心者。记者昨特以诸事叩询郭君美丞，渠系吧城中华商会会长，于上月20日由吧城飞京出席全国商联会议。日前方来厦者，承谈当日人投降之时，当地土人以我国为四强之一，曾刮目相待。但此盟军上陆接收之日，未见我国军队，亦未见我国代表，甚至未见我国国旗，乃存轻视心理，加以深中日人宣传之毒，于日人投降后，竟仇视我侨胞，致有月前之坦其隆惨案(按:坦其隆系文登属，其地距吧城约15公里)。幸该案发生以来，未再有大屠杀华侨之事发生，但与华侨感情仍未如以前之融洽耳。侨胞在印尼控制地区内欲与外界通信，均须用印尼文字，且只能用明信片。惟国内侨眷未必全懂该项文字、福建会馆及商会乃代为译成本区文字。此间侨眷欲寄信前往者，仍只能用明信片，托由吧城福建会馆转交。该馆可将该明信片贴用印尼邮票，即可送出。所需邮费，亦可由会馆免费供给，惟应请注意者，明信片中勿牵涉及政治问题，以免周折。至于汇款方面，一因荷政府统制，一因荷属与我法币汇率未定。故除回国之人每人准带150盾，经常汇款均所不许，致此间侨眷望眼欲穿，虽有人用黑市汇款汇寄，然吃亏既甚，又不方便。据郭氏云:渠此次到京时，会特为此事向中枢请求设法。渠并向中枢建议，将中央所将拨为荷印尼前所用之日军用票，已于10月底取消。另由印尼发行新印尼币制，然预料待政治问题解决后，币制问题亦可迎刃而解。关于贸易方面，均由贸易统制局统制，糖、糊(胡)椒、大面粉等仍在禁止出口之列，咖啡等少数物资，虽许出口，但概须结汇。入口方面，初绝对禁止，经总领事蒋家栋及中华商会竭力交涉，目前已许中国药材入口。不久之后，书籍纸类，包括迷信用纸，亦可能准许入口。此间商人欲配货往荷属者，除中药已许可外，书籍及纸品亦无妨准备配发。末谓福建国团筹赈会前所募集，拟汇回国内急赈之款项荷币 5 万余盾，均寄存银行。待荷属款汇（解）禁后，即可汇来。又所募金鸡纳霜亦经荷政府准运 250 公斤回国，不久之后，当可交船运来云云。

《中央日报》1946 年 11 月 22 日

首批星洲复员华侨抵星后情形

领队丁永祥返厦谈称

本报讯 载运首批星洲出国复员华侨之安徽轮，于昨中午返厦，载来星侨 800 余人，货千余件。行总复员遣送站前派随轮护送华侨之总领队丁永祥，随搭该轮返厦，记者询以首批华侨抵星后情形，据云安徽轮于本月 4 日上午 8 时许安抵新嘉（加）坡，9 时许移民厅人员即上轮检查，先将马来联邦者送至社会福利部，由部问明各人住址后，即由铁路转送至各人住处。新嘉（加）坡华侨除 1 人因有伪造证件嫌疑遭配回外，余均于当日下午完全登陆。经过情形良好，当地故府对于厦门救济华遣送站办理复员事，认为满意，经电准继续配送。闻遣送站一俟奉到上峰遣侨款项后，立将开始登记云。

《中央日报》1946 年 11 月 25 日

菲人排华益厉　花样翻新令人发指

中央社马尼拉 19 日专电 菲人排华最近不但变本加厉，且花样翻新，令人发指。本周荷轮芝沙丹尼自厦经香港驶菲，载归侨 654 人。轮抵马尼拉时，检疫处令驶入检疫站 42 小时后，始准泊停码头施检。医生登轮检查乘客，竟以长玻璃管插入受检者之肛门，更藉检阅防疫注射证与种痘证为名，对侨胞苛索备至。检疫处人员离去后，移民局人员又登轮检验砂眼及膀胱、花柳等病。而白种乘客，则免受上项检查手续，准尽先登岸。

《江声报》1947 年 3 月 20 日

恢复百分六十

目前产量稍逊销路仍不恶　侨领许坤耀返厦对记者称

本报讯 侨领许坤耀氏前（27）日搭乘安徽轮抵厦，下榻鼓浪屿，据称：星洲侨胞现况尚属良好，与英当局亦能相处，先后复员返抵星洲者，计有 5

批，约 5000 余人。现正着手重整故业，星洲侨胞以从事胶园为主要产业。惟战后生活程度提高，工资随而昂贵，技术工人复相率转业，遂致已恢复胶园，仅有 60%，产量亦低减 30%。尚幸销路不恶，预料三年后可望恢复战前状况。侨胞对于教育极为重视，侨办学校，已全部复课云。按许氏为经建公司星洲方面之筹募资金负责人，氏手经募者占总额 300 亿元之二分之一。

《中央日报》1947 年 4 月 29 日

南洋华侨环境恶劣　亟待祖国援助

李君侠抵厦谈华侨现状称　菲修正法律限制外侨出入

本报讯　南洋华侨筹赈总会执行委员，前南侨回国慰劳团总干事，现任新加坡星洲日报暨香港星岛日报驻京沪特派员之李君侠氏，昨由香港抵此，畅谈今日南洋华侨现状，并发表返闽以后个人一般之观感。爰简志如下：

甲、华侨现状。（一）安乐时代已过，环境充满不愉快空气，荷印、泰国、越南华侨遭惨杀，菲律宾公开性排华，马来亚、缅甸华侨也有被歧视的行动的表现。（二）粮食日用品涨价，胶椰锡等土产报跌，不但资本家叫苦连天，工人也还脚踏饥饿陷阱的边沿。（三）战争赐福，华侨意识空前的进步，过去仅仅限于狭义的帮派冲突，现已转入广义的拥民主，求自由斗争。（四）从前弱国无外交，华侨自力苦守祖国第一道经济防线，今日所谓战胜者诸流落海外的孤儿，昼夜急在祈盼家长能够伸出有力政治的手臂。

乙、返闽观感。（一）交通不便，造成物价尖锐梯形的现象，米粮一项来说，由厦门、泉州、南安、永春，愈内地愈贵。（二）教育退步，人心道德沦丧，社会充塞贪险奸诈的风气。（三）币值不稳，农民劳动力大受剥削，造成农村支离破碎的恶影。物价高涨，公教人员无法维持最低生活的水准，有机会肥者食而肥之，领干薪者只好永远束紧自己可怜的腰带。（四）政治应加求进步，福生方面也急须设法改良。（五）要步周醒南当时建设厦门的精神，努力建立福建工业的基础，和打整水产海利，藉纳游资于正轨，带给人民生活以康乐。

《星光日报》1947 年 6 月 25 日

仰光未复旧观　华侨生活不安

侨务专员返厦谈侨情　复员荷属归侨首批离厦

本市讯　联总驻厦侨务专员安培金，昨由仰光经香港飞厦。今晤记者据称：丰庆轮于上月18日抵仰光，复员缅侨沿途秩序良好，唯缅甸情况欠佳，建设及公用事业迄未恢复旧观，是以华侨到达目的地后，一时尚难求得安定的生活。渠在仰光为时一周，曾与我驻仰光总领事许绍昌数次会晤，对华侨复员事，曾共同与缅甸政府洽商。惟缅政府之态度，拟有待于宇吞貌之报告，而作最终决定。

《江声报》1947年7月6日

（侨委会副委长林庆年谈海外侨胞近况）

中央社厦门23日讯　新任侨务委员会副委长林庆年，今日携眷离港飞厦，下榻林金泰茶行，定下星期飞沪赴京。厦新记者往访，叩询林氏，对有关侨务问题之意见，据称：海外千余万华侨，今日处境甚劣，尤以印尼、越南等地因战事影响，所受损失甚重。马来亚方面则因今年树胶惨跌，华侨经济一蹶不振。其他各属亦多有今不如昔之感。林氏认为战后海外侨胞除经济方面，受损失外，各地教育大多未尽复员，马来英语教育大有取而代之之势。此乃无形损失，实需极力挽救。侨汇方面，据林氏估计，每月总数当在美金1000万元，惟过去因受黑市影响，逃汇香港等地，国家损失至大。此次改善外汇，办法甚佳，现黑市与官价已趋平衡。林氏并谓今后□当本其所知，贡献政府，俾可稍尽对侨胞服务之职责。按林字少颖，今年54岁，福建安溪人，北大毕业。过去在新加坡提倡侨教，及办理汇兑业务，极著声誉。抗战时尽力筹赈工作，并推动爱用国货运动至力，曾任新加坡中华总商会会长，福建会馆执行委员，安溪会馆常务主席，星华筹赈会执行委员，南洋女子中学董事长，华侨中等中华女学董事，国民参政会第三四届参政员、国民大会主席团主席，为新加坡林金泰茶庄主人及中南兴业公司董事长。

《星光日报》1947年8月24日

遣送赴缅侨胞　一部尚无工作

中央社厦门28日讯　据此间缅甸归侨复员协助会负责人谈:(一)6月间由丰庆轮遣送赴缅之侨胞,目前尚有60余人未获得工作。彼等战前之亲友或于战时逃亡,或已迁徙,故栖身处所,亦成问题。现暂由仰光福建同乡会供给居宿,彼等将来如何,尚未敢逆料。(二)搭海利轮复员之侨胞,现仍在途中,下周可望到达。(三)滞厦待遣之归侨,约600人,目前居留于此间华侨接送站,该会昨续呈请现在福州之安培金、宇吞貌两氏,设法尽先予以遣送。

《星光日报》1947年8月29日

海防商业萧条　华侨生活困难　多准备回国谋出路

海防自法越冲突及法方实施统制以来,华侨商业甚为萧条,无法经营,倒闭者占百分之四五。侨胞生活大感困难,回国另谋出路者,大不乏人。惟法方最近限令华侨领取身份证,始得办理返国手续,如托"熟性"路者代领,每证需要"熟性"越币二三百元不等。否则颇延时日,至其手续,甚为麻烦。须将国籍证于每星期至星期五交法方侦探局,星期六身份证发还,每周仅此一次。因此,往往有枯候二三周始领得者。其次为出口字签字之困难,出口签证办公时间规定每星期一、四两日下午4时至6时,如欲早日签字,又需花费。故华归期多受阻梗,延误船期。由此,亦可见华侨处境之苦矣。(南侨社)

《中央日报》1947年11月3日

船只不经香港　汇款无从领取　经交涉后已有折衷办法

渣华公司芝沙丹尼轮原行驶爪哇、香港、厦门线,日前由爪哇收载华侨1000余名来厦。该批华侨以香港为该轮必经路线,多数款项均在爪哇直接汇寄香港中国、华侨、大公等三银行。预料抵港后可向该银行支取,免得携带手续麻烦。该轮于日前由爪哇开出,驶至中途,突接公司来电,不得停靠香港,直接驶厦,遂于本月23日直达本市。多数华侨以款项预先寄港,均未取领，特联呈侨局设法交涉，商讨补救办法。兹悉：侨局经与本市中国、华侨两银行数次磋商，已得折衷办法，即由该批华侨列造表册，由侨局证明，确系乘搭此次芝沙丹尼者。然后由该银行等转函爪哇分行，准由华侨派员前往香港领取。然函件往返费时，须半个月始能解决。（南侨社）

《江声报》1947 年 11 月 29 日

荷印华侨近况　仍处于水深火热之中
林启成返抵厦向记者谈述

益同人公会前发起人兼理事长林启成，于 14 日由泗水搭芝渣连加返厦，该会及林氏亲友前往江干欢迎者数达千人。查林于民二十六年（1937 年）七七事变后，奉抗敌会命出洋劝募国防捐款，讵敌南进，遂沦落奔波，隐姓埋名。日敌屈服，始再返泗，主持收容难侨，被推举为泗水华侨厦门公会主席，向泗侨募捐 24000 余万元，接济益同人大众食堂。闻益同人市商会及厦市各团体，不日将公宴林氏，听取报告南洋侨胞动态。

记者曾趋询林氏关于荷印华侨状况，承谈：荷兰与印尼停战协定签字后，间又曾发生一二小冲突，但各地秩序已渐恢复。设双方能诚意合作，不难再趋繁荣。照目前趋势以观荷兰，在政治上收获远较军事上为大。盖各联邦首要多系亲荷之人，印尼程度参差，视其年来欺凌压迫，无理屠杀华侨情形，可见其尚未至足以自治地步。目前印尼区华侨仍处于水深火热之中，前已被杀身死者姑无论矣，其幸而生存者，多破家荡产。盖所积货物多遭印尼暴徒攘夺，其积存些许款项者，亦因货币之变迁而频破产境地。缘荷印未停战时，印尼区拒用荷币，致荷币每百盾经值印尼币 2 盾，当时华侨已损失 98%。讵停战协定签订后，印尼币一落千丈，前每盾值荷币 50 盾，今每盾仅值荷币 8 分。印尼区华侨受此两重损失，极大家财已所余无几矣。林氏又谓：物价方面，米与糖每百市斤 27 盾半左右，即使以黑市每盾值法币 1 万元计，较之厦市米价及糖价便宜甚多云云。

《江声报》1948 年 2 月 16 日

马来亚纪行各埠邑侨概况　为本刊访问各地邑侨

与其说是马来亚到处有华侨，不如说是马来亚到处有乡亲。

久不作旅人，说到要出门，好像甚么似的，提心吊胆。天还没有亮就起床，在天台盥洗，一轮明月照高空，东方刚吐出一缕缕鱼肚白。那时候，枝头小鸟在开始活跃，高低抑扬，唱出赞美早晨之歌声。人们还在做甜蜜的梦，大地悄悄然，月色晓风送征人，引起无限愉快兴奋的神情。

整罢行装，踏上征途，此行所负使命重大，为本刊访问各地邑侨，考察生活状况，采访一些各地邑侨社团动态，联络乡谊，沟通声气。预计由星嘉坡出发，经南马、中马而达北马槟城等地，行期大约十日左右。

八时，车溜过星柔长堤，不觉想到当年英军退守星岛，炸断此堤。一星期后，数十万居民，开始遭遇空前厄运，屠杀奸淫，犹有余怖，仿佛一阵阵血腥气味迎风吹来。然而回头一望，沙滩杀敌英雄，负隅抗战，骨暴沙砾，则不禁令人肃然起敬！

峇株吧辖银同俱乐部史略

中午，车抵峇株吧辖，该埠为柔属一个新兴都市，市区建筑整齐幽雅，一切都现代化。那里邑侨社团，有个银同俱乐部，现任主席为王继猪。由王君介绍，认识当地邑侨叶谦诚，叶君旅居峇埠垂二十年，地方情形甚为熟悉。现任益群书报社秘书，热心社会事业，为同侨所推崇，蒙供给不少关于该埠邑侨情况的资料。

原来银同俱乐部的组织已有三十余年的历史，由邑侨先贤叶大钻、吴水吉、郭乌英、陈桃欉、庄恭沙等所首创，旨在联络乡谊，深得同属人士所推戴。对祖国家乡慈善事业，无不尽力贡献，成绩卓著。历届职员，萧规曹随，继绳发展。日寇南侵，会务被迫停顿，家私杂物，被毁一空。胜利后，复由王继猪、张式文、叶谦诚、杨锡禧、刘文城、源和兴号等，出而筹备复兴，募捐三千余元为经费，即时收复旧址(在巴刹街口)，重新建设。费时三阅月，方告完成，恢复原状。惟现下会员无多，经费不足。听说最近要再扩大整理，召开大会，推进会务，甚望当地邑侨热心人士共同负起刷新的责任，保持三十余年来领导邑侨光荣的历史。

峇株邑侨，虽无确实统计，但现在最少总有一千余人。在市区邑侨商店有三十余家，其余散处市区外七个石右手港地方，郭山乡人为数最多。打芭割树胶，自食其力，有的勤俭粒积，购园瞨园。对土产方面发达立业者，亦有数十家。邑侨在峇，战前本不止此数，沦陷时期，惨遭屠杀。光复后，又不幸发生巫人排华事件，同安人损失最为惨重，或被迫他迁，无家可归，零落星散，很是痛心。

马六甲同安金厦会馆筹建新址　邑侨在马六甲有相当地位

下午继续出发，车过麻坡，该地绝少邑侨，故未下车，直达马六甲。马六甲有古城之称，道德古，风俗古，古色古香，无一不是古。同安金厦会馆，设立远在二十余年前，现任主席为吴仲坦。吴君素性豪爽，热心公益，排难解纷，为同侨所拥戴。会馆系同安、金门、厦门三属人士联合组织。会务在吴君领导下，蒸蒸日上，始终一致，绝无畛域之分。近且拟筹建新会所，组织筹委会。一般邑侨领袖，均以古道照人，宜共登高一呼，群山响应。已募得万余元，行见堂皇馆舍，雄视古城，奠下邑侨一页辉煌史迹。

马六甲邑侨以数千计，大都是马巷乡亲。单说曾厝乡人，已有千余，很能够团结，住居分布市区内外。邑侨商店大小不下一二百家，经营树胶土产、船务、米郊、杂货等，规模有的相当宏大。老辈的如陈可补，声誉甚隆，群推为侨界领袖。他如洪克明、许锡良，也很热心家乡事。少壮的有陈其岳、陈期藏、陈诗阔、林承瑞等，都是后起之秀。由爱护本刊，可以看出关切乡情。总之，邑侨在马六甲算是有着相当的地位。

马六甲和平后，并入马来联邦，货物入口要课税，外来土产货品，日见减少。加以不景气的侵袭，商业日形不振，邑侨经商，当然也受重大影响。不过能够渡过这个难关，将来还是很有希望的。

吉胆吉隆巴生邑侨　筹组同安会馆

五月廿六晚，在马六甲住一宵。廿六日经淡边、芙蓉而至吉隆坡、巴生，晤陈可用、苏宜坚、孙金彪、林青山诸乡亲。吉隆坡邑侨很少，巴生比较多一些。听说巴生港口对海的浮罗吉胆，邑侨就相当的多，约莫有一千余人，大都以渔为业，也是马巷南区、刘五店方面的人居多。因为要二小时的海程，每日虽有小轮川行，至快须费两天的时间，所以不能前往一行。最近，浮罗吉胆乡亲，很想要组织一个邑侨团体，如同安会馆之类。这是很好的主张，因为团结就是力量，不论举办家乡福利事业，或是处理当地邑侨一切事务，都要有一个团体。这有待于陈、孙、苏、林诸热心人士出为领导，组织起来，合吉隆、巴生、吉胆三地邑侨，为数也不算少啊！

槟城同安金厦公会现况　气象蓬勃　焕然一新　现任主席曾万育

廿七日，趁夜车往槟城，翌晨到达。在车里过一晚，足足行了十二小时，劳顿殊甚。槟城有“东方花园”之称，风光秀丽，景色宜人。极乐寺、升旗山都是有名的风景线，那里的邑侨很多，听说有几千人。邑侨团体也是和马六甲一样，名为同安金厦公会，成立也有二十余年。就各地邑侨社团看起来，还是新嘉(加)坡同安会馆年最青(轻),届今只十七周年。槟城同安金厦公会,原名南洋同安会馆,系已故邑侨闻人吕毓甫翁与六十余乡侨发起组织的,成立于民国十二年(1923年)。当时馆址设在槟城打铁街巷,门牌二十二号。自置之馆址,嗣迁三条路,门牌十二号,会务日形发展。民国廿九年(1940年),再建台牛后,门牌廿二号今址。是年陈重新任主席,吴文课任总务。吴君身故,选孙耀宗君接充总务。太平洋战事发生,会务无形停顿。日寇屈膝,由陈、孙、叶三君力倡复兴,(民国)卅五年(1946年)六月卅日开复兴大会,选举职员,公推曾万育任主席。曾君对会馆异常热烈,出钱出力,整饬会务,每日必数至会内,为人素重乡谊,慷慨豪爽,以故得侨众之尊崇。(民国)卅六年(1947年)九月召开大会,通过新章,并修改今名"同安金厦公会"。曾君为现任正主席,副陈重新,总务孙耀宗、副叶选青,财政叶文献、查账林忠世、文书许丙丁,互助柯其名、高心美,交际李典谟、陈心和,监察委员王景成、王宗镜、周章兴、周宽世、陈义潭,现有会员三百余名。去年会员踊跃认捐一万余元,重新修整会所,购置新式家私及电火设备等,焕然一新。会内并设有外坡会员寄宿室、互助部、会客厅、阁报所、礼堂,有美皆备。本年八月间将举行盛大廿五周年纪念大会,届时除全体会员外,将柬请地方人士及各埠邑侨社团派代表参加,并发行纪念特刊。现已开始筹备征文(见本刊第二期广告栏),至时定有一番盛况。

会馆总务孙耀宗,亦为对会务最热心一员。孙君虽侨生,但极富有家乡观念,素受英文教育,中文未曾入学,然认清祖国教育之重要。由于自己苦心研究得来,却能书写流利,且尝在华文报馆服务多年,尤为难能可贵。其余职员亦皆热心会务,故会馆充满蓬勃朝气,有声有色,外坡委员如高炉有、王仙水、王水根,太平有张鼎水、林番来,怡保有孙榜荣、杨金殿,安顺有周朝荣、胡章访,金宝有周清煌,吉礁有钟文贤、胡文须,实吊远有柯玉羡。上述各埠,皆有邑侨,或多或少,惜为时间所限,未能一一足履其地,访问乡亲,考察状况。

五月廿二日,曾主席万育长郎通晖,与陈副主席重新次媛雪如假该会馆举行婚礼,双方均槟城闻名巨商,交游素广,男女来宾异常拥挤。敦请钟灵中学陈充恩校长证婚,司仪、会馆总务孙耀宗,介绍人陈义潭。是晚曾君在家设喜筵欢宴亲朋,极一时之盛。

怡保邑侨概况

槟城住了两天,遍访各位乡亲。三十日搭早车,南下怡保,怡保为霹雳首府，市区建筑，整齐幽雅，可说是驾星洲吉隆坡而上之。园林化的市街，入晚灯光灿烂，无过于喧哗之车马声。洋行、政府机关之建筑物，堪与槟城相媲美。下车后访当地邑侨杨金殿、孙榜荣，杨孙二君为怡保侨生巨商，皆曾受中文教育，对于家乡，备极关切。杨君已在其乡中（马巷顶小路边）创办鸿升小学。鸿升为杨君尊翁名，盖所以纪念也。现校舍建筑将完竣，预定下学期开课（见本刊家乡新闻），并拟创办中学，俾乡中学子，得求深造。孙君营盛发号，为前垵乡人。此次亦在其里中开办学校，热心教育。之二君者，均系侨生。足见曾受中文教育，即有家乡观念，爱其祖国，以视专读英文之侨生，风俗习惯，语言、理想，事事半洋化，不知家乡为何物，真不可同日而语。其对于本刊，尤见拥护与同情，认为邑侨所不可缺少之刊物，应如何协助进行，使其永久存在。杨孙二君，真难得哉。

听说槟城或怡保附近有个地方，别名“小集美”，全埠皆集美乡亲，惜未能游其地为憾。

三十日晚，孙君榜荣专车导游怡保全境及市郊，景色幽雅，令人心旷神怡，顿生羡慕。怡保邑侨虽无多，商店却有一二十家，大生意的多营五金铁器、油漆、胶园用具。霹雳属滨海地带，邑侨较众，多以渔农为业。六月一日回抵吉隆坡，再晤陈可用先生，畅谈家乡事。陈君素重理智，言谈中对于此次集美乡民与某乡为祖坟纠纷事，双方将诉诸武力，极表反对，主张和解，大事化小，小事化无，勿为无意义之事争执而动干戈，伤害闾里感情。实则闽南械斗之风，万不可长，亟须设法消除，岂仅吾邑已也。

六月一日，由吉隆回马六甲，途经芙蓉。二日晚宿峇株，三日返抵星洲，结束此往返一千余里有意义之旅程，完成为本刊访问邑侨，沟通声气，联络感情的任务。

此行观感

下面作一个归结此行的观感：邑侨散布范围辽阔，与其说马来亚到处有华侨，不如说马来亚到处有乡亲。

邑侨在马总数虽无确实计算，但就此行过西海岸，南、中北马，已有数万人之谓。若连星洲以及马来亚东海岸一带，估计为数当在近十万人，不谓不多。

各地邑侨，均富有家乡观念，即就欢迎本刊以观，便可知之。各埠乡亲，闻有收到同安乡讯，莫不争相阅读，如获至宝，相与聚谈家乡事，建议如何对本刊支援长久，俾得报导乡讯，藉慰旅怀。

各地邑侨社团间,宜有一个南洋或马来亚同安总会之中心组织,以资互相联系,集中力量,统筹办理福利家乡事业。此组织可由新嘉(加)坡及槟城两地同安会馆出而倡导,最好于本年八月间,槟城会馆将举行廿五周年庆祝,乘便邀集邑侨社团代表及各地邑侨闻人,集中槟城,讨论组织办法,筹备设立。此为本刊之建议,当亦为各地乡亲所赞同。至本刊愿任联络、报导、通讯的任务,以促其成。

末了,最后的观感,是各地党派间的斗争(这里是指各地一般华侨而言)。此行足迹所及,触于目、入于耳的,党派间可说是大地方大斗争,小地方小斗争,到处闹得满城风雨。党派虽是国家事,也就是家乡事。无意识的斗争,不但丝毫无补于国家大计,反而破坏感情,划成鸿沟,如两大对垒,亟须设法打销(消)党派成见。新加坡爱华音乐社发起的"团结运动"正须及时发动,扩大宣传。否则华侨团结,弄得破碎支离不可收拾,爱国者反以误国,大不值得。"革命之母",魂兮归来,不禁祷祝。

《同安乡讯》第 2 期,1948 年 5 月 31 日

岷华侨采激烈手段　对付采办日货奸商

侨界败类闻制裁讯　不法营业多已收盘

本报岷里拉 6 日专电　自我驻菲公使馆、总领事馆召集岷埠我各社团、各途商连日开会,讨论自我制裁侨界败类后,该等败类闻风丧胆。今午据负责秘密侦查人员报告,较有规模之赌场、娼寮、吗啡间、鸦片馆均已自动收盘。现尚有小规模者,东搬西移秘密经营。总领馆为此再发警告,谓若不从速敛迹,将动全侨公愤,予以无情消除。

又电　菲总统府秘书长亚米溜今日下令岷市长黎拉芬地,派员侦查岷埠最近活动之华人恐怖组织。谓该组织专门对付采办日本货之奸商,其处置该项奸商办法,将以暗杀,或以手榴弹炸毁其商店,任何牺牲,亦在所不惜。

又电　3 日前载加米地被菲人杀害之华侨李啼令(译音),凶手三斐(菲)人已捕获,证系谋财害命。

《江声报》1948 年 8 月 7 日

暹排华空气甚炽　订苛例驱逐华侨

本报讯　厦侨务局息，顷侨委会据报：暹罗（泰国）自銮坡汶执政后，酝酿排华空气更炽。最近有组织委员会增加速解华侨处境苛例，于原有二十四项：一、私派及秘密团体；二、赋党；三、暴动行为；四、伪造纸币；五、伪造印花及文件；六、抢；七、劫；八、海盗；九、威吓；十、收买赃物；十一、放火；十二、故意杀人；十三、伤害身体；十四、贩毒私烟；十五、买卖人口；十六、囤积居奇；十七、卖淫当娼；十八、卖物过价；十九、私设汇兑；二十、秘密募捐；二十一、开设花会；二十二、无业流民；二十三、政治活动；二十四、不需要。现又增加六项：一、卖蛋过价，判出境 3 年；二、卖蛋无其挂价目牌者，判出境 3 年；三、犯同样一种罪者判出境 5 年；四、卖猪肉高价判出境 5 年；五、卖猪无挂牌者判出境 5 年；六、犯两种罪者判出境 7 年。迩来华侨小贩因卖鸭超过限价数分钱，即被捕递解出境者，日有所闻。又暹罗（泰国）联合党秘书乃沙越草拟修改簿记条例案，提交国务讨论。该条例主要内容即规定，凡每年超过 1200 铢之商店，均应有暹文高中毕业文凭者为会计主任。此无虑为华人商户，均须聘暹人为管家。其排华至为显著，侨委会接获此电告后，认为暹罗（泰国）当局于无理钳制侨校之后，另一新的排华措施。事态严重，除函请外交部切实交涉改善外，并希国人对此海外侨胞新危机加以声援。

《中央日报》1948 年 9 月 3 日

侨领庄西言等谈荷印侨情　今日侨胞对政府殷望三点

本市讯　记者昨日访晤（搭）芝渣连加轮归国之侨务委员会委员巴达维亚中华商会理事长兼福建会馆会长郭美丞暨庄西言、刘心田等爪哇二侨领，据谈：今日巴城一般情况已较战前逊色，我居留爪哇之华侨近 20 万人，在抗战时期，受日寇之肆虐，损失至巨。战后印荷纷争不息，政治不安，一切当受影响。上年 7 月 21 日，印尼人“□卫行动”，华侨首当其冲，房屋被焚，财物被劫，损失不可胜计。然此灾害者至今尚未复员，集中巴城附近一带之难民，尚有 2 万余人。彼等大都家毁人亡，困苦不堪，其生活多由一般侨民救济。幸印尼政府尚能帮助，目前荷印谈判已待结束，印度尼西亚联邦政府不久即可成立。今后侨胞处境冀能改善，惟今日一般困境即为：（一）贸易不自由，重要商业80％皆在外人手中，无政治背景之侨胞只得坐在人后。（二）社会不安定，目前战争虽息，惟部分之冲突尚有，侨胞之生活职业皆无保障。（三）汇款回国不易，现当地政府限定外汇数目每季（3个月）总额仅100万盾，而且申请手续麻烦，实在能得配给者至少。带物资回国亦受外汇限制，故今日留居国内之侨眷生活极苦。最后记者询侨胞对我政府之希望若何？渠等则答称：今日海外商侨一致殷望者亦有三点：一、战争停止，国人得以教养生息之机；二、政府护侨政策彻底执行，使侨胞归国不受苛扰，侨营事业有所保障；三、外交部派员驻厦签发华侨出国证件，政府仅为节省一二人之薪俸打算，而侨胞纵令有损失，则未予估计。（中央社）

《中央日报》1948年11月2日

菲颁布米业菲营　侨胞望祖国而兴叹

岷里拉3日航讯　自菲政府实行新政策后，一般旅菲侨胞，均感彷徨不安。关于菜市菲化问题，现已开始实行，劳工侨胞，已遭受一重大之威胁。现复颁布米业收归菲营，此条例实行后，菲岛米业2万余华工，将全部陷于失业之困境。此间商会虽在努力进行交涉，然仍无结果。盖目下祖国纷乱未息，外交无力，菲政府更利用此时机，逐步剥削华侨之经济生命，其手段已逐渐明显。米业收营后，再来一步便是零售菲化案，将来千万华工，将逐渐被迫返国。除资本力较雄厚者，其余华工将完全遭受同样之命运。目前一般侨商，均急切返国，另谋生路。惟值此纷乱时期，进退两难，咸望祖国河山兴叹。（海外社）

《江声报》1948年12月5日

菲国会外侨地产案　华侨感极度不安

中华商会今开会商讨对策　游历字逾期华侨多人被捕

本报岷里拉19日专电　菲国会三读通过之外侨地产案，引起此间华侨之极度不安。盖华侨在菲购有地产者为数甚多，中华商会为此特通告拥有地产之华侨业主，须于明日各自前往该会共商应付对策，并请驻菲公使陈质平莅会讨论。据陈公使称：菲国会已三读通过，势必被其正式成案，谅无挽回之望。

又电 代理移民局长敏逊，今日下令逮捕16名华人，因彼皆系以游历字入境者，其期限已过1年而尚未离菲境。其中1名为华妇，敏逊并谓如被捕得，绝无可说情，一遇开厦轮船，即将其配回。

又电 菲海关据报，谓有华人运大批黄金由菲走厦，特下令关员加严搜索开厦轮船。

《江声报》1949年3月20日

第二节 华人社团

（华侨在巴达维亚组织福建战后家乡通讯服务团推举成员抵厦访问）

市讯 厦人有得其友自吧城来信者，据称：荷印华侨在巴达维亚组织福建战后家乡通讯服务团，推举黄松鹤为团长，率领团员十余人，整装待发，一俟万福士轮船抵吧，即搭该轮首途来厦，为侨胞家属访问工作。该团抵厦后，拟暂假虎园路李家为通讯处。又闻前厦门华侨公会执委黄超群，亦拟携眷乘万福士轮回厦。黄为本市富户，其在厦业屋甚多，此来殆亦为此耳。

《江声报》1946年5月18日

陈嘉庚之鲁莽行动累及南侨总会

马来亚党务整委会电行政院请予撤销

中央社新加坡24日电 马来亚党务整理委员会，已电行政院，请求当局撤销南侨总会，以该会组织原经行政院核准设立者，此事系最近陈嘉庚之鲁莽行动所促成者。该委员会认为陈氏此种行动为不合法，并违反组织之规程。

中央社新加坡23日电 此间南洋商报今在社论中迫切呼吁全国华侨，加强团结，并重申效忠祖国及拥护国民政府。该报指出华侨中有少数分份子，专事歪曲事实，企图造成祖国内乱，破坏国内之统一，“除非吾人不欲祖国危害，否则吾人必须寄蒋主席以厚望”。该报又指出若干人士，以延安与国民政府相比,实属最荒谬可笑者,"就独裁而论,世上无一政府,较苏联尤甚。以腐败及卑贱而言,未有较所谓中国解放区更甚者。倘吾人信仰三民主义,第一要着,即为爱戴及拥护吾人之国家。吾人承认最近华侨团体所发矢忠政府之电文,乃彻底表示华侨之公意"。

《中央日报》1946 年 9 月 25 日

菲岛中华商会组回国观光团

本报讯 菲律滨(宾)中华商会,为出席全国商联成立大会,经推选代表薛芬士、施性水、杨启泰出席参加。该商会并决定乘此次回国之便,组织观光团,借以观光战后祖国名胜及地方建设,推举该会委员薛芬士、施性水、杨启泰、林水褫、许友超、杨启泰、林为昌等 7 人为团员、并登报通知各途商自由参加。闻已有十二途商报名参加。预定路程:29 日由岷飞沪,30 日晋京向蒋主席祝寿,11 月 1 日参加全国商联会成立大会,于 3 日大会结束后,再由沪经厦往台湾参观,然后取道广州返岷。

又讯 菲岛华侨庆祝蒋主席六秩诞辰筹委会,于 10 月 16 日开会,公推商会主席薛芬士,常委史国铨、杨启泰、蔡功南、施性水等为全菲华侨代表,晋京向蒋主席祝寿,并决议筹设中菲文化教育馆,用资纪念。全菲拟筹捐 50 万元,并组织劝捐保管委员会云。

《中央日报》1946 年 10 月 24 日

菲侨代表团日内由沪飞厦

菲律宾岷里(马尼)拉中华商会驻厦办事处,昨(1)日接到菲中华商会来电通知,以该会主席薛芬士率代表团 16 名,定 11 月 5 日或 6 日可乘专机由沪赴厦。又查此次出发参加全国商联会代表及商业考察团团长为薛芬士,副团长及祝寿代表施性水,财政林水褫,秘书长杨世炳,商会代表许友超,团员施性统、黄世辉、许文锦、蔡显祖、许自荣、杨呈然、柳清平、陈承佐、黄鼎铭、黄祯墙、施牙洛。总务尤文炳。

《江声报》1946 年 11 月 2 日

菲移民局长称华人非法渡菲与商会长谭国宝有关

中央社马尼拉25日合众电 据菲移民局局长法布芮称:华侨商会会长谭国宝,谅与华侨经北部吕宋港埠非法入境有关。渠称已电驻厦门领事,禁止谭氏在经彻查前,获得重返马尼拉之签证。谭氏系于(1946)年十一月离菲返华,非法入境之若干华侨,已经逮捕。据称:谭氏与非法入境案极有关系。法布茵(芮)称:据被放逐之华侨称,从事非法入境活动之华侨团体,在中国方面亦有组织。

《江声报》1947年4月27日

立法委员施逸生发表回国观感

"要在失望与不满之中发挥优良的民主风度"

本报讯 菲律宾华侨互济社驻厦办事处主任庄春木,以该社顾问主委施逸生,赴泉视察返厦。为求明了泉属社员情况,及谋求联络起见,于昨欢宴施氏,并欢送委员陈正金赴菲,席间对华侨状况,及推展该社业务,讨论颇详。查施氏此次赴泉视察时,曾发表回国观感,大意如下,看到祖国在长期抗战、内乱、灾荒、农村经济崩溃诸种情形下,社会表现得那样动荡,人心那样不安,心中颇觉痛苦。而足以解释这些现象的,是祖国的政治尚未上轨道,政局不能安定,致使一般回国曾目睹现实的爱国侨胞,感到莫大的失望。在失望与不满的心情下,保守缄默者,固然表现他们的守己安分,但却造成了华侨与祖国的隔阂,以及对于政府发生离心。好说话者仅是发牢骚,只作消极的批评,而缺乏积极的建议,又会引起政府当局的误会,同样也造成民众对政府的离心力。在中国目前局势之下,政治不上轨道,和贪官污吏之多,固然是无可否认,但事实到底是不可一概而论的,对制度本身更不应加以厚非。在宪政实施以后,官吏不过是民众的公仆而已,政治上一切的设施,要以民意为依归,以民众的力量来推行。既然如此,则民众对政府应尽知无不言、言无不尽的责任,以善意的批评,和积极的建议,来代替消极的指摘,足以发挥优良的现代民主作风。

《江声报》1947年7月3日

越侨在厦组监赈团 监督越米发赈

并定今招待各界征询意见 鼓区三四期暹米改办工赈

本报讯 旅越闽侨救济乡灾委员会,根据该会第15次全体委员会议决,订定赈米回乡放赈办法如下:一、公推颜子俊、雷盛卿、陈式灿、薛嘉敏、郑学辉、卢车华、何良罗等组织驻厦监赈团,互推颜子俊为监赈团主席,卢车华为总干事,在厦设立监赈团临时办事处,负责全权主持接洽措置事宜,并函请厦门市长黄天爵为指导。二、施赈各灾区及分配米额,计福州1000包,厦门1000包,晋江500包,南安500包,惠安400包,同安300包,安溪200包,金门200包,永春200包,海澄300包,龙溪300包,诏安350包,莆田200包。三、赈米到厦后,由船上搬运入仓时,须放筹收签,由工头负责,并须逐包过磅,发出时亦如之。其起卸入仓一切费用,由监赈团代表请厦门市府先贴,俟各受赈区来厦领米时,则照所领米额比例摊还。至各受赈来厦领米,费用自理。四、各受赈区领赈米手续,由各该区内之市县长派员,会同当地参议会、慈善机关,或商会到驻厦监赈处具领所应得米额,视各地之饥情,由市县而乡保递层发配。各乡保长向其主管机关领取赈米,须会同各该保公正人士具领,协同分发,并推举2人为监赈员。放赈完毕,各该乡保长应将所发给户数米额字据造册,递层汇交,转告侨胞,以昭公允。五、驻厦监赈团得函请厦门市政府、参议会、商会、红十字会、救济事业协会、益同人公会各派代表一人协助,所发赈米粮盖非卖品及旅越闽侨故乡会赠之印鉴,只许施赈,不许平粜。对于盗卖、延发、调换各弊,请大众协同注意,严密预防。六、受赈对象,为贫苦无依之饥民,方享受赈资格。

又讯 旅越闽侨救委会驻厦监赈团,为集思广益,征询各界人士对于放赈越米之意见,订明下午5时,假市商会举行各界招待会云。

又讯 鼓区公所于昨邀请该区区民代表各保保长开联席会议,讨论第三四期暹罗(泰国)赈米分发事项。各出席人员热烈发言,皆以该区此次赈米配额两期合仅193担,尚须变价一部分供为运费,所余无几,难以分配。现在急赈时期已过,不如将该项赈米改为工赈较为实际。讨论结果,议决委该批赈米悉数拨交该区修路将员会办理工赈云。

《星光日报》1947年8月17日

新加坡同安会馆史略

同安位于吾闽之南，以金厦为屏藩，负山面海，颇具山川胜概，风俗淳厚，有海滨邹晋之风。其人民具远略，而富冒险精神。故凡航线所及，北逾幽燕，南至英荷属地，殆无不有吾乡人之足迹焉。星洲居南洋要冲，扼欧亚孔道，舟车辐辏，商务繁兴。故吾乡人之旅居者尤众，惟向无团体，形同散沙，莫可谅言也。夫人类进化，首重合群，而群之结合，恒以同乡为起点。吾乡人欲联络感情，团结团体，则会馆之设立同矣。顾屡议屡辍，未及聿观厥成，反退处于各埠之后。(民国)十八年(1929 年)春，陈君延谦、林君金殿等，鉴于此时势潮流，对于国内欲促进县自治之完成，对于同侨欲谋地位之稳固，胥有赖于会馆之设立，俾得集思广益。乃询谋，佥同如响斯应。爰设筹备处，征求会员，进行募捐，均踊跃输将，计达三万有奇。遂购丝丝街楼屋一座，价二万二千五百元，重加修葺，经营布置，焕然一新。于(民国)二十年(1931 年)5 月举行成立典礼，一时群彦毕至，少长咸集，猗欤盛哉。自今而后，吾乡人之旅居于是者，若者为学，若者为工，若者为商，咸以会馆为集合中心，朝夕聚首，互相策励，借以贡献乎祖国，利益乎侨居。此重大使命，岂限于一乡一邑哉。

会馆设立，届今已十有七周年。沦陷时期，会务停顿，光复后恢复组织。陈文确连任主席，置常务委员、监察委员各三人，总务、会计、文书、建设，各股委员各三人，执行委员六人。会馆董事，任期两年，每两年之四月间改选，五月就职。现下会员约达数百名，战后新加入者更形踊跃。经费收入，只举行特别捐，会员无月捐之征收。

会馆历来举办有益家乡及邑侨之事项，颇著成果：

甲、筹赈故乡难民。十数年来，家乡兵燹频仍，天灾人祸，民不聊生。此间会馆，曾于祖国抗战当年发起组织筹赈故乡难民委员会，广泛募捐，寄回赈济难民，活人无算。

乙、创设同安医院。战后家乡灾黎遍野，贫病交迫，医药缺乏，死亡相继。(民国)三十五年(1946 年)5 月，会馆第七届委员就职，吾邑正义老人陈嘉庚先生莅临监誓，倡设同安医院，救济病苦。同侨响应，成立新加坡同安会馆筹建家乡医院委员会，积极推动，进行募捐。经一年之筹备建设，现已正式设立同安总院，并计划在马巷、灌口设分院。应诊留医者甚众，乡民受惠不浅。此为战后会馆举办福利家乡最著功绩之善举。

丙、设立互助部。邑侨旅居新加坡以数万计,为促进桑梓观念,发挥互助精神,另组织有互助部。工作范围,包括处理同乡纠纷事件,介绍职业,救济贫厄,协助家乡福利事业,丧事互助等等,皆为直接或间接有利于家乡及邑侨之事业。现已订定章程,征求会员。不久将正式成立,开始工作。

丁、设立体育球队。战前会馆为锻炼邑侨青年体魄,曾设立体育球队。定期训练,间或举行比赛,野外聚餐,歌咏旅行,活跃一时。沦陷时期,运动用品损失无遗,球队遂告停顿。惟和平后乃曾举行野餐、游泳,此有益会员身心,实需要继续举办。

《同安乡讯》第1期,1948年

新加坡同安乡讯社公函

径启者:本社同仁鉴于南洋各属邑侨所在多有,社团会馆,到处林立。爱乡热情殷切,声气未尽沟通,事业诸待推进,文教弥关要图,刊行乡讯,密切联系,不容或缓。用是发起创刊《同安乡讯》,时间虽极匆促,出版期早实现,素仰台端梓桑硕望,声誉久孚。谨将本刊编组内容,附叙缘起,函请指导,俾作津梁。并乞宠锡鸿文,论列建乡大计,增光篇幅。如荷时赐乡讯侨情,惠寄本刊,尤表欢迎。曷胜盼切待命。肃致

先生

同安乡讯社启三月　日

《同安乡讯》第1期,1948年

槟榔屿同安金厦公会廿五周年纪念刊征文

启者:本会馆成立至今,业经廿五周年,爰编辑特刊以资纪念。为增进乡土观念,沟通乡侨声气,仰望乡梓贤达,不遗在远,将乡土建设情形,兴革问题,人文景物,民情风俗,撰赐鸿文,以实篇幅。如有价值图片,乡贤遗墨,更所欢迎。凡有采登,概当酌奉簿酬,以报盛意。此启。

编委会主任曾万育启

通讯处:槟榔屿台牛后同安金厦公会

截稿日期:民国卅七年(1948年)七月十五日

径启者：今年为本会馆成立第廿五周年，经职员会议议决，届期举行隆重庆祝，并编辑特刊以示纪念。选万育等组织编辑委员会，着手筹备。第以兹事关系重大，非赖诸乡亲之协助，难期臻于美善。谨拟具征求材料条例于左（下），仰望察阅，赐予协助，不胜感纫之至。

此上顺颂

台祺

槟城屿同安金厦公会

廿五周年纪念特刊编委会主任

附列征文条例

文字图片

关于会馆之史实—文件或图片

乡侨之遗闻轶事

前辈乡侨之奋斗成功史

南洋各地乡侨生活

南洋各地乡侨拓殖史

家乡之感想或回忆

对于家乡兴革意见

对于促进乡侨团结之建议

与乡侨有关系之有价值图照

乡侨生活写真

家乡风景片

家乡建设事业图片

乡贤书画遗墨

以上各项，请诸乡亲就见闻所及，发抒卓见，撰赐鸿文，长短不拘。至于珍藏图片，惠借制版后，当原件送还。

《同安乡讯》第 2 期，1948 年 5 月 31 日

新嘉（加）坡同安会馆第八届职员就职

陈文确连任本届主席　廿二日新旧职员交卸

本坡同安会馆 4 月 27 日召开大会，陈文确主席、陈福麟纪录，首由主席

致词后,继覆准前届议案,报告全年进支账目。旋开选举票箱,选出委员24名,订5月8日下午1:30举行复选。兹将初选结果录下:陈文确、叶怡煎、孙炳炎、颜世芳、陈戈丁、王吉士、卓经端、柯朝阳、张淑源、叶龙团、高敦厚、颜耀鹏、张文流、张两端、柯鸿渐、王经叨、叶玉堆、洪镜湖、吴盛育、蒋乌弥、张世纶、吴水龙、陈永进、陈济民、李春波、张怡胜、吴瑞甫、王盛治、陈笃山、苏圻任、陈兴邦、邱国材。

该会馆于5月8日举行第八届职员复选会,出席者踊跃,济济一堂。会况殊盛,主席陈文确,纪录陈福麟。首届主席宣布开会理由,继即覆准前期议案,进行互选,公推陈文确为监票,孙炳炎唱票,陈戈丁纪票,结果选出诸职员如次:常务陈文确主任,叶怡煎、张淑源,总务孙炳炎主任,柯朝阳、颜耀鹏;财政卓经端主任,陈笃山、张两端;文书陈戈丁主任,吴育盛、邱国材;监察颜世芳主任,叶龙团、王经叨;建设张文流主任,柯鸿渐、王吉士;执行委员苏圻任,洪镜湖、张世纶、张怡胜、高敦厚、李春波。并订本月22日,即星期六下午2:30,在该会馆礼堂举行职员就员典礼,暨新旧职员交卸事宜,至五时许散会。

22日举行第八届职员就职典礼,到会者全体委员暨各股干事,跻跻跄跄,洵盛况也。时间即届,振铃开会,主席陈文确,纪录陈福麟,首届主席致词,又则恭请颜世芳先生监誓就职并训词。继起演说者有叶怡煎、王吉士、孙炳炎、陈戈丁、张世纶、苏圻任、王经叨等对该会馆今后应兴应革事宜,皆有发挥宝贵意见。旋由上届财政张两端君将一切单据账部(簿)连同银行及日清存款,一一检交与本届会计主任卓经端君亲收。最后茶叙摄影,至五时许始散。

《同安乡讯》第2期,1948年5月31日

香港两福建侨团改选新任理监事

香港航讯 福建旅港同乡会于5月1日改选第五届理监事,并于12日复电理监事长暨常务理监事。结果庄成宗、邱清漪以众望所归,蝉联继任。常务理事为吴在桥、林诚致、吴焕章、黄自明、张耀云,常务监事为翁世晃、张石泉、黄呈祐。又旅港福建商会亦于6月14日选举第七届理监事长暨常务理监事,结果为康镜波,陈伯诚中选正副理事长。张石泉、黄笃修、陈声志、吴在桥、林诚致、欧阳江、林应祥7人为常务理事,黄长水中选监事长,陈润

生、王少平为常务监事，并聘胡文虎、黄浴沂、林秉懋为名誉理事长。据查康镜波、陈伯诚前曾任该会正副主席，热心公益会务，成绩斐然。此次勉承众意，再作冯妇，旅港闽侨咸庆得人云。

《中央日报》1948 年 6 月 25 日

缅福建同乡会募款济滞厦缅侨

本报讯 本市各侨团，前以滞厦缅甸归侨 600 余人，生活困难，曾联合致函缅甸华侨与商总会，请设法救济。去后，昨经获接该会理事长曾顺续的 3 月 18 日复函谓：关于设法救济滞厦缅甸归侨之事，经召开第十九次常会，讨论应如何救济办法。议决函请福建同乡会出为领导募捐，群策群力，共同努力。该同乡会已决定于 3 月 20 日出发募捐，并限一周内结束，预料不久即可汇厦救济。

《星光日报》1948 年 9 月 3 日

泗水中华总会关切侨团　提出两点请求当局方便

又讯 泗水中华总会，昨函侨务局，略以该会业于 7 月 7 日成立，此后工作除促进当地各侨团力行团结外，即凡关于在地华侨或居留国内之侨眷有切身利害者，亦当代为分别办理。近叠接侨胞书面报告，综合其大概，厥为：一、回国华侨甫抵国门，即受海关关员诸多留难。查华侨因侨居异地，对于国内之新禁令自有不尽明了之处，纵有违法，情有可原。倘动辄科以重罚，或将物件充公，似非政府爱侨之至意。二、华侨回抵故乡，每被当地土劣及保甲长违法滥捕，妄征壮丁，苛捐重税，恐吓敲诈，无所不用其极，致侨胞受苦，伸（申）诉无处。查层峰对于保护归侨一带，曾经三令五申，但言之谆谆，听之藐藐。为同侨之利益计，嗣后同侨凡持有该会发结的证明文件，应请转咨有关当局给予方便云云。（厚）

《江声报》1949 年 8 月 25 日

第三节　教育文化事业

(黄琬日内过厦赴菲　黄寿源等亦将放洋)

又前曾任省教厅长之黄琬,现受岷里拉教育会聘任该处华侨中学校长。黄氏定22日来厦,24日搭海亨轮启程。前厦门日报编辑黄寿源,前同文中学教员曾玉林,亦应宿务中山学校之聘,为该校教员。厦中教员吴文炳、赵邦彦等,则受聘为宿务中华学校教员,均定22日乘芝吧德轮启程。

《江声报》1937年5月14日

向彼岸挺进

(为母校成立五周年而作)

叶□南

南洋　南洋
国民革命的摇篮
民族繁荣的领域
×　　×　　×
(遥)远的往昔
荆棘葛藤丛生
禽兽纵横的荒岛
而今
风景绮丽
文物灿烂的南国
这是无数万辛勤的手臂与脑袋
长年耕种累积的珍宝
×　　×　　×
可是
在强暴的帝国主义者魔手下

在法西斯残酷的兽蹄下
欺压，剥夺
驱策焚戮
海外侨民呀！
颠连无告
流离失所！
×　　×
走吧！同学们
齐一步伐
向彼岸前进
不怕任何艰难与一切障阻
拿出我们的热诚
运用我们的天赋
文化遐悠
发挥先烈的精神
踏着前人的血路
为了侨胞的繁荣
为了祖国的发展
×　　×　　×
走吧！同学们
把侨教的使命
勇敢地担负起来

《中央日报》1946 年 11 月 11 日

菲华侨纪念馆所定今举行奠基礼

又讯　国立厦门大学前在菲捐募建筑金美金 2 万元，经决议建筑菲华侨纪念馆 1 所，奠基典礼定今日举行。

《中央日报》1948 年 6 月 22 日

普及侨民教育实行巡回施教

本报讯 厦侨务局息:侨委会以战后侨校复员迅速,年来在艰苦环境下,具有相当发展。据统计,海外各地侨校约有3400余所,截至目前止,向该会办理立案者,已有1300余所。但有若干地区,尚未有侨校之设立,海外各地,尤其是美洲、欧洲等地或因区域辽阔,侨居星散,交通不便,学龄儿童不易集中,或因地方贫困,无力设立侨校,或因生活关系,不能全日或半日就学者,致若干侨胞子弟,对于祖国教育,仍有向隅之憾。为求普及侨民教育起见,特拟具巡回施教办法一种,藉资补救。该办法规定由驻外各领事审察所辖侨胞分布情形,于适当地区设置巡回教班,在规定时间,集合平时散处各地之儿童,由教员来班教学。或由导生领导学习教授。课程以国语、史地为原则,并特别教育注音符号,每日巡回施教一次。

《中央日报》1948年8月1日

侨领郭美丞昨日返吧城

中央社讯 印尼中华商会联合会主席郭美丞,昨(15)日乘芝巴德轮赴港转吧城,本市荷印留厦侨领,及郭氏友好十余人,均登轮欢送。郭氏此次出国,拟在巴城创办印尼华侨公立高级商业学校,刻已聘定王秀南先生担任校长。王氏为本省知名之教育家,曾历任本省集美师范、龙溪中学、省立福建师范校长及中山大学暨南大学教授,现在厦大讲学,短期内即可出国。该校创办基金,为当地农园产品收回利益百分之一,约400万盾。据郭氏告记者称:该农园原为各地资本家所有,抗战期间被日本人卖出一部分,抗战胜利后,又被印尼政府卖出一部分。后荷军登陆,重行统治荷印,因资方控告荷兰政府即宣布此项买卖为非法,认为无效。因买者多半为华侨,故由该会出面力争,结果资方买方各得一半,而买方乃抽出全部收回价值百分之五,为该会创办公益事业基金,除补助该会及各地商会,补助各侨办学校,保安队及救济难童各捐百分之一外,所余百分之一即为创办该校基金。

《星光日报》1949年4月16日

第四节　金融、工商、交通运输业

高建发茶庄汇兑信局

新加坡大坡赌间口门牌 68 号

国货提倡，声浪日高。振兴实业，尤当急切。敝号开设茶庄，历有年矣。茶之美，芬芳止渴。价之廉，暨许公平。信用滴滴，已垂今日，特加收汇兑信局，办理更形敏捷。此外兼代理厦门中裕厂嘉禾嚜化妆品。诸君乐购于国货，前途不无稍补焉。此布。

《闽侨半月刊》第 1 卷第 1 期，1929 年 1 月

华侨巨型客机飞沪途中失事　乘客一部安抵上海

菲岛侨领薛芬士等所创办航空公司之巨型客机一架，于本月 11 日由岷试航抵厦。旋即首途赴沪，迄今多日，尚无消息。昨据某商接沪电称：该机于飞沪途中失事，为江宁号轮瞥见，驶往营救。乘客已一部安抵沪，现该机及一部乘客情形如何，即未提及。

《江声报》1946 年 3 月 23 日

新加坡十五年来未曾有之大火

故邑侨蒋骥甫所创办之民生树胶厂发生巨火

焚胶二千吨，损失叻币百七十余万

5 月 11 日午夜 2:30，本坡武吉知马 8 英里，民生树胶厂，突然发生严重之火灾。损失殊巨，包括 2000 吨树胶及三分之二之建筑物，总共 175 万元之巨额，乃近 15 年来所罕见之大火，亦损失最巨之纪录。被焚之范围，约占该厂九英亩中 70 巴仙之地，但无人命受损伤。

树胶全化为乌有,建筑物大半焚毁

查被焚毁之建筑物,有3座高层铜铁之炉房,2座贮梘栈房,一衡量房及一间机房,与巨量之树胶,暨6架罗厘车,尽付诸一炬。记者驰至时,诸钢铁之建筑均多弯曲倒塌,散乱躺于残瓦颓垣之上。而所有2000吨之树胶,尽化为灰烬,间有数堆掩于低层之余灰,仍不断在冒出火烟。

救火机闻讯赶至 通宵达旦扑救忙

消防局之人员,经过终夜之疲劳,仍留3架救火机及人员在不断灌救中。至于未被焚去,有二间辗机房,及一间办事处,而工员宿舍亦全部遭烧光。据其当事人告记者云:最先发觉者系二名印籍守门者,彼等火速发出求救之声,继有十数工友,会合职员等起而营救。其他许多工友,见火势延烧,为自己之安全,竟搬其随身物,逃避厂外云。又云:因火势凶猛,非少数人所能为力。遂电中央救火局呼援,不久市区救火车2架赶至。随后亦有4架军部之消防队驰到,人数有百多名,各尽力施展救火之工作云。

火焰凶猛冲云霄 连大树亦被焚烧

可是火焰之猛速,热度迫人,简直使消防队无法趋近。其上冲火力,有十数丈之高,市区数里远近亦可望及,绕于厂周围之大树几株,亦遭烧去一半。据武吉知马之住民称:终夜半边之天空,血红一道,光亮如白画,乌烟更满天密布,终夜未能安寝,殊为惊骇云。

消防队扑救约三句半钟之久,至6时天亮后,始稍能探制火势。然一切之建筑物,已坍塌倾倒,无法收拾矣。查该厂曾向数保险公司购有保险。

起火原因正在调查

记者询厂方之当事人,关于起之原因,彼答称:未能确定究竟从何起火云。据警方之推测,疑有可能遭人放火。因该厂自停工之七周中,劳资两方频频发生波折,其间亦曾几度调解,直至最近多数(约占80巴仙)之工友,自动愿意复工,而少数不同意者离去。是以资方本定昨日为正式复工之日,岂料于是夕竟发生此场灾祸,令人疑惑莫解云。

昨日下午据罪犯调查部主任浮拉氏称:警方亦疑颇有可能为遭人所放火。因据最先发觉火患之2名印籍之司闻者所云:是晚2时30分,彼等见栈房触火时,同时瞥见于栈房后,有6名至8名不知国籍之人影,急速由厂后逃逸而去云。总之,警方已在作全部缜密之调查,或者将发出赏格通缉云。

另据消防局总管萧氏语记者称:此场火灾,乃为本坡历年来最大之灾。在此二日内,当局将继续派员在厂中巡察,慎防死灰复燃。因尚有数堆废墟中，仍掩存未熄之灰炭也云。询其起火原因，亦云不明，此事系由警察当局办理云。

火灾后之民生　胶厂当局同意支给工人月半薪给并偿工人火烧损失财产

据悉，5 月 11 日被火烧毁之民生树胶工厂，当局顷已同意支给该厂工人以一月半之薪金、一个月之伙食津贴及补偿工人因火烧而损失之财产。上述协定系经过一周间之谈判后始告成立。

劳资间之谈判系由星嘉坡（新加坡）职工总会任调停人。星嘉坡（新加坡）树胶工会方面于昨夜开会，闻工人方面对谈判之达到协议表示满足，对上述条件将予接受。按工人方面，以民生厂遭火烧而失业曾向厂方提出五要求，其中一项为要求厂方支给三阅月之薪金云。

《同安乡讯》第 2 期，1948 年 5 月 31 日

第三章

爱国建乡

第一节　热忱救国

仑泥洛社同怀工商联合会　菲岛华侨首倡捐助战费

商店愿照抽营业税　店员每月捐助半薪

江声大报馆主笔先生大鉴：近阅报章，刊载此次日本无端向我国开衅，居然以强暴之手段，力占我东三省各要隘，惨(残)杀我国人民。此种野蛮心性之日本帝国主义者，直欲使中国灭亡而后已。此间侨胞莫不咬牙切齿，于23日晚8时乃召集全体会议，讨论对日事件。到会者足有百余人，于四十一条议决案，如中央政府正式对日宣战，则此间之侨胞苟有店头开设者，愿照被菲政府所抽之营业税而照是数抽出，以供中央政府对日之战费。至于劳动界者如店员，一方面愿以每月所得之薪水，一半赞助政府，一半自充家用。如工人一方面，愿以三分之一工资以助之。该条议决案，业经大众赞成通过。此虽为杯水车薪，亦可以知国民之爱国心也，敢求贵报社为刊载，以资宣传，而唤起民众一致对日宣战也。专此敬叩钧安。

菲律宾地仔拔省亚伦尼洛社同怀工商联合会会长张昌捷启

民国二十年(1931年)9月24日

《江声报》1931年9月29日

菲岛华侨关心救国运动　函厦查询国内状况

反日会昨接菲律滨(宾)地仔拔省亚伦礼洛社同怀工商联合会函云:厦门反日委员会主席钧鉴,呜呼!我国不幸,历年惨遭人祸天灾,已经不堪回首。最可痛者,莫如日帝国主义者之如斯横行,兹竟乘我国之水灾而强占我东省,奸淫焚杀,大逞兽行,俨入无人之境。犹尚不足,并且遣派大批军队、战舰锁封我海口,任意登陆,捣乱寻衅,恐悚我长官,威压我爱国运动,实意向我开战。此种举动,何公理之可言。乃我国政府,仍持镇静态度,以冀公理解决之,而任暴日之日进日深,势将把全中国狼吞虎噬。此种可惊可怖之情况,苟非凉血动物,孰能忍心哉!同胞乎,同胞乎,国已危矣,我等能忍以锦绣之河山而为人攘夺耶,能忍以亲爱之父母兄弟妻女而为人奸淫杀戮耶?今我国之灭亡,迫于眉睫,而政府又无何种表示。为今之计,如一日不解决,则不知要多日矣。几个国士,一日不计划,则不知要加死无数之同胞。如斯日复一日,纵使有二倍如中国之广大,二倍如中国之民众,亦难免为倭奴威压之下。今我国之弱已达极点,所赖者惟有一点民气而已。凡我同胞,应当团结一致,直向倭奴打到东洋去,以障自己生命。一方积极宣传实行大抵制彻底,一方从速组织救国队,以备我国政府对日宣传,即出为国杀贼,保卫疆土,虽不幸为敌人所灭,犹尚有荣也。敝会感于此次暴日之无恶不作,几乎心肠具裂,虽寄居海外僻壤,不能共赴国难,执干戈以卫社稷,亦愿作海外之宣传,无论如何牺牲,誓为政府后盾,并作贵会之后援也。祈贵会略将国内近况详告一二,俾侨居海外之同胞得能明了状态,是所至祷。此请努力奋斗。主席张昌捷。

《江声报》1931 年 10 月 25 日

华侨勇于救国　相继回国从戎

自日兽军称兵犯我东北,凡有血性愤慨同深。兹有新加坡华侨义勇团第十队副教练庄鼎亨,及苏从志 2 人乘丰庆轮,于本(月)1 日抵厦,不日拟赴南京投军。查二君,俱晋江籍,此次激于义愤,毅然以杀贼自任,殊堪嘉许云。

《江声报》1931 年 11 月 3 日

闽南华侨救国会进行大规模募捐　许经权等首先提倡

闽南华侨救国会,在鼓浪屿于前日筹备进行大规模募捐,以援助十九路军已有头绪。其办法系先向闽南回国侨胞,作成数之劝募。昨(2)日在鼓浪屿笔架山开执监会议,决定日内进行。闻在场有该会发起人,许经权、许文麻二君,各先认10000元,王其华认捐5000元,以为之倡。其进行成绩当有可观也。

《江声报》1932年2月21日

华侨救国会慰劳十九军　董超群等又捐一万

闽南华侨救国会,此次举行募捐慰劳十九路军。查其办法系纯向回国诸殷实侨胞劝募,而在未进行之先,由该会诸发起人"有力量者"先行尽量捐出,而后对外进行,以身作则,俾能唤起殷实侨胞共赴国难。除许经权、许召麻捐一万元,王其华捐五千元,已志前报外,兹查本市南星乐园主人黄文咤(已故)之子黄超群、超龙亦捐大银一万元。其他成数认捐者,当有多人云。

《江声报》1932年2月23日

华侨义勇军由星洲过厦赴沪

昨日上午11时,鸭家新地亚轮由新加坡抵厦时,该轮载有英属义勇军70余名,系经厦□□转往京二□,□□港中起卸客货,仅一时久即去。唯一般民众因渴望十九路军抵闽,会见该义勇军者,咸误为十九点军到地,以致纷纷传说,谓十九路军已抵达,实则非也。

《江声报》1932年6月5日

菲华侨将在鼓组国防后援会　赞助十九路设备国防

许友超谈此行经过　杨忠懿昨自省返厦

菲律宾华侨代表王泉笙等昨(2)可乘海阳轮抵厦,许友超三十日偕刘植炎乘飞机抵泉州,各情经志昨(2)日本报。兹查昨(2)晨海阳轮自省抵埠,只杨忠懿搭该轮来，王泉笙、张时英尚留省未返，许友超亦于前(1)晚自泉州乘飞机抵厦，仍寓鼓浪屿黄奕住宅。昨(2)日下午一时许，记者诣鼓浪屿杨家园。

访杨忠懿氏，据谈，王泉笙、张时英1日晨已购定船票来厦，濒行忽得蒋主任自延平来电，谓即(1)晨自延返省，故王张临时复将船票退回。本人以有俗务，急待返厦，乃先首途云云。二时半，记者复造黄奕住宅。

访许友超氏，询以此行经过，承许氏见告，兄弟偕王泉笙、杨忠懿、张时英诸君，于24日由厦首途，25日午抵省。蒋主任原以是日往延平，因得电知兄弟等来省，乃未果行。抵地后，蒋主任派副官来迎，是晚设席三桥俱乐部，为诸代表洗尘，对剿共、清匪、保卫团、国防、建设等问题，均有深切之表示。

关于"剿共"清匪，据蒋主任云：十九路在闽北前方兵力，现有三团以上，目前清剿步骤是对闽北闽西为平行线，坚壁清野，使之无路可窜，一方面则施用封锁政策，使其不战而毙。同时，在省内编练保护团，捍卫地方，补助军队之所未达。

关于国防者，现在只要有飞机大炮，保守自己领土，不被外人侵略便足够。但因飞机大炮须得有钱才办，在蒋主任固然希望海外华侨及地方殷富热心赞助，而一般侨胞鉴于外侮频仍，国将不国，自亦义不容辞。盖诸代表此来，其任务亦正为赞助国防建设也。是晚讨论至8时散，蒋主任因接何应钦部长电，急待前往延平视察。

越(26)晨即遄往前方，濒行，并敦嘱诸代表有事可于范其务先生及樊宗迟参谋处长接洽。因29日蒋主任尚未回省，兄弟等乃电延平询问，越(30)日得复，前方军务倥偬，未能即来。兄弟以各问题经与蒋主任商讨圆满，无人久留必要，乃与樊参谋处长商乘飞机南下视察一切。经得许允，于30日午乘飞机飞泉州，由刘队附植炎驾驶。因是日天气不佳，飞行约三十余分钟始抵地。在空时，俯视地域如线，人物如豆，飘飘然，栩栩然，视世界不过一幅地图之大小，初不知人间乃有如是之纷扰复杂也。抵地后，即赴六十一师部，谒毛□寿师长，时过毛师长已来厦，由赵锦文参谋长接待。兄弟对闽南各地散匪尚多未清及地方建设多有建议，赵参谋长表示，因泉永兵力不敷分配，致各处散匪，时有出没。现正积极编练民团，为军队之助，将来必有办法。午后，兄弟即返石狮故乡视察，越(□)日毛师长得□回晋。是午，兄弟亦乘车返晋，与毛师长晤谈，并留兄弟午宴。兄弟对上述各种问题，与毛师长亦均有讨论，毛师长颇以前此与地方人士一度误会为憾。现泉地有党政军民联欢社之设,军民之间,既有此联络情感,沟通意见之机关,将来当不致再生误会。故兄弟对此种军民互助之组织,甚表赞成,并捐助经费百元,藉表微意。至4时始散,毛师长送兄弟至飞机场乃返,兄弟遂偕刘队附于4时许飞抵此间。本(3)日杨忠懿先生返自福州,始悉王泉笙、张时英二君,因接蒋主任电,临时复折回。大约下星期一可返厦,届时当邀请在厦侨胞及地方人士,在鼓屿共同组织国防后援会,设法筹款,援助国防设备。俟此会成立,负责有人,兄弟即拟回菲。又兄弟此来,兼代表菲律宾中华商会及中国驻菲郑领事,与此间商会及海关方面有所接洽。因侨胞出国返国,时有种种阻碍,非亟谋救济不可。最后,记者复即以对省府改组意见。许氏云:李清泉氏被任省委,就个人视察,李氏因商务关系,恐不能来。唯一般华侨,皆希望李氏出任艰巨。盖李氏为闽南人,又为华侨,对地方情形,对华侨痛苦,知之最切。果能翩然归国,对失业华侨之救济,对地方建设之发展,必较任何人为关怀。故无论李氏如何谦退,一般侨胞必促其出荷仔肩云云。

《江声报》1932年12月3日

华侨救护队向各处募捐　谓前往东北

有人组织东北义勇军华侨救护队,已志前报。据开内部组织,设总主任1人,主任为陈崇景。下设正副队长,正队长陈汀如。下分文书、财政、交际、庶务五股,以高怀、林海德、马仁波、郑子茂等为股长,副队长胡国志,运输股长沈天真。救护股为五组,每组设组长1人,组员4人,第一组长□□杰,第二组长蔡成印,第三组长戴武备,第四组长彭石山。业经分配完毕,拟不日出向各界募捐。闻拟本月20日、28日或可出发前往东北,未悉届时果能实行否。

《江声报》1932年12月5日

航空建设协会菲分会前日复选　李清泉许友超为正副理事长

侨胞踊跃加入将大规模募捐

自九一八、一二八国难以来,援助东北义军,及十九路军抗日最热烈者,厥推菲律宾华侨。近翁照垣赴菲,从事于航空建设,极为活动,于是菲埠侨胞遂有中国航空建设协会马尼拉分会之成立。截至上月为止,加入该会之会员，已达1874单位，计团体会员75，基本140。赞助22，普通甲种98，乙种552，丙种847，儿童会员140。此为菲律宾华侨代表许友超、王泉笙，接到菲埠上期轮来函之报告，如就近日推算，当达2000余人以上矣。昨(5)日许王二氏复接菲律宾来电：中国航空建设协会马尼拉分会理事会议复选结果，理事长李清泉，副理事长许友超、金祝三，司库杨启泰，总务陈一多，宣传陈道桢，经济薛敏老，会计吴达三，教育高祖川，将举行大募捐。又菲埠甲描育华侨救国会，于近日汇3000元交上海东北难民救济会代表朱庆澜，转充东北义勇军作抗日战费及制寒衣之用。同日，汇3000元交蔡总指挥，作建设福建国防之费，原电云：蔡廷锴将军鉴，请向厦门中兴银行领国币3000元，充为建设福建国防之用。收讫电覆，菲律宾三描甲吗育华侨救国会叩。

《江声报》1932年12月6日

菲侨胞派代表回国　接洽购飞机巩固国防

11月5日菲律宾讯：菲律宾华侨素称热心爱国，自今春“一二八”十九路军在沪抗日事件发生后，海外华侨深知飞机救国之效用。美菲两属华侨，对于此事之进行甚为积极。昨本埠华侨国难后援会，于上月23(日)晚5时在中华商会召开各埠商会代表暨全体委员各组主任联席会议。到会者有十一团体代表共20余人。

议决案件如下：(一)对蒋主任光鼐来电“提倡飞机队为对外之用”征求意见，电覆赞成，并转函各属华侨。(二)对蔡总指挥廷楷(锴)来电：派委员返厦相商要事，决派薛老敏为代表，赴厦接洽。(三)略，惟蒋主任光鼐电内有“组织飞机队之利益，无事可充民用，有事可备国防”等语，甚得菲侨之同情云。

《西洋情报》第1卷第2期，1932年12月15日

海外华侨之救乡运动

叶绍纯

久在军阀淫威之下，宛转呻吟的福建人民，自得十九路军移驻以来，大有如昏黑的长夜里，忽然透进了一线曙光，不久就可重见天日一样的气象。十九路军以过去的声誉，在沪抗日的精神，此次奉命入闽，自然想把福建地

方重新建设起来。所以一到福建，便努力剿匪，解除民间唯一疾苦，久为“匪共”所盘踞的长汀、连城、龙岩各地都已次第收复。为了要贯彻绥靖地方，整理闽政起见，不能不先把拼命剥削人民，为“匪共”制造机会的杂牌军队，加以解决。

称霸十余年，号为福建土皇帝的陈国辉，毕竟罪恶贯盈，这回便首先入瓮，为绥靖公署拘禁起来了。此消息一传播，全闽的民众，尤其是在其宰割践踏下的闽南民众，莫不欢呼雀跃。就是海外的闽侨，虽然云天万里，远隔重洋，而消息传来，也一个个的笑逐颜开，额首称庆。各埠同乡会都纷纷开会，函电交驰，呈请闽绥属，将陈国辉正法，并条呈其治闽的意见。正如久受霜雪压迫的枯草残枝，一旦春回大地，得了和风甘雨的施洗，一时绿叶红花，都要争相怒放一样。

归纳各同乡会对于建设新闽省的意见，约有下列几项：

消极方面：(一)肃清匪祸，安定社会。(二)改编杂牌军队，減(灭)除人民痛苦。(三)统一财政，海军归海，革除划地截税的积弊。(四)改组省府，彻底清除不良省委。

积极方面：(一)澄清吏治，使政治入轨。(二)振兴农矿实业，以裕民生。(三)普及教育，以开通民智。(四)建筑道路，以利便交通。(五)输款购械，建设国防。此外尚有关于直接保护华侨的一二条，陈述周详，措辞恳切。同时即实行输捐，购械买机，(单菲律宾一埠就捐得20万元，拟购大炮和飞机赞助十九路军，剿匪抗日)并派遣代表回闽谒见蒋主任、蔡总指挥，商洽一切。华侨之关怀桑梓，望治情殷，于此也就可见一般(斑)了。

不过以疮痍满目，群盗如毛的福建，想一时臻于郅治的境地，虽有十九路军的励精图治，恐怕也非一蹴可以成功。何况目下的情形异常复杂，像改编军队，统一财政，改组省府等种种问题，在在都有障碍，枝节横生呢。现在福建能否完全让给十九路军统治和自由行使职权，实是一个问题。但闽民已得此绝好的良机——十九路军驻闽——应勿轻易错过，解决杂牌军队，统一全省财政，彻底改组省府等重要问题，都应联合全闽人民，坚决的向政府力争。为达到建设新福建的第一步计划，其年有亿万巨款挹注入闽的海外华侨，尤要团结一致，作十九路军的后盾，予以物质上及精神上的协助。民意是有极大的力量的，全国人民为能精诚团结，政府或终于要顺从舆情，予以圆满的结果。想素以深明大义，蜚声中外的十九路军掌握政权以后，也当能接纳民意，与人民真正合作，不致为官僚政客所利用包围，而努力去建设一个光明灿烂的新福建。

《南洋情报》第 1 卷第 2 期,1932 年 12 月 15 日

菲侨胞捐款购飞机　协助十九路军组机队

菲华侨代表已到厦

11 月 20 日上海申报载:菲华侨代表王泉笙、许友超二氏,已于 19 日自菲抵厦,蔡廷楷(锴)派黄强来迎。闻王许二氏来厦为菲华侨捐款 20 万元协助十九路军组织飞机队,巩固国防,与蔡廷楷(锴)接洽事。并拟先购飞机九架,俾得早日成立云。

《南洋情报》第 1 卷第 2 期,1932 年 12 月 15 日

菲岛华侨积极捐资购机

除个人团体单独认购外　加入航空会者达二万余

岷里拉(马尼拉)华侨于航空救国进行甚形积极详情已叠志本报,昨据该埠回国华侨称:富商李清泉捐助政府新式战斗机 1 架,计菲银 25000 圆(按合华银 65200 元)。又宿务线丸公会捐助侦察机 1 架,菲银 2 万元。又某团体捐助炸弹机 1 架,菲银 2 万元。又该埠航空协会岷里拉分会会员,由 7000 名已增至 2 万余名,会员平均每人各捐菲币 10 元,共有 20 余万元。此款完全为购战斗机之用云云。

《江声报》1933 年 2 月 13 日

棉兰侨生子　组织飞机队

将飞回祖国参加抗战　菲侨拟筹百万　救济闽省平民

海外华侨,输款援助抗敌,以星洲数目为巨。该阜仅临建帮,已捐集 120 余万元。将来最低限度,可达 200 万。又棉兰侨商刘口德,昨访厦门侨局长江亚醒。据言棉侨捐助抗敌,亦极踊跃,有侨生子多人,曾就学航空学校。现特组织飞机队,将购飞机,飞回祖国,参加抗战云云。又菲律宾侨青年施志民,近日回国。现在厦参加军训,俟略得军事常识,即拟北上请缨。在菲华侨曾廷泉,则以口岸被敌封锁,华侨汇款,无不障碍,特建议电请各银行,

发款百万元,交由政府,救济平民。然后由华侨筹足,汇还各银行。闻王泉笙、李清泉等,对此亦颇赞同,可望日内实行。

《江声报》1937 年 9 月 21 日

太古栈华员节食费三期昨日汇缴

归侨购债,昨十九人

太古栈房部华职员,昨将第三期一月份节食费五十三元八角□分,送交本报,托为汇汇中央,作国防献金。又南洋归侨,昨到市府社会科,托购救国公债者计 19 人。其中何凉、叶世铭、陈龙珠各 10 元,陈莽党、陈垣伦、骆永宝、谢培、戴瑶授、杨廷文、陈远尊、彭乃连、林高、林江、李进瑞、陈圣、何花花、何凋妹、陈乌衣、何畜妹等 16 人,各 5 元。又市商会昨接望加锡华商会函,谓募捐救济难民。该处华侨已汇汇十余万元,交上海中国红十字会收□云云。

《江声报》1937 年 11 月 2 日

旅港闽侨送厦劳军羊毛衣三千余件

代表郑静安今赴漳献旗拟资助闽南国防

旅港福建商会,近以敌人潜空袭厦,皆靠我驻军击退,特备慰老品三千余件,面巾二千件,麻袋四千余只,运厦慰劳,已志本报。兹查该慰劳品分装十二大箱又 20 包。派代表郑静安护送,于昨晨抵厦。警备部事前得其电告,即派黄陈两参谋下轮招待,登岸后先到旅邸休息。乃乘汽车赴警备部,谒陈参谋长,表示敬意。呈献慰劳品毕,谈数分钟,即由练参谋长派黄参谋,陪往防空部参观。到时,该会副主任委员陈文龙,出为招待,导其参观各部,并将该会计划草案,加以详细说明。毕即辞出。昨晚黄司令派练参谋长代表。

□部欢宴,邀高市长,及商会洪主席暨警备部高级长官作陪。8 时许,宾主尽欢而散。查郑氏此行,并携有旅港福建商会绣旗一面,书"为国干城"四字,上款书"黄涛师长暨一五七师全体将士惠存",下款书"旅港福建商会敬赠"。郑氏拟于今日入漳谒黄司令,并举行献旗礼。

据郑氏谈,此次旅港福建人士,以一五七师莅厦驻防以来,对于防御工事布置，不遗余力。而忠勇将士，抱牺牲决心，保守厦门，使敌人不敢正视，尤足使人钦佩。厦门为福建国防前线，巩固厦门，即为保卫福建，亦即保卫边疆。敝同人以黄师长保卫我家乡之安全，特备薄礼，聊表诚敬。到厦后，备受各位长官招待，深自感愧。鄙人未离港前，闻种种谣言曰厦门已被敌□□如何轰炸，商业如何停顿，市况如何萧条，市民逃避一空云云。但到厦后，目击市面实况，乃知所传皆属无稽。至于防空会及救护队之组织，一切均称完善，因限于经济，故大部为消极之设备。积极方面尚未周全，鄙人返港，必将此事向厦外侨胞宣传，俾使各资助此闽南国防前线之厦门。得有充实积极防空之设备，当鄙人离港前，亦会与热心。

旅港闽侨拟定计划，购置各种关于防空器械，现正在进行中。旅港福建侨胞虽仅二三千人，然于救国救乡运动，皆极热诚，自全面抗战开展，即已募集国币 4 万。

《江声报》1937 年 11 月 24 日

日台归侨以日币贡献国家

省令昨到厦

市抗敌会昨奉省抗敌会令，略谓：本省旅日台侨民，为数颇多。抗倭战争发生后，被迫相率归国者，不下数千人。惟侨民于归国之际，受敌国种种束缚，存货币，无法汇兑，仍多携返家乡。现此项货币既不能行使于国内，各自积存，等于废物。当兹国家危急存亡之秋，正国人尽力报国之时。迩来各地热心人士，提高献金救国，风声所树，举国响应。或则奔走呼号，不遑□处。旅日台侨，深敌国虐待，义愤填膺，自更尤甚。爰特通令各县分会，劝导旅日台归国侨民，将所存日币，贡献国家，俾可集中财力，而厚抗战力量云云。又该会前奉令，劝募布鞋已千双。昨复奉电令催缴，该会正遵办中。

《江声报》1937 年 12 月 18 日

华侨林天指献赠军用车

昨江苏轮运厦　将送交警备部

宿务华侨林天指，近向美国购买新式福特军用汽车一辆，值国币 6000 元，献赠厦门警备司令部，以充军用运输。该车昨由江苏轮运厦，而托中兴银行行长叶天送代转警备部收用。同日，菲律宾洪光学校，亦由该轮运来献赠警备部布袋百余只，盖亦军用必需品也。

《江声报》1937 年 12 月 27 日

第二节　造福桑梓

一、赈济扶贫

菲岛捐赠救济物品　将待集齐后配赈
首批俟海关检验后方得接收　侨团代表要求及时提出发放

前日回厦之菲岛华侨筹赈会代表，昨假青年服务社，宴会厦市党政首长、社会人士及新闻界等。席间据代表黄和德谈，该会此次在菲募赈，计得菲币 21000 余元，除以 15000 元购买麦片、西药等物品外，尚有 6000 余元，汇得国币 150 万元，悉将用以救济此间难民。惟物品中最大部分之麦片，须俟下期航便，方克续运来厦。其已到厦之西药等项，仍在起卸中，一俟起卸完毕，即当分别点查，列明数量，一并汇送市府分配发赈云云。

又讯　菲岛中华总商会此次托由加理逊号舰运厦救济厦泉一带难民物品，顷市长黄天爵接该会主席薛芬士来电，请转知押送是项物品人员，先予集中保管，俟第二批救济品到达后，一并分发。闻第二批救济物品约有 87 箱，不日亦可到达。

又查起卸美舰救济物品，因海关耽阻，致延至昨(25)日下午仅起出一小部分。查该批均系菲岛救济会、菲华侨商会、妇慰会、旅菲抗敌委会、晋江英井同乡会等所捐赠者，拟配赈厦市及泉属各地贫民。救济品中大部分为食品，有面粉、麦片、罐头等等。惟此次运来者仅 1/3，余尚留菲待船起运。至运来物品，全部计 1700 余件，昨由党政及民众团体代表监同起卸，迄晚未停，所有救济物品均用纸盒包装。闻有破坏者，均运赴海关入栈封存。因海关以该批救济品中，恐杂有私人货物，主张应分别查明放行。虽市府与华侨团代表数度交涉，卒无效果，乃决定全部暂起交海关保管。但华侨各代表之意，以现值年关，贫民急待救济，如再耽延，则无济于事矣。仍请市府设法与海关商协，早日放行，使各代表及时带回原籍发放，俾无负使命。海关是否接纳，尚无所悉。至各难侨抵厦后，泉漳籍者，已先后返乡。事先市府伤民船工会转各船务公司，予以便利运载，在漳码则由漳嵩等公司接待，在泉属者则由闽通船务公司接待。

又市商会昨电菲岛中华总商会文云：中华总商会转，欢迎李清泉夫人暨菲律宾中华商会代表来厦主持救济，厦门市商会等文叩。

又战前中国国民党驻菲总支部委员，现任岷里刺（马尼拉）大华学校校长王铮民，亦附搭美船回厦。据王君称：渠因离闽8年，亟欲一省老母，并暂时休养。在岷所有担任教育社团职务，均分别托人代理。大华学校校长一职，则由林文秀代理云。

《江声报》1946年1月26日

华侨赈委会电菲岛　促继续募赈款

市长代表市民电菲　申谢侨胞热情捐赈

逾来旅菲华侨关怀桑梓，发动捐款，汇厦救济，为数颇巨，厦门市长黄天爵于昨日特电菲华侨筹赈厦市难民劝募委员会致谢。兹志原电于次：

敬启者，厦门沦陷7年，经济枯竭，民生困苦。劫后穷黎，触目皆是。此次旅菲华侨，关怀桑梓，发动捐款，汇厦救济。执事努力劝募，慷慨解囊，义举热情，深堪钦佩。嘉惠所及，厦民均感。兹谨代表本市民众，专电致谢。诸希察照。

又驻厦菲律宾华侨筹赈厦市难民劝募委员会代表黄和德、吴平权，昨电菲总会电云：王苇航等委员大鉴。径启者，查德等抵厦后，曾奉一函报告厦市状况与难民急待救济情形，谅荷察悉。本曹文书兼事务主任李法文君，业于日昨抵厦，并随轮运到救济品（美国麦片），明日当可转交市政府分赈难民。兹承黄市长转刘主席电开，“黄市长感电悉，除电财政部饬海关免税外，仍仰将救济品分配情形详细具报。至华侨各社团暨筹赈会热心救济，嘉惠难胞，准由该府转电奖勉，刘建绪”。除由黄市长专函致谢及另文报告本会外，嗣后如再寄运厦市救济品，请向救济总署证明，以便领交市府。尚希继续劝募救济,俾厦市难民普沾惠泽。是为至盼,专此布闻。

《江声报》1946 年 2 月 10 日

菲侨蔡士杰捐献二十五万救济厦鼓难民

市府昨接中国妇女慰劳会菲律宾分会函,以该会近得热心侨商蔡士杰为其子结婚节省用费,捐献国币 25 万元,交由该会代转,作为救济厦鼓难民费用。特为转呈附中国银行汇票一纸,计国币 25 万元云云。市府即将该款为存入救济专款项下云。

《江声报》1946 年 5 月 9 日

归侨侯桂炳捐赈二百万救济本市贫民

华侨侯桂炳,原籍南安,年近七十,热心公益。民十八年(1929 年)间,独资捐建南安码头大桥,日前由菲乘宿务轮返国,鉴本市灾情严重,慨捐国币 200 万元,托由市府民政科长林善庆面转市长,分赈本市灾民。俟发赈完毕,再捐巨资赈济。对于旅居厦市之南安贫苦同乡,将另行捐款救济云。

《江声报》1946 年 8 月 11 日

缅侨汇厦赈款赈济难民

每名各发国币千元

本报讯 缅侨寄厦赈款托益同人公会华侨商会代为施放,派代表陈群秀、许汉钦、陈忠诚等四人携现款亲到本市救济院同医院,点名发放。每名各 1000 元,计 125 名,共施赈款 125000 元。又该□施医所并于本(月)11 日,点名发给 100 名,共施赈一□万元。诸难民受惠之余,咸额手称谢云。

《中央日报》1946 年 9 月 14 日

菲侨济厦麦片二百吨日内可抵厦

市府经接菲救灾会电告

本报讯 菲律宾华侨救灾委员会主席薛芬士,前日电市府,以该会购澳洲麦片200吨，由轮运厦救济，日内可到。已电知薛安然、洪源港、蔡梅村为代表，希冀予监督、点收保管，并代设法仓库。关税已电请财部豁免，亦请向厦海关商洽协助一切云。

《中央日报》1946年9月22日

暹侨配厦赈米被改拨潮梅

厦应得额候另行筹补

本报讯 市府昨接汕头暹罗（泰国）华侨救济祖国粮荒委员会监赈团，以致西东府社字四七〇九号公函，准悉查配厦暹侨赈米100吨，前由联总运汕头后，因觉船转运因难，而潮梅方面粮荒又极严重，遂全数改发五六两行政区各县属及汕市领赈。对于厦门应得前额，则决由暹团长赴暹后，另行筹补。最近当可由联总配船运交也，特覆查照云。

《中央日报》1946年10月29日

旅越华侨将运米济厦

黄市长等昨函越侨胞　请从速设法筹赈运厦

本报讯 市府黄市长以本市沦敌已久，民生凋敝，顷闻悉旅越华侨将运米来厦救济，于昨特与中委陈肇基、雷鉴卿等联函我驻西贡总领事尹凤藻及当地热心侨胞等，请速筹赈米运厦。兹探录原函如下：

厦市沦陷八载，受灾惨重，且春季又值旱灾，粮食缺乏，来源枯竭，民众备受米价波动之苦，胥赖各方救济。现得悉旅越华侨，将运米来厦救济，市民莫不额手称庆赞。惟迄今未见运厦，现值冬令，待赈孔亟，乞速设法运厦，以便及时放赈。如需外汇，可由市府结汇。倘法政府不许出口，请将存粟存米就地发售，将款汇厦，交由市府转向暹罗（泰国）购米，或向澳洲定购面粉，以裕粮食，而救济灾黎云云。

《中央日报》1946年12月1日

菲侨赈麦二百吨已运厦待赈

俟捐税问题解决后　即可于短期内发放

本报讯　菲律宾华侨救灾委员会暨菲律宾岷里拉(马尼拉)中华商会驻厦联合办事处,昨函市政府,以该会购赈闽南各县第一批赈麦200吨,经由澳洲雪黎起运,于上月22日到达本市。配赈区域,经菲方华侨救委会指定厦市、晋江、南安、惠安、同安及汕头各地。配赈吨数,本处并已电菲速示施赈详细办法在案。兹以该项赈麦系菲华侨救灾委员会,发动向居留菲岛华侨募款筹购,运济国内赈粮。唯购运多时,只以交通不便,迨最近始克设法运到。现已入仓多日,亟行赶此冬季期内分配各区放赈,相应函请贵府查照,即希迅予转电财部,请准电饬闽海关豁免捐税,以利放赈工作进行,至纫公谊云。

《中央日报》1946年12月14日

菲华侨赈麦施放办法规定

菲律宾华侨救灾委员会,前日由福州轮运抵本市赈麦200吨,及所规定分配各地数额,详情经志本报。兹续查该会驻厦门办事处,昨接菲方该会来函,列明施赈详细办法,特将要点探志如下:

一、赈品交由各市县政府、党部、商会,及当地慈善机关,联合放赈。由驻厦办事处,派员监督。二、由办事处函知各指定市县政府、党部、商会,及各该地慈善机关,于30天内,雇船派员来厦领取所应得赈品。其运费由各县市自理,逾期未领者,另行分配与其他急需地带。三、放赈以贫苦者为对象,务使贫民能实沾其惠。应造具表册,受赈者须签名盖章表册上,汇缴菲方该会查核。该会办事处经照指定办法,分函各配赈市县、党政商,及慈善团体,查照办理。又查关于上项赈麦,现尚存太古仓库。该会驻厦办事处,为赶早提领放赈起见,并已函厦市府,转电财部,饬关豁免关税放行,一面由菲方该会径向财部请求准免进口税云。

《江声报》1946年12月18日

华侨协会订期发放贫侨赈款

每人二百元以五人为限

本市讯 厦市华侨协会于去年底曾由市政府转交省政府拨助救济贫侨赈款200万元，当时登记发放，计160万元，尚余40万元。该会最近又接菲律宾血干团等四团体救济款国币150万元，嘱代分发贫侨。当即通知各侨眷到会登记，理登记手续，业经办理完竣，并订本月29日起，在晨光路52号，该会将全部赈款190万元提出发放，计每人200元，每户最多以5人为限。该会已分函各区公所转知各侨眷，按照规定日期携带证明文书及印章，前往领取云云。

《中央日报》1947年4月27日

华侨汇款救济厦门罹难同胞　俟款汇到后开始施赈

本报讯 荷属东印度东爪哇、泗水厦门同乡会，为救济厦市因战事而罹难同胞，经发动捐募，计得赈款15683盾14仙(荷币)。转请我国驻荷属东印度总领事馆，汇由厦门市政府，发交本市益同人公会办理施赈。厦市府昨已接到该同乡会主席林启成通知，一俟该款汇到，即可依照该会委托办理施赈。

《中央日报》1947年6月5日

越侨救济米最近可运厦

南侨社讯 西贡旅越闽侨救济会，顷致电黄市长云：现获当局准予运米4000包回闽救济，将连运等情。黄市长接电后，当即驰函尹总领事，设法便利出口手续，及催速运回云。

《中央日报》1947年6月14日

泗水厦门公会捐六千余万

益同人公会请拨为平价食堂维持平卖粮费

益同人公会与行总厦处合办之平价食堂，期限已届，6月底应即撤销。惟查该会为继续该项善举，近已极力设法，俾使继续维持。据息，前日有泗水厦门公会，以厦米价贵昂，平民困难，乃捐国币6600余万元，汇厦当局，酌情救济，并派高标熙主持其务。该会近日商准高氏，拟将款拨充平价食堂之平卖粮费。闻高已口头允许，一俟接奉泗水厦门公会核准后，即可提拨，而平价食堂当可继续维持数月云云。

《江声报》1947年6月18日

菲华侨赠救火车日内将运抵厦

本报讯 本市益同人公会创办于民国九年(1920年)，着重于救火事业，组织全市救火会，对地方建设极多。厦岛沦陷，救火机件被日寇摧毁，不堪应用。本市光复，该会对于消防复员工作，因限于经济，未能发展。近该会接菲华侨来函，告以在菲已购就救火车2辆，拟捐赠该会，不日即可运厦。该会获息后，至表欢慰。经于昨函市商会代为转呈财部，请给该菲侨捐赠消防车2辆免税护照，一面饬令厦海关遵办，以利慈善事业。

《中央日报》1947年6月21日

越侨关心祖国　捐赠白米救乡　大批越米将起运抵厦

本报讯 厦门市黄市长昨接旅越闽侨救乡委员会主席蔡石函称：自闻讯祖国饥荒，同仁心窃隐痛，纷起组织救荒总会及各省救乡会，各尽其力，乞哀于同侨之前，集款购粮，待命运返。乃以当地政府颁请命于上峰及救济总署，重延时日，急难下命。故虽叠承来示催运，无法载归，心急灾情，五中如炽。后经总领事尹向当局极力呼吁，再四磋商。现经蒙当局轸念哀鸣，准予运米1500吨，运厦救济。除500吨呈献我政府指配严重灾区外，其余1000吨，粤得六，闽得四。经于本22日电函钧座中称：现当局准予运米4000包区(即400吨)回闽救济。将速运回，谨电。谅已早呈钧览。昨得总领馆接我中枢复电，谓越侨所献之白米500吨，经由中枢指配，闽着得35%。则综合前得之4000包，其可运白米5750包回闽救济矣。

《中央日报》1947年6月25日

缅侨兴商总会续汇返赈款一百三十余万元

交陈伯诚等协同发放

缅甸华侨兴商总会，前月汇返赈款港币1万元，约合国币400余万元，托侨领陈伯诚带厦。本市归侨合作社，协同市府、商会发赈，经志本报。兹悉该会续募得义礼埠启民学校565000元，苗旺埠育华学校481500元，仰光民众学校154500元，仰光三山会馆89700元，宫漂埠启蒙学校23600元，陈子铃22700元，中国日报职员一碗饭救饥捐11000元，合计国币1348000元，汇交本市归侨合作社侨领陈伯诚等。再行协同市府、商会继续发赈云。

《星光日报》1947年6月29日

缅甸闽同乡会　募款救济缅侨

本报讯　厦市缅侨复委会与归侨合作社以缅侨已复员2200名外，其滞留厦者尚多，虽有行总市府之救济，然生活仍是困苦。曾经华侨团体陈伯诚、白三江等，联函缅甸福建同乡会代为呼吁救济。该会主席陈吉昌据函后，乃召集在缅闽属同乡公会与商总会各宗姓，举行集资，筹募缅币13000元，折合港币15000元。已函知陈伯诚、白三江等，以所募款经汇香港，请就近领取散发救济云。

《中央日报》1947年7月22日

越侨救灾赈米　首批一运抵厦

本报讯　旅越华侨救灾总会关怀桑梓灾情，经8个月之捐募，筹集救灾巨款抢购越米4000吨，回国救济灾胞。兹悉，第一批越米1500吨(共5750包)已由国营招商局之仲恺轮于本月9日运厦。该会并派委员卢军华前来，记者闻讯，趋访卢军华委员于客邸。承告旅越华侨不顾自身处境于水深火烈之中，关怀家乡灾情，缩食捐献，筹购越米回国救济。间因越米禁止处境，经当地总领事尹凤藻据理交涉,始得成功,交托本人(卢氏自称)押运回国。一路备受祖国政府协助,衷心至为感激。抵厦后,起卸工作原应迅速办理,以招商局仓库主任故意刁难,不肯越米进仓,致无法起卸。厦由市府社会科邱启明出为接洽,觅得东南货仓,始于昨晨开始起卸。至于第二期赈米2500吨,自候第一期办理完竣,即后首途运厦。卢氏末强调声称:越米放赈为无条件、无代价放赈,务求粒米均能实惠于个饥民。深盼团内人及舆论界多多赐予协助指导,俾收救济实效云。

《星光日报》1947年8月13日

(仰光福建同乡会捐款赈济滞厦缅侨)

又讯 据此间缅侨复员协会息,仰光福建同乡会上月捐集港币15000元,折合国币一亿六千零九十六万六千七百元。经交该会赈济滞厦缅侨,并函托在厦侨领陈伯诚、张立本、白三江、王其华、陈水成、邵庚、张彩云、黄焕祖、周怀玄、陈德润等,会同办理救济。于8月6日收到,刻已全数发放清楚,受惠缅侨1502人。所有受赈名册,经航寄仰光福建同乡会。

《星光日报》1947年8月29日

简报

益同人平价食堂,经泗水华侨厦门公会捐助美钞将近6000元,又经越南赈米监赈团拨米400担。该堂现正修葺内部,闻定本月10日继续开办。

《江声报》1947年9月4日

施学炑捐款救济本市贫民

菲侨施学炑,为救济贫苦市民,顷捐献支票一纸,国币1000万元。函托本报发行人许荣智转交本市益同人公会,作为冬季救济本市贫户之用。

《江声报》1947年10月14日

侨眷慨捐千万协助冬令救济

本市讯　日昨有菲侨眷属蔡文华，以益同人公会办理慈善事业，虽有实绩。爰物其为父节省寿辰贺仪，愿意捐助国币 1000 万元，指充该会冬令发给贫民寒衣及施设事业费。

《星光日报》1947 年 12 月 18 日

星洲华侨孙泽广捐款济贫

星洲华侨孙泽广，对厦市贫民困苦极见关心。日前以益同人办理避寒所，收容贫民，颇能针对现实救济。爰自动捐献国币 100 万元，托该会陈成宗君发给各贫胞。该会乃将是款于前晚分发避寒所贫民为度节金，每人 15000 元，计分发 67 人，共计 1005000 元。一般贫民莫不感德云。

《江声报》1947 年 12 月 23 日

菲泗二善士捐资济贫

本报讯　菲侨吴平权先生热心公益，鉴于岁暮年初，天寒地冻，万千贫民，饥寒交煎，以市益同人公会拟聘办岁首施粥豪举。于益贫民，既深且巨，极受各方之赞仰。解囊捐助，以当仁不让，爰特由菲汇款国币 160 万元，交黄市长转交该会捐充施粥豪举费用。又泗侨王华忠先生，鉴于劫后桑梓，实情惨重。该会历办公益事业，针对民瘼，颇收宏效。乃赴义慨捐国币 200 万元，捐充该会岁首施赈，以济贫民云。

《立人日报》1948 年 1 月 23 日

菲华侨续汇款救济中兴惨案

本市讯　菲律宾华侨洪门致公党，顷汇回国币 2000 万元，托黄市长转交中兴轮惨案善后委员会，充作救济之需。（南侨社）

《星光日报》1948 年 3 月 21 日

菲侨续汇巨款办理中兴善后

本报讯 菲律宾雪雾华侨各界复员委员会,昨汇国币四亿二千万元,交由市长黄天爵收,转与中兴轮船惨案善后委员会,请为办理救济中兴轮罹难华侨家属之善后。又该埠华侨薛明善,亦捐汇国币一千万元,直接交善救委会收作善后救济金。

《星光日报》1948年4月8日

仰光汇款救济缅侨

海外社厦门讯 滞厦缅侨因未获出国复员留居厦地,处境穷困,几无法维持生活。经驻厦各侨团倡议,向海外发动劝募救济,据息,在仰光之福建同乡会,已响应在该地募得一笔资金,折合港币一万元,汇厦交缅侨领白三江,转交侨团联谊会分发。闻白氏定于5月1日联谊会举行,特函邀远东局厦处主任刘士康列席参加分配。该处剩余物资,旧衣服、羊毛衣、毛毡将合并分配。

《立人日报》1948年4月28日

禾山华侨黄成泰汇款千万元赈家乡贫民

菲岛宿务埠华侨黄成泰,原籍禾山湖里保薛厝社人,自少渡菲谋生,充当店员。因能勤俭致富,对公益事又乐解囊。此次因接社人通讯,以本年春雨迟降,豆麦失收,该社贫苦之家,无米绝食惨况,乃于昨日由信局汇寄国币1000万元,交由归侨黄清泉负责分发救济。该社贫民于此青黄不接时期,获此恩惠,咸为感激。查禾山各乡富有菲侨甚众,如能布黄君之义举,则全区贫民沾惠不少,亦何须翘首苦待政府配米兑现云。

《江声报》1948年5月1日

吴天赐、杨启达二百万赈厦灾民

厦门市长黄天爵,顷接菲侨吴天赐、杨启达二人电汇国币200万元,作救济灾民之用。该款业由建南信局汇到。闻市长收款后,除已存入救济专款户准备随时发赈外,并已去电覆谢。

《江声报》1948 年 5 月 12 日

滞厦缅侨赈款发放

缅甸福建同乡会,以滞厦待遣缅侨生活困苦,特以港币 1 万元汇厦放赈。款已于前日抵厦,情志本报。昨日侨团联谊会推派白三江、黄艮水、曾锦庆等 3 人,携款前往侨遣站赈放。近经批准出国之 300 名,每人发给国币 100 万元。因有部分已自费出国,仅发出 260 余人。至其余经缅政府代表宇吞貌批准者,每人可得 200 万元,定今日假华侨协会分发。(厚)

《江声报》1948 年 5 月 28 日

厦待遣荷侨　郭美丞拟设法筹款送彼等回籍

荷印中华总商会主席郭美丞,昨日前往大生里侨遣站巡视该站待遣荷侨。经查该站登记合格者达 300 余人,仅有一部分承遣送,其余迄未有消息,流落本市者凡数十人。闻郭氏将设法筹款,将彼等遣回原籍。(邵)

《江声报》1948 年 11 月 6 日

星华佛教徒汇厦赈款　拟办冬赈

星华佛教徒救济祖国饥荒委员会,客岁因鉴于祖国烽火连天,饥民遍地,爰举行超度战时殉难军民法会,筹措赈饥义款。经议决分配,拨出叻币 4000 元,交托本市益同人公会及佛教会设法施赈饥民。奈因星洲外汇统制,以致延宕,迨至去年岁春,始由该会财政陈光别居士回梓之时,将该项叻币 4000 元悉汇香港华侨银行港币 7459.21 元,托其购办粮食运厦救济,并授权陈居士到厦时协办施粥进行。不幸客岁万福士轮在汕被海盗骑劫,陈居士受绑掳,直至前月始得脱险归来,而该款亦经止汇,退回星洲。本月初星洲广洽法师乘搭万福士轮来厦南普陀寺主持戒会,爰受该会嘱托,重携该汇票来厦,并于前(17)日假南普陀寺召集益同人公会暨佛教会各主持人共研施赈办法。经议将该款平均分配,由佛教会购米 180 担,即拨米单分赠贫民,而益同人公会将购米 80 担,以充该会行将举办之贫民避寒所所民早餐之需。剩余款项,拟购制麻袋衣分赠贫民及囚犯御寒,以求配合冬令救济。该汇票于未进行之时暂托佛教会常务理事张幼峰保管,以资备用云。(益)

《江声报》1948 年 11 月 19 日

星洲厦门公会关怀桑梓难民

购赠寒衣四千件抵厦

本报讯 新加坡厦门公会因矜念留厦难民衣薄裘单,难挨霜寒。爰将该会前次举行筹赈闽省水灾及留厦难民义演所得票资及售卖花篮,并由该会友僧募款项购得寒衣 4000 件,分装 8 箱,由怡美利船务公司缅甸号优待免费载运来厦,交市益同人公会全权代为施给贫民,并蒙中华驻星总领事馆出具免税证明书,函达厦门关税务司办理。现该批寒衣经于昨日卸运入关查验,谅不日当能放行分赠难民。市益同人公会感于该会义重云天,桑梓情殷,盛意堪嘉,爰于本日函覆鸣谢。

《星光日报》1949 年 1 月 6 日

华侨纷纷汇款捐助施粥

本报讯 岷埠汇兑信局同业公会理事长施性谅,昨致函市益同人公会,略以久仰胞与为怀,仁风夙著。今逢岁首,贵会举办施粥,己饥己溺之精神,海外闻风,毋任钦佩。谨具美钞汇票乙纸 150 元,信外金元券 100 元,聊充施粥之用。至希查收见复。该会接函后,除向信局具领办理施粥工作外,并即函复鸣谢云。

又讯 华侨王华中感于岁暮年初,天寒地冻,万千贫民既受风霜交迫之苦,复遭饥饿待哺之痛,生活困况,情殊可悯。欣悉市益同人公会循例举办岁首施粥厂,爰慨捐荷盾 200 元,交该会补充施粥费用,藉襄义举,而拯民饥云。

《中央日报》1949 年 1 月 22 日

二、医疗卫生

胡麦兰李孝锦等将联袂来厦视察

菲华侨驻厦筹赈会办事处主任黄和德、昨接菲筹赈会主任林乔木函称：厦市难民缺乏药品寒衣，为求速收效果，将托侨商李孝锦向海港检疫处长胡麦兰中校接洽，请其协助。承胡中校许为设法，据称：药品范围广泛，应以需要为主。彼决计于下期船偕李孝锦、李任之联袂来厦，实地调查，予以切实援助。查胡中校对于遣送难侨回国及运送救济品事，曾尽最大力量予我侨胞帮助，请向市长黄天爵接洽，于胡中校至时，派员下轮接应并予招待云。

又以该会驻厦代表黄和德，以厦市失业工人众多，为谋救济，拟于第五批归侨抵厦时，仍由该处派员携带水果、面包上船义卖，俾将所得收益，拨充救济厦市失业工友。经呈请市府核准，又黄氏叠接南安诗山友人来函，谓该地近来鼠疫流行，死亡众多，拟购疫苗免费注射，以防蔓延。但需费巨大，无法筹拨，请设法救济。当立即筹拨救济办法，并具文请求市府，将此次该会发交各区公所放赈麦片空袋（内外袋）集中拍卖，以所得价款拨充诗山防疫经费云。

《江声报》1946 年 2 月 18 日

华侨捐赠药品已免税领出

交市府分配各医院

菲律宾华侨筹赈会、驻厦代表黄和德，在菲未组筹赈会前，曾在公理报公开发动募款及药品救济厦市难民，于一星期内募得国币 12 万元，及药丸素帛太戍 5892 粒，加比阿斯比仁那 2500 粒，阿斯比林 6000 粒，苏打饼 13438 粒，阿德平 3000 粒，奎宁丸 3000 粒，CHININUM 3725 粒，蒂拈波 3000 粒，裁利拉斯 3000 粒，美欧斯抵命针药 30 筒（每筒 5 CC）和温维他命 48 筒（每筒 2 DC），计药丸 42555 粒，药水 70 余筒。至筹赈会成立后，经将上列捐款及药品缴交该会。药品合装 6 件，由黄氏带厦，为海关扣留。迨上星期四，始由东南货仓免税领出。尚有药品乙件，系第三次船寄来，亦存东南货仓,因未寻获,无从领得。闻黄氏经将该批药品送交市府,分配各医院施赠病民云。又鼓屿及禾山卫生事务所均函请发药,闻黄氏经将该函转请市府分发云。

《江声报》1946 年 2 月 25 日

菲配厦赈款用途

半数充建设隔离病院　其余举办妇孺习艺部

本市讯　菲律宾妇慰分会,此次将结存捐款,依百分比分配泉属五系及金厦两地,举办有关社会福利慈善事业,详情经分志本报。查本市配款额原为菲币 6750 元,折国币 37476000 元。近经该分会主席李颜救决定,由原订捐款百分五之其他华侨金项内,发充凑足四千万元,以二千万元为建设隔离病院,二千万元委托益同人公会举办妇孺习艺部,充为该习艺部基金,借以收容本市一班穷苦无法维持生活妇孺,能生产自给。至分配各地赈款,未经□□汇到,闻已分函促请各地保管委员会、主办机关派员提领云。

《中央日报》1947 年 3 月 18 日

吧城闽侨筹赈会赠闽奎宁粉抵厦

本报讯　吧城福建侨团筹赈会,前所募集奎宁粉,计 193.2 公斤,折合市秤 386.4 斤,早由吧城福建会馆配寄运厦,交厦门市政府代领分配。因财政部免税登记,近日方由省转到,故至前日始行领出。其分配办法,黄市长曾与该筹赈会主席郭美丞君磋商,郭氏经将华侨公意普遍施济原则,提出书面意见,规定全省 66 县各分赠 4 市斤,总计 260 市斤。尚余 122.4 市斤,则由厦门市政府斟酌实际情形,分配厦门、福州两市。闻此种办法,黄市长甚表赞同,经电省府报告,并请示配寄方法,俟省府覆文到厦即可照办。又各县领到该项药品施济办法,亦经省立厦门医院王院长志超,代拟细则一纸,送厦门市政府转发各县云。

《星光日报》1947 年 6 月 12 日

菲华侨黄玉崐捐资千元　交益同人备建医院

菲华侨黄玉崐，前于菲埠报端获悉本市益同人公会筹建医院，以拯贫病之讯，以事关桑梓福利，慨解义囊，信汇金圆券1000元，另信外10元，捐充该会与建医院之费云。

又吉礁华侨钟文贤，日前捐助益同人公会金圆券6.5元，嘱充施赈之费。适逢市警局拘留所函请该会惠赠济众水若干，以资备用。该会爰就钟君捐款扫购济众水4打，转赠该所，以备囚黎急需云。（同）

《江声报》1948年9月23日

林树彦捐三千元　助建益同人医院

本报讯　查叻侨林树彦，因鉴于本市医药两缺，疫疠蔓延，致一般贫病患者居于冤枉死者，指不胜数。日前获悉市益同人公会捐建医院，以拯民瘼之举，各方纷纷响应，爰慨捐金元券3000元，以资助举。又有陈永鸿者，急公好义，素行善举。因探悉该会创立医院，裨益病民，资助金元券1000元，冀望观成云。

《中央日报》1948年11月23日

菲侨刘江水捐防疫经费

本报讯　本市防疫经费，前经卫生局编造预算，呈请李市长怡星，转函市参会审核。惟因参会大会日期距今尚遥，而防疫工作急待开展，适菲律宾侨领刘江水返国过厦，由李市长偕325师政工处长吕德超，趋访募捐。由刘氏之友泉吉君答应，先行捐募美钞250元，以应目前防疫急需。至于其他卫生事务所，充实设备费，及全市DDT消毒经费，因刘氏返南安原籍省亲未回厦，无从决定。闻刘氏可能再度捐献，诚为本市福音。（行）

《星光日报》1949年4月20日

三、兴学育才

热心祖国

爪哇隆门埠中华会馆协理许长发氏，原籍福建海澄，向在隆门倡办男女各学堂甚为认真。因眷怀祖国，拟躬赴闽粤、南京长江一带考察学校、商业、军政等要务。于日昨到厦，先到鼓浪屿女子师范学校参观，一切极力赞赏，即慨捐巨款藉作纪念。闻将到厦岛中小各学堂遍为视察，然后溯江北上云。

《厦门日报》1909 年 6 月 19 日

曾江水先生二期捐款已到

南洋华侨曾江水先生捐助本校建筑图书馆巨款，并汇来第一期款项，已屡志本刊。最近曾先生复将第二期款，南洋币 5000 元交陈校董转来。按期捐款（每月定汇 5000 元），慷慨解囊，如曾先生者，可谓热心教育矣。

《厦大周刊》第 206 期，1929 年 5 月 25 日

菲币三十万建设禾山

禾山讯　菲律宾华侨总商会主席薛芬士，此次返国观光，视察战后禾山各乡之破落情形，为求恢复禾屿区繁荣计，乃于返菲后，从事策动禾侨，募筹菲币 30 万元，行将汇禾，建设禾山各项公益事业。昨已函知该会驻厦办事处主任薛安然，函聘禾山人士黄萃庭、陈克舒、陈庇苍等组会筹备。查其首要工作，为创立中学，建设水利、工艺厂。

《江声报》1946 年 12 月 11 日

侨商王新扶捐助厦大奖学金亿元

本市讯　怡朗侨商王学善存德昆仲，平日对于厦大之成绩极具好感，且为人急公好义，素孚物望。此次为其尊堂新扶老先生伉俪祝寿，特将寿筵费

节约所得壹亿元，捐助厦门大学为奖助清寒学生之用。际兹国内不景气时期，青年学子类多经济困难，得此奖助，裨补实多。而王君昆仲之热诚教育，嘉惠学子，教育界人士均加称许云。

《中央日报》1948 年 2 月 26 日

怡保邑侨杨金殿兴建民安乡鸿升学校

五月底竣工　秋季开学

本县民安乡小路边旅保怡保华侨杨金殿，于本年春汇寄巨款，在其故乡小路边兴建鸿升学校一节，已志同厦各报。该校自前(2)月已开工启建，规模宏大。现积极赶筑，每日工匠达百名之多，预定 5 月底教室均可竣工，赶于本年秋季开学。即其附近学童，均可共沾其惠。查杨君乃系侨生，其热心祖国教育诚为难得，县府当局及各方甚表嘉许。本月扩大县政会席上，民安乡杨乡长特将杨君美举备加宣扬，与会诸军政党首长，咸为感动，尤其张县长，亟盼各乡镇能提倡发动海外侨胞，为培植民主新中国第二代国民，多多捐资，兴办私立学校，辅佐县府行政力量之不及。而造福乡梓，十年树木，百年树人，种瓜得瓜，种豆和豆，此乃无与伦比迫切伟大工作，其能不慨助乎。(默稿)

《同安乡讯》第 2 期，1948 年 5 月 31 日

刘五店光华学校南洋董事会

吁请各地乡侨按月输资，弥补校费

原函：

抗战军兴，金厦弃守。我乡地居滨海，与金厦二岛，一苇可航，处国防最前线。兽军企图登陆，受我英勇驻军，梓乡民众，协力抵御，抱祖宗土地，一寸不以予人，幸赖保全，未遭兽蹄践踏。而学校民居，毁于无情炮火，及今思之，犹有余恨。胜利后，幸荷校友高披简、林承志诸君拼力经营。又蒙行政院善救总署厦门分处之资助，旅居漳厦、南洋董事会之输将，复校计划已告完成。建乡拟议，正谋实现，厦会春初邮递公函，业已附印。《同安乡讯》(创刊号)分别递呈，谅邀察及。只缘建筑未臻完备，经常费用，不容中辍。我吉胆五条港，与本坡诸同乡，去年自动捐筹，已收已汇各条目，及厦会全部收

支，均经分别胪列详载该刊，以资征信。所望诸同乡，无论过去或现在，因爱乡爱校而输将，已交者继续努力，未交者，在可能范围，尚乞提早汇集。并抄录芳名，迅予付校。驻厦董事会伫待南洋各地，缮列到时，呈请政府援照捐资兴学条例，予以褒扬。

本坡同乡复拟一长期月金，假如每一任何乡人，或商号逐月寄附当地币一二十元。则乡校悉心扩展，他日为乡人多造就若干好子弟，其欣快为何如也。曷胜盼祷，待命！肃候。

公绥

(民国)卅七年(1948年)五月十六日

《同安乡讯》第2期，1948年5月31日

华侨蔡永禄捐书赠集友

市讯 深田保集友小学图书室藏书，悉于沦陷期间全部散失。复校后，教师参考书，及儿童课外读物，至感需要。近蒙华侨蔡永禄君捐资向商务印书馆购赠新小学文库(100册)各一集，前者已收到，编入中高年级课外读物，并函谢蔡君热心教育云云。

《立人日报》1948年10月3日

济阳公所印发特刊

市讯 本市柯蔡两姓巨族之贤德人士，为联络南洋各属华侨，及办理该姓之贫寒子弟奖学金，以可相联系一切事业之增进。故曾成立济阳公所，办理迄今，所务蒸蒸日上，为南洋各属华侨所景仰。该所为与各属宗亲通讯，及宣扬精神，特印刷厦门济阳公所为年纪念特刊，分赠各属华侨及各地亲谊各文化机关，内中编材丰富，琳琅满目。闻将来该所拟办筹备济阳小学，以培植一般贫寒子弟云。

《立人日报》1948年12月3日

侨产防滥卖　愿借学校用

市讯 菲律宾中华商会，昨函市府，以据本会委员杨肇根呈，民国十九

年(1930年)间,曾在厦门竹坑湖里社,创设民光布厂。厂址占地500亩,置有织布机器150座,可容纳工人500人。又在附近置有田园50亩,规模宏大,业务发达。迨厦禾沦陷敌手,民光所有机器损失殆尽,经委托家叔杨永谨管理,前年家叔身故,遗室梅希又无法管理,社里不良分子,擅将民光厂宇及田园拆卸变卖。肇根产业所关,自难容忍,但本人旅菲经商为(无)暇返国,托人管理尤难,无制止滥卖计。现欲将该项产业暂时交禾山竹坑湖益群小学校董杨钱车、许文川、徐为力等校董,共同保管。其田租收入,除半数交堂弟杨雹狮而外,其余半数捐充该校费用。至于厂宇如能作为校舍,亦愿献借学校应用。倘应加修理,并愿负担修理费等情,恳转请市府会同禾山区长、竹坑湖益群小学进行接管云。

《立人日报》1949年1月19日

同安曾林侨胞募款筹复国校

同安讯 本县民安乡曾林保国民学校,自(民国)三十六年(1947年)秋由杨作栋接长,因办理成绩欠佳,被该保抗交学谷,致于(民国)三十七年(1948年)秋季停办。一年来,保内儿童多数失学。该乡参议员蒋国英有鉴及此,乃专函旅居马来亚各地蒋姓族亲呼吁,深得同情。闻经新加坡蒋维范、槟城蒋兴祥等在外发动募捐,筹办私立小学,并派蒋天然返梓视察实际情况。现正由蒋国英、蒋天然拟造修建校舍、校具及今后经常费预算书与学校计划,报告旅星蒋氏家族自治会,并促早日完成云。(德)

《江声报》1949年3月21日

菲侨刘江水捐献奖学金

市讯 菲律宾侨领刘江水先生,最近由菲返国,目睹祖国满目疮痍,地方事业,百废待兴,对正常捐献,无不踊跃捐献,以冀有补地方事业于万一。继捐助本市防疫费美金250元之后,日昨又自动捐献菲币200元作为厦门大学南安同学会奖学金。按刘氏为南安码头刘林人,对泉乡青年关怀备至,尤以在此物价高压下,学子生活困苦异常。为使清寒同学得以安心深造计,故特捐献奖金菲币200元。该款已由旅厦南安同乡会理事长陈天伦先生转达厦大南安同学会负责人收存,奖助办法在拟定中。又闻对该会主编之《柳声》月刊深表好评,将再捐助巨额基金,以资扩展。

《星光日报》1949 年 4 月 22 日

第三节　侨汇与投资

一、考察访问

马来亚代表视察外并向政府请愿
有治标治本之救闽方案　联席会函此间商会协助

商会昨接马来亚闽侨各会馆联席会公函,略谓:民国成立以来,八闽民众,始被军匪之摧残,重征暴敛。继受"赤祸"之荼毒,恣杀蒸谣,家室荡然,田庐灰烬。旅居海外闽侨,念切桑梓,愤豺狼当道,倡言救乡,并身奔走,阅六七载未一日忘。盖亦以生斯长斯,有痛痒之相关耳。前者刘师入闽,一度请愿,愧等空言。近年来地方之纷乱愈扩愈大,"共祸"之蔓延,又愈弄而愈凶,全闽几无一干净土。去岁 5 月,国府特命忠勇卫国之十九路军南下,绥抚斯土,旌麾告至,歼获巨魁,远风遂听,雀跃欢忻。惟在此政府厉行图治与民更始之际,而远寓马来亚各地闽侨,则又有讨论救乡之大计,继续救乡工作。客岁冬 12 月 26、27(日),连日在星洲由敝会召集开代表大会,对于治闽方案,衡其轻重,计其缓急。所谓属于治标之肃清"匪共"、废止苛捐杂税、厉行烟禁、军民分治、取缔恶风,以及属于治本之教育、建设、自治诸大端,提出讨论。除经我政府业有施行办理者外,特将各案归纳决议通过,并决议推派代表回闽请愿政府采纳施行,及观察各县政治社会教育实业状况等由,通过在案。兹各团体业已选派黄肖严、何葆仁、刘维明三代表回国请愿吾闽军政当局,及前赴各县考察,相应据得函请告会。于该代表到地趋谒时,敢乞赐予接洽、指导一切,协助进行,使我八闽民众,居者以安,行者以归云。

《江声报》1933 年 9 月 3 日

商会昨欢迎马来亚代表

该代表考察结果　认捐税颇繁复　决请裁减

市商会昨下午5时，假南洋商业同业公会礼堂，欢迎马来亚闽侨回国考察代表何葆仁、黄肖严、刘维明等。到会参加者除商会执监委员外，有各同业公会代表60余人，由洪鸿儒致欢迎词。次该团代表刘维明报告，此次赴漳考察情形，及考察漳龙铁路经过所在地之感想，认闽南一带捐税过繁，决请绥靖主任兼总指挥蔡廷锴裁减，以轻民众担负云云。复次陈瑞清演说，大致希望该代表等将来鼓励马来侨胞投资祖国，振兴实业，以救济一般失业青年云云。闭会后，肆筵设席，宾主尽欢云。

《江声报》1933年9月27日

马来亚侨团昨参观市局　华侨公会章程一度修改

马来亚华侨王葆仁、刘维民、刘(黄)肖严、李铁民，昨下午往参观市公安局，及各分局。许友超起草华侨公会章程，业经一度修改。据许氏谈，须再一番考虑。始交该会委员会，提由大会通过云。

《江声报》1933年10月27日

马来亚闽侨回省考察团　今日乘轮赴沪转京

昨下午3时，马来亚闽侨回省考察团，在天仙旅馆招待报界记者。由该团黄肖严致词，略谓：此次本团回梓目的，在考察本省应兴应革事宜。关于应兴方面，将于重往南洋时，劝各侨投资有益事业。至于应革事宜，如苛捐杂税等，将竭绵力，向官方请求，设法从速废除。不过同人等久别祖国，对本地情形诸多不明了，深盼诸位尽量发表，俾本团同人，得集思广益之效，且得以期达到不负初衷云云。继由到会记者相继发言，陈述本地情形，俾该团借以参考。

又该团订今日搭芝锦鹏轮前往上海，然后转入南京。目的在进谒中央政府人员，略贡对本省改进刍见，及考察该两地状况，然后由沪返省，将与省政府磋商裁撤苛捐及其他亟须改革事宜云。

《江声报》1933 年 10 月 29 日

庄万里回国投资　昨谒李市长

省府及绥署顾问徐瑞霖,昨偕菲庄万里,往访李市长。庄晋江青阳人,创有庄万益米绞及油厂,为菲华侨界巨商。近以祖国政治日上轨道,拟在国内,投资海南岛。事为徐氏闻悉,特介绍其往访李市长,并劝其在闽投资。李市长亦勖其在本市,或在闽南各地兴办实业,以繁荣市(乡),而救济失业。徐氏并定今(14)日邀庄同往长泰,□□□已□□之农场及刺桐树等农场。

《江声报》1937 年 5 月 14 日

台湾华侨周添福等抵厦　集资十万振兴实业

一行四人先来考察

台湾华侨林添福等,组织兴业公司,召集股本 10 万。拟回闽投资,特先推派数人返国参观,已志本报。查该被推回国考察者 4 人,由林添福领率,已于昨日自沪乘芝顺大利轮抵厦。本市侨务局特派科长江汝舟,下轮照料,招待登陆,寓亚洲旅社。林等除昨晤侨局长江亚醒外,订今日谒李市长。据侨局息,经商台湾基隆之我国同胞,近以祖国建设,日新月异,多拟回来兴办实业,特厚集资本,组织华侨振兴实业公司,择地开办。惟以久处外地,大不明了国内情况,特举出现任基隆中华会馆主席林添福为筹备委员长。现任基隆中华会馆常委涂景明、组织科主任江发土、执委兼文书主任陈凌任等,为筹备委员,先行回国考察。因于昨日乘芝顺大利轮抵厦,江局长对该侨胞等钦向祖国,勉励有加,并导往谒李市长,商讨投资问题。

《江声报》1937 年 5 月 29 日

华侨李金荣拟投资闽台

昨由菲返国视察

菲岛华侨教育会董事、前福建省府参议李金荣,昨乘美舰返厦。闻李氏此行,拟在闽台投资,兴建事业。定日内赴省与当局接洽,然后转台视察云。

《江声报》1946 年 2 月 21 日

本校邀集侨领名流专家　举行闽省经建座谈会

畅论开发工矿建设交通等意见

本校为提供闽省经济建设意见，特邀集最近莅厦之南洋各地侨领与本市名流专家，以及本校理工学院教授多人，于11月16日下午3时在群贤楼校长办公室举行经济建设座谈会。到会有中委宋渊源、陈培琨，省参会议长丁超五、黄市长天爵，福建经建公司发起人何葆仁、王重吉、王振相、胡资周、黄超群等20人。此外并有本市名流专家以及本校教授30余人，由汪校长主席，报告举行座谈会之意义，并主张福建经济建设公司今后业务应着重矿工渔各业之开发。词毕，即介绍本校各院系教授与诸侨领来宾认识，继由马六甲侨领何葆仁博士起立发言，谆请汪校长暨各院系专家教授，多多贡献有关经济建设宝贵意见，俾实协助福建经济建设公司前途业务，以臻成功。兹将各发言人意见摘要录次：

汪德耀校长：厦门不过是个出纳口，而无肠胃可消化。福建省矿藏丰富沿海水利地理优越，中小型水力发电工程，很多地方可以开发。渔、盐、木材、棉花各种物产，在在值得投资经营，希望福建经济建设公司的组织，应该要成为一个综合性机构，配合着贸易、运输、企业、金融四大业务才有伟大前途。单就水力发电动力而言，据悉，自南平至水口一段工程，能够把它好好地建设起来，就有20万匹马力可运用。但要开发上述各种业务，唯一先决条件，是在交通。没有交通工具以供运输，一切开发，还是等于空的。

张澜溪先生：交通事业，可分水、陆、空。铁路、公路及人行道路三者为陆上交通，本省铁路在地图上没有蚂蚁大。公路在抗战期间，全部桥梁破坏无余，人行道路崎岖不平。水上交通端恃轮船，现在沿海航权，我国仅有招商局几艘轮船而已。内河虽汽船比轮船发达，仍是供不应求。空中交通，仅有中国、中央两航空公司负运输之责，实在太缺乏了。目前该项建设，应该要极力从这三方面求其发展。

胡资周先生：关于投资建设中心，目前最重要的，在确定经建设公司投资于交通事业之百分比，及拟订建设理想中福建交通之具体计划，更进而配合运用国家及省地方之工贷赈财力，联行总物资，切实推进，以免陷于虚构覆辙。

何葆仁博士：发展交通，最轻而易举者为公路和航运。沿海船运需要有一二千吨轮船,内河交通,则以二三百吨为最适宜。其资本能有数十万美金,就可先行试办。本省公路在战前四通八达,战时遭破坏。闽省府已有计划,着旧公司限期修复,如逾期不修,将予收回路权,交给投资。铁路方面,根据陈体荣先生在发起大会报告:建设福建全省铁路,经有具体计划。他希望福建省经济建设公司能够投资三十万万,即有可能开办。所以我们应该积极注意到这几点。

黄超龙先生:要在最短期间,从事讨论研究,确定一个方式实施。如大量养兔、剪兔毛、纺织毛织品,亦是容易办到的事业。希望贵校各位专家教授,尽量指导。

陈肇基先生:目前沿海轮船一艘都没有,所以第一步要发展航运,第二步要投资农场。但要归根结底起来,首先就要设立银行。

黄苍林教授:重工业开发,谈何容易,还是以轻工业着手为佳。目前最有发展希望的是渔盐事业,渔业很容易办,且资本亦不多。福建的盐为全国有名的,碱是工业之母,将来可以利用电力溶解盐,制造漂白粉及其他化学用品,建立碱工业。

朱家炘教授:发展工业,需要技术人才。在此人才缺乏,开始就要直接办工业,很有困难。最好先设立银行机构,然后徐图发展。福建沿海有着很多优良条件,如罐头工业,亦是适合的一种工业。

陈培琨中委:水电建设为经建大动脉,要开发福建,非有水力发电不可。福建企业公司全部财产,估值尚有十余亿元。如果经济建设公司需要合作,愿以最低价估折参加投资,共谋建设新福建。

寿俊良教授:水力发电,地理有利,但第一还是要先从辅助旧工业做起,从而扩充推广,以及其他新工业。第二需要做到福建工业化。

最后由汪校长总结:根据专家考察福建全省,至少有 15 种工业可以投资开发,相信是会很有前途的。

《厦大校刊》第 1 卷,1946 年

经建公司成立期近　各属侨领接踵来厦

朱代杰将代表刘主席出席

本市讯　南洋各属侨领倡办之福建经济建设公司,自客冬在厦举行发起人大会以后,即由何葆仁博士驻厦负责策划各项业务。原拟先设福建建设银行，嗣因财部不准，以致延搁。现已决定先在闽省各地办理矿务、铁路交通、工厂等。该公司原定本年 6 月 1 日在厦举行创立会，嗣因各侨领一时未能集中，爰改订本月 12 日正式成立。现为时已迫，各属侨领除林树彦、陈锦煌、黄超群等在厦外，马来亚侨领王振相，昨日亦已由港飞厦。越南侨领颜子俊、曾焕瑜等日内亦可抵达。黄重吉氏已与胡文虎相约本月 9 日在港会晤，10 日联袂前来，省府主席刘建绪氏特派建设厅长朱代杰届时来厦代表出席。该公司刻正积极准备一切，并电各属代表敦促早日来厦云。

《星光日报》1947 年 7 月 6 日

二、侨批侨汇

海外华侨汇款来厦统计　每年平均约二千万元
厦门出入口华侨五十年来之概查

厦门为一入超之港口，其经济之抵补，胥赖海外华侨，故闽人有以“南洋为厦门之经济锁钥”口号。盖南洋之繁荣，即厦门之繁荣；南洋生变化，厦门亦生变化。其关系有如此也。查厦门每岁由南洋各埠汇来现款，于 1912 年，毕查儿估定为 1000 万至 2000 万海关两。1930 年，税务司飞格逊估定为 1600 万至 1800 万海关两。1924 年，日人古乔木氏之统计，福州为 90 万元，厦门为 2100 万元。据省府调查统计，1921 年，为 5250 万元，1932 年为 2910 万元，1933 年为 2410 万元。稽上所述，欲求其大约数字，每年平均当在 2000 万元以上。华侨在海外消费，则多持保守主义，其衣食住，大部分墨守国有习惯。其销流祖国货物，以棉布、绢布、大同陶化食料品、落花生油、桂圆、米粉、面线、冥纸、香烛、大豆、咸鱼、咸果、蔬果、条丝烟、香菇、茶，及工业等品为大宗。据海关对于移民国外之统计，仅厦门一埠，可得确实资料。盖厦门向为本省华侨往来华南及南洋必经之途，故其统计数字，虽不足代表本省华侨准确数目，但借此亦可窥其移动趋势之一斑已。兹将 50 年来厦门出入口华侨数目，查志如下，以供关心侨务者之参考。1888 年，由厦往海峡殖民地，荷属东印度、马尾剌、香港、台湾，及其他沿岸，共计 73663 人。1902 年，102516 人。1917 年，77781 人。1931 年，37461 人。1932 年，32426 人。由南洋经厦门回国人数,1921 年,124823 人。1932 年,112750 人。

《江声报》1935 年 7 月 27 日

厦门的华侨汇款

吴承禧

吴承禧先生是国内金融界的有数学者,去年曾至华南各地如厦门、汕头、香港等考察华侨汇款,所得结果,甚为可观。其所作侨汇估计,对于 Remer 氏估计及中国银行估计,多所修正。编者特请吴先生将厦门侨汇数额,先行在此公布,香港、汕头侨汇数字,亦将请吴先生继续在本刊公表,愿读者注意。又关于各地华侨汇款数字,为研究华侨经济及国内经济以及我国国际收支平衡问题的珍贵资料,本刊欢迎此类实地调查之稿件。

编　者

厦门是福建华侨汇款的一个集散中心。福建的华侨,十九是闽南漳泉一带的人,他们因为本乡的土地贫瘠,故很早就泛海谋生。据陈达先生的考据,远在七世纪时,泉州、厦门及福州等处即已有人向澎湖列岛及台湾移殖,此后向南洋各地移殖的源源不绝。迄于最近,福建散在海外的侨民大约已不下二百万人。其中以居住英属马来者最多,荷属东印度次之,菲律宾又次之,台湾最少。他们在南洋的势力很大,上至矿主、银行家,下至苦力、小贩,无不有他们参杂其间。据菲律宾农商部在 1932 年统计,全菲华侨投资共有 482000313 菲币之多,其中 70%以上都是属于福建华侨的。又据厦门海关当局在 1922 及 1923 两年的估计,说当时闽侨在外资产总计约有二十万万元,这真是一个不小的数目。现在的南洋虽然不如从前了,但闽侨潜势力的巩固,资财的雄厚,收益的繁多以及他们可以大量汇款回国的能力的伟大,总是我们所不可忽略的。

现在就来考察他们历来汇款的数额。根据我们的调查,在过去三十余年中(1905—1935 年),厦门所收到的侨汇(因为福建的侨民十九是闽南人,故闽侨汇款几全部集中在厦门)大体经过了三次较大的变化:自 1905—1923 年,每年侨汇数额常在 2000 万元上下盘旋,除掉 1917—1918 年及 1921—1922 年几年以外,变动的限度很小。1924 年以后,侨汇突增,一直到 1931 年为止,侨汇达到了它的最高峰。在此时期中,平均每年约有侨汇 5500 万元。其逐年之数额如下:

年份	汇款额(千元)
1924	45900
1925	45000
1926	66000
1927	51800
1928	44800
1929	54200
1930	60000
1931	72000

可是自从 1932 以后,侨汇又突然下降了。如果以 1931 年为基期,则 1932—1935 年的汇款额只有 1931 年的 60%~69%,请看下表:

年份	汇款额(千元)
1932	49700
1933	47900
1934	43300
1935	44000

侨汇增减的一个最主要的因素是侨民在海外收益能力的大小:欧战以后,南洋经济勃兴,侨民收益增多,故侨汇随而大增。自世界经济恐慌发生以后,南洋大不景气,侨胞失业回国的很多,留在国外的,其汇款也远不如前,故侨汇突减。

但是,另外还有一个很重要的因素可以影响侨汇的增减的,那便是银价的涨落变动。在银价暴落的时期,如 1929—1931 年,国内所收到的侨汇可以大增,虽国外所寄回的金额并未增加,甚至还有减少的。在银价回涨时(如 1932 年),国外所寄出的金额虽未大减,但国内所收到的侨汇却可以陡然跌落。这便是因为受了银贵金贱的影响。

厦门的华侨汇款在全国侨汇总额中究竟能够占到一个什么位置呢？根据1931—1935年的统计，它只占到总额的14%～19%的样子，没有一年超过了总额的1/5的。但是它在总额中所占的地位虽小，它对于闽南经济的关系却非常之大。原来闽南漳泉一带，土产不多，据历年厦门海关统计所载，漳泉各属除掉干果、鲜果、土糖、烟草、茶、纸等等，年约有五六百万至一千余万元的输出之外，一切日用所需，如布匹、米谷、面粉、洋糖、豆饼、棉纱、肥田料、煤油、五金等等，都要从国内外其他各地输入。输入的总数，就最近十年来说，每年常达五六千万元之巨。因此，厦门历年都是一个入超的口岸。入超的价值，少的年份有二三千万，多的年份则竟达五六千万元以上，大于出口者竟达十倍之多。这样庞大的入超，究竟是怎样平衡的呢？唯一的方法便是靠了华侨汇款。根据厦门对外及对国内各口岸的贸易统计，我们得知，在1905—1935年这一长时期中，厦门对国内外贸易入超的累积数约有967586000元，平均每年入超31212000元。但是在同一时期中，侨汇累积数却有1004300000元，平均每年有侨汇32397000元，除掉抵消入超之外，平均每年还有一百十余万元的盈余。可见闽南的经济活动是如何的依赖着华侨汇款，没有侨汇，闽南的农村恐怕早就要枯竭了。

华侨汇款究竟是怎样运用的呢？这倒是一个值得考虑的问题。我们知道，过去保有侨汇的人并没有好好的把侨汇拿来利用，致数量虽多，而收效未宏，今后应如何改革，实在是很重要的。按过去侨汇除一部分为其家属作为日用之外，其游资的处置不出两途：住在乡下的就拿去放账，收卖田地或修盖房子；住在都市的则购置不动产或存入银行，实业的投资很少。这样资金运用的结果，对于都市及乡村都没有很大的好处：因放账不外高利盘剥，收卖田地则土地集中而佃户增多，投资都市地产仅能促进都市地产业之虚伪的繁荣，而存入银行之后也不过是给银行家搬到上海去变作公债。所以我们对于它将来应该怎样的利用，这点确是值得考虑。这里面有三个问题，第一是如何把汇款集中起来，使积少成多而为用广大；第二是如何把集中起来的汇款有利的并有计划的运用出去，如开发闽南富源，改进特产，举办各种实业，增辟南洋航线等等；第三是如何保护这些集中起来的资金，使其不会遭到无理由的压迫或损失，致使侨民灰心而失去信仰。因以往侨民之不愿意投资国内，地方土劣和官厅的任意敲诈或压迫也是一个很大的原因。

《华侨半月刊》第98期，1936年

南洋华侨去年汇款返国统计

厦门一处五千余万

侨务局6日发表，去年南洋华侨汇厦款共51230760元，计英属21237740元，荷属16491020元，美属12500000元，法属1002000元。

《兴华》第33卷第8期，1936年

去年华侨汇款到厦近六千万

较前年多千余万　出洋人数激增

闽南出洋人数，自去年以来，渐有增加，据厦市侨局统计，3月份出国达8300余人，突破二三年来记录。此中原因，一则固为省内谋生不易，一则亦因南洋商业大有转机也。据银行界息，自1936年下半年起，英属新加坡之椰、树胶、锡等，价值日渐高涨，尤以各国军备甚需，南洋矿产，开采尤力。又如美属之菲律宾土产，亦大部奖价，因此华侨亦均微沾其益。(民国)二十五年(1936年)度英美荷法等四属华侨，汇款来厦数目，为5900余万元，较之(民国)二十四年(1935年)度4400余万元，已增加1500余万元。其汇款之中，以英属新加坡最多，占3000余万元，次美属吕宋□千五百余万元，荷法两属，仅1300余万元云。

《江声报》1937年4月15日

厦门华侨汇款增加

据厦门侨务局之统计，去年中厦门华侨归国者有50334人，出国者有65673人，在出国者中往新加坡者为22129人次，为马尼拉15945人。归国华侨中新加坡为17020人，马尼拉10449人。而厦门之华侨汇款总计为58355000元，较之前年之44000000元，实增18000000余万元，即增31%，再较之民国二十三年(1934年)增41%。兹将最近五年来汇款统计如下(单位千元)：

地　名	1932 年	1933 年	1934 年	1935 年	1936 年
英领马来半岛	11550	10490	17141	18900	31660
荷领东印度	5800	4950	9121	10100	10728
菲律宾	11650	8560	93640	15000	15967
总　计	29000	14000	40000	44000	58355

至办理上述之汇款有如下之银行(单位千元)

中国银行	23415
华侨银行	12138
中兴银行	7000
汇丰银行	2502
安达银行	6800
远成汇兑信局	6355
总计	58355

上表去年厦门华侨汇款之增加,打破近年之记录,其原因一则因我货币改革以来,货币价值低落与对外汇兑安定,华侨汇款归国不致受汇兑行市变动之危险,且于汇兑费上享有利益。二则南洋各地经济渐见转好,树胶、锡及各种产品腾贵,颇呈活况。尤其是最近新加坡当局,因该地工商业复苏与需用工人之增加,前限制华侨入境,每月只为4000人,现增至5000人。凡此事实,足征其经济转好云。

《国际贸易情报》第2卷第19期,1937年

建兴汇兑局侨款待领

征人黄清辉函厦寻母弟

美运输舰日前由菲载难侨返厦时,曾附带侨信一批,交由各民信局分

发。间因住址迁移，或被审者无从投递，查由新路街建兴汇兑局分送而觅无住所无法递交者有三信：一、给局口街长茂米商交陈建勋，附款二千。二、林清辉寄岐西保大王石路下林嘉章（款五千）。三、许昔察给斗仔尾成兴灰窑许畴侯（款二千）。又自厦逃亡之云南海口山冲人黄清池，数度函觅其弟黄清辉及母，原住中山路都会广告公司，即文化招牌店，均无消息。日昨函本报恳代为寻访云。

《江声报》1946 年 1 月 28 日

邮局招领侨信四封

厦门邮局，日前收到菲律宾中菲汇兑信托局，发来华侨信汇多件，内 4 件因收信人他迁，无从投交，现存局待认领。兹将收寄人姓名录下：一、白连城给鼓浪屿乌埭中路 223 号白烛贤，款 5000 元。二、高锦霞给厦门中华路 1 号高龄芬，2000 元。三、吕俊生给鼓浪屿乌埭角 B189 号吕江水，5000 元。四、庄彬水给鼓浪屿安海角 R291 号同和号转交庄彬祥，2000 元。

《江声报》1946 年 2 月 17 日

侨汇待领

本市洪本部之记信局，近有无法投递侨信一批，现存局待领，计蔡月碧交黄礼祝 2000 元，陈玉华交黄富婶 1 万元，王振教交陈承家 1 万元，陈荣富交吴序□转苏尾治 2000 元，李晋治交温于娘 5000 元，王贝娘交陈耀南 2000 元，□华交苏乌办 3 万元，蔡然标交蔡文章 5000 元，黄再生交黄氏 3 万元，林季延交林淑延三封 7 万元。

《江声报》1946 年 8 月 3 日

四州府侨团代表会商解决侨汇纠纷

有关问题应根据决议由各地商会协助处理

吉隆坡讯　和平□以后，侨汇因受几年来复杂环境的结果，发生了很重大问题。由于情形复杂，要获得解决，实不容易。曾记得驻隆领事馆，于本年 5 月 30 日召集了一次侨汇纠纷问题的会议，出席的有领馆顾问、侨领、社团代表、报界及汇庄等。虽然获得初步协议,成立了四项原则,但还没有得到决定的阶段。去月雪兰俄(莪)汇业公会成立之后,亦曾在本月 3 日召开同业会议,商讨解决途径。但是除了进出代表,参加本月 10 日驻隆领馆所开之会议外,对于侨汇纠纷,还是没有决议,这问题的困难繁复便可以想见了。驻隆领事馆为要解决这事,经过几个月来努力,现在终于得到解决了,这是一个好香(消)息。8 月 10 日讨论侨汇纠纷问题的会议,到的人数不少。这一次会议的特色,是较上次的范围扩大,四州府重要侨团的代表及汇业代表都包括在内。

领馆态度 开会时先由许领事致词,望汇业同人,以互谅服务精神,俾本问题达到解决。杨随习领事说明对本会议的态度:一、站在侨胞利益立场解决问题。二、顾虑到不使汇庄吃亏。三、同时也不只站在汇款人立场说话,要各方面都周到。并称领馆于本年 3 月 18 日以来,收到侨胞许多诉苦的信。这可说是侨汇上的一种纠纷,分析起来,可是两大类:第一是战前汇款未收到,第二是战后汇款其中汇率的相差。第二个问题,比较简单,本人研习的结果,可分成四主要点,其中三点已在 5 月 30 日的会议讨论过,现在作为一种提案逐项提出,希望各凭公正的态度去讨论。至于本人所想不到的,同时亦希望诸位热烈提出。

四项决议 致词后开始讨论,由杨随习领事主持会议,遇有重要之处,许领事亦随时发表意见。议决四项如下:一、在马来亚四州府各当地未被占领前收汇,而未经汇出之款,应如数退还汇款人,或照现在汇率重汇。二、在马来亚四州府各当地未被占领前收汇,而在光复后汇出之款,应照汇出时之汇率伸算交付国内收款人。三、在马来亚四州府各当地未被占领前,仍存国内银行之款,应请我国政府照四倍□付收款人。四、战后在外汇未开放前收汇。即民国三十五年(1946 年)三月十八日以前,而在外汇开设后始汇出之款,应以汇出时之汇率计算。汇出与否,应根据汇单或邮局印记为凭。

附带报道 讨论至为第三项时,杨领事解释称:据中国银行来函,奉政府令,民国卅四年(1945 年)十二月十二日以前,侨汇为养家之用者,政府津贴为四倍,十二月十二日以后,则停止□四倍之津贴云。其后乃议决十二月十二日以后,仍请我政府照□四倍津贴。关于因战事在国内遗失之款,及自购国币之款的二个问题,认为系个人营业的关系,被取消讨论。讨论至此问题时,许领事亦作解释,谓日前三领馆在星洲举行会议时,关于侨汇纠纷,曾提出讨论。结果,有关国内者,已向政府请示,但现时仍可提议,作为一种参考。最后还是要听候我政府的解决。但是直接属于当地的问题,则可自己商决,自己实行。如今日会议的第一、第二、第三、第四项,乃直接属于当地者。决议案之第四项,关于战后汇款,数目相差不多,在外汇未开放前,汇价每万元国币伸叻币 52 元至 53 元不等。外汇开放以后,则每三万元折合国币四十五元,其□□差,约为三倍,收汇人于收款后即行汇出,那便□续清楚,没有问题。如果外汇未开放以前收汇,而在开放之后才汇出,那便不□公□,为了这,便有第四项的决议。

两点希望 四项决议通过以后,问题算是完满解决,时六时二十分。会议未结束之前,许、杨二(位)领事分别贡献意见:许领事提议,请各汇庄将今天决议的四项解决侨汇纠纷的办法,用大字标明于铺面,使侨胞普遍知道。杨领事则请各地商会会馆,依据今日决议的四项原则,尽快帮助各地解决侨汇纠纷的问题。如果汇庄有麻烦的地方,领馆可能范围内可以协助证明。

《中央日报》1946 年 9 月 9 日

缅侨汇厦赈款经已全部发出

本报讯 本市归侨合作社理事长李良远,以近日外间对于前缅甸福建会馆汇寄救济厦门贫苦侨眷赈款事曾发生疑问,特发表声明如下:略以缅侨汇厦赈款计共六百九十余万元。该项赈款系分三批汇厦,当时即先拨 300 万元交由本市益同人公会代为救济贫苦侨眷。旋又各拨 150 万元,交海澄、同安两县参议会、商会及华侨合作社代为发赈。所余九十余万元,亦早经交由金门参议会及商会发放。故该项赈款绝无被人挪用情事,外间所传全与事实不符云。

《中央日报》1946 年 9 月 12 日

菲拟实施统制外汇　侨汇将受打击

王中委对本报记者称

本报讯 中委王根笙由菲返国出席国民大会,已见本报。记者昨午晋谒王氏于华侨服务社承谈,菲岛侨胞,依照 1940 年计数在 12 万人,然实际数目,当在十六七万人之多。前此菲政府因对侨汇未加统制,故当地侨胞汇款返国特多,兼以美国物资拥塞市场,侨胞回国,每有采办回国出售之举。

故菲侨返厦,似多富有者。惟近菲政府当局,对于外汇,亦将实行统制。故此后侨汇当无如前日之自由。至于零售商菲化等例案,自属菲政府一种维护土人,排除外侨之措施。然欲改变此一排华现象,自属依赖中菲友好条约立后,始能获得彻底解决。王氏继表示,在战争期间,华侨生命财产所受迫害,确至重大,尤以参加本党活动者,受害尤甚。王氏并谓,菲岛共党,前虽一度呈处现活跃之象,但数遭菲政府之压制,已渐敛迹。关于民抗军问题,王氏表示,一时恐未能有完满和平解决之希望。最后记者询以对菲律滨(宾)总支部书记长柯俊智与晋江参议员蔡衍吉纠纷事意见,王氏表示,认应和解息事为妥。盖双方争辩攻讦,不免将为异党反宣传资料也。查王氏现正期待国大开会之确讯,以确定行址。倘国大开会后,中枢同意美国调人之建议,暂告大会,以待内争之解决时。则王氏或将先返晋江原籍一行,然后再行晋京云。

《中央日报》1946 年 11 月 11 日

厦门每月侨汇进口约计美金五十万元

汇率未划一　影响金融前途

本报迅　中央银行厦门分行,自奉令开始收兑外钞业务以来,截至前(26)日为止,统计换进美金 100 万元以上,港币 50 万左右,菲钞 10 万余,实叻币 5 万余,罗比 500 余元。又据该行经理吴景本语记者谓,厦门每月侨汇进口,估计约在 50 万美金之谱。主要侨汇来源,以菲律滨(宾)占多,新加坡及南洋各属次之。其经办侨汇业务,菲律滨(宾)部分大部归由交通、中兴、中南等三银行办理,而新加坡、南洋各属,则华侨、安达、汇丰等三银行居多。但对外汇率政策,尚未能划一,不无影响整个金融前途云。

《星光日报》1947 年 3 月 27 日

本期太平轮到厦　侨信鱼沉雁杳　据说在菲封寄不及

本报讯　经常川驶厦菲线之太平轮,于本月 18 日抵埠,除载来侨客数百名外,讵查侨讯毫无。侨属疑信参半,疑者啧啧怨言,东猜西测。渠等时届农历七八月间,乃民俗利用普度,祀敬鬼神,宴请亲友,演戏作乐,热闹空前,耗费万计。因之侨客富者,固然大宗巨款,贫者亦必积蓄,接济家属,照理侨汇多于平时,何以竟无只封?记者亦有如是感觉,遍询本市各民信局,以明真相。据云:菲地各民信局,办理侨汇,独此次因包封迟缓,未及船期,已由明航空寄来。经菲地来电解释原因云:查太平轮川驶厦菲,航期确准,侨讯均由该轮运载,未曾误期,侨胞称赞便利。此次之消息一空,深感失望。或云外汇变更,受黑市价值之影响,若辈胸有成竹,侨信愆误,不无原因。究竟如何,尚待明(22)星期五菲航机由港转厦,始可明真相云。

《中央日报》1947 年 8 月 22 日

今年度一至十月邮管局侨汇统计

共五十亿少于民信局数倍

中央社福州 26 日电 据邮管局统计:今年度 1 至 10 月份,该局办理侨汇达 50 亿,内厦门局经汇者三十五亿四千万元,占总额 75%。福州局经汇九亿六千万元,晋江局经汇五亿元。据熟侨情人士估计,经民信局兑汇之侨款,约数倍于此数。

《江声报》1947 年 11 月 27 日

法币贬值　侨汇突减

近日侨汇突减原因,各方推测不一,记者特访有关金融界人士。据谈:侨汇突减,并非全部逃港,主要原因,乃系侨胞近来停汇款返国,而将款项存入各侨地银行。停止汇款原因,系因近来国内法币低落,英镑时传贬值,日内地田产物业,普遍上涨,致华侨置业无从下手,如欲积蓄,故以就地存款,较为稳妥。根据本市负责机关非正式统计,近月来侨汇减少数在百分之七十,百分三十侨汇,则均转汇香港,由港转换美钞或港币返国内。虽本市民信局尚有收到若干侨汇,然在整个侨汇数目看来,究属少数云。(南侨社)

《中央日报》1947 年 12 月 2 日

一年来侨汇数达万亿

市息 本市去年 1 至 12 月份 1 年间,所收之侨汇,据在厦 50 余家信局统计,菲岛信汇计 2300 亿,票汇 5000 亿。星(新)加坡及马来亚信汇 1300 亿元，票汇 1800 亿元。荷属西贡、暹罗(泰国)信汇 350 亿元，票汇则在 500 亿元。共信汇为 3950 亿元，票汇达 7300 亿元，两项合并为 11250 亿元之巨。其实际尚不止此，即就本期海陇轮进口，只侨信即有 15000 封，汇款当在一千余亿之数云。

《立人日报》1948 年 1 月 23 日

旧历年关即将届临　南洋侨汇涌至可观

海陇到埠菲侨汇款三千余亿　马来上月汇款计有八百余亿

南侨社讯　旧历年关即将届临，南洋各地侨胞纷纷汇款回家，以备过年之需。故月来侨汇涌至，数甚可观。据可靠消息，仅菲律宾一地，日前海陇抵厦，由民信局经手之侨汇，数达 3500 亿，其中晋江占 90%以上。据熟悉侨情人士告记者，此数目虽甚可观，惟如将战前侨汇与目前币值比率比较，并未见超过。可见华侨经济状况，不比战前为佳。际兹际民生凋敝，百废待举之时，当局如能善加诱导，使侨资纳于建设之途，即社会民生，裨益非浅也。

海外社星洲 23 日电　据官方报告，去年 10 月份星马两地汇款至中国作为家费者，共星币 1609081 元，计星洲 1243108 元，联邦 365973 元。查去年 11 月份全马家费汇款总计 1485410.49 元，故 12 月之汇款总额已略增，以每 2 角汇国币 10000 元计算，共计有国币 845 亿 4000 万元。

《江声报》1948 年 1 月 24 日

崇成信局积压侨信　利用汇款营商　元月信款昨始分发

市息　本市为一通商口岸，侨眷麇集，每次侨汇为数甚巨，讵有一般汇兑信局，竟异想天开，积压侨信，利用汇款营商。此次物价飞腾中，侨眷吃亏匪浅，如本市海后路崇成信局，竟有将今年元月间之侨信积压，迄昨始派差分发云。(直)

《立人日报》1948 年 3 月 22 日

结汇新办法实施后　侨汇颇成问题

侨眷取得结汇证明书后　市情未明售出恐遭困难

自结汇新办法颁行后，各方对此异常重视。兹悉，输管会厦处顷已奉到该项办法，关于结汇证明书的实际使用，与前报略同，即出口商在结售外汇与指定银行时，由指定银行发给结汇证明书，此项证明书可按自由市场的价格售出。而进口商人于向输管处领得输入许可证后，必须再以同值的结汇证明书，缴入指定银行，始得结购外汇。非进口的外汇需要领得购汇许可证以后，亦必须缴纳同样结汇证明书，始得购买外汇。两者只要有结汇证明书，都可以自行解决外汇的供需问题。至商家于5月31日以前领到输入许可证者，可至指定银行办理结汇手续，不必受新办法的约束。该处已订今晨召集出口商，讨论出口问题。

又据中央银行厦门分行营业主任黄昆对记者称：结汇证明书使用办法，厦行虽已奉到，惟该项证书的格式，尚未运厦，未能即按新办法办理。俟日内沪行，将该证书颁到后，即开始办理签发手续。关于新办法的实施，在技术上可能发生的困难，据黄氏称：新办法实施后，办理侨汇将成为本市各指定银行主要的业务。厦门是侨汇的接纳口，侨眷于取得结汇证明书后售出颇成问题，因为价格上不能趋于一致，且侨眷对于市情或未能尽悉，易陷于混乱。如转售于各指定银行，按规定，结汇证明书有效期间为7天，侨眷必于此限期内兑售。而各指定银行因受着每日购进结汇证明书的款值不得超过发出的款值美元1000元的限制，不能无限量的购进。倘逾限期，只能按牌价售与指定银行，侨眷当不愿受此损失。本市6家指定银行都有顾及此点，日内将集会商讨补救的办法。至商家方面，目前所能看到的困难无多，只要进出口商能取得密切的联系，结汇证明书便可灵活的运用。（厚）

《江声报》1948年6月9日

菲侨胞查信中指明压款信局　金门华侨协会纷请设法取缔

金门讯　信局积压侨信，遭受莫大影响。兹悉，本县菲侨协会理事长张梦我，以信局不顾侨眷生活，屡将侨信积压，极表愤慨。乃决函厦门侨务局，请其设法取缔，并函诸留厦之议长林清池代向有关当局请命，同时并电各侨团，共为协助解决。闻以上函电经于本月 10 日发生，近日各属侨胞，因汇款日久，未见回信，曾纷纷由邮来信查问。记者遍访各侨眷，彼等俱各持函出视，内一菲侨接到查信已有两周，信云系由菲岛南川信局厦门南鲤号，寄款 4 亿余元，至今银信尚未接到。而英荷两属之查信亦多，惟未见提及何家信局。惟信该数家侨眷，每次汇款均由固定信局，此次谅亦不能例外。又云：最苦者就是我们月月待用之侨眷，因在外所得无几，只能按期寄来供给。此次被压月余，兼之银根抽紧，告贷无门，以致艰难万状。而有关当局，又未能迅作有效处置，言下不胜愤慨。据泉州某人士告记者称：月来泉属之侨信，亦突减少。又据华侨某巨商称：渠在南洋亦与人共营一信局，故对信局可谓内行人，渠证明信局压用信款乃一公开之事实。然现今南洋各局竞争甚烈，力除此种恶习者，亦属不少。故对于传递时间及其回信十分注意，倘有稍缓，立即函电交迫，是以压信之风稍戢。渠又云：渠此次回国调查所得，确信仍有不少贪婪之徒，专事作此勾当。惟此压信弊端，确在厦门之信局，而非在南洋各属云。

《中央日报》1948 年 7 月 14 日

民信应付侨汇　据云损失万亿

目前难关暂可度过

市讯　据此间民信局公会负责人，今日向记者表示，本市目前银根甚紧，因有一度一部分侨汇积压，不能清付。若干信局各维持信用起见，乃不惜任何亏累，以获取头寸，总计此次信局遭受损失约达 1 万亿。目前厦市侨汇，已全部发放，其他各地亦陆续发放中。另据此间金融界人士表示，厦市银根，短期内难望宽松，关系垒高金融当局，有意使厦市金钞黑市降低与中央银行官汇价格持平。

又讯　关于侨汇是否积压一问题，引起各方面注意。记者为此特走访银信业公会并银行及有关方面熟悉人士，探询究竟，据称：目前民信局难关确已度过，缘怡美利 8 日傍晚到港，运到大批侨信，9 日午后邮局发出信件。斯时各民信局先曾收到一部侨款者固有，而空接菲方来电，款□从领到者尤多。按此帮因浮水削价过多，菲民信局按照浮水价兑汇。迨船期迫近，适逢银行半年关，因之银根奇紧，在菲汇水价转硬，且无法购得，菲信局兑出价自四五仙至六七仙不等。当船开出时，十二仙亦无法汇出，菲公会乃集体向中兴银行等洽商，以特种结汇变通办法，由上海调厦。按惯例，9日在菲由民信局收款兑汇，11日应在厦交款，11日适为星期日，12日中国中央计应交各民信局达3000余亿，向中兴收者仅得二成，而中国多未领到现款，均于今(14)下午3时后始领出。该熟悉人士又称：厦鼓侨信批星期一日即照发放回文已于昨(13)日缴岷。而内地之批信，亦陆续已分发清楚。闻回文星期五日即可航寄马尼拉云。

《立人日报》1948年7月15日

厦菲帮民信局　电菲暂停收汇

本市讯　本市民信局菲律宾帮，昨(19日)召开会议。讨论关于月来本市筹码奇紧，本帮所有由银行汇来之款，经四五日后尚无法收款，所有客信客票，难以应付。而侨眷追领急如星火，且又引起社会舆讫(论)种种误解，同业均苦于应付。应如何办理案，议决：(一)函菲律宾银信公会，通知各会员局暂时停止收缴。候待市面银根转松，始通知继续营业。(二)由小组委员向市长报告经过，并请与银行商洽放发筹码，以期应付。(三)由小组委员向中央、中国、交通等银行极力交涉，请汇款立刻交付。(南侨社)

《中央日报》1948年7月20日

七月普度方始　侨汇源源而来

此帮信配芝沙连加轮已开出日内可到

本报讯　侨汇菲帮月初曾到一帮，而日来信局方面又已接到菲方信息，再配来一帮，信已于8日缴交芝沙连加。该轮昨日已开出，大约明日可到，前昨各局已陆续接到收款电。据悉，此帮款仍由“单帮”黑汇为多，银行只占一小部分。其数目，外间曾传为10万亿，但以途内人推测，以此帮与上帮相距只10日间，大约不能达到此数。一般观察，当在2万亿左右为最可能。按每当侨信配来前后，中汇即告疲软，故上周末申汇即告下倾，昨早开市尤甚。嗣以沪货如纱、布、粉等尤畅销，不少电沪催货者，因而见有人买汇。故昨午后国华暂未交易，新华、中兴即兑至七八折，收入七四、七五不等。

《立人日报》1948年8月10日

菲律宾重要计划　限制华侨资金外流

本报岷里拉31日专电　菲律宾外国资金统制委员会秘书巴示道女士，今日宣称：该会奉令将调查外侨在菲经营之汇兑信局，以及交易所等。巴氏续称：该会特别注重调查华人经营之汇兑信局，每月接收华侨汇往中国之数目，然后作有计划性之限制其资金外流。

《江声报》1948年9月1日

今后华侨汇款家乡可以稳定

本报岷里拉2日专电　吾国币制改定金圆后，今后华侨汇款家乡，可免受中途贬值及信局之积压矣。今日此间交通银行及中兴银行，收51.50元菲币，汇上海金圆券100元；52元菲币，汇泉州、厦门，金圆券100元。民信局在泉厦支付之汇票，则以53元菲币，汇金圆券100元。民信局之信银，则以56元菲币，汇寄金圆券100圆。

《江声报》1948年9月3日

侨汇续涌到四十余万圆

本报讯　由于币制改革后外汇纳入正轨之故，素来跑"黑市"圈子的南洋一带侨汇，也都跑上轨道。昨(6)日本市农民、中国、中兴三银行分自菲律宾、香港汇到大批侨汇，计菲律宾方面汇交本市中兴银行美钞7万元(折合金圆券28万元)，中国银行美钞37702.25元(折合金圆150810元)(按：中国银行所收系分发晋江)。又香港方面汇由本市农民银行港币3816.67元(折合金圆券2862.50元)。另旅行支票一纸，美钞200元，全部合计为金圆券434472.50元(折合法币130341750万元)。

又讯　据本市中央银行统计：金圆券发行后两周来(8月23日至9月5日)，本市方面曾由菲律宾、香港两地汇来侨汇达50余万金圆，其中菲律宾部分41万余元(交中国、中兴)，香港部分八万六千余元(交农民)。又央行代本市各银行汇款上海(即申汇)，两周总数达金圆券1084250元(折合法币125275000万元)。

《中央日报》1948 年 9 月 7 日

侨汇昨续到六十万余元

本报讯 国外侨胞对新币制竭诚拥护，本市中国、中兴两行，昨(7)日又接由菲律宾汇交泉厦两地大批侨汇，总数达美钞 151332.50 元，折合金圆券为 605330 元。破两周来侨汇最高纪录。

《中央日报》1948 年 9 月 8 日

侨汇办法改订　港厦等处委四行局代收

本报讯 中央银行为配合新措施，加紧吸收侨汇，物改订侨汇办法，香港、汕头、厦门、梧州、福州等处侨汇最多之地区，已由该行业务局分别委托中国、交通、农民、中信四行局代收，并由中央银行垫拨头寸，侨汇手续费亦免收。兹悉：该行委托代收之办法业已公布。

厦门等处代收办法

委托汕头、厦门、梧州、福州，中国、交通、农民、中信局代收侨汇办法。

(一)人民以侨汇售与各该行局时，各该行局可凭托各该沪行局结售本局之电报证明书，向当地本行支取金圆券。

(二)当地本行于付款后，即付本局账，并即电知收款行局，及所支数额，并注明外汇，系在当地购进。

(三)本局于接报后，即付各该行局之汕厦梧闽收侨款房账。此户之欠款，只能以外汇购得之金圆券清偿。

(四)各该沪行局将该行局所收之侨汇，于接电后，即分别结售与本局。所得金圆券，即分别收各该行局之侨款户，偿还向当地本行所支款数。

(五)收兑侨汇外币钞券部分，仍按本行委托各该行代兑外币钞券办法办理，手续费按 2.5‰计算。

(六)各该行局兑入外汇手续费，不论为 D/D 或 T/T，概按 5‰计算。

(七)各该行所收侨汇外汇，应按照规定汇率，折合金圆券，付给侨民，不得有或高或低情事。

(八)本行广州分行，在当地可买卖外汇。各该局在广州所收之侨汇，得随时转售予本行广州分行，除手续费援用上项规定外，其他无须引用上项规定办理。

《中央日报》1948 年 9 月 8 日

中国中兴两行汇到大量侨汇　侨眷望早收兑外币

市息　本市中国中兴两银行，昨日接菲律宾汇到侨汇，计美钞 151000 余元，折合金圆 605330 元。该批侨汇包括本市及晋江两地云。(直)

又讯　本市侨眷，平时多储积菲币、荷纸等，以维家用。自地下钱庄奉令禁止买卖后，凡持此项外钞，竟无处兑换，前商会曾一度商请央行收兑，并订有价格。但据侨属所称：中央及中国等国家银行，对持有是种外票往换者，均遭拒换，致日常需用，皆发生拮据。望当局有以处置云。(苏)

《立人日报》1948 年 9 月 8 日

中国中兴银行又来侨汇一批

本报讯　本市中国、中兴两家银行，昨(8)日又由菲律宾汇交侨汇二批，计美钞 95580 元，折合金圆券 382320 元。

《中央日报》1948 年 9 月 9 日

各行付出侨汇五百余万元

币制改革后，侨汇渐入正轨，各情已志本报。查 1 月来(自 8 月 19 日至本月 18 日)，本市各行付出侨汇达金元 5256648.21 元，其中以来自菲律宾者最多，其次为马来亚、仰光、香港等地。中兴银行经汇 2667023.52 元居首，中国银行 1142599.86 元次之，再其次为农民、安达、交通、汇丰等行及中信局、邮汇局。(厚)

《江声报》1948 年 9 月 21 日

周来侨汇逾三百万

本报讯　据中央银行统计，一周来(9 月 20 日至 25 日)，自菲律宾、新加坡、仰光、香港等地汇交闽南侨汇数达金圆券 3086895.55 元。

币制改革后5周来，国外侨汇累数为金圆券8343543.76元，折合美钞为2085885.94元。

《中央日报》1948年9月26日

侨汇涌到百余万元

本报讯　币制安定以后，华侨大量汇款返国。日昨菲律宾、仰光、新加坡等地涌到侨汇一大批，创金圆券发行最高纪录，计总数达美钞298930.42元，折合金圆券1195721.68元。

《中央日报》1948年9月30日

海内外信局停止业务　侨眷生活问题严重

又讯　查月来海外侨汇黑市活跃，菲律宾银信公会，及各有关机关，为拥护政府经济政策，已自动禁绝黑市。经4期停止缴信，现南洋群岛各信业，亦相继采取此种行动。惟闽南所有经济命脉，全赖侨汇挹注，信局及侨汇之栋梁。现海内外各信局，为拥护政府金融政策而自动停止业务，今后侨眷生活问题，势将严重。（南侨社）

《江声报》1948年11月3日

民信业人士推测侨汇最近可恢复

本报讯　侨汇中断，乃因香港黑市仍在活跃，菲方民信局乃为拥护国策，一面停收侨汇侨信，一面推派代表赴京请示办法。苟如当局不予考虑津贴政策，因侨胞在外胼手胝足，辛苦所得，自难蒙受此以倍计之损失。结果将蹈前度覆辙，流入黑市无疑。信局业未敢妄动，先以法令为遵，觅求解决途径，用意甚善。据本市某信业人士云："以目前情势汇之，当局决能有一折衷办法以弥补侨胞汇率之损失，尤以前（一）台币汇率先行调整，由1835而至1000元（前金圆1元比台币1835元，今则只比1000元）。故一般预料，外汇牌价亦将随之调整，但以新经济补充办法方为台币比率同时公布，物价将告上昂。若同时再调整外汇，势必更影响人民对金圆之信心，故虽事在必行，但当略待时日。而对于侨汇，看必能于近日内先得解决办法，当局自不

致令之复汇黑市也。”又据另一信局人士云:大约10日内可能恢复侨汇,言下颇具肯定之意云。(□)

本星洲31日航讯 本坡闽侨汇兑会,前接厦门银信业公会来电,谓自11月1日起,侨信暂停收寄,当经该会临时紧急董事会议提出讨论,一面通告全体会员依照来电实行,一面致电厦门方面,询问详情。

兹悉:闽汇兑公会,昨日已接厦门银信业公会复电,文称:“电悉,指星方一日起,厦公会。”据该电文所示,本坡闽侨汇市,当自11月1日起停收,闽侨汇兑公会亦已于昨日用电话分别通知全体会员知照。另据某闽籍大汇庄主人语称:据彼之意见,为侨眷生活着想,在11月1日以后,闽汇未必停市,在香港金圆券之自由汇市,仍继续存在时。本坡闽汇自由汇市,亦当继续存在,不过在阻力重重之环境下,汇价常较前稍为提高。

该闽籍汇庄主人又称:据彼之观察,日后闽汇情势,当与潮相似,一方面声言以官价收汇,一方面则仍接受自由汇价。至于经营自由汇市之曲折方法,各汇庄当自出心裁,欲完全消灭自由汇市,在实际情势上,乃不可能者云。

《立人日报》1948年11月3日

吴本景抵沪 谈厦门侨汇

本报上海4日专电 中央银行厦门分行兼厦门区侨汇管委会主委吴本景,3日来沪,和当局商谈侨汇问题。据谈:自改币后,侨汇激增,自8月23日到10月底为止,共收入侨汇16508960多元,折合美金400多万。其中以9月份最多,10月份起收入很少。

《江声报》1948年11月5日

林为白代表菲侨赴京请改善侨汇

本报讯 菲律宾侨领现充思源公司总经理及厦门中原烟草股份有限公司董事长林为白赴京代表,向政府请求改善侨汇,对记者发表谈话称:本人经商于菲律宾已数十年,此次奉中华商会委托,回国向政府请愿修正侨汇汇率,于菲侨及政府利益关系极大。兹列举事实如次:(一)菲律宾全国华侨每月汇回中国计有美金数百万元之多。(二)此项侨款均系华侨劳苦血汗所得，十元八元零星凑集，汇回本乡，以济家用者。（三）政府所定汇率 1∶4，1∶20，去黑市远甚。然华侨爱国心切，不愿以血汗所得流入黑市。（四）现菲侨各团体一致团结不买黑市，凡有违此项协定者，从重处罚。（五）在闽粤两省有数百万华侨眷属，嗷嗷待哺，函电交驰，苦于星火。（六）本人代表菲侨所请愿于政府者，在于侨汇以特别待遇，使去黑市不至过远，则华侨自愿以此数额汇款售诸政府，增强政府外汇储备。（七）他国华侨闻风兴起，则政府所得外汇，定有可观。（八）菲侨爱国热情应受奖励，外汇储备可以增强，一举数得，惟望政府当机立断，舆论群起鼓吹云。

《中央日报》1948 年 11 月 19 日

大批侨汇明可到厦

市讯　侨汇中断，经时数月，民信局营业无形停止，侨属生活，深感困难，一般居外华侨苦难为计。然间有少数中外信局采用以货代款之集中分散办法，继续汇兑，惟侨属受益者无几。迩近政府限价开放，侨汇办法，亦经改善，民信局可以继续经营接汇侨款。据悉，芝沙连加轮与前日由菲开出，明日即可到埠，运来本市由各民信局分发至侨款，为数约达 3000 余万金圆云。

《江声报》1948 年 11 月 30 日

侨信一批无法投递

市讯　本市南兴汇兑信局，昨有岷侨汇一批，住址不明，无法投递。名次如下：庄金朝寄交李金荣，公园南门 2 号；高超寄交施龙潜，思明西路 89 号；杨文贵寄交刘益士，同文路 15 号；谢双成寄交董文巡，思明北路 95 号。

《江声报》1948 年 12 月 6 日

金银外币持有　侨民独例外　联谊会请补救

市息　本市侨团联谊会，以中央修正人民所有金银、外币处理办法，规定人民得持有外币，而侨民返国进口时，则应将外币按比率兑换，不得持有。又侨汇牌价随时调整，而侨民进口兑换，则按比率，显失平允，特电请侨委

会，转咨财政部设法补救，准归侨持有外币或按侨汇牌价兑换。(厚)

《江声报》1948 年 12 月 17 日

缅华侨汇款几全部停顿

市讯　据本市信局消息，旅缅华侨过去可于每月自由汇出缅盾 250 盾。最近已被缅甸政府取消，华侨如欲汇款返国，须向缅政府外汇统制局申请。惟申请手续，极尽烦难，并订定严格条例，经于近日公布。兹将该项办法摘录如下:(甲)不得以现款或财物授与居住缅甸联邦以外之任何人。(乙)不得以授受此等现款或财物之权，授与或转让于住居缅甸联邦以外之任何人。如触犯该条例者，处罚 2 年以上之徒刑，或没收现款及其他所有财物。闻该办法发表后，执行甚为严格，缅甸、仰光等地之信局，几全部暂停营业。今后关于缅侨方面之侨汇，极受重大打击云。(衣)

《江声报》1948 年 12 月 27 日

侨汇证划一提高　厦受影响殊大　吴本景称不免利弊互见

本报讯　自央行解冻侨汇汇率后，央行厦分行所挂牌价，多较市价为高，致刺激物价上涨，市民受苦殊甚，怨言殊多。该行吴经理为此对记者称:“厦行所挂牌价，系奉总行指定，各地一律。总行牌价为斟酌沪地价市而定，在沪一地确可收吸收侨汇之效。惟别处情形各殊，划一施行，自不免利弊互见。本人上次往沪时，曾向总行建议，厦市情形特殊，侨汇牌价应以当地市价情为依归，惟未为采纳。”吴经理又称:“金钞市价贬奖，多决定于市面头寸宽紧与市民采购情绪，牌价影响力量甚微。”

又讯　某市参议员昨对记者称:“由历次进价提高，刺激物价事实证明。为减少物价波动影响市民生活，本人将发动市参会，以民意力量，电请央行体察本市实情，侨汇牌价，准予斟酌当地市情而定。”

《中央日报》1949 年 1 月 14 日

侨汇每受积压　侨胞吃亏不少

侨眷望眼欲穿　烦言啧啧

市息　政府每次财经改革方案，莫不以争取侨汇为重要。最近所定侨汇随市价发放金券，或以外币存款随时支取一部分，较过去各种办法，可谓更顾及侨胞利益，无如央行头寸短缺，侨汇往往被积压，致侨眷望眼欲穿，烦言啧啧。查去年底政府为争取侨汇，曾令央行每日拨二千万交指定办理侨汇银行作为发放侨汇准备金。嗣以金券贬值，二千万元有如杯水车薪，虽曾酌情增加，无奈金券贬值形势甚猛，以致央行所存头寸无法应付，指定银行遂以此为借口而将侨汇积压。虽然对于侨汇曾有转存外币之规定，但据查，须原地以外币汇寄者方得以外币存入，如原地以金券汇寄，即到达时，仍以金券兑付。似此即一经积压，以外币汇寄者除非急于用款，否则吃亏有限。但以金券汇寄者，到达时以当时所汇金券数目兑付，即受款人吃亏不鲜，政府欲争取侨汇难矣。不过积压侨汇，不特指定银行有之，其他信局积压者为数不鲜。政府及信局互争侨汇，不惜以高价吸收，然而因彼此均有积压，或放头寸，或买外币，待捞得一笔额外收入后再行发放，结局所谓提高侨汇价而侨胞未受其惠。且因银行、信局互提高侨汇价而刺激其他物价，侨胞及所有民众反蒙受其害。故民众及侨胞所望于银行及信局者，乃彼此须切实顾及侨胞利益，毋徒为自身打算也。(邵)

《江声报》1949 年 3 月 23 日

本省侨汇划归本省　购银铸币以安民生

秦望山对记者发表意见

市息　本市侨团联谊会定明日上午假华侨服务社开会，讨论本省铸造银元事，昨已柬邀有关人士届时参加。关于此事，秦望山氏曾语记者，谓据查自(民国)三十四年(1944 年)10 月至去年 10 月 3 年中，政府所吸收之侨汇仅 860 余万美元，平均每年不过 280 余万美元。再假定粤省侨汇占一半，中央所吸收本省侨汇，每年仅 140 余万美元。但该 3 年中，单就闽省侨胞汇回款项而计，当已超过 8000 万美元，可见政府所收吸收侨汇为数极微。今欲请求中央将本省侨汇归由本省作为购银铸币之用，照理中央当可以答应。

盖中央自身无甚损失,而闽省千余万民众则受益无疆。倘中央必不肯放弃闽省侨汇,则本省可以过去 3 年中央所吸收侨汇之平均额数为根据,每年就所收侨汇中拨 100 余万美元交中央,而其余之数归由本省自行设法云云。秦氏对于此事寄有热切希望,惟一班熟□□行政治局势之人士,则□□希望中央答应此事。恐为缘木求鱼,即使中央能答应,本省将如何将全部侨汇吸收为省有,亦为一难题。据查,菲岛民信局已达 100 余家,家家赚钱,彼等如何肯将口中之肉吐出? 至于如何防止他省以金券套取银元,乃为众所周知难办之事。台省所以得另行使用台币,一因其物产丰富,二因其地孤立海中,与大陆隔绝,管制较易,本省未可与台省相提并论。目下除非内战停止,全国人士同心协力于生产建设,否则徒有硬币而无货物,硬币亦将无用武之地。惟秦氏谓本省自行铸造硬币,藉以安定民生之举,如公认为妥善,自应努力进行。至中央能否获准及其他种种困难,必竭力解除云。(邵)

《江声报》1949 年 3 月 26 日

民信局积压侨汇　收款人损失极巨

市息　本市菲帮民信局在银元提高侨汇牌价时,为恐影响其业务,乃不惜以更高价格吸收侨汇。但自银行停止吸收侨汇以来,民信局以竞争无人,遂借口小额金券之被拒用停止收寄,以便想出发财之道,实则各民信局在菲仍照常向侨胞收款,而将侨信压下不发。此间民间一向以积压侨汇套购美钞或放头寸为能事,近以银行未与竞争,更变本加厉,曾将信款积压达一个月以上。为恐收款人质询其积压原因,乃声言谓如侨眷拒收金券,则不能将信折阅。此种手段甚为毒辣。盖侨眷莫不急于由信中探悉旅外者之消息,一经拆阅,方知被积压日久月深,受金券贬值损失甚巨,自然拒收。而信局谓一经拆阅,则须照收,殊全不以侨眷损失为重。本报人员昨曾收到 3 月 20 日由菲江南信局汇来金券 10 万元,是时美钞未及万元金券,约可购美钞十数元。但该局延至 4 月 29 日,方将信分发,10 万金券已不足购美钞 2 角,故受信人予以拒收。此种现象不特江南信局为然,厦港有人昨日方收到 2 月前寄来之 5 万元,是时约可购美钞数十元,昨仅剩不及 1 角。侨眷损失无限,均望政府注意取缔,其积压最多者应即加以拘办,同时希望侨团切实维护侨胞利益,将情报告菲岛侨胞,向当地信局交涉,并要求赔偿损失。(邵)

《江声报》1949 年 5 月 1 日

菲岛侨汇续到侨区　因不景气款额减少

侨胞望侨眷力求节约

石狮讯　月来侨汇发生问题，侨眷经济，深受影响，市面交易，亦因银根吃紧，而告冷淡。菲岛侨团、人士，各民信局，谋解决此一严重问题，迭经讨论妥善办法，同意实行信外无款，信内夹美钞汇单。决定之后付诸实施，首次侨信，已日昨到达侨区分发。惟据民信局表示，寄来信件不多，汇款总额亦微，不及以前十分之五。此非侨胞不愿多寄，盖因受菲岛不景气所影响，苟菲岛此种不景气现象，未能于短期内解除，则侨匪(汇)经济，大成问题。市面交易，恐更难支撑。目前菲岛侨胞，于艰难中只希望其眷属，解除以前奢侈习尚，力求节约，共同渡过此一难关，庶免将来陷入险境云。(22日寄)

《江声报》1949年5月24日

菲岛侨汇增多　英荷法属仍稀

星洲汇庄决收共区侨汇

市息　近日侨汇以菲岛方面较上月间为多，而英荷法各属则仍几等于零，最大原因乃本市银元价过高，而物价则更高所致。查战前荷盾，每盾最高时曾值银元2元，且当时闽南物价较荷属为廉，故荷属侨汇多源源滚滚而至。孰料战后荷属发生荷印战争，迄今仍时常发生战事，致荷属元气难复，虽属照官定价荷盾2盾6角折合美金1元，但黑市须20盾方换得1元。如欲汇来美钞20元，已须花一千盾。但当地高级薪津人员，月不过五六百盾，在当地五六百盾足以养活8口之家而不感困难，而以五六百盾汇来，不过换得美钞二三十元。照目前物价计算，只能养活四五人，其物质享受又远不及荷属，且荷属对于侨胞汇款回国，限制甚严。故战前与“吕宋客”同被尊崇之“下洲府客”，今竟不但远不如吕宋客之被人羡慕，甚至远不及新加坡客。法属之安南客，战前原不声闻遐迩，战后其声誉与法国同一落千丈。安南亦因战事关系而币值大跌，每千元方换得港币120元，其跌势较港币更惨。至于叻币，战前每元亦值银元近2元之谱，战后虽云叻币随英镑贬值，但在法币与金券贬值时代，曾源源涌进。自银元通用以来，须五六元方汇得1元，近日银元价虽回跌，然仍须2元余方换得银元1元。目前英属各地物价多较战后初期为廉，而本市物价反较战后初期为贵，尤以通用银元后，物价较法币时代约涨六成以上。近日且以银元渐回复其应有价值，竟多以为银元跌价，而以美钞叫价，物价之贵远较美国贵一二倍，较之南洋各地则贵数倍。故英属侨胞因收入有限，胡有办法汇来无限之款项？且因叻币与港币联系，在港币币值与银元币值未稳定之时，英属侨胞多暂存观望而不寄款回国，故月来侨汇减少许多。而较有钱商人及发洋财之贪污土劣，又多已他迁，再大多数薪水阶级所收入不及战前，市上资金短促，购买力非常薄弱，货价欲抬乏力，预料各种物价于最近之将来能逐渐下跌。战事传来后，各地物资交流，人民从事生产，当更能趋跌云。(邵)

南侨社新加坡航讯　新加坡汇兑庄决定在外国与上海间船业恢复后，开始接受寄往上海及其他中共占领区侨汇。目前之汇率，约65元叻币折换1万人民币。至于寄往国民政府区者，则多汇以港币。根据统计，去月侨汇，汇入国内者为历来最低的数目。目前侨汇限额依然为每月每家只许寄45元叻币。

《江声报》1949年6月28日

岷华侨信局公会议决　轮时停收闽南侨汇

信局多家筹划补救办法　拟由香港转寄厦门分发

岷里拉航讯　由于日来闽南情形紊乱，泉州侨乡一带已告沦陷，厦门人心惶惶。本市信局公会有鉴于此，前曾召开理事联席会议，即席一致通过暂时停寄侨汇，等待厦门情况明朗化时方再行决定。现今岷里拉侨胞所关心者，除侨乡情势外，当推侨汇问题。苟侨汇断绝，供给不继，侨眷生活，不难重演菲岛沦陷时期之苦况。闻信局多家，为维持业务，抑亦为筹划办法，使侨汇不致中断起见，考虑迁往香港，或在港设分行，以便由岷汇港，由港转汇厦。

《江声报》1949年9月14日

三、投资与建设

热心祖国

华侨王君振煌有鉴厦地劳动生计上无处积储，旋得而旋失，以致酿成浪费，致年来盗匪叠生。其患伊于胡底，爰集同志创立储蓄银行。此储蓄银行之设，使知储蓄之便利，起勤俭居积之思想，以零细之资而为有益之事，俾人世送死养生有所恃而无恐。造民生福，诚非浅鲜！闻此初二日在小榕林开股东创办会，现议已成。昨王郑二君已往南洋募集股份矣，开办有日，拭目可待。（其）

《厦门日报》1910 年 8 月 13 日

勖黄奕住君办闽南路矿

国家之有铁路，犹人身之有血脉。血脉通然后体魄壮，铁路通然后国家强，此千古不易之定理也。观之欧美所谓列强诸国者，其铁路四通八达，动辄以千万里计，抑亦何怪其称谓强国也。反观我华夏铁路，则如何？所谓京汉、津浦、平奉三大干路，又均有向外人借债之叹息，其他支差铁路，则聊聊（寥寥）无几。苟稍一比之于列强任何国，其比例率或将以一比百也。甚哉，我华夏铁路之稀若辰星也！再由中国之地积与铁路比较之，更令人赧颜无地！甚哉，中国之不如他国也！刻阅报章，载有黄奕住向省政府请办闽南之路矿。余闻命之下，不禁雀跃三百。何则？闽省得有大资本家可以开办路矿也。若于政府方面，财政十二分支绌，充作党军费尚且岌岌不足，焉有其他余力，可以开办路矿也。苟欲组织一民办之路矿公司，恐又难于凑成。是则目前之急务，惟有使一大资本家独力开办。今黄君奕住，已极力运动，欲攫取漳厦铁路及龙岩之铁矿，以余个人之意见，省政府宜准其求请，或者将来福建路得放一线之曙光。夫以福建之铁路渺小，尤比他省为甚，总计漳厦之铁路，不过百数十里耳，其他道属则不见有丝毫之铁路。今黄君已有意整理闽省之路政，若能得铁路四通，车路八达，虽使黄君得利万千，亦所不计也。

按民弍(1913年)时铁路部之计划,漳州至潮安者有漳潮路线,由漳州至汀州者有漳汀路线。苟黄君有意开拓路政,则此二路线宜先注意及之也。其他如漳福路线,福延路线,延浦路线,若一一开筑,则由漳州直达闽边之浦城,再过仙霞岭,便可入浙省之境界矣。

至于风车路方面言之,刻下沿海各地,开辟者已络绎不绝,未开筑者亦均在建议开办之列。所以迟迟不能进行者,无资本故也。苟黄君愿先下资本,则将来之得利,正未可限量也。

再进一步而论及福建之矿务,更令人蠕蠕欲动。龙岩之铁矿,安溪之铁山,宁化、顺昌之煤炭,抑或其他一切之杂矿,一开采之,均足令人致富。然而有意开采者,则无资本为后盾,今黄君已有意开办闽南之路矿,且拥有如许雄厚之资本,一旦欲开采之,实易如反掌。愿黄君其努力实行之。

黄君愿牺牲全部之资本,而为福建之路政计,不特八闽之公民歌功颂德,而且能得大利!我意黄君必乐为之也。(兼三)

《闽侨半月刊》第1卷第4期,1929年3月1日

华侨今敢归矣　筹一千万开发闽实业

槟榔屿华商郭岩衡筹集　英属马来华商踊跃认股

新加坡27日路透电　槟榔屿著名华商郭岩衡(译音),现设法筹集一千万元,以备发展闽省由龙岩至长汀一带之矿区。马来多数华商,踊跃认股。此间华侨巨商翁伯奎,近赴厦门晤蒋光鼐及蔡廷楷(锴)接洽。闻南京及闽省当局,皆赞同此项计划,并允积极予以保护。

《江声报》1932年12月28日

马来亚闽侨代表到厦

何肖岩、李铁民、何葆仁考察闽粤政治经济农村

马来半岛闽侨,以本省"匪共"清除中,政治亦渐整饬,百业有待振兴。正旅外侨胞回国投资之时,特在新加坡召集马来亚各团体,开联席会议,讨论归国投资建设事业。决议先行组织考察团,归国考察祖国之政治经济及社会情形,以为将来归国投资建设之借镜,并公推何肖岩、李铁民(永春人)、何葆仁(系美国经济学博士)等3人为考察团。何、李等经于昨(30)日上午7

时，自新加坡附丰平轮抵厦，本市华侨公会曾派代表登轮迎接。登陆后，即寓天仙旅社五楼12号房，拟于日内分赴泉漳各地考察。一俟本省考察完毕，即赴粤考察。其考察目标，犹注重内地农村经济，将来考察结果，或将作大规模之农村投资，以复兴我国农业云。

《江声报》1933年8月31日

李清泉到厦谈菲侨多赞成铁路

路线须测量后方可确定　本人须留厦多日乃得进省

省政府委员兼漳龙铁路筹备委员李清泉，自香港搭芝巴德轮首途，昨可抵厦，经志本报。兹查芝巴德轮，于昨日下午1时抵埠，市筹备处长许友超、公安局长林鸿飞、财政局长蓝琛、第五分局长许照寰，及漳龙铁路筹备委员黄奕守、林鼎礼，绥署顾问黄友情等，均登轮往迎。李氏上岸，即返鼓浪屿升旗山住宅，未赴漳龙筹委会。下午3时，记者晤李氏于其住宅，据谈，抵厦后，因行装甫卸，尚未与筹备会黄主任（奕住）会晤。李文骥技师虽有见过，但仅匆匆略谈，详细情形，尚有待于李氏向会之书而报告。现漳龙路线，大致虽定，但系初勘，尚不能据以发表意见。李技师月底可偕测量队前来，经再度测量后，方有把握确定路线之所自。本人此来，尚有多日稽留，俟与黄主任及筹会诸君商讨一是，然后晋省，向蒋主席及建设会报告，在菲时，对漳龙铁路之应及早促成，已向一般殷实侨胞，剀切宣示。虽未招致发起人，但大多数侨胞均表示赞成。逆料测量完竣，有具体计划发表时，投资者必定踊跃。盖菲埠商业，年来已有转机，糖、烟叶、椰干等等土产，在美国均有奖价，而侨胞对漳龙路之□建设，亦大明了。故招股方面，将来菲埠必大可观云云。又前菲律宾中华商会总干事虞永容，昨亦与李同轮来厦云。

《江声报》1933年9月9日

菲侨洪万敬在南安设糖厂

向菲购运制糖机　领事请海关优待

旅菲华侨洪万敬，以本省地方秩序渐复，政府欢迎华侨投资建设，因特回国考察，拟在其故乡之南安，筹设闽南制糖公司。选购优良蔗种，供给肥料，聘请富有经验人员教道。现已在菲购买全部制糖机器，并订购蔗种，由中华驻菲总领事□请驻泉□政长官,及南安县政府,出示保护。另函厦门海关,对华侨购置回国振兴农业之旧榨糖机,予以格外优待,减免进口税云。

《江声报》1936 年 10 月 18 日

经建公司初期业务将创办银行航运

侨领黄重吉等昨抵榕

中央社福州 22 日电 侨领黄重吉、王振相、白山等今自厦来榕,据称南侨顷筹办之福建公司初步资本额虽仅 300 亿元,然为达成建省目的,今尚将随事业需要,发动第二、第三期股款之募集。公司明年 5 月可正式成立,初期事业为创立福建建设银行,购建大型轮船川行榕、厦、揭、粤、沪、甬、台湾及马来亚、暹罗(泰国)、越南等地,以发展闽省沿海航运。至闽省内河航运,据称已另有菲侨薛芬士、施性水等购有小型轮船 60 艘,正申请入口。如获允许,将加入内河航业。

《中央日报》1946 年 11 月 24 日

南侨经建公司下月在厦成立

中央社厦门 6 日电 南侨经建公司定下月 1 日在厦成立,现闻资本国外部分 200 亿,已将集齐。国内 100 亿,在筹募中。筹备会常委黄重吉,已赴美购办车辆船只,及采矿机。最近即可返厦,将首先进行开矿。

《星光日报》1947 年 2 月 7 日

沟通华南华北物资　华侨组企业公司

东北当前物资极丰富交通阻梗黄豆作燃料

海外社讯 本市华侨航业公司,系国民参政员叶道渊等发起组办,意在辅助海上交通运输。设立以来,已一年有奇,因难于购置轮船,故仅神农号一艘在航行华北及厦台间。查初设立时,募股 5 亿元,目前物价膨胀,置轮更难,已定本月 8 日召集股东会议,除报告一年来乘务状况外,并拟增加股本,扩充业务范围。据该公司负责人言:目前东北物资极其丰富,如黄豆、豆饼,因无法出口,现均充作燃料。如能大量南运,则华南物价,自趋下跌。现有暹罗(泰国)、缅甸及星嘉坡华侨多人,拟与东北人士合组华侨东北企业公司。资本定额 12 亿元,目前先收半数。该公司将于航业股东会议后,继续举行筹备会议,以两公司配合,将来拟将华南物品运送华北,并将华北物资南运,使两地货物得以畅流云。

《星光日报》1947 年 3 月 7 日

菲厦订期飞机　每周一五联票飞往马尼拉

华侨薛芬士组创

马尼拉中华商会主席薛芬士,为便利侨胞来往菲粤厦等地,特组中菲商业航空公司。前派有固定客机,飞航港菲间,并委托厦门海后路 51 号环球船务公司代理客票。每星期一、五两天,由厦联票飞往马尼拉,航期准确,手续便利云。业已开始收容(客)云。

《江声报》1947 年 6 月 7 日

黄其华等筹组侨南商业银行

市商会昨据本市侨南商业银行筹备主任黄其华函称:以渠等为调剂地方经济,扶助工商事业起见,发起组织厦门侨南商业银行于本市。请发给信用证明书一份,以利注册云。闻该行发起人,计有黄开铭、黄祯墙、王泉笙、黄文开、郑建成、黄本源、黄其华、黄重吉、姚金□、黄超龙、何文神、陈西向、周士观、林继明、黄汉□等 15 人云。

《江声报》1947 年 12 月 21 日

南华有限公司厦设总行

本报讯　槟城侨胞曾万育、曾有衡筹资组织南华股份有限公司,投资本省建设事业,已志本报。曾氏等抵厦后,已决定于鹭江道 112 号筹设总行,分行拟筹设同安钟楼巷,并于昨下午 2 时前往市府拜访黄市长。座间黄市长对侨胞热情投资建设事业,甚表赞许,决尽最大力量予以协助。查曾万育系槟城同安金厦同乡会主席兼南侨有限公司董事长,曾有衡任槟城兴发公司总经理。此次投资暂定为叻币,折合金圆 100 万元。

《中央日报》1948 年 11 月 28 日

槟侨投资建设事业　组织南华股份公司

经派人来厦组成筹备处

本报讯　槟城侨团领袖曾万育、曾有衡为建设家乡,特发动海外侨胞回国投资建设事业。经当地侨胞一致响应,热烈进行筹备募股,以宏厚资本从事家乡建设,组织商办南华股份有限公司,并推派曾万育、曾有衡二氏回国考察。曾氏已于日昨搭渣华公司之他士文轮,由槟抵厦,先在鹭江道设立总公司筹储备处。日来分访有关人士洽商进行设厂事务,并于昨午 4 时,由电灯公司总经理曾文墨氏偕赴市府访晤黄天爵市长,面陈槟城侨胞集中资本,投资家乡建设,请予协助。黄氏聆听后,以诚忱表示称:渠愿以同侨身份,竭尽本能,协助华侨建设家乡事业,以期开发家乡宝藏,裕国利民。同时站在政府立场,欢迎侨胞回国投资建设事业,深盼侨胞盍归乎来,一致建设家乡,政府决予协助保障。语至此,曾氏深表谢意,始退出市府。记者叩询曾氏对于建设桑梓意见,承告:"华侨远涉重洋,谋生海外,均能抱定劳苦勤俭美德,且运用操奇计赢之智慧,而发展当地地方繁荣,获取事业成就。惟长安虽好,终系客居,回观父母乡邦,地大物博,大可开发。因此呼吁同侨以海外经营之经验精神,从事祖国生产事业建设,实绰余裕。动机善良,响应者多,始有南华公司筹备组织之举,并蒙侨胞推派,返国考察。渠等决竭尽良知良能,慎重考察,实地调查,以凭揆拨资本,开发家乡。"闻曾氏等订日内赴闽南各地考察。

《星光日报》1948 年 11 月 28 日

菲侨刘有土在厦设农场

本报讯　本市菲侨刘有土,于本年五月间曾购厦港田园池塘土地 121 丘,面积 132 亩,并在菲订购新式农具,携回厦门。拟联合原有佃户及聘用技术工人,组织农场,用以投资生产事业。惟因久居海外,未明农场组织法则,特于昨呈请市府准予组织成立,从事增加农业生产。市府据情后,经准其依照农场组织办法办理云。

《中央日报》1948 年 11 月 30 日

第四章

机构与团体

第一节　机　　构

侨局在计划中　一时难实现

12月24日南京讯　侨务委员会计划于上海、厦门、广州、汕头、海口五处，设置侨务局，拟将华侨出国护照，由该会分发侨务局办理，进行颇为积极。唯外部对此事，不予同情，即侨务会请求会同签发护照之事，亦在考虑之中。故侨务局之成立，一时尚未能实现云。

《南洋情报》第1卷第4期，1933年1月1日

林润泽、许志雄电请速设厦门侨务局
谓不应因经费问题中止

南洋吉礁直属支部执委兼侨委会顾问林润泽，雪兰莪直属支部执委兼侨委顾问许志雄，对于厦门侨务局，认为应速设立，特代电致侨委会建议，督促早日成立，以慰侨望。电文略云：南京侨务委员会陈委员长勋鉴，报载倘委会拟先成立上海、广州二处，其余天津、厦门二处，因经费问题，则尚有待云云。阅悉之余，群情惶悚。窃谓闽籍华侨旅外人数最多，历史最深，近来

突遭不景气影响,生产暴跌,商业冷落,停工失业,所受外人政府驱逐相迫而回国者,触目皆是。我政府既不能在外保护侨民,其国内又无设立容纳华工之偌大工场,与职业介绍机关,颠连道左,痛若万状。更有有志回国兴办实业之华侨,每因官厅保护不力,萑苻遍野,不敢贸然怀归故土。于是祖国富源,未能开发。兴言及此,良堪浩叹,矧以华侨关怀祖国,赞翊革命,举世共知。我政府亟宜注意整理侨务,竭尽保护指导之责。厦门为闽侨出入之要道,又为侨民投资之总枢,关于整饬保护侨民,较为重要似未便。因经费问题中止进行,贻误侨务,莫此为甚。应恳从速设立侨务局,俾慰侨望,管见所及,用特贡献愚忱,尚祈鉴纳云。

《江声报》1933 年 7 月 31 日

厦市民信局有特殊情形

国内民局撤销　厦门应在例外

交通部通令:截至(民国)二十三年(1934 年)止,取消国内民信局。盖以国内有民信局,实足阻碍邮务之发展及统一。据记者调查,本市各民信局多为南洋华侨收发附款信件,具有特殊性质。据信业会中人言,该代理南洋信款之民局,不特无碍邮局发展,且足以勔助邮局所不及,与京沪各商埠之民局,截然不同。因彼系斯诚影响邮局之收入,而其所营业务,纯为各商埠中之商家报告行情。本市各名局,则为家乡僻壤,邮汇难通之侨胞家属,递送银信,侨胞家属得信,随时可写回文。仍由原送信人随时取到民局,转投邮局,寄往南洋。设若由国际汇兑寄汇,当无如是,且贴国际邮资信件,固可直达收件人。但有时欠缺妥人携带,又须由邮局,依总包例,粘贴邮票,寄入内地。此亦可以推销邮局一部分邮花。事实上,厦市民局与邮局,似有连带关系,故交通部(民国)二十三年(1934 年)止撤销民局,厦市民局有此特列也云。

《江声报》1934 年 1 月 8 日

侨委会移厦常委林汉平到厦　彭泽民本周来会址已定教育会

民府侨务委员会将移设厦门,业志本报。兹查该会秘书应锡祺,经于日前来厦,筹备一切进行。据谈,该会委员共 51 人,常务委员 5 人,为彭泽民、陈秋波、林汉平、董冰如、蒋□石；秘书处长为许元雄，秘书 3 人，徐文彬、莫宇明、应锡祺。委员会下设总务、侨务、文化三科，地点已决定设教育会，昨经通知驻在该处之宪兵迁出。同(8)日，林汉平亦由省到厦，彭泽民等则定本星期五来厦。又吴迈等昨亦由省来厦，拟在厦宣传组织人民革命军后援会。昨吴等并赴市府访黄强，谈此来使命云、

《江声报》1934 年 1 月 9 日

厦侨务局下月上旬成立

南京 29 日中央社电 侨委会筹备沪厦侨务局，沪局长已委简经纶充任，定 12 月 1 日成立。厦局长已委江亚醒充任，江现在京，据谈定 30 日赴沪转厦履新，厦局在 12 月 10 日前决可成立。

《江声报》1934 年 11 月 30 日

厦门侨务局规定组织经费　江亚醒订七日到厦

侨委会决在厦设立侨务局，并委江亚醒为局长，已志本报。查江经于日前由京抵沪，定本 7 日可乘太原轮到厦，厦门永定公会等已准备欢迎。江氏抵厦后，对侨务局即可着手组织，定期成立。该局组织法已规定局长之下设秘书一人，课主任 2 人，科员 4 人，办事员 6 人，雇员 6 人，杂役若干人，开办费为 700 元，经费每月 1800 元云。

《江声报》1934 年 12 月 5 日

厦门侨务局长江亚醒今到厦　永定同乡派员迎接

厦门侨务局局长江亚醒乘太原轮来厦，经志本报。兹查上海江昌泰，昨亦讯告此间泰兴漆庄江驾轩，称“醒搭太原来”云云。查太原今(8)日可到厦，永定旅厦同乡会已派代表十余人，预备下轮迎接。闻与江氏同来者有八人，厦侨务局地址已由江驾轩觅便升平路、鹭江道二处，俟江到后自择。江到厦后，拟暂寓亚洲或东亚。江为永定人，年二十余，向侨局荷兰东印度，曾任国民党荷兰总支部执委兼常委会。

《江声报》1934 年 12 月 8 日

江亚醒到厦　侨务局定明日成立

内部组织分三股　月费一千二百元

厦门侨务局局长江亚醒,昨可到厦,各情经志本报。兹查江氏等一行五六人,系于昨晨7时乘太原轮抵步,寓亚洲旅社。是日登轮往迎者,有永定旅厦同乡会委员赖焕堂、李标能、巫如珊、卢授吾等十余人。下午3时,永定旅厦同乡会开会欢迎江氏,记者往访,询以厦局何日成立各情。据谈,该局决定本月10日先行成立,呈报侨委会,然后择日举行宣誓典礼。

厦局组织甚简单,局长之下设科员雇员,中央侨委会尚无规定,惟本局既设总务、指导、交际一股。总务内设文书、会计、庶务、收发,指导股则办理各属移民条例以及招待华侨、设计等等事宜,交际股则招呼华侨出入口、起落各事宜。

所有人员均由中侨委会内定,日内正式发表。刘委员成灿,此次引导五全大会代表回国华侨前往西北观察,本人原拟偕往,嗣因赴蚌埠受军政部长优待,故未成行。刘委员10日可赶回,出席五中全会。至本局经费,中央规定1200元,本局曾要求陈部长增加,每月须有3000元。惟陈部长谓,本年经费业经中央通过,如要增加,俟明年再行设法云云。

又江氏发表书而谈话如下:“侨务委员会为完成整个侨务计划实施起见,早经呈准行政院分设上海、厦门、汕头、福州、天津等处侨务局,以便办理侨民之移殖、出入国之登记统计,以及保护指导事项。缘上海、厦门两处侨胞出入口较他处为多,关于移殖指导不可一日无人主持,陈侨务委员长认为不容再缓,决定先行成立,于前月20日派简经纶同志与本人分负沪厦二局之责。离京前会曾晋中央各邮会长官,报告一切,盖对于海外失业侨胞之救济有所陈述。又本人去国有年,为出席五全大会遄返回祖国,深以厦门建设进展之速,□昔湫隘巷街一变为□□□康庄大道。此固厦当局之宏筹规划,始有此特殊成绩。本人毋任钦敬,然我侨胞之热烈投资,亦有连带关系,其功尤不可没。本人此次来厦办理侨务,举凡职责所在,如(一)侨民出国之奖进及取缔事项,(二)解答侨民出入国之咨询及指导事项,(三)侨民出入国之统计协助保护及防止舟车关卡勒索事项,(四)防范侨民被骗及不合法之私招劳工出国事项。自当悉力以赴,撷要而言,即秉承中央暨侨委会意旨,谋如何增进侨胞福利,以副侨胞殷殷之望。唯本人抵步伊始,又事属草创,自顾绵薄，深盼舆论界，予以多多赞助。”

《江声报》1934年12月9日

侨务局设在升平路

股长股员委定一部　江亚醒昨访各侨阀

侨务局长江亚醒抵厦后，昨访张兰溪、黄超华，杨德从等，谈论侨务问题。午后张到亚洲旅社，与江寒暄毕，同往访晤李双辉。晚应旅台归国华侨协济会东园之宴，定今日拜访要港司令林国赓，县党部、公安局、教育局，以及商会等团体。另日拜会各国领事。侨务局准定今(10)日成立，局址择定升平路3号全座楼屋，每月租金90元。局内各科职员，昨经委定者，有总务科员戴元，指导员□航民、戴裕昆，交际科员江云舟等，其余亦均在物色中，日内即可发表。又8日晚，永定同乡会欢迎江亚醒，到60余人，主席徐近、徐致欢迎词，江氏致谢词云。

《江声报》1934年12月10日

侨务局从事设备　对侨民出国护照拟商请予以方便

厦门侨务局，10日成立，目下先从事种种设备，对于局务进行，尚须一番策划。其内部职员，多以内定，内部已发表者为科员戴裕昆、江云舟、翁仲达、张维士、江概民、戴裕，雇员柯世友，其余亦可于日内发表。局长江亚醒，日来分访各方，广征意见。对于出洋船票价，江氏抵厦之初，即闻轮船行售价每名61元，而市上转售侨客，竟高抬至百数十元。因此颇为注意，及经评价委会召集会议，江氏亦出席，对于所决定限制办法，认为完满。尚有华侨出国护照，江氏拟向当局磋商，凡侨民具请给照，须于准确时间内，予以方便，免令坐待领照，消耗时日，虚縻旅费。其他各侨客，进出口，亦必力谋予以便利云。

《江声报》1934年12月12日

侨务局之设　动机与任务

江亚醒元旦补行就职礼　昨招待本市新闻界

厦门侨务局长江亚醒，视事多日，定元旦补行宣誓就职礼。昨下午6时，江氏假新锦英楼招待新闻界。席间，江氏起立发言，谓今天辱承诸位惠临，毋任荣幸。本局开办将近半月，敢将政府设立侨务局动机，及本局任务，以告诸位。□□总理孙中山先生，领导国民革命，我侨胞热烈参加，甚至倾家喋血。其关怀祖国，总算能尽国民应尽的义务。

政府体念吾侨殊劳，爱护唯恐不周，如奖励华侨回国投资，救济失业华侨，优待华侨子弟回国入学，举凡有利于吾侨者，莫不次第施行。而厦门侨务局，亦在此时成立起来。原来各口岸设立侨务局，早经行政院决议，只因经费，无形搁置。近侨务委员长认为设侨机关之设，不容刻缓，尤其是厦门地方，侨务纷繁，更不可无人主持。所以在政府财政困难当儿，也要拨出款项来设立，这是值得我人引为欣幸的侨务局。

应办事体很多，如侨民出国之奖进，不法私招劳工之防范，出入国侨民之检查登记咨询解答，指导侨民如何报关纳税，如何防止舟车关卡敲索。凡此种种，职责所在，自维责无旁贷。现在本局对于□□轮船票价之平抑，出入国侨民之登记，以及护照请领手续之设法简便等事项，正在着手办理。国人谓南洋为中国之生命线，此指经济条件而言，虽然是局部状态，然在概观上，海外华侨，逐年汇款回国，于整个中国全部贸易之入超，却有很大弥补。但自近年来，吾侨受世界经济不景气影响，失业回国与日俱增，而各居留地在这同一经济恐慌情况之下，不约而同的来维持其殖民地之权利，多方予我侨胞以不利，如限制吾侨进口等。即吾侨所在地之经营工商业，也受种种苛例掣肘，如荷属矿业、渔业之限制，暹罗马来半岛教育注册也有限制。我侨胞茹辛含苦，在各资本主义义者宰制之下，以艰苦卓绝之精神，力图挣扎，新生力既无从施展，旧实(势)力且日渐减缩。

瞻念前途的黯淡，至为痛心，无国家背景，自不能和有整个完善贸易计划的帝国主义者相角逐。事实已无可讳言，我人鉴于过去政府，对于华侨无计划办法，一任吾侨之自生自灭，的确是一种错误。兄弟认为目前急切的即应如何设法救济失业侨胞，如何谋稳定我侨胞的经济基础，如何谋改善我侨胞的生计，使回(恢)复曩日的繁荣。如何鼓励回国投资与办实业，如何使吾侨得到国际地位上平衡的待遇，这些都是目前侨务进行上的重大问题。兄弟自惭绵薄，今天提出来和各位讨论，也就是希望各位能注意到这些问题云。

《江声报》1934 年 12 月 26 日

侨局周年

侨务局系于去年 12 月 10 日成立，本日为一周年。该局备开纪念会，本日休假 1 天。拟出周年纪念刊，将一年来工作汇集公告。

《江声报》1935 年 12 月 10 日

本局工作报告

本局一周年总务科工作概要

目次

引言

(A)关于文书方面

甲、关于拟定本局单行规程呈核事项

1.拟定本局办事细则

2.拟定本局处理公文规则

乙、关于撰拟有关侨益之重要文告

丙、关于编缉事项

1.编缉本局每月工作报告

2.编缉本局二十四年工作实施纲要

3.编缉本局每月海外通讯

丁、关于收发撰拟翻译缮校与档卷保管等事项

1.收发工作与统计

2.撰拟工作与统计

3.翻译工作与统计

4.缮校工作与统计

5.档案保管与统计

6.图纸书报之管理与统计

戊、关于荷属华侨吕隆兴等捐送本局电轮之经过

(B)关于事务方面

甲、一年来本局经常费概况

乙、一年来本局各种概算、预算、决算书表之编造与统计

丙、本局筹备经过与迁移局所之布置

丁、一年来局内各项之保管与整理

1.器具之登记与编号

2.物品之限制与紧缩

结语

《厦门侨务局周年纪念刊》1936 年 1 月

本局一周年指导科工作概要

甲、关于设计利便侨民事项

1.平抑南洋轮船票价之经过

2.取缔勒索出国华侨轮船“席位费”之经过

3.商请关系机关改善检查华侨行李之经过

4.取缔厦门艇户额外勒索载资之经过

5.呈请侨委会转函卫生署减轻侨民出洋种痘费之经过

6.呈请侨委会转咨外交部令饬厦门特种公安局改善办理出国护照之经过

7.办理归国贫寒侨生请求补助学费之经过

8.办理代发华侨国内护照情形

9.办理侨民申请证明事件

10.编列南洋各属入口应纳各费表

11.编列各国驻厦领事馆签照费表

乙、关于防范侨民之被骗及不合法之私招劳工出国事项

1.取缔厦门旅客栈骗取出入国侨民款项

2.取缔私包工客证之经过

3.布知奉颁工人出国条例

丙、关于解答侨民出入国之咨询及指导事项

1.侨民咨询出入国手续之解答

2.归国侨民报关纳税之指导

3.侨民领取出国普通护照手续之指导

丁、关于侨民出入国之登记与检验事项

一、办理侨民出入国登记

二、检验前往南洋荷属侨民婚书及证明书

戊、关于出入国侨民之保护与招待事项

一、保护归国侨民

二、招待出入国侨民

己、关于调解归国侨民纠纷事项

庚、关于调查统计及制绘图表事项(图表另列)

本科秉承局长命令,办理全科事务,已阅周年。工作进程中,虽不无困难棘手之处,然本穷干苦干硬干之精神,努力奋斗。一年来,检查过去工作,纵无显著之成绩,亦可告无罪于我侨胞。此为本科同人差幸以自慰者。兹为策励将来,谨将一年来本科经办事务,胪列如次:一、关于设计利便侨民事项。二、关于防范侨民之被骗及不合法私招劳工出国事项。三、关于解答侨民出入国之咨询,及指导事项。四、关于侨民出入国登记与检验事项。五、关于侨民出入口之协助,及防止舟车关卡勒索事项。六、关于招待出入国侨民及保护事项。七、关于调解归国侨民纠纷事项。八、代发华侨国内护照事项。九、关于调查统计及制图表事项。兹值本局周年纪念发行特刊,爰将本科工作分别性质择要陈述,以资公鉴!

《厦门侨务局周年纪念刊》1936 年 1 月

各国驻厦领事馆一览

各国驻厦领事馆一览

国别	领事华名	领馆地址	电话号码	到任日期	翻译员
法国	花芬嫩	鼓浪屿田尾	28	民国十五年	陈子铨
日本	山田芳太郎	鼓浪屿西仔路	22	民国廿四年	林德荣

续表

各国驻厦领事馆一览

英国	马尔定	鼓浪屿龙头	30	民国廿二年十二月	丁锡荣
美国	狄克	鼓浪屿三丘田	27	民国廿三年一月	许绍祺
荷兰	伊思理	厦门海后	430	民国廿四年	黄河源
挪威	伊文斯	厦门中山路	1477	民国廿四年	萧炳

附注:按驻厦各国领事,据本局调查,计有十国,除法、日、英、美、荷兰、挪威均设有领事馆外,西班牙及葡萄牙两国由法领代办,比利时由荷领代办,丹麦由英领代办。

《厦门侨务局周年纪念刊》1936 年 1 月

侨局设立　今两周年　休假纪念

厦门侨务局,设于(民国)二十三年(1934 年)十二月十日。今日为两周年,该局正在编辑两周年纪念刊,提前向各界征稿,不久出版。今日之两周年纪念,特休假一天,职员自行庆祝,摄影纪念。晚在局内聚餐云。

《江声报》1936 年 12 月 10 日

侨局迁移在中正路

厦门侨务局,近以出入国华侨请求登记者甚多,原有登记处过于狭小,不敷应用,已于昨日已迁徙中正路 12 号(即地方法院左边),照常办公。

《江声报》1937 年 8 月 30 日

侨务局许科长发表施政方针

本市侨务局华侨招待所新任科长许古山氏于 7 月 14 日就任,记者为欲明了许科长今后施政方针,特往访许氏。蒙其发表谈话,略谓厦鼓地扼闽省之咽喉，华侨出入之门户，商业之盛，交通之便，为吾国五大商埠之一，对于华侨有莫大关系焉。政府有鉴于此，为谋侨胞福利计，乃设立侨务局。本人蒙市府委以科长，负华侨招待所之职务。自知才学浅陋，难膺重任，第以过去谭局长、陈科长之办理，已见成绩斐然，无待赘言，惟萧规曹随。又深望各界之援助，上峰之领导，与护华侨之热忱，增进侨胞倾向之心情，至未来之计划，为本人职责所在，务必费尽绵尊。倘有不周之处，还望华侨与各界，匡其不逮，实为幸甚云。

《华侨月刊》第1卷第5～6期合刊，1941年

本市华侨服务社定四日开幕

计划为侨胞第二家庭及诱导投资生产建设

厦门华侨服务社，系市□倡设，由侨界闻人蔡杰士主持其事。兹该社筹备数月，已告就绪。经订定本月4日开幕，社址为晨光路，即战前福星旅社原址。楼宇宽敞，规模颇大。其内部初步设备完成者，有公寓、餐厅、浴室，及阅书报室、娱乐亭树等。其业务为出入国侨旅之招待、报导、联络、信托，与夫代办船务，解答困难，乃至咨询报道政令之设施，指导回国侨生之学业，暨其他有关华侨福利事项。据称："务使往来侨胞置身其中，俨若第二家庭，而不觉羁旅之苦。"该社尤要之任务，则为诱导侨胞，投资于生产建设，以期复兴祖国，繁荣故乡，庶可减免游资泛滥，转滋弊害云。

《江声报》1946年8月2日

闽侨务局长李怡星昨来厦视察侨务

本报讯　福建侨务处处长李怡星，昨由榕飞抵厦，下榻华侨服务社。渠此来目的，在调查侨胞出入国情形，并视察本市侨务局，承告记者，中央极爱护华侨，而华侨对中央寄望亦殷，但实际上中央所用在华侨身上之款□，华侨实得其惠者微乎其微，莫怪华侨多因此而难深信我政府确实爱护侨胞。推究其故，无非一班办理侨务人员，沿用官僚作风，上下其手，任意剥削，视侨胞如奴隶、如羔羊所致。渠深盼侨胞以及凡爱护侨胞之人，能将其不满于政府者，所希冀于政府者，尽量向渠提出，以便从而纠正过去错误，俾侨胞与政府，能作到切实互相爱护，绝无丝毫隔膜在在云云。查李氏原籍永春，自

幼生长南洋,回国服务多年,足迹至西藏、蒙古等处,对国内暨侨胞情形甚为熟悉。渠谓将于今日移住镇邦路22号云。

《中央日报》1946年9月4日

(行总厦办新主任即将赴厦履新 闽侨务处主任李怡星谈遣送华侨一题)

福州讯 行总厦门办事处新□主任林承志氏,日来□□代表林荣森办理闽处移交手续,一俟□□□即将赴厦履新。据林氏告记者:闽西区及□处所辖二、七、九、四、五、六等行政区,计有□□遣送出国之华侨五万余人。截至目前,办事处登记待遣华侨计三万余人,是以侨赈亦为厦处中心工作。如能使华侨能早日出国,重操旧业,则又为目前侨赈第一课题。闽侨务处主任李怡星飞厦前夕,曾谈遣送华侨一题,商定要点:一、在厦修建一可容纳三四千人之华侨遣送站,约需建工费二千余万元,亦系出以工赈方式,俟呈准闽处后即可兴建。二、华侨出国复未谙手续,致□□□□应由侨务处代查各地入□□□,以便印发须知,为侨民出国参考。三、侨民出国时,不得超过一星期,惟须知为合法交通工具,以便启程。四、出国防疫注射手续,应先期办妥。五、要动员地各华侨机关、各华侨协会、侨务处及市府协会科客栈等,对待过境出国华侨等,予以方便。六、华侨出国登轮次序应求合理性。七、华侨在国时,得予编队,严格处理,俾□□□。八、闽西等地交通不便,拟以闽处拨□之□□约十辆□拨出一部,分配于水□安海等地,运送侨民集中厦门。九、联总原定遣送华侨出国分免费、半费、全费三种。兹因华侨抗战(期间)损失惨重,拟请全部免费遣送出国,或部分半费,部分免费。

《中央日报》1946年9月7日

厦门侨务局将扩大组织

江亚醒昨返厦谈称

本市讯 本市侨务局局长江亚醒,于前月□日乘机飞沪转京,报告数年来侨务经过,并接在华侨复员工作。兹悉,江局长已公毕,于昨(11)日乘中航机由沪回厦。据云厦局工作深蒙中侨委会陈委员长当面嘉许,并指示华侨复员工作步骤极详。陈委员长以厦局成绩优异,决将厦局地位提高,组织扩大，以应需要。关于华侨护照，已商请外交部，准由外交部驻□□特派员公署、驻外办事处派员来厦办理。至复员登记工作中之规定，可尽于年内补行登记手续，俾于明年3月以前结束复员工作云。

《中央日报》1946年10月12日

侨局昨召开侨务讨论会

本报讯 厦门侨务局昨(18日)召集本市有关机关团体在国际联欢社开侨务讨论会，出席代表有要塞司令部、市政府、太古、得忌利士、新合美、渣华、胜丰各轮船公司、水警大队部、华侨协会、缅甸归侨复员协助委员会、旅栈业公会、华侨服务社、菲律滨(宾)华侨血干团驻厦办事处、挑挽工会等计十五单位。9时开会，主席江亚醒、记录张子畴，首由主席报告，略谓本人此次晋京述职，并报告本局侨务工作。承陈委员长关心厦门华侨出进种种问题，如船票纠纷、海关检查行李与华侨发生隔膜等，无不垂询详尽，并嘱返厦后妥善办理。今日请各机关团体开会讨论，请诸君尽量提出意见，俾华侨多得益云云。继通过议决案，12时散会。兹探志该议决案如：一、兹于出洋船票价，就应如何减低，以轻华侨负担案，议决：由市政府、侨务局、各轮船公司及华侨团体另组织小组会，讨论进行办法，并公推侨务局为召集。二、关于规定挑挽民船驳船客货收费案，议决：由侨务局函有关机关办理。三、关于海关检查行李及货物应如何分别性质，使其便利案，议决：由侨务局函各轮船公司对行李及货物分别编号，俾易检查，并函菲总领事馆通告华侨周知。

《中央日报》1946年10月19日

市华侨复员站被裁职员诉冤

以派别为裁员对象应得薪俸又被拖欠

本报讯 市华侨复员站登记股职员，前被该站总干事陈其亨非法裁遣。经该批职员提出抗议，昨被裁全部职员代表李朝清等，招待本市新闻界，出席各报记者多人，由李朝清报告此次遭受无理裁遣经过情形四点如下：一、查厦处奉令裁遣职员后，当即开会讨论裁遣原则，以总务、管理、登记、医劣(务)各股平均裁缩1/3。及至裁员时，并不以此原则施行，登记股被裁者竟占7/10，且不以行为工作能力优劣为取，纯以滥用私人造成派别，为裁员对象。二、被裁各员于前月30日下午4时,始接获通知书,翌日即办理移交。于1日起,全部离职。离职后,同人依例请求发给新调整待遇之遣散费3个月,以安生活。讵该站竟无理拒绝。三、似此随意裁遣职员,工作毫无保障,影响同人生活至深日巨。惟同人遭此不幸,殊无可言,惟前车可鉴,后来堪忧,深盼该站加以改进。四、同人等于2月1日联合晋谒厦处林主任,请求发放1月份新调整之薪俸。蒙其面允,于3日具印向主管取领。然竟有意为难,一再耽延,屡经交涉,直至10日始予发给。其中作用,耐人寻味。际此物价日趋高涨,延期发款,致遭受损失。蓄意玩弄,至堪痛恨,深望本市舆论界予以正义之援助云云。

《中央日报》1947年2月13日

财部严令取缔本市民信局运用批款未经申请设立之钱庄

本报讯 查本市民信局时有利用批款运货图利,及尚有银庄尚未申请设立。昨市府接获财政部命令取缔,原令如下:据报,厦民信局利用批款,由菲岛运货至沪图利。又有银庄二三十家,专业买卖港纸、美钞、荷盾,又该市有美钞、港纸、荷币等外币,通行交易等情。查民信局所营业务,以接转侨汇为限。该市民信局竟利用批款运货图利,自属不合,及应予以取缔。至该市银庄经营兑换外币一节,查银钱行庄买卖外币,依照规定应向中央银行请获准,始得办理。立该市银庄并未经准设查,故不能据有上项资格,且未经获准,先行营业,自属不合,应予查明,勒令停业。我国境内不得行使外币,且经通令有案。该市尚且用外币通行贸易,或应予严禁,再该市合法设立之银钱行庄,尚未按照规定组同业公会,并应从速督导成立。

《中央日报》1947年2月18日

陈绍舟反控一案 内容与事实不符

陈临标谈事实经过情形

本报讯 日前报载:本市华侨服务社蒲仙组交际员陈绍舟,反控蔡杰士、黄银水敲诈星洲难侨案。兹据该社莆仙组合伙人陈临标、陈梦周叙述此案真象(相)如次:陈绍舟先求用于华侨服务社为莆仙组交际员,央陈临标作保证人。嗣因绍舟信用不孚,不堪继任,乃邀临标、梦周合股改组。此次假服务社名义，私索丰祥星洲难侨每名63000元案，系经该帮莆田难侨20人联名控告于警局，事实俱在，欲盖弥彰。至其所持之发票，系绍舟问账索取，其用意在备与合伙人混账支用。但该款至今尚未缴还服务社，其不守信用，昭然若揭。临标、梦周忝列合股，日夕同事，良心正义，岂容混淆。至领米一节，更为荒谬。查该批赈米，始终为绍舟所经办，临标帮同分发，领发册据均有绍舟私章为证，不难查考。上述各情，明眼人自能洞悉，爰举所知以正视听云。

《中央日报》1947年6月6日

华侨服务社筹建新址

本报讯 本市华侨服务社设立以来，社务颇为发达。最近该社为筹建社址，特定明(15)日召开董事联席会议，详加商讨，并擘划第一期业务之设施。又该社将于今年8月开盛大庆祝成立1周年纪念，刻正积极准备中。

《中央日报》1947年6月14日

厦处人员十人暂留置侨遣站

本报讯 行总闽处，依照预定计划，定于8月底结束，其所属厦门分处，奉令于本月底先行结束。闽处业已转令厦分处遵照，除暂留侨遣站职员10人，储运站6人，由闽处直接指挥外，其余人员一律遣散云。

《中央日报》1947年6月24日

华侨服务社今纪念周年

本报讯 厦门华侨服务社，设于本市晨光路52号，为华侨蔡杰士氏所主持。开幕以来，经历一载，对华侨服务工作，颇博社会好评。今日为该社创立1周年纪念，特订下午2时至7时，敬备茶点，欢迎各界前往参观，并批评云。

《江声报》1947年8月4日

侨务局长改委吕尘心

本报讯　中央侨务委员会近明令改派吕尘心为厦侨务局长,原局长江亚醒日来已令各科准备移卸手续。闻吕氏原籍南安,前任第四行政专员公署科长、惠安县长、省府专员等职云。

又讯　本市侨务局江局长自服务侨局以来,经已多职,前以数次请求辞职未获照准。兹闻江局长以华侨复员工作,业将告竣,经于日前电请中央辞职。现悉侨委会已照准云。

《星光日报》1947 年 8 月 29 日

厦侨务局长吕尘心今接任视事

本报讯　新任厦门侨务局长吕尘心氏,经于日前由泉来厦。昨(8)日复接中央侨委会来函,奉命克日接收。闻吕氏经定(9)日前往办理移接事宜云。

《中央日报》1947 年 9 月 9 日

行总厦遣侨站开始赶办结束

滞站缅侨将得果腹　如愿离站可领粮食

本报讯　查行总厦门遣侨站,将告结束。惟现留住该站之缅侨,尚有四五百名。该站原定昨(9)日起停止供应膳食,但事实上寄住大生里之缅侨,如被中止发给口粮,势将果腹。故该站为轸念侨艰计,昨日仍照常开膳。兹悉该站现正赶办结束手续,对于滞厦缅侨确难继续维持,故于昨日特电该站主任陈其亨(现在香港接洽接收机构),请宇吞貌速将全部待遣缅侨出国前后次序发表,以便劝导离站。同时并接获行总闽处来电,兹志原电如下:行总遣侨站并转安培金,留站缅侨如 8 日出站,准每人发米 10 斤,菜贴(副食费)14000 元,肉 1 罐,务须离站后发,希妥办云。

《中央日报》1947 年 9 月 10 日

厦侨务局长办理移接

本报讯 厦门侨务局长改派吕尘心充任后，兹悉，该局新旧任局长，昨(11)日下午3时举行移交。当由旧任江局长将印信及财产清册卷宗等项，亲自点交吕局长检收，职员照旧服务云。

本报讯 厦侨务局新旧任局长，经于昨(11)日办理交接手续，记者特走访前任局长江亚醒，垂询彼于卸任后，对于前所经办之侨务工作有何感想。承告以本人身属华侨，从事侨务工作凡13年，厦市华侨进出口及异动之人数甚多，实非五七人所组成之侨务机构所能应付，甚盼层峰针对事实之需要，设法增加经费，将现有机构尽量扩充。继记者询以外传局内职员舞弊一节，江氏表示并无事实。至于内部职员接受馈赠情事，一经觉察，即予申斥不贷，惟言下不胜感慨云。

《中央日报》1947年9月12日

滞站缅侨迁离　善后的办法已受接纳

滞留侨遣站缅侨迁离该站问题，昨已获得解决。此因缅侨复委会、侨务局、侨遣站暨留站缅侨代表，于前(10日)共同决定数点善后办法：(一)凡前经登记未获出国之1027名缅侨，得于11月1日之内亲往侨遣站支领赈品。(二)除市府所发米10斤外，另由侨遣站补发10斤，肉罐1罐，菜钱14000元，旧衣1件。(三)欲返原籍者，由侨遣站向各轮船公司交涉，优待半票。(四)请国际难民救济站将获准遣送缅侨，于定期遣送前二星期在报上发表。上面的办法，滞站缅侨认为满意，已予接受，乃于昨日支领赈品，纷纷离站。其未返乡者，多暂时迁至侨遣站对面住宿。

《江声报》1947年9月12日

侨遣站续办侨民出国业务

本市侨遣站前系行总闽处办理，现将移交国际难民救济会接办，改为难民救济站，归香港统辖。闻该站除添办被遣回国难民业务外，将继续办理遣送侨民出国业务。昨该站已贴出布告，略谓：凡准备前往新加坡、马来亚及荷印等地复员之华侨,希速前往登记。其在内地者,得用书面请求登记,不收任何费用,勿为不肖之徒借机设敲诈。

《江声报》1947 年 9 月 12 日

榕区缅甸归侨首批下月遣送　荷印归侨全国将遣七百名

中央社福州 25 日电　国际难民机构榕厦两办事处均已成立,厦办事处主任由美籍陆铿少校充任,渠现在榕与榕处主任王书凯商谈此后工作。遣返战时缅甸归国华侨,内福州区 800 人,厦汕穗各 400 人。福州方面,缅归侨前经缅政府代表宇吞貌核准遣返之名单业已寄达,不日即可公布。此首批遣送之 800 人,将于 11 月中旬分由两艘专轮载运出国,榕办事处已在积极进行筹备。除船票外,其他食宿运轮等一切遣送费用,规定为每人每日美金 5 角。榕遣送站、招待所即日开始收容。至荷印归侨,闻下月内全国各地可遣送 700 人,马来亚婆罗洲方面归侨,亦可于圣诞节前全数遣送完毕。

《江声报》1947 年 10 月 26 日

华侨服务社将在南洋设分社

厦门华侨服务社主任蔡杰士,近拟出发台湾及南洋群岛各地,筹设分社。其出国手续,经已办竣,下周即将赴台,在台北、台南等重要县市设立分社,然后转赴上海、南京,与周启刚、戴愧生等,商谈该社与上海华侨服务社联系问题。然后返厦,前往菲律宾视察马尼拉分社业务,并赴马来亚各地推展设立分社工作。按该社现有马尼拉、福州、安海、泉州、石狮等分社,并经常与沪社取得联络。

《中央日报》1947 年 10 月 31 日

(侨务局长吕尘心赴京)

又　侨务局长吕尘心,定今晨乘中航机飞京。此行将向上峰请示二事:一、厦局扩大组织事宜;二、今后侨务发展计划。吕氏在京约有 10 天之逗留。

《江声报》1947 年 11 月 19 日

输管会举行顾问会议

输入临时管理委员会执行委员会厦门办事处，昨 3 日午在该处会议厅举行第二次顾问会议。提议各条如下：一、报告赴沪粤接洽情形。二、马尼拉侨民蔡振锦携带货品入口，请准驳案附驻在地领事证明文件。三、马尼拉侨民洪德琴携带货品入口，请准驳案附驻在地领事证明文件。四、华侨带货展期 3 个月已届期满，拟再请展期，请议决案。五、拟请组织油料分配委员会，以资支配而减黑市案。六、拟请设立经济研究座谈会，聘请经济专家，以策进行。

《中央日报》1947 年 12 月 4 日

迁居起风波已获致解决

大生里华侨复员站，尚有 200 余人经审查复员合格缅侨居住，该站近由国际难民组织远东局厦门办事处接收。昨晨令未经第四批遣送之缅侨 80 余人搬出该站，该批缅侨以彼等既经审查合格，一旦搬出，实感困难，乃派代表 5 人，分赴侨务机关及市府请予以设法救济。侨务局及华侨协会即派员向该处交涉，经双方商就妥善办法，即该批缅侨搬出该站，惟新居住处一切修理及电火等费应由该办事处负责。后经双方同意，一场风波始息。

《江声报》1947 年 12 月 5 日

吕尘心由京返厦谈侨务局扩大组织　漳泉两地将设办事处

侨务局长吕尘心，上月下旬晋京述职，已志本报。查吕氏在京逗留一月，经于前日由沪乘中航机返厦，记者趋访，承告此行除向上峰报告移接 2 个月来之局务及请示扩大组织事宜外，并建议侨务改进事项四点。侨务委员会机构扩大，近已完成，今后各地侨务处一律改局，并视其需要予以扩大组织。厦市为闽省华侨出入要道，事务繁多，本局已蒙侨委会核准，扩大为三科（按该局原设二科），并拟在漳泉两地设立办事处，以便发展闽南侨务。预计明年 2 月间可望实现。至建议之四点为：一、简化出入国登记手续。此点侨委会已接纳,办法在拟订中。二、设立回国侨民经济事业辅导委员会,以便利侨民回国投资。现正在拟具组织细则,将来成立后,即与侨委会经济处合作。三、侨村教育应补充海外各属之风土人情课外教材,以便利侨胞子侄将来出国升学或就业。此事系属教育部之职权,侨委会正与其商洽中。四、保障侨胞在国内之财产,侨委会经与各有关部门,商订妥善办法。

《江声报》1947 年 12 月 21 日

侨务局与菲侨协会关系经规定

查各县华侨协会,乃以协助侨民移殖保育及侨务调查研究协进等事宜为目的而组织之人民团体,其与归侨显有切身关系。目前厦门侨务局办理华侨复员遣送及策动侨村建设与归侨福利,均与各协会息息相关。过去因缺乏联系,且该局所辖 37 县,范围广大,侨务委员会为发挥侨务行政起见,特训令该局,以国内侨务团体,经行政院决定社会部为主管官署,侨务机关为目的事业指挥监督机关。该局奉令后,业已转饬各侨务团体及各县华侨协会知照。

《江声报》1948 年 1 月 23 日

厦侨遣站不久结束　赶办复员华侨登记

分在厦泉漳三处订期办理

现在大生里的国际难民组织厦门办事处,就是救济署华侨遣送站的前身,名称虽是改换,所办的业务却是一样的。该机构自从前年 10 月间成立到现在,先后已遣送了整万个华侨出国。据悉,该办事处不久将结束,本 5 月底可能先裁遣一部分职员。因此该办事处急忙乘着还没结束的当儿,赶办需要出国复员的登记,以便和各殖民地的政府交涉。为着节省华侨往来的旅费和时间,该办事处规定分别在本市、泉州以及漳州三个地方办理登记。登记时间规定着,本市的从后天(12 日)起到 27 日止,晋江的从 17 日到 20 日止,漳州的从 24 日到 27 日止。所以漳泉的华侨尽可以于当地申报,不必跋涉往还。不过这一次是最后的一次申请,别错过机会。

《江声报》1948 年 5 月 10 日

设处签照　万事皆备　只欠经费

日前菲驻厦领事拒绝签发华侨在台穗、台厦申请之出国护照后，致华侨出国受阻于厦地者颇多。旋经侨局电外交部交涉，侨团亦电请闽籍在京立委提出抗议后，昨在京闽籍立委曾来函向本市侨界人士，申述此事交涉经过。略谓：菲领馆拒签护照，系一时误会，外交部已去函更正。今后该项护照，仍可使用。至向外部提议派员赴厦设立办事处，办理签发华侨出国护照事，王部长在原则上表示同意，并已签请政院核拨经费。若政院能拨给如数经费，短期内即可派员赴厦设立签证机构云。（南侨社）

《江声报》1948 年 11 月 25 日

厦侨汇管理委员会奉令撤销

本报讯　"八一九"限价政策解冻后，所有一切经济管制机构自应撤销。厦门区侨汇管理委员会昨(9)日奉行政院广州区经济管制督导员办公处电："应随同经管处于 12 月 10 日起撤销。"该会奉电后，已分函各有关机关知照。

《星光日报》1948 年 12 月 10 日

在厦设处签照　外部派员抵厦

市息　外交部将派员来厦设立临时签发护照办事处一节，情志本报。查该处主任谢国栋，暨职员廖知、林儒曾等一行三人，经于昨日承招商局元培轮抵厦，下榻天线旅社。据谢氏告记者称：该处办公地址，尚未觅定，待明日与陈市长商洽决定后，当于一两日内开始办理签照。目前申请护照应缴各费，仍照原有规定，即护照费 12 元，印花费 1 元。至该处在厦设立时期，暂定 6 个月。倘事实需要，当再予延长云。（厚）

《江声报》1948 年 12 月 28 日

解决华侨困难事件　市府将组调处委员会

市息　市府为帮忙华侨解决各种困难事件，近特发起组织华侨事件调处委员会，专司其事。将邀请有关机关首长担任委员，名单正在草拟中。(厚)

《江声报》1949 年 3 月 27 日

华侨出国减少　侨务局工作无形陷停顿

南侨社厦门讯　自从福州撤守后，闽南华侨皆纷纷相继出国，以致本市侨务局工作一度异常忙碌。惟日来内地交通不便，所有侨乡华侨无法来厦，又兼驻本市之各国领事馆及外交部签发护照办事处均因先后撤离他去，致出国华侨办理手续不易。故日来侨务局门庭十分冷落，业务无形陷入停顿。

《江声报》1949 年 9 月 8 日

侨委会将在厦设华侨服务处

本报南京 13 日专电　侨委会消息，该会为协助华侨办理出入口事宜，决定于京、沪、厦、穗等区设置“华侨服务处”。由华侨投资经营，该会仅负管理之责。

《江声报》1948 年 9 月 14 日

第二节　归侨团体

反日援侨会正式成立　昨大会通过组织大纲

推十五团体执行委员　反日甚盛似乎忘却援侨

思明县反日筹备会于昨(29)日下午 2 时召集各界开反日援侨会，出席者五十四团体百余人，临时推举主席陈瑞清，记录吴振煜，司仪章廷钧，纠察黄世勋、王磁生。首主席报告筹备经过情形，大意略谓：今日召集各界来此开反日援侨会，系依据前日在反日宣传大会中推举商会、记者联合会、益同人公会、码头职业工会、通俗教育社五团体筹备该会等，经于前(27)日下午开第一次筹备会，起草组织大纲，并定于今日开会讨论进行具体办法。我们想到日本帝国主义者迭次侵我国疆，杀我同胞，凡属国民，莫不同仇敌忾。是以国民应奋起共谋对日经济绝交，以雪国耻而报国仇，抵制日货尤为目前当务之急。且抵制日货，又宜持久的，非合群策群力，共图进行，实不足以制敌人之死命。查各地反日工作，纷纷相继设立，而独我厦迄今尚未组织，致日来一般奸商利欲熏心，争先发电办货，图个人之私利，置国家于脑后。是以商会在本会未准备前，于本25日召集各同业公会开会，讨论办法，停止配运，并鸣锣通告阖厦民众周知，不得再电定货，以辅助本会之进行云云。旋讨论反日会组织大纲结果通过(原文见后)，次由大会推举落海理货职业工会、新闻记者联合会、益同人公会、商会、码头职业工会、通俗教育社、教育会、双桨职业工会、颜料五金同业公会、驳船同业公会、杂货同业公会、绸布业同业公会、海产同业公会、海员分会、肥粉同业公会十五团体为执行委员。临时动议：

一、码头职业工会提，关于万宝山案，日本主使韩人惨杀我侨胞，本会应举行追悼会案。议决通过，日期由执行委员会订之。二、颜料五金业同业公会提请接收前对日市民大会所存款项为本会经费案，决议通过，交执行委员会办理。三、厦门各同业对日经济绝交委员会提，该会已于本月25日发出通告，各同业26日起不得由外埠配运日货来厦，请追认案，议决追认。四、以大会名义电请国民政府外交部对于万宝山案韩案务须严重交涉案，决议通过。五、请县党部函知码头职业工会、驳船同业公会、海员分会，对各商家逾限配运日货，如无领取登记放行证，不得为之起卸，决议通过。六、定本(30)日上午10时在商会开第一次会议案，决议通过。呼口号散会。

附：反日援侨会委员会组织大纲

第一章　总纲

第一条，本会定名为厦门各界反日援侨委员会。

第二条，本会受中国国民党福建省思明县党部之指导与监督。

第三条，本会址暂设厦门商会。

第二章　组织与任务

第四条,本会执行委员会以厦门各界代表大会推举十五团体组织之。

第五条,本会监察委员会由县党部指定七团体各派固定代表一人组织之(组织□另定之)。

第六条,本会执行委员会由所推定之十五团体,各推固定负责代表一人执行会务,于必要时得聘干部若干人,襄助一切。

第七条,本会执行委员会设常务委员会,办理日常事务,其职□条例另定之。

第八条,本会分设审查委员会、保管委员会及宣传部、总务部(附设纠察队),调查部职务如左(下):

甲、审查委员会,专司审查。关于扣留嫌疑日货事宜,由本会推举之委员组织之。乙、保管委员会,专司保管所扣留货件等事宜,本会推举三委员组织之。丙、宣传部设正副部长各一人,专司对外对内宣传日本对中国之阴谋野心,历年压迫中国,屠杀我国民众之事实及关于中日间一切问题之真相。丁、总务部设正副部长各一人,专司本会日常文书事务、财政收支及日贷登记等事项。戊、调查部设定政府部长各一人,专司检查船车商店之日货,及指挥纠察队缉拿一切事宜。

第九条,以上各委员会及各部办事细则另定之。

第三章　系统

第十条,本会以各界代表大会为最高权力机关,闭会后以执监联席会议为最高权力机关。

第十一条,本会以执行委员会为最高执行机关,监察委员会为最高监察机关。

第十二条,本会常务审查及保管各委员会,均隶属于执行委员会。

第十三条,本会所设各部均隶属于常务委员会。

第四章　会期

第十四条,本会定每一月举行厦门各界代表大会一次,报告事务及讨论临时进行方针。

第十五条,执监委联席会议定每二周一次。

第十六条,执行委员会议定每周开一次。

第十七条,本会常务委员会议定每周开二次。

第十八条,本会各种会议于必要时得临时召集之。

第五章　经费

第十九条，本会经费由前各界反日同盟会所存项下拨充之。

第二十条，本会如遇特别需款时，得用募捐方法募集之。

第六章　附则

第二十一条，本组织大纲如有未尽事宜，得由委员五人以上之提出，执监联席会议修改之，提交各界代表大会通过之。

第二十二条，本大纲由厦门各界代表大会决议通过施行。

第二十三条，本大纲自公布之日起，发生效力。

《江声报》1931 年 7 月 30 日

反日援侨十二日上午十时开各界代表大会

厦门各界反日援侨委员会，昨(9)日函各团体，改定本月 12 日(星期六)上午 10 时，假思明县党部开各界代表大会。

《江声报》1931 年 9 月 10 日

厦门华侨公会成立　林绍裘等为执委

华侨总会筹备数月，会员数百人，呈请中央立案，后经中央侨务委员会批准改为今名。该会业于昨日上午 10 时，开成立大会，公举杨剑光为临时主席，宣布开会，及来宾会员演说毕，首由林守中提议，请主席朗读中央批准章程，逐条议决。，无甚讨论，一致通过。继当场开举选票，公举林绍裘、林涵国、杨元通、林守中为监票及开票员。结果当选者计执行委员 11 人，为林绍裘、杨德从、曾国办、林涵国、杨剑光、曾国明、黄奕守、曾国聪、杨元通、陈清波、杨迪康。监察委员 7 人，为黄念亿、杨孔莺、张兰谿、杨廷福、叶登瀛、苏其昌、吴才芹。常务委员 5 人，为林绍裘、陈清波、曾国办、杨元通、杨剑光。总务课主任曾国明，组织课主任林涵国，宣传课主任林守中云。

《江声报》1932 年 1 月 10 日

华侨公会联合各界成立

闽侨公会欢迎十九路军筹备委员会

华侨公会发起联合各界，电请中央军事委员会，及十九路军迅即入闽缴清"共匪"以来,情形已详见各报。催速十九路军入闽之目的,即在根本解决闽南问题,非同时肃清"匪共",无以解民忧愁。该会接到复电后,即已积极进行筹备欢迎事宜,并成立"闽侨公会欢迎十九路军筹备委员会",推举沈鸿伯、黄蕴山、杨德从、黄钦书、黄超群、杨孔莺、杨剑光、黄奕守、杨元通、曾国聪、林绍裘、谢镜波、叶登瀛、罗迴义、曾国明、林涵国、林守中、张绮青等为筹备委员,负责准备一切。闻该会昨已接到十九路军来电,后于4日由宁开拔,第一批抵闽,系有泉登陆。该会已议派代表赴泉参加欢迎云。

《江声报》1932年6月5日

新省委李清泉电恳辞职　许友超王泉笙拟回菲促驾

菲华侨国难后援会　决在厦设通讯处

省政府改组,国府经于7日正式公布。兹查新省委之李清泉氏,经蒋主席光鼐,及华侨代表许友超、王泉笙等,一致敦请归国就职后,前(7日)晚业接李清泉自菲律宾来电,原文云:"友超、泉笙诸兄鉴,弟因种种关系,不克就职,昨已电蒋主席,恳转电中央固辞矣。弟清泉。"闻许王诸氏接电后,已函电菲,敦劝就职,并拟下星期搭芝尼加拿轮,前往促驾。又许王等以在厦组织国防后援会事,如用菲律宾华侨名义,似嫌范围过狭;如用各属华侨名义,因未先征得同意,未便擅用。故决在厦设立菲律宾华侨国难后援会通讯处,先行通讯,并由菲后援会分函英、荷、美各属华侨,一致参加。俟得同意,然后扩大组织云。

《江声报》1932年12月9日

华侨代建设协会　昨开会欢迎菲岛华侨代表

同时并欢送李双辉

福建华侨建设协会,于本月8日下午5时开会,欢迎菲律宾华侨代表杨孔莺、杨忠懿、许友超、王泉笙、张时英等,并欢送泗水华侨代表李双辉。由主席陈荣芳致词,略谓:鄙见欲使中国富强,须先解决民生问题;欲解决民生问题,须先维持治安。而交通事业,更为当务之急,试观上海之役,因运输不便致遭失败。福建沿海国防空运,不如浙江、江苏、广东之巩固,故菲华侨首倡建设国防,而华侨建设协会发起之目的,亦因视内地同胞生活之痛苦,拟将内地调查所得之实业，向海内外华侨极力介绍，希望诸代表，放洋以后，向华侨方面尽量宣传鼓吹，回国振兴实业，救济民生。至于交通事业，吾人已知与国防有密切之关系云云。

次请许友超演说，略谓：福建地方不靖，已十余年，吾民因日日希望地方得安宁，政治早上轨道。故兹蒙蒋蔡二公之诚意，特邀回国。关于国防大计，建设方针，经过各报发表。窃愿民众切实与之合作，内忧早除，然后可御外患。匪氛摒清，然后可谈建设。故治标在除匪，而治本须在建设。华侨建设协会认定此宗旨做去，甚希望其组织完密，计划周到云云。次王泉笙演说，略谓：建设协会，既如是苦心经营，但建设可分二种，曰心理建设，物质建设。贵会能于物质建设方面，注意心理建设，尤为要图云云。

次林文庆演说，略谓：陈嘉庚先生，毁家兴学，乃注重心理建设。厦大即教育人才之需，希望大家群起拥护。

次吴增炎报告安南永矿产，略谓：兄弟向在神户，于“九一八”东三省失陷之时，即放弃职业，同陈清机回国。一见厦门及内地各处，建筑洋楼，于都市未尝不美观。汽车发达，交通未尝不利便。然皆为外人作销货处，人民生活程度，适足增高。为欲救济福建民生，乃与陈清机君，深切研究地方生产事业，又日得人心，每谓安溪矿产丰富，为世界列强所注意，乃由陈清机同矿师陈继州切实调查所发见矿产。金矿，安溪系之五郎山、剑斗、天南山，永春系之马跳、铅巷，南安县系之风鼓格后。银铅矿，安溪系之五郎山、长坑、剑斗，永春系之天湖山、肥地山、详岭。铁，安溪系之潘田、五郎山、虎沼山、云斗、大里、左槐、云口、盘山、金冈山、下春，（以上各矿所埋藏数量及品质推为全省第一）永春县系之桂洋、下洋、老猴山、乌石坪，南安县之水头近山脉，莲塘之附近山脉。铜，安溪之龙门及地塘后有埋藏之希望，尚在探究中。锡，安溪县之天南山，此物最耐热，世界出产无多，为轮船及电火之重要品。煤炭，永春县之天湖山，至少有十三万万顿。安溪县之剑斗近山、玉郎山。黑铅，安溪县之五郎山，永春县之腕洋、腕窟、湖厝、石灰，安溪县之湖上、珍地、石龟山、青阳、剑斗、下春，永春县之腕洋、腕窟、铅坑。铦、锌，同安之金门，安溪县之五郎山。以上矿产，关于水运陆运之设备费，均有详细计算，改日有计算书发表云。

《江声报》1932 年 12 月 9 日

重估屋价改善电灯　华议会均已推定代表

参加审议会商诸工部局　向中华公司接洽改善法

鼓浪屿华人议事会,昨午后4时开第五届五次会议。到会议员叶独醒、李岳、刘尊光、李家麟、黄思藻、郑意澄、卢季纯、林曼馥、叶谷虚、黄守曾、孙家璧、庄静波等12人,由李岳主席,刘尊光记录,其议案:一、本会已召集各团体代表讨论重估本屿屋价,决定由本会推代表3人,其他六团体各推一人,合组鼓浪屿华人重估屋价审议会。然后各推一人,由本会派往工部局商估价委员,随时将股价情形报告审议会审议。如认为不妥,应即复估,以便讨论案。议决通过,并推举李岳、陈荣芳、黄守曾三议员代表参加。二、鼓浪屿中华电汽公司复函:请本会举派代表与该公司接洽履行,改善办法,应如何办理案。议决推举李岳、陈荣芳、黄守曾与该公司接洽报会。三、编印本会报告书案,决议通过,交主席团督促秘书处办理。四、制备本会议员证书、徽章分给案,议决通过。

《江声报》1933年6月26日

出国船票合作社审查草案

蔡长春提疑问四点　讨论多时尚无结果

华侨出国船票改善会,决组“南洋华侨船票购买合作社”,推王成章、江亚醒、吕天宝、洪雪堂、蔡长春审查合作社草案。前(30)日,该会审委假厦大旅社开会,当由蔡长春提出意见,略谓:船票改善,取缔操纵垄断,□出公正。惟对草案,疑问甚多。一、第五条,本社由发起人征求社员七十人以上,为基本社员。此条未指明本途或何许人,且闻基本社员,似已足额。二、第十三条,新社员入社,前本社所负债务,与旧社员同。夫既曰改善则改善矣,何有新旧之别,即使有之,所负债务是千是万,亦应明白声明。三、第九条,本社年终结账,所得纯益,百分二十充公积金,百分二十充华侨救济金,百分二十充职员雇用酬劳,百分四十按社员赚买数量,分配于社员。按各家客栈,日有收入以资开支,但年终结算一次,则各家不待年终,已早关门。盖虽能维持至年终,而始分润也。假使一万元之资本,如报纸所载,年可获利五六十万,是出百元可分润数千矣,谁不愿参加。但究其实,救济华侨仅百分二十,其余百分八十，孰不欲尝此一脔。四、论事应先举行登记，然后组织起草章程云云。蔡述毕，各审委均有发言，吕天宝谓，无论如何，合作社必须组织，以顾政府威信。但议至5时许，仍无结果。昨客栈船票业，亦发函召集，今(2)日开会云。

《江声报》1935年6月3日

南洋船票合作社简章已更改

第七条尚须讨论　船票价连日续跌

华侨出国船票改善委员会，于5月29日开第一次会议。议决：一、组织南洋华侨船票购买合作社筹委会，由本会全体委员筹委各情，经载30、31日本报。6日，该会再假县党部开会，讨论修改简章等问题。是日到会者，党部代表姚巨元，市政府王铮民，华侨公会黄韫(蕴)山，商会洪晓春、陈极星，旅栈业吕天宝，客栈船票业白圻川、蔡长春等。是日会议，时"南洋华侨船票购买合作社筹备委员会"之名称，已于印就提付讨论之简章草案内，改称为南洋船票合作社筹备委员会。该简章共计13条，视前所订，已全部变更。讨论结果，吕天宝对简章第七条"本市船票业者，有应募股款之优先权，但其总数不得超过合作社股之总数8/10……"尚有异议，陈极星提议改为7/10，白圻川等亦各发表意见。结果，订下星期一日，由商会召集有关系之代表，在商会讨论解决。

又查自本月5日起，南洋船票价目复续有降跌，5日新地亚轮开往新嘉(加)坡，每名售62元，旧客44元，女客44元。往仰光售69元(购入76元)，6日安徽轮新客售55元，(置本61元，每名方本6元)女客售45元(置本50元)旧客售45元。今(9)日有万福士、丰庆两轮同时开行，昨(8)日，新客票船票业已有降，价52元，(置本61元)旧客票45元，(置本50元)仰光票70元，(置本76元)夫高抬票价，固尽人反对，亏本售卖，亦非所宜也。

《江声报》1935年6月9日

旅台归国华侨协济会改选

党政代表训话通过十余提案

本市旅台归国华侨协济会，昨假惠安同乡会，开第二届改选大会。到会员 60 余，市党处、市府、侨务局，均派代表到场，由郑注深主席，经宣布开会宗旨后，即请党政代表训词。次通过各案：一、修改章程，呈请党政机关核准施行。二、通过会员领取会员证书，及内外证章。三、会员散居各地，为维系会员密切联络，及处理事务便利，请京、沪、漳、泉各地委任驻在代表。四、过去会员证书，未贴本人相片，应即通告补贴。五、会员散处各地，际兹绥靖期中，每易发生误会。应分函各当地军政机关，对于持有本会证章，予以饬属保护。六、旅台侨胞子弟入学困难，归国就学日多，应创办归侨子弟学校。先函请本市教育当局，通令各学校优予种种便利。七、本市接近台湾，侨胞往来频繁，本会应筹设侨胞寄宿舍，以安行旅。八、为使六七两案进行顺利，本会应自行筹建会所。九、渡台侨胞携有我国政府发给（经日领馆签证）护照，每被当地水警借口为劳工，擅于索取日金 5 元，交南国公司换给劳动照，或不许上陆，侨胞损失甚大。应呈请中央侨委会转咨外交部，据理交涉。十、十一，略。

选举结果

陈式三、郑廷耀、高铭鸣、陈文龙、郑注深，当选为监事；柯雅赐、骆汉宗，当选为候补监事；苏铁化、孙士敏、张锡钧、林焕明、庄少华、苏依然、林春水、黄鸿献、叶帆民，当选为理事；黄介立、庄奕馨、黄笑东、陈钟，当选为候补理事。

《江声报》1935 年 9 月 30 日

永春旅厦同乡会开始筹备

永春旅厦同乡会，前名“永春旅外联合会厦门总会”。盖以该会产生，系由海外永侨团体代表会议议决设立。除厦门总会外，星洲亦设支会。组织以来，对于救乡工作，甚为努力，颇具成绩。近该会因组织上与民众组织法规未合，故由陈崇礼、郭礼宗等发起，重新组织“永春旅厦同乡会”，业经营部许准。5 日开发起人会议，由党部派李维修指导。即日推郭礼宗、陈崇礼、潘达辅、吴子忠、陈叹生、郑正言、李载明、林万载、林万石等为筹备员，开始筹备。预料月内即可成立云。

《江声报》1935 年 12 月 7 日

华侨公会会员会拟建会所　增设三部

本市华侨公会，7 日晚假东亚五楼，开春季会员交谊大会。到 50 余人，由黄蕴山致开会辞，继林文庆、黄超龙、江亚醒、吕天宝、洪朝焕、蔡重光等，相继演说，并提议筹建会所，增设招待部、指导部、调解部，会众多赞成。会后由黄超龙导往，同时新参观机制土布，皆表赞许。黄超群即提议各制西装一套，以示倡用国货。当召裁衣匠测量，黄蕴山、陈文麟、洪朝焕、叶沧洲、黄超龙、黄超群、吕天宝、雷邹鲁、林涵国、林敦厚等十余人，均有定制云。

《江声报》1936 年 3 月 9 日

台湾归侨募捐购机寿蒋

全体会员征费四月

本市旅台归国华侨协济会，昨开职员会议。对于募款购机寿蒋，决议本市各界募款购机庆祝蒋委座五秩大庆。本会应如何办理案，议决：(一)全体会员征收会费 4 个月。(二)另向各热心会员自由认捐。(三)募款事应否推定负责人案，议决推定林春水、张锡钧、孙士敏、林焕明、苏铁化负责。

《江声报》1936 年 5 月 31 日

华侨公会执监昨改选

今日函达当选人　订廿六接收就职

厦市海外华侨公会，本届执监委员任期届满，照章于昨日下午 2 时，召开会员大会，改选第六届执监委员。市党部派梁清钧，市政府派第一科科长陈式锐，到会监选，侨务局长江亚醒亦应邀到会。是日会员到者近百人，主席黄韫山，司仪张肇宗，记录陈与立。行礼后，主席致开会辞，次各股主任报告一年来工作概况。旋即开票，当选者如下：执行委员黄超群、黄奕守、黄韫山、杨德从、吕天宝、苏谷南、洪朝焕、林绍裘、谢镜波、陈文麟、丁玉树，候补执行委员张立本、黄天恩、苏其昌、叶登瀛、江亚醒，监察委员李丕树、黄奕住、林文庆、黄中流、许经权、杨廷枢、张宝镜，候补监察委员李清泉、吕降兴、蔡汝津。选举既毕，茶叙至 4 时 50 分散会。

又讯 该会定明日发函通知各当选人，并定下星期六（6日）下午2时，开新旧职员交接及新职员就职典礼。

《江声报》1936年12月20日

华侨公会拟议取缔欠租办法
欠租三个月派警赶搬 呈请市府核准施行

本市华侨公会，拟具取缔欠租办法，昨呈请市府察核。原呈略称：年来地屋价格惨落，商业萧条，一蹶难振。银行界对于价值巨万之地皮楼屋，拒绝抵押，致不动产在金融市场，停止交易，几无价值之可言。驯致市面更难回转，商业益形颓败。钧长深知民隐，于省经建会成立之日，首先建议请银行界筹拨巨款，为不动产抵押。该案迄今虽仍在讨论中。而钧长救济金融之热忱，已为市民所共仰。大会以为欲使银行界放款经营不动产抵押，其先决问题在于该抵押借款本息以何方法保证隐固，而使银行界安心投资。盖迩来厦门积欠不动产租金之恶习，已成风气，租户霸屋欠租，业主若诉诸法庭，则缠讼三审，动辄经年未决。其投资不动产者，不特母利无着，且须负担政府之房铺捐、地租、警察捐，及诉讼费等等。吃亏不少，苦痛万分。已置有产业之侨商，则宁愿贱卖弃出，未来侨商则闻风而畏，不愿置业。驯致厦市地价日落，金融恐慌。本会以为若挽兹危局，使地价提高，银行界安心放款，应由政府对于欠租问题，迅筹妥善办法。则金融恐慌，当可迎刃而解。兹先阐明银行利润与不动产滋息之比较如左（下）：（一）资金万元。定期存款年息一分，全年收入1000元，除所得税50元外，无其他支出。（二）资金万元。置不动产一座，月租40元，全年收入480元。除缴纳各项捐税约两个月，以及折旧修缮等等，其年息已不及三厘。若对于霸屋欠租之佃户没有办法，则业主不特本利无归，且须支出现金应付一切。

依上观察，则厦市地价惨落之原因，与夫银行界不肯放款之苦衷已了如指掌。故取缔欠租，实为当务之急。在前厦门市公安局开办统一警捐之际，规定额，业主应任其半。遇有欠租业主，得持捐单请求警署赶搬。此项规章，实为保护侨商，扶持金融之最要方策。惜乎因人事变迁，不久即废弛。兹以金融停顿，又值钧长提议银行放款繁荣市面之际。则取缔欠租问题，实为安定金融，使银行安心投资之最要关键。兹将本会对于取缔欠租问题，略陈管见如左（下）：

（一）业主对于欠租达三个月之租户，得附缴警捐单。据呈请该管警察分局派警传讯。（二）警察分局审查业主缴案租贷契约及欠租证据，认为业主所诉属实者，应令租户遵守租约，将屋搬还业主收管。以上二项，实为目前要图，合乎社会需要，且不背乎法律。倘蒙采纳施行，不特使侨商踊跃投资置业，提高地价，且可坚银行界放款之心理，实现钧长繁荣市面之政策也。是否有当，理合具文呈请察核示遵云。

《江声报》1937 年 3 月 23 日

同安组织华侨公会

同安讯 刘克明□近组织同安县海外华侨公会。现经就绪，并呈请□党部备案。其会所□□同安，宗旨为沟通中南文化，提倡农村建设实业。入会会员现有 80 名。

《江声报》1937 年 3 月 31 日

台湾华侨投资海南岛　派林梧村等五人今过厦前往勘查

台湾中华总会馆函厦旅台归国协济会，谓此次台湾华侨，创办华侨兴业垦殖公司。业经集足资本，选派台湾中华总会馆总务主任林梧村，带同黄容、郭耀廷、蔡世理、杨文明等 5 人，定 13 日首途归国，经厦转赴海南岛，踏勘地域，以资着手进行，从事垦殖事业。该协济会及台湾中华总会馆驻厦办事处，已在筹备欢迎云。

《江声报》1937 年 6 月 13 日

华侨协会昨日成立　出席会员未及半数　从权先选各理监事

厦市海外华侨协会，昨（9）日上午九时假晨光路 52 号二楼（即旧福星旅馆）举行成立大会，到党政代表暨来实会员 100 余人。10 时正，主席张澜溪报告筹备经过后，由党政代表来实演说。经通过章程，选举理监事，惟以到会会员未及半数，乃经在会党政代表同意就到会会员，先行投票，交由党政代表盖章封存。至于未到会会员，乃由会函送选举票，请即补选寄会汇齐，另定日期开会宣布。时已正午（12 时），始散会云。

《江声报》1946 年 3 月 10 日

华侨协会商定发放侨账办法　每人限额二百元 定今日开拆选票

本市华侨协会，于昨(23)日下午在该会开会，到会委员张澜溪、吕家煌、周冰心等。主席蔡杰士，议决案如下：(一)函社会科于 3 月 25 日下午 2 时派员到会监开理监事选票。(二)贫侨赈款受赈人每户限 5 人，每人定数 200 元。(三)函社会科并驻厦菲律宾血干团复员委员会救济组，派员会同本会人员抽查登记受赈人，帮同办理放赈事宜。

《江声报》1946 年 3 月 25 日

华侨协会开拆选票　周冰心等十六人当选为理监事

本市海外华侨协会，前日举行成立会，选举理监事。因到会者不足法定人数，乃先选票封存，并分函各会员补选，于 25 日下午 4 时开票，理事 11 人，中选者为张澜谿、周冰心、谢镜波、陈伯诚、蔡杰士、张述、李良远、张立本、吕家煌。又林清池、庄缦星、陈庇苍，3 人各均 30 票，决于日内抽签决定 2 人为理事，一人为候补理事。尚有候补理事 4 人，为白群生、曾伯望、李朝达、黄天锡。监事 5 人，当选者为陈文麟、陈厥祥、洪天庆、杨迪康、吴有才。候补监事 3 人，为邱世定、曾华檀、李丕树。

《江声报》1946 年 3 月 27 日

华侨协会分五组　推进会务

本市华侨协会，6 日开理监事联席会议，到蔡杰士、周冰心、李良远等。主席张澜溪，议决：(一)会务分组推进，财务组陈庇苍、总务组周冰心、交际组张述、救济组吕家煌、调解组蔡杰士，各组委员□聘任热心会员参加，每组人数 5 人至 7 人。(二)聘林清池为本会常年义务法律顾问，聘林义美、曾华檀为本会名誉英文秘书。

《江声报》1946 年 4 月 9 日

市海外华侨协会昨欢宴十二侨领 吕渭生为席上佳宾

本市讯 市海外华侨协会，昨(7)日下午3时，假华侨服务社开会欢迎中侨委会常委吕渭生，暨海外归侨领袖王尚志、黄其华、黄良水、陈丙丁，林珠光、王材溥、黄松鹤、李嘉鹤、黄超龙、白三江、林润泽、蒋时海等，到席参加者有市府主席秘书吴春熙，参政员叶道渊，侨务局长江亚醒，报界胡社长、叶社长及本报郑社长暨海外华侨协会全体理监事。由理事长张澜溪主持，致欢迎词。继由吕渭生、王尚志、黄其华、黄良水、陈丙丁、白三江、林润泽、江亚醒先后发言。基于各埠华侨在战时对于祖国之忧枕，及今后应努力于国内建设事业，并共同进展，会之□□，以□维侨胞福利等，诸多检讨。旋举行聚餐，至6时许，宾主尽欢而散。

《中央日报》1946年8月08日

昨本市缅甸华侨举行复员座谈会

决组缅侨复员协委会 公推李良远等为委员

本报讯 厦门缅甸归侨复员座谈会，于昨日下午3时在归侨合作社举行，到缅甸归侨50余人。主席李良远，记录周怀玄，开会如仪。首由主席报告：一、最近行总及侨务局发表关于归侨复员办法。二、同侨对于复员问题之关切。三、希望在此座谈会能集思广益，共商应有妥善之办法，以便协助同侨解决一切困难。嗣由侨友陈耀宝报告联总、行总、侨务局所拟定遣送华侨复员计划及办法，约分为：(一)前在缅甸犯法经政府禁止入口者。(二)到缅甸而未能有生活(已)给之能力者。(三)在缅甸之住址尚未能确实决定者。凡由以上三类情形之一者，幸勿混入，以免累及将来继续复员，发生种种困难。其他复员程序及办法，先后在本市各报发表，当可见其大概云云。旋周玉湖、郭彦松相继提出未甚明了问题，当由陈耀宝侨友解答疑问三点：一、出国手续经行总等拟定登记表格，将来可凭该证给予遣送出国之权利，故对护照问题可暂置勿论之。二、所谓限制非技术人员一节，实际报纸传报失实，其中所指技术人员，系属马来亚之回国服务技工。三、缅侨复员之所以迟缓，原因系属整个缅甸问题，大概印侨之前入境游40余万人，是以致受拖累。旋决议组织缅甸归侨复员协助委员会，当场推选李良远、周玉湖、白三江、王其华、郭荫棠、周怀玄、张彩云、吴学诚、林零、陈上坑、张立本等11人为委员,并订本日下午3时开会讨论各项进行事宜云。

《中央日报》1946年9月21日

厦缅侨复员协会委员

昨开首次会议 经商定各项进行事宜

本市讯 厦市缅侨复员协助委员会,昨下午3时假归侨合作社开第一次会议。讨论要案如次:(一)推举白三江、王其华、周玉湖、李良远、周怀玄等5人为常委。(二)推举周怀玄为总务股长,李良远为财务股长,白三江为交际股长,周玉湖为调查股长,各股以下干事由各股长拟选同侨担任之。(三)关于常务委员会应于每星期日下午3时召开一次,委员会每两周各召开一次。(四)派李良远、白三江2人向市政府社会科报告本会组织经过情形,并派交际股径向联行总接洽复员事项提会报告。(五)关于各股办公时间,每日上午10时至12时,下午2时至5时,临时地点在归侨合作社。(六)关于行总赈济贫侨事项应如何协助案,推派李良远、白三江向市政府请求将救济登记事宜移归本会办理,以资缜密。

《中央日报》1946年9月22日

缅侨复委会昨二次会讨论协办急赈事项

决负责办理缅侨复员工作

本报讯 缅甸归侨复员协助委员会第二次委员会议,于昨日下午4时假归侨产销合作社举行,出席委员李良远、郭荫棠、王其华、陈上坑、周玉湖、吴学诚、林零、张彩云、张立本、周怀玄、白三江,列席丘廑兢、钟国器等8人。主席李良远报告事项(略),讨论事项:一、关于致华侨协会函案,决议,举丘廑兢侨友负责,交由李良远发出。二、(略)。三、关于泉州互助□请求派员来会协助案,议决将本会向联总交涉经过,通函本省内各属同侨,以后关于本省总侨复员工作即由本会负责办理。各地同侨如有请求救济事宜,亦可由本会协助。至各属同侨拟派员来会协助问题,由各属同侨自行决定之。四、关于此次联总对贫侨急赈登记如何限制案,决议登记以住本市者为限,为防(伪)冒领起见。(一)登记应随带户口牌。(二)无户口牌者,应有同侨2

人以上之证明。(三)由本会组织调查小组缜密调查,至各地同侨救济,应由本会将来再为申请。五、关于本会临时经费应如何筹措案,决议:全部经费暂定4个月,总额100万元,由本市同侨所经营之商号及热心同侨募集云。

《中央日报》1946年9月28日

华侨俱乐部双十节成立

市息 本市战前素有华侨俱乐部之设,胜利后归侨日多,为联络各属侨胞情感,华侨协会理监事乃倡议重组俱乐部。经发起人张澜溪、陈厥祥、周冰心、蔡杰士等数十人,呈请市府备案。现市府已委派张澜溪等为筹备员,并批派中心区区长施振华为指导员,经于日昨假万国西餐厅开筹备会。当即议决将部址暂设万国西餐厅,并决定双十节日举行成立大会。

《立人日报》1946年9月30日

遗失侨证之缅甸归侨仍准出国
惟须经过证明及口试

本市讯 本市缅甸归侨复员协助委员会自成立以来,积极协助联总暨行总办理救济及复员等工作,连日颇见忙碌。该会为顾虑此次缅甸归侨中有不少因华侨登记证在逃难中遗失而未能从速回国者,特于日前开会讨论,议决派李良远、白三江、周玉湖、曾金源等访谒联总署长安培金氏,请示办法。经蒙安氏指:凡属证件遗失之归侨,得由同侨二人保证,并备二寸半身相片一张,函请缅甸归侨复员协助委员会发给证明书,径向行总申请登记,然后由行总派员口试缅语,认为合格便得同受遣送出国。查该会二印,便保证书及证明书多份,以备遗失侨证者之需求。凡各地缅甸归侨有因华侨登记证遗失,向虑未能从速出国者,请速来向该会请求证明。

《中央日报》1946年10月6日

缅侨复员委会定期补发赈米

本市讯 缅甸归侨复员协助委员会,前昨两天发放缅甸归国贫侨赈米,经已部分发放清楚。惟尚有少数未领者,该会特定本月29日上午19时,在升平路 47 号,再行补发。倘有未领者,该会甚盼其届时到会领取,以便结束呈报。如过期不来具领者,则属□误云。

《中央日报》1946 年 10 月 28 日

(缅侨复委会发电　助缅侨速复员)

又讯　缅侨复委会以缅侨集中厦市候轮出国数达二千以上,多以为不日当可登轮出发,罔料何时成行犹未可卜,使集结本市缅侨更为焦急。其身无长物者,尤如热锅上蚂蚁,乃去电当地华人机关,请速协助催促当地政府迅准复员。其电文如下:华商商会、与(兴)商总会、福建公司暨各侨团,缅人及总侨数千集中本市候轮,生活极苦,盼速商请缅府准予复员。厦门缅甸归侨复员协助委员会。

《中央日报》1946 年 11 月 3 日

禾区缅甸归侨要求实惠均沾

缅甸侨复员协助委员会,前日下午 3 时,假华侨合作社 2 楼开第二十次委员会议,出席委员 8 人,由李良远任主席。行礼如仪后,报告此次遣送回侨还乡之赈米、赈款,及分发船票经过情形与数字后,讨论事项如下:一、关于本月 6 日补入登记人数约 800 余名,应如何发赈案。决议每名发给赈款 2000 元,赈米 20 斤,由本会造具名册,径送行总厦处请补发米 50 包,并定本 10 日分发领米证,12 日凭票发米。二、关于确系赤贫同侨,而未经此次给赈者,应如何恤赈案。决议可由本会委员 3 人,签盖证明后,准予补发。三、关于本会委员李良远、周玉湖、张立本 3 人,将行离厦,应推何人递补案。决议推举白圻章、许广进、邵庚、丘廑兢 4 人递补之,并推许广进、邵庚递补为常委。又推白三江为主任委员,以许广进负责财务,邵庚负责总务,并调周怀玄为调查云。

禾山讯　禾区缅甸归侨陈乌齐等 100 余人,昨探悉厦市升平路缅甸归侨复员协助委员会,曾受侨领胡文虎及仰光兴商总会委托,乐捐 1500 万元赈济留居厦禾缅侨,作为遣散回籍路费,每名发给国币 2000 元,白米 20 斤之消息后,乃纷纷赴市向该会申请登记,被该会所拒,称以(已)登记完毕。但陈等则谈该会事先并未登记报公告,致禾山缅华侨,均未沾实惠。遂极力交涉，结果无效，徒劳往返，不免啧有烦言。但一般意见，则谓对禾区百余困苦缅侨，该会应有补救之必要。

《江声报》1946 年 12 月 10 日

华侨团体假座美高梅举行游艺会

本市华侨协会、文化协进会、华侨俱乐部三团体，为庆祝复兴节，订于本日及明日下午 3 时至 6 时，7 时至 11 时，假美高梅咖啡厅举行游艺大会。其节目：(一)南乐，集安堂。(二)歌舞，复华小学。(三)线乐演奏，厦市党部艺宣队。(四)钢琴独奏，张品华女士。(五)平剧会唱，通俗教育社。(六)余兴，入场券每人国币 5000 元。除开费外，余即收入为华侨俱乐部等设备费云。

《江声报》1946 年 12 月 24 日

厦东印度华侨　组归侨互助社

东印度华侨，以印度尼西亚争取民族独立运动，政局未定，人命财产损失浩大，尤以交通梗塞，消息隔绝。最近该地侨众陆续归国，鉴于请出国及荷印移民入口手续之麻烦，以及侨眷急待救济之种种问题，乃由黄超龙、郭美丞、黄松鹤倡筹组织一东印度归侨互助社，召集东印度各地归侨开座谈会。出席 20 余人，全体赞成该项组织，即席推定黄超龙、黄松鹤、郭美丞、李家鹤、郑志富、蒋火炉、蓝长泽 7 位为筹备委员，以黄超龙为主任，黄松鹤为文书，李家鹤为财政，并推举黄松鹤、郭美丞、蓝长泽，负责起草章程，当场募集筹备费百万元。诸归侨皆平素社会热心之士，此□社务之进行，对于去国及回国之侨胞，当有所仰赖焉。闽筹备会暂设中山路中兴银行二楼□裕公司内，社员登记处，除上述地点，另有鼓浪屿雪雾路 10 号李家鹤住家，及开元路 308 号锦成银庄。

《江声报》1946 年 12 月 29 日

船票擅收外币　侨协请求取缔

海外社讯　本市华侨协会，近据一般华侨报告，以最近各轮船公司，对船票均以外钞为标准。侨客果有外钞付予，固无问题。惟无外钞者，亦须向人购买，出国华侨无不感觉困难。该会以此种收费，有违国家金融政策，经已具文市府，请求予以取缔，以利华侨云。

《江声报》1947 年 3 月 6 日

归侨工合社结束　厦分社改组独立

海外社讯　福建省归侨工业生产合作社，原系战时为辅助华侨之工业生产机构，初成立于永安，由黄天爵任董事长，旋移福州。现以战事结束，归侨已复员，似无存在必要，厦门分社已奉令结□。惟厦市为华侨出入口岸，为华侨之利便，可单独建立。黄市长经许该社重新筹备，改组为厦门市归侨工业生产合作社。该社发起人陈伯诚、张澜溪等，于前日召开归侨会，并决定增加资本。今后着重于工业生产事业，尤其注重工厂，藉以救济一般失业者。并定本月 31 日召开会员大会，选举理监事云。

《星光日报》1947 年 3 月 7 日

厦门侨青分社扩大征求社员

海外社讯　华侨青年服务协进社在厦设立分社后，日来正积极办理扩大征求社员事宜，并印发大批简单分送侨界人士，协同征募。凡年十八以上华侨或从事海外工作者，不分性别，均可参加。社员除一般权利义务外，并可享有该社举办之各种生产福利事业之优先权。闻日来申请入社者，颇为踊跃云。

《星光日报》1947 年 3 月 24 日

缅甸复员归侨要求救济膳宿

本报讯　屡经办理复员出国未遂之缅甸归侨，此次闻缅政府当局派代表宇吞貌先生莅厦协助办理缅侨复员事宜，纷纷来厦，候命遣送。据本市缅甸复员协会数日来办理登记，为数已达 3000 余名。前日起已开始审查，经甄审者已有 400 余人，现正继续审查中。该批缅侨均寄居本市各旅社客栈，处此物价高压下，俟候日久，生活勘虞。昨经联呈缅侨协会转请自关当局及行总厦处，准将抵厦报到归侨收容大生里华侨复员站，免费招待膳宿。闻缅侨协会已将情转请行总厦处，并派代表与各有关当局妥商收容办法。

《中央日报》1947 年 4 月 26 日

旅栈公会建设航空公司改善登记手续

本报讯 本市旅栈公会为便利侨民行旅，特建议中国、中央两航空公司切实改善登记手续，以杜黑市。至决定设立医药施诊所，以救济贫病侨胞。

《中央日报》1947 年 5 月 15 日

缅归侨复员协会昨欢饯缅代表

本报讯 缅政府代表宇吞貌、胡茂萱、洪金铭等，月前来厦办理因战事发生，逃难归国之缅甸华侨返缅复员，为时一月余。对于甄审工作，经已全部告竣，首期复员名单，亦分批先后发表。最后一批名单已于昨日提交行总华侨复员遣送站，日内即可公布。宇吞貌等以任务完毕，不日将行离厦赴港，本市缅甸归侨复员协助委员会特于昨日下午 5 时假座鼓浪屿美国领事馆举行欢送会，邀请各机关首长作陪，到来宾黄市长等 50 余人。先举行聚餐，菜肴系以缅甸烹饪法烹煮。“加里”酸辣，一种缅甸口味，缅代表及一股侨友倍感亲切，参加之国内人士亦大加赞美。餐后，有本市南乐研究社及集安堂别□诸同人之南乐队奏弹助兴，并由薛金枝女士唱南音御前清曲数段，纪某、吴坤等之琵琶与洞箫，亦为会中生色不少。至 11 时，始各尽欢而散。

《星光日报》1947 年 5 月 23 日

滞厦落选缅甸归侨　典鬻净尽进退维谷

缅侨复协会电中枢呼吁救济

本报讯 本市缅甸归侨复员协助委员会，为滞厦缅甸归侨数千被甄审落选，其进退维谷，困处痛苦情形堪悯，除函联总驻厦遣侨专员安培金力争交涉外，昨特具电向国民政府行政院、外交部侨务委会呼吁，交由侨领陈宗珍亲自携京投呈请示。兹录其原电文如下：国民政府主席蒋，行政院长张，外交部长王，侨务委员会委员长刘钧鉴，查去年 10 月联总厦处为遣送滞厦缅甸归侨,嘱由本会登记册送转缅方交涉。迨本年4月19日,缅甸代表宇吞貌来厦办理复员工作,所有去年登记归侨,正冀可得优先复员,讵宇氏凭其独自见解,坚嘱本会续行登记,拢总甄选,以致去年登记各归侨,大都不得享受优先遣送复员权益。且宇氏此来甄选名额,限定2000人,核与本会前此登记人数(总数约6000人),尚差甚多。各归侨滞困厦市已久,典鬻净尽,今复遭落选,生活无着。本会为轸念各归侨痛苦,特推侨领陈宗珍赍呈晋谒。恳乞察核,体恤侨难,迅采有效办法,向缅政府积极交涉,俾早日继续复员,并乞即令行总厦处先予设法救济,以解侨困云云。

《星光日报》1947年5月30日

合格待遣缅侨组互助会 江亚醒返抵厦

本市讯 缅甸本届经于缅代表宇吞貌查审合格,先后发表2000多名,定于最近配由丰庆轮遣送。该批复员归侨内多妇孺,老幼繁杂,故于28、29两日召开缅甸归侨复员互助会,29日下午2时正式成立,并举行选举事宜。行礼如仪后,推举临时主席郭云铨。主席报告完毕后,即行选举,当场选出曾金源君为总领队,江蕴棠、郭云铨二君为副总队长。嗣因郭君坚辞,再选陈海南君充任,并选胡凤池君为秘书,郭云铨、李占飞为总队协理,秩序井然。至分队长人选,须由行总代编队后,方行推选云。

《星光日报》1947年5月31日

缅归侨协会函缅侨团 捐米救济滞厦缅侨

南侨社讯 缅甸归侨,前□缅代表宇吞貌来厦办理复员,首批1000余人,日前经搭丰庆轮出国,惟落选未获遣送者千余人,现仍滞厦。虽被行总厦处收容大生里复员站,惟生活仍十分困难。日前缅侨复员协会,特函缅甸侨团及商会等团体,请求筹款购米运回救济。闻丰庆轮返厦后,或可运来云。

《中央日报》1947年6月17日

菲侨血干团设厦办事处

菲律宾华侨血干团为菲岛沦陷时，最先发动地下工作者，杀敌诛奸，备著成绩，团员众多。该团总部，鉴于归国团员日增，为指导及协助出入国境，特设立驻厦办事处于本市水仙路，门牌 28 号。聘请前该团常务理事周冰心为指导员，并委王云程、陈涯为下副主任。该办事处订本月 20 日成立，开始办公。

《星光日报》1947 年 6 月 20 日

荷侨家乡服务团成立厦办事处　纂福建概况沟通侨情

爪哇巴城福建战后家乡服务团，顷已商借侨务局内为驻厦办事处，主任黄松鹤，秘书吴紫金。兹定下月 1 日开始办公，时间为上午 9 时至 12 时止。凡本省各地侨眷，须寄信件至爪哇，不能通邮之地点者，可径投该处，当为汇转，巴埠福建会馆代交。惟内容务必简短，除报告家况外，切勿涉及其他问题云。又该团为使海外闽侨明了祖国现状起见，拟纂辑《福建概况》一书。现已开始集稿，由黄松鹤、吴紫金主纂。除函请各县县府供给切实材料外，并欢迎各地同文惠稿。内容侧重每一县市社会状态实录，以洗炼生动之文笔，作鸟瞰式之叙述者为尚。一经录用，稿润从丰，稿件可径寄该团驻厦办事处云。

《星光日报》1947 年 6 月 29 日

缅代表将来厦办理华侨出国

救济滞厦缅侨赈款　确定发放地点日期

本报讯　本市缅甸归侨复员会，昨下午 3 时，假归侨合作社举行会议。议决要案如下：（一）即日航函香港陈伯诚，速将缅甸华侨救济滞厦难侨赈款汇厦，以便发放。（二）发放对象，系根据 1027 人平均发放。（三）领款人必须亲自携带出国护照。（四）发放日期定本月 6 日上午 10 时起，在大生里遣侨站。（五）发放数目，每名规定 8 万元。（六）推举白三江、王其华、周怀玄、邵庚、张彩云、黄焕祖、陈德润等，负责办理发放事宜云。

《江声报》1947年8月2日

调解侨民纠纷组织调解委会

本报讯 本市海外华侨协会,以奉侨务委员会福建侨务处令,着准组织侨民调解委员会,专事调解侨民纠纷案件,俾侨民免多诉讼之累。该会奉令后,经召开理监事联席会议,决定聘请张澜溪、周冰心、胡资周、张述、张立本、白三江、蔡杰士、林涵国、庄春木等9人为委员。即日依法组织成立,并呈报侨务处核备云。

《星光日报》1947年9月7日

保护归侨　华侨协会六项建议　侨委会已令饬施行

厦门华侨协会,近以南洋各地扰乱不安,华侨返国日多。讵料渠等甫抵国门,目睹房屋被占,关卡人员肆意勒索,地方保甲人员借口兵役问题,多方敲诈。出国华侨,均遭轮船公司操纵船票,旅栈从中剥削,重重需索。侨务机关漠不关心,致华侨视返国为畏途,特建议改善要点六项,呈请侨委会设法制止改善。兹将六项建议简录如下:(一)保护华侨返国,不受保甲长藉端兵役而敲诈。(二)华侨携行李及馈赠品返国,请饬海关不得严重课税。(三)侨眷返国常受海关职员遍搜身体,肆意敲诈,请转饬制止。(四)华侨国内房屋受地方恶霸强占,案移法院,多被搁置不理,或藉机取财,请转司法部饬属改善。(五)请饬侨务机关,遇有华侨受船公司或旅栈敲诈剥削,应切实负责交涉保护。(六)海轮进口应饬侨局派员下轮照料,免受无理索取。以上建议,侨委会接到后,昨特令厦侨局设法制止,切实施行,并将情报请备查。(南侨社)

《江声报》1947年11月28日

厦海关电非严查归侨　本市侨团决提质询

华侨产业保障委会积极筹备中

本报讯 厦门市侨团第一次联谊会,昨天下午3时,假座侨务局举行,到有蔡杰士、张澜溪、皇江、陈水南、董敏翔、陈涯、吕尘心等7人。讨论结果，通过了下面的五条议决案：

一、关于呈请侨委会转呈行政院，饬令停止非法机关登轮检查案，等候侨务局详细查明实况以后，再行核发。

二、由侨务局致函各国驻厦领事馆，请予防止代华侨办理出国手续之勒索行为。

三、据报载厦门海关电请非海关严密检查归侨行李，影响归侨行旅。当此海外各地对华侨苛待之际，厦门海关此种电报果系事实，对归国华侨必更遭受不利，应由各侨团联函厦门海关提出询问。

四、本年菲律宾岷里拉市当局实行菜市菲化，其影响于居留该地华侨谋生至巨。应由各侨团联衔，呈请侨委会转饬外交部提出交涉，藉以保障旅菲侨胞生活。

五、第二次联谊会定 2 月 1 日举行，推张澜溪负责召集。

又讯 华侨产业保障委员会第二次筹备会，昨天下午继侨团联谊会之后，仍假侨务局召开。出席全体筹备委员，经决定：

一、修正组织规章，再提经成立大会时讨论通过。

二、聘请黄天爵、陈烈甫、王连元、严焰、谢桂成、陈文麟、郑善政、胡资周、叶清泉、王兆畿、张圣才、黄其华、何葆仁、陈荣芳、黄超龙、陈丙丁、黄重吉、秦望山、张述、李法栋、陈伯诚、冯文质、杨云、林学文等为委员。

三、开办费由各发起人各捐一百万元，并推张澜溪负责收集。

四、第三次筹备会订本月 20 日下午 2 时，假华侨协会举行。成立日期，候第三次筹备会议决定。会场中讨论热烈，至 5 时散会。

《星光日报》1948 年 1 月 11 日

周永权等发起筹组厦市越南归侨协会

本报讯 在厦越南归侨周永权、陈金波、陈求明、陈庆安等，为联系国侨感情，取得互通声气，共谋福利事业起见，特发起筹组"厦门市越南归侨协会"。昨日下午 1 时，假座市党部 2 楼会议厅召开发起人座谈会。出席黄文锦、陈绰媛、王瑞祥、林培忠、林炳坤、王人言、陈金波、陈庆安、周永权、林蓬生、陈永明、白天恩、黄德民、杨来星、黄渭滨、张子明、林君湖、林金枝等 18 人。由周永权临时主席，报告发起筹组归侨协会动机毕，即席讨论议决：一、以本日到会人数为发起人。二、推举周永权、王瑞祥、陈金波 3 人负责办理备案手续,限本周完成。三、临时筹备处,暂借思明南路三友旅社3楼。四、公推陈金波、陈永明、杨来星为常川驻处联络人。讨论至二时半散会。

《星光日报》1948年1月13日

侨团联谊会吕尘心报告业务　又继续讨论事项多件

本报讯　本市侨团第二次联谊会,于昨日下午三时假本市华侨协会二楼举行,出席者白三江、蔡杰士、陈涯、庄春木、张澜溪、吕尘心等七人。主席张湾澜溪,首由侨务局长吕尘心报告该局最近重要业务五点:(一)上海招商总局电复考虑改换海陇轮航行厦菲线案。(二)请各国驻厦领事馆防止侨胞出国手续代办人勒索函已办理案。(三)菲领事馆最近通知新客赴菲,须持我外交部护照,已叠电侨委会请转咨外交部,速派员来厦或委托本局签发护照案。(四)回国侨民登记,侨务局规定延长时间赶办案。(五)侨务局协同国际难民组织办事处办理遣送马来亚华侨复员登记案,继续讨论事项。一、关于已未准复员滞厦缅侨应如何救济案。讨论结果,函市府及冬令救济会救济米款项下尽先拨济,并携张理事长、白主任负责接洽。二、关于九龙城被港府拆毁并伤害居民应如何表示案。讨论结果,由各侨团联函电请外交部严重抗议并要求收回港九,以维领土主权。三、本联谊会同仁蔡杰士、陈涯二君赴菲关系保护侨胞事项,请与海外侨团联络案。讨沦结果由会备函托蔡、陈二君携往洽商,内容包括:1.关于侨轮进出口检查事项。2.关于华侨产业保障事项。3.关于救济滞厦难侨事项云。

《中央日报》1948年1月21日

各侨团联电外部　请收回港九主权

侨团联谊会议决四案　侨产保委会本日成立

本市侨团第二次联谊会,昨日下午3时假华侨协会举行,出席代表白三江、蔡杰士、陈涯、庄春木、张澜溪、吕尘心等,主席张澜溪。议决:一、救济已未准复员滞厦缅侨,函市政府及冬令救济会,就救济来款项下尽先拨济,并推张理事长、白主任负责接洽。二、香港九龙城被港政府拆毁并伤害居民,由各侨团联衔电请外交部严重抗议,并收回港九以维领土主权。三、蔡杰士、陈涯二君近拟赴菲,由会备函,托蔡陈携往洽商:(一)关于侨轮进出口检查事项。(二)关于华侨产业保障事项。(三)关于救济滞厦难侨事项。四、下会定2月1日下午3时在华侨协会举行,由白主任召集。

又:侨产保障委员会第三次会,昨日下午3时假华侨协会举行,主席吕尘心。议决:一、侨产保障委员会委员由侨务局发函聘请。二、增聘陈瑞清、张立本、陈菊农、洪晓春、谢镜波、丘廑兢6人为侨产会委员。三、分别呈请侨委会及市政府备案。四、定2月21日(星期六)上午10时在国际联欢社举行成立大会。

《江声报》1948年1月21日

厦侨联函菲侨团　请声援两事　并呼吁救济滞厦贫侨

本市侨团第二次联谊会,与会代表以华侨协会理事蔡杰士及菲血干团驻厦办事处主任陈涯,近拟赴菲,特举数事,托向当地侨团商洽一节,已志本报。兹查蔡陈二君,经定今晨乘中航机飞港转菲,各侨团以联函一件,托转致当地国民党总支部、中华总商会、总领事暨各侨团侨领等。该函内容如下:

敬启者,溯自抗战军兴,海运断绝,我侨胞或滞留海外不得归国,或受阻国内,望洋兴叹。此种苦况,直至日本投降,航运渐次恢复,始得陆续归国或出国。旋以南洋各属运动独立而发生战事,又备受阻挠。迄今数年,有尚未能如期出国及归国者,其情绪之焦灼与事业之延误,不言可知。今有陈者,各属诸侨胞以十余年未能返国,对国内政令及情形,殊多隔膜,致随身携带行李或饰金、外钞及亲友馈赠与寄托物品,多被海关没收及扣留。又检查时诸多留难,手续复杂,使我甫入国门诸侨胞,深感烦恼失望。虽经在厦各侨团代表一再交涉,及电请中央侨务委员会转咨各有关机关,妥予改善,而效果甚微。此我在厦各侨团诸同人等所日夜感受不安。应请声援者一,华侨在厦市产业,十居八九。沦陷期间,因远隔重洋,遂失管理,致被奸暴之徒侵占或盗卖。致生业权纠纷,诉之政府,以限于法令,未便过问。诉之法律,则手续烦难,解决迟缓。虽获胜诉而无法执行者,比比皆是。不但徒耗金钱,阻碍事业,受害綦重。故同人等发起组织厦门市华侨产业保障委员会,以资补救。凡我侨民在厦产业被人盗卖或羁(霸)占,务嘱提出所有权状或正式契据,送会登记,以凭交涉。此应请声援者二,厦市沦陷七载,侨汇断绝,贫侨眷属备受经济压迫,无以为生者,为数甚多。光复后,虽曾筹款救济,杯水车薪,惠泽甚微。迨南洋通航后,承贵处公益机关慈善人士,寄赠大量救济品,侨眷受惠不浅。但目下各属政府,如缅甸、马来亚、安南(越南)、暹罗(泰国)等,虽准吾侨复员,但因手续繁难,致诸侨胞滞厦候轮者,动辄半年,衣食住均感痛苦,亟待救济。厦市虽有救济机构之设,然以景气不佳,殊难筹措,应请转向各侨界,呼吁解囊惠助,踊跃输将,俾泽及贫侨,以解倒悬。尚有其他各事,兹特专托华侨协会理事蔡杰士先生暨陈主任涯,前往洽商,乞赐指教一切。实所盼祷,并祈赐复为荷。

《江声报》1948 年 1 月 23 日

抗议九龙拆屋事件　厦侨团昨通电呼吁

本报讯　厦门侨务局、华侨协会等七侨务团体,根据第二次联谊会讨论通过,以香港政府无理用武力强迫拆毁九龙民屋,并开枪击伤居民,应予联衔电请中央提出抗议,以维主权一案,昨特发出致电外交部如下:窃查香港政府违背公约,租地概不退还,复图强占九龙领土,甚至以武力拆毁民屋,伤害居民,蔑视公理,莫此为甚。当经本市各侨团第二次联谊会提出讨论,佥以九龙香港为中华民国领土,应即联衔电请钧部提出严重抗议,收回港九,以维领土主权。

《星光日报》1948 年 1 月 28 日

厦侨产保障会定下月杪成立
登记华侨产业办法已拟定

本市讯　市侨务局暨本市各侨团发动组织"厦市华侨产业保障委员会",以协助政府对于华侨产业之保障与纠纷一节。兹悉,该会业经筹备就绪,内设总务、登记、调查、交际、调解等五组,定 2 月 21 日假国际联欢社举行成立典礼。关于登记华侨产业部分,经拟定办法十条,兹探志如下:

(一)华侨在市内土地、房屋(简称侨产),于沦陷期内被人盗卖或霸占,如能提出所有权状或正式契据证明业权,经由市政府或仲裁委员会查明属实,上项不法买卖或霸占行为,作为无效,其业权发还原业主。

(二)侨产契据如因沦陷遗失,经提出有效之认证物证,由就近华侨团体或所居留地之领事馆负责证明,并登报一星期,无人异议,经市府或仲裁会查明属实，其业权仍存，依照手续补办登记。

（三）侨产契证据，在沦陷期间寄存亲友处，未经主权人认可及签证有据，任何人冒名盗卖，作为无效。如该承卖人却不知情，又非串同买卖及压迫买卖，由市府调处，或仲裁会仲裁，经双方叶议，得照当时卖价，由原业主酌量赔偿与承买人，但不能超过法定倍数。

（四）侨产登记纠纷报请解决，在市政府调处未成，或仲裁未决定前，该产业之收益，可先用行政处分，请市政府或仲裁会通知租赁人，将款提存市银行，掣回收据，向市政府或仲裁会登记，俟解决后本息发还，确定业权人领回。

（五）侨产被他人盗卖，或占用，经所有权人办理登记。或申请仲裁，经市府或仲裁会确定业权后，由所有权申请人请政府发还时，得限令占用人于一个月迁出，由所有权人领回管业。

（六）前项占用人，如不遵办时，所有权人得呈请市政府，令市警察局执行勒迁，将存放物品会同所在地保甲长查封，或搬存候领。

（七）防制盗卖侨产与奖励检举包庇不法买卖产业者，如系公职人员，即函知该机关主管制裁。

（八）与法院取得工作之上联络，关于纠纷案件，经仲裁决定后，分送法院备案。

（九）华侨不得假借名义，冒认他人产业，如有上项情事，一经查出，依法惩处。

（十）华侨之身份，须有当地领事或华侨团体主管人证明。（厦工社）

《中央日报》1948 年 1 月 31 日

救济滞厦缅侨　欢迎菲代表团

本市侨团第三次联谊会，昨日上午 10 时假华侨协会举行，出席各侨团代表 5 人，主席白三江。议决：一、救济滞厦缅侨 600 人。（一）由各侨团负责人协助厦市冬令救济会华侨组，分头劝募款项，拨充救济，限 2 月 3 日筹募完竣报会。（二）向各慈善团体洽商拨给米单，备农历年关拨充救济。推张理事长接洽。（三）联函仰光华商商会与商总会福建公司，转向同乡会，筹款汇厦救济，并就地向缅政府交涉，迅速签准继续遣送滞厦缅侨。推吕局长负责办理。（四）联函驻菲律宾本联谊会代表蔡杰士、陈涯二君，协同旅菲各同乡会及侨团等迅速募款汇厦救济。推吕局长负责办理。(五)联函中央侨务委员会转商外交部,转向国际难民组织远东局交涉,即派轮来厦接送已奉准复员缅侨,并向缅政府交涉,将滞厦未奉批准缅侨迅即核准,继续遣送。推吕局长负责办理。二、侨产保障会经费,除由各侨团各捐国币 100 万元外,并拟于旧历元宵夜举行联欢晚会,就所售票资盈余项下拨充。推张理事长负责。三、旅菲华侨协助改善兵役代表团,定 2 月 7 日莅厦。(一)该团到厦时定期举行欢迎会,推张澜溪、庄春木、吕尘心、黄银水等负责筹备。(二)准备各项有关侨务应行改进,资料提供参考,推张澜溪、吕尘心负责。四、下会定 2 月 15 日在华侨协会举行,由庄春木召集。

《江声报》1948 年 2 月 2 日

侨团劝募巨款　救济滞厦缅侨

国际联欢社除夕举行慈善晚会

本市讯　滞厦待遣缅侨 662 人,近受物价影响,生活十分困苦。日前本市各侨团为此发动募款救济,连日来各侨团负责人分途劝募,今已结束,计共募法币 6000 余万,白米数百斤。定明日上午 9 时,由各侨团派员亲往大生里分发。闻此次每人可得法币 10 万元,白米 2 斤。又此次劝募中,除商家捐款外,内有慈善机关了闲社捐米单 150 张,计 300 斤。妙释寺念佛会捐米单 400 张,计 800 斤。海员工会捐一百张云。

又讯　本市人士胡资周、张澜溪等多人为扩大冬令救济,利用旧例除夕夜,假国际联欢社举行盛大晚会。发售门票,每张 20 万,除开销外,所剩余款将全数拨充冬令救济之用。(南侨社)

《星光日报》1948 年 2 月 6 日

侨团决再力争在厦签发护照

本市华侨七团体,以近来厦华侨因等待外交部护照而未能出国者日多,虽经侨局迭电侨委会向外交部洽商派员来厦签发,为时多日,仍未实现。致有少数投机分子乘机代办护照为借口,从中敲诈侨民。此不但影响侨务,且无形中增加华侨出国负担。各侨团有鉴及此,特定本月 19 日召开侨团三次联谊会,决再度联电中枢,叙述实情,请其迅饬外部派员来厦专责办理,以慰

侨情。(南侨社)

《江声报》1948 年 2 月 18 日

在厦设签照机构　侨团决联电请求

本报讯　本市各华侨团体,于昨(19)日假中山路华侨协会举行第四次联谊会,出席侨务局、华侨互济社、华侨协会等七侨团代表。首由主席庄春木报告此次劝募救济滞厦缅侨进行经过事宜,继并讨论以本市为华侨出入口门户,尚未设立护照签发机关,出国华侨多感不便。新更有若干投机分子,借口代办手续,每张敲诈美金三五十元不等。当经议决,由本市各侨团联电行政院外交部及侨委会,请迅在厦设立签照机关。否则委托侨务局代行办理,以利便华侨。至于华侨产业保障委员会,原定于明(21)日举行成立大会。现拟改定,候菲华侨改进兵役代表团由晋江来厦时始行成立。大会宣传标语,推华侨协会张澜溪负责起草。闻该联谊会并定于元宵假国际联欢社举行联欢晚会,闻将有舞会节目舞。门票每张 50 万元,每人并可带舞伴 1 人,其票资收入盈余,即拨充侨产保障委员会之经费云。

《中央日报》1948 年 2 月 20 日

解决华侨产业纠纷　厦侨产保障会成立

本报讯　厦门市华侨产业保障委员会,昨天上午 10 时 40 分在国际联欢社举行成立会,到有各侨团负责人,各界来宾,报社通讯社社长、记者 40 多人。临时公推吕尘心主席,报告开会意义说明四点:一、华侨无论在抗战前后,对祖国的贡献特别多。二、华侨远离祖国,其在本市所有建筑产业,于沦陷期间,不能回国管理,致被敌伪占据的占据,盗卖的盗卖。三、华侨对抗战胜利后,所有的产业被人家占卖,无法交涉收回,感到失望。四、厦门是对外通商口岸,要希望建立工业,首先需要经济,所以也就需要华侨投资。此次所以要组织侨保会的动机,起自去年底的侨团联谊会,先后经过召开了三次筹备会,才决定在今天成立。侨保会的主要任务,在协助政府对于华侨产业之保障,与纠纷之处理。我们站在第三者立场上,热诚希望将来能够切实做到,使华侨的产业得到合法保障,负起责任,与一切恶势力,侵占侨产的人们,周旋到底,力争到底!同时还有一个最大希望:是深盼各界领袖赐予协助,与和海外侨团的声援力量。

来宾发言的有菲律宾协助政府改善兵役代表团代表潘葵村说:一、此次侨务局发动侨团组织华侨产业保障委员会,可见侨务局不是衙门,而是能够替华侨谋福利。二、所有发起委员都是地方上知名之士,足见对华侨之关怀爱护。三、侨保会任务,不但要做到保障侨产为目的,同时还应该鼓励海外各属华侨回国投资。四、希望侨保会成立后,一定要本着诺言,有信心的坚持下去,并祝成功。

陈烈甫说:厦门是闽南华侨出入口的中心,在全国的各大都市,占有其重要性的。目前华侨对于祖国的失望,可分为全国性的政治不上轨道,社会秩序失却安宁。地方性的如许许多多的侨产被占夺,或遭受到的各种困难。但是对于后者倘能够找出相当合理的解决方法,至少可以挽回华侨的一点失望心理。本人无其他意见,愿意追随各位,共同为争取保障侨产而致力。

张澜溪说:组织华侨产业保障委员会,是关系着整个厦门的繁荣,同时也是全国华侨的光荣!自从厦门沦陷直到光复以来,目前的房屋纠纷问题,据说是有七千起。这不能不说是值得注意,而亟待以合理之解决。

华侨由外洋携带黄金物资返国,是不是愈多愈好?对国家愈有利益?何以政府反要将其没收?致打击华侨回国热望!又如签发护照机构,台湾有几多华侨,反有其机构之设立,厦门不但为厦闽南华侨的出入口,亦可说是全国华侨最多的地方,却而没有,真是首尾倒置。这应该非要对中央政府提起交涉不可!

苏宗文说:关于侨保会的组织成立,对地政方面能够得到不少协助,很表赞同!但是要解除侨产的被占,当前却有两个问题:一、恶势力。二、军队、机关。首先要能够冲破这两个难关,就要具有绝大的信心!希望侨保会一方面切实为华侨争取保障成功,一方面要从法律观点上多多研讨解决租赁上的纠纷重点。

冯文质说:一、希望侨保会成立以后,能够说到做到,不要空谈。二、要清理侵占房屋,必须同时顾虑到居住问题。

各来宾发言完毕,即进行讨论,修正章程,通过宣言,并推举何葆仁、白三江、陈丙丁、周冰心、林文学、陈烈甫、陈文麟、胡资周、陈瑞清、吕尘心、张澜溪等11人为委员。至午后12时20分散会、摄影、聚餐。

又讯 该会订3月2日召开委员会,互推常务、主委1人,副主委2人,暨总务、登记、调查、交际、调解等5组组长人选。

《星光日报》1948 年 2 月 29 日

华侨产业保障会昨举行首次常会

本报讯 华侨产业保障委员第一次常务会议，昨天下午 4 点钟，在侨务局召开，到有何葆仁、陈瑞清、陈丙丁、林学文、张澜溪、吕尘心等。主席吕尘心，讨论议决下列的六条议案：

一、公推陈丙丁为主任委员，张澜溪为副，白三江为总务组长，林学文为调查组长，张澜溪兼登记组长，陈瑞清为调节组长，胡资周为交际组长。

二、经费由各委员每人负责劝募五百万元以上，充为基金。由基金利息项下，拨充逐月经费，募捐册归总务组印发。

三、聘任徐敏观为秘书，备案手续检同委员名册暨简章，送由侨务局转呈侨委会备案。

四、拟订办事细则，由秘书负责起草，即日开始办公，并登报通告周知。

五、委员黄超龙提议关于华侨产业被人盗卖，租金纠纷，租户占屋分租或转顶他人等四点问题，应函复检同具体事实及证据，送会代为设法交涉。

六、洪晓春委员辞职，应予慰留，并聘陈敬昭、刘亮斋、葵廷祥 3 位律师，为法律顾问。

讨论于 5 时散会。

《星光日报》1948 年 3 月 3 日

厦侨团列举意见　陈请改善侨务

市讯 厦门侨务局暨本市各侨团，以厦门为南洋各属华侨出入必经之地，往来络绎不绝，侨务日益繁颐，且归侨对于国内政令之隔阂，社会情形复杂，每感彷徨失望。此次乘闽省府刘主席南巡莅厦，特就目前有关侨务应行改善提出意见书如下：

进口检查 一、改善侨轮进口检查，侨轮进口检查机关繁多，手续复杂，方法迥异，使甫入国门诸侨胞，深感烦恼，引起对祖国之不良印象，亟应尽量迅速予以利便，并恢复战前检查办法，由海关及检疫所派员登轮查验，以免滋扰，并禁止非法定机关登轮检查。

保障侨产 二、保障华侨产业，华侨在厦产业，十居八九。沦陷期间失管,致生业权纠纷,诉之法院,经年累月,不能解决。爰有厦门市华侨产业保障委员会之组织,惟兹事体重大,应请主政长官,予以正气之扶植与声援,勒令机关、部队及利用势力强占侨产者,限期迁移。三、放宽归侨携带黄金数量,华侨携带黄金入口,以为经营实业资金,实符政府奖励华侨回国投资之旨。查黄金外币买卖处罚条例规定,凡入国境随身携带之黄金,每人以关秤10两为限。超过者由海关没收之,是等于隔绝华侨回国投资之路,而引起侨情怨懑。实有放宽限量与弛禁之必要。

放宽限制 四、放宽归侨携带日用品限制数量,华侨返国携带日用品或受人委托,或以馈赠戚友,原不在税课之列。近则任意估税,翻箱倒箧,甚至扣押没收关卡之未开明,使眷怀祖国之华侨,在国外遭受外人排挤,入国门则怀疑恐惧,莫知所从。五、华侨迁移工厂返国经营,应便利进口,以利进展工业。华侨迁移工厂回国经营,其运输机件、车辆原料等进口,因对本国法令以欠明了,或未经申请许可证,自备外汇到埠,每遭刁难,对于侨胞回国投资之信念,影响甚巨。纵此轮入手续未尽完备之处,亦应予以通融,以示政府嘉惠侨民之意。

出国检查 六、检查出国适龄男子免缓役证及国身份证规定,请予修正。近悉闽南师管区布告,凡出国之适龄壮丁,须带免缓役证书,以备查验,并通函有关机关以适龄男子出国,应激验国民身份证及免缓役证明书,证明非中签而属免缓役者,始准辨理出国手续。兹查侨务局签发出国许可证手续,奉侨务委员会令,以凡20至23岁男子经体格检验合格后,应参加抽签。如经该管保长出取证明确非中签之壮丁者,准予签证出国,核与师区规定似有抵触,及国防部规定归侨如居住本国境内未满6个月者,不予征集,则归侨重返居留地,自无免缓役证书足资查验,应请予以修正以利侨务。

缅侨遣送 七、审查合格缅侨归侨复员交涉遣送,缅甸归侨与上年8月间经缅代表宇吞貌来厦审查合格300余人滞厦待遣,生活无依,饔飧不继。际此严寒日,少三餐之粮,衣无三冬之缓(暖),应请向国际难民组织远东局交涉,即行派轮遣送。八、救济滞厦待遣华侨,厦市沦陷七载,侨汇断绝,贫侨备受经济压迫,无以为生者,为数甚多。目前各属政府准吾侨复员,但手续繁杂,致滞厦日众,如不合格之缅侨,尚有300余人流离在厦。目前已无返缅希望,亟应设法救济,资遣回籍。

《立人日报》1948年3月16日

侨团联谊会昨开五次会

本报讯 侨团联谊会，昨下午7时假东亚旅社举行第五次联谊会，出席召集人陈涯等9人。首由吕局长报告：一、劝阻缅甸归侨勿再取道昆明入缅。二、防止不法华侨伪造证件，声（申）请免费出国。三、厦参议会征求本市侨务兴革意见，继讨论事项：（一）华侨久居海外，国情未谙，返国时，联会谊如何派员登轮接待案。议决本联谊会各参加侨团于必要时，推派代表随同侨务局接待人员登轮协同接待。（二）关于闽南师管区，布告查验适龄男子出国免缓役证件，与中央规定签发出国许可证抵触，并增繁侨民出国手续，应如何请予修改案。议决：（一）由各侨团联函师管区审核实际情形，并解决除侨民困难，转呈国防部修改，以利侨旅。（二）联电国防部，请予修改。（三）关于参议会函侨务局及华侨协会征求本市侨务与革意见案，议决由各侨团分别拟具提案，送请参议会讨论。四、第五次会定何日举行议决，定4月1日举行，由蔡杰士召集，地点在华侨服务社。（所）

《立人日报》1948年3月18日

华侨房屋被占　计登记廿余起　保障会讨论处理办法

南侨社讯 厦市华侨产业保障委员会成立后，华侨因房屋被占，前往该会申请追回者颇多，经该会登记已有20余起。今日该会发表者9起，计黄恩万霸占刘秉华房屋1座，省立医院占住周镜塘房屋1座，广播电台占住陈子英房屋1座，警察局占住骆玉兰房屋1座，林天赐占叶展才房屋1座，石文清占梁占美房1座，省立医院占康炎辉房屋1座，吕水龙占住黄妈水房屋1座，林氏琼占朱陈房1座。余者待登记审查后，将陆续予以发表。该会今晨特召开二次常委会议，讨论关于处理方法，并定日内派员调查双方真相后，再行决定处理步骤云。

《立人日报》1948年3月23日

厦侨团建议八点　省方决予改善

黄金机器放宽限制进口　侨产被占应即速予调处

本报讯　本市各侨团前向省府提议改善侨轮检查等意见八点，顷业获省府电覆，将予改善或核办。政院规定汕厦进口侨轮，仅由海关及海港检疫人员登轮，省保安司令部已饬厦市府、宪兵队、水警局及四五区行政专员公署遵办。关于协助保障侨产事，已电厦市府，即查明辖区内侨产被占事实，妥速调处。如机关、部队及利用势力占用侨产，应列报以凭核办。关于放宽华侨归国所携黄金及日用品数量，及便利华侨携带机器返国以利工业进展，经电财部查核办理。关于适龄男子出国事，政院近有新训令到府，已饬属照办。关于遣送滞厦缅甸归侨事，已电请侨委会交涉，准厦侨务局所列各属待遣归侨名单，已转送社会部，呈政院拨款救济。

《中央日报》1948 年 4 月 10 日

禁止适龄男子出国　绝侨胞谋生之道

厦各侨团电国部请撤原议

市息　前日侨务局接到师管区代电，已奉总长陈令，以凡适龄壮丁，非经征兵处理不及格外余均禁止出国。昨（10）日上午，各侨团在侨局举行座谈会，研究是项问题，出席陈丙丁、张澜溪、庄春木等，主席吕尘心报告事项：（一）本局历来签发适龄男子出国限制办法，甲、初次出国者遵照侨委会（民国）三十七年（1948 年）1 月侨管移字 38517 号令规定，由该管保长出具非中签壮丁证明书。乙、奉侨委会转函国防部规定，适龄男子归侨在 6 个月内缓役，如因航运未畅通及侨居地政府不准入境，致未能如期出国者，作暂予缓征。（二）2 月 5 日闽南师管区代电，规定适龄男子出国，应缴验国民身份证及免缓役证明书，非中签而免缓役者，并由该部布告，凡出国之适龄壮丁，须带免缓役证明书，以备查验。本局以与奉侨委会令规定不符，函复请予修改。（三）4 月 3 日准闽南师管区司令部代电，复以本部对于适龄男子出国查验之签订，业经核准在案，本年度各县办理抽签事宜，未能普遍确实，初次出国之适龄男子仍按照本部规定，携带国民身份证。（四）4 月 7 日准闽南师管区代电，以奉总长陈卯东孝铮电规定，现役适龄男子，除经征兵处理不及格者外，其余概禁止出国等由，与侨务局原奉侨委会令规定不符，且影响侨胞谋生之路。讨论事项，关于闽南师管区代电，侨局以奉总长陈电令，现役适龄男子除经征兵处理不合格者外，其余一概禁止出国。查与侨局原规定不符，且影响侨胞出国谋生，应如何设法补救案。议决：(一)列举实情，由各侨团电呈国防部，请撤销卯东孝铮电，并准照前规定办理，以利侨民出国谋生。(二)由各侨团电呈中央侨委会，据理向国防部力争，撤销原电，依照前案规定办理。(三)由各国侨团电请在京闽省国民代表，就近向国防部交涉，并请联络广东国民代表，向中央建议改善侨区征兵。(四)由各侨团暨海外各属党部及商会暨各侨团一致声援，并电中央迅即据理力争，撤销原令，依照前案规定办理。(五)由各侨团联函闽南师管区司令部，以贵部奉令与侨务局奉侨委会规定不符，业经呈请国防部修改，在未奉核示之前，请贵部暂缓执行，并函侨务局，仍照原规定办理。

《立人日报》1948 年 4 月 11 日

第三次侨产保障会

详细报告该会经费来源　对募捐基金事有所声明

本市华侨财产保障委员会，昨召开第三次常务委员会议，主席陈丙丁，议决案件如下：一、嗣后每一调解案件，须经组长通过原则，然后提付秘书执行。二、华侨申请调解，如对方借口屡不到会申述理由，则根据申请人意见，由会调解，并应由会根据申请理由，函有关当局依法办理。旋由委员张澜溪报告该会经费来源与经济状况，略云：该会经费月约一千数百万元，除未成立前由各侨团主管人各捐 100 万元为筹备费外，现拟募基金 5 亿元存放生息，以为经常费。经热心侨务人士自动捐献者已有 5100 万元，捐助人如下；陈丙丁 1000 万，钟铭选 1000 万，魏瑞卿 1000 元，施桑梓 500 万，杨德从 500 万，漳记 500 万，林为白 200 万，王清辉 100 万，吴信宗 300 万。会后记者以目前报载近日市上有人假借贵会名义，分向各处劝募基金及该会是否奉令核准设立一事探询该会负责人。据称：本会性质，与一般普通人民国体不同，系附属于侨务局之组织，依法只需由侨局报请侨委会备案。至报载近日有人假借本会名义向外募捐，查本会过去募捐基金，均系由侨界热心人士自助乐捐，并无派人向外所谓到处向商铺大事募捐基金。如有发现此种假借分子,当函有关机关制止。至今后本会如正式向外劝募基金,当函市府备案云。又该会核收之案件20余起,已进行调解者计六起,内有三案可能完满解决云。

《立人日报》1948年4月12日

侨团昨开紧急会议　滞厦缅侨提出询问 由厦处刘主任答覆并作报告

本市各侨团,昨日上午10时假侨务局会议厅举行临时紧急会议,出席各侨团代表暨难民组织厦处正副主任,缅侨代表等17人,主席吕尘心。议决:

一、滞厦待遣第四批少数缅侨,于4月16日上午与厦门办事处职员发生误会。该批缅侨提出意见八点,其处理办法,所询各点请厦门办事处刘主任即席答覆:(一)缅政府批准86人系厦门办事处按照香港办事处通知公布,其详细情形及来往公文经随时函达侨务局,其有力证件本处及侨务局均可查考。(二)关于1948年先准1000名各埠分配情形,本人不知道,照所得消息,仅限四五类,即商业、工业者不能前往,其余不知有何分配标准。(三)要求第四批400人一次遣送,非本人能力所能,亦非本处权限所能做到。(四)日昨发生缅侨与本处员警误会事件,殊属不幸。(五)解决留站生活问题,已由侨务局及各属侨团办理,正待各有关机关答覆。(六)滞厦缅侨目前系可否复员,及何时复员问题,并非川资问题。(七)原住大生里缅侨180余人,虽非上峰规定,但历来留站缅侨秩序颇好,本人甚愿允许无家可归者继续居住。刘主任补充报告:(一)缅侨复员遣送与荷属及马来亚等情形不同,盖缅侨系缅政府派代表来中国审查决定者。(二)希望缅侨守规则,免致引起缅政府借口,影响遣送工作。(三)缅政府近参加联合国,对于缅侨遣送较有可能性,希各安心。(四)缅政府变更诺言,致待遣缅侨滞厦日久,本人极表关切。(五)明日本处决派陈副主任赴香港,请示各项遣侨问题。现本处尚存有羊毛衫,拟分发各缅侨,唯须请示港方。

二、请各缅侨代表将上述情形转达各留站缅侨,并劝导协助厦门办事处顺利进行各项遣侨工作。

三、推张澜溪代表,会同晋江同乡会代表往海关查询历来扣留归侨黄金数量及物主情形,以便向财政部交涉发还。

《江声报》1948 年 4 月 18 日

侨产保障会业已备案

本报讯　昨日下午 3 时，厦门市华侨产业保障委员会召开四次委会，出席者陈烈甫（翁保生代）、吕尘心、白三江、陈瑞波、张澜溪、陈丙丁、陈文麟、何葆仁，主席陈丙丁。议决案如下：对于警局及市府社会科查询本会备案事，议决，函市府以本会业经依法由侨务局转呈中央侨务委员会备案矣。次议决筹措该会经费，并对调解案有不出席或不履行者之处理办法，并通过该会办事细则多案，至六时半闭会。

《中央日报》1948 年 4 月 18 日

缅侨赈款即可放发

本报讯　本市各侨团联谊会，于昨日下午 4 时假侨务局召开临时会议。出席侨团代表白三江等 9 人，主席吕尘心，讨论事项：

一、滞厦待遣缅侨代表曾天水等请求迅发缅甸福建同乡会赈款。兹查该批缅侨已奉令复员 300 人，候轮遣送在即，在本会征求缅甸福建同乡会意见未答复前应如何办理案，议决：（一）在缅甸福建同乡会对本联谊会征求分发赈款意见未答覆前，该项救济款港币 1 万元折换国币，其奉准复员者 300 人，每名发法币 100 万元。其余待遣缅侨，每名发法币 200 万元。（二）上项赈款限于经缅政府代表宇吞貌审查合格，持有证件号数者为限。（三）最近奉准遣送之缅侨 300 人，定本月 27 及 28 两日，每日上午 9 时至下午 5 时在大生里发赈。其余待遣缅侨，候侨遣站造送名册然后核发。（四）此项赈款系为救济贫苦难侨，受赈者应亲身往领，不得委托他人，或冒名顶替。（五）将提前发赈情形函知缅甸福建同乡会。

二、滞厦荷属巴城、泗水待遣侨胞代表陈佳山等呈，以留站三阅月尚无获遣确期，乞请从速遣送，应如何催办案。议决，由各侨团函侨遣站交涉，从速遣送。

三、关于南安侨眷梁册，42 岁，非现役及龄壮丁，在南安原籍为当地乡保甲长，滥捕征送闽南师管区司令部。经本会备函并由白主任往晤王司令，交涉彻究及释回。闻本月 24 日复被征送海辰轮转往上海，应如何继续交涉，俾护侨眷案。议决,推请白三江、董敏常代表本会前往访晤王司令,查询究竟情形,并彻查该归侨被滥征情形报会,俾便作进一步交涉。至下午6时许散会。

《中央日报》1948年4月25日

侨产保障会　调解案一批

海外社厦门讯　本市华侨业产保障委会于成立后,接收纠纷案件45件。经先后调解,完成者7件,继续在调解中者10件,而未进行调解者尚有20余件,并定本月16日下午3时召开常委会讨论。兹将调解完成者列后:一、叶展才与张群策代理权纠纷案,由会调交叶展才。二、叶大来与林天赐业佃纠纷,决交叶厝每月200万元。三、吴林氏蓬泊屋误被标封,经会交涉,函中信局撤封。四、李永修与马丕函业佃纠纷处解,交李厝租米每月120斤。五、林启成与省院黄锡隆以业佃伤害案,经调解,限3个月搬空。至伤害部位,双方向法院撤回。六、叶展才与叶振隆因居租纠纷,调解每月150万元。又与林诚德之房租问题,亦调处每月100万元。至林吉隆与洪电等一案,尚在调解中云。(海外社)

《立人日报》1948年5月13日

缅侨赈款犹未汇到　海关黄金再函查询

侨团联谊会九次会议案

本市侨团联谊会,昨日上午举行第九次会,出席各单位代表白三江等7人,主席陈丙丁。首由侨局吕局长报告该局半月来经办侨务事项,继缅侨合作社主任白三江报告缅甸福建同乡会赈款港币1万元,迄未到厦,曾去函香港源利行查询,承答以该款因未指明汇与何人,无从办理。经已快递缅甸福建同乡会速电该行,将款汇厦。旋即议决:一、滞厦缅侨放赈其对象,应以第八次议决案第一案以冬赈名册为依据,抑以普遍滞厦缅侨为放赈对象,待征求缅甸福建同乡会意见后决定。二、缅眷梁氏白亮之夫梁册(42岁),被该管保长非法逮捕服役,现未释回,应再函师管区暂缓被充,并即彻究非法乡保长,释回梁册等。三、查询海关历来扣留黄金,未得具体答复:(一)再函催厦海关切实答复。(二)函中央银行暨上海总税务司查询。(三)由会通告,向华侨协会登记被没收黄金之归侨姓名及数量。(四)由会函请侨务局转呈侨委会转向财政部,叙白厦海关扣留黄金经过情形。

《江声报》1948 年 5 月 16 日

缅侨赈款定期发放　滞厦荷侨交涉速遣
昨侨团临时会议议案

本市侨团昨下午 5 时,假侨务局会议厅召开临时会议,由侨务局长吕尘心主席。议决:一、滞厦待遣缅侨代表曾天水等请求迅速分发缅甸福建同乡会赈款。兹查该批缅侨已奉准复员 300 人,候轮遣送在即,在本会征求缅甸福建同乡会意见,未得答覆前,(一)该项救济款港币 1 万元折换国币,其日内奉准复员者计 300 人,每人发法币 100 万元。其余待遣缅侨,每名发法币 200 万元。并推白主任、吴经理、庄春木及侨务局代表一人负责前往发放。(二)上项赈款,限于经缅政府代表宇吞貌审查合格,持有证件者为限。(三)奉准日内遣送缅侨 300 人,定本月 27、28 两日每日上午 9 时至下午 5 时在大生里发赈,并函请厦门办事处将该批 300 人名册送凭核发。其余待遣缅侨并请该处查案造送,俾便核发,并推白主任前往该处洽商。(四)此次赈款系为救济贫苦缅侨,受赈者应亲自领取,不得委托他人,或冒名顶替。其富有者,切请自爱。(五)将提前发赈情形函缅甸福建同乡会查照。二、滞厦荷属巴城、泗水待遣侨胞代表陈佳山等呈,以留站 3 个月尚未获遣确期,乞转请从速遣送。经侨务局函催厦门办事处速予遣送,由各侨团再函交涉,尽速遣送。三、关于南安侨眷梁册,42 岁,非现役及龄壮丁,在南安原籍为当地乡保甲长滥捕征,送闽南师管区司令部。经本会备函并由白主任往晤王司令,交涉彻究,及释回安业。现闻本月 24 日复被征。

《江声报》1948 年 5 月 24 日

缅侨放赈办理结束　侨团联谊会开第十次会

市侨团联谊会第十次会,昨日上午 11 时假公园西路澹庐举行,出席代表黄艮水等 7 人,由张澜溪主席。首由侨局吕局长告经办侨务事项数点,继由白三江报告此次缅甸福建同乡会汇厦港币 1 万元,经先后 5 次(自 5 月 27 日至 6 月 1 日止),兑换国币合计 18 亿 4390 万元放赈。奉准遣送者每名

100 万元,计 296 名,共 2 亿 9600 万元。滞厦待遣缅侨每名 200 万元,计 745 名,共 14 亿 9000 万元,剩余 790 万元。旋即讨论议决:一、缅侨放赈即日办理结束,并将名册及办理经过情形函达缅甸福建同乡会查照。二、第 11 次联谊会定 6 月 15 日下午 6 时举行,由侨局吕局长召集。(厚)

《江声报》1948 年 6 月 2 日

复员缅侨紧急会议　为江起祥惨案声援

第四批复员缅侨,为同侨江起祥无辜被枪杀案,昨下午在大生里 3 楼,召开临时紧急会议,到会者全体缅侨。主席陈端潭报告:(一)同侨江起祥无辜被枪杀案,经由陈端潭、陈保全、陈建邦、曾天水等趋谒侨务局吕局长,报告调查情形,并蒙允许转函要塞司令部缉凶严究。(二)往谒滕司令,报告被害情形,蒙允许调查实情,依法惩办,并定本星期三(6 月 16 日)即答复侨务局。次讨论,结果议决:(一)关于无辜被害江起祥身后萧条,将本批复员缅侨于 14 日节食一天,充为慰恤其家属,藉表全体缅侨同情之臂助。(二)关于节食一天所得之款项,由陈端潭、陈保全、陈建邦、曾天水等提交吕局长转给,并函其家属。(三)本批不日将要离厦,该案公决恳求侨务局继续交涉外,并呈请旅缅福建同乡会予以有力之援助。

《江声报》1948 年 6 月 13 日

马来亚归侨筹组联谊社

马来亚归侨洪晓春、何葆仁、叶鸿恩、谢桂成、林珠光等为联络感情,并谋马来亚与本省取得密切之联系起见,特发起组织马来亚华侨联谊社。昨日假本市升平路 7 号吉隆行举行发起人谈话会,到会发起人甚为踊跃,推林珠光为临时主席。讨论结果:一、订名为马来亚华侨联谊社。二、推何葆仁、林珠光、谢桂成、吴幼纯、陈瑞清、卢觉生、黄大伟、叶鸿恩、苏有朝、吴个、叶少春、黄光源、陈文旌、张述、黄素云为筹备委员,叶鸿恩为召集人,第一次筹备会订 17 日下午 5 时举行。三、临时筹备处设升平路吉隆行。四、由筹备员每人认捐 200 万元充筹备会经费。五、积极登记社员及寻觅社址,交筹备会办理。(厚)

《江声报》1948 年 6 月 15 日

侨团联谊会吕尘心侨务报告

本报讯 本市侨团联谊会，昨日举行第11次会议，由吕尘心报告半月来处理侨务经过，其主要者，关于滞厦各属归侨入境问题交涉遣送及救济。经电外部转国际远东局审查合格者，请求予遣送，救济方面则由社会部饬闽省社会处核办，而荷属巴城、泗水待遣华侨代表陈桂山至局申请者，已函远东局厦处电香港请示中。至于发给赈□而未列名于冬赈名册之缅侨数十人，亦函该处发给。以目前最困难解决者，莫如属侨服役与适龄男子出国问题，虽经呈中央处部核示，但卒未见覆。而在厦出国与新客为数甚多，彼等处境困难，看望当局予以便利。继讨论关于永定缅侨江起祥于本月6日在禾山被驻该处要塞部队兵击毙，现缅侨及永定旅厦同乡会均请求协援，并请转呈国府与国防部严惩要塞部负责官兵，并予抚恤。关于此案，驻厦要塞司令（滕）云今晨特电邀侨局长吕尘心及新闻记者、司法界前往司令部，对该案有所解释。司令并表示遗憾，决惩处肇祸士兵及分队长。至于海关历来所没收归侨黄金数量，曾数度向该关厦询，卒未有具体报覆。该会为援助华侨，经电请财部，饬厦关列报，以慰侨情。

《中央日报》1948年6月16日

侨团联谊会对江起祥案要求推究责任

侨团第11次联谊会，昨午6时假南轿巷35号举行，出席侨团代表董敏翔等7人，主席吕尘心。首报告侨务局半月来经办侨务事项，继由董敏翔报告往闽南师管区交涉释放南安逾龄侨眷梁册被征壮丁经过。旋即讨论议决：一、缅侨江起祥遭高崎要塞部士兵击毙，现要塞部已将肇事士兵拘押，由侨团联函请要塞部将所属部队分队长拘押，推究责任，优恤受难家属，并将办理经过见覆。二、华侨协会前登记归侨携带黄金被海关扣留之姓名及数量，到会登记者已有十余人。其他归侨携带黄金返国未经海关通知报验即被没收者，通知其速即办理登记，以便依法诉追。三、财政部限制侨胞返国投资，影响社会经济不能安定，抑且予海关人员以舞弊机会，联电海外侨团，一致响应建设中枢，开放黄金限额。四、南安侨眷梁册（42岁）被征送壮丁，师管区答应一月内将其召回释放，由侨团联函师管区，从速办理。五、赈放缅侨款项剩余 390 万元,拨充缅侨复员委员会经费。六、嗣后联谊会对外来往公文由吕局长负责签署。七、下会定 7 月 1 日举行,由蔡杰士召集。(厚)

《江声报》1948 年 6 月 16 日

马华联谊社登记社员　分十二地点

马来亚华侨联谊社筹备委员会,为扩大征求社员,藉谋联络感情,互通声息起见,除积极寻觅社址外,并订下列各处为社员登记地点:大王路 8 号大道肥皂厂黄大伟,市银行张述,镇邦路重吉行黄光源,定安路 71 号南光行陈瑞清,升平路 7 号隆吉行叶鸿恩、叶少春,磁安路 85 号开源公司雷觉生、吴侗,打铁街 41 号吴幼纯,经建公司何葆仁,海外通讯社陈文旌,大同路瑞芳参行苏有朝,同文路林金泰茶庄,中山路 179 号林珠光。

《江声报》1948 年 6 月 19 日

侨团联谊会响应反对美帝扶日　请求市民商家抵制日货

侨团联谊会第 11 次会,昨日下午 6 时假华侨协会举行,出席各侨团代表 9 人,蔡杰士主席。议决:一、旅栈商业同业公会以民船工资评定未平允,请一致声援,由会函请市政府定期重新评议。二、侨眷梁册被非法拘役,迄今未蒙师管区释放,由会再函请闽南师管区即予释放。三、闽南籍立法委员莅厦时,由会举行招待。四、分电总统府、立法院、行政院、侨委会,请求开放黄金、外币限额,以利侨民回国投资。五、反对美帝扶日:(一)通电响应反对美帝扶日运动。(二)函请参议会唤醒市民禁用日货。(三)函请商会转饬各商家抵制日货。六、本会兼任人员津贴,自 6 月份起增加一倍。七、下会定 7 月 15 日举行,由白三江召集。(厚)

《江声报》1948 年 7 月 2 日

侨团昨紧急会议
血干团厦处被毁请续缉凶　信局积压银信决饬限分发

本报讯　市侨团联谊会于昨(8)日下午 7 时 40 分假侨务局举行紧急会议,并招待新闻界,出席各侨团代表 7 人,新闻记者 10 人。主席吕尘心,报告事项:菲律宾华侨血干团厦门办事处报告被捣毁经过,继白三江报告谓:近日来,因本市银根吃紧,美钞下跌,本市民信局竟积压侨信不发,多至二三期,侨眷损失重大。本日怡美利轮由菲驶厦,闻载来侨汇近一万余亿元,若不促其从速分发,将何以设想。继即开始讨论:(一)关于菲律宾华侨血干团厦门办事处因租赁问题,被业主唆使流氓,于7日晚9时捣毁并殴人,呼吁各侨团援助,应如何表示案?议决:一、由各侨团联函市政府、警察局严办主使者及凶手,并继续缉捕在逃流氓。二、由各侨团负责,于9日上午10时联袂晋见黄市长,及往访谢局长,请求有效处理办法。三、关于房屋租赁纠纷问题,由租户依法律程序交涉。(二)关于近日来本市金融波动,闻有少数民信局积压侨信,影响侨眷生活至巨,应如何表示案?一、函请市政府迅即派员彻查邮局及民信局积压银信者,饬令限期分发,并予从严惩办。二、明日上午10时,各侨团负责人于晋见黄市长时,商讨有效制裁办法。

《中央日报》1948年7月9日

暴徒捣毁菲血干团址　侨团聊谊会呼吁声援

昨日举行紧急会议

市息　市各侨团联谊会于昨(8)日下午7时在侨局举行紧急会议,出席各侨团负责人7人,吕局长主席,并由李法栋报告,昨(7)菲律宾血干团厦门办事处承租水仙路28号被暴徒捣毁情形。经由白三江报告日来市面,银根奇紧,闻民信局有积压侨款情事。经即讨论,议决:(一)关菲律宾血干团办事处遭暴徒捣毁案,甲、呈请市府惩办主使及肇事凶手,并追缉余凶。乙、订今(9)日上午10时,各侨团负责人往谒黄市长及谢警局长。丙、租赁部分由租户另以法律解决之。(二)关于民信局有积压侨汇情事,订今晨中访市长时商讨有效办法云。(直)

《立人日报》1948年7月9日

侨团联谊会昨举行会议

市息　本市各侨团联谊会,于昨(15)日下午6时假国际联欢社举行13次会议,出席张澜溪等8人。主席白三江,首由吕尘心报告有关法令,嗣即讨论,议决如下:(一)关于梁册案,为时已近两月,尚未释放,一俟函师管区切实答覆。（二）联络海外侨团，一致主张向中央呼吁，切实交涉开放黄金、外钞、物资，自由进口，并函请闽粤籍立委，一致建议，以苏侨困，而利国计民生。（三）驻本市血干团，遭暴徒捣毁，再函当局严缉余凶，依法究办。（四）推举吕尘心、张澜溪、陈水南等，负责拟□筹建厦门侨务局及海外华侨协会办公处所委员会组织章程，及计划大纲，提下会讨论。（五）最近各属侨胞，或海外团体捐助国内学校或慈善团体经费，托人携带物资入口，据政令如有当地领馆证明文件，海关应予放行。乃海关竟违法没收，阻碍教育及慈善事业甚巨，决函海关查照，依法办理。（六）政府赈济荷属贫侨赈款，限本月底向华侨协会具领，逾期退缴政府。（七）关于复员缅侨江起祥，被要塞部驻高崎分队官兵枪杀毙命，决函要塞司令部，将定谳详情见告。（八）下会召集人，推菲侨互济社厦门办事处庄春木负责。会后举行聚餐云。（直）

《立人日报》1948 年 7 月 16 日

马华侨联谊社扩大征求社员

本市讯 马来亚华侨联谊社，于日昨假昇平路七号隆吉行，举行筹备委员会。到会者陈瑞清、何葆仁、叶少春、谢桂成、陈文旌、叶鸿恩、黄光源、苏有朝、黄大伟、吴幼纯、雷觉生、吴侗。讨论事项：（一）积极寻觅社址，推吴幼纯、雷觉生、吴侗负责。（二）扩大征求社员，限至八月底截止。（三）本社章程草案，推叶鸿恩、吴幼纯审查。（四）副部长、林副委员长莅厦，订二十八晚设宴欢迎。

《中央日报》1948 年 7 月 27 日

实行改善侨区兵役　恢复在厦签发护照
侨团联谊会昨议决数案

侨团联谊会第 14 次会，昨日下午 5 时假白宫旅社举行，出席各单位代表 8 人，由庄春木主席。议决案如下：（一）人民前赴越南，依当地政府惯例纳担保金越币 150 元，及侨务机关发给出国证，无须当地政府证件，入境不生困难。近侨委会鉴人民多取道越南偷渡暹罗（泰国），特再通令赴越应有入口证件方准出国。惟国内民生日蹙，移民越南既无困难，除适龄男子依照规定予以限制外，由会将实际情形报请侨委会，请免当地政府入口证，准予出国，以利人民出国谋生机会。（二）归侨携带逾量黄金及外币外币返国，依财政部规定，按照牌价收买，华侨损失甚重，建议中央凡归侨携带黄金逾量，黄金及外币应照市价收买，或予开放。（三）侨眷梁册被非法滥捕充役，迭经本会函请释放，并承王司令允电接兵部队带回，迄今尚未释放。再函师管区催请迅予释放，并催董敏翔继续交涉。（四）侨区征兵困难，时生枝节，前经菲律宾华侨代表团晋京及本会联电请求中枢改为募集志愿兵，为期半年。虽经报载中枢业已照准，但仍未见正式命令施行，一、联电侨委会转咨国防部，迅赐命施行，以慰侨望。二、联电菲律宾侨团，再行一致向中枢请求迅赐施行。（五）厦门马来归侨近组织联谊会，推张理事长澜溪前往邀请参加本联谊会。（六）外交部驻厦签发护照办事处结束后，寄发护照时间拖延，侨民滞厦损失甚大：一、电请外交部仍照派员驻厦签发。二、发动海外侨团一致请求。（七）下会由陈涯召集。（厚）

《江声报》1948 年 8 月 2 日

华侨出国须外币　市府侨团各有建议

自金圆券发行后，外币即禁止买卖，且自 9 月 30 日以前，并禁止旅客携带外钞出国。厦门为华侨出入口岸，情形特殊，如华侨出国，到达原居地时，该地政府将征入口税，赴新加坡者应缴叻币 5 元，赴菲律宾须缴菲币 16 元。其他如仰光等地，均有此项规定。若此项办法实施后，出国华侨为遵守政府法令，则诸感不便。黄兼市长为此，日昨特电中央银行总裁翁鸿钧、副总裁刘攻芸，请迅予设法补救，并电立法院、侨务委员会诸立法委员拟具办法。又侨务局近日亦接侨胞同样请求者甚多，昨亦电侨委会、财部请示具体办法。（南侨社）

另讯，本市旅栈公会，日前拟具外币兑换办法，建议市府及中央银行，转呈层峰，迅准采纳执行。原文大意谓：今后国内华侨，若出国于到达海外时，如赴菲律宾各属，均由岷里拉入口，至英属九州府，系先到新加坡。至越南各处，先经西贡。往缅甸等地，先至仰光。往荷印各属，必先抵达吧城或泗水，而后转道。其应缴入口税例，及旅途膳宿、舟车等费，实有需要当地之菲币、叻币、越币、缅币或荷盾以供应用。此项所需当地圆币，既无法持有，又无兑换处所，可供预为备币，届时定多发生困难，应请政府于汕、厦国家银行，准由侨胞兑换金圆或外钞。凡归国华侨，应将带回之外币，悉数向兑金圆券,出国时则以金圆向换有限度之外钞。如往菲或英法缅甸各属,限换菲币、叻币各100元,越币300元,缅币200元。往荷印,限换荷币三百盾。备为到达海外时,必需旅费之用云云。

《江声报》1948年8月31日

马来亚归侨联谊社订期成立

本市马来亚华侨联谊社,昨假座升平路7号隆吉行,召开筹备委员会,出席何葆仁、叶鸿恩、陈瑞清、黄大伟、叶少春、吴幼纯、吴僩、苏有朝、陈文旌、雷觉生。讨论事项:(一)会员限至9月14日截止登记。(二)暂借升平路隆吉行为社址。(三)订9月19日下午3时,假座大中路民立学校召开社员大会,通过章程及选举理监事。(四)请市政府侨务局派员指导。

《江声报》1948年9月9日

侨产保委会第四次会议

侨产保障委员会,昨日下午3时假华侨协会召开第四次会议,由陈丙丁主席。议决案如下:一、历来接受侨属申请调解未清各案,由调解组继续进行调解。二、秘书陈秉涵,因病假已久,应留职停薪,职务由方莲山代理。三、(略)。四、办公时间规定每日上午8时起至12时止,凡申请调解者,应按时前往办理。五、定11月间召开全体委员大会。

又:该会自成立以来,接受调解案件计有五十四起,现已调解竣事者十六起。(厚)

《江声报》1948年9月19日

马来亚华侨联谊会昨举行成立大会
叶鸿恩等当选理监事

市讯 在本市马来亚华侨,为数甚多,向无组织,故缺少联络。两月前,总侨领何葆仁,及一般归侨,发起筹备,征求会员。迄今已告就绪,于昨(19)日下午3时,假大中路民立学校礼堂,召集成立大会,并选举理监事。到会计110人,济济一堂,颇极一时盛况。当场推举何葆仁为临时主席,宣布联谊会之组织，旨在联络侨情，促进同侨福利事业，拥护政府政策，劝导华侨回国复兴国家社会。继由叶鸿恩报告筹备经过，成立后，暂设社址于镇邦路重吉行3楼。时适陈中委国础莅至，当即推请训词，励以在厦归侨之联谊会，社员应加紧联系，藉以共谋福利与治功，指导出入国华侨便利。旋即通过章程，计二十□条。最后开始选举理监事，选举结果以吴幼纯、叶鸿恩、林珠光、何葆仁、叶少春、黄木伟、陈文旌、黄光源、陈瑞清当选为理事，苏有朝、吴新民、张述、黄重(仲)涵为候补理事，洪晓春、黄谦若、谢桂成为监事，张澜溪为候补监事。

《立人日报》1948年9月20日

马侨联谊社助难侨返里

又马来亚政府配回之福建难侨，计有许宗和等15名，滞留厦门市救济院，生活艰难，苦无归计。本市马来亚华侨联谊社闻讯后，当即派员前往浯村救济院慰问，对于各难侨身世及被配回情形，调查甚详。除分函各该难侨在厦之同乡，分别予以援助，及呈请当局发给该批难侨舟车优待证外，每名并助以旅膳费，以示爱护同侨之至意。各难侨沾受惠后，闻已开始分别打回原籍云。

又本市马来亚华侨联谊社，经于上月19日正式成立，选举理事长及理监事。兹定于10月10日下午2时30分，假市商会礼堂，举行理监事就职典礼。已通知全体社员准时出席及呈请党政机关，届时派员监誓，并柬请各有关机关首长及新闻界莅临观礼。会后举行聚餐，以示庆祝，届时当有一番盛况云。(厚)

《江声报》1948年10月9日

华侨协会厦门分会首次筹备会

南京华侨协会厦门分会，昨午3时30分假华侨协会召开第一次筹备会，出席筹备委员何葆仁等15人。首由黄市长报告该会产生经过，及其任务：一、联络各属华侨感情，投资建设事业。二、协和当地民族与国民外交及侨民之福利与服务等。旋即议决开始征求会员，名额预定100名。凡热心华侨事业，曾在海外侨居2年以上者，经会员2人以上之介绍，即可入会。

定 19 日审查会员资格并推黄市长、陈烈甫、蔡杰士、陈丙丁、白三江、吕隆庆、何葆仁为常务理事。现该会经定本月 31 日举行成立大会。（厚）

《江声报》1948 年 10 月 13 日

侨汇困难应解决　军火勿携带返国

侨团联谊会讨论数问题

本报讯　厦侨团联谊会第二十次会议，昨日上午 10 时假侨务局会议厅举行，出席吕尘心等 7 人，列席何葆仁、叶鸿恩等三人，主席白三江。首由侨务局吕尘心报告：一、为新加坡政府遣配回籍难侨许德成、林金利等 19 人，经转准 TRO 厦处代电："准予救济"。希转该侨等携证前往大生里侨处具领。二、缅甸归侨复员委员会送滞厦归该侨名册，要求拨购第二理（批）台米，经转请市府办次。继由厦门市银信业公会理事长李成田报告目前侨汇困难情形。最后讨论各事项如下：

一、近半月来金融剧烈变化，外则当地政府限制汇额，内则政府管制侨汇。民信局方面暂停□业，影响侨眷生活应如何建议中枢改善。议决：（一）推派代表陈丙丁、吕尘心、叶鸿恩、白三江等访晤中央银行厦分行经理吴本景及党政参首长，商请中央有关机关，请求速颁补救办法。（二）将目前侨汇困难问题联系侨委会及本省在京立委，会同两广在京立委，就地向中枢商请补救办法。（三）拟具补救办法：甲、请政府参照战时侨汇补贴办法，实行侨汇补贴，待金融稳定时停止。乙、请政府准华侨自由自备外汇输入物资，建设国内生产事业，以维持侨眷生活。丙、请侨汇管委会在中央补救侨汇办法未颁布前，暂缓实施管制民信局侨汇办法。

二、报载芝巴德轮内破获私运军火，嫌犯陈涯被捕，涉及侨团名义，应如何表示，议决：先行派员查明真相后，再行决定办法。三、关于侨轮进口，时有发现私运军火情事，应如何设法禁止，议决：函菲总领事馆及总支部暨各侨团，劝导侨胞勿携带违禁品及军火返国。

《中央日报》1948 年 10 月 28 日

厦门侨团有八个组织

本市为华侨出入口重要口岸，自光复后，华侨的社团有如雨后春笋，纷纷成立。现在除侨务局为政府所规定的办理有关华侨的机关外，另有八个华侨社团之组织：（一）厦门马来亚联谊社，常务理事长为何葆仁。（二）厦门海外华侨协会，理事长张澜溪。（三）厦门华侨服务社，主任蔡杰士，现往菲律宾，由黄银水代理。（四）华侨产业保障委员会，常务主任陈丙丁。（五）缅甸归侨复员协助委员会，主任白三江。（六）华侨互济社菲支社厦门办事处，主任庄春木。（七）菲律宾华侨血干团厦门办事处，主任陈涯，现由李法栋代理。（八）南京华侨青年协进社厦门分社，主任黄敏翔，现往台湾，由杨云代理。（侨联社）

《江声报》1948 年 11 月 2 日

挽救侨汇停陷危机　改善侨民出入手续

昨侨联欢迎会有所讨论

市息　本市荷印侨联社，于昨（4）日下午 5 时，在华侨服务社举行茶会，欢迎侨胞台湾观光团，出席有侨团代表及来宾林清池等 50 余人。首由主席陈丙丁致欢迎词，嗣由侨领庄西言、郭美丞相继报告，荷印统制物资进出及限价情形，印度尼西亚独立，及华侨国籍等问题。对本市外交部未设处签发出国证，甚表遗憾，盼各界努力交涉。其次，渠等返国检查时间延缓，及工人勒收，所谓“码头费”，应请政府改善。继由吕侨局长报告目前有关侨务重要问题，兹录志如下：

一、侨汇问题。近月以来金融剧烈变化，黑市猖獗，侨汇逃避，政府加强管制，信局均将停业，侨眷生活日趋严重。为使政府可以得到外汇，侨眷免于无形损失，及需妥筹补救办法。兹经厦门市各华侨团体联谊会，第 20 次会议议决，建议三点：（一）参照战时侨汇补贴办法，实行侨汇补贴，待金融稳定后停止。（二）准许华侨自由输入法定进口物资，或放宽管理自备外汇办法，以利侨胞投资国内生产事业，及维持侨眷生活。（三）在中央补救侨胞办法未颁布前，厦门应暂缓实施管制信局侨汇。

二、外币兑换问题。自政府颁布新经济紧急处分命令以来，中央银行收兑外币□□美钞港币及印有 VICLORV 字样之菲币，其他如英镑、印币、星币、越币、暹币、法朗、日元、荷盾等，未经核定兑换率，仅准持有人自行保管，并向当地中央银行，以书面申报登记。惟厦岛各属归侨，分布甚多，侨生亦属不少，所持各属外币，无处兑换，生活顿受影响。应请中央迅行公营收兑，以利侨民。

三、护照问题。查驻厦临时签发护照办事处,结束后,寄发护照,往返需时,侨民在厦待照,动辄数月,损失甚巨。兹厦门口岸,为华侨吐纳之区,侨务局代转申请护照,已四阅月,平均每月收件380。而台湾出国侨民无多,反有签照机构。厦门独抱向隅,殊未免办理失平。仍应请外交部于明年度一月起,在厦设处办理,以利侨旅。

《立人日报》1948年11月5日

华侨协会　集美校友会　昨日开成立大会

市息　华侨协会厦门分会,于昨(7)日下午2时在华侨服务社举行成立大会,出席会员百余人。首先举行投票选举理监事,4时开会,主席黄天爵报告筹备经过后,即由庄西言、郭美丞、汪德耀、康肇祥、庄金章等演说,复摄影散会。查是日选举结果,黄天爵、陈烈甫、白三江、何葆仁、陈丙丁、蔡杰士、黄超群、张澜溪、吕隆庆、胡资周、王连元、谢桂成、叶鸿恩、陈文麟、黄谦若、任鸿楼、吴春熙、张立本、林清池、吕尘心、陈瑞清、谢拔透等当选理事,黄天锡、谢桂成、黄超群、王连元、黄谦若、何葆仁、胡资周、陈文麟、陈瑞清、林珠光、黄焕祖等当选监事。至中选两职者,将任择一职云。

市讯　本市集美校友会成立大会,经于7日举行,到会者计百余人,推举叶采真为大会主席。市府派郭金河为监选员,集美学校董事长陈村牧,亦莅临参加,并通过每年于集美学校纪念日,为校友赞助母校运动会,及协助本市集友小学。当场票选叶□奏、林承志、林涵颐、叶采真、苏宗文、庄文潮、曾文墨、王兆畿、陈维□等9人为理事。江□仁、叶国强、吕仲陶、庄宝珍等4人为候补理事,陈敬贤、陈厥祥、叶道渊3人为监事,甘明刚为候补监事。

《立人日报》1948年11月8日

华侨厦分会成立　理监事昨均选出

本报讯　华侨协会厦门分会,昨日下午2时,假华侨服务社2楼召开会员大会。到有会员暨各机关首长,各界来宾,新闻记者六七十人。主席黄天爵报告筹备经过,各筹备员报告会员人数,申请登记参加者已达100多人。宣读通过章程,介绍理监事候选人名单,之后即进行投票选理监事。投票完毕，公推唱票写票，记票员连同监票人等，把选票移在4楼办理开票统计手续。4时30分，成立大会开始正式举行，黄市长主席致词：华侨协会设立的动机，在太平洋战事发生时期，南洋华侨纷纷返国回到重庆，在共同感到需要而被引起。其组设的主要目的有三：一、发展华侨事业。二、以华侨力量，促进国内建设。三、以会的组织力量，协和各友邦、各民族的团结。因为华侨事业与祖国息息相关，从入口、经济、政治而言，华侨问题的重要，可以比诸"九一八"东北问题的重要性一样。所以我们一定要注意华侨问题，必须重视华侨地位，今后更要遵照总会规章，努力向前发展，进而与各民族团结起来。

来宾荷属侨领庄西言报告□荷属华侨情状，自从日本向同盟国投降以后，华侨并未获得胜利的幸福。反之，在土人的仇视、焚毁、劫掠、奸杀种种暴行之下，直到今日，华侨还在水深火热中。

侨领郭美丞报告：荷属华侨对祖国的筹赈工作，由于遭受当地荷兰政府的限管束缚，荷属华侨团团体赈会的确尽了应尽的责任。目前尚存有一部捐款，无法寄回。这一笔捐对款，于急赈事谈不到，希望将来能够作水灾善后的建设之用，把水灾克服下去。同时希望将来海内外华侨协会分支会的组织，能够臻于健全，共同为挽救华侨当前难关而一致切实负起推进任务，不要陷于过去华侨团体的"有其名，无其事"的老毛病！

厦大校长汪德耀演说：谈起华侨力量的伟大，无论从经济建设与开发工作，都充分地表现出来。当前的华侨问题，的确相当严重，如果大家漠不注意到海外华侨这一个当前大问题，恐怕将来华侨二字将会有被取消的危险！我们不但要希望华侨的继续开展，保持现有地位，也希望国人应该把"要募捐才记得起华侨，平时就把华侨忘记了"的观念，加以纠正。至于华侨过去在南洋与土人的隔离鸿沟是很深的，以致战后就招致了土人报复的不良后果，这缺点是应该设法弥补的。最后汪校长特别强调，厦大是侨领陈嘉庚先生所创办，对华侨特别有关系，对于有关侨务问题，在有可帮忙之处，当致力为华侨而服务。同时深切盼望海外华侨子弟，如有意回国升学深造，决尽量予以便利。因为华侨在海外过去都是单凭流血汗的苦斗精神，今后是不够的，应该配合着科学的智（知）识与技能。

商会新任理事长庄金章说：商会与华侨最有密切关系，希望华侨不要忘记祖国，多多投资祖国建设事业。我们政府对于华侨携带金饰物资回国，往往加以扣留没收，这是不应该的。这一点我们要特别为华侨的投资祖国建设事业而呼吁。

海军巡防处长康肇祥说:保护华侨,原是海军应尽的职责,但是我国海军目前因为戡乱,且力量单薄,故未尽其护侨职责,非常抱歉!本人希望海外华侨能从经济上帮助建设海军,鼓励华侨子弟回国投效海军,将来能够建立一艘华侨号舰,可收经常开航海外,宣慰侨胞,那就是最大的光荣了!

演说完毕,监票人报告开票结果,计当选理事者有黄天爵、蔡杰士、陈烈甫、白三江、陈丙丁、何葆仁、黄超群、叶鸿恩、张澜溪、吕隆庆、胡资周、伍鸿楼、王连元、谢桂成、陈文麟、张立本、黄谦若、陈瑞清、吕尘心、施拔透、林清池等。当选监事者有黄天锡、王连元、陈瑞清、陈文麟、胡资周、林珠光、何葆仁、谢桂成、黄谦若、黄焕祖、黄超群等。依照章程规定,理事15人,候补2人。其理监事均获当选的,将另行召会决定去留,专任一职。至6时散会。

《星光日报》1948年11月8日

侨协理监名单决定　昨开筹备结束会　首次理监会月半举行

市讯　华侨协会厦分会,昨(11)日下午3时,在华侨服务社,召开筹备结束会议。经议决各案如下:(一)当选理监事,应如何决定案?议决,当选理事与监事姓名重复者,按其名次前后分别决定之,其名单如下:甲、理事黄天爵、蔡杰士、陈烈甫、白三江、何葆仁、陈丙丁、黄超群、叶鸿恩、张澜溪、吕隆庆、胡资周、伍鸿楼、张立本、吕尘心、吴春熙,候补理事黄谦若、林清池、施拔透、庄春木、郭武林。乙、监事黄天锡、王连元、谢桂成、陈文麟、陈瑞清,候补监事林珠光、黄焕祖,并由筹备委员会分别函知各当选理监事。(以上名单均以选举票多寡决定)(二)召众理监事会议案,议决:定本月15日下午3时在华侨服务社分别召集第一次理监事会议,并于会后举行聚餐。(三)关于本会工作计划及预筹案,议决推定张澜溪、蔡杰士、白三江,工作纲要及预算,提出理事会议决之。(南侨社)

《立人日报》1948年11月12日

救济待遣归侨　取缔码头勒索　侨联会决请当局施行

市讯　查本市华侨团体联谊会,昨(16日)下午6时,假公园西路9号2楼,开第21次联谊会,出席者吕尘心、庄春木、陈丙丁等8人,主席张澜溪。

讨论事项：(一)菲驻厦领事馆拒绝广州、台湾、厦门等外交部所发护照，应由本会联电外交部，对各处已发护照，仍属有效，迅电请菲领事馆予以签证。(二)出国侨民申请旅费，近由本会联电财部建议，予以增加，并厘定各外币兑换请求。(三)滞厦各属待遣归侨，□兹冬令交迫，催请当局迅发物资赈济。(四)归侨返国，对码头工友勒索行李费，应函水警局注意制止云。

《立人日报》1948 年 11 月 18 日

华协分会分配工作

市息 华侨协会厦门分会，日前召开第二次理事会议，分配各组负责人，计经济委员陈丙丁、林清池，文化委员陈烈甫、叶鸿恩，福利委员会白三江、伍鸿楼，财务委员会黄天爵、周冰心。又该会目前拟进行之工作为：一、筹备基金。二、办理侨民福利。三、辅导经济事业。四、调解侨民一切纠纷。(厚)

《江声报》1948 年 12 月 27 日

侨团联谊会讨论数案

本报讯 本市侨团联谊会第 25 次会议，于昨(3)日午由陈丙丁召集，到 50 余人。讨论事项：(一)关于行驶安海、东石线轮船，时有发现对回国侨胞苛收行李费。议决：由会函请市政府转饬轮船公会，依照政府前订办法办理，如有逾重行李，以超过百斤以上计算。(二)对于缅侨黄子时之次子黄和顺，被黄礼灿拐卖案，由会函南安县府究办，起解黄和顺归家。(三)民食调配会分配留厦待遣难侨食米问题。议决：由会派员向会查明价款数量，由团体备款请购给滞厦难侨食用。(四)对于外钞，国人可以持有，而归侨不得携返。此项政令殊有请求修改必要，将由会电侨委会，转咨财政部改善，准予归侨持有，随时向央行兑换侨汇牌价，以免归侨损失云。

《中央日报》1949 年 2 月 4 日

厦侨团欢迎军政长官席上　提供侨务兴革意见

市讯 本市侨团联谊会，昨(10)日上午 9 时假国际联欢社，举行茶会，欢迎新任市长李怡星,与要塞新任司令史宏熙,宪兵第三团长莫中令,并邀各界人士参加,与会者 20 余人。首由华侨协会理监张澜溪致欢迎词,后并提出目前有关侨务兴革刍议,内容共分九点:(一)马来亚当局,配遣返国难侨之救济,与资遣还籍。(二)南迁部队机关兵舍、宿舍之统筹办理。(三)改善内河轮船苛收归侨行李费。(四)拟请市政府组织仲裁委员会,处理华侨产业纠纷。(五)禁止归侨穿美式军服之改善。(六)便利归侨投资工业贷款。(七)停止侨区占兵征粮。(八)归侨行李物品应予优待课税,以鼓励华侨携带物资返国。(九)取缔码头工人强行起卸行李,苛索归侨巨资。继市长李怡星起致谢意,首述彼系侨生,与华侨关系甚深,厦门地位,华侨之关连更为密切。彼此次接长厦市,是做事而来,非为官而来,虚心采纳地方人士与侨胞建议,不违背法令,当尽力做去。(一)马来亚政府实施紧急法令,在外华侨被抓六千余名,多系闽粤人,不能说他完全不安分子,但处于殖民地范围,焉有理说。被配回祖国来受饥寒之苦,市府为爱护华侨,当尽力协助。(二)南迁部队大量到厦,占住民房侨产,当会同史司令、莫团长洽商妥善办法。(三)银行拟组贴放会贷款华侨创办生产事业,将与协助。(四)对侨产房屋,当召主管科另组仲裁会解决。(五)取缔非军人着军装问题,影响归侨,当请莫团长改善,以便利归侨。(六)要求停征兵征粮,政府是否可能办到,当待国防部核示。(七)华侨归国,屡遭海关阻难,市府亦颇注意。惟其间不少借华侨名义走私,而影响真实华侨者,殊可痛心。外侨领屡次向中央财部交涉,要求优待并严惩勒索归侨人员,但每向被勒索者提出证据,均不得要领。假有相当证据,政府不办,社会亦有正义感之同情,一般既被勒索,又不提出证据检举,空喊无济于事。应根据事实,本人当协助解决。(八)归侨回国,被轮船码头工友勒索巨资,已有方案,饬社会科、警局办理,按步实施,决不空谈云。再次要塞司令、莫团长等,均先后发言,对侨轮进口之改善检查,及取缔非军人穿着军服,莫团长表示如正式归侨,持有回国证者,许一个月穿着。超出一月以上者,应往改染,否则必须历缔。至非军人者,如非全套,当予放宽云。

《立人日报》1949 年 3 月 11 日

马来虐待华侨　侨团电请中央抗议

市讯　本市华侨团体联谊会为马来亚当局虐待华侨,今特电侨务委员会转咨外交部，提出严重抗议，并请派专员交涉，以安侨旅。原电如下：

查马来亚当局排华日蹙，近来颁布紧急实施法令，对华侨之苛刻虐待，无所不至。此次配由捷丰轮返国之侨民抵厦时，谓马来亚当局逮捕侨民近万人，加以嫌疑罪名，有则举家均遭驱逐，有则父母妻子强被拆散，甚至一村一落发生事故，则全乡均受波及，不拘老幼，一律被捕，配轮遣送返国，且不得重返等语。本会廉得其情，不胜惊骇。兹经3月15日第28次会议议决：电请钧会转咨外交部，向马来亚当局提出严重抗议，并已派遣专员交涉，以安侨旅云云。（默）

《江声报》1949年3月19日

侨团联谊会通电签和平

本报讯 厦市侨团联谊会，本月27日举行会议时曾议决，通电呼吁和平。电文经于昨拟就，定今日发出，其电文如下：南京李代总统、北平毛泽东先生钧鉴，八年抗战，三年阋墙，国际地位低落，华侨备受压迫。国家元气创伤，人民流离颠沛，渴望和平与日俱增。比闻和谈在即，伏乞以海内外人民为重，化干戈为玉帛，登彼衽席，同臻郅治。国家幸甚，人民幸甚。

《星光日报》1949年3月31日

侨团将举行华侨晚会　昨开联谊会

市息 侨团联席会昨晨10时假公园南路青年协进社举行第31次会议，主席董敏翔。报告事项：（一）以奉市府代电本会建议有关目前侨务兴革意见，对于侨区停止征兵征粮一节，当经报请省军管区司令部核示。略以本年征兵系采用征募并行制度，且年次亦已放宽，前奉参谋总长顾电：本年征兵工作仍应照原定计划继续进行，该市华侨联席会所请一节，未便照准。（二）本会响应省参议会通过改善本省侨汇铸造银元，发给侨信，通电拥护。顷获南靖县海外华侨协会代电响应。（三）持有入境执照之新加坡及马来亚华侨妇女，在归国期间生产子女可否携带入境一案，前准厦门英国总领事署函覆以出国马来亚华侨须提出马来亚当局发给有效之入境字，本领事始有权予以签记。对于持有入境字之华侨妇女归国期内所生之子女，其母亲须持其子出生及关系证明书，提向其原入境字发给当局，申请许可入口。其间并由侨委会常务委员余超英报告,即行讨论:(一)推举张澜溪、庄春木、白三江等负责筹备,定期举行华侨晚会,以便交换意见。(二)京沪时局紧张,货物未能畅流,本市物资素多取给于沪上为补救。目前物资缺乏,应建议侨委会令转咨行政院,撤销输入许可证,鼓励华侨自由携带物资返国。(三)市警局登轮检查双重国籍侨民发生留难,应建议改善。(四)漳、泉各县拒用金圆券,发生流通转券,金融紊乱,人心惶惶。拟请办理侨汇之国家银行准以银元汇兑,以安侨眷。(五)下次联席会推举陈丙丁负责。(默)

《江声报》1949年5月6日

侨联昨举行卅二次会议

市息 市侨联团昨下午4时假华侨协会举行第32次会议,主席张澜溪。讨论事项如下:(一)筹备举行华侨晚会,因时局紧张,暂缓举行。(二)归侨赴台游历或考察实业,从事投资生产,拟由会电请台湾省政府准予便利入境。(三)下会日期定6月1日举行,由陈丙丁召集之。(默)

《江声报》1949年5月19日

侨团联谊会议决　请改善侨汇等案

本报讯 昨(14)日下午4时至7时,厦侨团联谊会,在华侨新村举行第38次会议,主席陈丙丁。首由侨务局第一科长许新民报告两点:

一、自本3月间迄今,马来亚政府迫遣华侨返国抵厦者已有770人。本局前经呈请华侨侨委会转外交部,饬该地领馆,向马来亚政府提出抗议,俾良善华侨,得有保障。存案至今,尚未得该领馆覆知交涉结果,经再电侨委会转催迅覆。

二、厦菲偷渡案串通犯之本市利侨等旅栈东,避罪不敢应讯,市警局顷严限其于三日内到局应讯,否则即将该栈等封闭。

继该会理事长张澜溪报告谓:

一、福建造纸股份有限公司福州厂址被军队占用一案,据悉该部队已由福州绥署饬令迁出。

二、本市党政军民联席会议,每月举行例会一次。该会对华侨问题非常注意,本会如有建议,可□送讨论。

最后讨论议决：

一、马来亚政府迫遣华侨返国日多，再请中央提出抗议，并予该项返国华侨资遣回乡及介绍职业案：(1)由会再电请侨委会，咨外交部暨驻马来亚各地领馆，一致提出严重抗议，并发给回国证明书，以保障是项良善华侨。(2)由会分函各县旅厦同乡会，切实负责筹募资遣归乡，或予介绍职业，以免除是项华侨生活困苦。

二、华侨返国携带物品，厦门海关时加留难，应：(1)建议侨委会转饬国外各领馆，制发华侨携带自用物品返国数量证明书。(2)上项办法，并请由侨委会转咨财政部，令饬海关，对于持有我各地领馆所发自用物品证明书者，予以便利放行。(3)由会函厦门海关，尽量简化检查手续。

三、改善侨汇案。推举郑善政、张澜溪等拟具办法，并于下次会邀请中国银行经理列席讨论。余略。(略)

《星光日报》1949 年 8 月 15 日

侨联会集会讨论　建议改善借用民房

市息　侨联会第 39 次会议，日昨举行。兹将该会讨论事项探志如次：(一)归侨张立本，以升平路楼屋被国税局占用，背约不还。又归侨曾启源，以产业被龙金水恃势占住，经转请警备部核办，请追认案，议决通过。(二)本市防务重要，部队增多，借用民房应如何建议改善案。议决：甲、本市中等以上学校，当局已饬暂缓开课，可尽先借用。乙、公共庙宇及机关团体之有余地者，应先征用。丙、必要时则借用已离厦之住民房屋。丁、未离厦之归侨房屋，勿予借用，以安侨眷。戊、定 2 日下午 4 时集中，趋谒汤长官、毛司令。

《江声报》1949 年 9 月 3 日

炮火惊散主持人　侨团工作均停顿

市息　本市光复后 4 年以来，中间一度由于侨汇畅通，物资源源涌至，市场亦随之繁荣，尤其宪法实施后，各社团纷纷设立，各种团体为欲联络情感，与取得密切联系，曾分别组织联谊会。在华侨方面，最初有侨团联谊会，继之菲律宾、马来亚、缅甸、荷属等联谊会，亦纷纷成立。更有本市的中央机关联谊会、银行业联谊会、中小教员联谊会等,可谓蓬勃一时。但其中最有声色,莫若侨团联谊会,该会最初乃以十单位联合组成,即华侨协进会、侨务局、华侨服务社、缅甸归侨互济社、菲律宾互济社、华侨青年社,以及荷属联谊社等10个代表。分期轮值,每期半月,逢1月15日轮流召集举行,讨论华侨问题,并为解决一切困难。自成立后,各单位精神勃勃,继续不断举行至32期,较其他各联谊会多所现表。次为中央各机关联谊会,其目的在要求公教人员待遇问题,成绩亦屡见表现,为公教人员解决不少困难。惟自时局急转之后,闽省遍燃烽火,本市由繁荣而衰落,一般亦无心于联谊,各为自己着想,犹惶不及。于是先后无形停顿。最能争气还算侨团联谊会,尚能单独存在,无如省垣易手后,漳、泉相继沦陷,一般会员亦为炮火震惊而离散。于是侨务局、华侨协会等,亦陷无人负责之状态,联谊会亦从此无形解散矣。

《江声报》1949年10月14日

第五章

侨务工作

第一节　保护归侨、侨眷的合法权益

归国华侨为人鱼肉　侨委会沥陈冤案
国府训令“切实保障”　岭东如斯　闽南如何？

思明县政府昨奉省民政厅训令云：

为令行事，案奉内政部民字第六四号训令开，案奉行政院第一四九一号训令内开，案准国民政府文官处第一二六八号函开。径启者，准中央侨务委员会第一三二号函，以据岭东华侨互助社执行委员会呈，为归国侨胞每被土劣贪污，任意压迫，以致沉冤莫伸，实灰侨民返国兴办实业之心。据情转请通令各机关，对于侨胞冤案，迅速办理，并令切实保护侨胞产业，以慰侨望。函请查照，转陈核办等由，准此。经即转陈，奉主席谕，交行政、司法两院等因。除函复暨分函外，相应抄同原件，函达查照等由，准此。除分令外，合行抄发原件，令仰该部即便转饬所属，一体遵照办理。（中略）合行抄发原函，令仰该县长遵照办理为要。此令。

兹将中央侨务委员会公函，原文如左（下）：

径启者，据岭东华侨互助社执行委员会呈称：为呈请事，案据属社第一次代表大会决议案第九条，暹罗（泰国）分社代表陈鸣凤同志提议：甲、请政府严令所属行政司法各机关，对于侨胞冤案，迅速切实办理，毋得任意延宕，坐令沉冤莫伸，尤须依法及宣传，俾益侨胞而儆奸恶案。乙、请政府严分所属，切实保护侨胞产业，俾侨众投资返国，努力建设案。理由，侨胞远涉重洋，漂流海外，备受帝国主义者之压迫残踏，忍辱含垢，刻苦经营，稍获绩就归来。而土豪劣绅，贪官污吏，每观为砧上肉，任意压迫。若星洲侨胞刘七辉，乃本党革命老同志，年近八旬，竟被土劣诬为共党，以致屋宇被封，家人离散，漂流海外。虽案经汕头市府查明确属被诬，迄今数载，靡特未办反坐，乃竟置之不理。登海山边，乡人暹侨陈利孝，遗子陈莲南、陈振遗，二人返国就学，即被劣绅串使土匪掳勒。当请政府缉办中，该劣绅竟敢嗾使匪党，将其长子陈振遗枪杀，弃尸郊外，以为威挟，案讼反复，迄未申雪。暹侨苏文音亦于十八年间返国，即受土豪苏祖灿压迫，将产业占筑，复被装伤，诬控伤害。(历)经两载，靡特含冤罔伸，竟遭贪官枉押，乘夜迫勒。吧城侨胞张立归国未久，弟子被掳勒赎不遂，弟遭惨杀。案犯主凶，虽经破获，而政府延宕经年，迄今未决。旅暹侨胞李龙田，妻女被黄壬癸诱拐来汕，串同马通和客行担探，逃往台湾。迭经法院票传，该保店马通和质讯不到，任其逍遥法外，以致沉冤莫伸。以上等案，不过略举所知而已。似此实非侨民返国兴办实业、致力建设之心，亟应呈请国民政府严令所属机关，对于侨民冤案迅速办理，依法反坐，以儆奸恶，并令行切实保障侨胞产业，俾侨众得所维护，相率来归，努力建设。是否有当，请付公决等由。当经即席一致通过，决议照办在案，理合据情转呈钧会审核，予转请国民政府赐予通令各机关，对于侨胞冤案，迅速办理，并切实保护侨胞产业，以慰侨望，而利建设。是否有当，伏乞示遵等情到。

《江声报》1931 年 5 月 13 日

南洋民信增价　侨委会劝暂缓办　本市副邮务尚未接事

新任本市副邮务长陈维屏氏来厦后，其接任时间，闻须由省邮务局派员会同接收。候该员来厦后方能决定云。

另讯，邮政总局于 2 月 7 日呈交通部，酌增南洋民信邮资一节，交部除派邮政司长林实至侨委会面商外，并有一一三号公函至该会磋商。闻该会认为影响侨民生计，劝勿置议。现新加坡总商会来电反对，其电文云：

南京侨务委员会陈委员长钧鉴，据闽潮帮汇兑公会函称：商况万分恶劣，全侨银信汇寄锐减，眷属在家已感痛苦。今民信邮资将又增至一角二分半，担负愈重，汇寄愈少，家人生活愈感困难。万恳钧会轸念侨艰，移请交部，准令缓办，俾民困获苏，赡养有赖。新加坡中华总商会叩鉴。

《江声报》1933 年 3 月 6 日

第四分局拟在第八码头　建筑检查华侨行李场所
函华侨公会商筹资办法

本埠华侨公会，以前此华侨归国时，水上员警多有在水上半途检查侨客行李，有时风高浪大，危险殊甚。曾函市公安局饬属取缔，并向第五分局提出意见，对于检查侨客行李，应指定岸上一定地点，庶防范为周，亦免种种危险及骚扰。第五分局为此，曾派员勘查沿岸一带，但苦无相当地点，可资筑用。近再派稽查许郁调查，结果以第八码头地点适中，乃呈复第五分局，请仿照海通公司办法，在第八码头建筑木码头一座，及木屋一所，以为检查上落行旅之用。该局据此，经呈市公安局请示，局长林鸿飞，认为事尚可行。惟工程费无着，昨特函华侨公会，磋商筹资办法，以便进行建筑云。

《江声报》1933 年 4 月 26 日

第八码头验华侨行李拟商办法中

第五公安局分局拟指定第八码头特设查验处，以便检查华侨行李事。该分局曾呈公安局函华侨公会，磋商具体办法，华侨公会昨下午开会讨论，公安局长林鸿飞亦到会列席。当经该会讨论，派杨元通为代表，径与第五公安分局协商办法云。

《江声报》1933 年 4 月 30 日

侨商请求拘究人犯　须华侨机关密电知
直接请求不予受理以杜诬陷　市处函菲领事及华侨团体

市政筹备处，昨分函驻马尼拉中国总领事郑，马尼拉中华商会主席陈及国民党驻菲总支部云：

径启者，本处迩来时接旅菲侨商电诉被人卷逃，请予拘究，其中有无假冒名义,挟嫌诬陷情事,不得而知。倘从事调查,则事机紧追,万难久待。兹为便利究办起见,嗣后各侨商如有请求本处拘究人犯,应由当事人呈请当地党部,我国领事馆,或商会核办。经党部、领馆或商会详细调查,认为证据确凿者,即用密码电知本处(亦应指定认识所捕人犯之人,以便会同拘捕。如用密函通知本处者,应将人犯像(相)片,一同寄下),裨资证明而凭核办。倘以私人名义直接向本处请求者,疑难受理,藉杜虚伪,而昭慎重。相应函达,即希查照,并转各侨商一体知悉云云。

《江声报》1933 年 5 月 14 日

华侨函请查究鸿发栈　三分局传讯账房　讯问后准予保释

公安局昨训令三分局,略云:

据侨务局转南洋霹雳实兆远中华公会长方肇融函,谓据闽侯籍侨民林元泉呈称:渠前于未出国前,曾由省函厦门鸿发栈,查询由厦赴实兆远,透票价目。经该号函复,谓如由金马轮往,船票每张 100 元,并称如欲出洋,过厦时,可宿该栈内,代办一切。渠信以为真,即携子林意榕、女婿王仁藩等 2 人赴厦,即寓于鸿发栈内,以 300 元嘱该栈代购船票 3 张。讵该号存心不良,取款后,竟一意挨延推诿。嗣又称金马轮票,因此间客少,须至汕购取,并介绍汕头复兴栈与渠,谓该栈与往来甚久,到汕时可投寓是栈。渠等不知其谬,遂于民国二十三年(1934 年)10 月 18 日往汕,临行前,鸿发栈并勒去 60 余元之房租伙食等费欠单。讵渠等抵汕后,由复兴栈付船票 2 张,命搭海飞轮往实力(新加坡),谓王仁藩经敝号向轮中买办说妥,可冒弃水手前往,不用船票。讵渠等下轮后,王仁藩因中途被船主检查无票,遂被留禁,至今无踪。请转请厦公安局,将鸿发栈传案究办等语。

三分局奉令,立传鸿发栈账房黄济川讯问。黄济川供:林等系于去年旧历九月初五日来厦,称欲往实力(新加坡)。惟林等仅带现款 300 元,当时船票昂贵,每张约百余元。林等无力购买,故留栈多日,以观价格涨落。最后仍以无法坚求,本号说为帮忙。敝号以同属乡谊,不得已,为介绍本埠复兴栈代设法赴汕,再转轮往实力(新加坡)。盖此种办法,可节省甚多也。当林等未离厦前,留敝号共 20 余日,欠栈租伙食费 60 余元。当时林无力清还,故由一旧识伙计刘孟吉代为担保,并借予大洋 10 元 5 角半,先为清还。经林立字为据,允抵实力(新加坡)后寄还。讵林去未久,则自实力(新加坡)来函，书中对于所欠款项，含意诿赖。后□□接林戚陈寿春由省来函，谓接林家书称：3 人已安抵实兆远，足见王仁藩绝无失踪之事。现各信尚在，均可为证云云。讯毕，该局以林元泉所称确为有可疑之点，允黄保外候查云。

《江声报》1935 年 2 月 22 日

拍南洋电　应送电局　侨务局报告

厦门侨务局，于昨日发贴布告云：案准交通部厦门无线机台公函开，查本市侨胞出国，经商南洋群岛者，为数颇多，本台与马尼拉(Manila)各地，均有直达无线电路。故电讯交通，异常迅速。近悉一二商家如华菲合作社、太古铀记行，常向各客栈旅社代收电报，合成一电，送交本台拍发，希图从中渔利。本台以此种非法招揽，足以妨碍国营事业之信誉，业经呈奉交通部，电令取缔，拒绝收发在案。惟查此种电报，大都关系华侨出国，通知戚友代办入国手续者。深恐侨胞再受愚弄，以致到达彼埠，感受不能登岸之痛苦。贵局成立以来，对于出国侨胞之指导，成绩卓著，深为钦佩。为特函请转知各出国侨胞，加以注意，如有电讯，径送本台拍发，以免错误，等由准此。事关出国侨胞切身利害，嗣后凡我出国侨胞，如有电讯，务须径送厦门无线电台拍发云。

《江声报》1935 年 2 月 24 日

星洲政府买猪仔新法

特颁发招工客证　侨务局呈请交涉

厦门侨务局，以迩来星洲政府，为供应当地工厂需求，特颁发所谓招工客证，不但损碍我国国体，于华进展前途，影响亦极重大。昨特具呈国府、侨委会，请转咨外部，电令驻新加坡总领事，交涉阻止。其呈侨委会原文，节略如次：查自英属马来亚限制华工进口，华民人口日减。近缘人工缺乏，而资本帝国主义之矿工、木工、园工各厂，又纷纷复业，当地华工，供不应求，不得不广为招徕。同时少数不肖旅力侨民，遂得乘机迎合资本主义者意旨，鼓动居留政府，颁发所谓招工客证，特许登岸，不加限制。其手续由接洽办理(即工厂之工头)回华，向内地招收工人出国，登岸后，承纳居留地政府每名 35 元。登岸费、船票费一概在内，缘实力(新加坡)政府与轮船公司有所接洽，持有工客证者,其船费由轮船公司,向实力(新加坡)政府核算,每名以 35 元为准。此项招工内容,分为自费垫费 2 种,自费者由工人自备川资,由接洽人代办入口手续,到力后,虽比较自由,然行动亦难免操纵。垫费者则工人。厦到力用费,均归接洽人垫付,统归支配,并约定到力后,作工 1 年,不给工资。假如 300 名工人出国,工头以应缴力政府 35 元之计算,只须备缴 10500 元。但工人送交工厂后,有每名月资 30 元之规定,合 200 名计算,为 108000 元,除应缴 10500 元之成本外,年可获利 97500 元以上。且查此项被招工人下船后,头圈携有纸板牌之标记一方,标明工客证三字,形似囚犯,厥状甚怜。本局以兹事关重,除用劝导方法,暴露其黑幕于社会,妥为阻止外,唯此种不法之私招劳工出国,厚利敲剥,惨无人道。国体攸关,合亟将查实各情,具交呈报钧长察核,转咨外交部,即电台驻新加坡领事,据理向马来亚政府交涉,停止发给变相私招劳工出国之招工客证,以利侨务,而遏弊端云云。

《江声报》1935 年 3 月 6 日

陈联芬之弟被土番杀害

厦商会为函转菲商会　请菲政府惩凶抚恤

省党处设计委员陈联芬之弟联峰,侨商菲律宾,于本月 5 日往古加葛,道经古沓描岛华侨建立之义山路,突被土番将陈拦截,狙击惨毙。陈联芬得讯后,悲愤异常,联峰之妻陈林氏采琴,痛夫无端惨死,已具书县党部、厦门商会,请转函菲总支部,及中华总商会,呈请当地政府,严办在押主凶,及严缉在逃凶手。商会昨已照转菲华总商会,原函略称:

案据陈林氏采琴书称:氏夫陈联峰,自幼束发受书,对桑梓教育及一切有裨社会事业,无不乐为。惟念家计贫寒,乃渡菲企图大业,于今数载,从事商业,甚得该地侨胞之同情与赞助。本年 1 月间,代棉阁老米业有限公司,往加葛地方粜米养鸭,于该处日往夜归,历有月余。不料本月 5 日,乘脚踏车再往该处,行至古沓描岛华侨建立之义山路,突遇毛□番数猛截途狙击,头胸腹计受重伤 8 处。抬至医院后 1 时许,即气绝而殁。现闻凶手吗劳玺义已捕获,其余二凶在逃。窃念民夫一生勤劳,并无积蓄,遗下一子,现仅 5 岁,将何以养育。吗劳玺义等胆敢白昼谋财害命,实属目无法纪。为此具请钧会察核,准予函转菲总商会,呈请当地政府,迅将该吗劳玺义处以死刑,一面严缉在逃凶手,并恳抚恤氏子,以资养育等情。据此,相应函请贵会准予即□请办理，以安侨胞，而慰冤魂云。

《江声报》1935 年 3 月 28 日

侨民叶永泰投诉侨务局

汇票一千元被骗　请拘黄细头追还

厦门侨务局，昨据侨民叶永泰到局报告，渠自爪哇归国，抵厦后寓华美栈，正候轮返福清原籍。不料有郎官栈东之弟黄细头，探知渠持有实达银行汇票一千元，多方百计，要渠交其代领。渠以黄系相识，又属同乡，不虞有他，故将该票付黄代领。迨船期已届，渠向黄索款，黄多方推诿，甚至避匿不见。该票系盖郎官栈印章向领，显系设局诈骗。请转函公安局，派队拘拿细头等，跟追严办等语。局长江亚醒据报，以案关诈骗，遂为转函公安局，请饬警将该侨民被骗之款，向黄追出，以慰归侨云。

《江声报》1935 年 4 月 26 日

反动嫌疑两青年获准保释　向侨局致谢

华侨游必达、吴家温，曩执鞭于泗水，被该地政府以反动嫌疑罪名，驱逐出境，并函我领馆，电此间当局扣押，转送法院侦审，案悬三年莫决。月前游吴家属向厦门侨务局呼吁，请求援助。该局局长江亚醒接呈后，曾派员调查，以青年华侨，困守囹圄，殊为可怜。特亲访高等法院厦门第一分院院长，请其早日宣判。高分院即于日昨宣判，以游吴查无确实体据，准觅保释。游吴获释后，以江氏关心华侨，爱护周至，特同该家属等亲至侨务局致谢。

《江声报》1935 年 9 月 11 日

侨局请取缔勒索席位费

江亚醒明日赴京将出席五全大会

厦门侨务局长江亚醒，以侨局成立经年。亟应报告一年来办理情形，及请示今后进展。且江氏原为荷属总支部，出席五全大会代表。故已定明(1)日搭芝尼加拿轮，与菲律滨(宾)总支部代表郑其妙等赴沪转京。

又侨务局昨函水警大队部，略云：关于取缔厦门艇户勾结客栈工人，勒收出洋华侨船上席位费一节,前经本局函请贵队部严行取缔。兹据本局职员报称:昨有泉南栈伙苏石等,在安庆轮上藉端勒索出洋华侨席位费不遂,竟强行制止登轮。致华侨行李往返起卸,东抛西掷,不堪骚扰。本局职司护侨,深以此种陋习不除,影响侨务至深且巨。应请重申禁令,严行取缔,仍盼见覆。

《江声报》1935 年 10 月 31 日

神户归侨千余　述日本现状　民间反战剧烈　工商业已破产

荷轮舍拿拿号,昨由基隆载来旅日华侨千余人。在厦起卸后,该轮即开香港、星洲、槟城、仰光等处,计由厦载去出洋新旧客及香港客 400 余名。又据昨日回厦之旅日华侨言,我等此次系由神户搭轮起驶,事前日本当局对我归侨之无理虐待与搜查,实出人道轨外,凡属青年单身,未能操流利日本语者,对该国形势不熟者,或彼认为礼貌不周者,均有被阻返国或遭枪杀之虐。彼以片面理由,不曰中国人爱国心太重,即谓具有排日思想。故本期归侨,一部有自长崎乘火车往神户就轮者,沿途共有大小车站 18 个,每靠一站,均被检查、侮辱、虐待,不一而足。前我国植物油厂驻神户办事处特派员张某等,竟在长崎神户途中,被日警无理拘去,生死未卜。归侨遭此压迫,较之该国侨民归国时,我政府千方百计为之保护,真有天壤之别。7 月 12 日沪战爆发,由神户一埠开往上海送死之日军,截至本月 3 日止,统计 5000 余人。当该地日军戎装出发时,其懊丧皆溢于言表,中有存心图逃,而愿受该国军法从事,不愿赴沪送死者(按,日军图逃拘获,发二弹枪毙),并悉凡开拔往沪者,俱系最精锐部队。其较无战事经验者,则开赴东四省,隶属于关东军部下训练后驻防。日本国内社会党每睹日军开出,咸作积极之反战示威,当地一切宣传机关,如报纸杂志等,对上海该国军队之惨败,咸一字不提,反而大言不惭。因是日本民众对该国政府益加怀疑,再由怀疑,而对中国更深怀绝大恐惧心,无时不诅咒日本军阀之疯狂也。日本经济来源,平时辄以过剩货品,输入我国倾销。自沪战爆发,我对日已上下一心,抵制日货,该国出口商人受此打击,已对日政府大起反感。工商业皆极度不安,乃于惶恐之下,另谋销路,转以南洋为目标。故 2 月来,该国出口商人,多愿以极低微之价托出。我民众苟能一心一德,誓愿不再买卖日货,则彼日本帝国主义不牺牲于我大刀炮口之下,亦不无自陷于经济绝地也。现尚有留居神户华侨 2000 余人，除已有千余人前往我驻大使馆登记，准备返国外，其余千余人，因窘于经济，未能成行，希我政府当局，加以注意救济云。

《江声报》1937 年 3 月 9 日

陈荣芳将赴菲　联络交涉便利侨客

鼓屿工部局华董陈荣芳，以我国种痘权，业已收回，出洋华侨经向港检疫所种痘放行，而仍须受外人之检验，种种留难，诸感不便。而华侨回国入境，又须受海关搜检，及舟子、客栈、码头之多方勒索。陈氏对此，甚不谓然，将在下星期乘坐沙丹尼赴菲，拟合菲岛中菲国民协会暨各社团□联呈向国府及省府，迅予交涉，以利侨便。

《江声报》1937 年 4 月 13 日

留台华侨尚有六万余人

省厦各团体将联请　迅派专轮护运回国

台湾华侨 8 万余人，自华北开战，被日当局借故驱逐出境，及自动回国者，约 2 万人。然则羁留台湾者，尚有 6 万余人，省当局迭据该处归侨报告，谓该留台侨民，备受当地政府残酷之待遇，欲留不能，欲归不得。请予迅速救济，而敌方则借此宣传，指我政府爱护侨民不若彼国。事虽偶然，但出于敌人之口，则亦言之成理。故目下省厦各界团体，多拟呈请层峰，迅派专轮赴台，护运该处华侨返国，以示我政府护侨至意，亦以塞悠悠之口，是诚当务之急也。

《江声报》1937 年 8 月 23 日

福州华侨整理委会代表抵厦

福建海外华侨公会整理委员会，鉴迩来海外闽侨，认识和平真意，日趋具体化，关怀桑梓。滞留在港沪及厦鼓者，有数百人。彼等侨民，多以福厦海上交通，未臻恢复，轮航停顿，羁居异地，望乡兴叹。故该会派遣整理委员会姚克明、温洋泽二氏抵厦，访问中日各机关，磋商接洽恢复福厦海运，使此批华侨，得复归故里，并参观本会之组织与措施云。

浯屿当局,为便利往来华侨安全计,添置电船 3 艘,专任海上获(护)侨工作,使华侨不受意外之虞,生命财产,得能保障。因此凡出入之华侨,口碑载道。又于卫生方面,甚为注意,每日警务科派员视察各安栈,监督旅客食宿云。

《华侨月刊》第 1 卷第 5～6 期合刊,1941 年

水警处码头柴桥建筑凉亭

本市自事变后,地方行政,经当局之竭力刷新及官民合力建设,市廛因之繁荣,人口亦随之俱增。于是仁政四播,海外侨胞多赋归来,然以值兹赤党肆威,炎暑迫(逼)人,华侨既以出入频仍,须列在水警码头,受警士之检验行李,罔不遭受阳光之洒而大汗淋漓。故一般华侨目睹此状况,均呼吁华侨招待所,急速兴筑华侨行李检查所,以便利出入国之华侨。惟兴筑检查所,费用浩繁,无法措筹。现闻当局侨务局许科长乃改变救急办法,就水警码头柴桥上端,加盖以木板为凉亭。此项工事,经于昨召工计划,承包大约于日内当能兴工盖筑云云。

《华侨月刊》第 1 卷第 5～6 期合刊,1941 年

警厅关心护侨实行检查旅栈

本市警察厅行政科,以本市庶政,日臻修明,商业繁荣,经营旅栈业者,已达一百五六十家。兹感南洋各属侨胞,钦慕本市黔政,复归者日见其多。为秉承当局爱护华侨本旨,时时对该业者,严密调查营业状况。经于月前,饬令营业关系者,分别到厅,详查各业内部资本额,卫生设施,每月住客平均人数,及膳宿费等等,全部登载汇册,以便考查。兹以查报完毕,为切实明了经营真相,符合登记条例,并每日派干部人员,分号实地检查一切,以资甄别。对未合格营业者,将予以取消业权云。

《华侨月刊》第 1 卷第 5～6 期合刊,1941 年

华侨行李检查所举行开工式

本市侨务局计划建设之华侨行李检查所,开工式,于前月 26 日上午 10

时在建筑地点之水警处码头举行。列席者有兴亚院厦门联络部丸尾调查官上田嘱托，近藤警察队长，市府卢局长、萧部长，华侨公会代表陈见园，劝业银行吴瑞昆，华侨联欢社方景升，旅栈公会薛东港、陈克伟、王礼乐等。其秩序如下：

(1)全体肃立，向国旗行礼。

(2)开工奠基。

(3)向土神读祭文。

(4)致式词。

(5)来宾祝贺。

(6)致谢词。

(7)摄影纪念。

(8)茶叙。

《华侨月刊》第1卷第5～6期合刊，1941年

财局切实保障侨产佃户应呈验契据以杜混淆

本市财局，为谋发展农业，调整田赋制度，保障人民产权，前经派员赴禾，开始进行测量。现有耕作农地，给就图案，以资整理土地行政，而谋维护人民业权。兹查该局对此农地测勘，略事完毕，唯据查报，在禾山各处农地，多数均属侨民产业。近以法币、外汇澎(猛)涨，一般华侨，均买棹旅洋谋生，遗下田园农地，大都乏人承管。遂有投机者乘势侵占耕用，一经饬缴契据查验，辄难应付，殊属非是。兹为切实保障侨民产权起见，着严饬在该农地使用者，或所有者，克日呈验契据文件以资证明。倘若迁延时日，互存观望者，即认为契据手续不足，决由政府代为保管业权，以杜混淆。希各农地业权所有者注意及之云。

《华侨月刊》第2卷第1期，1942年

华侨服务社计划维护贫侨权益

延聘律师为顾问　代解决业产纠纷

本市华侨服务社以第二批难侨日内将抵厦，为招待保护计，现正准备一切工作。又该社主持人蔡杰士，鉴于华侨业产纠纷颇多，贫侨无力延聘律

师,多有业产被占,及受不公处分。该社为解除华侨此项困难,特聘著名律师多人为该社顾问,帮理华侨解答法律问题,以保护其权益云。

旅缅华侨陈天赐、天德兄弟,于战前在和泰街购筑房屋五所。于厦岛沦陷时,即退入内地,该屋为台人王飞龙霸占三所。迄厦光复,天德由泉返厦,接管业产,王拒不退还。其弟居住,仍拒归还,陈乃呈市府控诉,请追回业产云。

《江声报》1946 年 1 月 16 日

海关验放归侨货物

厦门海关为便利归侨认领行李及检放私人救济物品起见,于昨午破例办公,市府亦派员到海关协助归侨办理领物手续。前往认领者有黄和德、吴平权、黄焕为等数人,手续颇简便,行李概优待放行,货物即照章纳税。今晨 10 时仍继续办理云。

《江声报》1946 年 1 月 28 日

归侨提取行李　与海关冲突

要求简便检验手续　减轻税率赔偿损失

旅菲第四批归侨抵厦后,急欲回籍,于昨(9)日纷向海关领取行李。因不满检验繁杂,课税苛重,与海关人员发生冲突,全体冲入海关,自动将行李搬出,并派代表质问海关税务司。其经过情形志之于次。

第四批难侨于 7 日由菲抵厦后,所有行李 1277 件,因须待海关检验,全部运储于海关仓库,直至 8 日下午始搬运完毕。至昨晨 9 时开始检验,归侨乃纷纷到关待领,因人数过多,而海关验货员只有 4 人,须负检验及估税,致工作迟缓,而难侨归心如焚。睹此情形,认关员有意刁难,遂予谴责,略谓:“我们在菲惨遭浩劫,损失綦重。友邦同情,派船护送回国,一切行装均无检验。不料回到国内,不但未予拯援,且加苛扰,是何居心。”同时指责其课税过重而漫无标准,例如洋酒每千万元,美国纸烟每匣二千元,雪文每箱万元或数千元,牛乳粉每箱四千元,衣服亦须纳税。

发生冲突

而关员闻言,一二人老羞成怒,将难侨行李更慎密检验,有将其回国证撕破而掷诸地上，于是难侨情益愤，遂破关而进，纷纷自动搬运行李，并搜索撕破回国证之关员，因而秩序大乱。市府得息，急派警察长陈文龙偕同市府秘书潘汀福，率警驰至劝告，维持秩序。归侨管理员李法栋，征求全体侨众意见后，潘汀福当众宣布黄市长对此事意见，略谓："海关系国税机关，侨众如对其措施有所不满，应推派代表向税务司提出质问，共同商洽改善办法，幸勿任性而为。所有行李，如系零碎自用者，准予优待放行；如系成数，遵照纳税。若有武器，暂予扣留，静待处理。"

质问四点

最后，侨众乃推派庄杰六、张醒民、李法栋、杨国兴、施起衡、李汉南、王玉彬等，偕同潘汀福、陈文龙、蔡杰士往访税务司。提出四点质问：一、本帮难侨回国，救济总署派船免费运送，在菲行李均未予检验，即予出口，而一入国门，反须检验，且课重税。不合情理，请予改善。二、海关验货员 4 名，工作迟慢，故意延缓时间，阻滞归侨行期。三、归侨携带领馆回国保护证，竟遭关员撕毁，应予惩戒，以平群愤。四、赔偿华侨行李遗失。

海关意见

海关谢副税务司答覆：一、归侨行李如超出个人用度者，概须纳税。至于税率问题，今后可照货价单据，或归侨以实价报告，俾斟酌轻重，予以增减。二、海关验货员，系由政府派定。目前因交通关系，调动困难，致员额不多，非本关故意为难，希予谅解。三、撕破之归国证明书，静候调查，如系属实，当予惩戒。四、华侨行李损失，依照今日情形，海关万难负责。而今日事件，乃双方失于联络，致生误会。今后检验行李，当以简便抽件检验，以利归侨。对于其他问题，可由归侨代表偕市府代表到海关商谈改善办法，如有成见，尽可提出，以资参改云云。

又晋江县府，以前后归国难侨，多属晋江籍，乃派秘书林嘉福来厦招待宣慰。林氏奉派抵厦后，即与市府及侨领联络接洽，由厦返泉交通保护各事，并向华侨报告，晋江治安状况及各乡镇之政治设施云。

《江声报》1946 年 2 月 10 日

三年归来家园已非

妻被奸亡子流散　施性田沉冤莫诉

旅菲归侨施性田（年 45 岁），昨由晋来厦，向各华侨团体及电菲律宾国民党总支部呼吁援助,情极愤懑。记者乃特询之,据施云:彼侨居岷里纳多年,经营商业,家住安海,有一母一妻及子数人。渠于太平洋战争爆发,适在菲居。及前日搭第三次难民船返厦,转往故里,讵山河依旧,而家庭已破散,母施吴氏于3年前病逝,其妻黄乌缘(32岁)率三子独居,为同乡柯以仁,年40余岁,住安海贤坛宫,为仁记洋货商,以其可欺,诱引成奸,怀甲7月。柯恐事泄,有损其誉,于去年5月8日强迫其妻服药堕胎,因而逝世。三子无母流散无踪,而业产亦被变卖净尽。乃诉柯于晋江县府,并将柯扣押究讯。嗣解法院,柯运动保出,现仍逍遥法外。渠心不甘,故返来厦,要求有关华侨团体,为渠援助申冤。

《江声报》1946年2月18日

美舰拉美示号今载归侨出国
小学教师及台胞五百人同舟赴台

厦市府代办菲岛华侨出国手续,第一批计30名,业由美舰"雅尔逊"号载往。嗣因久归侨胞纷纷申请出国,市府经再度提向此次运送第五批归侨来厦之美舰"拉美示"号当局商酌、未蒙允许,一般侨胞咸感失望。前(21)晚9时,市府收到美方电讯,应许所请,惟出国人数只限60名,且限制为来华之菲人。查美舰"拉美示"号,决定于今日启碇,经台转菲,市府已通知各登记侨胞,准备于今日午后登舰云。又本市第四批返乡台胞计457名,将于今日乘美舰"拉美示"号赴台,于昨下午4时检查体格,并领许可证。今晨5时登舰,台长官公署在厦招选之国教师90余名,亦将同舰赴台云。

《江声报》1946年2月23日

菲岛美军部准许华侨登陆　交由移民局查询　美舰舰长亦无罪

本报马尼拉航信　美舰愈美斯号前日由厦载来华侨86名,美军部以手续不合,认为越轨,不准登陆,并将该舰舰长撤职查办。我总领事馆,以华侨逗留舰上多日,颇感痛苦,且不忍目睹该舰长被撤职查办,故极为斡旋。经其努力结果,该舰长已宣告无罪,美军部已准华侨登陆。但全船乘客须缴纳几千元之船费。又据菲岛移民局息,关于此次由美运输舰查理士愈密斯,自厦门运华侨86名来岷,尚在美陆军办理中,未移交该局。但据该局所知,华侨乘客中16名系持有1945年该局所发给之入口证,多名携有过期之人口证,但亦有一部分完全无移民局证件者。又据领馆消息,华侨乘客将于今(10)日移交移民局查询,预料将又一番麻烦。

《江声报》1946年3月14日

华侨未办护照　勿冒险出国

厦门侨务局奉令办理华侨复员登记,已告结束。唯申请出国护照,正在赶办中,一俟外交部护照寄到后,该局即与国际救济分署商请派轮来厦运送华侨出国。在未商妥以前,华侨幸勿冒险私自出国,致受意外之损失云。

《江声报》1946年4月29日

菲侨三百余人昨安抵本市

恩典轮返菲日期未定

本报讯　华侨公司恩典号轮计载男妇老幼凡388人,于昨晨由菲抵厦。先泊(停)海中,待欢迎人员上轮慰问,并经海关检验,至11时才移泊太古码头,便利归侨上岸。所有搭客及行李,昨均已起卸完竣。搭客中遭菲政府移民局配遣回原籍者,有晋江人王志秀、林冉2人。闻彼等遭配遣回籍原因,系有充当日人间谍嫌疑,但彼等均自称为爱国分子,业经侨务局准予交保释放。

《中央日报》1946年4月29日

(侨胞回国纳税　海关代为兑换)

又乘该轮回国之侨胞,在轮上所纳海关行李货税,多以美金、菲币代替国币。昨日海关特函侨务局,请转知归侨,携带国币于3日内往海关兑换,由海关代为兑换缴税云云。

《江声报》1946年5月5日

第二批星洲华侨昨乘轮抵厦

万福士轮虐待我归侨　市府已提出严重交涉

本市讯　此次万福士轮船载来华侨707人(内日里16人,新加坡575人,槟榔屿116人),于昨晨抵厦港。市府即派民政科长林善庆率同华侨服务社主任蔡杰士下轮照料,并由林科长亲到各舱向侨胞致欢迎慰问词,词意恳切,侨胞深受感动,向林科长报告此次搭万福士轮船,备受荷兰船员虐待,不但三餐不得一饱,且态度异常鄙视。更有骇人听闻者,在汕头,该轮人员竟公然开枪击伤侨胞2人,1名叶涵,南安深鞍人,1名氏不详,现均在香港就医。更有甚者,温州归侨李文祥,因晕吐失慎跌入海中,该轮船员坐视不救。林科长据报,当向船当局严重交涉,由该船负责人陈伟棠面陈解释经过情形,关于击伤侨胞船员,已由香港政府扣留法办。对于受伤侨胞,医药费一概负责赔偿。对晕船落海侨胞,则推诿不知,候查办理。至于伙食招待不周一事(下缺)

《中央日报》1946年5月28日

荷船员枪击归侨　昨交涉结果

南安同乡会,为同乡叶绌,被渣华公司万福士轮荷兰船员开枪击伤,昨由该会理事长林善庆,常务理事叶少雄,理事李度青、方国安等,径向该公司提出交涉。经该公司在厦负责人陈镜辉答覆:(一)即电香港,查询叶绌伤势及治疗情形洎护送来厦日期,并凶手姓名,及港政府法办经过情形。(二)愿负责叶绌医药费、调养费,及护送回籍旅费,洎赔偿因伤所受一切损失。(三)该行凶船员,经港政府法办后,即予开革,永不录用。(四)担保以后绝不有同样事件发生。(五)自今天(即31日)起,即登报道歉。以上条件,除切实履行外,并补具正式公事,向南安同乡会具体答覆云。

《江声报》1946年5月31日

恩典轮行李今即可认领

此次准免报关予以便利　嗣后禁止将货冒充行李

本报讯　前日恩典轮抵厦，侨客因行李货物来报关，于昨日无法领出，急于返乡，当推派代表晋谒黄市长，请为解决，已志昨报。今晨市府备函由潘秘书带交谢副税司，略以华侨未谙法令，请予便利，并将留于舱内行李，请海关派员验视放行云云。谢氏对记者表示如次：厦市为通商口岸，中外船泊汇通要港。倘若侨旅屡次往返，将货物掺装行李，未能遵守税规及秩序，则本关税务前途，殊有重大影响。本人以国家立场及职责所在，当以国税为重，务求防止遗漏。菲岛侨胞，历次返国，多有未明税规，将货物当以行李携带，虽经数次通知，恩典轮随□注意，凡乘客有带货物者，均须列明项目，依章报关纳税，而该轮竟未做到。（是时林光华亦陈述菲岛种种之困难，故未能办到）是以此次税司钮曼，决欲华侨，凡携有货物者，一律均须报关。余昨亦详与商讨，此次优待可免报关，决以小单方式纳税，予华侨以便利。但下次华侨倘若有货物匿藏行李中，未经报关或漏报者，决予按章扣留没收，船主亦应连带处分。又此次应华侨之请求，于今日将舱里行李（货品）全部起进验货场，下午或明晨，即予验领。但有二点，愿华侨遵守之。一、关员认为必要时，可随时解开检验（绝无刁难情事），侨胞须遵守秩序。二、侨胞须按序认领。（每次 4 人进验货场）至散勤时间，即告停止，应须继续于最短期间全部验竣云云。是时海关黄二总亦称，昨起货因验货场无法容纳，故令关员停止起货并无告华侨以船主刁难情事。又海关亦于今晨邀请黄市长等，商讨办法，及对税规转达侨胞云。

《中央日报》1946 年 6 月 8 日

华侨真是羔羊　可任人宰割

陈添生继陈松柏而至　又来厦代办入口手续

关于华侨返菲问题，虽经马尼拉中华商会电告市府，已向移民局交涉就绪，准予放宽入口办法。但厦各轮船行，仍未接到正式文告，准予自由收客。故各商轮进退失据，无所适从。此次吕宋轮来厦，有马尼拉律师代表陈添生随轮到达，称为检验菲侨证件，并代办入口手续。市府及侨务局闻息，当派员探询其办法内容如何,并告以中华商会已来电声明,移民局准许归侨入口,何须代办手续,显有敲诈之嫌。据答,移民局虽准华侨入口,但须履行各种手续及担保。故彼来厦所办华侨入口手续,必须收费。至所收费用,绝无超过林尽中忠等所收之数额。当局对此,亦未能明了其葫芦所卖何药,惟待将来事实之表现而已。

《江声报》1946 年 8 月 3 日

华侨有如鱼肉　土著馋涎欲滴
多方面伸出手来　旅栈会尤称巨擘

地方土著,视归侨如鱼肉。此风殆以厦门为甚,战前如是,战后依然,许多恶习陋规,咸借"复员"雅号,死灰复燃,甚或变本加厉,诸如往来侨胞之受船夫、车夫苛求工值,以及起落搬运工资之额外勒索,乃至商买欺骗、小贩取巧等,不一而足。倾闻"席仔钱",亦存企图"复员"。盖华侨出资买得出洋船票,上船时又须向陆上土著集团派在船上之人交纳若干款项,方可取得位置。此即所谓"席仔钱"也。更闻旅栈公会昨以"命令式"书面通知船公司,着将出洋船票增收 7%,以充该会经费。例如胜览船务行之玛丹轮,即将开岷,船票每名菲币 200 元,则应增价为 240 元,而以 14 元拨充该会经费。假定该轮载去侨客 500 名,该公会即欲抽取菲币 7000 元,以之折合国币,几近 800 万元。倘每月能有五轮放洋,则该公会可得 4000 万元。会员之"福利",不亦大可观哉!但胜览船务行已将此事请示市府,市府即经严厉制止,对于出洋船票,绝对不得有任何苛杂附加。倘敢私相授受,一经查觉,连带重惩。其于"席仔钱"等陋规,亦将彻底取缔。侨胞苟仍受及任何额外敲索,尽可随时报告市府,以凭究办云。

《江声报》1946 年 8 月 5 日

(林尽忠敲诈出国华侨手续费　市府决代归侨索回)

又讯　赴菲进口代办处林尽忠,前敲诈出国华侨之手续费,每名 220 菲币。现驻菲我国领事馆,昨日电市府,请通知华侨,菲内政部近将派员赴厦主持华侨返菲事宜,仅验明证件,免缴代购手续费。市府除转知各华侨机关外,对于林尽忠前敲诈出国华侨之巨款高达菲币十余万元事,决代归侨索回云。

《江声报》1946 年 8 月 16 日

玛丹轮乘客呈控吕家煌

另息 中国驻菲总领事馆,顷据玛丹轮乘客 246 人联呈诉称:渠等此次由厦乘玛丹轮返菲,被该轮船厦门代理人吕家煌,竟抬高票价,乘机剥削,自行破坏该轮船公司之订例,且影响将来出国华侨至深且巨。为此联诉,并推举王文汉等七人为代表,持呈恳请俯顺桥情,准予转函该轮船公司,所抽百分之五之酬金,暂缓发给该代理人,另派人赴厦代理,以免影响营业。并电厦门市政府,迅拘该代理人,追回多敲诈之票资,悉交黄市长,充为救济用途,借以惩戒,而儆效尤。总领馆已转函厦门市政有核办云云。

又息 玛丹轮厦门代理人吕家煌,被前期乘该轮赴岷之侨胞联名控告,吕对此声称:前期赴岷侨胞,殆有误会,殆有误会。盖船票收价,系经市府评议会核定,须有实际根据,不能任意高抬。至售价与报告总公司之数不符,亦有原因,侨胞因不明瞭船票价款中被旅栈业抽百分之七,及厦门代理处雇金百分之五,又仓栈费百分之一,遂误会为厦门代理人额外剥削。一经解释,当可获得谅解云。

《立人日报》1946 年 9 月 3 日

保障华侨业权　强制执行迁徙

本市公园东路 26 号 2 楼永安牙病院,昨晨 9 时许,警察局派武装警察多人,前往执行赶搬。该院医师陈如生,向前理论无效,遂被警器具等强制迁往他处。后陈往地检处告诉,该处不予受理。查该屋纠纷业已数月,业于为华侨李功瑞。其纠纷原因,据陈如生称:渠租该屋,立有租约,且先交 5 个月租金。如欲赶搬,亦须候其租屋,方为合理。现该院受损颇大,决依法诉请赔偿。惟据市府方面消息,该屋业主为华侨李功瑞所有,前因眷属在南洋未回,故暂租陈如生。现其家眷回来,无屋可住,请其搬迁,陈不但不搬,复借势拒迁。经其呈诉前来,市府乃限期今迁,仍不遵办,故由警局加以强制执行,以保华侨业权云云。

《江声报》1946 年 12 月 7 日

市警察局保障归侨　设服务组

市警察局,以华侨归国,时受歹徒额外勒索敲诈。为维护华侨,特组归侨服务组。由侦缉队长宋子岑兼组长,邓承毅任副组长,经假华侨服务社,开始办公云。

《江声报》1946 年 12 月 14 日

华侨在厦房地产应速办理登记　地政局函驻各国领馆转知

海外社讯　市地政局以厦门地产,多为各地华侨所有。为慎重办理登记,特分函我国驻各国领事转知所属华侨,迅行返厦办理。该函略以:查本市奉令举办地籍整理,现土地测量业务即将完成,规定自本年度二月份起,开始分区办理土地总登记。凡土地及其定着物,不论公有私有,其所有权,或地上权、永佃权、地役权、典权、抵权等之权利人,均应于登记期间提验所有契证,依法办理申请登记,申报地价,并请领权利书状。倘逾期不申请登记,作为无主地论。兹以厦市土地产业多为各埠华侨所有,为求慎重办理登记起见,请转知所属华侨,凡在厦置有产业者,务应迅将全部有关契证寄回厦市,委托代理人负责代办登记。该局并检附厦门市地政局土地总登记及申报地价业产须知各一份云。

《星光日报》1947 年 3 月 11 日

旅菲汉奸郑世章被控惨害侨领　李文汀为父鸣冤

旅菲汉奸郑世章,因畏罪潜逃来厦,经市警局扣捕,案移高检处,已志本报。各被害人回国之华侨闻讯,莫不称庆。经已着手检发该奸之罪状,昨有晋江第三区归国华侨李文汀,具状高检处,控告该奸凭借敌人势力,杀害其父李回昌。兹探录原状大意如下:告诉人生父李回昌,南渡菲律宾加帛示经商,业有三十余年,被推为加帛示中华商会会长,及防空协会会计,并抗敌后援会主席等职。敌侵略菲律宾,各岛相继沦陷,被告竟充敌军部侦探,组织所谓红灯会,华侨爱国分子,被其残害者,不知凡几。民国三十三年(1944年)1 月 8 日正午,竟将告诉人生父拘去。至下午 4 时许,复将告诉人及胞弟李孟辅拘捕,隔别押禁敌军部。该被告及凭借敌人爪牙之地位,横将告诉人生父施以种种极刑,竟以毙命。后幸告诉人兄弟虽脱离虎口,痛念生父惨毙,财产被抢,至今尚有余痛。幸敌军投降,菲岛重光,菲政府深悉其为歹作恶,残害人民,经于西历1946年3月19日,由菲司法部通缉汉奸25名,被告列在第15名,该被告畏罪逃匿。此次化名潜踪来厦,幸我国驻菲领事馆得报,急电厦门市政府,将该被告扣押,饬警察局侦讯,认为罪证确凿,将案移送钧处侦查各在案。伏查告诉人生父,身遭惨杀,沉冤莫白,幸天网恢恢,疏而不漏,核该被告之所为。实犯汉奸条例第一条第一、第二两款之罪责,无可宽恕。为此依法告诉,合具状请钧处鉴核,迅予依法侦查,从重起诉。

《江声报》1947年3月18日

厦侨局查报日战犯罪行

海外社讯 国防部为明了战时日本战犯之罪行,以便制就敌人罪行调查表,送由各地国际审判法庭参考。曾饬各地有关机关调查报核,以凭办理。本市侨务局转奉是令后,业已根据各缅侨报告,汇呈侨委会转国防部核办。按各华侨报告,咸以敌飞行师团长山下磨琢于惠通桥之役,亲自领队轰炸我由缅甸逃出之侨胞,人命死伤及财产损失,均难以计数。该山下磨琢实为罪魁祸首,应予处以极刑。侨局业于日昨转呈核办云。

《中央日报》1947年4月26日

处理局愆期迁还侨产　业主请侨团援助收回

海外社讯 菲侨兴起敦昨分呈本市侨务局、华侨协会及各有关侨团,吁请援助其向敌产处理局收回被霸占房屋购据,称渠于去年十月间,置海后路一号,楼屋经营顺记民信局。该屋原系杨溪产业,杨于光复时以奸嫌被逮,故屋为处理局封用。迨法院判杨无罪,屋亦发还,始由人介绍转卖于吴。手续俱全,成交后吴即迁入二三楼居住,楼下为处理局临时拍卖场。当时双方曾订约将楼下暂租与处理局,自去年11月11日起至今年1月11日满期,应即由处理局迁出,交还业主自用,其中吴并未向该局收取房租。惟迄今为期已满,且超过4个多月,处理局仍予霸占不还。故予分呈各侨务机关团体援助,如交涉无效,并将呈请中枢取缔处理局之霸占行为。

海外社讯 本市侨务局昨据海澄辖海沧侨妇林江池娘呈称:现年67岁,夫亡故多年。前蛉螟林顺琴为子,于战前渡星,原冀成家立业,讵顺琴放浪成性,胡作非为,被星政府驱逐返国。年来仍未改过,擅将田产、家具变卖挥霍。屡次训斥,均不之听,日前且持枪向渠射击,幸未命中。请转函海澄县府派警拘办,并处以忤逆之罪云云。侨务局以该林江池娘年老可悯,林顺琴竟因谋财不遂,持枪图杀。顷已转函海澄县府,严缉究办矣。

《中央日报》1947年5月22日

敲诈华侨手续费已法办

又讯 大生里华侨复员遣送站职员许文耀、江泽民、许长发等,因敲诈华侨每名60万元之手续费被捕入狱。除许长发嫌疑由市警局准保外,至于许文耀、江泽民,经讯问属实,昨由警局解送地检处侦办云。又盗匪犯周串(即周庆)案送地院,昨经该院宣判,处有期徒刑10年,褫夺公权5年。单响步枪1杆,子弹4发;曲七短枪1杆,号码1302号,子弹2发。均没收云。

《江声报》1947年6月4日

华侨归来遭匪劫 匪徒五人登楼入室
叶万围损失近千万

禾山莲坂社向称侨村,归侨叶万围家,5日下午5时余(夏令钟),突被匪劫,损失财物千万。兹将禾山组调查被劫情形追述如次,据叶万围报称:渠于战前旅居菲岛,久别家乡,遗下老母依闾之望。故于日前由菲携妻(菲籍)回国返家,距今甫20余日。回国时,给有我领事馆出口证,及菲总部党员证。讵5日午后5时许,妻下楼烹饪,渠卧床上,突有身着乌色中山装匪徒5人,内一匪穿米黄色衫裤。先将其妻扭上楼顶,手持一索。登楼后,二匪立于梯首观风,三匪入室内,声言渠系共产党,奉黄队长命,前来搜捕。渠聆言愕然,报以渠执有国民党党证,及领事证明书,皇皇在身,欲下床与彼辈同行。该匪一面将渠反缚,一面翻箱倒箧,肆意搜索。被抢掠菲币五百元,镶珠金手链1对,美金领链1条,金戒指1枚。历1小时久,始下楼而去。后又即盘诘同居陈埔父子等。陈谓彼等正在围住晚餐,其三子茂己,曾闻有人叩门,下楼察看,惟不见人影。甫返登楼梯数级,突闻叶喊声,始知匪警。一家男女9人，均未越出雷池。万复出，查询附近居民，则称不知。询毕，以陈埔子明宗涉有嫌疑，予以扣留，带返禾警分局，昨晨解送总局侦办。另据万报告，谓叶在菲，敌寇南侵，侨汇断绝，其母生活无依，迫得将家具变卖度日。此次叶归家，目击家境萧条如洗，每向其母购买器物，辄向取赎，常因此与族人引起吵嘴。近日又将其保长圹地椰树砍伐，保长睹状，无可奈何。一班族亲以其初回桑梓，不愿多言，只以神经病目之。该案情形复杂，昨队长宋子岑，对该案匪徒，严饬各组员探，迅速破案，务获水落石出云。

《江声报》1947年6月8日

侨妇带金返国　被厦海关扣留　经呈华侨协会交涉

本报讯　前马容轮由菲抵厦，归侨陈林氏传(女性)携带黄金10两，被海关扣留。该侨妇昨呈华侨协会，请代向海关及财部交涉发还。原呈略称：渠旅菲40余年，所有储蓄在日寇陷菲期内损失殆尽。今摒挡回国，拟度风烛残年，所因闻国内禁止外钞流通，惟未闻禁止黄金入口。故将余资购买黄金10两，携带回国。讵抵埠时，即被扣留，该会据呈后，经已向海关交涉中。

《中央日报》1947年6月15日

侨妇携金回国　被海关扣留　侨委会转饬发还

菲侨妇陈林氏，晋江籍，于战前随夫南渡谋生。菲岛限于敌时，其财产、房屋均被毁没。光复后缺乏资本，无法复业，乃摒挡残余，准备回国。惟海关禁止外钞与外货入口，如携带菲币，中央银行又不收兑。故将仅余购买黄金10两，随身于本月1日乘轮返厦。甫入港，即被海关女□查员扣留没收，渠以十余年在死里逃生，而所有残存积蓄，拟带回国，以度残年。今被海关没收，此后生活不堪设想，呈具市华侨协会，请转呈财外两部，请求发还。该会顷奉命侨委会电复，经函转财部，请体念该侨数十年所积血汗之资，转饬发还矣。(海外社)

《中央日报》1947年10月12日

身受其苦者的建议　解除归侨困难

轮船停泊港外应以汽艇接载　简化检疫手续取缔非法勒索

侨务局为明了入国华侨困难,日前征询各方归侨意见,以便设法改进。经有由菲返国华侨方国安、杨瑞源、马洛阳、李炳文、谢奎、庄铁等20余人,联呈建议三点:(一)查出入口华侨起落轮船,均由旅栈雇双桨接载,风平浪静尚属可以。惟渣华公司巨轮停泊均在港外,偶遇风浪侵袭,危险万分。如前次接驳芝沙丹尼之小船,满载侨客与行李,突遭风浪袭击,即飘至南太武方面。计历一昼夜,行李受水浸湿,生命毫无保障。建议水上治安当局,嗣后如遇巨轮泊停港外,应责民船工会雇派小汽船前往起卸,以保侨旅安全。(二)华侨返里,多有携带行李。际兹公路未通,多赖溪船运载,载资、工载除照规定发给外,近在泉州新桥头,竟有人藉名代侨客承运行李,实则巧立名目。勒索巨款,侨客稍有不与者,即遭侮辱。似此无异坐收"看头钱",一般华侨实敢怒而不敢言,请转函取缔。(三)华侨返国居留期间,各属均限一年或半年(如荷属最长限半年)。除往返路程外,时间实甚匆促。且出国抵厦时,须至海港检疫所注射,手续麻烦,人员工作怠慢,延搁时间,常在一周以上,致延误船期。耑逾有效居留期间不得入境。请转层峰饬厦检疫所改善,嗣后对有期限归侨,手续应予以简便云云。(南侨社)

《江声报》1947年11月9日

防止敲诈出国侨民　保障华侨产业　侨务座谈会议决多案

侨务局昨下午在该局会议厅举行侨务座谈会,出席市政府、市党部、各侨团、万福士被劫归侨代表暨各报社通讯社记者等20多人,主席吕尘心。报告后,由万福士被劫归侨代表张中兴、钟木旺历述遭劫经过,谓渣华公司不负责任,将使华侨视回国为畏途。继即议决要案多起:一、推派代表向渣华公司及厦门分公司质问万福士轮在大鹏湾海面遭匪洗劫之责任问题,并交涉切实负责善后诸事。二、防止出国侨民向各驻厦领事馆签证手续时被代办人从中敲诈:(一)函请驻厦各国领事馆,对于办理出国侨民手续应尽量予以便利,并应防止代办人乘机渔利。(二)由各华侨团体推举人员,负责秘密侦查舞弊情事,及调查有关机关严予究办。三、改善招商局海陇轮之设备及招待。(一)由各侨团联衔,电请招商总局速予改派设备完善轮船航行厦菲线,并改善轮上待遇。(二)其他南洋各埠属与厦门通航轮船,并函其所属公司同时改善。四、由侨务局及各侨团联衔,呈请中央侨务委员会咨请有关主管机关,饬令停止非法定机关登轮检查。五、函请厦门海关,饬令各海轮停泊内港,以免渡船往接载客货时发生危险。六、由侨务局暨各侨团联衔,呈请侨委会咨请财政部饬令厦门海关尽量放宽归侨随带之赠品,或自用饰金数量。七、保障华侨在国内产业:(一)组织厦门市华侨业产保障委员会,推举张澜溪、蔡杰士、白三江、董敏翔、庄春木、吕尘心、陈淮等7人为筹备委员,并推吕尘心为召集人。(二)由会先通告订期举行侨胞被占产业登记,俾便依法提出交涉及解决。(三)函请司法机关,遇有侨胞产业被占案件,应提前办理并依法执行。八、每月1日及15日,各侨团举行联谊会一次,由侨务局通知。九、地籍整理处,年终结束土地登记,南洋各属华侨阻于交通,无法如期履行登记手续,联函地籍整理处准予展延期限。

《江声报》1947年12月25日

侨产保障会拟就保障侨产办法

南侨社厦门讯 厦市各华侨团体,为协助政府保障侨产,与处理纠纷,特发起组织厦市侨产保障委员会。昨下午3时,该会发起人张澜溪、蔡杰士等假侨总局召开三次会,讨论该会简章,并拟就侨产保障办法十项,当场议决,呈侨委会核备,并分函市府、高一分院、检察处、参议会、市党部备查。该十项办法如下:

一、华侨在市内房屋,于沦陷期内被人盗卖或霸占,如能提出所有权状,或正式契据证明业权,经由本市政府或仲裁委员会查明属实,上项不法买卖或霸占行为作为无效,业权发还原主。

二、侨产契据,为因沦陷遗失,经提出有效人证、物证或由就近华侨团体,或产在地之领事负责证明,并登报一星期,无人异议,经市政府或仲裁委会查明属实,其业权仍在沦陷期内寄存亲友处,未经主管人认可及签证有据,任何人冒名盗卖,作为无效。为该买产人确不知情,又非串同买卖及压迫买卖,由市府调处或仲裁,经双方协议,得照当时卖价,由原业权人配量赔偿与买受人,但不得超过原价若干倍。

四、侨产登记纠纷申请解决,在市府调处未成或仲裁未决定前,该产业之收益可先用行政处分,请市政府或仲裁会通知租货人,将款提存市银行,掣回收据,向市府或仲裁会登记。经解决后,本息登还,确定业权人领回。

五、侨产被他人盗卖或占用,经所有权人办理登记或声请仲裁,经市府或仲裁会确定业权后,由所有权申请人请市府发还时,得令占用人于一个月内迁出,由所有权人领回管业。

六、前项占用人如不遵办时,所有权人得呈请市府,令警局执行勒迁,将存放物品会向所在地保甲长查封,或搬存候领。

七、防制盗卖侨产与奖励检举包庇不法买卖财者,如系公职人员,即由会团知主管机关,予以制裁。

八、与法院在工作上取得联系,关于纠纷案件,经仲裁决定后,送法院备案。

九、华侨不得假借名义,冒认他人产业,如有发现情事,查出依法惩处。

十、华侨之身份,须有当地领事馆或侨团体主管人之证明。

《立人日报》1948 年 1 月 12 日

签发赴菲护照　有人趁机诈财　侨局通知不可受愚

本报讯　本市侨务局,前据赴菲华侨到局声称:以本市菲律宾领事馆以奉菲政府令,凡赴菲华侨,均须持有我外交部之护照,否则拒绝签证,请求设法补救。业经该局代电外交部,请求派员来厦办理发出国护照事宜,抑委托该局代为办理,惟以公文往还,恐非三数日所可得获。是以一般菲侨,均焦急万状。遂有若干投机分子趁机诈财,分向侨胞汇集证件,借口拟集中前往京沪外交部代行办理,请领护照事宜,每名收取费用达美钞五千元。侨胞赴菲心切,无不落其圈套。该局顷特通知各侨胞静候当局合理解决,以免受愚而徒耗金钱云。

《中央日报》1948 年 1 月 17 日

华侨归国辄被苛扰　咸以祖国为畏途　本市侨团呈请取缔

市息　近年因海外不清,汇兑困难,侨民迫于环境,暂时回国。恒有携带黄金外币或其他物资,一经到境,每被关卡搜去没收。此风一开,各种检查人员咸认华侨有钱,变本加厉,所有违禁成不违禁之物,一概搜刮,大则归公，小则中饱。以这一般归侨，咸认祖国为畏途。为最近厦门情形，轮船一抵沿海，即须停泊一天，先由海关人员住船检查，次则其他军警，翻箱倒箧，无微不至，甚至半打手巾，一二斤秈米，一个金戒，皆在没收之列。抖刑既定，轮船方准进口。而小船及车夫，又乘机敲诈，恒苛索外币数十，拒收法币。归侨遭此，囊索多方，冤情填胸。哭诉无路，有发誓不再回国者。侨务委员会据本市侨团呈上情后，已转呈行政院，通令到厦，严加取缔，以资保护云云。

《立人日报》1948 年 1 月 29 日

代办请领护照　旅栈愿尽了一点义务　说是可减轻侨胞负担

本报讯　本市旅栈公会，昨函侨务局，以本市大部分岷栈或为华侨所创设，或由华侨投资经营，平素兼代侨客购办船票等事，一切力求旅客之便利，除代售船票照例可得回佣外，其他如代办出国签证及请领出国证明书等事项，均不另索取工资。惟新近外交部派员在厦签发护照，规定须华侨亲身到该处请领，惟一般华侨以请领手续繁难，每次自领号竿登记至签发，为时每须 10 日之久，致华侨往返膳宿等费，耗费不赀。事经本会首届十九次理监事联席会议议决，函请各有关机关呼吁，准由各旅栈代客请领，借以减轻侨胞负担云。

《中央日报》1948 年 4 月 5 日

“海鸡母”欺侮侨商　菲华商会请严惩

菲律宾岷里拉中华商会主席薛芬士，于前（1）日电请本市水上警察分局，以据华侨许高呈称：渠于 4 月 26 日由菲运钢片、旧铁板、螺钉等一宗到厦。包由吴敏等起卸，当晚即被吴敏盗运钢板、螺钉一宗，值 30 亿元。查得卖与苏草包之海鸡母店，并经报请水警局查缉，当场起出赃物一宗，另一宗被移北市仔街。水警跟踪前往起赃时，该苏草包竟召集 20 余猛凶汉，持械威吓。水警续又增援，始将苏草包解局究办。讵知不久即被保释外出，请为转请贵警局追回赃物，严惩盗首，以维侨局权益，确保地方法纪等语。谨电查照，乞严予惩办，以慰侨望，并将详情见覆云云。据悉，水警局对于该案经予处理，并将全案移解地检处，依法侦查办理云。（衣）

《江声报》1948 年 6 月 4 日

缅侨江起祥被杀案　要塞部经公开复审

缅侨江起祥，在高崎附近被枪杀一案，经要塞司令部将肇事士兵扣押，由军法官李家恺一再鞠讯，并于 25 日下午 2 时在该部办公厅公开复审。经邀请侨务局、华侨协会、永定同乡会代表及地方法院韦推事到庭观审，至该案，现经依法报请国防部核示处理。被告分队长黄秉钧及凶手马培友二人，前已送由地方法院看守所寄押，讯后并即还押云。(衣)

《江声报》1948 年 6 月 27 日

华侨陈允和请追回业产

本报讯　禾山屿后社老华侨陈允和，于民国二十六年(1937 年)在吕厝社建筑洋楼一座。外观巍峨，布置华丽，于(民国)二十七年(1938 年)间落成。适厦禾沦陷，未及迁住即挈眷重渡菲岛，该楼遂被敌伪部队占驻。胜利后，复为空军第 422 号之无线电台接驻，内中门窗、玻璃、铁枝栏等逐渐(损)失殆尽。近无线电台移往他处，仍将楼门锁牢，陈允和以年逾古稀，亟思回国。因楼未收回，一旦归来，无处安身。近日由菲律宾总商会长薛芬士函请黄市长协助设法收回，并专函委托吕维精负责办理交涉手续。闻空军电台虽口头答应迁还，惟终未实行，吕拟呈请市参议会声援云。

《中央日报》1948 年 8 月 21 日

海关没收归侨美钞　陈笃廪请求兑金圆发还

本市中山路 248 号，旅菲侨民陈笃廪，同安人，上月初由香港转搭万福士轮归国，携带美钞 4860 元，另金饰物等，装置热水瓶内，为关员检查，认为有违法令，全部扣留缴关。日昨陈接奉海关当局通知(美钞 4860 元没收充公)，引为异议，除径向海关税务司公署声请撤销原处分书外，昨复沥述生平衷曲，函致市参议会，以渡菲营生，历十余载，血汗所得之资，扫数携返。原处分未予详加审察，而遽为没收充公。一旦尽归乌有，有违爱护华侨之旨，即我政府此次改革币制，发布经济紧急处分令，对前此法令禁止买卖及携带之黄金外币，概准持向国家银行兑换金圆券，丝毫不受限制。则原处分于新法令颁布后，不为通融办理，准将美钞兑换金圆券，仍为没收之处分，亦显有未洽。函赐转函厦门海关税务司公署，准予撤销原处分，或将美钞兑换金圆券，发还具领，以免生活恐慌。参会据函后，已据情函请海关，准予初次返国，未谙祖国法令，予以全数兑换金圆券发还，以慰侨望云。(愚)

《江声报》1948 年 9 月 9 日

遇有侨产纠纷事件　侨局均应协助解决

侨务局昨奉侨委会令，以抗战期间侨胞在国内所置不动产每为当地土匪侵占，或在敌伪统治期间被人盗卖，致产权丧失，引起纠纷，发生诉讼不知凡几，而以闽粤两省侨眷荟萃之区尤甚。本会迭据海外侨民、侨团及其国内侨眷呈请，设法维护或交涉，当经直接予以协助解决，或据情转请该管司法机关、行政机关持平办理。嗣后如遇有侨产纠纷案件，均应竭力协助，俾得早谋解决以慰侨望，并示政府护侨之至意。(厚)

《江声报》1948 年 10 月 19 日

维护华侨出入　禁止代办手续　警局座谈会议定办法

市讯　本市为华侨之出入口岸，每日来往侨胞繁多，致有一般不肖分子，乘机大事榨取，额外需索，华侨莫不咸视畏途，烦言啧啧。市警局外事科鉴此，特于昨日下午三时假会议厅，召集本市各航空、轮船公司负责人，举行商讨有关华侨出入各项事宜座谈会。出席太古公司代表邱世定，中航公司江圣帆，环亚航空公司蔡清泽等十余人，经决议：(一)欲购船票，或机票出境之外侨，其所持护照上，须有市警局外事科所盖之外侨出境登记戳记，方准出售。否则如有发生意外事情，该公司应负完全责任。(二)嗣后各飞机轮船公司，应将每次外轮，或飞机到达时之外侨名单，交该外事科护照检查员，以便查验。(三)各飞机、轮船公司，如有外籍海员，非经外事科签准者，不得擅自引其登陆。(四)各飞机、轮船公司，或其他人等不得代办外侨签证出境手续，以杜绝弊端。(五)嗣后如发现未经我国外使领馆签证，或所持护照失效者，该公司不得收载。否则由该原交通工具送回原址云。(青)

《立人日报》1949 年 1 月 11 日

发还逆产无权处理　保释侨胞出于爱护

陈荣芳对两事有所声述

市息　最近本市各报，对于前市长陈荣芳发还黄世金房地产及释放马来亚归侨各节纪载颇多。陈氏为此有所声述，略谓关于发还黄世金房地产一事，事实俱在，不容是非颠倒。盖此案办理已久，并非本人任内才发生，而市府本身无权处理此事，亦为社会人士所共知。如果有人问我为什么要发还？我的答复是奉省政府的命令办理，这些案卷均在市府，随时可以调阅，不必我再加说明。关于释放马来亚归侨一节，我先要说明是“保释”不是释放，我常谈过，侨胞的痛苦，只有侨胞自己明白，各国政府对于侨胞的压迫，可以说已无以复加了。最近且任意拘禁，任意驱逐，本人有鉴及此，且事先未得当地机关之任何通知，故本政府爱护侨胞之德意，予以保释，于归原籍。此种措施，于事实无不合，于情于理也属应该如此做法云云。

《江声报》1949 年 3 月 4 日

归侨被扒

昨有南安诗陶码归侨王文炳，前日由家携带巨款来厦办商品，寓本市台光街 51 号友人处。本 20 日下午 9 时许，独步至中华戏院看电影，是时该院售票处，买票者摊挤不堪，扒手乘机活动。王购票入场后，摸摸裤袋，发觉裤袋内美金 225 元，不翼而飞，始知被扒手所窃。昨(24)日，王将情具呈市刑警队，报告失窃情形如上。该队据报后，已饬令第二组查缉追究云。(愚)

《江声报》1949 年 3 月 25 日

异域回国家乡已陷　莆惠归侨滞厦门　呈请当局准返乡

市息　马来亚归侨刘阿隙、曾荣华、林国彩等昨联呈市侨务局称：彼等 52 人，于上月杪由马来亚分乘昆明、贵阳两轮返厦。登陆后，适因时局告紧，沿海封锁，船只禁止航行，以致滞留本市磁安路新财源旅栈，无法返乡。其中有因父母病笃，有因妻子纠纷，均系家庭发生严重事故，急电催回。虽知祖国戡乱，沿途必多荆棘，亦于万难中抽身回国处理，并非如升平时作游历可比。今寄留逾月，家乡悬案未决，而盘费已将告罄，回归不得，重渡不能，生活困难。因此彷徨进退，特具呈请转警备司令部，体恤侨艰，准予雇舟放行，俾归莆惠等地。市侨局具呈后，昨特转请警备部，准予发给放行证，俾利便返籍云。

《江声报》1949 年 9 月 17 日

第二节　疏通与保护侨汇侨信

信业公会决请侨务局
转侨委会咨交通部　收回取消批局成命

本市华侨、银信业同业公会，昨开会议，议决一，思明一等邮局通告，各批信局，以奉邮政总局训令，嗣后各批局，来往内地批信及回批，均汇束成包，自行直接交邮寄递，不得转托其他批信局代寄一节，关系批信局营业重大，应具呈并派杨显甫、李成田、陈锐安为代表，到侨务局，请求转呈侨务委员会，咨交通部，饬令邮政总局收回成命，照旧办理，以权批信局营业，并呈上海邮政总局，请求收回成命，令福建管理局，饬思明邮局暂缓执行。另函思明一等邮局，在本会诉愿交通部及邮政总局未明令解决以前，应暂照原状办理。各批信局派员在内地分发银信，常有被匪劫杀情事，地方官迄无破案，阻碍侨胞银信汇寄，断塞金融流通，应呈厦门侨务局转函福建绥请公署，饬属严厉执行。

《江声报》1935 年 1 月 16 日

中国银行动议兼营民信部　民信局自危
恐无形受统制　日内讨论对策

中国银行厦分行长黄伯权，去年奉总行使命，赴星洲筹设分行。现该星洲分行业已成立，闻并兼营民信部分。黄氏前日返厦，定 5 日返沪，向总行报告经过。近日有吴善居与泉州中国支行长，向黄氏献议，拟在厦门、泉州、安海、菲律宾等处，兼营民信，并代本市各信局转发各地银信，收以至低佣金，而冀将来发展。吴某并愿以5万元存押银行为担保，各地主持民信部，拟用前三美各地代理人。闻此事已有实现可能，惟民信局方面，以该途60余家，每月所得批工约20余万元，每家可获二三千元。如中国银行设立民信部，必受无形中之统制，各信局难免影响。因亦由一部分人拟定对策，不日召集开会讨论。

《江声报》1937年4月2日

同床异梦　本市民信业对中行附办民信已开会议定对策

本市中国银行，本月起于泉州、安海、石狮等处，兼办民信局，收发华侨银信。各民信局多以该行设立民信部，将来民信必于无形中渐受统制，各民信局将受影响，颇觉自危。间有提请信业会，召集开会讨论者，但另一部之信业中人，则谓营业自由，非可包办，无开会讨论必要。因此遂未召集开会，过去情形，均志本报。现主张开会之信业中人宣称，同业中有少数分子，得有优越待遇。如准予透支款项，及允将永春、安溪、惠安未附设民信局之处，由其代为分发，遂即静默不言，且居间疏通解释。为一己之私，损害大众利益，认为极端不合。故前日该途一部分人，曾召集开会讨论。即派代表向泉州中国银行长张公量解释，略谓：(民国)二十五年(1936年)度南洋各属汇闽款项，计为二千余万元，而民信局经手银信汇票，数达千余万元，每元佣金1分4厘，全年总计不上20万元。而民信局有60余家，每家平均获利仅3000余元。而闽南各属转寄该项银信，每封来往须邮票10分，10元以内之银信所抽佣金，且不足邮费工资，获利之微，可以想见。每家平均每年所得之三千余元，除邮费外，仅可维持店员薪伙，且需俭约，方不亏空。银行可经营之事业繁多，在在皆可盈利，殊不必与敝途争此一杯羹云。张公量答，本行附发民信局，均系现款交易，不许赊欠。而贵途侨商托寄银信，有须凭回文，然后交款者。此固截然不同，敢信敝行之附设民信，于贵途实无妨碍。至贵途所提意见，当为请示总行办理云。现闻民信业将联合会员，共订公约，一致自收自送，或同业交换分送，不得转托非同业转递。又以中国银行附办民信，系三美股东代理经营，因即从事调查三美倒闭内容。据说三美倒闭前数日，曾向各信局收款万余元，此款实有不明之处云。

《江声报》1937年4月13日

信业会请银行恢复泉属汇兑　恳钱旅饬属妥予保护

以通金融而利侨便

本市银信业公会，昨函市商会，略称：查各法币银行，现以时局关系，完全移设鼓浪屿，拒绝泉南各处汇兑。各银信局不特对于款项收交，大感不便，且自各行拒绝汇兑之后，举凡华侨银信，均须派员随带法币，携往晋南各地分送。而各处军警保甲壮丁，恒以所带法币大宗为疑，时有扣留情事。似此，微特影响各银信局业务，即于华侨家属生活之接济，以及汇方金融之流通，在在皆受阻碍。为此理合呈请钧会，除转函各法币银行，迅予恢复泉南各处汇兑，仍旧在厦收交。以利商贾而资流通外，并咨请驻泉钱旅长，出示通令各地军警保甲壮丁，对于各银信局人员信差，携币银信法币，到晋南各地分送，妥为保护，予以便利通行，庶几金融流通，地方繁荣，而华侨家属之生活，亦得赖以维持。实感公便云。

《江声报》1937 年 9 月 25 日

泉属华侨银信每月三百余万　民信局因故积压
泉侨会吁请救济

市商会昨接泉州华侨公会函，略云：查泉属各县华侨在南洋群岛菲律宾，常月汇寄银信，恒有三百余万元。社会救济，赖此挹注。自抗战以来，国外华侨汇寄，虽源源不绝。惟厦门民信局，每困于汇兑及押解现款之为难，坐是银信积压。比月以来，仅有少数分发。因此银根顿见支绌，不特华侨家庭发生经济困难，即市面商业，亦连带发生影响。揆厥原因，实缘银行不能保持汇兑常态，以致民信局无法疏通。如银信一经流通，市面金融，与商业，尤生直接关系。值此非常时期，内地屯储米谷以及种种输金，在在需款，非予从速筹议，诚无以活动金融。为此除分函外，应请贵会查照，务希仗义执言，准予转咨当地各银行暨民信业各号，迅赐会同筹妥救济办法，俾获银信如常分发云。

《江声报》1937 年 9 月 27 日

泉属华侨信款六十余万连日分送

省银行厦分行接收汇兑　各县地方金融顿呈活跃

泉州社　厦门各银行,因时局关系,停止泉属汇兑,各民信局受此阻滞。对于各地华侨付托银信,遂不能按时分送于各该华侨之家属。同时,内地各县金融,亦连带发生影响,厦市银信业会,及泉州华侨公会,曾先后函请厦商会,转商各银行恢复泉属汇兑,以继金融,而利侨便。该商会之接洽结果如何,尚无下文。月来泉属各县华侨银信,被压积未分送者,达60余万元,各华侨家庭望眼欲穿。直至一二月来,该项信款,始由省银行厦门分行,代为收汇分发。现已陆续发清,泉属各地骤得该六十余万元之流通。金融亦顿呈活跃。故省银行此举,其裨益于泉属者实大。至其他各行对于泉属汇兑,犹未恢复接受云。

本市息　银行业会函市商会,转请当局,令饬银行恢复晋南汇兑。经商会照转。昨奉警备司令部指令,谓已令饬各银行恢复汇兑,以利交通,仰转知照云。

《江声报》1937年9月29日

本市劝业银行兼营福厦汇兑

厦门特别市政府李市座,为关心民膜(瘼),以福州金融汇兑之调整,攸关人民经济流转,与战后更生建设,亟应设法恢复汇兑手续之迅速便捷,借资调剂当地地方经济。日昨经与兴亚院福田长官商洽,关于福州信汇,可委托台湾银行转汇一节,业志昨报。兹查李市长为考虑旅厦福州人民汇款手续,以目下一般旅厦福州人民,多有以台湾银行营业原则,概用台钞、日金为本位,于汇寄手续,似难称便。兹为减少人民汇款兑换日金之麻烦起见,日昨经谕财政局金局长馥生,建设局长卢用川,赴劝业银行商洽,转汇办法。此后倘有人民汇款福州而避免兑换台银之手续,可直接径向厦门劝业银行委托寄汇,手续较为简便。其汇款期间尤极迅速,最多期间在十日以内,即可汇寄至所寄达地点。故此后汇款福州已可捷便,旅厦福州人士,及闽籍侨胞咸受利便云。

《华侨月刊》第1卷第5～6期合刊,1941年

厦菲空航月底实现承运各信局信件

美舰定明日驶台，旅菲难侨958人，于12日乘美舰到厦后，当日登陆者400余人。其不及上岸者，仍留舰，至昨晨始各乘小轮登岸。所运载之救济品833件，悉数起入救总署仓库。据归侨谈，马尼拉各华侨信局以寄回祖国信件，近仍多受阻碍，相率停收侨汇，联向驻菲总支部常委蔡功南、中华商会代表薛芬士接洽，开行厦菲空航，运载民信件及搭客。闻大体上已就绪，本月底当可实现。至载运难侨来厦之美舰，订明日运载台民返籍，然后开往京沪云。

《江声报》1946年2月14日

厦市信差勒索侨眷

每万元抽款一千　禾山公会请取缔

禾山讯　抗战胜利，南洋各埠侨汇畅通，一般侨眷生活，方庆稍苏。讵厦市各批信局迩来所派信差到禾分发信款时，每万元竟强抽取工资下(千)元，如寄十万者，则强取一万元。否则拒交信款，刁难侨眷，往厦领取，以致怨声载道。旅菲厦门禾山公会驻禾办事处，因据各社侨眷报告，认为此种行为确属敲索举动，决函厦市信业同业公会取缔，以利侨汇云。

《江声报》1946年4月18日

厦市信局积压侨款　巴城华侨报请查究

市府昨接省府秘书处电，以据巴达维亚华侨吴郁文呈，以年前巴城汇往厦门、永定各地之款，各汇庄至今尚未照交。万恳迅速查究，以解乡民之倒悬等情。市府接电后，刻正进行彻查中云。

《中央日报》1946年6月26日

闽邮局限制批信局自带侨信　阻碍侨汇侨信流通

批信局呈市参会转请交部制止　市临参会昨开第廿九次驻委会

本市讯　本市临时参议会驻委会廿九次会议，于昨(19)日假市商会四楼举行。出席骆萍踪、胡资周、叶英、庄金章、陈烈甫，列席：郑炳垣、李成田、陈秉涵、黄永强、张根基，主席陈烈甫，纪录张根基。

(甲)报告事项：(一)黄秘书报告(略)。(二)信业同业公会代表李成田报告批信局之设立，纯为协助华侨汇款便利起见，本国内仅汕头、厦门二地有设立。自(民国)二十四年(1935年)来，信件均由批信局自带，即从南洋总批寄来祖国后，即可自由分发国内各地。讵近福建省邮政管理局忽通令各县，凡从南洋寄来侨信须经过当地贴邮盖戳，方可放行，否则即认为走私论处。如此诸多事项，请贵会转请交通部饬令取消。(三)本市邮局代表郑炳垣报告，理批信系奉令办理，凡由国外寄来批信，依法均须由国内邮局贴邮通寄，以免私漏，邮局乃奉层令执行。此属法令范围，本局无法变更，须向交部呈请明令取消，方能成效。

(乙)讨论事项：(一)据厦门市银信业同业公会呈，为福建邮管局通令限制各批信局自带遵章贴邮侨信及回文，阻碍侨汇至巨，请转交通部转饬制止，以利侨汇案。议决：查民侨局，历史悠久，关系侨眷利益甚巨，应准予转呈交通部核办。(下略)

又讯　昨日上午8时半，市参议会、集邮局暨银信公会列席，探讨关于该会此次□请转交通部饬令福建邮政局撤销限制信局自带信一案。邮局到者为郑巡员，该会代表李成田、陈冰寒，即席发表书面谈话，计分五节：(一)批信局创设历史悠久(原称民信局)，服务侨界，图侨储侨信便捷，并辅佐邮局能力所不及。民二十二年(1933年)，交通部曾欲一律取缔各民信局。嗣经南侨批汇机关与厦各批局共同呼吁，得蒙谅解，乃于民二十三年(1934年)底取销国内各省民信局，对经营国外之厦门、汕头两地民信局一仍其旧。惟奉令改称批信局，特许领照营业，并于(民国)二十四年(1935年)初划分菲律滨(宾)、缅甸、荷属、越南，照国邮例贴资。至马来亚方面，以侨工居多，折半总封，均须于抵埠时由邮局检查盖戳后，由批信局向领，自由分退。(二)民二十四年(1935年)6月7日，邮政总局分颁寄递内地批信(即侨信)办法第一条，明载“来往内地批信及回文得由批信局自行派人带送”。(三)重光后，厦侨汇正当恢复。讵邮政局突来明令，以侨信及回文批局不得自带，须由邮局寄递遂一盖戳，否则以走私罚办。而内地邮局接得通令，利用机会搜检侨信，胁迫勒罚，酿成地方不安，阻碍侨汇流通，莫此为甚，言之痛心。（四）甲、荷信件既照国邮资例贴足，便可四通八达。乙、南洋邮主管局，对侨有经总封到达，即任便自由携带，无例外约束。盟邦菲鉴谅此点，而本国邮主管局反枝节阻难，是诚不解。丙、汕头信局现亦自由带递，两埠事同一体，欲予限制，实觉歧视。况批局自带侨信乃义务性质，无他项作用，服务甚久。遽予限制，形成手续麻烦，费时计日，使侨批侨汇两受阻碍，殊□得计。（五）此案发生后，菲律滨（宾）、马来亚等地侨批信汇业，呈电交驰，向交通部请愿。谨祈参议会维护侨汇，迅予转呈，或电交通部邮总局明令福建邮管局，取消该项限制通令云云。

《中央日报》1946年10月20日

批信处理办法　交部修正条文

关于信业公会、厦局邮管局，限制侨批信局自带侨信一案。兹悉，因商会已奉交部批复。兹探得原文于后：

呈悉。本案饬据邮政总局呈，以各批信局，请求取消邮递限制，准予自带分发，有违邮政法之规定，且属流弊滋多，本难照准。现为顾及侨胞便利起见，拟将现行“批信事务处理办法”酌予补充修订，呈请鉴核备案等情。查该修订办法，对于各批信局，尚无不便之处，除令准备案外，合行抄附修正条文，批仰转知该银信业公会转知各批信局，就近与邮局洽商办理，此批。附修正条文如下：

计开：一、批信局得就当地邮政局、所投递界以内，自行派人带送批信及回批。二、往来批信局总分号间之批信及回批，不交当地邮政局所投递界以内者，概应纳费，交邮寄递，批信局不得擅自派人带送。三、如送达批信之地方，批信局并未设立分号者，应将该项批信纳费，交邮寄往该地邮局，作为存局候领邮件，由批信局派人前往具领后，自行就地投送。其收取之回批，亦应纳费，交由该地邮局寄回总号，不得自带。四、寄往未设分号地方之批信，如有必要，批信局专按件贴纳国内邮资，交由邮局查验盖销，邮票并加盖“国内互寄邮资”纳足，特准批信局专人带送等字样之戳记后，准予发还自带回批。需自行携回总号者亦同。惟自带之批信及回批，不得享受续包纳费之利益，其带运□并仅以批信局总号指定之专人与相关邮政管理局发给正式证明交件（粘贴相片）者为限。又批信事务处理办法共十八条，从略。

《江声报》1946年12月18日

侨信待领

市源兴信局，本帮由维美利及玛丹等轮，配来侨信不少，间因各侨眷住址变更，致无法投送之侨信。兹探录收信款人姓名如下，福山婶、吕树林、叶天送、钟亚新、吴荣宗、林亚兴、孙福山、萧文木、颜玉燕、林妈送、蒋以流、蔡大礼、杨慧贞、杨炳腾，以上14件信，款系由岷里拉（马尼拉）寄来。另由石叻（新加坡）寄来者，收信款人为黄正奕、林锡珪、黄柏林、陈章记、王泉发、林栖凤、惠隆栈、林木本。另由槟城寄交陈朝东、王深溪各一件，由太平寄交杨清江、王亚目各一件。

《江声报》1947年3月26日

船只不经香港　汇款无从领取　经交涉后已有折衷办法

渣华公司芝沙丹尼轮，原行驶爪哇、香港、厦门线，日前由爪哇收载华侨1000余名来厦。该批华侨以香港为该轮必经路线，多数款项均在爪哇直接汇寄香港中国、华侨、大公等三银行，预料抵港后，可向该银行支取，免得携带手续麻烦。该轮于日前由爪哇开出，驶至中途，突接公司来电，不得停靠香港，直接驶厦，遂于本(23)日直达本市。多数华侨以款项预先寄港，均为取领，特联呈侨局设法交涉，商讨补救办法。兹悉：侨局经与本市中国、华侨两银行数次磋商，已得折衷办法，即由该批华侨列造表册，由侨局证明，确系乘搭此次芝沙丹尼者，然后由该银行等转函爪哇分行，准由华侨派员前往香港领取。然函件往返费时，须半个月始能解决。（南侨社）

《江声报》1947年11月29日

侨信待领

镇邦路震华信局，前由岷里（马尼）拉、吧城寄来侨信一批，因受信人住址迁移，致无法投递。兹将受信人姓名列下，希各受信人到局支领。计有蒋新团交蒋富来，郑秀英交郑巧云，吴庆玑交吕花红，郑水仙交郑国兴。

《江声报》1947 年 12 月 1 日

侨信待领

镇邦路 9 号震华信局，有由岷里拉缴来侨信一批，其中二封因住址不明，无法投递，希各受信人按址往领。计陈绍强交丁文化，梁梅魁交李长沙。

《江声报》1947 年 12 月 9 日

侨信待领

本市镇邦路 9 号震华信局，由岷里拉缴来侨信，其中数封住址不明，无法投递。计有陈淑鍪交陈长作，许书因交许书祝，陈红枣交周淑惠，刘联珠交刘冰□各信，希受信人前往领取。

《江声报》1947 年 12 月 27 日

侨信待领

本市镇邦路 24 号震华信局，由岷里拉、吧城缴来侨信，其中数封因住址不明，或迁移他处，致无法投递。希各受信人阅报后，携带印章，按址往领。计曾荣怕交曾荣亮，杨玉炉交许富治，苏绥治交洪佩珍，郑秀英交郑巧云，卓开仁交林秦望。

《江声报》1948 年 3 月 4 日

改善侨信　请侨胞注意四点

侨委会昨令侨务局，以交通部邮政总局函称：为改善侨胞通信，拟请将后开各节转告侨胞及国内侨眷：一、侨胞寄至国内之函件，所有封面上收件人之姓名、地址务请兼用中文书写。二、侨胞家属自国内寄至国外之邮件，所有封面上收件人之姓名、地址，除中文外，应请加注寄达国文字。三、侨胞寄至国内之挂快函件所用封皮，请选择纸张坚韧，可以固封之信封，如能加盖火漆印更为妥密。四、侨胞与国内家属通信如有不便，必多真知灼见，请

转知,随时函告本局,俾作改进依据。(厚)

《江声报》1948 年 6 月 11 日

疏解侨汇积压　信业公会求援

市息　市银侨业公会昨日函市商会,以本会同业系代理海外各属侨信为业务。自来侨信到地,即由各该局汇款交各同业分发侨眷,日来本市筹码奇缺,申汇闭盘,汇厦信款,多无法支领,且本期菲属侨信款数颇多。处此情境,本会同业委实无法应付,希迅采取有效紧急办法,藉资维持,以安市面云。(直)

《立人日报》1948 年 7 月 9 日

血干团厦处被毁　民信局积压侨汇

本市侨团负责人昨分访当局　要求各项市府均表负责解决

本报讯　关于菲侨血干团厦处遭流氓捣毁,暨本市民信局运用侨汇套购外钞申汇等不法情事发生后,本市侨团负责人十余人,因华侨切身问题,于昨联袂赴市府晋谒市长请愿。当由黄天爵市长亲自延见,先由侨团负责人陈述:请愿原因系,一、菲律宾华侨血干团在抗战期间,从事地下工作。光复后为联络国内同志,在厦设立办事处,处址系台湾匪十八大哥柯阔嘴所有,屡次加租。此次因次起租白米 10 担未遂,唆使暴徒柯英、何全礼、柯化育等十余人进行捣毁,窃盗密件,殴打工作人员。请求严缉凶手,以符护侨意旨。二、本市民信局运用侨款,经营金钞,积压侨汇万亿,乞请查办,以体侨困。黄市长听取报告后,亦表不满,答称:(一)血干团厦处遭捣毁,实堪痛恨,刑警参加殴打,于法难容。已严令警局拘押,余犯严限缉获,唆使主犯依法拿捕到案。(二)本市民信局积压侨汇,弁髦法纪,本案经手令有关单位遵办下列各点:一、由社会科约民信局公会理监事开会。二、调查邮政局近日以来侨信寄厦情形。三、各民信局应将经收侨信及准备头寸情形分别列表报核。四、如头寸确实不足,其原因不尽民信局方面者,准其付款方法、时间应邀有关机关会商切实可行办法。以上三点,并于社会科,于今日下午 5 时召开侨汇座谈会,迅速解决侨汇遭冻结问题。侨团负责人以请愿目的已达,始退出市府,转赴警局晋见谢桂成局长,要求拘拿行凶暴徒。经谢氏表示决秉护侨意见拘押不法刑警，查缉行凶流氓后，始辞出而散。

又讯 血干团厦处遭暴徒捣毁后，市警局对于本案发生，至表重视。据报，刑警柯少豪（即柯英）、何全礼有参加捣毁，乃下令刑警队拘押。宋队长据此即将柯少豪一名扣押，而听候法办。

《星光日报》1948 年 7 月 10 日

清发银信问题　当局指示四点

本报讯 本市华侨联谊会，为半月来银根吃紧，金融波动，有少数民信局积压侨信，利用侨款周转，侨眷损失甚大，特派代表晋谒黄市长，要求派员彻查，限制分发侨信一事，详情已志本报。经黄市长除派员前往邮局调查旬来侨信来厦情形外，并于昨（10）日下午四时邀请本市民信局各组负责人开座谈会，到会者有本市民信局公会理事林德昌、卢胜泉、陈水田及菲律宾小组委员施性利等十余人。由黄市长垂询各民信局收发侨汇情形，据林等报告，6 月份侨汇最旺，总计约达 2 万亿元，其中菲律滨（宾）一地占三分之二，均经先后发出。惟此次怡美利轮抵厦带来之侨汇 1 万余亿，因在纽约侨汇之票面，在上海兜售不易脱手。因此上海国币难以运厦接济侨汇，故一时银根奇紧，以致有一部尚未发出，并无故意积压侨汇情事，请当局查明原委困难情形。又据银信局公会菲律宾组委员施性利、施拔透、吴身康、林鼎铭、蔡梅村、许玉成、谢杰英等之意见，以上期缅甸怡美利于 6 月 12 日抵厦，所有菲信于 3 日内全数发清，且回文亦悉数缴岷，有邮局登记表可查。且自缅甸怡美利之后，于 7 月 8 日下午，菲埠侨信始由菲律宾怡美利到厦，本组同业乃于翌(9)日下午 1 时领出，(10)晨已开始分发各侨眷。本期领信时间，邮局亦可查询。银信公会菲属同业部分已成立小组委员，此后关于侨信款项有积压及一切问题，由本组在厦负完全责任。当由市长面谕要点四项：一、饬各信局将本年 1 至 6 月份收发经过实情列表上报。二、积压未发之侨汇，限三星期全部发清。三、收到侨汇如遇银根太紧，应订定分期清发办法，凡在国币五千万元以内者不可积压。四、由市府调查邮局侨汇信件到达日期与信局所报有无不符，今后如遇有头寸困难，应予尽力设法补救，市府当有技术上予以协助云。

《中央日报》1948 年 7 月 11 日

侨汇涌至　银行专机运钞应付

本市讯　侨乡普度节近,侨汇旺期已届。此间中央银行经理吴本经,日前电请四联总处速运大量钞票来厦,前日已由专机运来钞票2万亿。据吴氏告记者,此批钞票为应付侨汇。盖目前各民信局因头寸奇紧,侨汇已无法收兑。最近中央、中国、交通等银行已涌到侨汇一批,为吸收外汇计,各银行皆便利侨胞兑款,决不积压。(中央社)

《中央日报》1948年7月22日

菲华侨信局公会请抑低侨汇率　厦民信局通电拥护新币制

本市民信局公会,以自政府发行金圆券后,国内各地物价已越安定。为拥护当局改革币制起见,昨午特召开会员大会,一致通过,通电财部表示拥护,并电菲律宾民信局公会,以今后汇款,应由国行汇来国内,不得收兑黑市侨汇,以符政府经济政策。(南侨社)

岷尼拉航讯　此间华侨信局公会以华侨自菲国汇款闽粤,贴水甚高,一般侨胞多有烦言。且贴水过高,将予投机取巧者以营钻之机会,日前特电南京财政部长及中央银行总裁,请抑低菲岛汇闽粤之汇率,及饬令各主办侨汇机构,依照中央银行对国内互汇贴水规定之汇率办理。查中央银行规定之贴水,为1.25‰,该电略云:此次我政府改革币制及维护国计、安定民生之重要决策,办法颁布,侨民欢腾。查海外侨汇,菲律宾部分为数不少,汇率务求平稳。国家注重吸收侨汇,当不在于贴水之多寡,办法公布后,岷里拉交通、中兴两银行挂价,核与美元对金圆一比四之比率计算,汇上海者加至3%,汇闽粤加至5%至7%。币制改革后,国内互汇,高度贴水不宜存在,否则必有漏洞,予投机取巧者以钻营之机。海外侨民盼币值稳定之心甚切,亟望从此杜绝黑市之复活。本会为菲律宾华侨汇兑业共同机构,一周来,据多数侨民意见,皆以汇率所订过高为嫌。本会会员非图牟利,惟事关国家经济与侨民利益,对菲汇率应请改订,旅菲侨胞多数隶籍闽粤,对于国内互汇贴水,并祈令知主办机关,依照中央银行规定1.25‰办理,以导侨汇全入正轨。

又讯　国外资金统制处代理主任贾士道女士顷称:该处近日得到部署检查员之报告称:本市数华侨汇兑信局,曾接受寄汇美金往中国。伊称:汇

兑信局接收寄汇美金往中国,非合法者。该处将进行调查,如被发现,将取消其汇兑业之执照,并加处罚。(南侨社)

《江声报》1948 年 9 月 10 日

菲正式通令外侨　限制汇款归国

厦民信局代表谒市长　请设法解决侨汇困难

本报岷里拉 10 日专电　菲律宾外国资金统制处,昨经正式通令外侨,汇款归国每人每月不得超过每元 500 元,但商业汇款则不受此限制。

本报岷里拉 10 日专电　菲海关昨突下令严密搜查华侨回国行李,并限每人所带出口布料不得超过 3 码。昨搭芝巴德回厦之归侨,因此致有甚多行李留岷而未能随带回国,而该轮亦因此被延误至午夜,方由岷港启碇。

又日前在恰朗市被捕获,由仙打根偷渡往菲之 4 名华人及 3 名犯案之华侨,均由芝巴德轮配回。

信局公会,今晨推派代表李承田、郭尚霖等为南洋帮侨汇今后汇解困难,请示市府设法代为请求层峰补救。经市长派吴主任秘书接见,记者旋访吴秘书,承告关于南洋帮侨汇,因南洋各属当地政府限制汇款种种困难,政府深为同情注意。金圆券发行后,市长经将情转报层峰,现中央银行及中央信托局已在香港收解侨汇。此次解缴侨汇困难问题,已获解决,各代表至为满意。(南侨社)

市银信业公会理监事联席会议,昨日下午 3 时,假海后路顺记信局召开。讨论事项,议决:(一)奉邮局令,今后对付菲侨信件回交,改为星期三、六两日,由申转运。(二)请各同业函南洋各侨信局,此后汇厦侨款,应由国家银行汇寄,否则不予负责。(三)信资调整,每金圆抽 4 分,票资抽 3 分。(四)拟建新会址于中山路大华饭店 6 楼,需款颇巨。目下仅存现金一半,尚缺半数,由 3 位常务理事负责筹足云。(愚)

《江声报》1948 年 9 月 11 日

侨信待领

本市太平洋信局,此帮由岷里拉来侨信一批,其中有林汉碧寄交大中路洪江池,又施学差等寄交大同路馆仔内洪祖芽计二封,又南兴信局陈炳钦寄交薛维超(鼓英华中学),姚嘉坪寄交杨明华女士(思明西路 14 号),施友士寄交白素琴女士(厦门港打石字 13 号)计三封。均无从投交,收信人希到各该局洽领。

《江声报》1948 年 9 月 25 日

当局将在厦门设侨汇管理机构　穗金管局长朱盛荃昨谈称

财政部广州金融管理局长朱盛荃,日前奉令来厦督导侨汇及金银外钞收兑,商业行庄外汇资产申报事宜,各情已志本报。查朱氏在厦任务已毕,定今日上午返穗复命,昨日下午 3 时特假银行公会招待本市记者,报告此行工作经过。朱氏略称:本人此次来厦,主要任务在督导侨汇,并附带督导金银外币收兑及商业行庄外汇资产申报事宜,对厦市其他非任务范围以内事项,本人固极关心。但限于职权,只能作种种建议。惟厦门币革后之经济情形并舆论界之意见,本人一本负责金融管制之公务员身份,所见所闻亦当尽力转达政府,加以注意。本人来厦匆匆,已历 5 日,连日与各有关方面洽讨侨汇情形,听取意见,搜集资料,颇为紧张。幸均稍得眉目,并以为政府爱护侨胞,发展侨汇,实有在厦成立一侨汇管理机构之必要。爰邀集本市各国家银行经理等,逐日筹讨,已拟就之组织草案,俟本人携返广州呈准后,将付施行。将来此侨汇管理机构,拟由国家银行负责推动,旨在研究吸收侨汇方策,辅导民信局循合法正轨,以求发展,并协助推行有关法令及建议改进一切有关措施。今本人并召集本市各民信局负责人谈话,均对此种措施一致表示拥护。预料将来运用灵活,对厦门侨汇发展有莫大帮助。币革以还,侨汇即逐臻佳境,自 8 月 23 日至昨(29)日止,厦市各银行之侨汇数,计 1077400837 金圆券,成绩极令人满意。嗣后能有合理机构之配合,当更可望增进。关于厦门市金银外币之收兑情形,亦颇为良好,截至昨(29)日止,计兑入黄金 1912393 市两,白银 14899247 市两,银元 105580 元,银角 282702 枚,美钞 441432955 元,港钞 1403246.60 元,菲钞 540825 元,共值金圆券 20852093 元。今日为收兑最后一日,本人已商准本市全体国家银行收兑处,尽量延长办公时间,以应需要,预料今日收兑数字当更可观。其他各种外国币券之登记数亦颇夥。至厦门分行处外汇资产申报事宜,亦均办理完竣,本人并曾派员协助中央银行抽查,以资核实。所有各银行在厦应缴外汇资产,并经如限缴存中央银行,殊足幸慰。(厚)

《江声报》1948 年 10 月 1 日

菲民信局停收侨汇后　侨界意见纷纭

南侨社岷里拉航讯　本市中华商会、华侨信局公会，及总支部，为杜绝黑市侨汇，经开联席会议，决定推派代表 5 人返国晋京，向国府请示，对侨汇具体之意见，在未得结果前，暂停收汇。消息传出后，侨界意见纷纭，总支部负责人，对此事特发表意见称：在政府未定出适当办法之前，在此期间，侨胞以公价缴信固属吃亏，但若随便缴信，则因金圆黑市与公价相差颇大，侨汇的流入黑市，为势所难避免。此不仅政府将受损失，亦有悖信局公会制止黑市的初衷。故昨（22 日）会议时，决定派代表尽速于 10 日内晋京，向国府请示办法。据报载，政府对于侨汇，经在图谋补救办法，于代表晋京时，提供意见，及报告实际状况，当能加速促使颁布具体的办法。此种停止缴信，仅属短时间性质，不久当可获得我政府设法补救，而得继续正常缴信。在此停缴期间，无疑将使侨眷遭遇困难，但此仅属暂时性质云。（南侨社）

《江声报》1948 年 10 月 26 日

请示改善侨汇　吴本景定今飞沪　建议以证明书代汇票

本市央行经理吴本景，定今日飞沪向当局请示改善侨汇办法。闻吴氏此行，除就侨汇管理委员会及侨团联谊会向政府建议各点再行请示外，并将向当局建议准华侨以外币直接汇回国内，由当地中央银行以侨汇证明书填明所寄数目，交与受款人。受款人持有此项证书，可向国外购买物品，或售与进出口商，以向银行办理结汇。此项办法倘获实施，侨汇局面当可改观云。（厚）

本市银信公会，于昨（2）日接到新加坡汇业总会来电称："星洲及全马（即马来亚各属）昨日起，全部停止收汇。厦方交涉情形如何，盼覆"云。该会接电后，即于昨（2）日召集南洋帮同业开会，讨论对此事应如何表示。当经议决：自 11 月 1 日起，如非由国家指定银行汇入者，绝对拒绝接收，并将情函复厦门侨汇管理委员会，及呈市府备查。

《江声报》1948 年 11 月 3 日

地下信局难杜绝　侨汇黑市极活跃

本报讯　市府以自币制改革后，海内外民信局时有以购黑市侨汇为明项，岷里拉当地友邦民信局有否以上情形，前曾函请我国驻马尼拉总领事馆代为查询。兹据函复：以我国币制改革前后，该达华、江南、华兴等民信局，曾卖出大宗法币，由上海购入金圆，然后接收比公定更低汇率之侨汇。至如何□汇，本馆尚难获得□据。至友邦等家，系向上述三家买入者，此为币制改革后初期之状况。现侨汇黑市又大见活跃，信局同业公会虽暂时停止缴信，盖以防止侨汇黑市，惟地下信局之活动实难以全杜绝云。

《中央日报》1948 年 11 月 10 日

补救侨汇问题　将有具体办法

本报讯　本市央行经理吴本景，本月 2 日因侨汇停汇事赴沪向总行提供补救办法。昨午返厦，据称：外币比率调整后，目前对侨汇已无问题，惟中央此次对侨汇已有彻底具体补救决定，详细办法，已送中政会研究讨论，日内即可公布。记者据有关方面透露，中央对将来侨汇问题，已具一种补救办法，即黑市外价格若干，侨汇兑换率亦将跟随调整。故今后侨汇问题，已获完满解决矣。(南侨社)

《中央日报》1948 年 11 月 21 日

关元侨汇暨金钞兑换　本市昨起实施新办法

市息　央行、海关暨有关银行昨奉到财政金融改革方案中关于关元、侨汇暨金银兑换等法令大纲，虽详细办法尚未奉到，但新法令已自昨起实施。兹将记者向有关方面调查所得分志如下：

关税方面　关于缴纳关税方面者，(一)过去关税之缴纳虽曾一度采用以央行外汇牌价为准再折金券，照海关规定，商人于结关后 7 日之内即须将关税缴纳，逾期每日罚锾 3%。但商人以金券时时贬值，即使罚锾，仍有利可图，遂多延期缴纳。关税收入数字虽相等，但数值则随金券之贬值而损失不少。惟今后采用关元为纳税之单位，而关元之比值系以美金 4 角计算，虽然关元不必以外币而可用金券购买，但应按当日外币4角牌价折算，商人乃无从取巧矣。(二)以金券购买关元，只限于所应纳之税额，如以外币购买者，可将所余外币寄存央行，待下次完税时再行折关元缴纳。(三)以关元纳税者限于由国外进口货物，应纳之税及其附加税。至国内货物所应纳之浚河捐，仍以金券计算。(四)海关原规定新办法，自昨起实行，并以报关日子为凭。但商会以14日有外轮自香港进口，当日商人欲报关未得海关准许，故14日以前外轮所载进口货物，应照旧办法办理，此事商会正与海关交涉中。

侨汇方面 关于侨汇方面者，(一)过去政府因外汇牌过低，致无从吸收侨汇(有谓过去外汇牌价所以低至极不合理原因，在豪门官吏欲争取输入货物结汇之暴利所致)。嗣后乃将侨汇尽量提高，往往较当地市价高出一二成，虽然曾因此而吸收一部分汇款，无奈刺激外钞价格，并及物价。迨后民信局亦暗中竞以高价吸收，且民信局可用美钞为汇兑本位，于是侨汇仍多走民信局之路。新办法系规定侨汇价不再以上海行情为准，而以当地市情为准，当地行情由央、中交三行逐日调查评定。据央行负责人云：如市情稳定，每日挂牌一次，否则上下午各挂牌一次。遇急剧变动时，甚至可两次以上。(二)今后侨汇到达时即凭当时牌价支付，如有以美钞汇兑者，不欲一次支清，可用美钞本位以活期存款存入指定银行，待需用时随时再支出若干。(三)前政府指定办理侨汇银行有中国、交通、中兴、中南、华侨、安达等银行，此次仅指定中国、交通二行。其他指定银行可否继续办理，正请求中。

外币方面 关于收兑外币方面，(一)八一九时代，政府对于外币只许兑入，不许兑出，新办法仍系只有入而无出，惟入国华侨所带外币数量已由100美元伸至500美元，超过部分按当日牌价折付金券。(二)外币折价以美钞为准，惟仍限于美钞、菲币、港币3种，菲币每20元等美钞9元7角5分。(三)商人如欲以金银或外币购关元者，按下列标准折算，纯金每两合关元125元，白银每市两合1.875元，银元每元合1.25元，美金每元合2.5元，港币2.133元合关元1元。如折金券，则昨日下午央行牌价为每美钞合4200元，每关元合1680元。(四)外币兑换金券，在详细办法未奉到前，仍以归侨于轮船或飞机抵达时即行兑换为限。

市场反应 新办法大纲传出后，市场上除进口商因完税须用关元曾略起骚动外，其他无甚反应，大多谓今后税收，当可因征关元而增加。惟今后进口货物数量是否可予放宽为一问题，而进口货物由正路而入口者，是否能与偏路入口者竞争又为一问题。换言之，则入口货物可征若干税尚成疑问。

至吸收侨汇方面,虽订有以外币存储办法,惟民众对于法令之时时变迁颇具戒心,能收若何效果亦成疑问。总而言之,须战事停止,政局稳定,经济财政改革方能收效。否则如一重病之人,虽有种种美味置于其前,亦难下咽也。(邵)

《江声报》1949 年 3 月 16 日

运钞发放侨汇　市府可准施行

南侨社厦门讯　最近因金圆券贬值,市面拒用小钞,侨汇由银行汇回,所领取者均为小票,侨眷拒绝收受,乃由沪穗运钞来厦。又限于政府之禁令,致菲律宾侨汇已断绝数期,民信局负责人认为此问题如无解决方法,影响侨汇不少,该公会正拟向市府提出改善意见。记者为此特往访李市长,据称:禁止运钞,系省府紧急措施,旨在防止投机行为。实行以来,游资减少,前日美钞欲涨无力,已见成效。然此非长久之计,盖长期头寸缺乏,对商民亦为不利,如侨汇则为一例,市府对此正拟邀集各方面商讨妥善办法,以资补救。至侨汇问题,民信局欲运钞发放侨信款,如事前能提出有效证据,出示核准放行。关于技术问题,希望民信局能提供意见,然后报省核准实施。(南侨社)

《星光日报》1949 年 4 月 23 日

第三节　奖励与辅导回乡投资

扶植华侨投资　兴办市区工业　市参会首次会议案续志

(续昨)议题:请政府鼓励并扶植华侨投资兴办本市工业案,议决办法:(一)由市府就本市可经营与兴办之工业、实业分别拟成计划,劝导华侨集资兴办。(二)侨营实业,政府应予以切实保护并扶助。(三)政府银行应以贷款或抵押扶助侨营事业之修复及经营。(四)侨营事业所办工厂所需之机件、燃料,应由政府切实扶持。(五)凡属侨营公用事业,应按月就成本加股息计算，不得任意招抑其他苛计，应尽量抑抵，以示鼓励扶植。（六）派干员将经济建设计划分赴南洋各埠，发动闽籍侨胞建设家乡（如限于经费，可将计划交侨务有关机关寄发）。

议题：切实监督公用事业，以利民用案，议决办法：（一）政府派在各机构之监视指导员，须以有是项学识、经验者充任，随时提供改善意见。（二）主管应对各公用事业有一整个改善之进度规定，以为各机构之准绳。（三）如资本不充实之公司未能按照进度改正者，应勒令添招新股，从事发□不能以少数人永久以包办、垄断市民之福和阻碍商埠之进步。

议题：再请政府从速清浚厦港避风坞，以保全市船舶安全案，议决：由会备函，呈请阮参议员玉田、张参议员庆和向行总洽商。议题：改善厦鼓轮渡以策安全案，议决：函请市府从速改善左（下）列各点：一、现有旧轮□艘，船身及机器破旧不堪，应换新船及加添□只。二、严密限制搭客数目，宪警负责执行。三、浮站限于2个月以内修理完竣。四、移理旧有损坏之码头以策安全。五、承办人如有亏绌政府，应予以合法加价，并交市商会与建设科洽商。

《中央日报》1947年5月18日

蔡杰士氏建议导侨汇于生产　刘维炽来函嘉许

南侨社讯　胜利以后，侨胞汇回国内款项，数目庞大。闽南为侨乡，数字尤为惊人。惟一般侨汇，既入侨眷之手，因无适当投资之途径，以事生产，故每流于虚（掷）浪费，影响国计民生殊大。厦华侨服务社主任蔡杰士氏有鉴于此，曾草具计划寄呈中央侨委会，建议当局，宜善□财尽其用。兹悉：侨用侨胞于工业建设，以委会委员长刘维炽，昨曾致函蔡氏，深表嘉许，并勉其筹划运用云。

《中央日报》1947年6月27日

鼓励华侨投资　便利器材入口　市参议会昨电行政院

市参议会为便利华侨回厦投资工业建设，并予保护起见，该会今特代电行政院，文云：查本年10月15日本会首届第二次大会，胡参议员资周等提议请政府当局便利华侨回厦投资工业建设，并予切实保护一案，当经大会议决通过等词记录在卷。查本市系属通商口岸,为福建华侨出入必经之地,沦陷期间,损失惨重,工业设备,被毁殆尽。光复以后,社会杌陧,元气未复,民生疾困,仍未稍戢。故欲重建本市经济基础,恢复社会元气,工业之兴办,实属刻不容缓。惟工业建设,需要巨大资金,赖华侨投资,方能收效。再查政府对于吸收侨汇,向极注意,照前法币贬值,黑市存在,吸收外汇之法,只有使华侨关于生产建设之各种器材,可以便利入口。如仍为种种不合理限制,不特阻地方之恢复,及华侨之热心,于国家财政,容有何补。恳请钧院令饬所属,对于华侨返国投资之各项工业,予以便利并加保护云云。

《中央日报》1947 年 10 月 26 日

省府重令所属应切实护侨

政院函知市参议会　对护侨案核办情形

市参议会去年 10 月曾以便利华侨回厦投资工业建设,并予保菲一案,电请行政院施行。昨获政院秘书处函知以案经交经济、财政两部,及侨务委员会核办。据先后函复,以现行进出口贸易办法,经规定,海关对于一切输入货物,概应验明输入许可证,方可准其进口。原提案办法一,请对华侨运厦从事生产物资,在法定范围内,放宽尺度,设法优待,尽予便利入口手续一节,与输出入管理委员会主管有关,已录原件函转该会参考。原提案办法二,请市政府建议中央饬所属对华侨返国投资之各项工业,予以切实保护一节,已抄原件令饬上海、广州、天津、汉口、沈阳、重庆等工商辅导处,对华侨回国投资之各项工业,特予注意协助云云。

南桥社福州 20 日电　省府以本省为侨胞最多之地,关于护侨工作,亦为本省重要实施之一。兹以新年伊始,特通令各县市对归侨暨侨眷,应遵照前颁护侨办法办理,勿得因时而或缓。对侨胞之生命财产,应切实保护;对侨胞之诉讼,应有合理解决。对侨胞有所困难之救济,应尽所能为之。总之,使侨胞在乡能安居乐业,在外能安心工作,以达到政府切实菲侨之意旨云。

《江声报》1948 年 1 月 21 日

赖部长在厦策动华侨投资建设

定今举行经建座谈会

本报讯 中央党部常务委员兼海外部副部长赖琏，前日由漳抵厦，情志本报。查赖副部长此次南下慰问归侨，并拟策划发动华侨投资，作为有利民生建设。定今天(4日)上午10时由侨务局发函，邀请本市各机关首长黄天爵、滕云、王连元、康肇祥、李襄宇、陈文麟、张澜溪及银行界代表吴本景，假国际联欢社奉(举)行经建座谈会，研讨发动华侨投资事宜。

《中央日报》1948年2月4日

本市昨经建座谈会讨论引导侨资建设

赖副部长有重要批示

本报讯 本市各界于昨(4)日上午11时，假中山路国际联欢社举行经建座谈会，以欢迎国民党中央党务委员兼海外部副部长赖琏先生，出席本市各机关、各侨团及银行界代表等20人。由本市华侨协会理事长张澜溪主席，并即席致词。继请赖副部长将如何引导华侨来投资本省的经济建设加以指示(词见另文)，词毕，即由本市地政局长苏宗文起立发言，对赖部长之爱护乡邦备致敬佩之忱。继并指出华侨回国，每受海关非法勒索，希望中央对各种检查手续与有关华侨法令，多向海外宣传。继由胡资周报告华侨创办之经建公司面临之各种困难，最后菲侨蔡梅邨先生也起立发言，以本省僻处东南，中央向来忽视，致华侨迫上梁山，均须远渡重洋谋生。希望政府今后重视福建地位。其次是要集中海外侨胞回闽投资并不困难，惟必须组织一个推动机构，俾华侨回闽投资有其门径。

这时已12时40分，主席即起立称：以今日因时间限制，致各位不能继续发叙高论，对赖部长今日之指示表示诚恳之接受。至于今日闽省华侨遭遇之种种困难，将另具书面报告，请赖部长携带返京，与中央交涉，早日改善。以转移华侨对宗乡灰心失望的态度，而迈进经建之途。

《中央日报》1948年2月5日

华侨回厦投资工业　中枢准予尽量便利

本报讯　市参议会在去年底，召开的第三次大会时，曾经通过电请政府为便利华侨回厦投资工业建设，并予保护一案。该会于闭会后，就根据原议决，致电中央去后，昨天行政院秘书处已有函复该会称：关于贵会电请便利保护华侨投资工业一案，经交经济、财政两部及侨务委员会核办。兹据先后函复，以现行进出口贸易办法，经规定，海关对于一切输入货物，概应验明输入许可证，方可准其进口。原提案办法一，请对华侨运厦从事生产物资，在法定范围内放宽尺度，设法优待，尽予便利入口手续一节，与输出入管理委员会主管有关，已录原件函转该会参考。原提案办法二，请市府建议中央饬所属对华侨返国投资之各项工业，予以切实保护一节，已原抄件令饬上海、广州、天津、汉口、沈阳、重庆等工商辅导处，对华侨回国投资之各项工业，特予注意协助。

《星光日报》1948 年 2 月 6 日

第四节　安置救济与组织生产

失业华侨　三十二名住博济院

前(8)日上午 9 时，廉利行之德加大轮由新加坡抵港时，水上公安分局途旅缪巡官提领新加坡政府配来失业华侨一大批，计陈金俤，45 岁，福清；陈英 21 岁，思明；王家珠 40 岁，福清；杨天左，28 岁，海澄；陈阿桔，35 岁，漳州；陈青庙，28 岁，安溪；何明坤，37 岁，漳浦；杨瑞，66 岁，金门；康阿水，36 岁，同安；李翠英，女，20 岁，龙岩；郭何，26 岁，永春；郭振和，28 岁，思明；陈再来，21 岁，思明；翁大顺，54 岁，福清；吕德，20 岁，安海；林阿命，51 岁，福清；郭红，32 岁，福清；李贵，32 岁，福州；许振，31 岁，漳浦；李吉，30 岁，永春；林礼务，26 岁，思明；周正，39 岁，德化；余阿清，35 岁，福清；主粪池，39 岁，福清；翁金，25 岁，福清；李宝定，39 岁，南安；张，35 岁，思明；黄显，38 岁，思明；黄李氏，35岁，思明；黄陈氏，40岁，思明；王老狡，36岁，泉州；萧有连，27岁，思明。共32名，即转送三署，该署乃解往博济院收留云。

《江声报》1931年11月10日

江亚醒回厦　侨乐村择地计划　即可设立

厦门侨务局长江亚醒月前晋京，昨附济南轮返厦，即到局销假视事。据云：曾向侨委会请设福建省内侨乐村，已蒙陈委员长赞可，俟先择相当地点，拟定详细计划，即可核准。现本人正拟觅地，然后草拟计划，请求开办，以安失业华侨。江氏又谈，侨委会所设侨务局，原仅上海、厦门两处，现于广州、汕头、海口、江门续设四局。安徽侨乐村之地，皆为官产，即系民有，价亦廉贱。本省创设，稍难之点，即在于此。前工务局长杨廷玉，曾谈及漳州南门外地区，可开为侨乐村，本人拟不日派员前往勘视云。

《江声报》1936年10月17日

台湾归侨三百人　请求救济已设法安置

英轮舍拿之，前日载来旅日华侨一批，当时因闽南水陆交通阻梗，多未回籍。中或限于经济，有(局)部并膳宿亦已发生恐慌。昨台湾、名古屋华侨代表徐功铭、王贤和，特向市府请愿代为设法救济。当经一科长陈式锐接见。查询其人数，据称：计男女181名，童子127人。陈乃商诸商会委员林启成，代为设想。林经通知益同人公会，代备伙食，并将该批贫侨代借大生里空屋，予以住宿。

《江声报》1937年3月9日

游民遣散　归侨伙食分别设筹

前日到厦之台湾华侨1900余人，除川资膳宿尚能自给者外，须赖救济者200余人，皆由市当局收容于大生里。目下此200余人之伙食费，可成问题。市府社会科，特协同管理□，订今(4)日派员到场调查，然后分给餐券，以便持向益同人领取膳食。又市府收容在凤屿收监之游民，口粮亦觉难于维持。故决定分别遣回原籍，前月令商会继募遣散费千元，经商会向殷户劝募。近因倭贼占据金门，贼机飞厦威胁，致稍有资产者，复纷纷避往他处。此项遣散费，劝募遂告终止。昨商会乃将已募集之800元，缴交警局云。

《江声报》1937年11月4日

台湾归侨呼吁拯救留台华侨

划定归侨垦殖区域 昨欢送吴体仁赴星洲

本市旅台归国华侨协济会，昨开茶话会，欢送中央侨委会特派员吴体仁赴叻，到郑注深等40余人，来实有侨局长江亚醒及苏有概、陈变喜等。主席郑注深，其致开会词略分三点：一、抗战以来，暴日不顾国际公理，毁灭世界文明，妄想攫取整个中国。幸吾政府早下绝大决心，予敌以重大打击，中华民族从此踏进自由平等彻底之解放。二、自吾政府下令撤退，日台华侨数月来归国者，虽达三万左右，然吾侨居台湾之同胞，数约六万以上。其余未归之侨胞，希望政府有具体妥筹撤退办法，免使呻吟于暴。剥削逮捕鞭挞蹂躏之下，同人虽身脱离虎口，然念未归侨胞所遭惨痛，未尝不感慨者。故望吾政府能予迅速规划安全撤退，以慰侨望。三、于兹长期抗敌期间，一般归侨平时虽有积蓄，然因归时备受暴日种种无端压榨，贫者更贫，富者亦贫。间有离国多年，一旦归来，徘徊瞻望，莫知适从。因此日处愁城苦恼之中，此同人深引为息。以吾国地域广大，土壤肥沃，吾政府倘能详加切实计划，拟定垦殖区域，尽量收容。一般失业归侨，使其发展后方生产，加强抗敌力量，一举两得。实所厚望焉云云。继吴体仁演说，略谓：当四十多年前，清廷订《马关条约》，断送台湾的时候，台人愤不欲生，不甘受治于日人，便自设政府，举唐景崧、刘永福为正副大元帅，整顿团练，犹今日之壮丁义勇训练。募集饷糈，和今日的献金购公债一样，抵抗日军。具体而言：一、如今日的抵抗暴日。日派能久亲王和华山总督率师侵台，唐刘终至失败。不过日方也有其代价，能久亲王阵亡彰化，和今日我们北战场中扑杀土肥原情形类似。说到抗战时间，难同为五六个月，但今日实际情势，远非四十年前可比，应援方面，不但有利害相关的兴国，即台湾士人也眷怀宗邦，桴鼓相应起来。而且我们内在的各种潜力，这非区区一台湾可比拟。所以长期的伟大的民族神圣战，正如火如荼，方兴未艾。台湾在历史地理民族文化上说，都为我中华之一部。将来我中华民族战争取得胜利，台湾很有连带解决之望。恢复从前台湾府或台湾道的成例，而成一福建省之另一行政区，到那时贵会名称要改性质，将变成同乡会了。所以国难严重的今日，在彼此都系办理旅台侨胞事业的。我们而有今日的盛会，意义实过不同乎寻常。目前我们应该注意和努力者，救济华侨安集生产。二、台湾各地的中华会馆干部人才，大多回国，本昔日组织之强，赴事之勇，集中起来。三、各就其力之所及，贡献当局，拥护国策和领袖。最后，江局长演说，其语亦多勉励归侨。彻底认识抗战意义，务本忍苦耐劳精神，克服目前艰困，达到最后胜利云。

《江声报》1937 年 12 月 28 日

厦港发放贫侨赈款

侨赈会昨日派员前往厦港区协同厦港区公所，举行冬令放赈。据查迄晚截止，计发赈款为 20 余万元，受惠者约 1000 余人，每各 200 元。至于未发赈款，拟在今(28)日继续举行云。

《江声报》1946 年 1 月 28 日

行总运粮赴漳　急赈缅甸归侨

遣送四千粤民还乡　赈米五百吨运抵厦

行总厦处，昨(5)日由九龙物资储运局运来食米 500 吨，(5000 包，每包 217.21 磅)由周彼得押运，现正起卸中。该项物资，将应厦市及辖区需要继续施赈。又该处专员陈□文，定今日押运面粉 500 包往漳，办理急赈留漳旅缅华侨，约 300 余人，及遣送漳码一带外省及 4000 余名之粤籍难民回乡。

《江声报》1946 年 8 月 6 日

(缅归侨联请行总救济)

又缅甸归侨□作新、李锦□、黄凤奇、卢友民等 300 人，以出国无期，生活困难，昨特联呈文略云：自太平洋战事发生后，因不愿为敌国顺民，前□冒险奔归祖国。数年来，家徒四壁，告贷乏门，所有衣物典质已罄，饔飧不继者，已非一日。迨去秋敌人投降，政府为爱护侨胞，积极办理归侨复员。难侨等遵于去冬陆继向厦门侨务局申请登记，并于本年春间再行请领出国护照，以冀早日回返原居留地，乃携同眷属滞居厦城待命。讵月复一月，未能实现。乃入春以来,米价高涨,百物昂贵,以致朝不保夕,彷徨无措,虽政府有急赈平米发售,而难侨等因久居所报临时户口,不获救济,老病幼啼,厥状至惨。现闻厦城遣送缅甸属归侨尚属遥遥无期,致进退维谷,无可奈何。日昨获悉,携运食品莅漳救济归侨事宜。慈航甘雨,亟待阜施,以苏涸鲋。

《江声报》1946 年 8 月 14 日

菲政府即派员来厦　检查华侨返菲资格

市府商请行总救济滞厦缅侨

又讯　市府昨据马尼剌总领馆电称:菲政府现拟派□员赴厦,检查华侨返菲资格。菲岛目前谋生不易,如无就业把握,必感痛苦,请剀切晓谕归侨,勿轻易赴菲。又查市府昨代电行总厦处,略以奉政府刘主席电,以据报缅甸归侨滞厦甚众,目前无法出,生活□为□顿,除电林副署长设法妥速救济外,希迅治办具报,等因此奉此。当经派员前往贵处商洽,经贵处郑秘书同意,将在厦生活困难归侨,先行登记,然后订期□发赈。据此,除一面由市府开始办理登记手续外,特再电请将施赈日期,及每侨受赈数量详复,以便公布云。

《中央日报》1946 年 8 月 16 日

缅甸归侨生活困苦亟待救济　张立本等联呈迅予救济

本报讯　本市缅属归侨张立本、李良远等以缅甸归侨前联合电省府,以归国缅侨生活困苦,请予救济。旋奉省府电复,应先由市府将该归侨生活困难者先行登记,以便后期放赈。惟至今未蒙办理,各侨盼望殷切,张立本等为体念各侨胞苦况,特于昨联呈市府,恳迅登记救济云。

《中央日报》1946 年 9 月 20 日

华侨招待所周内可设立　市府致函行总调查救济候遣归侨情形

市息　市政府承省令,准侨务委员会函开,略以自太平洋战事发生,逃难回国归侨,人数众多。兹值抗战胜利,各该归侨急欲回国谋生,麇集漳厦者为数颇多。旅费用罄,进退维谷,其困苦情形,实难言状。相应电请迅予转饬厦门市政府，及龙溪县政府，设法紧急救济。又缅甸归侨，并请联总早派轮输送，市政府以事关归侨生活，已于今日函行总厦处，派员调查，将救济情形见复云。

又息 华侨招待所筹备设立一节，已志本报。兹悉，该所地在厦处，前大生里处，因第一中心学校校址，正于大生里中段，为管理招待所便利。故华侨务局，同行总，与该校斟酌，决定在李祠堂附近，建筑课室十间。议该校继续上课，闻现双方谈判，已可完满。招待所于一星期内，便可正式设立。至该招待所伙食问题，决由益同人负责管理云云。

《立人日报》1946 年 9 月 27 日

同安缅侨领赈记

苏佐雄

本报特稿 “查居留于灌口镇附近缅甸侨民貌咯丹曼德等十几名请求救济，兹承善后救济署厦门办事配发第一批救济物品，现已配运到县。相应附发缅侨姓名调查表一份，希克日载送，并定本月 28 日配发，届期务希前来具领为要。”

这是同安县政府 9 月 21 日发给缅侨哥铭丹等 19 名的通知书的全文，列同安县通知书致申马社 6918 号。

当哥铭丹接到这一份通知书之后，于是他连日来回奔走，到那些散住各处的缅侨的乡村里，把这件县政府要他们同安县城去具领救济物品的事情，告诉每一个缅侨，并约他(她)们在 27 日下午抵达西亭保后□社集合，以便 28 日早晨赴同安县城。

记者是缅甸归国的华侨，事前承哥铭丹和几位缅友的诚意邀请，随同他们一起赴同安，兼为缅侨当翻译和协助他们具领赈品。家居无事，对着这些举目无亲的流落我国的缅甸友人，记者最乐于接受他们的邀请的而答应了。

预备一个小袋子，藏着一套更换的洁净衣裳，在 27 日的下午到了后□社去。

貌曼德的家，变成了临时的缅甸招待所，晚上，缅甸男女一起尽情地欢乐着，像久别重逢的故人一样。大家畅谈着各自的对于中国的感想，以及有关缅甸的事情。缅语交流在空气中，怀乡的思绪激动在他(她)们的脑海里。

在学校里刚睡下不久，貌曼德来，把记者和哥铭丹、貌天樵三人叫醒了。

大地还一团黑,早餐已经弄好了。酸汁叶深濛越炒的缅甸菜,使大家想起在缅甸时用手抓饭吃的“力捣”来。

没有钟表,不知道是什么时候,但吃过这特别早的早餐以后一回儿,才听到雄鸡啼叫第一遍。为了静坐无聊,有人提议结队夜行。得到多数的同意,男女老幼20余人,浩浩荡荡地在两把电筒的照射的光线下前进。

茫茫夜,秋风有点冰冷,老年人跌倒地上又挣扎起来。谈笑着,歌唱着缅甸情歌、英国电影名歌、印度曲,彻响于这沉静的黑夜,不觉得寂寞,也忘记了疲倦。

黎明的时候,经过后溪,抵达同安县城才10点多钟。

把这小小的行列安置在外面,记回者哥铭丹、貌天樵二人,先到县政府找中山室管理员柯肇基,因为他是也缅甸归国华侨,对这些缅甸友人们会尽力帮助。据肇基说:“县长正在开会。”于是就去见社会科,许科员其鑫一听到缅甸侨民来县领赈,把一切应备的手续告诉了我们。

我们暂借中山室作临时办事处,起草着呈文。县长在散会的时候,同着许科员到中山室面询哥铭丹此次来县的缅侨人数。

由哥铭丹呈阅用中文填写的调查表,并报告同来的缅甸侨民共22名,其中有一位带病前来的缅侨,在途上因脚痛虐疾发作,只得又留下一位缅侨看护他。现已到达的男女20名。县长面允每免发给国币□万元,救济米20市斤。下午,许科员为领取赈款而奔波着,写条子把各科室负责人盖章,到银行时已过办公时间了。款领不到,米也领不到,天是渐渐黑了,许科员心里多么焦急。为了解决这些饿着肚皮待救济的缅甸侨民的膳食问题,实表示无限的同情。

预备向××公司先赊点米来给缅侨们煮稀饭,终于由经理的私谊向省银行疏通,把赈款支领出来。如果不是这样,第二天又逢星期例假,更不容易设法了。

款领到,许科员发了2万元给缅侨去办理伙食,余下的候第二次再补行盖章,全数发给。食的问题解决了,住的问题也由许科员介绍一家小客栈。每名铺位费250元一夜,并供给两餐柴草。

29日,星期六,上午同柯肇基把领款及领米的名册填造好,每种名册填写六份,共12份。

下午,全体赴社会科科长寓所,打条子向镇公所领米,并到县长公馆向县长请示监赈人选,终于由警察局派了一位科员来会同赈放。

县长的公馆是在县政府办公厅的后进，由许科员进去向县长报告，大家排列在走廊上，等县长出来训话。当县长出来的时候，男缅侨将两手按额行缅甸式的敬礼，而女缅侨亦皆肃立敬致。

县长说："此次救济米系就第四行政区配发本县之救济物品，拨出一小部分，先为发给每名白米20市斤，国币一万元。今后如再有救济物品配运到县，当继续配给。"

记者把县长的意思告诉了缅甸们，缅侨哥铭丹请记者代问向县长请求今后领赈时准予推派代表来县具领，或拨由灌口镇公所转发，以免老妇及幼孩跋涉长途。县长当即答允他们的请求，并面谕他们补交一份联名的公事。

关于每人20市斤救济米，将如何运回灌口的问题，县长垂询缅侨的意见。记者把缅侨们事情计划乘同美汽车东归去的预算，报告了县长，并请县长下一张手谕，请该公司予以优待。于是县长马上进去，为缅侨们下条子，把手谕交给了哥铭丹。缅侨们请记者报告县长，他们对政府的关怀表示感谢！（未完）

《立人日报》1946年10月12日

同安缅侨领赈记

苏佐雄

县长知道这些缅甸侨民流落在国内已四五年，有的学会说闽南话了。也用简短的闽南话告诉缅甸们说："20斤、20斤！""一万、一万"，并吩咐缅侨随着他说这些数目字。大家听着县长讲着跟他们一样不大流利的闽南话笑着，县长也笑着。

米条子经了镇长批准，才拿到大同镇主任干事杨基经店里去领，由镇米公所派了一位干事办同赈放，请干事先生去借把秤来称一下。据说借不到，终于被记者看到店里刚好明明地放着一把秤，就去拿过来用。以记者的推测，或许他们发赈米时另有一把"标准秤"，临时发赈拿不出来，只说照袋皮外面标明的数目计算，又不肯说出所记的重量是实重（除袋重2市斤）或毛重（带袋），企图从中舞弊，实属可恶。怪不得报上时常报道赈米重量不足，原来都系此批管理赈品的工作人员朋比为奸。

警察局派来监放的那位科员和县政府社会社许科员也感到镇公所赈品管理的不公道，因为县长的命令是每名发给20市斤，而管理员却要以整袋计重。

22 名缅甸应领赈米 440 市斤,总算过秤扣除了袋重实领了,这得感谢许科员和警对那位科员的协助。

假借隔壁警察所办事厅办理盖章的手续,领赈米及赈款的工作,总算告一段落了。

在警察所门前,临时集合了这些缅侨,许科员对他们讲述这次发赈的意义,告诉他们说:县政府代向救济总署请发之救济物品及衣服,救济总署尚未发下。此项救济米,系由第四行政区同安县临时赈济委员会之义赈米中拨出者,所以数量不多。每人一万元,系由同安县政府救济基金拨发的。救济并不是长期的,希望他们从工作中找生活。

带着县长的手谕,去见同美汽车公司的负责人,他答应在星期一 10 点钟,增开一次特别专车,运送这 20 名缅侨到集美,票资照公务员及军警之待遇,予以七折优待。同美汽车票资自 9 月 21 日起涨价,每名全票为 2000 元,七折票 1400 元。

9 月 30 日早餐后,清算了客栈的租金,挑上一袋袋领来的救济米,整队到汽车站候车。

将近 11 时,汽车离开了同安城。在车上,缅侨们唱着歌,高呼着:"啰蒙马!"(意为"咱缅甸")

中午时候到了集美,待潮水升涨后,雇了两只小船,渡过港,到高浦社,各人分取了应得的救济米。在太阳西斜的时候,朝向寄居的寓所归去。(1946 年 10 月 3 日于灌口)

同安县缅甸侨民调查表

名氏	年龄	在缅籍贯	原职业	现状况
貌铭丹	26	敏建县皎不东埠	经纪人	挑工
貌旺丁	29	第悦谬县	司机	挑工
貌天樵	21	敏巫县广宗社	助理司机	双农
貌钦铭	25	敏巫县赖打也社	司机	失业
貌福盛	26	渺名县倪文倪埠	学徒	佣农
貌曼德	28	永盛县屋真社	司机	失业
貌吞樵	28	岑尾申县丁光社	司机	失业

续表

名氏	年龄	在缅籍贯	原职业	现状况
貌旺莱	28	直塘县	做饼匠	油坊雇员
貌需貌	25	直塘县	商人	短工
貌葛拉	19	下亲墩县望濑埠	助理司机	失业
貌钦	26	毛干篦县良党埠	商人	失业
貌真兜	32	奄哈士县毛淡□埠	商人	失业
貌□旺	20	同前	学徒	失业
貌豹礼	31	罕礁越利县仰光埠	店员	挑工
貌岛交	30	同前	司机	失业
貌铭散	30	同前	商人	失业
姥永纽	55	同前	商人	
姥铭	57	同前	卷烟女工	
娑钗	57	岑尾申县彬文那埠	旅馆经理	
妈丹志	24	同前	旅馆掌柜	
妈拉盛	19	直塘县	女佣	女佣
妈魏容	18	同前	同	同
妈铭庆	18	同前	同	同
妈益志	18	同前	同	同
妈铭志	14	同前	同	同
妈丹	28	壁磅县礼低亚礼	摆摊	
妈真于	23	曼德礼县	商人	
妈益芝	36	兴实搭县铭弄社	木屐匠	
妈魏铭	24	下缅甸三角洲	菜贩	

截至9月底为止，据调查表之记载，流落同安境内之缅甸侨民，男女合计29名，男人占三分之二，女人为三分之一。以籍论：直塘县占第一位，共7名。罕礁越县仰光埠次之，共五名。岑尾申县三名，敏巫肥及奄哈士县毛淡棉埠各二名。其余为□建、第悦谬、曼德礼、渺名、永盛、毛于篦、下亲墩、兴实塔、壁磅等县及下缅甸三角洲各一名。男人以司机及商人为最多，女人以

女□为最多。全数29名，多属失业，寄住缅甸归侨家中，生活赖归属华侨供应。此调查表之29名缅侨，经先后由哥铭丹呈报同安县政府备案，及函缅甸新光报调查其在缅之亲属云。

《立人日报》1946年10月13日

马来华侨遣送后　缅侨将先资遣

本报讯　行总厦处昨代电市府，以滞漳缅侨已发物资并派专员办理救济。至于□属缅侨下领去赈米，厦市缅侨前委托贵府登记，以备酌予救济。至本处办理遣送侨民，除第一批经联总通知专轮运送英属马来、星滨各属华侨外，次专轮可能优先遣送缅侨出国，并特将办理赈济缅侨情形电覆查明云。

《中央日报》1946年10月16日

缅侨赈米不日发放

即日开始领取米条

本市讯　本市缅甸归侨复员协助委员会，前向行总申请发给赈米，以便赈于本市缅甸贫侨。闻经由行总拨发赈米50包，该会经定今日起通告各前次登记之贫侨，即日携带有关证件，赴该会填表领取米条，再行定期发放云。

《中央日报》1946年10月22日

滞厦缅甸归侨遣送回籍

沿途船票伙食　市府行总负责

本报讯　市府为谋救济滞留本市缅侨早日返籍起见，于昨派员前往归侨合作社接洽。查已登记之缅侨数达3100名，经与联总行总商讨救济办法，结果决定遣送回原籍，船票及船只由市府负责，船上及在途伙食由行总厦处发给面粉。至此批缅侨何时能得复员，则须俟缅甸政府许可入境消息后，再行通告集中遣送云。

《中央日报》1946年11月16日

昨市府联席会议决　资送滞厦缅侨还乡
定期登记及发给钞米

市府于昨上午9时，召集缅侨协助会代表暨华侨协会、行总厦处、侨务局、水警大队等开会，以缅侨复员，经外部电复侨务局，仅准有亲友在缅，或到缅后，住宿均无问题，或协助重建缅甸之土木铁工匠、工程师等，始准先行入境。而厦门登记复员缅侨已2000名，未登记者亦不少。现复员受此二条件约束，对于留厦缅侨，应如何设法，当经议决，由会设法使在厦候复员之缅侨，仍返各县复籍。当由该会登记愿返者，每人发给2000元，由缅华商会所捐赈款，及胡文虎所捐一千万元发给，并按路程，每日发给食米2斤。另到达后，安家费食米20斤，车船费当以免费配给云。至于登记日期，及发给手续，该会拟于日内通知云。

《江声报》1946年11月21日

市府昨晨召开协助滞厦　缅侨回乡座谈会
经商定三项遣送办法

本报讯　市府为协助滞厦缅甸归侨回乡，于前日上午9时，特召集有关各团体举行座谈会，出席黄天爵、林承志、江亚醒、张澜溪、陈文忠、李良远、白三江、周怀言、庄华等。主席黄天爵，记录丘启明，讨论事项：一、关于缅侨滞厦，应如何协助回乡案。议决：每日每人资助白米2市斤，国币2000元，以路程远近计算。米由行总厦处负责，款由缅侨复员会负责，米每人另津贴到达后10日(20市斤)。二、关于回乡缅侨交通工具应如何办理案，议决：(一)船票由缅侨复员会印制，送交轮船盖印，按日分线配回。(二)限5日内配回完毕。(三)船资津贴，俟结束后再行召集各同乡会议定。(三)关于缅侨已领补助费而不回乡者，应如何处理案。议决以后不得再向行总厦处暨侨务局、市政府各机关请求救济云。

又讯　凡居住本市贫苦缅甸归侨，亦可同样请求复员会救济。又缅侨复员会昨向有关当局申请延长登记1天，凡未登记者，限至本下午5时以前至该会登记，逾期不理云。

《中央日报》1946年11月22日

遣送滞厦缅侨回籍　闻日内即可实行

计程发给川资及船票

本市讯　查此次缅甸归侨复员协助委员会，奉联总令办理登记缅甸归侨复员，先后登记本市及内地各属之归侨数达3000名。原望此期丰庆轮抵厦得被遣送赴缅，讵意香港联总接缅政府电称：缅甸战后粮食匮乏，房屋倒塌，唯恐到缅后食住发生问题，因此还未核准。该会为顾虑一班贫苦侨胞处在生活高□之厦门，终非久计。爰特函请联行总暨市政府设法遣送回籍，各维生计。业经市政府开会议决，将胡文虎先生指交市府救济缅甸贫苦归侨国币1000万元，及仰光兴商总会汇交归侨合作社国币400余万元，充作遣送滞厦贫苦归侨回籍川资，计程发费。闻每人每日可得2000元，又行总每人每日给米2斤，计口发米。另发安家米，每人20斤及船票。闻不日由复员协助委员会负责办理遣送，凡曾向该会登记者，可携该会发给侨证收条，领取赈米及川资云。

《中央日报》1946年11月28日

禾缅华侨允予补赈

禾山讯　禾山缅侨代表陈乌齐、林文海，因禾区缅侨部分，向市缅甸华侨复员协助委员会，进行交涉赈款、赈米后，昨已承该会委员李良远、白三江等允许补救。准于本月15日，凡禾山贫苦之缅侨，携有关证件至江头车站补行申请登记，以便补赈，并托代表陈乌齐、林文海两人办理。如欲复员者，亦应迅速登记，免将来向隅。

《江声报》1946年12月14日

行总厦处资助　缅侨回籍经过　计分发赈米九万余斤

本市讯　查缅侨复员出国问题，前经行总厦处及联总屡次发出警告，在未接获通知出国日期以前，切勿贸然来厦。乃各归侨因见星（新）加坡及马来亚方面遣送顺利，各人复员心切，自动纷纷来厦，或滞留漳州，为数日众。一时无法收容，且缅甸当局以地方程序未复，房荒粮荒迄未解决，仍不允许归侨前往。因此问题，联总方面现正积极进行交涉中。至处置滞留漳厦之缅侨善后办法，前经行总厦处与市府及侨务局暨各有关机关多次会商，决定在未获准缅甸政府允许登陆以前，暂先设法资助回籍，一俟问题解决，再行通知集中。兹查行总厦处前此办理遣回工作情形，调查统计如下：

一、滞厦共发赈米 61896 市斤，受振人数 2752 人。二、滞漳共发赈米 34194 市斤，受振人数 1188 人。内龙溪属 305 人，永定 781 人，南靖 81 人，龙岩 21 人。合计赈米总数 96090 市斤，受振人数 2940 人。发米标准系按返籍日程，每人每日发给路程米 2 市斤，另安家米 20 市斤。又侨商胡文虎捐遣送费国币 1000 万元，及缅侨行商公会捐 500 万元。该款多由本市缅甸归侨复员协助委员会负责分发，每人 2000 元，计发滞厦一千零一十二万一千元。滞漳发 200 万元，其遣送回乡乘搭船只，经各有关机关与轮船公会商准予以优待，免费输送云。

《中央日报》1947 年 1 月 14 日

侨务局拨到巨款　救济贫侨

本市侨务局，刻奉侨委员会训令，为拨发国币五百万元，交由该局办理贫苦侨民疾病、医药补助费用，并附救济厦穗待遣出国贫侨疾病办法一份。该局奉令后，即通告归侨依照规定办法办理。兹将该办法探录于下：一、为救济厦穗待遣出国贫侨临时疾病起见，特各拨法币五百万元，交当地侨务处局，切实办理。二、侨民在厦穗待遣出国，确系贫病者，得报告当地侨务处局，查明确实，酌给医药费用，但最多每人不得超过二万元。三、贫侨领取医药费，须立具领据，签名盖章，由各该处局汇集报会核销。四、各该处局领到此款以后，实事求是，斟酌使用，逐日将领款人姓名及款额，连同领据列表呈报。五、领据格式，须依照规定，以免参差不齐。

《江声报》1947 年 3 月 5 日

救济滞厦缅侨　分别收容遣送

本报讯　本市缅侨复员，于今晨九时假市府会议厅开座谈会，出席计缅甸归侨协助委员会代表白三江、轮船公会代表黄谷晋等十余机关代表，主席黄市长。(一)讨论事项：一、愿意返籍者，给资遣送原籍。二、无法返籍，确系困苦者,设法暂予收容,给膳食。三、请缅甸归侨协助委员会负责登记。(二)关于遣送返籍川资及收容粮食应如何筹措案,议决:一、返籍者每人发给布乙套,米十斤。布由行总厦处拨给,米由市府就暹罗(泰国)赈米项下拨给,船由输船公会负责免费配运,另由行总厦处酌贴油料,并由各同乡会酌量救济川资。二、无法返籍,确系困苦者,暂住行总厦处复员站,但应候复员站现有待遣侨民登轮出国后,膳食由市府函请行总厦处,就该处与益同人公会合办平价食堂份数内照价拨售。至行总厦处所拨食米完了为止,(原定六月底结束)另由行总厦处于停止前十天通知市政府,每餐三百元,代价款由各该籍各同乡会负责筹给。三、由有关机关迅电层峰,请求救济,并向缅甸政府交涉,准予复员。倘接到复电无法再准予复员时,留住复员站缅侨,仍照此次遣送办法遣送返籍。(三)关于在厦旅星返国难侨,应如何遣送返籍案。议决:一、由市府每名拨给食米五市斤。二、由轮船公司免费配运,另由行总厦处酌给油料津贴云。

《星光日报》1947 年 6 月 1 日

未得复员缅侨业经登记

本报讯 滞厦缅甸归侨善后救济,业经缅侨复员委员会分别登记,计无法回籍,愿住大生里复员站者 1017 名,愿意资遣回籍者,计 446 名。回籍名册中有少数归侨未及缅代表甄询。日昨缅侨复员协委会日将登记名册送由市府,依照决议发交有关机关,分别予以救济。

本报讯 缅甸复员华侨昨乘丰庆轮出国,有关机关均派员下轮妥为照料,秩序至为良好。

《中央日报》1947 年 6 月 5 日

难侨一批又一批　失业受遣回八十余人
缅甸未复员华侨已暂安置

本市讯 昨(7 日)丰祥轮由叻开厦,载来华侨 800 名,侨务局经派员下轮接待。内有许锦宝等 88 名,因当地政府取缔人力车夫,宣告失业,受遣回国,状至可怜。侨务局人员,当即联络有关机关,将该批难侨分配各客栈住宿,一面转请行总市府,予以援例救济,俾便资遣回籍云。

本市缅甸华侨复员，经缅甸代表宇吞貌甄审出国者计 2400 余人，情志本报。至滞留本市待遣之 3000 余人，以其生活困苦，前向当局请愿。会议结果，准予设法救济，其办法计分返籍与留厦两种。日前向“协委员”申请救济者，计滞厦缅侨 1027 人，其中客属百余人，已于 5 日安置住宿。返籍者 447 人，其救济米，每人 10 市斤，昨已向市府全部领出。至行总厦处允发加基布，须待下星期一(9 日)，如数领发云。

《江声报》1947 年 6 月 8 日

救济缅侨　市府开座谈会

本报讯　市政府昨下午三时召开救济缅侨座谈会，出席者行总厦处方颂尧、林炳、陈其亨、缅甸归侨协助委员会代表白三江、外交部港处张思泽、厦门侨务局张子畴、华侨协会张澜溪，主席黄天爵。行礼如仪，报告事项(略)，讨论事项：一、关于未领有复员证滞厦缅侨可否并入救济案，议决另案办理。二、关于行总厦处奉令限六月底结束，前议决无法返乡滞厦缅侨，确属困苦者，暂予收容案难能办到，应如何处理案。议决：一、仍照遣散办法发给米布遣送返籍，但须持有外交部发给临时护照者为限。二、自 13 日起至 15 日，在华侨协会(中央银行二楼)发给米布。三、详细情形由市府分别函知有关机关团体转知侨民。

又讯　本市缅甸归侨复员协助委员会，于前(9)日在该会发放落选复员缅归侨回籍暹米(市政府)及赈布(行总)，申请救济之缅归侨名额，计 446 名，其中有一部分系去年早经在归侨复委会登记复员，为时间关系，未取得外交部之遣送护照。或因路途遥远，抵厦后，未及受缅代表甄审。归侨复委会特会同市政府及行总派员发放，9 日已发放者约有二百余名。昨晨该会突发出通告，谓奉市府令，暂时停发。因此一般待领赈品之归侨，又须在厦再为逗留数日云。

又讯　滞厦未中选复员出国之缅归侨，共计尚有 3000 余名，其中除一小部分请求遣送回籍，而大部分均散住厦禾鼓各区。前闻缅政府允许于本月底再为继续遣送 1000 名，故由该会登记优先复员者 1027 名，以备 6 月底享受复员之权利，而免往返费时。且彼等多系典卖田园，来厦等待遣送者，前曾派代表向各有关机关请愿，并经行总方副处长面允准予于本月 14 日丰祥轮运载有许可证之归侨离厦后，全体入大生里华侨复员遣送站招待膳宿。

至日前已先行进大生里住宿者,为数已有数百人,滞厦缅归侨代表,为明了滞厦同侨确数,闻将于本(11)日继续办理调查登记。

《星光日报》1947年6月11日

滞厦缅侨数百人　昨向市府请愿

获准仍照前议留站赈助食宿

本市滞厦未复员缅甸归侨,经登记无法返籍,进住华侨遣送站者1027人。市府于上月31日召集侨务局、行总厦处、缅侨协委员暨各同乡会,愿予设法救济。至6月底止,住宿不生问题,膳食由平价食堂三千份伙食拨给。每餐三百元之款,由各同乡会共同筹募负责。但益同人以行总试办3个月合同未告届满,有损该会威信,不予接受。因而客籍侨民百余人,虽住宿该站,而膳食亦发生重大问题,其后九百余人,拟于前日进住该站。该站则以未奉上峰命令,不敢擅专。市府为此又于10日召开二次救济座谈会,以行总行将结束,前议决无法返乡滞厦缅侨,确属困苦者,暂予收容案,难能办到。议决,仍照遣送办法,发给米布遣送返乡。各华侨探悉此项消息后,以市府、行总,推翻前议,出尔反尔,咸表愤慨。故于昨午3时召集同侨数百人,偕同侨务局长江亚醒、侨协委员白三江,前往梁(深)田路行总厦处请求该处履行前议。该处由林秘书炳荣接见,数度商谈,仍无法解决。4时许,偕诸首长抵市府请愿,争论3小时后,毫无解决余地。最后因时间过晏,乃折衷办法如下:今日起可住宿遣送站,至膳食方面,由市府将暹米项下,各人发给食米10市斤。行总如有其他剩余物品,当再加发变价为伙食费。前缅甸华侨汇厦赈款,尚余二百余万元,悉数交由代表领用,各同乡会照前议,负担一部分伙食费。各华侨认为满意,8时许,乃整队而返云。

《江声报》1947年6月12日

缅侨领赈有未返乡　确实贫困准受救济

本报讯　市府于本月11日发给缅甸归侨复员归乡者每名米10斤,布6码。分发至90余人时,始发觉其中有未回乡而请发者,故暂时停止。后经市府有关科室讨论,决定留厦未归乡之缅侨,确实贫苦,亦准予照发,以资救济。乃于12日,市府派社会科刘炳林、陈百祥,行总厦处派洪莆苇会同缅侨复委会假归侨合作社，照额数分发。先后两次，计发336人云。

《星光日报》1947年6月14日

越南政局严重　华侨避难滇桂

本报讯　最近越南战事继续进行中，政局日益严重，我华侨旅居越境，均失去保障。近有一部分侨胞，纷向桂滇边境避难，日前据滇侨务局报告：逃入滇境之河内华侨，数达4000余人。侨委会获得此项报告后：闻已令该地侨务处及社会服务处派员前往救济。该处奉令后，即派员前往办理，唯以经费有限，救济时闻拟暂定为1个月。此批华侨若愿意返原籍者，可申请侨遣处，设法疏散厦门、广州两地，俟越政局安定时再返回越境。

《中央日报》1947年6月17日

侨遣站办荷侨出国　缅侨应予外住　留站缅侨请求市府救济

南侨讯　滞厦未获遣送缅甸归侨，在未获出国前，暂住于华侨招待所，并由市府拨米及行总发布以维生活，各情已志前报。惟最近行总厦处以须办理荷属归侨，着住所缅侨退出，以便工作。该批缅侨为此，于昨(2日)上午特推代表陈祖铭、江儒嵩、何明福3人，具呈进谒黄市长，陈述如下：一、留站待遣缅侨，为体念政府护侨至意，即日起自动退出遣送站。二、请市府转函行总厦处体念留站转遣1027名缅侨之困苦生活，于第二批获准遣送时，予以优先出国权利。三、缅侨撤离招待站后，生活无依，请市府贯彻第一次议决案，仍拨每人食米10斤，卡支布6码备充返籍川资，并请社会科即日通知各轮船、汽车办理免费输送。黄市长当批示：关于第二点，可函转行总厦处酌办。第三点，每人食米10斤已先发，如未足额，可照补。至轮船、汽车免费办法，交社会科与行总厦处洽商酌给油料，并函泉安、漳龙两汽车公司优待。

《中央日报》1947年7月3日

归侨救济办法　当局订定六项　侨委会电覆市府遵照

南侨社讯　查前返厦难侨务多批，均经市府及行总、侨务局救济遣送，惟市府以难侨若继续的来,非备有专款,恐难应付。故曾电侨务委员会、外交部,及海外部,请拨助前项经费。顷获侨委会复电,略谓:关于归国侨民救济事宜,前经社会部邀集有关商定办法六项:今后归国华侨如需救济,自可依照该办法会同当地有关机关办理。兹将该办法录后:一、归国侨民由善后救济机关及社会机关会同侨务局先行调查,其合于难民规定者,予以救济。二、侨民已回国尚未回籍者,由善后机关遣送回籍,沿途招待依规定办法,并由社政府机关及其他有关机关协助。三、有工作能力之侨民,由社政机关辅导就业。四、老弱残疾之侨民,就各地原有救济设施,予以收容教养。五、尚待出国之侨民何时起程,其目的地何在,由侨务委员会提供资料,随时通知救济机关,以便预为准备。六、前项救济应多方运用善后救济物资及已有机构办理,必要时会呈行政院拨款。

《中央日报》1947 年 7 月 18 日

丰庆海轮触礁遭难　闽籍难侨昨已抵厦
推举代表请求政府救济
市府今召集各界讨论善后事宜

南侨社讯　丰庆轮遇险,难侨 1800 人,其中大部分为闽籍,除一部分留港及乘其他交通工具离港者外,余 864 名,昨(24 日)搭芝巴德轮来厦。市府及侨局昨日午前接获香港福建商会主席王少平、同乡会庄成宗。受难委员会代表郑天忧电告,市府当即派郑秘书静安,会同侨务局张课长子畴、华侨协会理事长张澜溪等下轮接待。该轮于 12 时许停泊厦港外,登轮后,即晤见难侨代表黄世恭、张荣生、黄和优等,代表市府、侨务局、华侨协会慰问,并为照料一切。嗣由难侨代表黄世恭、程春茂、王宁趁等 3 人随郑秘书等登陆到市府谒见黄市长,报告一切,并呈献庄成宗、王少平、郑天忧等人请求照料函件。黄市长表示尽力协助,惟如即日登岸,食宿势成问题。经商洽渣华公司同意,予难侨留宿一夜,照常供应伙食,明日始行登岸,一方面电刘主席、郑厅长,请由省迅拨粮款。另电行总闽处胡处长,请迅电厦处先备粮食、衣着,办理急赈。一方面决定今日上午召集本市各有关机关团体,开会商讨,救济办法。至登岸后,如有亲戚朋友,可寄住者固佳,否则设法接洽大生里华侨招待站及大同、全民、桃源等小学暂为安置。市府又立即印制调查表,嘱该代表等于晚返轮后,调查各难侨姓名、籍贯、性别、眷属人数,以及损失情形，以作交涉救济根据。据该代表等告记者称：丰庆轮保险年限为50年，今年已届48年。该公司原准备此行后即入坞修理，讵意有所变？此次出事，原因系航线错误。且大副因身病留港医治，乃由二副驾驶，技术经验较差，亦为一因。船于19日晨3时50分在芝阑弯触礁。船首嵌入礁中，不能拔出。6时10分，苏联商船首先来援。30分，香港英美战舰闻呼救之声，相继驰至。12时，商船湖南号亦接踵而至，遂开始营救。至下午6时左右，始全部离船，第一艘美舰驶返香港，已为20日凌晨1时许。湖南号最迟，迄9时始到港。该船于19日上午3时半腹部裂断，8时许发火焚烧，现仅存一船壳而已。至乘客是否全部安全，则因情形紊乱，不甚详确，根据在港时有若干电报无人领取情形观之，失踪恐难免。此次丰庆由星开厦，载客几达3000人，行李特多，平均每人2件，归侨以马来亚属占多数，甚多系久远家园，带携储蓄而归者。一旦遭此巨变，财产荡然，厥状至惨。如星侨陈尾年69岁，旅星已41年，此次携带一生辛苦蓄1400元叻币返国，现已尽归乌有。其他惨状实不能尽述，据约略估计，每人平均损失叻币6000元以上。现正请星(新)加坡、香港方面同乡，分头向和丰公司交涉赔偿中。又此次800余名闽籍搭客中，以南安、惠安、晋江等最多，兴化、福州亦有一部分，在港时得同乡会协助甚大。由港来厦，船公司发给每人叻币50元，购备毛毡已去八九，现多孑然一身，甚望各界多予救济云。

《中央日报》1947年7月25日

市府召集各界　商讨救侨事宜　伙食遣送等均有决定

本报讯　丰庆轮遇难侨胞，经于前日由芝巴德轮运载来厦。市府为谋救济办法，特于昨25日上午8时，假市府会议厅举行商讨救济丰庆轮遇难侨胞座谈会，出席者市政府、侨务局、华侨协会、侨民遣送站、华侨服务社、和丰公司、商会总工会、益同人公会、晋江同乡会、诏安同乡会、漳浦同乡会、莆仙同乡会等十三单位代表。由社会科长丘启明主席，讨论结果决议三点：一、关于丰庆轮遇难侨胞之住宿，分由各旅栈及各同乡会设法收容。二、关于遇难侨胞之膳食以供应，5日为限，食米由暹罗(泰国)赈米项下每人发5市斤，副食费由和丰公司负责。又另拨茶水费每人国币5万元。三、关于遣送返籍问题，由和丰公司负责。至内河船只，则请市府通知轮船公司优待运送。

《中央日报》1947年7月26日

惠安同乡会发款济惠侨

本报讯 厦门市惠安同乡会筹资救济滞厦惠籍缅侨,此次发给者有陈文来全眷计6人,发给18万元。庄玉兔、吕甲庚、林送来、吴流水、林月娘、陈祖铭等6份,每份全眷5人,计30名,发给90万元。黄羡石、孙连锭、吴玉、黄春梓、庄信来、黄执等六份,每份全眷4人,计24名,发给72万元。陈来成、林美京、庄岩娘等3份,每份全眷3人,计9名,发给27万元。陈火来、孙永源、庄却娘、庄添丁、陈大头等6份,每份全眷2人,计12名,发给36万元。另:林水德、王顺福、黄金来、王振发、黄金钗、陈细只、黄成辉、蔡土思、孙文基、杨木生、陈双恩、庄水山、庄添来、董作金、黄益良、黄惠棠、庄良发、陈连秀、萧瓦金、何心心、黄细南、黄萍波、庄振发、林顺辉、庄水添、杨金安等26人,每名各发3万元,计78万元。合计为107名,共发救济金321万元。

《中央日报》1947年7月26日

丰庆难侨善后处置　市府昨商定办法
招待膳宿五日并遣送返籍

本报讯 丰庆轮遇难侨胞善后处理救济工作已由市府昨(25)日上午8时召集本市华侨协会、市商会等十余机关团体讨论,议案如下:一、难侨住宿由各旅栈及各同乡会设法收容。二、膳食以五日为限,由暹米项下每人发5市斤,副食费由和丰公司负责。又另发茶水费每人5万元。遣送返籍由和丰负责,内河船只致市府通知各轮船公司优待运送。

又讯 丰庆轮遇难侨胞代表黄世恭、张荣生、王能趁、李要辉等4人,昨晨再晋谒市长黄天爵,请求迅予设法救济。当承黄市长表示尽力协助,除先为设法维持食宿处所外,并即印就难侨登记表,发给难侨代表。订今明26、27两日,在中山路中兴银行2楼,厦门华侨协会,开始办理难侨登记,以便难侨家属之访问,或转入内地发给路条证明,俾经过地方军警妥予保护。至于该难侨在厦所对和丰公司提出交涉,赔偿行李损失问题,据该公司负责人答复决将情转达香港总代理公司,报告新加坡英方轮船公司,协商善后之处理办法云。

中央社香港25日电 丰庆轮被救乘客，可全部遣送，厦籍乘芝巴德轮返厦，潮籍客可分乘湖南、海阳、岳州三轮返汕。港海事法庭，定28日开庭，研究该轮意外事件。

《星光日报》1947年7月26日

丰庆轮难侨抵厦　行总决拨剩余物资救济

南侨社讯 丰庆轮闽籍遭难侨胞，抵厦后，经暂为安置。市府昨26日又召集行总侨务局、华侨协会以等商讨救济办法，决定由行总发剩余物资，每人布6码，旧衬衣1件，罐头6磅，面粉12磅，并定27日发放。由各人凭香港福建同乡会发给证条，亲自领取。另向轮船公会接洽半价运送返籍，今日前往华侨协会登记之难侨达270人，其中有若干先行返籍。又该轮受难侨胞委员会，订今(27)日上午9时假华侨服务社招待各界，讨论善后事宜云。

《中央日报》1947年7月27日

难侨行李损失和丰应予赔偿　丰庆轮难侨委会昨商定

本报讯 丰庆轮难侨紧急委员会，昨日上午9时，假华侨服务社，邀请本市各社团代表举行，讨论救济善后问题座谈会，到各机关代表20余人。由难侨代表黄世恭、王兴灿、程春茂、张荣生相继报告丰庆轮触礁遇难经过，暨呼吁各界协助其向和丰公司要求赔偿损失。各界出席代表首先对此次受难侨胞表示最大同意，并热烈发见意见。讨论结果，该受难侨胞代表提出交涉三点：一、膳宿问题及茶水费5万元，应即日解决发放。二、返籍川资及安家费之合法发给。三、赔偿行李损失及退还各侨胞票资。经即席决定进行步骤，分为先后两点：一、膳宿问题由市府通饬旅栈业切实维持招待，救署厦处赈品每人赈布6码，旧汉衣1件，汤粉13磅，罐头6罐，由难侨挑选少壮代华侨，共同负责具领。明日开始发放。返籍川资，由市府着和丰公司完全负责。二、赔偿损失及退还票资，由难侨代表代电市府、市参议会、侨务局、华侨协会主持公道，召集组织协助委员会办理之。

《中央日报》1947年7月28日

丰庆难侨　昨发赈品

本报讯　丰庆轮遭难侨胞，经市府电请行总福建办事处，发给物资救济一节，详志本报。查该批难侨应得赈品，业于昨起在中山路华侨协会发放500名。其余未领难侨，定今日在市府社会科发赈。又该批榕籍难侨120名，定今晨搭海滇轮离厦返乡，全部票船资系由本市和丰公司付出云。

又讯　丰庆轮难侨，昨呈请市府，请转电香港同乡会，向和丰公司交涉，退还票资云。

《江声报》1947年7月29日

市府劝丰庆难侨迅速返回原籍　赔偿票款一事已电港交涉

本报讯　丰庆难侨抵厦后，经市府及行总办事处施行紧急救济，设法安顿宿食。分发茶水费并船资后，本日陆续返籍已遂大半，尚有留厦待船者约二三百人。闻前(29)日在华侨服务社开会，到会者约有二三百人。闻前(29)是在华侨服务社开会以，到会者约有二三十人，有人提议，借口留厦难侨300余人均属无家可归，要求政府指定地点继续收容救济，否则将直接向和丰公司交涉，请将行地让出为收容所等情。昨(30)日下午，即由代表王宁趁等2人，再到市府提请上述要求。当由市长劝论谓：此次难侨到厦，市府已尽最大的努力，设法急赈，如须继续长期救济，应回原籍，向当地政府或救济机关请求。此种带有要挟性质之要求，已超出紧急救济限度以外，市府难以照办。若谓300余人均无家可归，亦不近理，希望彼等勿存倚赖观望态度。迅速回籍，俾便流落厦市。至交涉赔偿回国票款一事，市府经为转电香港福建同乡会代向交涉，当待港方合理解决，无须集体在厦悬待云。

《中央日报》1947年7月31日

滞厦缅甸归侨　召开紧急会议　商决复员赈款筹要案多起

本市讯　缅甸归侨留站待遣委员会，于本月2日下午4时假座惠安会馆召开第六次紧急会议，到会人数甚多，主席陈祖铭、记录陈建邦。开会时，主席报告事项：(一)遣送站转来关于复员电报一通(略)；(二)缅侨复协会来函通知仰光赈款办法;(三)关于赈品报销事项等。继即讨论事项如下:(1)关于报销发放赈品名册应如何推举负责人销案,议决,交由委员会负责办理。(2)关于仰光赈款港币15000元,经由复协会议决,凡滞厦缅侨1027者,每人先发8万元,由本会填造原始名册,为发放依据,应如何办理案。议决依第三次送复员站之名册,同时须采取原有1027名册,据情条理填造,交委员会文书股负责办理。(3)关于复员问题,如果未能全部遣送,应如何办理案。议决,交委员会向有关各机关据理力争,以期达到善后救济为止。若当局未能善后,则听各侨友自由行动。(4)关于本会办公费尚不敷200万元左右,应如何筹措案。议决,由委员会建议大会,每一侨友捐助二千元,并函请复协会协助办理之。临时动议:(甲)关于本会财政收支应如何公布案,议决限3日内由财务会计整理公布。以上各案均通过。

《星光日报》1947年8月4日

未得复员缅侨救济办法商妥

南侨社讯 侨务委员会以缅甸政府对我侨民返缅,经迭次交涉,原则上已同意全部准许入境。但仍采取各种借口,设法拖延。此次缅方代表在厦甄审结果,已出国者仅2449人,尚有3000余人,未能出国,其中滞留在厦者有1000余名,进退维艰,生活困难。且滞留福州、广州、汕头等地,总数尚有10000余人,缅政府虽已令该方代表前往各地办理审查手续,但时间上,尚须相当时日,审查后是否能全部及格,尚不可知。鉴于厦方面缅侨困难情形,对各地返缅归侨,在出国期内之救济,及将来不能出国者之善后问题,自应筹一妥善办法。该会特邀集社会部、海外部、外交部、行总等代表,集商滞厦缅甸归侨复员,补救办法,并将集议结果,由社会部训令闽社会处,转知各有关机关知照。兹探志该集商结果如次:一、关于留榕、厦、汕、穗各地归侨返亲入境案:决议,仍请外交部设法继续交涉,以期准许全部归侨复员返缅入境,并请行总、联总协同办理。二、各地返缅归侨在未出国期内,仍应设法救济,免生事端案。决议:在国际难民机构,远东办事处未正式成立开始工作前,仍请行总在可能范围内继续办理救济,同时并由有关机关会呈行政院,请拨救济专款,并由侨委会主稿。三、缅甸复员华侨,如有不能返缅者,应如何善后案。决议:由社会部会同侨务委员会设法遣送原籍,并予救济。

《中央日报》1947年8月1日

滞厦缅侨　遣侨站无法收容

本报讯　行总福建办事处昨函市府,以据厦门遣侨站呈称:以未准出国缅侨纷纷请于海利轮抵厦后收容入站,请核示等情。查该批缅侨如何设法出国,拟候宇吞貌抵榕即行妥商办理。目下厦站处理困难,无法收容,除分电厦门侨务局外,希设法劝导各缅侨勿遽进站云。

本市讯　闽侨李处长怡星抵厦以来,连日与各方面接触,商讨处理滞厦缅甸归侨问题。今(5)日上午,再与黄市长、联总专员安培金及遣侨站侨务局、缅侨协会等机关作最后讨论。兹探志决定如次:(一)现在大生里招待站居住之缅归侨400余人,应行迁出,由市府另设法其他住所;(二)招待站伙食供应至9日为止;(三)由市府拨米60担救济;(四)其他救济俟李处长明日返榕,向行总闽处交涉后再电告。李处长以任务完毕,定明日飞榕。又9月份缅侨遣送可能获准20名,分函榕、厦、穗、汕四地,安培金俟缅侨事解决后即赴港。(南侨社)

《星光日报》1947年9月6日

在厦待遣缅侨获发赈衣御寒

本市讯　联合国国际难民组织远东局厦门办事处,以时届冬令,所有待遣缅侨无衣御寒,特于本月12日至17日在大生里该处发放赈衣,由刘主任(英人)亲自主持。一时前往请领者有男女童婴等八百余人,共发旧衣21包,计4340磅。该旧衣中比较破烂者,该处刘主任另予拣起,共装5袋(计750磅),于昨(18日)发交本市基督教女青年会,托其转发监狱囚犯,作为圣诞礼品。

《星光日报》1947年12月19日

难侨流离　益同人资遣复员

旅越难侨洪贰,因遭法越战争,携带妻子,避难返国。辗转跋涉,方抵里门,讵意年久戚友星散,举目无亲,而盘缠耗尽,食宿无着,踯躅街头求助。后经市益同人公会予以救济,使其住宿于贫民避寒所,就食于大众食堂,暂解困况。兹该会为使其复员旧旅，以谋生业起见，爰代办出国手续。昨由安徽轮资遣返越，并函请越南西贡福建帮长予以沿途照应，俾其不再流离云。

《江声报》1948 年 1 月 20 日

滞厦待遣缅侨饥寒交迫

本市讯 厦门侨务局昨函市府及冬令救济委员会称：前经缅甸代表宇吞貌审查合格，准予复员返缅之侨民第四批 400 名，及尚未批准之一百余名，现多滞厦待遣。虽由联合国国际难民组织远东局厦门办事处暂予收容，惟该处并未供应膳宿，致其所备些微之旅费，行将用罄。复因物质日益高涨，生活更无法维持，饥寒交迫，情殊堪怜。曾经本市侨团联谊会第二次会议，讨论救济办法，决定函请市府及冬令救济会，就救济米款项下尽先拨济，并推张理事澜溪、白主任三江负责接洽。请查办见复。闻市救当局，以目前所筹冬令救济金，数目有限，殊难分配。现仍在考虑中，或需视劝募结束情形，始能决定。（厦工社）

《星光日报》1948 年 1 月 30 日

缅滞厦华侨生活惨苦　侨团往慰问

南侨社讯 缅甸滞厦待遣华侨约 600 多人，近因物价高涨，生活苦惨，前日特推派代表吴杰民前往侨局请求救济。昨午 3 时，侨局局长吕尘心暨华侨协会理事长张澜溪、缅甸归侨协助委员白三江，为明了该批华侨生活实际状态起见，特联袂前往大生里复员站访问。查该站除收容经批准待遣缅侨 180 人外，另有 120 人未准遣送，仍分居该处（另 300 余人分散市区），生活无依，景况凄惨，每日三餐不继，暂以番薯根充饥。况际此冬风凛冽之期，均无棉被，多数均以军毡御寒，过着非人生活，状甚可怜。（渠）等当场请求政府迅速救济，以免饥饿之苦。兹悉，厦侨团代表定今晨前往市府请求协助，发动募捐。2 月 1 日召开侨团联谊会，联呈外交当局，迅向缅政府交涉，从速复员以慰侨情。

《江声报》1948 年 1 月 31 日

留厦汕侨今日返籍

百卅二万赈款昨晚发放完竣

旅菲汕籍难侨116名,日前附搭美舰南美示号来厦,拟待轮返籍,逗留未行。其到厦时,当由市府拨款赈济,每名200元。后以赈款不继,乃转向益同人乞赈米500斤,终以僧多粥少,仍困苦不堪,流落市上。救济会乃筹募132万,于24日晚,在华侨服务社由归侨总领队尤文炳,及蔡杰士、苏永康、林文元等诸员当场分给各难侨,并定今(26)日离厦往漳,遵陆转粤回籍云。

《江声报》1948年2月26日

遣侨站分发赈衣

国际难民组织厦门办事处(遣侨站),定今晨9时在该处分发毛质赈衣。凡曾向该处登记,经审查合格,持有注射证之巴城、泗水华侨均可请领。

《江声报》1948年3月8日

遣侨站发放缅侨赈品有棉毡等物

国际难民组织远东局厦门办事处,定5月5、6两日在大生里遣侨站发放滞厦缅侨赈品。兹探悉,其发赈办法系根据侨务局去年冬赈名册发放,计有棉毡、衣服等物,逾期不再补发云。

《江声报》1948年5月4日

救济滞厦缅侨尚待中央拨款

遣侨站救济物资开始发放

滞厦待遣缅侨,生活困难,侨务局曾于上月间代电省政府转请社会部设法救济。后闻中央拨款一笔,救济闽省待遣华侨,该局乃再电省政府速将款项汇厦,以便赈放。省政府经以复电该局,略谓已转请社会部设法救济,并请行政院及侨委会速向缅政府交涉,俾能早日遣送出国。至中央拨款1500

万元，经拨给在榕待遣华侨，每名15万元，尚感不敷，应俟中央再拨款前来，始行汇厦云云。

又：救济滞厦待遣缅甸复员华侨物资，昨起已在大生里国际难民遣侨站发放，成人及5岁以上孩童，各发全新毛毡半条，羊毛衫衣一件。孩童未发羊毛衫，改发女孩短裙。至5岁以下儿童，均发旧羊毛童衫4件。发放时，记者在场参观，该站发现有仅凭"侨联团"一纸证明文件，而非合格复员缅侨，及已出国复员者，亦往请领。该站为此问题，已请示主任刘士康，是否准发，尚有问题，查此次救济对象，系合格待遣之复员缅侨，而非全部缅侨。一般对此，颇有指责。至仰光救济款港币1万元，经定日内发放。但一般待遣复员缅侨，亟盼主持者能秉公从事，非有复员资格者，可勿发赈，俾滞厦困苦待遣缅侨，多得一份实惠云。

《江声报》1948年5月7日

滞厦缅侨亟待出国　当局正谋救济

市讯　本市缅侨待遣出国为数尚多，均留站迟未起程，致缅侨待救无门，为状殊惨。以此驻厦各侨团长，函电呈请侨委会转社会部呈行政院拨款救济，昨(13)日市侨务局，接获侨委会代电如下："准行政院秘书处(民国)三十七年(1948年)6月21日外字第29158号公函开，社会部呈，为滞留厦门缅甸归侨为数颇多，一时无法出国，拟请续拨救济5亿元一案，奉准予如数拨发，并救济，由福建省政府统筹办理等因。除款项由院另行拨发，并指复社会部外，相应抄同原呈函达查照。"现该会经转饬闽省社会处筹办云：查上述所谓抄原呈，内容略以"该项救济金，已饬社会处同当地有关机关商就放赈办法。在办理中，惟厦门滞留缅侨为数尚多，一时无法出国，生活极感困难，迭据各方报请救济。兹检送留厦待遣缅侨名册1份，请核办，并转请续拨赈款救济，俾得普沾德惠，以免向隅，并请转咨外交部暨侨委会，迅向缅方交涉，早获复员。然以缅方本年仅允许华侨2000人入境，第一，拟核准之1000人遣送席列，正排拟中，待船期确定，即行分拟遣送。致(至)归侨全数返缅，似尚特长期，生活确属可虑，除电请外交部续向缅方交涉外，拟请行院准予拨发厦门难侨754名，救济金5亿元，交由省府统筹办理。是否有当"等语。若此事能得各侨团联合负责办理，实为留厦缅侨之福音也。

《立人日报》1948年7月14日

滞厦待遣归侨　侨委会允转社会部救济

本报讯　关于滞厦待遣荷属国、新加坡、马来亚等地复员归侨，因滞厦日久，生活发生问题。前经侨务局电请侨委会设法救济，业奉侨委会电饬，查明该各属滞厦待遣归侨确实人数，以便转咨社会部设法救济。兹据侨务局函华侨遣站分别查明，统计列下：荷属男性520名，女性106名，男童70名，女童28名，婴儿17名，合计741名。新加坡及马来亚男性204名，女童50名，男童39名，女童9名，婴儿8名，合计310名。以上荷属、新加坡、马来亚等地滞厦待遣归侨确实人数，统计为1051名，侨局定名造册汇呈侨委会核夺。

《立人日报》1948年7月31日

马来亚排华日亟

侨务局电吉星我领事馆　就近向之交涉并予救济

本报讯　厦侨务局以马来亚政府排华日亟，昨(21)日特代电吉隆坡、新加坡两地中华总商会及新加坡我领事馆，呼吁就近向当地政府交涉，并予救济。其电文如下：马来亚联邦秩序不宁，排华日亟。溯自当局实施《紧急法令》以来，侨民惶惶不安，闻男女老幼被捕不下数千人，待轮遣配回国。本年1月至4月，被遣到埠者232人，(1月13日"贵阳"轮10人，1月21日"海利"轮4人，3月3日"捷丰"轮89人，4月1日"丰祥"轮16人，4月15日芝沙连加92人，4月20日"安徽"轮21人)究其被遣何因？如谓该侨等系嫌疑分子，不能安分守己，则妇孺何辜？亦受波及。且该侨等团内举目无亲，衣食窘迫，坐使颠沛流离，有失政府护侨意旨。侨局会先后发动各县抵厦同乡会，予以资遣返籍，并经厦市侨团联谊会提出抗议，电奉侨务委员会第846号代电，唯予转请外交部核办本案，合亟电请贵会(领事)就近严重交涉，并发动当地侨团援助该侨等衣食，以免狼狈返国。(贝)

《星光日报》1949年4月22日

第五节　接待、联谊活动

台湾华侨打破帝国主义障碍　谋本国文化之发展

派员来厦接洽转学　沟通消息

思明县政府昨接到驻台北总领事馆公函，略谓：兹派中华总会馆职员萧志仁回厦，商洽华侨转学本国学校事项，即烦查照，分函关系各校接待。又接台湾中华总管咨文云：为咨情事，窃敝会为谋台湾华侨之团结，集合全台中华会馆，组织台湾中华总会馆。成立以来，五载于兹，惨淡经营，冀侨众生活之改善，侨旅之自由。近鉴于帝国主义高压之下，华侨文化事业，摧残迨(殆)尽，祖国消息无由沟通。为谋打破此屏障碍起见，特派敝会文书科长萧志仁君归国，在厦接洽一切。第恐旅地生疏，有虞陨越，相应咨请贵县政府妥为保护指导一切，俾敝会侨务进行得收成效。至纫公谊。

《江声报》1931 年 7 月 29 日

菲岛华侨童子军团由泉返厦　定今日赴漳

菲律宾华侨童子军第二三六团计一行 56 人，于本月 2 日赴泉，各情已志本报。兹悉，该童子军于昨日由泉遵限取道过厦，至安海附搭顾安小火轮，于午后 4 时抵埠。由第八码头登岸，整队向鹭江转道提督路、开元路，直至中山公园西门圹(旷)地露营。定今(24)晨赴漳，在漳露营 2 天，复返厦赴粤云。

《江声报》1933 年 4 月 24 日

新加坡华民政务司　昨由省到厦　留数日即返

新加坡华民政务司高临威，昨晨自省乘海澄轮来厦。拟稽留数日，搭渣华公司轮返新加坡。

《江声报》1933 年 6 月 13 日

泗水华侨观光团订五月返国观光

厦门侨务局长江亚醒，昨接泗水侨团来函，略云：此间华侨青年会、联合中学会及兄弟会等，组织华侨归国观光团。团员旅费及旅行日程，均经规定，旅行日程系5月6日由巴城出发，同月12日到香港。由港赴粤，参观中山纪念堂及拜谒七十二烈士墓。5月14日到厦，19日到上海，由上海赴杭州、苏州、无锡、南京、济南、天津、北平、汉口、武昌等处游览。在上海住7日7夜，其中4日共同参观各机场，3日个人自便。北平亦停留7日，观万里长城。在济南，拜谒孔陵，及登泰山。6月18日由上海启程回爪哇，7月2日可抵步。

《江声报》1936年3月3日

菲华侨考察团今自沪来厦

仍由王泉笙领率留厦数日再赴省

本市息 菲律宾华侨考察团21人，由中委王泉笙领率回国观光，先赴粤桂，继往京沪杭苏无锡等处，颇受各当地欢迎。在京时，参观中央党部、国府、立法行政两院、侨委会，及中央陆军军官炮兵、步兵诸校。抵杭州时，参观航空学校、飞机制造厂。抵沪参观市府及各商团工厂，备受招待。现该团5人由京转赴北平，4人由沪返菲。尚有周冰心、郑汉荣、郑建才、蔡恩智、王立璇、王求来、柯孝爻、苏育福、陈慕华、陈明德、褚嵩田等12人，定今(21)日动身，仍由中委王泉笙率领，乘芝沙丹尼轮来厦。23日可到，在厦游览数天，即分别回乡省亲，或再赴省一行，然后返菲。厦市府及侨局、侨会、商会等，均准备欢迎云。

《江声报》1936年5月21日

王泉笙中委　菲律宾华侨考察团来校参观

6月2日下午2时半，中委王泉笙先生及菲律宾华侨考察团来校参观。本校当在生物院会客厅开茶话会，借表欢迎。会后由林校长及各院长导往文化陈列所、博物院、化学院、图书馆各部分参观。王中委在题字簿上留题

"教育救国",菲律宾华侨考察团留题"造就英才",团员褚嵩田先生等留题"这是华侨心血的结晶,凡我华侨应起而赞助之"等字样,以为纪念云。

《厦大周刊》第 15 期,1936 年

缅甸华侨闻人许麿力回厦

将考察国内建设　俾作实际之宣传

缅甸侨界闻人许麿力氏,于昨日乘礼庆轮抵厦,海军航空处长陈文麟等,均赴轮欢迎。查许氏,原籍同安,旅缅二十余年,先后服务于华侨教育界,及当地政府机关要职。革命党人之曾到缅甸者,如胡展堂、汪兆铭、居正、李协和等皆与有交谊。自十余年前,许氏即与陈允洛等创办《仰光日报》。嗣陈氏返国,由许氏独立维持。今该报仍为当地华侨之言论中心,前年许氏复接办《兴商日报》,兼任两报社长。近以祖国政治,已上轨道,建设事业,突飞猛进,乃决计回国观光,俾再度赴仰,以目睹事实,向侨界宣传云。

《江声报》1937 年 4 月 9 日

惠安同乡准备接待归侨　昨开旅栈座谈会

厦门惠安同乡会以万福士轮船抵厦在即,惠侨回国当在不少,昨特召集惠籍各旅栈负责人开座谈会,到十余人。主席陈醒民,对接待惠侨回国之意义及办法报告甚详,最后议决:(一)由本会推举代表 3 人,于轮船到达时登舟慰问。(二)由同乡各旅栈负责登记住宿人数,列单到会,以便雇用专轮送回。(三)由本会函请水上警察,派武装数名,护送回惠,俾获安全。(四)对于海关检查惠侨,商请尽量予以便利。(五)订期开茶话会招待,由惠籍各旅栈负责人,转达惠侨准时出席。(六)由本会特制接待惠侨旗号,以资识别。

《江声报》1946 年 5 月 26 日

(惠安同乡开欢迎会)

惠安同乡会,29 日欢迎侨领叶鸿恩、黄其华、王文瀚、骆栋梁、庄克昌暨万福士轮回国惠侨,到 60 余人。主教骆萍踪致词,并介绍叶、王、黄等履历及劳绩:(一)叶鸿恩,厦大法学系毕业,中训团党政班 15 期毕业,历任闽南职中、槟城三民中学校长,厦门抗敌后援会委员,光复日报编辑,本党槟城总支部委员、青年团主任、南洋华侨回国考察团主任。太平洋战事发生后,领导华侨从事地下工作。此次代表马来亚侨回国,向蒋主席献旗致敬。(二)黄其华,在厦办理双十中学十余年,在菲岛办理中正中学数年。菲陷后,领导华侨努力地下工作,亦著成效。(三)王文瀚,中委王泉笙先生公子,曾参加抗敌工作数年,在美军情报部服务,尤见努力,对于党国及华侨方面,均有相当贡献。(四)骆栋梁、庄克吕,亦均优秀华侨,对社会活动能力尚强,对祖国亦具忠诚,数年来贡献不少。次叶鸿恩演说,(一)对欢迎会表示谢意,及说明此行任务——省亲与视察。(二)□□□□工作,□侨活动等项,历历如数家珍。(三)对建设新惠安,建议:(甲)治安问题。(乙)人事问题。(丙)组织机构问题。(丁)教育文化及新闻事业问题。(戊)发扬精神团结,坚苦卓绝精神,为家乡为祖国而努力。再次为王文瀚演说,除对欢迎会表示谢意外,对于菲岛华侨年来各项事业发展,与抗战中杀敌之伟绩,报告甚详。后由黄谦若、张天昊、陈醒民等,相继热烈发言,对叶、黄、王备极推崇,对建设新惠安提供之意见,凡教育、实业、经济等项之开展与改革,与夫海内外同乡之通力合作,以及实施步骤,均条分缕析,极为详尽。旋举行茶叙,摄影纪念。

《江声报》1946 年 5 月 31 日

吧城福建会馆组织战后家乡服务团

昨搭乘芝巴德轮抵厦

又讯 巴达维亚福建会馆组织后家乡服务团团长黄松鹤,副团长郭武林、黄状五,文书庄传升、财政叶玉砚、事务林思凯,团员林乌华、蒋协志、蒋时读、李志成、郭联泉、洪高楼、廖粒、陈清闲等,昨搭芝巴德轮抵厦。下午 4 时,由中央侨务委员会顾问蓝长江,陪同团长黄松鹤、副团长郭武林、黄状五晋谒黄兼市长。闻今日该团将往访晤侨务局江局长,并将假该局招待本市各报记者,报告此行任务,及爪哇侨情云。

又讯 安溪乡侨叶采真、黄超群先生等百余人,昨由芝巴德轮抵厦。该同乡会理事长许子晖,理事陈文章等登轮欢迎,并于是日下午 2 时齐到各旅栈慰问,并闻及该乡侨胞李嘉鹤、魏瑞卿、林嵩年、林德隆、林吉隆、高云平先生等,已于日前返国。该会拟于不日开会欢迎,以表乡谊云。

《中央日报》1946 年 6 月 12 日

菲华侨商业考察团昨由台湾飞厦

薛芬士谈京沪考察经过　定八日飞香港九日返菲

菲律宾华侨商业考察团，由正副团长薛芬士、施性水领队，一行 16 名，昨日下午 4 时，乘中菲机自台湾抵厦。事前，黄市长及薛安然，接得该团自台湾来电通知，准定 5 日 4 时抵达，乃由岷里拉中华总商会驻厦办事处，向行总厦门分处借备专车 3 辆到机场迎接。黄市长、黄谦若委员暨市商会各机关团体代表百余人，先后到达机场。薛、施二团长暨团员下机后，即向黄市长暨各来宾握手称谢，然后分乘汽车到市政府，由黄市长、吴秘书主任，招待入客厅休息。

薛团长先向黄市长询问厦市医院情形，黄市长略为答覆后，薛又询问厦市难童共有多少，有无设立孤儿院必要，如有，彼愿负责协助筹划建设费。至每月经常费，渠亦可向美国人士募捐。此举国内数度经有试办，成绩颇好云云。黄市长答谓，候拟具计划书，送达办理。谈毕，由吴秘书春熙招待诸团员下榻厦大、天仙及华侨服务社。薛团长并向各团员报告，5 日晚 7 时，全体到东亚旅社，应黄市长暨各机关团体公宴。六七两日休息，如必需回籍省亲者，8 日晨集中厦门，当日上午 8 时，乘原机赴香港。在港逗留 1 天，考察商业，9 日返菲。薛氏并嘱团员，因飞机运输过重，勿再收受亲友馈赠，并应谢绝各界一切宴会云云。

旋副团长施性水对记者谈，渠等在京 4 日，印象甚佳，最欣幸者，本月 1 日，应蒋公子经国欢宴。2 日，蒋主席招待茶会，接谈 35 分钟，亲问菲律宾华侨状况，爱护华侨备至。蒋主席福躬康强，精神饱满，令人钦敬。3 日，顺途飞沪，借宿一夜。上海商业仍极繁荣，美货充斥市场。4 日飞台湾，台湾建设惊人，工厂林立，地方繁荣，有许多工厂，愿与政府合营，只因时间问题，仅参观纸烟厂，及樟瑙厂。现菲台航空线，已向陈长官接洽，拟由菲律宾华侨与政府合办，不久可实现。如成事实，将来菲侨可源源到台考察。附录该团到厦名单如下，正团长薛芬士，副施性水，财政林水褫，秘书杨世炳，总务尤文炳，团员施性统、许自业、许文锦、黄世辉、杨呈然、蔡显祖、柳清平、陈承佐、黄鼎铭、黄祯墙、施牙洛。

《江声报》1946 年 11 月 6 日

薛芬士等今飞省 黄市长吴秘书同行

菲华侨商业考察团抵厦后,有一部分昨回泉省亲。昨晨8时许,薛团长芬士,杨秘书世炳,偕吴春熙乘车拜访各机关长官后,并参观厦门大学,及往禾山视察。该团订今晨7时,偕同黄市长吴春熙等,乘中菲机飞榕,晋谒刘主席,商请一切。午后仍乘原机返厦,明晨飞往香港考察商业,9日返岷。惟有一部分团员须往家乡,稍为逗留,未能一致随机返菲云。

又讯 华侨商业考察团来厦视察,该团长薛芬士等数人,昨6日偕市府秘书吴春熙等,乘车前往禾山一带视察,并顺途前赴涵头其故乡探亲。禾山民众,原定今(7日)举行欢迎会,惟经薛氏谢绝,故乃打销(消)成议。

《江声报》1946年11月7日

鸡尾酒会招待嘉宾

座谈会5时许结束,继在大阅览厅举行盛大之鸡尾酒会。除座谈会全体(人)员参加外,并另邀本市各机关及文化团体首长出席,共约80余人。席间备有鸡尾酒及各色茶点,一时杯觥交错,极为欢洽。首由汪校长致词欢迎嘉宾,并特别强调厦大在历史与地理下,与华侨之密切关系,希望各侨领对本校复员建设有所协助。继由侨领王振相氏致答词,对本校之热烈招待,表示感谢,并望厦大诸教授不断提供宝贵意见,俾经建设公司之发展有所遵循。直至6时许,宾主始尽欢而散云。

《厦大校刊》第1卷,1946年

宇吞貌昨抵厦 办理缅侨复员

本报讯 缅甸政府代表宇吞貌氏等一行多人,于昨(18)日晨乘丰祥轮抵厦,轮泊港外。本市缅甸归侨复员协委会暨各界代表、各报记者等40余人,于上午8时许由妈祖宫码头乘汽艇下轮欢迎。10时许,宇氏偕各欢迎代表上陆,时岸上挤满缅侨妇孺300余人,列队欢迎。宇氏在鞭炮声中,由缅侨王清辉女公子王丽芳小姐献敬花圈。继沿轮渡码头转水仙路至晨光路,抵华侨服务社休憩。记者群集专访,当由缅侨协委会秘书方水隆,代表宇氏，发言称：本人奉缅甸政府委派来厦，办理华侨复员事宜，承各界欢迎，至为感激。惟舟车劳顿，俟略为休息，当另订时间招待新闻界，报告办理复员事宜，请为原谅。继宇氏起立以缅语声言，渠虽为缅籍，惟其夫人为华人王荣鹏先生之女，对华侨有密切关系。此次来厦，当竭力协助华侨出国。查此次偕宇氏同轮来厦者，有华侨代表洪金铭、胡茂宣、林子雄、方水隆、陈宗珍等5人。另据宇氏在轮上语记者称：关于缅侨复员名额，预算在2000名以上。近日将由丰祥轮运送出国之200余人，取有缅政府许可入口证者不计在内。宇氏在厦逗留期间未定，订昨下午与联总专员安培金开始洽商有关复员事宜，然后分访党政各机关首长。本市十二华侨团体，订21日下午3时假国际联欢社举行欢迎大会并公宴。

《中央日报》1947年4月19日

昨厦市各界欢宴宇吞貌　黄市长主席并致欢迎词

本报讯　昨下午5时，本市各界假国际联欢社4楼，欢迎缅甸代表宇吞貌等。到会各机关首长、社会名流暨旅缅留厦侨胞300余人。大会在音乐悠扬声中举行，主席黄市长首致欢迎词，略谓：此次宇吞貌、洪金命诸氏来厦，使数千滞厦缅侨在最短时期可以复员，这无异为侨胞带来一盏明灯。宇吞貌先生等不辞劳苦到了厦门，可算抗战后第一位接近中缅最亲切的人。我们深知中缅双方，在历史上是最密切，但受战争影响，许多侨胞财产受损失备尝痛苦。宇氏此来，将为缅侨解决许多困难。缅甸目前情况还没有恢复，到战前一样，因当地政府限制名额，希望第二批复员缅侨不要感到失望。最后，代表厦市各界暨留厦各缅侨向宇氏等及联总道谢。黄氏词毕，由本市缅侨复委会代表向宇氏致谢词。继由宇氏起立，以缅语演说称：承各界热烈欢迎，至深感激。本人此次来厦，当尽力在最短期内，帮助缅侨复员。缅政府制定厦市先遣送2000名，其他如滞汕、粤、榕等地缅侨亦多，本人此次经港汕，该两地缅侨，皆纷请复员，俟本人回缅后向政府申述办理。最后，侨务局江局长亚醒演说。词毕摄影，开始宴会，觥筹交错，宾主尽欢。席间由缅女多人合唱缅歌舞蹈助兴，表情迫（逼）真，博得一座掌声不少。10时许，乃尽欢而散。

《中央日报》1947年4月22日

华侨青年回国观光团抵厦

马来亚排华日甚　侨胞生活不景气

本报记者常　煜

从中央社拍发华侨青年要回国观光新闻之后,记者就天天跑太古码头,伫守杆栏,一方面是恐新闻给它漏掉,一方面当然是要先睹为快,

居然的在一个阳光黯淡的早晨,由国营招商局轮船海夏号,带来了一群的青年伙伴,他们便是记者计日算时以待的雪兰莪青年团回国观光团。他们一共 17 位同志,男的、女的都各怀着一颗热烈的心,从南洋跑回来,和祖国老父兄弟见面。他们眼看祖国别来无恙,他们感到非常的快慰,这可以从他们脸部及行动上看出来。

上岸之后,由本市青年团派员引导到青年服务社,记者在他们稍事憩之后,投刺造访,先由该团中文秘书吴汉铸出来打招呼,接着总领队柳希春同志出来招待。经过一番寒暄,谈话便就开始。

柳希春君说:我们这次回来祖国,动机很简单,为的我们虽都是华侨的子弟,可是和祖国非常隔膜,有的简直不晓得祖国是怎样的一个国家。因此我们要明了祖国战后复员建设,和联络祖国同胞,才有此次组织。今日可以说是抵达国门了,很久以前,就懂得祖国的厦门是国际通商港岸,今眼见祖国都市建设如此繁荣,感到无限愉快。我们还希望能够依照计划,到祖国重要都市观光,如上海的经济建设,南京的国府各部会,中央党团部,海陆空学校、文化机关、武汉的兵工厂、杭州的西湖,我们都希望一一的参观过。最后我们还要访问广州,华侨之乡,才折返香港回去。现在既抵达国门,这些地方只待我们按部就班去参观,不过我们希望祖国同胞能给我们以指导,使我们对这些地方能够有更进一步的了解。

接着吴汉铸君挺身向记者说:我是中国报记者,算来是同业,我报告马来亚文化界消息好么?记者欣然答应,他道:雪兰莪地方是吉隆坡首府,那边的学校很多,初等教育非常发达,遍布各角落。中等学校也有好几所,美中不足的是缺少了高等学校,但是那边华侨子弟英文程度相当高,差不多受中等教育的人,英文语已讲得非常流利。关于汉文方面就差多了,我么希望祖国政府竭力向英国交涉,准在英殖民地设立大学,培植一批华侨优秀学

生。再谈到那里的舆论界，只有 3 家报纸，一是中国报（日报，每天两大张）、民声报（马共机关报）、战友周刊（人民抗军主办，也是共产党报），言论相当自由。但此为英帝国统治殖民地一种政策，每日有南洋商报、星洲日报、中兴日报由新加坡邮车寄来，所以精神食粮尚不匮乏。（未完）

《星光日报》1947 年 7 月 9 日

华侨青年回国观光团抵厦
马来亚排华日甚　侨胞生活不景气

本报记者常　煜

话说至此，记者询以马来亚华侨近况，柳希春带着无限感慨激昂说着：在抗战胜利以后，祖国在国际地位列为四强之一，华侨在侨居地不但是持金融牛耳，而且受当地土人热烈欢呼。时至今日，祖国内战方兴未艾，国际地位一落千丈，土人眼光势利，遂引起排华事件。不过土人排华远因纯由人民抗军造成，盖人民抗军多数是华侨组织，由共产党分子参加领导。在战时，土人行动相当刻薄苛待。胜利后，民抗军解散，土人误为华侨虐待土人，采取报复。近因系英帝国恐惧华侨在马来亚势利膨胀，利用以华制华分化政策，竭力造成华侨社团明争暗斗。马来亚共产党积极活动，使华侨力量不能集中，造成借刀杀人攻势。土人由英帝国特权下抬头，出为与华侨对峙，所以空前未有（的）排华运动居然发生。此为英帝管理殖民地政治。再说华侨无论在哪个角落，在经济方面是握着金融威权。现在的马来亚已是今不如昔了，为的马来亚树胶大跌价，华侨经营胶园几濒破产，而当地土人在英帝国扶掖下，予以经济贷款，享受一切特权，积极扶植土人经营各种经济事业，华侨无形中蒙遭极大损失。换句话说，不景气风潮已侵袭整个马来亚，尤其是每个华侨。所以海外华侨对于祖国发生内战，感到非常痛心，就一般人的意见来说，关于“中共称兵作乱”，莫不深恶痛绝。冀盼政府下令讨伐肃清叛乱奸党，积极从事建设，使马来亚 200 万华侨有好日子过。继由柳君介绍该团团员并述简历，兹分志介绍如下：领队，柳希春，男，34 岁，福建林森，福建福州协和大学，雪兰莪区团筹备处代理书记，兼中国公学校长，曾任福建省政府统计员，中小学校长，三民主义青年团中央直属驻雪兰莪区团部筹备处代理书记，驻吉隆坡领事馆顾问。总务，郑挽田，男，36 岁，广东大捕，国立中山大学文学士，万津中华学校校长，筹赈会万津分会执委兼校联部部长，吧生共和学校校长，历任万津中华学校校长，团员。财政，黄有光，男，26 岁，广东文昌，剑桥第 9 班毕业，经营商业，团员。（未完）

《星光日报》1947 年 7 月 10 日

华侨青年回国观光团抵厦

马来亚排华日甚　侨胞生活不景气

本报记者常　煜

最后本报摄影记者陈炳辆执行任务跑来，邀请该团全体团员到服务社 5 楼拍取宝贵镜头，作为和祖国同胞见面礼。

领队，柳希春，男，34 岁，福建林森，福建福州协和大学，雪兰莪区团部筹备处代理书记，兼中国公学校长，曾任福建省政府统计员，中小学校长，三民主义青年团中央直属驻雪兰莪区团部筹备处代理书记，驻吉隆坡领事馆顾问。总务，郑挽田，男，36 岁，广东大埔，国立中山大学文学士，万津中华学校校长，筹赈会万津分会执委兼校联部部长，吧生共和学校校长，历任万津中华学校校长，团员。财政，黄有光，男，26 岁，广东文昌，剑桥第 9 班毕业，经营商业，团员。交际，胡卫民，男，27 岁，广东新会，中央陆军官学校第 17 期步科毕业，雪兰莪区团筹备处第二科主任科员，曾任小学教员，少尉区队附，中尉督察员，上尉参谋，双溪威分团筹备处干事兼书记等职，团员。中文书，吴汉镛，男，32 岁，广东番禺，广东省仲恺农工学校蚕丝科毕业，吉隆坡中国报记者，曾任吉隆坡马华日报记者，中国国民党驻雪兰莪直属支部执行委员兼第五分部常务委员，党员。英文书，郑铭泮，男，30 岁，广东五华，新加坡莱佛士大学学士，加影英文学校地理科主任教员，曾任彭亨州英文学校教员（立卑）、文德甲英文学校教员，加影英文学校地理科主任。卫生，阮慕娥，女，28 岁，广东绍庆，剑桥第 9 班肄业，经营商业。摄影，黄佑汉，男，24 岁，福建福州，剑桥第 9 班毕业，经营商业。团员，陈洛汉，男，36 岁，福建永春，柏屏义学中学毕业，吉隆坡中华中小学校教员，曾任彭亨文冬启文学校教员，雪兰莪中国青年音乐会音乐指导。团员，刘文彦，男，39 岁，广东信宜，雪兰莪尊孔中学商科毕业，柏屏义学教员兼训育主任，曾任白沙罗华侨学校、焦赖强南学校、吉隆坡柏屏义学教员，中国国民党驻雪兰莪支部国语讲习会义务国语主任，党员。团员，陈剑青，男，27 岁，福建永春，霹雳和丰兴中中学肄业，雪兰莪而揽分团组训股股长，雪兰莪筹赈会瓜拉雪兰莪而揽分会(民国)二十八九年度(1929—1930 年)职员，团员。团员，林华，男，27 岁，广东潮州，芙蓉中华中学肄业，工，团员。团员，戴怀德，男 17 岁，广东大埔，怡保育才中学初中二年肄业，团员。团员，罗长玲，男，35 岁，广东南海，印务商，玲华印务局经理，一向为印务界服务，党员。团员，邱幼兰，女，39 岁，福建新安，雪兰莪英文师范毕业，加影政府英文学教员，曾任英文学校教师之职 10 年。团员，刘炎珠，女，18 岁，福建南安，吉隆坡中华中学初中部肄业，学生，团员。团员，陈毓群，女，36 岁，江苏吴县，吉隆坡黎明女校校长，曾任坤成女校、中华女校教员。

《星光日报》1947 年 7 月 11 日

本市各侨团欢宴各侨领

本报讯 本市华侨服务社、华侨协会、侨务局、华侨互济社、血干团驻厦办事处、华侨青年协进社暨旅栈公会等团体，于昨(23)晚 7 时假东亚旅社欢宴菲岛侨领杨启泰、吴道圣、李安泰、李汉昌暨秦望山等，并邀各机关首长作陪云。

《中央日报》1947 年 12 月 24 日

协助政府改善侨乡役政　菲侨推派代表抵厦

昨分访王司令黄市长有所商谈

本报讯 闽南为海外千万华侨的摇篮地，自从政府实行征兵制度，征调国民服役，尽国民义务，懿旨善美。但一法立百弊生，一般不肖主办役政人员，非仅未体政府懿旨，且常有贪污渎职，扰民事实发生。因此侨乡遭受痛苦至深且重。乃纷纷函请海外侨胞设法建议政府，改善兵役问题。侨胞在菲律宾有 12 万人，当侨胞接讯后，遂组织“菲律宾华侨协助政府改进侨区兵役代表团”，用票选方式，推选施逸生(立法院立法委员)、柯俊智(国民党驻菲总支部书记长)、施性水(中华总商会副主席)、李焕彩(中华总商会委员)、潘葵村(国民党驻菲总支部执委)等 5 人为代表，并聘中委王泉笙氏为顾问。代表团代表施性水、柯俊智、潘葵村等 3 人，于昨晨 7 时先由岷里拉尼里机场，乘中航机启程飞厦，于 11 时 30 分着陆。市府主秘吴春熙等驱车前往迎迓。施氏等下机后，与欢迎者一一握礼言欢后，乘市府专车，驰赴市府拜会黄天爵市长。旋即下榻厦大旅社五楼 55 号，稍事休息后，分访各机关首长，并于 5 时许赴漳泉厦冬防指挥部谒见王禄丰司令，商洽改进役政办法。闻王司令表示原则上甚赞同该代表意见，技术上候双方交换意见后再作决定。该代表昨晚应黄市长欢宴，并对记者发表谈话称：该代表团此次返国任务，主要任务为向师管区商洽改善侨区兵役办法，其次为劝止地方械斗事件。关于改善兵役问题，施氏称：服兵役为国民义务，国家法律，欲求改善以适应侨区要求，实非容易。以目前情况而言，为下级人员执行处理之不得其法，致流弊丛生，弄成今日局势。倘不急谋补救，不惟壮丁无可抽调，且将铤而走险，相率流为匪盗。是于国家前途及侨乡生产问题，均有莫大关系。鄙意商洽步骤，可就前党部商会所拟定之三项办法，择一进行。如未能成效，最低限度对执行处理上之人事问题，亦须做到一番调整改革，以扫除一切障碍。施氏继就侨乡械斗事件发表意见称：闽南地方械斗，相习成风，牢不可破。推其祸原，无非私见太深，意气用事，在战时曾绝一度沉寂。胜利而后，因侨汇通畅，游资充斥，迨事发生后，又大都敷衍从事，未能彻底解决。海外华侨复从而资助之，以致范围扩大，愈演愈烈。在今日动员戡乱时期，械斗作风殊宜急速制止，以免被奸人所利用。制止之道，一面固宜由政府劝导并藉重公人之秉公调处，他方面应导侨汇入于正轨，使从事于生产建设等事业，绝不为无意识举动所耗费。能如斯，始克有济云。又该团代表尚有施逸生、李焕彩 2 人，因事今日不能同来，拟于 14 日偕王中委泉笙返厦。

《星光日报》1948 年 2 月 8 日

雪兰莪华侨组织观光团　月底出发先到厦门

南侨社马来亚航讯　中国国民党驻雪兰莪直属支部华侨，为明了战后祖国建设现况及报导海外侨民生活，促进海内外文化交流起见，特发起组织回国观光团。该团定名为“中国国民党驻雪直属支部回国观光团”，已于本月 5 日开始登记团员，凡属该支部党员均可参加。此次观光路线决定由吉隆坡经新加坡而达厦门，然后前往台北、上海、青岛、北平、天津、西安、重庆、武汉、桂林、广州、香港而返观光标的：(一)国民政府各院部会及中央党部各部会。(二)访谒各大都市教育政府首长。(三)文化经济治安机关。旅途时

间定为3个月，闻该团决定月底出发返国云。（南侨社）

《江声报》1948年4月14日

槟城侨领数人将来厦观光

王景成谈马华参加全运情形

本报讯 此次马来亚华侨回国参加全运会总领队王景成先生，于昨午11时半由沪来厦，下榻厦大旅社5楼。据王氏谈：此次马华选手，其中举重方面龙伟德、陶福享、辜荣棠、梁亚鼎等4人均创全国之优异成绩。又如黄两正选手之高栏及低栏均破全国纪录，经获选参加世运。又篮球选手黄天锡，亦获选参加世运。此次如游泳方面之马华水球队10人，亦获好评，经全运总干事郝更生邀请，代表本国出席世运会表演。惟以经费尚成问题，故郝氏已于28日飞马来亚筹募经费。王氏称：马华选手于全运结束后，曾赴京观光，并经蒋总统召见，嗣并赴苏杭游览胜景。现已先后返回马来亚，最后一批亦于26日起程。最后王氏并称：战后华侨对祖国之现状均极欲明了，近日有槟城侨界领袖陈正直、朱如意、李溪泉、潘应详等人经港返厦，观光胜利后祖国各地经建现况。故王氏此次特由沪来厦，拟邀同于数日内赴京沪等地一行云。

《中央日报》1948年6月2日

（荷印侨领庄西言等一行人抵厦）

本报讯 荷印侨领庄西言、郭美丞、陈永□、李功瑞、李金水、陈南增、刘心田、李昭欧等一行8人，于前(31)日乘芝渣连加轮抵厦，下榻华侨服务社。查庄氏等此行，系为华侨协会东南总会发起组织之海外华侨台湾观光团，归国参加(观)。该团参加之各国侨领计六七十人，定于11月12日在京集合出发。荷厦参加者10人，除已到厦者，尚有林子骥已抵沪，徐华彰日内续到。闻南京侨务委员会视察□善政，将先行飞台联络部署一切云。

《中央日报》1948年11月2日

本市侨团欢迎郭庄

昨下午5时,本市各侨团假华侨服务社,举行茶会,欢迎由荷印返国之侨领郭美丞、庄西言等。主席陈丙丁,说明欢迎意义后,即由庄郭二人相继发言,对荷印侨胞近况有所报告,概要为:(一)荷印政府对外贸易统制甚严,所有出入口货物,概须经批准。对于侨胞自备外汇货物,亦仅限于中国药材、丹膏丸散,以及罐头食品等数类耳。(二)对侨胞汇款回国,每季仅限100万盾,回国者仅许带150盾,且仅许带25盾以内之货物回国而已。故荷属在国内侨眷生活,殊难维持。(三)印尼区侨胞如不加入印尼籍,将受不到保障。如加入该国籍,堂堂华胄,成为小国之民,将何以堪。此问题颇令人费脑筋也云云。(邵)

《江声报》1948年11月5日

第六节　其他侨务工作

视察侨务　欧阳汉过厦　周启刚不日将来闽

中央侨委会特派员欧阳汉,前日自沪抵厦,寓厦大旅社。据谈,本人奉派南下,分往闽粤等地视察侨务,在厦曾访侨局长江亚醒,查询闽省侨情。中央对各地侨众,极为关怀,此次除本人先行出发外,尚有副委员长周启刚,亦南下视察。拟先赴粤之广州、汕头等处,然后来厦。本人订明(6)赴泉转永春、莆田等视察,然后转粤返京。

《江声报》1937年7月6日

联总侨务专员安培金昨抵厦

本报讯　联总美籍侨务专员安培金氏,此次奉令来闽办理华侨复员事宜,昨(25)日中午,与驻榕办事处魏秘书光澂自榕抵厦。午后偕同冯视察道骥到侨务局访江局长亚醒，洽商遣送华侨出国问题，并搜集各种材料及表册，为安氏携往南京出席下月 7 日国际联合救济会议之报告。侨务局关于上项材料及表册，正在赶办中云。

《中央日报》1946 年 5 月 26 日

侨局奉令公布教员出国办法

厦门侨务局顷奉侨务委员会遣派教员出国服务规程，大略如下：

（一）侨务委员会（以下简称本会）为遣派或介绍教员出国服务华侨民中心小学校起见，特订定本规。

（二）凡合于下列资格之一者，均得申请本会遣派或介绍前往海外侨校服务：（1）本会历届侨民教育师资训机关，训练班所毕业之学员。（2）国出侨民师范学校毕业生。（3）有志于侨民教育，经本会甄审合格者。（4）经海外侨民学校聘请，并具侨民中心小学规程第七章有关教员资格者。

（三）申请出国服务之教员应径向本会或以通知方填写申请表，并撰自传一件。

（四）前条申请表经初审合格，拟予遣派时应呈缴毕业证书、服务证件及最近四寸半身相片 2 张。如经第二条第四项资格申请者，并须呈缴侨民学校聘书暨该地我领事馆证明文件，经审属实后发还。由本会发给侨民学校教员出国服务证，持向外交部或外交部委托发给护照机关，呈请发给侨民学校教员出国服务证、护照，并向有关系国之领事馆申请签字。

（五）出国教员申请分发服务地点应视各侨民之需要决定之。

（六）教员出国或回国旅费之资助，视本会经费情形酌办之。

（七）出国教员行抵服务所在地时，应将服务证向驻在该地领事馆呈验报到，后再往服务。（八）出国教员服务期限至少定为三年。

（九）出国教员于离职期内须于每学期终了时，拟具服务概况及当地侨教处应兴应革报告书，呈报本会备核。服务学校有重大事故或有变动时，应随时呈报。

（十）出国教员在服务期内有办理本会所委托事件之义务。

（十一）出国教员服务期间，除应遵守学校聘约及遵从本会之指导外，并应遵守领事馆之指导监督。

（十二）每学年终了时，本会得因左（下）列情形之一，调动出国教员服务地点,但所调往之学校,仍以事先征得其本人同意为原则:一、教员本人之申请。二、所在学校之申请。三、其他侨校之特殊需要。

(十三)出国教员在服务期内有损辱国体,荒怠职务及未遵照,第九、十、十一、十二条履行者,由本会视情节之轻重,予以下列之处分:一、警告。二、勒令回国。三、追回其以前所领之旅费。

(十四)出国教员服务期内实受重病不能继续服务,或遇家庭重大变故,得呈准当地领事馆返国,并由领事馆向本会备查。

(十五)出国教员休假进修及学术研究等,除本会有规定外,应照教育部所颁有关规定办理。

(十六)出国教员养老金办法及恤金办法,照国民政府分布之养老金及恤金条例办理。

(十七)本规定得由本会必要时修正之。

(十八)本规定自公布之日施行。

《星光日报》1946 年 12 月 21 日

归国侨胞曾经登记准暂缓役

市府昨奉军管区电开,以奉总长电开,凡在太平洋战事发生以后,归国侨胞经侨委会或其管理机关登记还乡,本年度准暂缓征等因。特电查照,速饬所属遵照。市府奉电,经分饬各区公所遵照云。

《江声报》1947 年 2 月 2 日

归国华侨征兵条例

本报讯 本市侨务局顷奉侨务委员会□电,以准国防部本年 1 月 7 日成笺字第 0336 号代电,略以迭据各机关团体电请制止滥捕华侨服役,及华侨归国未满二年,应否仍援旧例缓征各点等情。查新兵役法公布实施后,过去成规,自应失效。关于前在太平洋战事发生后归国侨胞,如经贵会或所属侨务机关登记核准复员者,(民国)三十五年(1946 年)度临时征兵机关,暂准缓征,曾经本部分□饬遵有案。至战后新近归国之侨胞,如居住本国境内未满六个月者,不予征集。其住居已满六个月者,征集程序仍照一般规定办理。但上项受征侨胞,以现役及龄(届满二十岁)一个年次之男子为限。兹据前情，除分别复知并电饬福建省军管区饬属遵照外，相应电请查照，并请饬属知照等由。准此，除分电外，合亟电仰知照，侨务委员会管务印。闻侨务局奉令后，极为认真办理，如在太平洋战前归国华侨，业由该局证明。如系最近回国者，应到侨务局登记领取回国证明书，俾有依据，借资保护。凡归侨应切实注意，以免自误云。

《星光日报》1947 年 3 月 8 日

华侨染疫

本市华侨复员遣送站，昨日报告地方法院检察处，以该站二楼有华侨姚义良，于昨晨病毙，请予派员往验。当经地检处派验，验得死者姚善良，年 33 岁，永春人，身着黑色衫裤，头朝南，脚朝北，证系患脑膜炎致死。尸由死者亲属姚茂收理云。

《江声报》1947 年 3 月 11 日

侨务局奉令登记日军发行军用票

本市侨务局顷奉侨务委员会训令，登记日军在华所发军票，侨务局已通告通知。兹将原文照录于下：准行政院赔偿委员会公函闻："案准行政院秘书处通知单，以外交部函，为日军在香港所发军票，港政府不愿收回，将来拟汇交赔偿委员会解决一案，经陈奉院长谕交本会等因。查本案，拟请转知香港侨胞，将存有之日本军票予以登记汇转本会，以便提送交涉。除分函外交部外，相应函达，即希查照办理见复"等由到会，除分令香港华商总会外，合行令仰知照，用最普遍方式，如登报通告之类转告各侨胞，将日本在香港发行军票，由该局予以登记，呈会核转。

《星光日报》1947 年 3 月 18 日

林承志等返厦

又讯 行总福建办事处召开业务会议，已志前报。兹悉该会议经于 6 日举行，10 日完毕。驻厦副处长方颂尧，及厦处主任林承志、股长郑瑞忱及技士杜申富等，已于 17 日乘中航机返厦云。

《星光日报》1947 年 3 月 19 日

归国侨胞缓征兵役重申办法

福州海外华侨协会，以福州林森等县侨胞，每有回国未久，而遭当地乡保长强拉入伍等情，特呈国防部予以制止。昨(17)日市府奉国管区代电，转国防部电，规定归侨服役事项如下，凡在太平洋战事发生后归国之侨胞，经侨委会或其他管理机关登记复员者，(民国)卅五年(1946 年)度临时征兵期间，暂准缓征。

至战后新近归国之侨胞，如住居本国境内未满六个月者，不予征集，其住居已满六个月者，征集程序，仍照一般规定办理。但上项受征侨胞，以现役及龄(届满 20 岁)一个年次之男子为限。

《江声报》1947 年 4 月 18 日

华侨子弟返国升学　教部统筹分发

今夏厦大停止直接招收

国立厦门大学为鼓励华侨子弟归国就学，并发展华侨高等教育起见，历年均设华侨特别生。近奉教育部令，关于华侨特别生分发事宜，经由部统筹核办。该校奉令后，自本年暑假起，决定停止自行招收华侨特别生，听候教部分发。兹将教育部华侨特别生优待办法探志于后：

华侨学生优待办法

第一条，教育部为便利华侨学生升入国内专科以上学校起见，特订定本办法。

第二条，凡籍隶本国侨民国外，在国外中等学校毕业之学生，经侨务委员会、国内外重要华侨团体，或我国驻外使领馆保送者，得由教育部分发专科以上学校肄业。

第三条，保送华侨学生，须于每学年开始前开具姓名、性别、年龄、籍贯、学历等项，连同毕业证书、肄业成绩单及 2 寸半身像(相)片 2 张，送由教育部核办。保送名额，每年由保送机关与教育部商订之。

第四条，各校对于教育部分发之华侨学生，应从宽甄试，成绩及格者作为正式生，不及格者，作为特别生。其国文、国语程度较差者，由校设法另予补习。

第五条，各校对于华侨学生，应指定人员负责，协助指导，注意其生活状况，及学业情形。于学期终时，分别列表呈报教育部备查。

第六条，本办法自公布日起施行。

《江声报》1947 年 6 月 8 日

厦大将续收(招)华侨特别生

南侨社厦门讯 国立厦门大学，历年来均有招收华侨特别生。今年华侨特别生将由教育部统筹分发各大学，兹据悉：厦大今年仍将自行招收 10 名，惟仅限于文学院，以适应侨生之需要。至申请手续，仍照以前办法。须具备海外当地我国领事馆证明书及护照暨当地学校毕业证明书云。

《中央日报》1947 年 6 月 30 日

远东局长王人麟等今可抵厦　视察本市遣侨工作

据本市遣侨站息，远东局局长王人麟偕香港办事处主任舒拉勒等 3 人，今(1)日可抵厦，视察本市遣侨工作及业务情形。

又讯 联合国国际难民组远东代理局长王人麟，香港办事处主任舒拉勒，专员李瑞昌等一行 3 人，日前由港到汕，开始视察汕头办事处实际工作与人事概况，并说明国际难民组之组织及其工作范围，略以国际难民组织总局，系联合国下之特别组织，即为各联合国共同组织之遣送复员难民机构。参加组织国家共 50 余单位，总部设日内瓦，欧洲近东及远东各地皆设分局办事处。组织目的与任务，系继续以前遣送难民工作，即在各地联总机构未遣送工作，均由其主持，遵照宪章，注意遣送。工作范围，仅限于复员遣送，并非长期收容，且国内难民不能救济。至于国际工作，一、遣送滞留中国、欧洲难民，使返还原地。二、不愿遣返本国，而欲移往别国(包括华侨遣返原地)。故总局设上海办事处，主持此项工作，同时在香港设总分局，汕头、广州、厦门等地成立办事处。至遣侨工作，下月即可继续遣送缅甸，数目为 2000 名，包括广州、厦门、福州、汕头等地，尽可能于寒冬以前遣完。荷属政府，虽准许归侨 2000 名复员，但因战事影响，尚未能开始办理。此次到汕，系视察一般遣侨情形，并即赴厦榕各地，继续视察。(南侨社)

《中央日报》1947年11月1日

爪哇侨民查询郭国平下落　知者可报侨务局

市侨务局昨接爪哇西都文罗中华总会来信，托代查该埠侨民温明辉之戚属郭国平(原名郭秉安)之下落。查郭现年46岁，原籍海澄县人，侨生斯埠。前返国求学，旋因环境关系，就商于鼓浪屿吕宋路36号，祯祥公司任职。自抗战发生，厦门沦陷后，遂断绝音讯。胜利后，仍未得消息。此间乃于去年10月间，航邮探问。嗣由厦门邮局退回，注明“迁移新址不明”。因呈请侨务局代为查询，俾知下落云。信后又注：得邻埠(任末)友人来说：“鼓浪屿龙头街27号明星号谅能知其情形。”侨局已饬员代为查探，知者可报该局。

《江声报》1948年1月27日

返国侨胞五项困难　建议中枢迅予改善

厦侨务局长请赖副部长转达

本报讯　此次海外部副部长赖琏返其原籍经厦晋京，其行前，侨务局长吕尘心以闽南为华侨家乡，对于今后如何解决彼等在国内所遭遇各种困难，俾得安心回国投资经济建设事业，特建议亟待解决之下列问题五点，提交赖副部长转请中央采纳改善。

(一)华侨久居海外，一旦归入国门，必经种种检查与战前情况迥异。归侨咸感痛苦，亟请择定检查机关，另饬令停止非法定检查机关登轮，以利侨旅而杜骚扰。

(二)归侨随身携带之金饰数量，近已放宽为10两，但有居留地(如荷印等)限制汇款归侨多有购金携返，难免逾限，转滋纠纷，盱衡实际，仍宜再宽限量。又携带日用品，或受人寄托，或以馈赠戚友，亦应同时予以放宽，藉少检查人员留难机会，而影响侨胞对祖国之不良印象。本局前曾呈报侨务委员会转函财政部，再予放宽数量，恳请商请提前核办。

(三)华侨在国内产业，因事变失管，每被人占用，或盗卖，致发生业权纠纷，诉之政府以限于法令，未便处理；诉之法院，则手续烦难，解决迟缓。纵获胜诉，而又无法执行，不但徒耗金钱，阻碍事业，受害綦重。厦侨务局暨厦市各侨团组织华侨产业保障委员会,定 2 月 22 日成立,唯属创举,事繁责重,应请政府予以支持。

(四)缅侨复员滞厦计六百余人,奉准待遣四百人,生活无依,餐飧不继,痛苦异常。际兹严冬,日少三餐之粮,夜无三冬之广,由本局暨厦市各侨团负责人,协助冬令救济会、华侨组劝募款项,拨充救济,暨呈请侨务委员会转商外交部,向国际难民组织远东局交涉,即派轮来厦接送。已奉准复员之缅侨,并签准尚有滞厦缅侨,继续遣送外,恳请转商提前核办。

(五)人民赴菲,自驻厦领事馆通告,须持我外交部护照,方准签证后,滞厦菲侨七百余人均持有菲移民局入口准证,待领我外交部护照。因恐入口证期失效,焦灼万分,除由侨局呈请侨务委员会转商外交部,迅即派员来厦办理,或委托侨务局代办外,恳请转商提前核办,藉利出国。

《星光日报》1948 年 2 月 7 日

王泉笙昨由菲莅厦

协助解决侨乡兵役械斗　日内返京协商签照问题

本报讯　国民党中委王笙先生,于昨(18)日上午 11 时 10 分由菲律滨(宾)乘中航机莅厦,下榻于本市水仙路华侨服务社。记者于下午四时半趋访,王氏穿着一身灰色西装,戴高度的近视眼镜,他虽于风尘仆仆之余,精神仍其饱满,谈吐风生。记者首先叩询其此行任务时,据称:此次菲律宾华侨为协助政府改善侨区兵役问题及防止侨区械斗,经于日前派遣代表团回国。本人此次经厦,当顺途予以协助进行,该团可能于(19)日由泉来厦,否则本人于 20 日将往泉州一行。记者继即询问其对侨区兵役改善之意见,据称:旅菲华侨对改善侨乡兵役问题,曾提出三点意见:第一,归国华侨原可缓役半年,惟以时间短促,将请求延长为一年。第二,侨乡情形特殊,请求准予施行招募志愿兵办法。第三,侨乡壮丁准予就地训练,作为自卫武力。苟事件不能在厦解决,则渠将直接向国防部交涉。其次是侨乡械斗问题,其构成原因,一方面系由于封建遗毒,另一方面则为侨资在从中作祟,每因细故,即有不良分子从中鼓动,甚至由南洋购回武器,备作械斗。对地方治安影响至大,且有若干武器从而落入“共匪”手中。故今后希望政府对械斗事件能予以严厉制止,同时对各乡房长亦应加以开导,晓以大义。

《中央日报》1948 年 2 月 19 日

改善侨乡役政　商谈获有结果

本报讯　菲律宾华侨协助政府改进兵役代表团顾问王中委泉笙,代表施性水、柯俊智、潘葵村等,昨日上午偕同侨务局长吕尘心,联袂前往鼓浪屿,访晤闽南师管区司令王禄丰,商谈关于改善侨乡征兵及华侨缓役等问题,结果颇为完满。据悉:王司令答复代表团以所提请求改进各点,在不抵触法令范围内,原则上表示同意。

又讯　菲侨兵役改进团等一行,自来厦期间,现于滞厦赴菲华侨千余人。因待领护照经月未获,又恐菲移民局入口准字□期失效。欲径赴京沪请发护照,在时间、经济方面,均须蒙受损失。日来正拟为侨民请命,将电请外交部,就近委托侨务局代办签发出国护照手续,以利侨民颙颙之望。

《星光日报》1948 年 3 月 3 日

菲华侨代表团昨飞抵榕垣　将与省当局洽商兵役改善

中央社福州 6 日电　菲律宾华侨改善兵役代表团代表施性水、柯俊智及顾问王泉笙,厦侨务局长吕尘心等一行 4 人,今下午由厦搭机抵榕。省党部书记长林炳康、闽北师管区司令谭道平,及省府军区代表等多人,曾赴机场迎接。王泉笙氏语记者称:该团代表一行 3 人,系于 2 月 7 日由马尼拉抵厦,代表潘葵村因要事已由厦返菲。该团抵厦后,曾与闽南师管区商洽改善侨区兵役事宜,并赴泉州侨乡调解纠缠不清之械门情事。此次来榕,除就改善侨区兵役问题与省当局及有关机关洽商外,并将为闽南方面之治安及民食问题请命,渠谓兵役及治安、民食等问题关系侨胞及一般民众之利害至大。该团之愿望为请求政府在情理法之可能范围内,尽量设法改善。该团代表定 7 日晨谒见省府刘主席,在榕约有数日逗留。任务完成后,中委王泉笙、柯俊智晋京,向中央请求放宽归侨携带黄金进口限制及改善侨汇等事项。

《江声报》1948 年 3 月 7 日

厦侨务局长为侨民请命

中央社 11 日讯 厦侨务局长吕尘心，今午由榕返厦。据称：此次在榕曾就下列三点，请由省府及监察使署转呈中央：一、放宽归侨携带黄金、外币数量，或免受限制。二、改善外轮进口时之检查工作，并禁止非法定机关之人员登轮检查。三、协助保障侨胞产业工作。

中央社 11 日讯 关于滞厦缅甸归侨复员事，厦侨务局经数度电请侨委会转商有关方面，洽商从速遣送出国。顷据侨委会指令厦侨局称：经缅甸宇代表审查合格者，可遣送赴缅。不合格者，目前已无返缅希望，应即造具名册送会，转请社会部遣回原籍。

《立人日报》1948 年 3 月 12 日

赴菲新客计五百名　厦区占百分九五

战前华侨复员问题考虑中

本市讯 菲司法部移民局审查委员会主席扶西罗沙星日前由菲莅厦。前午及昨晨两度会晤侨务局局长吕尘心，吕氏曾向彼提出华侨赴菲改善意见。罗氏当答复如次：（一）赴菲新客年限 500 名，移民局指定厦门区占 95%。（二）太平洋战事爆发起至 1946 年期中返国之华侨，原规定厦门区每月复员 100 名，现已允放宽为 1500 名。惟以 1941 及 1945、1946 三个年次返国者为限，俾使于滞留中国数万华侨得及早复员。（三）太平洋战事发生前离菲之华侨返菲国事，移民局正考虑中。据罗沙尼氏昨晤见记者时称：渠此次来厦，系私人游历，并非负有使命。渠谓过去菲人因华侨赴菲者多事苦力，故对中国经济文化建设情形多抱若干猜疑态度。现则已逐渐了解，渠甚盼中菲两国，今后密切合作。（中央社）

《中央日报》1948 年 6 月 13 日

改善侨务意见各侨领提供九点建议　林庆年曾有具体答覆

本报讯 厦侨务局以立委丘汉平莅厦，于侨务兴革有所征，特于昨日下午四时假中山路高亭举行茶会，敦请侨委会副委长林庆年，立委叶道渊暨各侨团代表出席发表意见。主席吕尘心,席间各侨团领相继沥陈归侨苦况,要求林副委长及叶丘两立委向中央建议改进,兹将各侨领有关改进侨务意见汇志如下:

(一)开放归侨携带黄金进口:查政府加强取缔黄金投机买卖,杜防黄金大量私运进口,流入国内投机市场,扰乱金融,影响国内经济动荡不安。立法原意至善,惟依照黄金、外币买卖处罚条例,旅客携黄金进口,每人以关称10两为限额,过限额之数应向海关报明登记,于入境之日向当地中央银行依挂牌收兑黄金价格兑领国币之规定。目前牌价与市价悬殊,难剂事理之平,应请政府予以开放。

(二)放宽归侨携带日用品限制:查归侨携带行李物品,依照报关规则,免税尺度未见十分宽大。如因税收起见而不顾侨胞之实际需要与便利,似应予以考虑,且归侨携带日用品或受人寄托,或以馈赠戚友,原无课之必要,应予宽限制。

(三)华侨迁移工厂、机器返国,应予便利进口:华侨迁移工厂回国经营,其运输机件车辆原料等进口,因未谙国内法令或未经申请许可证,自备外汇到埠,每遭刁难,对于侨胞回国投资之信念影响至巨。纵此输入手续未尽完备之处,应予以通融办理,以示政府嘉惠侨民之旨。

(四)侨区征兵改为募集志愿兵制度:侨区役政与侨民出国谋生及侨乡治安生产问题,均有莫大关系。前经菲律宾华侨协助祖国政府改进侨区兵役代表团晋京请求中枢改为募集志愿兵制,迄今半载,报载中央业已照准,但尚未见正式命令施行,□请政府迅赐实施,以慰侨望。

(五)请外交部继续派员驻厦签发护照:外交部驻厦签发护照办事处结束后,系委托侨务局代为收转外交部护照科签发,惟寄发护照往返需时,侨民滞厦俟照损失甚大,仍请外交部继续派员驻厦办理。

(六)便利人民申请赴越谋生:人民前赴越南,依照当地政府惯例纳担保金趁币150元及本国侨务机关发给出国许可证,无须当地政府证件,入境不发生困难。近侨委会以接暹政府照会,人民多取道越南偷渡暹罗(泰国),特再通令,赴越应有入口证件方准出国。惟国内民生日蹙,除适龄男子依照规定予以限制外,应予便利出国,以利谋生机会。

(七)改善侨轮进口检查:前奉行政院规定,海外归侨轮船抵汕厦时,只许海关及海港检疫所人员上船检查,其余军宪警检查人员,如临时对治安方面有检查必要,可在陆上行使之。8月4日报载海关重新照会军宪警等有关机关，共同派员下轮协助维持秩序与缉私工作，显与院令有违，应促海关纠正。

（八）开禁适龄男子出国限制：查海外各地人口限制綦严，如无入境证件，绝难登陆，足见企图出国逃避兵役诚非易事。又申请入口证件必资以巨金，禁止出国并未即行征召入伍，且侨区征兵多系雇替，实无裨于役政。况目下人民生计日蹙，已取得入境证件而禁止出国，不特证件逾期失效，损失不赀，抑且断绝谋生之路。

（九）保障华侨产业：华侨在厦产业十居八九，于沦陷期间失管，致生业权纠纷，□之法院，经年累月，不能定谳。纵获胜，而无法执行者比比皆是，驯使侨胞无家可归，顽强狡狯者反得依讼为援，安享其成。逆情悖理，莫此为甚。似应以政治力量，勒令机关团体及利用势力强占侨产者限期迁徙。

当各侨领发言毕，林副委长即答，各要点如下：

一、关于开放归侨携带黄金进口，当本人离京时，经由侨委会向政务会提出建议。

二、请外交部继续减员驻厦签发护照，如由厦侨务局代转外交部申请签发之护照收件较多时，外交部可能再在厦设处办理。

三、改善侨轮进口检查，经由侨委会第一科商得海关同意，制发归侨行李登记表，交由各地领馆分发归侨登记，随同行李携带。返抵国门时，海关凭表核，可免检查。惟归侨应该自我检讨，行李登记表制度施行后，万勿挟带述（违）禁品进口，免致登记表信用消失。

《中央日报》1948 年 8 月 6 日

厦一女童流落日本　侨局奉令查报亲属

侨委会近令侨务局，以接外交部代电谓：据驻日代表团电称：华女童许秀卿，系于民国三十四年（1945 年）战争结束前，由日人浅川美江自厦门携同来日求学。日本投降后，该女托养于广岛引扬孤儿所，待船返国。兹因浅川下落不明，该女年幼无知，厦门究否有无其他亲属，无法查明。为免该女流落异域，现由广岛华侨联合会副会长林金章收养，俟将来该许秀卿亲属认领，再行送还，希查照等语。仰即查明该许秀卿亲属地址报会，以凭核转。（厚）

《江声报》1948 年 9 月 11 日

南洋民主年代与今后华侨教育

厦门大学,乃是一位华侨领袖陈嘉庚先生所创办的,与华侨有密切关系。现在虽由私立改为国立,而对于华侨,仍负有特殊教育的责任。以往培养不少专门的人才,在南洋各地服务,在各项事业上有卓越的成绩。自改为国立以来,即设有华侨试读生,占着相当的额数。今年教育部又颁布保送华侨学生返国升入各大学的办法,凡在海外高中毕业生,皆可经侨务机关保送,免试升学,由教育部命令分发厦大、北大、中央、中山,以及暨南各大学肄业,以鼓励华侨子弟返国升入大学。同时厦大以地理位置的接近,已决定自本年起,直接在新加坡岷里拉等地招生。在厦大方面,是想尽量达成教育华侨的任务,尤其是大学教育,要领导民主时代的风气,与培养专门学术的技能。本校现有文法理工商等学院,化学、数理、生物、海洋、中国文学、外国语文、历史、教育、法律、政治、经济、机电、航空、土木、银行、会计、国际、贸易等17学系。无论是从事学术研究的专门学者,或从事教育工作的教育家,或从事各项工业商业的工程师与企业家,或从事法律政治经济的专家,厦大均能负责教育培养的。尤以在此剧烈的竞争市场中,如果缺少新的经济与商业知识,是很难得成功的。而在此民主革新时代,如果缺少政治法律的知识,是很难争取政治上应有的权利与地位的。我们华侨在南洋各地,今后必须有了政治权利,而后才能保障经济权利。换句话说,华侨在南洋各地,如果没有政权,也就没有稳固的财权。终究一切产业财富,会被剥削干净的。

在此南洋进入自治民主年代,华侨必须改善自己目前的地位,取得公民资格与参政权力,此乃千载一时的机会。此时侨胞亟须增高自己的知识,加紧自己的教育,与团结自己的力量,以保障在南洋的生存权利。我们认为今后华侨在南洋的地位如何?要看今后华侨受高等教育的发展情势如何而定。希望各地华侨踊跃遣送子弟回国升学,接受民主年代应受的高等教育。(完)

《灯塔》第3卷第1期,1948年

办理征兵暗无天日　革命老侨怒眦欲裂

市息　市侨务局昨接国民党驻槟城直属支部执行委员会公函,以据前同盟会会员，现任槟城光华日报社总经理谢生珍呈称：渠原籍福建海澄县三都东屿顶社，前日接其侄谢元赞等自故乡来书，谓该处办理役政者，屡借征兵之名，妄加勒索。夤夜登门入室，搜查壮丁，乘势抢劫，作威作福，乡人叫苦连天，敢怒不敢言。祸患所至，其家未能幸免，家有三丁须纳赤金 15 两。如此巨款，何以应付？暗无天日之政治，言之令人怒眦欲裂，并(弁)髦法纪，恣意横行。际此国家危急之秋，尚不澄清此辈奴孽，无以收拾人心，为公为私，不敢箴默。特恳请转饬当地主管机关，查照严办，以安园(乡)里。侨局据函，已转海澄县政府查照严办云。(默)

《江声报》1949 年 3 月 4 日

第六章

华侨出入境管理

第一节　华侨出入境人数统计

本年华侨出入口统计　出口八千四百七十余人 归国四万九千八百六十余人

今年华侨往星洲（新加坡）者须纳人口税 5 元。年来南洋各埠土产价格低落，出国侨客，日见减少。当各埠全盛时代，由厦往新加坡、槟榔屿、仰光一带者，年在 10 万人以上，最少亦六七万。近期仅七八千人，盖已剩十分之一耳。据轮船客票业中人调查（民国）二十一年（1932 年）度 1 月至 12 月，由厦出口往新加坡、槟榔屿侨客由万福士、金□轮□载 2140 余人，太古安东、安顺轮载 1750 余人，渣甸元生、吉生、浩生、瑞生载 480 余人，和通丰平、丰庆、丰华载 3220 余人（和通各轮兼往仰光），鸭家轮 880 余人，统共 8470 余人。由新加坡、槟榔屿、仰光各埠归国者，除被各该地政府遣归不计外，总数为 49860 余人，与出国比较，实多五倍有奇。又查自（民国）二十二年（1933 年）1 月 1 日起，外国侨民前往新加坡者，每人须纳该地政府人头税新加坡币 5 元（折合厦币约 10 元）及照片两张云。

《江声报》1933 年 1 月 1 日

厦门华侨出入口之统计

1月14日星洲讯 南洋自不景气之毒雾弥漫后，华侨经营，突感困难，大有此地未能久留、不得不归去之感。兹据厦门一地之报告，在昔南洋黄金时代，由厦门往南洋群岛一带谋生者，每年平时均在十万人以上。今则因马来亚华工人口之限制，去年全年中在该地出口赴南洋各地者，统计仅有八千四百七十余人。而由星洲（新加坡）、槟城、仰光各地归国之华侨，除各地政府资遣返国之华工不计外，总数则为四万九千八百六十余人云。

《南洋情报》第1卷第6期，1933年2月15日

（民国）二十一年度华侨归国入超十四万六千余名

出国者仅132303名　入国达278944名

经济萧条促成失业之结果

民国二十一年（1932年）度（按海关每年度系由下半年7月1日起至翌年6月止），华侨经由厦门往来南洋人数，据厦门海关统计，往香港者4629人，往马尼拉（即菲律宾）者，17834人，往台湾者8302人，往海峡殖民地（新加坡）者9027，往荷属东印度（印尼）者9260人，共计49062人。由香港来者23134人，马尼拉来者16944人，台湾来者15378人，海峡殖民地（新加坡）来者46137人，荷属东印度（印尼）来者11157人，共计112750人。入国与出国比较，入超63688人。华侨经由汕头往来南洋人数，据汕头海关统计，往香港者39401人，往海峡殖民地（新加坡）者12198人，往曼谷者20134人，往西贡者4325人，共计76058人。由香港来者57653人，海峡殖民地（新加坡）来者39495人，曼谷来者33127人，西贡来者11197人，共计141472人。入国与出国比较，入超65414人。

华侨经由琼州往来南洋人数，据琼州海关统计，往新加坡者4162人，往曼谷者2020人，共计7182人。由新加坡来者17654人，曼谷来者7068人，共计24722人。入国与出国比较，入超17540人。按民二十年（1931年）度华侨出国之数，共计200025名，较之前年，减少8/10。民二十一年（1932年）华侨出国者，就上列三口岸计算，仅132302名，较诸上年更减34%，而是年（1932年）返国者则达278944名，较出国者，多146642名，已达一倍以上。

推原其故,约有四点:一、世界贸易益趋衰落。二、是年世界各国对于矿产及种种事业,均订有协定,限制生产,因而劳工需要减少,华工多告失业。三、新加坡自是年 6 月 1 日起,对于厦门、汕头、香港,及北海各处移往之华侨额数,严加限制。四、同年南洋各处施行人头重税。职是华侨归国日多,国外华侨历年汇归大宗款项,借以抵补国际借贷之差额,而为无形出口贸易之收入,挹注者亦日减。是年度华侨汇归祖国之款,仅及往年十分之一。美洲华侨进汇款项,情形亦复如是。华侨前途,实深隐忧也。

按海关对于移民国外之统计,仅有沿海数埠可得确实资料。上述统计数字,未必完全,但厦门、汕头、琼州等三埠,素为华侨往来华南及南洋各埠所必经之途。故其统计数字,虽不足代表是年所有出入华侨准确之数目,但藉此亦可窥见移动趋势之一斑也。

《江声报》1933 年 8 月 5 日

前昨两月出国华侨数

英属最多　美荷次之

本年 10、11 两月,由厦出国华侨人数,兹查如左(下):10 月份赴英属新加坡、槟城、仰光等地 4062 人,赴美属小吕宋 1039 人,赴荷属爪哇 1146 人,合计 6247 人。又 11 月份,赴英属 2723 人,赴美属 1378 人,赴荷属 1064 人,合计 5165 人。

《江声报》1934 年 12 月 30 日

一月份华侨出入口

入口三千一百余人　出口仅一千三百余人

厦门侨务局,办理侨民登记,颇为认真。本年 1 月份,厦门出入口华侨,据该局统计如下:

入口:英属,男 910,女 237,孩童 170;荷属,男 517,女 152,孩童 165;美属,男 663,女 231,孩童 107。总计,男 2090,女 620,孩童 442,合计 3152。

出口:荷属,男 135,女 85,孩童 45;英属,男 487,女 244,孩童 55;美属,男 100,女 52,孩童 11;日属,男 105,女 15,孩童 5;法属,男 20,女 6。总计,男 847,女 402,孩童 116,合计 1365。

《江声报》1935 年 2 月 23 日

厦门华侨二月份进出口统计　进口比出口多一倍

本年 2 月份，厦门华侨出入国人数，据侨务局统计如下：

出国计荷属男 186，女 99，孩童 108，合 393；英属，男 302，女 181，孩童 209，合 692；美属男 18，女 22，孩童无，合 40；日属男 82，女 8，孩童 13，合 102；暹罗（泰国）男 11，女无，孩童无，合计 11。统计出国男 599，女 310，孩童 230，合计 1239。

入国荷属男 356，女 63，孩童 77，合 496；英属男 336，女 55，孩童 64，合计 455；美属男 551，女 86，孩童 90，合计 727；日属男 626，女 45，孩童 21，合计 691。

统计入国男 1869，女 249，孩童 252，合计 2370。

《江声报》1935 年 3 月 2 日

出入国侨民五月份统计
出国 6368 人　入国 4224 人

厦门侨务局公布，5 月份侨民出国者，为 6368 人，入国者 4224。

出国者，计往新加坡男 1376，女 354，童 281。槟城男 212，女 97，童 65。仰光男 159，女 37，童 47。台湾男 895，女 118，童 20。苏门答腊男 261，女 37，童 32。西里伯岛男 73，女 19，童 18。爪哇男 332，女 84，童 80。婆罗洲男 117，女 39，童 30。岷里拉（马尼拉）男 1321，女 117，童 55。安南（越南）男 5，女 1，童 3。暹罗（泰国）：男 1。统计 6368 人。

入国者，计新加坡男 809，女 172，童 112。槟城男 148，女 33，童 64。仰光男 56，女 18，童 4。台湾男 577，女 100，童 51。苏门答腊男 48，女 11，童 14。西里柏岛男 57，女 23，童 27。爪哇男 486，女 94，童 145。婆罗洲男 53，女 12，童 6。岷里拉（马尼拉）男 758，女 57，童 129。安南（越南）男 2，女 5，童 5。暹罗（泰国）男 1。统计 4224 人。

《江声报》1935 年 6 月 4 日

厦门六月份侨民往来统计

出口 5207 人　入口 3603 人

6 月份出入国华侨人数,据侨务局统计,出国者 5207 人,入国者 3603 人。出国往新加坡,男 1377,女 273,童 207,计 1857。往槟城男 386,女 102,童 58,计 546。往仰光男 166,女 41,童 55,计 262。往台湾男 396,女 124,童 41,计 561。往岷里纳(马尼拉)男 693,女 86,童 68,即 847。往安南男 5,女 2,童 2,计 9。往爪哇男 563,女 84,童 88,计 735。往苏门答腊男 104,女 11,童 17,计 132。往西里伯男 69,女 24,童 27,计 130。往婆罗洲男 75,女 33,童 20,计 128。统计 5207 人。

入国新加坡来者,男 733,女 170,童 198,计 1101。槟城男 103,女 21,童 20,计 144。仰光男 77,女 16,童 25,计 127。台湾男 457,女 128,童 34,计 619。岷里纳(马尼拉)男 722,女 62,童 117,计 904。安南(越南)男 2,爪哇男 287,女 55,童 98,计 420。苏门答腊男 43,女 9,童 14,计 66。西里伯男 72,女 13,童 20,计 115。婆罗洲男 63,女 18,童 26,计 107。统计 3603。

《江声报》1935 年 7 月 4 日

侨民出入口七月份统计

入口 2489 人,出口 4235 人

据厦门侨务局登记,7 月份侨民出入国人数,计入国 3489 人,出国 4235 人。其中入国者,新加坡,男 702,女 118,童 145。槟城,男 100,女 19,童 34。仰光,男 24,女 6,童 13。台湾,男 535,女 106,童 59。苏门答腊,男 39,女 19,童 33。西里伯岛,男 40,女 16,童 29。爪哇,男 331,女 77,童 92。波(婆)罗洲,男 62,女 26,童 48。岷里拉(马尼拉),男 660,女 55,童 100。安南(越南),男 1。合如上数。

出国者,新加坡,男 1394,女 179,童 172。槟城,男 168,女 54,童 40。仰光,男 92,女 16,童 31。台湾,男 585,女 131,童 36。苏门答腊,男 99,女 15,童 17。西里伯岛,男 19,女 7,童 2。爪哇,男 209,女 37,童 32。波(婆)罗洲,男 35,女 16,童 13。岷里拉(马尼拉),男 526,女 118,童 92。合如上数。

《江声报》1935 年 8 月 4 日

出国侨民九月份激增
计 6200 余人　入国仅 3000 余人

厦门侨务局登记侨民出入国人数，9 月份统计，入国 3982 人，出国 6249 人，分别详录如下：

入国人数　仰光，男 45，女 12，童 10。新加坡，男 931，女 152，童 207。槟城，男 179，女 34，童 56。岷里纳（马尼拉），男 590，女 104，童 97。苏门答腊，男 41，女 11，童 20。爪哇，男 470，女 123，童 209。西里伯，男 61，女 13，童 28。婆罗洲，男 10。台湾，男 396，女 75，童 46。安南，男 36，女 13，童 11。暹罗，男 2。以上统计男 2761，女 537，童 684，总合 3982。

出国人数　仰光，男 256，女 51，童 56。新加坡，男 1782，女 405，童 302。槟城，男 336，女 84，童 86。岷里纳（马尼拉），男 1131，女 129，童 61。苏门答腊，男 211，女 31，童 53。爪哇，男 348，女 63，童 81。西里伯，男 64，女 11，童 15。婆罗洲，男 84，女 24，童 19。台湾，男 389，女 113，童 56。安南，男 5，女 2，童 1。以上统计男 4606，女 913，童 730，总合 6249。

《江声报》1935 年 10 月 3 日

上月侨民出入国　侨局之统计

厦门侨局 11 月份登记出入国侨民，计入国 5285 人，出国 4849 人。其中，由岷里拉（马尼拉）来者男 593，女 76，童 62；往岷者男 1161，女 138，童 96。台湾来者男 852，女 239，童 88；往台者男 625，女 64，童 104。爪哇来者男 724，女 137，童 185；往爪哇男 284，女 56，童 53。婆罗洲来者男 37，女 10，童 21；去者男 37，女 16，童 9。西里伯来者男（下缺）

《江声报》1935 年 12 月 6 日

上月侨民出入国　侨局之登记

1 月份由厦出入国侨民人数，据侨务局登记，出国为 2926 人，入国 4721 人。其中出国往婆罗洲者，男 17，女 6，童 5；往爪哇男 66，女 14，童 19；往西里伯男 23，女 4，童 2；往苏门答腊男 23，女 5，童 7；往吕宋男 348，女 69，童

102;往台湾男 384,女 115,童 48;往新加坡男 980,女 175,童 131;往槟城男 200,女 50,童 32;往仰光男 61,女 21,童 17;往安南男 16,女 2,童 2,合如上数。入国来自婆罗洲者,男 34,女 3,童 5;爪哇男 425,女 56,童 118;西里伯男 67,女 11,童 18;苏门答腊男 23,女 1,童 4;吕宋男 1140,女 116,童 64;台湾男 729,女 134,童 69;新加坡男 1132,女 154,童 175;槟城男 141,女 25,童 29;仰光男 29,女 9,童 7;暹罗(泰国)男 1,安南(越南)男 2,合如上数。

《江声报》1936 年 2 月 7 日

厦门侨民出入国二月份统计

厦门侨务局 2 月份侨民出入国登记,计出国 5155 人,入国 3648 人,各属统计分列如次。出国新加坡男 1155,女 251,孩 222;入国男 731,女 144,孩 200。槟城出国男 355,女 69,孩 70;入国男 187,女 33,孩 65。仰光出国男 288,女 74,孩 81;入国男 23,女 2,孩 5。台湾出国男 528,女 143,孩 73;入国男 404,女 107,孩 83。苏岛出国男 60,女 15,孩子 15;入国男 37,女 17,孩 16。西里伯出国男 64,女 10,孩 21;入国男 47,女 8,孩 10。爪哇出国男 496,女 95,孩 122;入国男 320,女 87,孩 134。婆罗洲出国男 49,女 11,孩 17;入国男 8,女 5,孩 8。吕宋出国男 679,女 76,孩 108;入男国 781,女 82,孩 104。安南(越南)出国男 5,女 2,孩 2;入男、女、孩各 1。

《江声报》1936 年 3 月 8 日

厦门出国侨民三月份激增

总计七千五百余人　入国仅四千四百余人

厦门侨务局办理侨民出入国登记,其 3 月份之统计,出国人数激增至 7556 人,入国仅 4466 人。其出入各港人数,分志如下。

出国吕宋,男 1403,女 103,童 111。台湾,男 1010,女 176,童 51。爪哇,男 509,女 96,童 93。西里伯,男 44,女 14,童 14。婆罗州,男 78,女 18,童 20。苏岛,男 219,女 22,童 31。仰光,男 435,女 60,童 98。槟城.男 338,女 118,童 97。星洲(新加坡),男 1626,女 401,童 352。安南,男 14,女 1,童 3。总计 7556。

入国吕宋,男 709,女 103,孩 119。台湾,男 509,女 102,孩 26。爪哇,男

440，女 99，孩 176。西里伯，男 37，女 21，孩 29。婆罗州（洲），男 13，女 7，孩 10。苏岛，男 51，女 29，孩 43。仰光，男 60，女 23，孩 31。槟城，男 186，女 48，孩 71。星洲（新加坡），男 957，女 219，孩 304。安南（越南），男 22，女 7，孩 1。暹罗（泰国），男 12，女 2。总计 4466。

《江声报》1936 年 4 月 5 日

厦八月份出入国侨民统计

厦侨局 8 月份登记出入国华侨，计出国 4787 人，入国 3761 人。各埠人数如下：出国新加坡男 1469，女 298，童 254；入国男 685，女 188，童 242。槟城出国男 265，女 92，童 60；入国男 155，女 39，童 69。仰光出国男 136，女 36，童 57；入国男 42，女 8，童 9。吕宋出国男 839，女 135，童 145；入国男 680，女 38，童 89。台湾男 302，女 7，童 17；入国男 517，女 91，童 27。爪哇出国男 224，女 55，童 64；入国男 385，女 87，童 169。婆罗洲出国男 41，女 8，童 10；入国男 28，女 11，童 11。苏岛出国男 89，女 22，童 14；入国男 43，女 8，童 18。西里伯出国男 48，女 17，童 12；入国男 53，女 16，童 33。安南（越南）出国男 2，女 4，童 2；入国男 17，女 3。

《江声报》1936 年 9 月 5 日

厦门上月出入国侨民统计

厦侨局 9 月份登记出入国侨民，计出国 4194 人，入国为 3958 人。其中星洲（新加坡）去者 1508，来者 369。槟城去者 347，来者 202。仰光去者 216，来者 70。吕宋去者 992，来者 970。台湾去者 542，来者 529。爪哇去者 319，来者 453。婆罗洲去者 57，来者 66。苏岛去来各 110。西伯里去者 83，来 141。安南（越南）去 12，来 39。葡萄牙去 8，暹罗（泰国）来 19。合如上数。

《江声报》1936 年 10 月 6 日

厦十月份出入国华侨统计

厦侨局 10 月份登记出入国侨民，计出国 6011 人，入国 4709 人。兹分录各阜人数如下,新加坡出国 2069,入国 1588.槟城出国 427,入国 356。仰光出国 664,入国 63。吕宋出国 1452,入国 792。台湾出国 448,入国 606。爪哇出国 632,入国 852。婆罗洲出国 81,入国 49。苏岛出国 101,入国 245。西里伯出国 111,入国 96。安南(越南)出国 22,入国 87。暹罗(泰国)出国 3,入国 25。综合如上数。

《江声报》1936 年 11 月 5 日

厦门一件出超　十一月份侨民登记

厦侨局登记侨民出入国,计 11 月份出国男女童 5236 人,入国4153 人。来往各埠,分录如次:出国往新加坡,男 1484,女 381,童 310。往槟城,男 274,女 77,童 64。往仰光,男 258,女 59,童 70。往吕宋,男 688,女 90,童 232。往台湾,男 390,女 96,童 27。往爪哇,男 347,女 64,童 73。往婆罗洲,男 35,女 11,童 9。往苏岛,男 92,女 18,童 17。往西里伯,男 45,女 16,童 8。往安南,男 1。往暹罗,无。入国由新加坡来者,男 1031,女 196,童 246。槟城,男 126,女 37,童 55。仰光,男 31,女 11,童 10。吕宋,男 607,女 80,童 128。台湾,男 483,女 109,童 25。爪哇,男 383,女 84,童 144。婆罗洲,男 20,女 3,童 4。苏岛,男 100,女 22,童 57。西里伯,男 40,女 14,童 23。安南,男 17,女 5。暹罗,男 39,女 12,童 11。合如上数。

《江声报》1936 年 12 月 4 日

厦门一月份出入国侨民统计

本市侨务局 1 月份登记出入国侨民,计出国为 6383 人,入国 5000 人。各埠来往分录如下:出国者,赴新加坡男 1991,女 610,童 504;入国男 1040,女 200,童 242。赴槟城男 438,女 147,童 141 人;入国男 225,女 36,童 71。赴仰光男 352,女 73,童 79;入国男 46,女 11,童 10。赴吕宋男 637,女 94,童 195;入国男 106,女 160,童 163。赴台湾男 365,女 59,童 17;入国男 538,女 91,童 15。赴爪哇男 258,女 58,童 49;入国男 924,女 59,童 119。赴婆罗洲男 46,女 12,童 12;入国男 24,女 3,童 6。赴苏岛男 87,女 11,童 10;入国男 105,女 19,童 40。赴西里伯男 64,女 19,童 14;入国男 20,女 5,童 13。赴安南男 33,女 7,童 5;入国男 58,女 9,童 16。赴暹罗无,自暹罗来者男 90,女

10，童 11。总合如上数。

《江声报》1937 年 2 月 8 日

上月厦门进出口侨民统计

本市侨务局登记出入国侨民，据其 2 月份统计，出国为 2836 人，入国 2966 人。详细如下：新加坡去者男 705，女 260，童 229；来者男 525，女 89，童 13。槟城去者男 137，女 66，童 65；来者男 69，女 14，童 18。仰光去者男 200，女 11，童 15；来者男 13，女 8，童 6。吕宋去者男 218，女 29，童 58；来者男 702，女 62，童 75。台湾去者男 390，女 48，童 14；来者男 469，女 59，童 20。爪哇去者男 32，女 39，童 42；来者男 352，女 43，童 96。婆罗洲去者男 38，女 6，童 9；来者男 20，女 6，童 15。苏岛去者男 56，女 10，童 12；来者男 26，女 5，童 10。西里伯去者男 34，女 10，童 11；来者男 39，女 9，童 18。安南去者男 21，女 7，童 4；来者男 35，女 7，童 5。暹罗去者无，来者男 24，女 7，童 9。合如上数。

《江声报》1937 年 3 月 10 日

三月份厦出入口侨民统计

厦门侨务局登记出入国侨民，计 3 月份出国为 8374 人，入国 3805 人。其中出国赴暹罗男 42，女 10，童 18；入国男 64，女 11，童 19。赴安南男 22，女 8，童 17；入国男 62，女 17，童 16。赴西里伯男 130，女 28，童 35；入国男 22，女 6，童 8。赴苏岛男 146，女 29，童 28；入国男 74，女 6，童 16。赴婆罗洲男 97，女 20，童 17；入国男 2。赴爪哇男 589，女 119，童 122；入国男 258，女 64，童 110。赴台湾男 494，女 79，童 30；入国男 479，女 68，童 23。赴吕宋男 754，女 128，童 285；入国男 401，女 30，童 77。赴仰光男 723，女 94，童 148；入国男 60，女 9，童 23。赴槟城男 425，女 151，童 115；入国男 170，女 44，童 74。赴新加坡男 2113，女 760，童 590；入国男 1030，女 256，童 306。

《江声报》1937 年 4 月 09 日

厦门四月出入国　侨民统计

本市侨局 4 月份登记侨民，计出国 7802 人，入国 4680。各埠人数如下：

暹罗去者，男 17，女 5，童 9。来者，男 17，女 7，童 11。

安南去者，男 31，女 17，童 23。来者，男 30，女 11，童 21。

西里伯去者，男 103，女 30，童 38。来者，男 38，女 26，童 94。

苏岛去者，男 162，女 18，童 19。来者，男 76，女 24，童 27。

婆罗洲去者，男 62，女 25，童 22。来者，男 42，女 10，童 22。

爪哇去者，男 701，女 141，童 124。来者，男 499，女 83，童 155。

台湾去者，男 561，女 72，童 34。来者，男 335，女 45，童 20。

吕宋去者，男 1192，女 59，童 56。来者，男 102，女 141，童 142。

仰光来者，男 354，女 103，童 14。来者，男 77，女 28，童 28。

槟城去者，男 293，女□02，童□□。来者，男 188，女 38，童 58。

新加坡去者，男 19□3，女 702，童 529。来者，男 815，女 213，童 297。

《江声报》1937 年 5 月 7 日

厦市侨民出入国上月统计

市侨局出国侨民登记，5 月份统计，出国 7855 人，入国 4569 人。其星洲去 2966 人，来 1311 人。槟城去 597 人，来 311 人。仰光去 346 人，来 162 人。吕宋去 1720 人，来 1142 人。台湾去 1308 人，来 699 人。爪哇去 1106 人，来 60 人。婆罗洲去 82 人，来 26 人。苏岛去 225 人，来 132 人。西伯里去 207 人，来 32 人。安南去 33 人，来 88 人。暹罗去 4 人，来 57 人。

《江声报》1937 年 6 月 10 日

厦门六月份出入国侨民统计

市侨局登记 6 月份华侨出入口，计由厦出国者 6923 人，入国 6525 人。各处往来人数如下：暹罗去男 27，女 5，童 12；来男 21，女 6，童 9。安南去男 44，女 15，童 26；来男 50，女 12，童 11。西里伯去男 128，女 26，童 19；来男 27，女 1，童 17。苏岛去男 129，女 16，童 19；来男 33，女 16，童 28。婆罗洲去男 108，女 20，童 31；来男 23，女 9，童 20。爪哇去男 552，女 92，童 83；来男 315，女 68，童 138。台湾去男 460，女 66，童 20；来男 436，女 55，童 18。吕宋去男 1187，女 100，童 114；来男 1017，女 99，童 117。仰光去男 231，女 54，童 5□；来男 208，女 59，童 102。槟城去男 352，女 92，童 106；来男 22□，女 76，童 108。新加坡去男 1885，女 434，童 396；来男 747，女 204，童二三十。合如上数。

《江声报》1937 年 7 月 7 日

上月厦门出入口侨民统计

出国多于入国者四倍

据市侨局侨民出入国登记统计，10 月份出国为 6217 人，入国除旅台归来难民侨 5055 人外，其余各属合为 1413 人，是则出国人数，四倍于入国人数矣。又查本月份出国者更多，入国者更少。附录 10 月份各埠去来人数如下：

	出国			入国		
地名	男	女	童	男	女	童
新加坡	1758	576	468	331	86	129
槟城	317	129	142	51	12	45
仰光	154	63	69	5	3	7
吕宋	1049	313	373	183	86	15
台湾				3745	1310	
爪哇	232	80	73	92	39	52
婆罗洲	44	18	22	47	21	8
苏岛	83	8	28	11		
西里伯	45	39	33	34	15	8
安南	43	11	18	46	37	21

续表

	出国			入国		
暹罗	30	10	2	12	26	28

《江声报》1937年11月14日

洋客去多来少　相差十一倍
上月出国万余人　入国仅九百余人

本市侨务局11月份侨民登记,出国10046人,入国仅908人。另台湾归侨2862名,除台湾归侨不计外,出入国人数相差至11倍有奇。即就侨局办理登记以来,历今数年,是月出国人数之多,亦破历来记录。兹分志各埠是月来往数如次。

出国:往暹罗男98,女37,童48。往安南,男24,女7,童12。往西里伯,男118,女64,童76。往苏岛,男72,女33,童44。往婆罗洲,男89,女31,童45。往爪哇,男465,女169,童181。往吕宋,男1036,女368,童405。往仰光,男260,女124,童183。往槟城,男389,女257,童269。往新加坡,男1857,女1809,童1485。总计10046人。

入国:暹罗来男21,女9,童16。安南来男33,女7,童9。西里伯来男14,女8,童4。苏岛来,男24,女3,童□。婆罗洲来男14,女6,童1。爪哇来男53,女12,童6。吕宋来,男65,女8,童3。仰光来,男53,女18,童14。槟城来,男34,女12,童17。新加坡来,男341,女58,童46。总计908人。另台湾归侨男187人,女580,童404。总计2862人。

《江声报》1937年12月12日

菲岛侨胞返国共五千余人　妇孺占千零九名

菲律宾归国侨胞历次人数,虽志报端,惟尚无详确数字。兹据市府民政科调查统计,其详细数字如下:第一次安徽轮34年11月16日到厦,归侨人数932人,内男802人,女65人,儿童65人。第二次牙利顺轮34年12月24日到厦,侨胞947人,内男750人,女88人,儿童109人。第三次拉米示轮

35 年 2 月 7 日到厦，归侨人 1283 人，内男 1039 人，女 119 人，儿童 125 人。第四次牙利顺轮 2 月 13 日到厦，侨胞 953 人，内男 827，女 80，儿童 46 人，死 1 人。第五次查礼示轮 2 月 16 日到厦，归侨 1300 人，内男 978 人，女 191 人，儿童 131 人，死 1 人。

《江声报》1946 年 3 月 2 日

出国华侨登记　各埠之人数菲占百分之四十以上

待联总专轮运送

联总侨务专员安培金氏，日前由榕来厦，与侨务局长江亚醒，洽商办理遣送华侨复员各种问题，情志前报。查侨局复员登记人数，截至 5 月底止，计 19165 人，随带眷属 7701 人，合计 26866 人。□□□□□人，新加坡 322 人，眷属 719 人。缅甸 4367 人，眷属 5464。槟榔屿 85，眷属 147。爪哇 1418 □□□□。泰国 49，眷属 4。安南 405，眷属 132。香港 69，眷属 2。此批华侨，一俟联总船只分配后，即可分别出国。

《江声报》1946 年 5 月 31 日

华侨复员合计近三千名

市息　厦门侨务局奉令办理华侨复员，闻截至本日止，各属经复员华侨人数计有菲律宾 2578 人，星（新）加坡 179 人，仰光 35 人，安南 19 人，槟城 13 人，吧城 3 人，合计 2827 名。至贫困归侨必须免费遣送出国者，该局正与联总侨务局积极设法云。

《立人日报》1946 年 9 月 14 日

厦门光复以来菲侨出入国统计

本报讯　连日关于菲侨出国问题，颇引人注意，查战前由厦出国菲侨每年为数万余人，回国者约占出国人数九成左右。自太平洋战争发生后，交通则告中断。迨去年 11 月间，方有联总租用安徽轮运难侨返厦，经联总遣送回国者凡五批，合计 5415 人。但联总之船舰只载入境，不载出境。等菲正式通航，系自本年 4 月底恩典轮始，但当时因格于条例，该轮返菲时仅能载运领得战后所颁返菲证之侨胞,故出国者人数寥寥可数。兹将自厦门收复以来,菲侨出入国日期、船名、人数等等,表如下,聊供关心侨胞暨船务情形者作一参考耳。

返国菲侨

到达日期	船　名	人　数
12 月 1 日	安徽	932
1 月 23 日	连礼逊	947
2 月 1 日	戴维斯	1280
2 月 8 日	加礼逊	953
2 月 13 日	拉美士	1300
4 月 29 日	恩典	322
5 月 18 日	恩典	405
6 月 5 日	恩典	378
6 月 21 日	玛丹	96
6 月 27 日	芝巴德	1685
7 月 2 日	恩典	293
7 月 14 日	玛丹	487
8 月□日	吕宋	639
8 月 4 日	玛丹	491
8 月 8 日	宿务	248
9 月 1 日	芝巴德	1172
9 月 5 日	荣旋	932
合计		12572 人

出国菲侨

启行日期	船　名	人　数
5 月 5 日	恩典	35
5 月 23 日	恩典	18
6 月 10 日	恩典	45
7 月 5 日	恩典	16
7 月 19 日	玛丹	491
8 月 5 日	吕宋	394

8 月 9 日	玛丹	269
8 月 10 日	宿务	76
8 月 28 日	玛丹	494
9 月 13 日	荣旋	720
合计		2788 人

《中央日报》1946 年 9 月 23 日

六批归侨遣送 442 人

行总厦处华侨复员遣送侨民 442 人，内男 285 人，女 76 人，童 78 人，婴 3 人。其遣送地点为北婆罗洲 8 人，沙罗越 9 人，马来亚 425 人。随行护送有医师邓炳明，及护士徐羽翟、黄云翘等 3 人云。

《星光日报》1947 年 2 月 12 日

九批复员华侨遣送完毕　计 699 人

本市讯　行总厦处华侨复员遣送站，于昨(17)遣送第九批复员华侨，业经完毕。计 699 人，内男 449 人，女 136 人，童 116 人，婴 8 人。其遣送地点为新加坡及马来亚，其中新加坡 229 人，内男已 58 人，女 36 人，童 33 人，婴 2 人。马来亚 470 人，其中男 291 人，女 90 人，童 83 人，婴 6 人。乘荷轮芝渣丹尼出国。

《中央日报》1947 年 3 月 19 日

本市(民国)卅五年度华侨进出统计

厦门侨务局，准市商会函，送(民国)三十五年(1946 年)华侨出入国人数。该局以 1、2、3 月有出入华侨，其 4 至 12 月份，男女童孩统计如下，计：

四月份　出国男 207，女 26 人，孩童 7 人，合计男、女、孩童 235 人。入国华侨，男 254 名，女 52 名，孩童 16 名，合计男、女、童 322 名。

五月份　出国华侨男 277 名，女 31 名，孩童 13 名，合计男女童 321 名。入国男女 698 名，女 74 名，孩童 62 名，合计男女童 834 名。

六月份　出国男 453 人，女 74 人，孩童 18 人，合计 545 人。入国华侨，男 1217 人,女 199 人,孩童 47 人,合计男女童 1463 人。

七月份　出国男 1912 人,女 376 人,孩童 129 人,合计男女童 2517 人。入国男 1217 人,女 199 人,孩童 47 人,合计男女童 1463 人。

八月份　出国男 2504 人,女 488 人,孩童 241 人,合计男女童 3233 人。入国男 1685 人,女 304 人,孩童 81 人,合计男女童 2080 人。

九月份　出国男 2652 人,女 246 人,孩童 52 人,合计 2950 人。入国男 4423 人,女 492 人,孩童 168 人,合计 5083 人。

十月份　出国男 2553 人,女 1219 人,孩童 260 人,合计 3132 人。入国男 4403 人,女 490 人,孩童 168 人,合计 5083 人。

十一月　出国男 2232 人,女 257 人,孩童 104 人,合计 2593 人。入国男女 7337 人,女 627 人,孩童 273 人,合计 8237 人。

十二月　出国男 1612 人,女 305 人,孩童 97 人,合计 2014 人。入国男 2922 人,女 328 人,孩童 155 人,合计 3405 人。统计出国男 14397 人,女 2122 人,孩童 1021 人,合计 17540。入国男 25991 人,女 2135 人,孩童 1064 人,合 29990 人。

《江声报》1947 年 4 月 22 日

上半年华侨出国数　侨务局已统计竣事

本市讯　(民国)三十六年(1947 年)1 至 8 月份轮船出国次数及各属华侨出口人数,业经厦门侨务局统计竣事。兹探录于后:

1 月份,轮船出口次数计 6 次,往菲律宾者 331 人,新加坡 198 人,缅甸者 13 人,马来亚者 16 人,安南者 85 人,泰国者 7 人,爪哇者 15 人,香港者 194 人。

2 月份,轮船出口次数计 7 次,往菲律宾者 199 人,新加坡 5 人,泰国者 28 人,苏岛者仅 1 人,香港者 170 人。

3 月份,轮船出口次数计 8 次,往菲律宾者 1320 人,新加坡 636 人,缅甸者 57 人,香港者 503 人。

4 月份,轮船出口次数计 10 次,往菲律宾者 1408 人,新加坡 54 人,泰国者 45 人,香港者 178 人。

5 月份,轮船出口次数计 7 次,往菲律宾者 814 人,新加坡 1571 人,缅甸者 10 人,马来亚者 89 人,安南者 4 人,爪哇者 81 人,苏岛者 7 人,香港者

131 人。

6 月份,轮船出口次数计 10 次,往菲律宾者 621 人,新加坡 1644 人,缅甸者 14 人,马来亚者 297 人,爪哇者 27 人,香港者 175 人。

7 月份,轮船出口次数计 8 次,往菲律宾者 1061 人,新加坡 658 人,爪哇者 81 人,苏岛者 60 人,西里伯者 75 人,香港者 1516 人云。(国民社)

《星光日报》1947 年 8 月 27 日

菲光复后入境华侨数达一万三千余人

本市讯　据侨务方面消息,本年 1 月 1 日起至 6 月 30 日止,华侨已准赴菲入境者,统计 9180 人。其中赴菲游历者 454 人,过境者 146 人,国际贸易商人 2 人,返菲华侨 8298 人,学生 13 人。根据移民限额者 182 人,非移民限额者 25 人,依据各种可能情形者 16 人,中国政府官员及家属 44 人。

又据悉:菲移民局长法布礼近宣布,自菲岛解放以来,华侨入境截至本年 6 月 30 日为止,计 13674 人云。(南侨社)

《江声报》1947 年 9 月 4 日

厦门三月来华侨出国　计 8418 人

厦门侨务局,顷发表本年度 7 月至 9 月份出国华侨登记统计数字如下:菲律宾男 1095,女 107,童 170。槟榔屿男 241,女 63,童 35。新加坡男 3448,女 725,童 603。越南男 19,女 7,童 11。缅甸男 46,女 8,童 12。爪哇男 273,女 48,童 32。苏岛男 42,女 5,童 2。泰国男 22,女 1,童 4。西里伯男 72,女 32,童 22。马来亚男 51,女 8,童 5 人。统计 3 月内出国华侨有 8418 人云。

《中央日报》1947 年 10 月 15 日

十月份出国华侨　侨务局发表统计

计 4394 名　马来亚最多

厦门侨务局对 10 月份各属出国华侨之统计发表人数如下:(一)各属,菲律宾 1624 名,马来亚(包括新加坡)1757 名,槟城 299 名,西伯里斯(包括婆罗洲)60 名,苏岛 62 名,爪哇 272 名,越南 157 名,缅甸 158 名,泰国 5 名,合计4394名。(二)籍隶,在4394名中,晋江占1540名,南安877名,惠安385名,莆田303名,永春245名,安溪202名,同安186名,福清108名,厦门105名,金门111名,龙溪60名,福州81名。其次海澄、漳浦、龙岩、仙游等县各仅30余名,永泰、长泰、古田、崇安、江苏各1名。(三)职业,在以上数字中之职业,商人2964名,妇孺1131名,工人60名,文人210名,农人8名,其他21名,合计4394名。(四)性别,男3150名,女610名,男童435名,女孩199名。(海外社)

《江声报》1947年11月4日

菲侨复员登记计三千余名　首批遣送缅侨千名即公布

关于1941年以前及战时被迫离菲之华侨复员登记,经本市侨务局特电南京侨务委员会,请准登记一节,迭志本报。兹悉,此次前往侨务局登记人数,其展限期间至11月10日止,除委托晋江华侨公会及石狮民声报代办未送外,其共计人数为3059名。

中央社福州11日电　滞闽缅甸归侨首批遣送名单,业经香港国际难民机构远东局寄达此间,最近即可公布。该名单共列908人,内800人定于首批遣送,余108人为候补者,遣送工作于下月中实行。

《中央日报》1947年11月12日

上月份赴菲华侨共二百二十五名

11月份新客由厦门出国前往菲律宾华侨人数,经已统计,持学生字者117人,教员字者7人,游历字者70人,限额移民入口者31人。(南侨社)

《江声报》1947年12月2日

十一月份出国人数

11月份出国人数,业经侨务局统计:赴菲律宾者821,马来亚135,新加坡1054,槟榔屿190,西里伯20,婆罗洲8,苏岛50,爪哇195,越南102,缅甸107,泰国2,共2684人。包括男子1772人,女子394人,男童304人,女童105人。

《江声报》1947年12月17日

厦门二月份出入国侨民

2月份出入国侨民人数,业经侨务局统计如下:出国3710人,其中菲律宾624人,马来亚77人,新加坡446人,槟榔屿76人,西里伯29人,婆罗洲45人,苏岛91人,爪哇228人,越南221人,缅甸73人,泰国7人。荷复员406人,马移民708人,菲移民195人,马复员484人。入国1031人,其中菲律宾395人,新加坡133人,西里伯21人,婆罗洲8人,苏岛12人,爪哇462人,越南4人,缅甸2人。

《江声报》1948年3月1日

本市四月份出入国华侨数

本报讯 4月份厦市出入国华侨人数,昨经侨务局统计完毕,计往菲律宾者1349人,马来亚59人,新加坡591人,槟榔屿109人,西里伯56人,爪哇552人,苏岛168人,越南150人,缅甸35人,泰国4人。复员马来亚136人,移民暹罗4人,移民菲律宾251人,移民马来亚548人。回国者计有菲律宾294人,新加坡88人,马来11人,西里伯17人,槟榔屿7人,爪哇264人,缅甸9人,泰国2人,婆罗洲7人。共4744人,其中经商者占2835人。

《星光日报》1948年5月4日

本月份上旬华侨经厦出国数

本报讯 5月份第一旬华侨经厦出国人数,侨务局顷统计完竣,前往菲律宾434人,马来亚27人,新加坡131人,槟城21人,西里伯34人,婆罗洲11人,爪哇153人,越南76人,缅甸17人,泰国4人。移民马来亚者196人,移民菲律宾者71人,计共1479人。入国者菲律宾55人,马来亚13人,新加坡12人,槟榔8人,苏岛16人,爪哇5人,越南33人,缅甸12人,共154人。

《星光日报》1948年5月18日

本月份第二旬华侨出入国数

本报讯　本月份第二旬（11日至20日）华侨驻厦出入国人数，昨经侨务局调查完毕，计赴菲者412人，马来亚33人，婆罗洲32人，苏岛71人，爪哇210人，越南44人，缅甸6人，移民马来251人，移民菲岛68人，共为1461人。入国者菲4人，马来2人，新加坡51人，槟城45人，西里伯37人，苏岛19人，婆罗洲14人，爪哇10人，越南5人。

《星光日报》1948年5月25日

五月份出入国侨民统计　出多来少

5月份全月出入国侨民人数，经侨务局统计如下：出国共4300人，其中菲律宾1487人，马来亚957人，新加坡529人，槟榔屿103人，西里伯94人，爪哇514人，苏岛188人，越南269人，缅甸30人，婆罗洲64人，泰国65人。入国共759人，其中菲律宾246人，马来亚23人，新加坡48人，槟城8人，西里伯22人，苏岛20人，爪哇329人，越南46人，缅甸17人。（厚）

《江声报》1948年6月4日

六月份上旬出入国侨民

侨务局昨统计6月份第一旬出入国侨民人数如下：出国1351人，其中菲律宾470人，马来亚12人，新加坡132人，槟榔屿19人，西里伯41人，婆罗洲21人，苏屿62人，爪哇132人，越南148人，缅甸14人，泰国14人，马移民125人，菲移民74人，缅复员87人。入国78人，其中菲律宾30人，马来亚6人，新加坡21人，槟榔屿4人，西里伯1人，苏岛6人，爪哇4人，越南1人，缅甸3人，泰国2人。（厚）

《江声报》1948年6月17日

侨民出入旬来统计

市息　厦门侨务局昨统计6月中旬出入侨民人数如次：出国：菲律宾

221，马来10，新加坡89，槟榔屿21，西里伯17，婆罗洲15，苏岛48，爪哇135，越南21，缅甸6，马来移民67，菲律宾移民48，总计707。入国：菲律宾54，马来1，新加坡6，槟榔屿2，西里伯2，苏岛6，爪哇42，越南4，总计117。（堂）

《立人日报》1948年6月22日

本月中旬华侨经厦出国数

本报讯 本月份11日至20日华侨经厦出国数额，经统计如下：前往菲律宾者221人，马来亚10人，新加坡89人，槟榔屿21人，西伯里17，婆罗洲15人，苏岛40人，爪哇135人，越南21人，缅甸6人，移民马来亚76人，移民菲律宾48人，总计707人。

《星光日报》1948年6月27日

六月份进口侨轮及华侨人数

6月份进口侨轮次数及华侨人数，经侨务局统计如下：侨轮进口共20次，载来华侨2079名，其中新加坡719人，菲律宾415人，爪哇77人，越南195人，苏门答腊186人，望加锡24人，马来亚150人，仰光13人。（厚）

《江声报》1948年7月1日

五六两月南洋华侨返国经厦逾四千人

本报讯 5、6两月份，南洋各属华侨返国经厦人数，经局统计如下：新加坡1133人，菲律宾1461人，越南324人，爪哇377人，苏门答腊186人，望加锡24人，马来亚252人，仰光185人，荷属东印度681人，统计4621人。

《星光日报》1948年7月1日

六月份华侨出国数

本报讯 6月份出国华侨人数，侨务局统计如下：往菲律宾177人，马来亚51人，新加坡363人，槟榔屿64人，西伯里90人，婆罗洲50人，苏岛184人，爪哇433人，越南215人，缅甸29人，泰国14人，往菲律宾新客209人，新加坡新客 340 人，计 3306 人。又今年上半年度出国者共 23609 人，入国者 5752 人。

《星光日报》1948 年 7 月 2 日

厦联总遣侨站统计　一年间复员万余人

本市讯　查自抗战发生以至于太平洋封锁之后，我旅外各属返国华侨于战后不能出国者，为数颇多。战事结束后，乃由联合国救济总署协助遣送复员，前后 3 年，自 1946 年 10 月起至 1947 年 9 月止。一年中由联总厦门复员站办理遣送之各属华侨兹调查统计如下：新加坡 3029 名，马来亚 4481 名，缅甸 3458 名，安南 20 名，暹罗 16 名，北婆罗洲 31 名，沙罗越 9 名，荷属东印度 401 名，合计为 11445 人。此以仅在闽省部分，据查全国约 24000 人，菲律宾尚未列在内。联总结束后，而华侨复员工作尚未告竣，再由联合国国际组织远东难民局厦处遣送站继续办理。各属华侨复员期间自 1947 年 10 月起至 1948 年 6 月底止，前后遣送各属华侨出国复员，计新加坡 44 名，马来亚 690 名，缅甸 377 名，荷属东印度 164，共 1672 名。菲律宾及其他省份未列外，前后两机关负责遣送者合并为 13117 人云。（海外社）

《星光日报》1948 年 7 月 10 日

本月上旬华侨经厦出国数

本报讯　本月份上旬（1 至 11 日）华侨经厦出入国人数，侨务局统计如下：往菲律宾者 302 人，马来亚 17 人，新加坡 137 人，槟榔屿 17 人，西里伯 13 人，婆罗洲 29 人，苏岛 60 人，爪哇 48 人，越南 18 人，移民菲岛 69 人，移民马来亚 71 人，共出国 881 人。自菲返国者 77 人，马来亚 5 人，婆罗洲 6 人，苏岛 2 人，爪哇 89 人，越南 7 人，缅甸 6 人，泰国 1 人，共 244 人。

《星光日报》1948 年 7 月 20 日

本月中旬华侨经厦出国人数

本报讯　本月份中旬，华侨经厦出入国人数，经侨务局统计如下：往菲律宾 223 人，马来亚 21 人，新加坡 106 人，槟榔屿 35 人，西里伯 20 人，苏岛

65 人，爪哇 197 人，越南 40 人，缅甸 6 人。由厦移民菲律宾 74 人，移民马来亚 66 人，共 863 人。返国者菲 114 人，马来 1 人，新加坡 19 人，苏岛 2 人，爪哇 8 人，越南 17 人，缅甸 1 人，共 162 人。

《星光日报》1948 年 7 月 24 日

华侨经厦出入国七月份人数统计

本报讯 7 月份华侨经厦出入国人数，侨务局统计如下：出国者，菲 1051 人，马来亚 247 人，新加坡 354 人，槟榔屿 60 人，西里伯 69 人，婆罗洲 62 人，苏岛 183 人，爪哇 588 人，越南 61 人，缅甸 9 人，泰国 1 人，共计 2656 人。返国者，菲 1125 人，新加坡 518 人，槟榔屿 149 人，仰光 359 人，三宝垄 22 人，日里 114 人，越南 72 人，槟城（三人）4 人，泗水 304 人，望加锡 40 人，巨港 25 人，共计 3102 人。

《星光日报》1948 年 8 月 3 日

八月上旬出国多入国少

本报讯 据厦侨务局统计，8 月 1 日至 10 日由厦出入国南洋各属华侨人数及籍贯、职别分别统计如下：菲律宾出国 186 人，入国 58 人；马来亚出 35 人，入 5 人；新加坡：出国 28 人，入国 8 人；槟榔屿出国 37 人，入国 2 人；西里伯出国 18 人，入国 5 人；婆罗洲出 24 人，入国 1 人；苏岛出国 94 人，入国 32 人；爪哇出国 220 人，入国 137 人；越南出国 11 人，入国 6 人；缅甸出国 13 人，入国 6 人；厦菲移（即新客），出国 106 人；厦马移，出国 56 人。统计出国 937 人，入国 260 人。出国 937 人中包含农 2 人，工 1 人，商 612 人，学 7 人，无业 306 人，男孩童 5 人，女孩童 3 人，其他 1 人。入国 260 人中，计为商 207 人，学 7 人，无业 31 人，男孩童 9 人，女孩童 5 人，其他 1 人。

以籍贯分别为：厦门出国 2 人，入国 1 人；金门出国 3 人，入国 2 人；晋江出国 355 人，入国 69 人；南安出 261 人，入国 70 人；惠安出国 185 人，入国 41 人；同安出国 27 人，入国 9 人；安溪出国 31 人，入国 23 人；龙溪出国 11 人，入国 5 人；海澄出国 1 人，入国 4 人；漳浦出国 2 人；永春出国 20 人，入国 6 人；莆田出国 17 人，入国 7 人；仙游出国 9 人，入国 5 人；福清出国 13 人，入国15人;福州入国3人。

《中央日报》1948年8月17日

九月份华侨入多于出

9月份出入国华侨人数,据侨务局统计,出国3302人,其中往菲律宾897人,马来亚70人,新加坡561人,槟榔屿124人,西里伯57人,婆罗洲52人,苏岛279人,爪哇769人,越南95人,缅甸53人,泰国4人,马来移民118人,菲移民223人。回国3391人,其中来自菲律宾881人,新加坡1307人,槟城273人,仰光101人,马来亚93人,吧城129人,泗水291人,巨港40人,三宝垄47人,日里38人,万隆13人,望加锡60人。按战后华侨出入国多为出超,本月则入超89人。(厚)

《江声报》1948年10月2日

经厦进出国华侨十月份统计数字

本报讯 侨务局昨天发表10月份经厦进出国华侨统计如下:

出国部分:菲律宾1387人,马来亚153人,新加坡515人,槟榔屿97人,西伯里61人,婆罗洲56人,苏岛208人,爪哇689人,越南86人,缅甸51人,泰国1人,统计3305人。

入国部分:菲律宾718人,新加坡1384人,槟城241人,仰光99人,越南125人,吧城235人,泗水399人,三宝垄29人,巨港35人,日里115人,望加锡84人,总计3464人。

《星光日报》1948年11月5日

经厦出入国华侨　侨局发表上月统计

本报讯 侨务局昨发表11月份进出国华侨统计如下:进口部分,菲律宾401人,马来亚312,新加坡1203,越南149,仰光136,吧城81,泗水151,万隆4人,三宝垄2人,日里97,望加锡45,计2607人。

出口部分:菲律宾1241人,马来亚237,新加坡50,荷印956,越南102,缅甸46,泰国8人,计3120人。

《星光日报》1948年12月5日

一年来本市华侨出入国统计

市息 本年度(1月至12月28日)由本市出入国华侨人数,经侨务局统计如下:

出国部分:菲律宾10□□□人,马来亚807□人,新加坡6088人,荷印9980人,越南2308人,缅甸653人,泰国150人,计41039人。

回国部分:菲律宾10999人,马来亚2455人,新加坡1070人,荷印1042人,越南1637人,缅甸21433人,泰国14人,计38585人。

总计出超2454人。(厚)

《星光日报》1948年12月29日

二月份华侨出入国统计

又息 厦侨务局昨统计2月份各属华侨出入国人数如下:出国部分,菲律宾1317人,新加坡678人,荷印864人,马来亚267人,越南67人,秦国1人,缅甸39人,共3233人。回国部分,菲律宾833人,马来亚40人,新加坡206人,荷印119人,共1198人云。(默)

《江声报》1949年3月4日

出入国侨民四月份统计

市息 侨务局统计4月份各属出入国侨民如下:出国部分:菲律宾1454人,新加坡528人,马来亚221人,荷印573人,越南82人,缅甸38人,共2891人。回国部分:菲律宾1156人,新加坡866人,马来亚352人,荷印554人,越南87人,缅甸23人,共计3038人。该月份回国多于出国147人云。(默)

《江声报》1949年5月5日

华侨出国多　海空运输忙

市息　厦门为华侨出入国重要港湾,惟自省会易手后,闽南各地告紧,一般华侨回国者,多纷纷急求出国,是以月来本市海空运输大有应接不暇之慨。由于以上情况,出国多于入国几及一倍。兹据侨务局调查8月份各属出入国华侨,统计数字如下:(一)出国的菲律宾2164名,新加坡433名,马来亚164,荷印296,越南18,缅甸61,泰1名,共计3137名。(二)回国的菲律宾331,新加坡555,马来亚405,荷印67,越南83,缅甸41,计1702名。据该局估计,本月份回国将更减少,外轮航行亦渐减少驶入厦港。加以各领馆疏散,签证无由,仅有少数转往香港办理手续云。

《江声报》1949年9月6日

上月华侨出国多　竟超入国者九倍

市息　本市原为华侨出入口中心枢纽,中枢为使华侨便利起见,曾在厦设立出国护照签照处与侨委局,协同办理华侨出入国手续。惟自烽火蔓延,本市已入战时状态,交通亦受管制。于是签照处先行结束往穗,侨务局局长吕尘心出国赴菲,未得回厦。科长许新民回泉,该地陷落,现工作已陷于停顿状态。据调查统计,9月出入国华侨数字,出多于入国近10倍,出国方面:菲律宾129名,新加坡154名,马来亚22名,荷兰17名,越南5名,缅甸10名,泰国1名,计324名。回国方面:菲13名,星9名,马来1名,荷2名,缅泰无人,计30名。今后情形,观乎交通工具缺乏,则可思过半矣。

《江声报》1949年10月2日

第二节　华侨出入境实务管理

一、接侨实务管理

安顺轮失业华侨二十名回泉

日前由安顺轮船自实叻(新加坡)抵厦配回失业侨民王林等27名，由水上公安局送至三署，转送博济院收容。本日晨6时许，经该院管理员呈请公安局，准予先将王林等20名派长警押送捷安轮船，遣回泉州原籍。其余陈坤等7名，则拟候星期四配回福州原籍云。

《江声报》1931年9月17日

又来一批失业华侨　计四十余名

尔来南群岛商业市况萧条，失业不计其数，于每次归国侨胞之多，可以想见矣。前(11)日9时许，新地亚鸭家轮到厦，又载回一大批，男女大小40余名。抵地后，即由该轮买办呈报水上公安局，派员照料上陆，然后由局转送警三署发落，使其各自分投亲友或归乡里。兹将其姓名、年岁列下，陈菜刀(24岁)、沈恩(19岁)、黄赐福(27岁)、王少年(21岁)、黄永给(23岁)、起清(63岁)、吴欢(38岁)、余□命(40岁)、丁辉(34岁)、吴共海(27岁)、臬贱(21岁)、□□□(下缺)

《江声报》1931年10月13日

失业华侨逐回一批　侨局照料分遣还乡

日昨中暹公司海利船由新加坡抵厦，本市侨局派员下轮照料归侨，至第四仓，发觉有自新加坡被该政府逐回之华侨陈阿水、洪文福、蔡文环、郭顺、许文清、吴福德、何启成、罗连、陈砍、洪冰、林结、林阿生等12人。该员当一一询问籍贯及被逐原因。渠言，我等旅星有年，近因失业抱病或年老残废，当地政府以我等如此状况，遂一并被拘配回27人，同由海利回国。其中25人，已由汕头起山。照例，凡华人被逐回国，至香港时，每人可领路费5元，不料海利船主竟将该项悉数吞没。我等现在身无片文，请为设法云云。该员聆悉，遂邀同乘电船登岸，入侨局登记，再由该局安置荣兴客栈暂住。18日，除洪冰、何启成、蔡文环、洪文福4人，由局给费回同安。漳浦、海澄、龙溪外，尚有8人。侨局各给零费，并备函送福州、安溪、惠安、晋江、南安各旅厦同乡会领去遣回。当时除安溪同乡会常务陈文章，表示极诚恳接纳外，如南安、晋江、惠安三同乡会，亦慷慨收留。惟福州旅厦同乡会，以难侨陈阿水落魄，竟予驳回侨局。

《江声报》1937年3月19日

旅台华侨六千　将再分批过厦

国内火车优待免费　招商轮船准收半价

旅居日台等处华侨，近被压迫回国。过厦时，到侨局登记申请救济者，日以百计。侨局长江亚醒，以归侨当离日境回国时，所携银物，悉被居留政府搜索。不特回籍川资缺乏，甚闻日食无以自给。因为电呈侨委会，请示救济办法，并向厦市党政军各机构会商处置。昨经议决，先将人数统计，分别资遣回籍。日昨该局又奉到侨委会先后电示，分录原电如后："一、厦门侨务局鉴，旅台归侨6000人，将分批专轮抵厦，□领各同同乡会馆等，指导回籍，并与内地各船车公司协商遣送。侨委会，巧、印。二、厦门侨务局鉴，顷外交部准交部灰电，旅日归侨乘招商局船回乡，准收半价。又准铁部真电。旅日归侨持使馆证明书，乘京沪、津浦、平汉、平绥、陇海、正太、胶济、南浔、粤澳、广九、浙赣各路火车返乡，准予免费。仰即照此指导，侨委会，啸印。"江氏现正准备派员备轮招待一般归侨，并依照予以指导回籍。

《江声报》1937年9月20日

台湾归侨留厦　昨遣送七百名

浙同乡请办登记　将专轮遣送回籍

台湾归来华侨，滞留厦市不能回籍者，均由市当局为安置于大生里。昨新海门轮赴省，已遣送700余名，俾返福清、闽侯等县原籍。另一批百余名，其原籍为泉州之晋江、惠安等县，亦于昨日向市府□科请领护照返籍。目下留居大生里者，总数尚有300余人，今(24)日地拉华轮由基隆抵厦，再运有归侨数百名。目下日政府对我侨民返国，多方留难，除财物被剥夺外，每日仅准发给返国护照20张。故我华侨在台候轮返国，尚有一二万人，非短期内所可一并归来也。又市府昨据浙江留厦温台两府同乡代表叶伯祥□阔□呈称：浙江温台两府同乡，流落厦埠，有家难归者，不下数百人。大都失业工商，以及归国侨民，除一部分少壮者堪以自活，老弱贫病无生活者，欲归则交通所阻，欲留则失所依附，情状至惨。兹拟雇佣外轮运送回籍，每次运费，约需5000余元，业有商人搭载货物，计可收3000余元运费，尚差2000元之谱。寻以卖票筹足，拟先办理登记，统筹办法，想钧府救济难民，疏散老弱，无力不尽，一举数善，事属可行。只因运输出口，办理登记，手续繁琐，拟请钧府派员予以协助，俾便迅速竣事。借我政府关怀，而免同乡流落，仰祈鉴核示遵云云。市府一科陈科长，并答允准予举行登记，候将登记结果，呈报核办。

慰问归侨

市抗敌会慰劳部，昨日洪□文领队，前往大生里，慰问日台归侨。该归侨报告日台华侨状况，并请救济。谢亿仁、黄楚云、王筱光，各演说慰之。

《江声报》1937年9月24日

留台华侨尚有二万　过厦者遣送完毕

日台归侨管理委会，订今(12)日将收容于大生里之归侨70余人。遣送其原籍之温州。此批遣送后，已全部完毕。惟该会得悉日台归侨1000余名，21日可再到厦。现留台湾之华侨，尚有2万余人云。

《江声报》1937年11月12日

台湾归侨千余名今到厦

管理会预备招待　决专轮再往运载

荷轮芝沙丹尼，开往基隆，昨日电厦，已运载华侨1700余名，订今日离台，明晨可到厦等语。本市归侨管理委员得悉，昨即召集委员会议，主席陈式锐报告：一、租用太古洋行旧址，为检查地点。二、社会科向新光照相馆接洽免费照相,归侨及由会发给证明,可有该馆免费代办。余略。次议决事项:一、本会简章修正通过。二、推举市府代表陈式锐为本会常委。三、推举侨局、侨会办理登记,益同人、旅日华侨协济会、市商会办理招待,警备部、警察局、水警大队办理纠察,市府、侨局办理遣送事宜。四、略。五、归侨蒋子敬,助理遣送归侨,积极努力,自10月份起,每月津贴车费19。六、本月21日归侨千余名,乘渣华公司轮船到厦,应由指定驳船运载,由指定之码头上岸。到达检查地点时,应严格施行检查。七、留台华侨尚多,现因外交部所雇新轮已经停办,应派本会秘书,向太古公司接洽。雇定专轮前往运载,附该会简章如下:

一、本会为办理救济日台归国华侨,联合本市各关系团体组织之。二、本会委员,以左列人员组织,以市政府为主管机关。(一)警备司令部代表。(二)市政府代表,侨务局代表,水警第二大队代表,警察局代表、益同人公会代表。(三)市商会代表、华侨公会代表。(四)旅台归国华侨协济会代表。三、本会设常务委员□人,由各委员互推充任之。处理日常事务,对外代表本会。其余登记、招待、纠察、遣送等事务,由各委员分担之。四、本会设秘书1人,办事员若干人,由常务委任之,或商同第二条所列机关团体,或用各该机关团体人员兼任。五、本会会议由常务委员于必要时召集之。六、本会开会时以常务委员会为主席。常务委员因事不能出席时,由各委员互推临时主席代理之。七、本会经费收支状况,于每月月底报告一次。八、本会于日台归侨全部遣送完毕后解散之。九、本会办事细则另定之。十、本简章自通过后,呈报市府备案施行。

《江声报》1937年11月21日

台湾华侨到厦　昨七百余人　我政府酌助船费

芝尼加拿开岷　丰庆明日到厦

荷轮芝尼加拿,昨由台湾运载华侨787名到厦。本市归侨管理会,当即派员照料,分寓于指定之旅栈及大生里收容所。此帮归侨,每名船票资17.5元,由各该侨自理10元,我政府每名予以补助7.5元。在台未归之侨胞尚多,管理会现向太古接治,将派专轮运往运。至于芝尼加拿轮昨到厦后,同日即开香港、吕宋、泗水、由厦载去港客300余名,泗水客400余名,宿务客百余名,吕宋客300余名。厦门地方法院长严启昆奉调广州,亦趁该轮赴港转粤上任。又丰庆轮在港修整，订 26 日到厦，系据乘坐该轮到港转厦之客所述。兹据和通公司函告，该丰庆轮铁定 23 日到厦云。

《江声报》1937 年 11 月 22 日

台湾归侨今遣送二百余人

日台归侨管理会，于今(27)日将 20 日归侨遣送 200 余人，由海坛轮赴福州原籍。昨日已先遣送 8 人，前往龙岩。查现在住大生里归侨，尚有 300 余人。

《江声报》1937 年 11 月 27 日

归侨遣送昨十余名　尚有二百余

留居本市之日台归国华侨，昨再由管委会遣送福清籍十余名，遵陆归去。现留大生里归侨尚有福州籍 146 名，浙江籍 60 名，其他十余名。计约 200 余名，日内可遣送完毕。

《江声报》1937 年 12 月 1 日

遣送归侨　昨百余名　尚余数十

本市大生里之日台归侨，于昨早 8 时许，经管理委会遣送一批，计 180 余名，由车运送往福州原籍。现留厦之日台归侨，仅浙籍 80 余名。日内亦可设法遣送。

《江声报》1937 年 12 月 9 日

昨遣归侨百余名　轮行华员一再留难

本市归侨管理委员会，昨将旅台归侨 116 名，遣配由得忌利士之海阳轮，回归温州原籍。闻此帮遣配，颇受轮行华职员留难，先是归侨管理会每于遣送归侨时，先事派员向轮行购买船票，昨亦照旧办理，即派欧阳治向该轮行接洽购票事宜。该行华职员称：买卖船票，系轮上买办之事，须下轮接洽，行内不能负责。欧阳氏当即下轮，以询买办。该买办则称：买卖船票，与轮上阳氏，又再向该行查问究竟，水陆往返五六次，终无结果。卒由管理委会切实交涉，并由侨务局派江云舟到行购买，始取得船票。该侨迟至轮将开行之下午5时许，始克登轮云。

《江声报》1937年12月18日

第二批华侨难民将由菲岛返国

全部达三千余人　预计月中可抵厦

本市升平路大华旅栈南鲤信局，昨日接到马尼拉南川鲤安汇兑信局联电，略谓：我驻岷总领事馆顷发出通告，本年旧历年内有第二批华侨难民将乘搭外轮开往香港、厦门、上海等处，预计航程可于本月中旬抵厦云。又市政府于前日亦接到联合国救济总署来电称：菲律宾华侨难民3000名，由运输舰载运，即日启航赴香港、厦门、上海等处，希早设法招待救济。市府接电后，经已派社会科及侨务股筹备招待救济云。

《江声报》1946年1月5日

刘主席电令市府迅筹护侨工作

旅菲四千侨胞将乘美船返厦

我驻马尼拉中总领事馆，月来登记旅菲侨胞难民申请回国者计有5000余名，内欲返香港、广东者600人，往上海者400名，余4000名来厦转返漳、泉等处。驻当地总领事馆段茂澜，副领事张家福，薛毓琪，连日来分向联合国善后救济总署驻菲专员洽商，请由美方派船承运。经指定供应船担任，并决于废历年内启航回国。昨日市政府已接省主席刘建绪转奉何总司令快邮代电，令迅筹备救济护侨工作。市长黄天爵奉电后，经派民政科、社会科负责办理、接待及护送归侨回乡工作。兹录刘主席致市长电文录下：

黄市长奉何总司令亥迴件恢电开，我驻马尼拉总领事，已洽请美军供应，约五千难民由菲返国之船位，其中4000左右将于厦门登岸，其余则分赴上海及香港两地。此项运送所需费用，由联合国善后救济总署负担。但到达中国上述各地后，则由中国政府负责处理等情。仰即知照，刘建绪秘冬。

《江声报》1946年1月6日

美运输船日内来厦　运载难侨三千名

我国在菲岛难侨 4000 余人，将由美运输船运送返国。经救济总署电厦市府及早筹备救济后，日前市长黄天爵电马尼拉总领事馆，探询该轮行期。但迄今未获复电，惟据本市外侨消息，该舰日内可离菲驶港，将来厦岛。该舰载量，仅可搭乘难侨 3000 人。

《江声报》1946 年 1 月 15 日

难侨三千余人今乘美舰抵厦

各界昨会议准备接待　美舰将转载台人返籍

第二批菲律宾难侨 3700 余名，经于前日由菲乘搭美运输舰来厦。今(23)日可抵达。此间当局与归侨服务社得讯后，特于昨(22)日下午假晨光路服务社召集各界代表会议，商讨接待欢迎，分派舟车、宪警维持秩序与分配住宿等事宜。决请卫生局抽派医师护士下船诊治病侨，并由招商局、闽江船务公司派船担任运输，及分函晋南永同龙澄各县旅厦同乡会，派员共同前往迎接。至招待费及发放旅费等问题，亦商定办法。又当兹尼号启锭离菲后，联合国救济总署驻菲办事处，即派代表(美人)于昨晨乘飞机飞厦，访市长黄天爵，除报告该舰行期及难侨名额外，并接洽一切招待及救济事宜。据云：该舰来厦任务完成后，奉命转航台湾，乘载本市台胞返籍。市府事先亦接获省令，着于该舰抵厦时，凡在厦台胞在伪组织时，未曾为非作恶，任敌伪职员者，如欲返台，准予登记，乘搭该舰返台。市府乃于昨令知台湾同乡会主席刘丽生，办理登记台湾难民回籍手续。该会遂于昨日午后 4 时，贴出紧急通告，略云："切悉，明日有大号救济船前往台湾，凡我同乡有志回籍者，可迅速前来本台登记(可免相片)。惟任敌伪军政工作者，不在此例，切切此告。"查该会登记后，须将名单呈请军政当局审查核准后，方得放行。

《江声报》1946 年 1 月 23 日

市府邀各机关代表协商招待归侨
分配各部门工作 限制自由下轮迎接

美救济总署加礼逊舰，此次由菲输送我难侨及救济品返厦，本市各界纷往欢迎。因事先筹备未周，致秩序紊乱，市府为求免重蹈覆辙计，对于第三批以至继续返国难侨之招待，应有周密计划，以利归侨。特于昨(27)日下午2时，在市府会议厅，邀集宪兵、警局、水警大队、菲四团体驻厦办事处、华侨公会、华侨服务社、社会服务处、总工会、旅栈民船挑挽各工会代表，举行座谈会。结果，决定各机关团体各推派代表1人，于船抵港后，下轮欢迎慰问，由宪警维持秩序，禁止小贩下船混杂(准在船边兜售，规定菲币1元，最低可购柑30粒)。各团体代表由市政府发给布条，以资识别。如擅自下轮者，倘有发生事件，则予是问。旅栈准各派2人，下船招待。民船工会负责调派船只前往承运，挑挽工会即分派工友在码头任起卸，由市府会同宪警联合发给标志证件，以防混乱。如有诈欺行为者，则予拘办。卫生局应派医生、护士5人，担架队2人，下轮看护病者。至各难侨行李救济品，经各机关代表验点后，系以布条标帜，然后起卸，交船运至指定码头，由有标志之挑挽工友挑送。其工资不论远近，概予划一，以防勒索。最后对于侨胞兑换法币问题，亦经决定，由市府先向银行借支若干，指派人员在轮设临时兑换处。遵照比率兑换，以防市侩操纵，而利归侨。至5时许始散。

《江声报》1946年1月28日

今后招待难侨 侨局不负专责
据称限制登轮系由水警规定

美运输舰前日运载第三批难侨来厦，因侨务局阻止各界登轮，致各归侨团体代表不满，提出四点质问，各情已志本报。昨据侨团代表周冰心语记者，渠与侨务局科长叶航民问答，大意如下，问：侨务局是招待华侨，抑为难华侨？答：本局办理侨务，当然是以招待华侨为主旨。问：不许市府医生登轮，致张尚灶身亡，侨务局应负责任。答：本人无拒绝医生登轮，张君之死，本局不能负责。问：侨务局阻止市府代表登轮，致侨胞及行李无法起卸，忍饥受寒，侨局应负责。答：本局系接水警队来函称、此次归国难侨，仅准侨务局及旅栈公会、挑挽工会三团体人员登轮外，其他一概不准登轮。如发生鼠疫及遗失物件，以三团体是问。故本局为维持秩序及责任起见，不让其他人员登轮。此系水警队规定，本局不负任何责任。周等谓归国难侨只要便利登陆，不予留难，任何机关主持招待，均所欢迎。惟当时贵科长在船称：市府无权办理接待事宜，不准各界代表登轮，而又无法使侨胞便利登陆，实属遗憾。叶答：彼当时并无此言。周等以此言系属亲闻，何得否认，叶乃无言。最后询以今后招待难侨专责为侨局，抑市府？叶答：本局未能负专责，应由市府及有关团体共同负责。

《江声报》1946 年 2 月 11 日

第五批难侨今晨由菲抵厦

市府昨再召开会议　商讨具体招待办法

第五批难侨来厦，今晨 8 时可抵达。该舰拟留厦两天，承运第三批台人回籍。

市府昨下午一时召集各机关团体开招待回国华侨座谈会，出席警察局、社会服务处、水警队、华侨服务社、旅栈公会、侨务局、卫生局、民政科等。主席市长黄天爵，由主任秘书吴春熙代，议决各案如下：一、应如何确定各有关机关代表登轮接待案？议决，市府 4 人（民政科、警察局秘书室），侨务局 2 人，华侨服务社 1 人，社会服务处 1 人，起卸工会 1 人，旅栈公会 1 人，卫生局医师、护士 3 人，菲筹赈会驻厦代表 2 人，中央社 1 人，救济总署视察冯瑞麒，华侨公会 1 人，义卖 4 人（黄和德负责），菲妇慰会驻厦代表 1 人，各报社每社 1 人，华侨抗日四团体驻厦代表 2 人。以上各代表，明(12)日上午 8 时在水警队集中下船。二、各旅栈应在码头接客，不准登轮，其接客地点，指定太古走廊及浮舱，每栈派代表 1 人，前往接客案。议决，通过。三、行李搬运价格，应如何决定案，议决：（一）由轮船搬至电船或小船。每件国币 60 元。（二）由电船小船搬上码头，每件 20 元。（三）由码头搬至客栈内，不论路之远近及行李之轻重，一律每件 80 元。（四）旅栈公会应准备汽船 4 艘，必要时并得增加驳船若干艘候用，归水警队指挥案。议决通过。（五）民船公会派起卸工友 10 人负责搬运华侨随身行李，每件工资 20 元，如有遗失，由民船公会负责。

《江声报》1946 年 2 月 12 日

侨务局会议接待归侨　规定机关团体参加欢迎名额

厦门侨务局，昨（20）日下午三时假座国际联欢社开谈话会，讨论招待归侨事宜，出席代表侨务局长江亚醒、市政府李伯宗、水警大队部陈文忠、华侨协会张澜溪、旅栈公会陈水南等5人，菲侨四团体办事处李丹心、挑挽工会任兆芬、民船公会许春晖等12人。由江亚醒主席，讨论事项：（一）关于规定参加接待归侨有关机关团体单位名称案，议决：厦门市政府、侨务局、水警大队部、菲侨四团体办事处、华侨协会、旅栈公会、民船工会、各报馆记者，均得前往接待。其参加代表人数，除政府机关外，每团体及各报馆以1人为限。（二）关于接待华侨程序案，议决：（甲）交通船只由旅栈公会负责办理，请水警大队部协助；（乙）搬运行李驳船，由旅栈公会负责办理，俟客起清后，由驳船民船起卸等公会负责专运；（丙）住宿由各旅栈自由招徕。难侨分配各旅栈招待，其登记人数，由侨务局会同华侨协会、旅栈公会办理，地点在太古码头云。

《江声报》1946年3月21日

菲岛难侨停止遣运　我总领事馆表示待通航再举办

连日市上盛传菲岛美军当局将再遣派美舰运载难侨返国，各有关方面闻息极为关切。惟迄今多日，仍无正确消息，颇为焦急。记者昨闻某归侨接到菲埠来讯，与此问题有关，特往叩询。其函略谓：我驻菲总领馆，对于续请美舰运载难侨回国事，处理殊多困难，决暂停办理，一俟菲厦正式通航，再行遣配云。

《江声报》1946年3月24日

难侨举行紧急会议

决组善后委会

又讯　昨下午3时，难侨在华侨服务社举行临时紧急处理谈话会，出席、市政府是黄天爵（吴秘书代），血干团驻厦办事处周冰心、华侨协会张澜溪、侨务局江亚醒，华侨服务社蔡杰士、吴宇穆，归侨代表龙□升，列席中原公司经理林光华(林瑶琨代)。主席黄天爵(吴秘书代),报告事项,为恩典轮触礁遇难归侨善后紧急处理,特约请华侨团体召开临时会议,临时善后事项。讨论事项:一、关于遇难侨胞安全及损失,应如何紧急处理案。议决:(一)抢救船舶抵厦时,由本会□□时派员招待慰问。(二)寄宿地点,除自由投宿亲友及民栈外,其无处投宿者,由中原公司委托华侨服务社代为设法安顿。(三)遇难侨胞损失情形,由华侨协会及华侨服务社办理登记,以便代为交涉。登记地点在晨光路52号一楼。(四)遇难侨胞如有自行雇用民船来厦者,不论购定代价若干,均须连同船户来会报告,以便代为处理。二、关于本事件应否组织善后委员会案,议决拟建议市政府召集下列有关机关组织善后委员会、侨务局、华侨协会、华侨服务社、血干团驻厦办事处,参议会、地方法院、水警队及归侨代表3人。

《江声报》1946年8月1日

归侨迎送有待改善

行总厦处大生里华侨遣送站,现留站俟候第五批遣送出国之新加坡及马来亚归侨,约有600余人。因该批归侨以赤贫居多,故行李衣单被薄。际兹严冻寒冬,兼以站中宿舍设置简陋,深夜北怒呼,皆由塌隙乘虚而入,身体较弱之人,均感难支,而致罹病。闻该站归侨受寒而染感冒者殊多,前日死小孩一,而重病移入省立医院诊治者一。如遣送站宿舍不能加以改善,或另谋办法,恐似者将日多云。

《江声报》1946年12月30日

新加坡难侨第二批抵厦

本报讯 新加坡难侨第二批计70余人,于5日乘丰庆轮抵厦。查该批难侨,均系年老人力车夫,因受英政府取缔,失业遣配回国。昨日该难侨代表陈圣君、黄亚梨、翁仁全等分别呈请厦门侨务局,恳乞准予咨请善后救济行总驻厦办事处、厦门市政府予以救济。该局江局长并醒据呈后,即派指导科张科长士畴,分谒总署驻厦办事处林主任、市府黄市长分头接洽。结果均准予救济,分发统粉、暹米,遣送返梓云。

又讯 在星(新)加坡被迫遣回难侨倪番茹等45名,俱籍福清,日前向市府请求救济。市府昨已拨暹罗赈米每名5斤,并正设法免费轮送返籍,以免流离异乡。按此为第二批星侨请求救济者,尚有第三批计20余人,日内亦将向市府请求救济云。

《星光日报》1947年5月8日

由星抵厦难侨亟待资遣返籍

本报讯 昨(28)日丰庆轮抵厦,载来星洲返国难侨一批,计124名。船甫抵港,该批难侨即派代表冒雨上岸,分向侨务局、侨青社、华侨服务社及旅栈公会等机关请求协助,设法登岸及膳宿等问题。经由侨青社筹备主任董敏翔及华侨服务社干事施志霜与侨务局旅栈公会代表等,会同下轮照应,并商借和丰公司电船驳运上岸,由各属旅栈暂时收容招待。查该批难侨,多系老弱贫困者,其中因无力回国,由我总领馆申请免费遣回者计67名。另一部因星洲取缔人力车而失业,经我总领馆证明,转请当局免费遣送返国者57名。渠等以初入国门,生活高压,无法返籍(按该批难侨以莆仙及福清籍为多),本日特派代表4名并造具名册至侨青社请求,代向市府、行总厦处及侨务局准予设法救济,资遣返籍。闻该社已转请各有关机关,会同办理救济事宜云。

《星光日报》1947年5月30日

华侨遣归问题已有具体办法

本报讯 丰庆轮日前载来被星政府遣回之失业侨胞二批,闻市府及行总将资遣回籍,准每人给予食米5斤;行总则拟以布代赈,每人发给衣料一套。轮船方面,将请各船公司,优待免费,由行总补贴汽油。惟第三批同样遭遇者,又将于今日由安徽轮运载来厦,数达百余人。第四批亦将于后(4)日由丰祥轮载归,是救济工作,已为本市一重要而困难之问题。又查获准复员之缅侨2000人,日内将乘丰庆轮出国,日昨千余名不得复员缅侨,群议于同时皆登轮上,要求载赴仰光。本市侨协及缅侨复员委会恐秩序纷乱,发生事端,经召开会议,决定救济办法:每人发给布5码,米10斤返家。如不愿返家者,暂住大生里,静待后期复员云。

《星光日报》1947年6月3日

未得复员缅侨业经登记

本报讯 滞厦缅甸归侨善后救济，业经缅侨复员委员会分别登记，计无法回籍愿住大生里复员站者1017名，愿意资遣回籍者计446名。回籍名册中有少数归侨未及缅代表甄询。日昨缅侨复员协委会将登记名册送由市府，依照决议发交有关机关，分别予以救济。

本报讯 缅甸复员华侨昨乘丰庆轮出国，有关机关均派员下轮妥为照料，秩序至为良好。

《中央日报》1947年6月5日

归国侨胞登记可在夜间办理

华侨出国回国，须向侨务局办理登记。查出国者均能按规定办理，回国者多未照办。现侨务局已决定于夜间7时至8时，加办回国登记手续。侨胞前往登记者，可先聚集成批，于下午5时前电话通知该局，即可照办。又该局发给之回国证明文件，可作通行证之用。

《江声报》1947年11月26日

万福士轮昨抵埠　遭难侨胞受优待

万福士轮于14日下午在湃亚士湾被海盗骑劫一节，已经详志连日本报。该轮于昨晨8时许抵埠，停泊厦港海面，各界慰问团下船慰问，并发给优待证，优待受难者免费住宿，膳食减半，半价乘坐内河汽船返乡。海关则以华侨损失不赀，特别优待免予检查行李。10时起，各受难华侨均纷纷上陆，被绑家属下轮询查，证实确被匪绑架后，痛不欲生。

计被绑者有由星洲下船之华侨陈光伯，由港下船之汕头侨务局长陈伯旋，及陈厥祥、白圻甫、陈振成、K.P.□等6人。又一曾仁育(译音)，当海盗抢劫时，闻讯避匿舱底，致免遭难。该轮损失数目，迄今尚无法得一确数。盖闻殖民地政府限制出口华侨携带当地现款(每名只准45元)，故均不敢实告，以免受罚。查该轮此次载来旅客791名(内荷属244，马来亚527人，香港3人)。万福士航史已有22年，此次被抢为该轮破天荒第一次。据买办郑心庆告记者,匪徒约20余人,能操潮汕、广州及福州等方言,搜索4次。后舱旅客损失最多,因匪多散布后舱之故。该轮确定今后天继续开航香港、马来亚群岛云。

《江声报》1947年12月20日

马来亚华侨遣返十六人

本报讯　本市国际难民遣送站,昨接香港远东局来电,略以因战事而滞留于马来亚及槟榔屿之华侨161人,业于本月25日由星洲乘丰祥轮遣送回国,约于下月1日可抵本市。其中有16人欲在本市登陆,该站经于昨日函知市府请转知社会福利机构,于轮船抵埠时,派员登轮照料,并设法遣送返乡云。

《中央日报》1948年4月29日

马来亚难侨遣返百余人

本报讯　马来亚难侨116名,此次被侨居地政府遣送回国。□市府据报,该批难侨乘丰祥轮运来,中有厦籍难侨10名,亦被遣送之列。乃于昨午4时召集有关单位,在社会科讨论招待难侨事项。惟因出席未达法定,且丰祥轮计于5日抵厦,乃改于今午4时再集会讨论。

《中央日报》1948年6月4日

马来难侨回籍　沿途舟车免费

本报讯　马来亚遣送华籍难侨一批116名,订于今(5)晨由丰祥轮运载抵厦。市府为招待难侨,于昨(4)日下午4时召集有关侨团,讨论招待办法。主席黄天爵(陈泳沂代),讨论事项如次:关于招待难侨,一、应于该轮到厦时由市府、侨务局、华侨协会、旅栈公会、益同人公会、轮船公会及晋江同乡会、安溪同乡会,各派代表前往迎接登陆。二、电船由社会科商请和丰公司供用。三、难侨在厦膳宿问题(16名),由旅栈公会负责。四、回籍费由市府按名证,准予沿途舟车免费。五、沿途零用由各该同乡会酌给云。

《中央日报》1948年6月5日

丰祥轮抵厦　载来难侨十七人

本报讯　川走南洋线的丰祥轮，昨天上午由仰光经新加坡抵厦，载来仰光、槟城、新加坡等埠归侨149人而外，另被遣回槟城难侨17人，均属老迈懦弱，自觉滞外谋生困难，乃向领事申请，转由国际难民组织救济机构，予以免费配轮遣送返国。新加坡难侨11人，全部系无业游民，经当地政府将其遣回。当该轮进口时，市政府、侨务局、益同人公会、旅栈公会等四机关团体各派代表下轮慰问及予招待，然后专艇承载28名难侨，从太古码头登陆，由旅栈公会负责分配招待食宿。市府订今召会，商讨救济办法。

《星光日报》1948年6月7日

岳州轮载来巨港难侨二十九名

昨日下午，太古公司岳州轮抵港，载有巨港难侨29名。事前本市各机关曾接获巨港华侨总会函请照料，惟昨日适逢星期日，各机关均值例假，未能召集。乃由益同人公会代表各机关下轮招待，并雇工代为车运行李，暂予安置于该会大众食堂，供给食宿。俟今日另咨各有关机关妥予安置，并设法资遣回籍云。(衣)

《江声报》1948年6月14日

星华侨十三人被遣抵厦

本报讯　昨(5)日有旅居新加坡华侨13人，为当地政府由万福士轮配遣回国抵厦，由厦水警局警察队队长吴审及原督察率带员警下轮接解带局。该13名华侨被遣配回国之罪名为扰乱秩序或轨外行动，据渠等语记者云：彼等在星均业小贩或店伙，现星洲英政府排华风炽，悬挂国旗，吟唱国歌，均为禁止。凡华侨在路旁排设摊贩，验及无营业执照或货无标价，均被加以扰乱秩序或轨外行动罪名，捕押遣配回国。其手段之辣毒，甚至连被捕家属亦不令知，即被押解下轮。彼等来厦，有者身无分文。此次被遣配回国华侨，计22名，在港登陆者8人(内2名系偷渡被捕)，由汕头登陆者1人，余13人即在厦登陆者。该批华侨经该局讯后，即于是日解交市警局。兹探志其姓名及籍贯如下：

陈康义、吕新、傅丁山、吕联玲、叶亚福(以上南安)、黄火成、郭水来(惠安)、许文鱼(安溪)、蔡文辉(莆田)、王炳辉(同安)、李文福(仙游)、庄天赐(金门)、程依国(福州)。

《中央日报》1948 年 7 月 6 日

本市零讯

顷市侨务局接巴城移民厅通知:“嗣后华人拟往荷属各地游历者,不必如前取得移民厅入口字,只有我外交部护照,经荷领馆签署后,即可径行入境。游历期限 6 个月。”惟侨务局以我外交部规定,凡拟出国者,须取得拟往地政府入口字后,始发给护照,与巴城移民厅所订新办法冲突。继昨呈侨委会转外交部请示云。

《中央日报》1948 年 9 月 10 日

马来华侨四十一人日昨又遭遣配抵厦

市息　日昨由万利轮被马来亚当局遣配华侨 41 人,经市府派员下轮引渡登陆,其情形困苦者经由社会科酌予资助。昨侨务局以该批难侨,多系晋、惠、安等县人,为恐其滞厦日久,生活难于维持,乃代函各同乡会,分别捐助川资,俾其早日返回原籍,以免流落厦市云。(默)

《江声报》1949 年 5 月 25 日

万福士轮载遣返难侨五十八名

本报讯　万福士轮于昨(10)日下午六时到厦,载有受马来亚政府“紧急法令”扣捕迫遣出境之华侨 58 名。水警厦区分局等有关单位经派员上船,接导上岸。

《星光日报》1949 年 7 月 11 日

配回被骗渡菲华侨　运艇今日始可到达

市息　载运被骗偷渡赴菲华侨248人，来厦之菲842号登陆艇，昨日仍未见到达。市府复接驻厦菲领馆通知，谓今日始到可达。闻该艇迟到原因，系在途中收载货物云。（厚）

又据水警局消息：该载运被骗渡菲华侨之菲登陆艇，今晨9时许，可能到达本市。有关方面，将集中于海关码头，准备下轮接应。本市各报记者，亦有多人，拟偕水警快艇下轮访问云。（文）

《江声报》1949年7月14日

中兴轮由菲抵厦　载来归侨十八名

本报讯　中兴公司七千吨巨型华丽客船中兴号，该船本川走沪台间，于上海沦陷后，改航菲厦线，经于昨(15)日午间首次由菲到厦，全船仅载来归侨18名。其中曾立央1名，是美国某军舰洗衣工，近间随舰去关岛，因未备入境证件，被当地美国宪兵遣往马里拉，交由我领事馆送回国。他尚有父亲曾亚仁，现在原籍台湾。厦市政府已打算予以资送回家。又邱正滚、王贵、李中坦、陈央等4名，因往菲手续不合，为菲政府扣遣回国。以上5名，经水警厦区分局于船到埠时，派员上船接导登岸，略加问话，就送交市府处理。

《星光日报》1949年7月16日

昆明轮昨抵厦　载来遣返难侨五十名

本报讯　太古公司轮船昆明号，昨日中午到厦，又载来被马来亚英政府遣迫回国之华侨50名。经水警厦区分局派员登轮接导上岸，交由市府处理，并经由该县同乡会领外。该批华侨姓名如下：黄再成、许进伦、吴荣、林坤当、李清安、马清民、叶金清、黄珍、颜金缘、方炎、郑承藩、陈却、林汉、徐姜、颜荣章、苏清昔、许奕、丁相、林金环、李来吉、许坤炎、管庄（糖）、李暗、许胜、庄友、叶汀、刘时、林天表、王天来、郑如璧、谢松茂、叶伯寿、王阳、苏金铁、周福星、王天良、王亚（乖）、六（王）天才、颜珠、陈亚冬、陈联祝、吴占春、

王恺华、吴上锦、陈桂花、陈云南、陈光塔、李金兰、亚才。(晶)

《星光日报》1949 年 7 月 26 日

马来亚华侨又配回一批

市息 太古公司昆明轮昨日中午抵厦,载来归侨一批,其中 50 人系被马来亚英政府遣送出境者。经水警局引接上岸,交市府略加讯问后,即予保出。兹探志被遣回之 50 人姓名如下:陈云南、陈元培、李金兰(女)、亚才、陈联祝、吴占春、王恺华、吴上锦、陈桂花(女)、王天良、王亚乖(女)、三天才、颜锦珠(女)、陈玉冬(女)、谢松茂、叶福寿、王阳、苏金铁、周福星、萧凵(女)、叶汀、刘时、林天来、王天来、郑如璧、李来吉(女)、许坤炎、管糖(女)、李暗(女)、许胜、庄友(女)、林汉、徐姜、颜荣华、苏清君、许奕、丁相、林佥环、叶金清、叶珍、颜金缘、方焱、郑承潘、陈却、许进伦、黄再武、吴茶、林纟当、李清安、马清民。(文)

又息 海关检查人员在该轮扣捕私货 14 件,经解关处理。(文)

《江声报》1949 年 7 月 26 日

安徽轮昨抵厦　载侨胞五百余　内有七十二名难侨

本报讯 马来亚政府当局的排华手段越来越酷厉,如火如荼,直欲使每个华侨在马来亚立足不住。太古公司轮船安徽号昨(7)日由新加坡经香港抵厦,计有搭客五百名左右,其中 72 名是被马来亚政府迫遣出境的难侨,罪名是莫须有的“触犯紧急法令”。他们说:“马来亚政府以前拘捕的华侨,多是些不守交通或卫生规则的小罪。近变本加厉,便不管有罪无罪,高兴就抓,加以禁闭后,也不经过审问手续,便押解上船,迫遣出境。”这批难侨,经当日傍晚,由市警局及水警局接导上岸,交由亲属领外。(克)

《星光日报》1949 年 8 月 8 日

二、遣侨复原实务管理

闽南华侨出国登记　泉厦同时举办

厦门侨务局奉令办理华侨出国复员登记，为便利华侨登记起见，经划分泉州、厦门两处同时举行登记。兴泉永之华侨，归泉局登记，漳属华侨则归厦局登记。闻泉州工作人员，俟登记结束后，即行迁厦云。

《江声报》1946 年 1 月 13 日

（华侨赴星须星政府许可）

又讯　关于由厦赴星手续，颇为民众所关心，据甫由港返厦之国民参政会参政员何葆仁博士语记者，新嘉（加）坡军政府已取消自本年 4 月 1 日起所有出入口手续，均仍由移民厅办理。香港亦于本 5 月 1 日起恢复移民厅，专办移民事务。凡欲赴星洲者，须先得星洲移民厅许可，由星政府通知港政府，经准许入口后，持我外交部护照即可前往。无新护照者，可将已逾期旧护照送请我外交部派驻□澳特派员郭德华签注展期。倘新旧护照均无者，可商情郭特派员另发给证明书，惟最要者为应获星政府许可入口。否则虽持有我国外交部护照，亦无所用。至于星政府准否入口，须由当地商店或学校证明。某人抵星后，将任何种职业，并非闲游之人，方能许可云云。何氏又云：重庆物价之高原居全国第二位，孰料近日厦市物价尤较重庆为高，渠于上月离渝时，该地米价每斤不过四五百元元，猪肉每斤为 580 元，近日当更为廉宜。本市物价所以如此高涨，当系有人操纵，政府如能绳之以法，当可将物价压低。

《中央日报》1946 年 5 月 15 日

免费输送华侨出国　将于三个月内开始

输送船只将由行总负责调派　出国集中地点定为榕厦两地

中央社福州 19 日电　此间归国侨界人士于聆悉英国出席联合国代表

团报告,提交难民复员问题称:任何国际组织如能协助自马来亚返国华侨还回一讯后,佥感欣慰。马来亚归侨于战时逃返祖国,现战事业已结束多时,亟须回归原居留地重理旧业,以度其平时生活。最近行总派侨务专员爱勃金来榕,曾于本月 11 日访晤闽侨务处长,洽商遣送归侨出国办法,决定由行总负责调派轮只,免费输送出国,护照亦将由此间英国领事馆佥证。预料最近 3 个月内即可开始输送。

福州讯 值兹复员期间,原于战前归国侨民,亟待出国,恢复旧业。惟交通输送等项事宜,急需解决,据悉:行总为此,将于 6 月间在上海召集有关方面,共商策划,俾有更具体办法,以便归侨出国复员。

又讯 行总侨务专员爱勃金昨晨偕分署榕处主任沈志中,访闽侨务处长李怡星,洽商归侨出国办法:一、归侨出国,应需轮船,由行总派用。二、出国集中地点,定为福州、厦门两地。三、由出口地运至新加坡,然后分别遣送至各居留地复业。四、归侨集中出口地点,候轮出国,由行总设所招待膳宿。殷实之归侨,应自备川资。

又讯 爱勃金专员,对于本省侨况,极为关切。为欲明了实际情形起见,经订 14、15 两日在侨务处召集业已核准出国归侨,并亲自面询一切。

《中央日报》1946 年 5 月 20 日

联总定月内派轮来厦运八千归侨返菲

凡持有合法居留证者可放行　不须美菲领事签证及何担保

本报岷里拉特讯,中华商会曾向移民局接洽,请准菲岛华侨在战前回国有证据文件者,予以便利返菲,不必经由驻厦美菲领事签证,亦不必经担保始能登陆。事经移民局转请总统府及司法部照准,商会为使侨胞明了计,业经于前日专电厦门市政府、厦门市商会、厦门侨务局,请为转达在厦门待轮返菲华侨,以免受人擅骗云。

市府昨(3)日接我驻岷里拉总领事段茂澜来电,文如下:黄市长勋鉴,华侨返菲,凡持有居留字者,均可登岸,业经菲政府商务会联通过。又救济总署已准备巨轮,于 8 月间免费运送滞留泉厦八千余名华侨来菲,希转各有关机关,转饬各华侨,可候乘该轮,既省费用,且便利。特此电闻,段茂澜。

又讯 厦门侨务局昨接菲中华商会电及领馆消息,归国侨胞返菲,如有居留字及合法证件,得以自由返菲。该局已分函各轮公司,准予购票。凡华侨出国，除买船票若干外，其余一切不正常费用，侨务局决予严厉取缔云。

市息 华侨返菲手续问题，虽经我驻菲总领事馆电告，有合法证件者，即可自由返菲。惟各轮公司未接总行电示，仍不敢收客。吕宋号轮原订今(4)日返菲，亦因收客问题未决，拟逗一天，以待总行电复遵行。又玛丹轮搭客，有60名手续不合，仍被禁于轮上，有被配回可能。

《江声报》1946年8月4日

我驻菲领馆将派员来厦登记往菲归侨

本市讯 市府昨接菲岛段总领事来电，略以近将派员来厦登记往菲归侨。现该岛限制新客入，至为严格。

《中央日报》1946年8月8日

联总派轮运载归侨复员赴菲　薛芬士来电谓可实现

本市讯 关于归侨复员赴菲事，昨厦侨务局，续接中华商会电讯，一切业已就绪，并由菲政府移民局派员驻厦主持文件签证，及由联总派轮来厦遣送，凡有合法手续者，均可返菲。原电云：一、厦门侨务局，本会与联总、移民局、领馆协商就绪，由联总派轮将在厦登记之出国复员华侨，遣送来菲。移民局派员驻厦，主事文件签证，如有合法手续，均得返菲，最近即可实现。希通告侨民，勿受人撞骗，菲律宾岷里拉中华商会主席薛芬士叩。

《中央日报》1946年8月14日

首批复员华侨限二十五日到厦　编配候轮出国

联总驻厦代表、行总厦门办事处、厦侨务局，昨联合发出华侨复员通知书名表一批，嘱咐本月25日前，携带通知书到厦报到集中，俾作为进入招待所之证件，以便编配候轮出国。查该项通知书珍电，警告归侨，不得顶替或转让他人，及勿邀同未获此项通知书者前来。兹将该批复员华侨姓名录下：庄铭章、林中平、陈守经、王□孟、陆炳坤、陈守经、蔡文炳、蔡家他、蔡泉、林逸兴、蔡戇、林丽水、谢文油、胡鹄头、王振煌、陈梦生、郭渚深、张蛤目、杨绍海、林朝晔、丁深渊、李森炎、林维德、陈清丸、黄金炎、林落库、吴文柄、蔡清风、张嘉林、曾阿发、林默梅、蔡成宗、曾东海、林志明、林启元、吴玉雨、陈炳宏、许草西、潘志成、陈奕源、林丕尧、林俊元、林金水、黄朝基、蔡仲祺、郭元龙、陈华善、曾仕风、雷宜昆、陈缵生、苏双贺、苏朝枝、陈文辉、林天光、吴达卿、丁深耕、林金砖、林士霖、陈振元、林郑州、魏炳南、黄定邦、陈纯、钱松年、王振焕、王鼎俊。

《江声报》1946 年 8 月 15 日

联总与侨务局调查尚待救济归侨

凡自资返菲者须提证件登记

又讯　联总以菲律宾归侨经厦门侨务局登记者八千余名，其自行出资先行出国者达千余人之多，究竟完全经过复员登记与否，无从查考。为求尚待救济确实数目起见，乃口头通知侨务局登记处，凡有菲侨出国未经复员登记者，到局登记出国时，必须携复员登记证连同菲政府证件相片 3 张，缴交登记处，然后始准发给出国登记证云。

《江声报》1946 年 8 月 17 日

菲商会及党部协助归侨复员　派代表来厦主持

菲律宾航讯　中国国民党驻菲总支部以归侨复员一事，去年该部书记柯俊智返国，根据闽省归侨之报告及请求，乃提请中央以贷款方式资助归侨复员，或与联总商量派输运送。该案经侨委会与联总接洽妥当，决定派轮运送。菲当局亦为便利华侨入口，特派代表 3 名驻厦办理。此间中华商会应联总之请求，派员协助。经党部商会磋商，为避免华侨对手续方面发生麻烦，及受意外之损失，驻菲总支部决派蔡梅村先生、中华商会派薛安然先生为驻厦代表，协助联总及菲移民局办理。

《江声报》1946 年 8 月 29 日

华侨复员首批十名　今配轮赴港

本市讯　华侨复员，首批遣送往香港者计 10 名，定今由安徽轮遣送。在未附轮前，由行总厦处每日每人发给膳费 1000 元，附名单如下：陆炳坤、林天克、陈梦生、陈裕权、陈玉珠(女)、林丽水,张蛤目、胡鹄头、林俊元、林丕尧、林中平。又厦处择定生里为华侨复员招待所,已着手修葺。惟查内部当需木床架及其他木器等,已绘制图样,招商投标。凡愿承制者,可往该处领图及估价单,并缴保证金五万元,九月九日下午三时开标。

《中央日报》1946 年 9 月 5 日

华侨复员返菲通知书已发出

玛丹轮搭客五百余因手续不全将遣回

本市讯 厦市侨局昨接马尼拉总领事段茂澜来电,以侨胞来菲非有出入证,不能登岸。玛丹轮载来侨胞五百余名,尚禁轮上,势将由原轮遣回。查救济总署最近将派轮运载侨胞复员,希饬归侨,□持有效重行入口证者,勿再搭轮来菲。待持由联总派轮免费运送,请剀切晓喻云云。闻侨务局接电后,通告各归侨□知。据悉,侨务局暨联总侨务专员安培金氏,行总浙闽分署驻厦办事处三机关会同发出复员通知书二千份,凡接到通知书者,可来厦候轮遣送返菲云。

《中央日报》1946 年 9 月 7 日

首批复员华侨千名抽选原则

李怡星搜集厦侨务局弊端

本报讯 关于遣送华侨出国复员事,闽侨务处长李怡星,自本月三日抵厦以来,即与各有关方面商讨联系改进办法。据李氏表示,此项遣送工作,系由三机关会同办理:侨务局办理登记,行总负责招待,联总负责船只。三方分工合作,原系良好办法。但应再讲求如何得主动联系,方可增进工作效果。据悉,香港联总职员克拉克氏,于上月间由厦前往英荷属各地,与当地政府商洽遣送华侨事宜。但厦门方面,迄未接获克氏任何通知。故英荷属华侨究竟何时方得开始遣送,尚难确定。目前,能先从菲侨办理,至于首批□将遣送菲侨一千名,系按下列原则抽选:(一)1941 年以后返国者。(二)执有回菲证者。(三)按照所向侨务局登记先后挨排者。关于船票方面,将视侨胞财力而斟酌,全费或半费云云。查李氏前在榕时,曾数接华侨控告本市侨务局种种弊端。此次李处长来厦,亦依据各方面密报该局职员不法行为,现正在搜集证据中。

《中央日报》1946年9月8日

遣送归侨日期须俟联总港处消息

华侨深盼遣送工作早日实现

本报讯 厦门为闽省最大华侨出入口岸，故中国侨务委员会特于十余年前在厦门设一侨务局，专办华侨出入口之事。该局于今年复员以来，滞留闽南各地华侨即纷向该局办理登记出国手续。但迄至今日，犹未见外交部将护照发下。再月前报载中，曾辅助出国华侨每人缅币500盾，或美金200元，何以厦门华侨迄未领到，颇生疑问，特函询中华侨委会。昨据该会私人函复如下：

一、侨民出国护照自本年4月15日起，每本收费5050元，而本市侨务局侨汇去每本55元，相差甚巨，致外交部□未签发。(按前报本市侨务局长语记者，该局对于请领护照□分□批遣送侨委会，首批寄往重庆，次批寄往南京。所收护照费，按照规定每本收费55元)。二、证件遗失之归侨，应函前原居留地之亲友向当地我国领事馆予以证明以前确实在是地侨居，并叙明从前职业住址，以便由外交部交涉入境。三、中央前曾辅助出国华侨每人缅币500盾，或美金200元，并用飞机免费遣送。但仅指定滞留在昆明、贵阳及重庆三地之华侨，其数额为3000人，现已遣配完毕，并非各地华侨皆能受此等优待，希勿误会。四、遣送归侨，行总已定有□□不久当可实施，除船票免费外，途中膳食亦由行总供给。

又讯 此间联总遣送华侨复员专员安培金氏，对于闽南各地华侨何时可能遣配出国事，现仍静候香港方面消息，当俟联总港处派往南洋各属人员，克拉克氏与各当地政府洽妥后再决定。目前所知者，事属华侨复员无法问题，英属则须当地侨民担保有正当职业，方得前往。荷属则因印尼独立运动屡演屡烈，治安及经济颇受影响，前往谋生殊为困难，况除槟城、泗水、三宝垄、万隆以及日里等五大都市外，均在印尼掌握之中，印尼犹深中日人遗下忌恨华侨之毒，每每无故杀害华侨。是以即使荷政府不留难，而复员华侨欲前往何城市，亦在在需考虑。至于缅甸、安南等地，则因该地均以战后满目疮痍，原气未复，当地失业者已甚多，未能容纳前往寻业之华侨。

又讯 行总厦处为招待出国华侨，将招商投标修理大生里，第一期款八百万元，已于上月付出，大生里□赶□中，但一般贫侨所□急者，为联总何时得备轮遣送，不在于区区之招待费。据查前向侨务局登记出国菲侨为数八千余人，截至最近已自动出国者达2578人。倘联总一延再延，恐华侨均已自行设法出国，而联总犹未见动静，岂不失协助华侨复员之本意。联总目前认为唯一困难问题为缺乏船只，但倘联总有意为此项工作，尽可向商人租借船舶，何必定待联总之船只也。

《中央日报》1946年9月14日

马来亚缅甸复员华侨开始出国登记

惟以居留本市者为限

本报讯 马来亚与缅甸政府欢迎华侨前往复员事，已志昨日本报。查此项遣送华侨复员工作，系由本市联总、行总及侨务局分工合作。该三机关已决定先由居住本市侨民先行遣送，昨联合发出通告如下：

凡于1941年至1944年间由新加坡、槟榔屿暨马来联邦等地返国华侨，合于下列二条件者，应自即日起至本月23日止，在此数日内速向行总厦处办理登记出国手续。一、曾于本年□月以前向本市侨务局办理登记者。二、以现为居留厦市(包括禾山、鼓浪屿)侨胞为限。据悉，联总专员安培金氏所以主张先由本市侨民遣送者，乃认为此项工作尚属繁重，倘于开始工作之时，即自内地侨民着手，万一有差池，贻害应较大。如由本市着手，即因地近关系，比较容易改进。安氏于将发出通告之后，特郑重语记者谓，凡非居住本市侨民，请暂缓前往登记云。

《中央日报》1946年9月18日

华侨复员声潮大　护照缴费上涨

本报息 自日寇投降后，复员声潮，高唱入云。南洋各属归侨，久困乡土，诸多感慨，端望交通便利，得以及早复员旧业。且闻联总将负责遣送华侨出国，以是各属归侨，寄望于联总者，既殷且切。然联总因限于种种关系，对遣送华侨出国事，致使一般归侨疚歉及时。据闻联属在厦积极筹划，办理菲岛华侨复员事，而英、荷各属华侨复员，联总亦经派克纳克氏与各该属政府接商。至缅甸华侨复员，兹接侨务处处长李怡星氏云：联总厦处已获马来亚与缅甸两地政府来电,谓欢迎复员华侨。尤欢迎泥水匠、木匠、医师、护士及教员等人急送前往。至于船只正赶速调遣中。据侨务局江局长亚醒称:未接该两地政府电文,惟据可靠消息,该两地政府确有欢迎复员华侨之意。记者又询以复员华侨前所申请之护照,何以滞久未见发下。江局长答,复员华侨申请护照,经分 4 批寄交海外部核发。但近奉部令称:申请护照者,每名须缴费 5050 元,即前所收计每名 250 元,相差甚巨。护照久未发下,或因缴费关系致焉。然厦局已具呈请示,倘须補缴,即以前申请护照者,当通知其再行补足。惟厦局自奉令收费 5050 元后,即遵令向申请华侨如数补收外,并加收邮费 200 元云。

《立人日报》1946 年 9 月 18 日

免费遣送华侨出国　以马来亚属居先

缅甸因与英方交涉未妥　遣送日期暂时未能确定

本市讯　侨务局暨联总、行总,昨会衔发出通告,开始办理遣送华侨出国各情,已志本报。但其复员步履如何,究竟何属为先,外间尚未明了。记者欲知其底蕴,特走访联总侨务专员安培金氏及侨务局江局长亚醒详询一切。兹分志于下:据安氏谈,马来亚政治已上轨道,复员以马来亚为先,次及其他。复员对象以居住厦市禾山、鼓浪屿为先行遣送出国,其他各县当次第遣送云云。又据江局长亚醒称:缅侨所受战时损失严重,本应先行遣送,但因联总代表与英政府交涉尚未就绪,故将交涉已妥之马来亚华侨先行遣送出国,次及其他。若届遣送缅侨日期,侨务局拟派专轮赴漳接运缅侨来厦,此佳音当为期不远,惟在未届遣送出国时期,暂留漳静候,切勿自来,庶免徒劳往返云。

《中央日报》1946 年 9 月 19 日

归侨复员待办　护照费须补缴后可照发

中央社福州 19 日电　关于闽省归侨复员出国情形,省侨务局长李贻星称:近数月来,自费回返菲律宾者,先后已达 5000 人以上。照菲政府规定,凡持有 1941 或 1945、1940 等三年度居留证(俗称大字)之华侨,临时可以返菲,无需领事护照。厦门侨务局并已发出通知书,并嘱闽南籍归侨于本月 23

日前赴厦报到，候轮出国，一切食宿、旅费均由联总负责。至于马来亚及缅甸方面之闽籍归侨，英方面同意首批名额30人，惟以技术人员为限。其通知□日内，亦可发□，联总并在厦门大生里修葺可容纳3400人之接待所，备候轮出国华侨居住，现正积极赶工，月内可竣事。接待期间，每人日发食米2斤。

本市讯 厦门侨务局代办申请侨民出国护照所收照费及事项表，均已分批呈送侨委会转请外部颁发。嗣因护照费提高尚须补费，致未发到。近该局奉侨委会令，每人增收照费国币5000元(共5250元)，前已申请者补缴5000元到局转送外部后，护照则可照发云。

又讯 侨民出国复员登记时，归侨正因道途遥远，无法亲自到局申请，乃委托友人或客栈代办。而代办人多以未明填明回国日期，及详细住址，故此次遣送复员出国通知书无从投递云。(查住址不明者甚多，本报限于篇幅，未能一一刊出，可到侨务局办公厅询问便详)

《中央日报》1946年9月20日

菲侨注意　赴菲手续变更

本报讯 抵厦多日之玛丹轮因票价及侨胞赴菲手续变更等问题，致迟迟未能返菲，经志前讯。现票价经核定分为特等395000，一等375000元，二等306000元，三等则仅176000元，较□荣旋轮之217000廉有40000余元，贫侨可因而减少一部分出国费用。惟侨胞登陆菲岛事，则因菲方突变□，外人入口手续而费周章。据胜丰行接到电报，凡1940年、1941年以及1945年返国之侨胞，除已经美领事签证不得登陆，以是即除1946(本年)返国而又持有返菲证者外，概须经驻我国美领事签证方得前往。但厦市无美领，故旅栈公会将于今日召集会议，如各出国菲同意，则先至上海，请沪美领签证再赴菲。是以菲侨出国又将多一周折。至于侨胞意见何如，今日开会当可确定，容查续志。

本市讯 行总厦处、联总及侨务局办理新加坡暨马来联邦各地华侨复员，顷又通告各复员华侨应行注意事项五点如下：一、凡在行总登记而未将前在新加坡或马来亚详确住址报告者，须速再至行总厦门办事处报告登记。二、已登记之华侨而无其在新加坡或马来亚之详确住址者，不得前往。三、如有虚报住址及顶替转让等事，经新加坡或马来亚联邦警察发觉时，将依法惩办遣回,并取消其复员资格,希勿自误。四、凡新加坡或马来亚联邦政府驱逐出境而配返国者,不得再回其所居留地。五、行总厦门办事处办理华侨复员登记事宜均系免费,办事处设在厦门妈祖宫码头海港检疫所二楼。至非住厦市之星洲及马来联邦之复员华侨,如愿在此次前往者,在行总厦处之华侨招待所尚未修理完工之前,待船期间须自备膳宿。

《中央日报》1946 年 9 月 21 日

华侨复员登记展限至月底

外县侨民亦得前往登记

本报讯 行总厦处办理登记星洲槟城、马来联邦等地出国复员华侨,原定昨日截止,兹已决定展限至本月 30 日止。初救署故欲遣送本市居民,嗣因本市英属侨民仅有数十人,而香港联总处来电,备有一艘足容千余人之轮船,作为遣送之用,并询问何时需要。行总厦处以船位既如是之多,乃决定凡外县侨民抵厦时膳宿能自理者,亦准予登记。截至昨日,前往登记之侨民,为数已达 155 人。至于船舶何时前来,则联总及行总已电复港联总,请于 10 月初派轮前来,尚无遇特殊阻碍,则英属侨民即可如期出国云。

又讯 行总厦处对于大生里招待所,正赶速催办,惟因原在该处之厦港中心国校对于迁移事,尚称未便,致感棘手。市府主任秘书吴春熙,日前曾为此事特往大生里一行,但仍无结果。

又讯 行总厦处以下则各侨胞应各带像(相)片 1 张,前往登记。其姓名如下:陈文道、叶仁伍、卓绪封、骆佳宜、郑民、黄杰材、黄志意、许彩霞、黄亚惠、林仲钦、陈汉川、区慧馨、陈亚桥、陈亚妹、李良谋、郑英凤、徐超、黄氏、黄文藻。

《中央日报》1946 年 9 月 24 日

马来华侨登记展期

本市讯 行总厦处顷发出紧急通告,凡新加坡槟榔屿及马来联邦一带复员华侨,于 1936 年至 1939 年回国者,其愿自费或至少半自费购买船票者(限于居住厦市者),请即日来处登记,以便分配遣送。登记期间展至 17 日云。

《中央日报》1946年10月12日

首批星洲复员华侨　决先遣送八百名

马来联邦各属下月资送

本报讯　新嘉(加)坡出国华侨复员登记至明日止,凡已登记准予前往新嘉(加)坡,归侨须于本(月)23(日)至大生里招待所领取船票,逾期即取消其登记权利。首批新侨将遣送800人,汕头方面亦将遣送800人,均由安徽轮运往。至马来联邦各属归侨,下月5日即可遣送出国。各该属复员华侨登记时间,经决定延至本月31日止。自此消息传出后,已入复员至马来归侨,多有暂返故乡,待本月底再来厦者云。

《中央日报》1946年10月19日

遣送出国华侨特别护照

外部派人来厦制发

本报讯　新嘉(加)坡复员华侨600余人,多数集中大生里复员站,一俟安徽轮由港返厦,即可整装出发。照规定,侨民均须领取我政府外交部护照方许出国,但□式护照一时赶办不及,外交部乃特派黄锦淇等2人由港来厦制发特别护照,其有效期间规定一年。至于护照费用原系5000元,但据黄氏云:凡经联总准予免费遣送难侨,外交部亦将予以免缴护照费优待云。

《中央日报》1946年10月22日

首批复员星侨明日启程

轮上秩序将自行管理

本报讯　安徽轮于昨由港抵厦,载来搭客百余名,货物900余件,白报纸为大宗,出口货物6000余件。因昨逢星期日,货物须待今日方得装卸。该轮定明日开汕经港赴新嘉(加)坡,载运首批复员华侨出国。

又讯　联总暨行总厦处将遣送首批英属华侨,已定本日下午登安徽轮启锭出国。该轮可容1700名,除汕头侨胞700余名外,厦门900名,其中新嘉(加)坡属者约700余名。厦为马来联帮(邦)各属,此次将出国侨胞,为维持轮台上秩序起见,经选出队长,自行管理。余百人为一中队,每中队一副队长各1人。男每10人为一小组,每组一组长,以便管理云。

《中央日报》1946年10月28日

归侨复员登记本日截止

本市讯 本市厦门侨务局对归侨复员登记,本拟办至本年底截止,昨奉侨委会代电,以时间不能拖延,缩限至本月31日停止办理。兹将原电探录于下:查办理归侨复员登记为时已久,其遣送时期亦已不能再延兹限至10月31日停止登记,所有名册并限于11月底以前□寄到会,逾期无效。除分电外,合亟电仰遵照,速办为要云云。

《中央日报》1946年10月31日

二批马来复员华侨定七日集中出国 今为登记最后一日

本报讯 渣华公司芝巴德轮将于7日抵厦,载运第二马来亚联邦复员华侨出国,已志前讯。查此次登记华侨截至昨,为数达800余人。今日登记最后1日,联总及行总厦处昨发出通告,凡经核准出国复员华侨,须于本月7日集中大生理遣送站,候分发船票登轮云。

又讯 华侨出国复员遣送站,近据报,有奸徒伪造证件,欺骗侨胞,□□混瞒出国,以博厚利情事。该站遣侨复员安培金,及总干事陈其亨,乃饬令严密注意。昨该站登记股长陈□□发觉1人冒用方玉居留字,前往登记。业经将证件予以扣留,并将该人送交警察办理。闻伪造证件系海后路金安公司林某所为,经伪造数十张,官方正严密注视中,欲将奸徒绳之于法。其无知受骗民众,亦将视其情节重轻、依法办理,幸勿试法云。

《中央日报》1946年11月5日

便利出国复员华侨 提前核发护照
如拟出国复员归侨 务须依期前往办理

本市讯 关于此间华侨复员出国护照事,自外交部两广特派员公署黄秘书上月18日前来本市主持签厦以来,已先后免费发给遣送星(新)加坡及马来联邦两批归侨1000余人，护照计1800余张，手续简便讯速，侨胞称便。目下联总行总暂停登记遣送，闻黄秘书不日返粤，为便利出国复员归侨起见，在登记前提先核发护照。又缅甸归侨复员协助委员会，前登记归侨3000余人，已在核发护照中，并经于本月18日起派员在大生里复员遣送与就地核发星(新)加坡及马来联邦二地归侨护照。至23日截止，再自25日起至下月7日止，在海港检疫所楼下核发各址自费复员归侨出国护照，如拟出国归侨，务须依期前往办理，过期不再核发云。

《中央日报》1946年11月23日

星洲复员华侨即日继续登记

缅侨复员日期尚有待

本报讯 华侨遣送站所遣送往星洲之首次两批华侨，均已安抵。当地政府认为满意，经电准继续遣送。该站经定即日起继续登记300名(并上次未遣送之300名，合计600名。凡往新加坡者，有优先权利)，并规定将以领取外交部护照先后号码为先后登记循序，下一批将登记马来联邦者云。

又讯 市府及缅侨复委会以滞厦缅侨数达数千，急待出国复员，曾两次电请仰光领事馆向当地政府交涉。昨准总领事尹禄光氏电复，略谓经向当地政府竭力交涉中，迄未有完满答复。故缅侨何日可复员，尚难预料云。

《中央日报》1946年11月26日

滞厦缅侨复员应速设法解决

市府等三机关联呈外部　对缅侨复员事提三要求

本市讯 厦门市政府侨务局缅甸复员协会，顷联呈外交部，呈文如下：国民政府外交部长王钧鉴，案奉欧三六代电节开：查华侨返缅，据驻仰光总领事馆呈称：当地政府并无异议。惟以该地战后食粮缺乏，交通困难，目前仅准：(一)有亲友在缅或到缅后之食宿均无问题者。(二)协助重建缅甸者，如木工、铁匠、建筑工程师等先行入境。顷如有合于上列条件而返缅者，即请汇集有关证件寄部，以便转令该馆交涉，并请行总核办等因。奉此，查缅甸我归侨，当南太平洋战事发生，缅甸告急，不忍沦为敌寇奴隶，放弃一切动产、不动产□命，遵滇缅路返国，投归祖国怀抱。在此5年中，挨饿受冻，挣扎延生。抗战甫胜利，手舞足蹈，满望及早复员，重振旧业，恢复我侨固有之地位，增进侨汇，充实祖国之财力。迩者麇集市之侨民均系前经登记合格者，或有在缅遗弃资产急须速返整理者，或系商业员，或系铁工司机及土木工程技术人员。彼等在缅甸非有基业可资发展，即有亲友相助营生，故联总遣送华侨消息传出，内地侨胞过于兴奋，以为可以立刻出国。于是典衣鬻被，变卖家具，相率来厦候轮。讵迄今遣送无期，行囊告罄，虽有救济，仍是杯水车薪。似此情形，势难再任其延宕。况联总结束有期，务须在联总存立之期间内办理完竣，方得种种便利，谨将请求要点列下：（一）依照缅甸政府答复我驻缅甸领馆之归侨复员规定办法，恳转请联总、行总从速办理遣送缅甸归侨复员事宜，以便我同侨及早出国，不必将复员技术证件等送部，然后转饬领馆交涉，致稽延月日，增加无穷困难与痛苦。（二）请饬我国驻仰领馆，照会当地政府，告以归侨复员中有一部分在缅有其前置财产，彼等入境自无问题，即其他者铁工，土木工程建筑技术者，大多得诸经验，殊少文凭证件。彼等苟抵埠时如有亲友保证，食宿有着，应一律准予上岸。（三）请饬我国驻仰领馆，事先召集仰光华商总会暨各属会馆，各同乡会及姓氏团体开会，商决归侨复员到仰时办理保证手续及关照一切。以上三点，敬乞察准，分别办理，并乞批示担遵，实纫公便云。

《中央日报》1946 年 11 月 29 日

第三批复员星侨九日集中

第四批约月底遣送

本报讯 华侨遣送站昨发出通知，着第三批新嘉（加）坡华侨于本月 9 日在该站集中，俟夏利南轮由港抵厦后，即可出国。又第四批马来联邦亦已大定由芝巴德轮运送，闻该轮于本 20 日左右即抵厦。第三批名额定 600 名，第四批可达 1000 名左右。据遣送专员安培金氏云：第四批或将为最后星属之一批，欲前往星洲各埠复员者，应于本月 17 日以前迅速前往登记云。

《中央日报》1946 年 12 月 7 日

缅甸归侨复员　外部派员赴缅　举行直接交涉

本市厦门侨务局，昨奉侨务委员会代电，兹将原文探录于下：厦门侨务局、厦门市政府、缅甸归侨复员协助会均览，鱼电悉，关于留厦赴缅侨胞急待遣送，请速交涉入境，并派轮运送等情一案，经于 11 月 29 日，邀请外交部及善后救济总署，派员会商，经决议：(一)由外交部向英驻华大使馆，并电驻英郑大使，向英方交涉。(二)中外部派遣高级代表赴缅，直接交涉。(三)留厦归侨尚待遣送者，生活困难，由行总暂行临时酌予救济。如有海外证件遗失，不能入境者，暂行遣返原籍等语，记录在卷。除电请外交部、行总分别查照办理外，特先电复知照。侨务委员会管移佳印。

《江声报》1946 年 12 月 17 日

第四批星归侨日内可出国

订今日集中分发船票

本报讯 第四批马来华侨经决定搭乘芝巴德轮出国，该轮可于今日或明日抵厦。行总厦处华侨遣送站经通知各登记侨胞，于本日集中大生理该站操场，候分发船票。闻本批原定载运 1000 人，嗣因港、汕方面有 300 人待遣，乃改为 700 人。此批华侨遣送后，遣送站仍将继续登记第五批者。至于应领外交部护照，经由行总电请外交部迅再派员来厦办理。

又讯 华侨遣送站原定第二批星洲属侨胞遣送后，即遣送缅甸华侨，但因缅甸政府未许入口而不果。联总及行总特为此事于日前派员由星洲、香港前往缅甸接洽，一般人均盼缅侨遣送能于最近实现云。

本报讯 旅闽缅甸侨民代表貌铭丹，近呈请省府设法救济，俾获早日返缅。省府以该批滞厦缅侨生活困难，除函行总闽办事处饬厦分处办理筹赈，一面令知市府就近与行总厦处洽商救济办法云。

《中央日报》1946 年 12 月 21 日

五批星洲归侨开始登记

芝巴德轮今可进港

本报讯 华侨遣送站已再开始登记第五批英属华侨，登记时间截至本月 25 日止。福州方面华侨将由福州直接遣送出国，至于审查证件，则由厦门遣送站派出谢永明、许纯欣 2 人前往办理。谢许 2 人已于本 20 日首途赴榕云。

又讯 芝巴德于昨傍晚驶抵港外,待今晨进口。该轮将载运第四批马来华侨出国云。

《中央日报》1946 年 12 月 22 日

万福士轮经厦赴榕 载侨出国

本报讯 万福士轮昨进口,定今晨开福州载运榕首批星侨出国,本市第五批星侨,因尚待外交部派员来厦办理护照,不及搭万福士轮前往。现继续登记,到明年 1 月 5 日止。闻将由丰庆轮运送出国云。

《中央日报》1946 年 12 月 28 日

本市复员华侨编成四队待发

行总厦处华侨复员遣送站,登记第六批新加坡及马来亚、北婆罗洲、沙罗越等地出国华侨,于昨晨止,已编成 4 队,人数 400 人,准备由万福士轮遣送出国。兹悉:该站昨获香港联总电令,指第六批华侨遣送,只限于马来联邦及北婆罗洲、沙罗越等地华侨,并限制人数为 400 名。盖万福士轮,除载遣本市 400 名外,尚商接载遣福州、汕头等地该处登记华侨。故该站乃遵令将登记之马来联邦及北婆罗洲、沙罗越等地华侨,予以编遣。至已登记之新加坡华侨,即留待第七批遣送。该站昨已贴出通告,谓新加坡及马来联邦归侨,如符合遣送条例者,可向该站登记待遣。又 3 月中旬所拟遣送安南、暹罗华侨,惟该地因受战争影响,交通不便。故遣送范围,仅限定 CAIGON、CHOLON、CAMBODIA 三地之华侨云。

《江声报》1947 年 2 月 9 日

菲领门庭如市 侨胞赴菲合格

驻厦菲领馆于昨日发表 21 名华侨,经认为申请手续合格,可随时携带证件前往该馆面谒助理领事,办理一切手续。兹将各华侨原大字姓名列下:

ONG TEK　　YU HONG HONG
SY LIN　　CIRILA REMOMERON

PESING BALLIATAN
LOURDES S·MILLAR
ALFONSO TAN
GONZALO DAYOT
ANASTACIA GAHO
CARMELITA VERANO
REMEGIA A NUEZ
SIXTA REQUIEY
ISIDORA SARINO
ESTEBAN ALICER
IRENEO S·MILLAR
EPIFANIN TAN
MELITON CHIONG
MAGDALLENA LETRERO
FRANCISCO PADEN
AGUILINA GRESOLA
DASOUALE MAKABERTTA

《江声报》1947年3月5日

缅侨复员问题　外部正交涉中

海外社　缅甸归侨复员，自去年迄今，数度交涉，卒无效果。华侨人士，对此无不关心，然因荷印之争未已，地方紊乱不堪，故对复员之期遥遥。一般滞留于本市之归侨，除少数在海后路设摊作维持过度（渡）之生意外，其余之一部无力者，则由归侨合作社设法予以救济。然时间长久，杯水车薪，无济于事。该社理事长李良远，最近乃再度赴星转缅交涉，成效如何，尚候最后之决定。日昨厦侨务局近接获我外交部驻缅代表来电，以归侨返缅事，现正与英缅洽商具体办法，并采取简化手续，一俟权限问题解决后，即可前来。请转告侨胞，并谓外交部对于缅侨复员问题，无时不在积极计划进行中云。

《江声报》1947年3月6日

华侨好消息　联行总派轮遣送复员　无外部护照赴港补办

海外社讯　厦门侨务局昨（16日）下午接外交部两广特派员郭德华来电，略以联总及行总已核安以芝沙边加轮遣送容属归侨复员，未有外交部护照者，准予登轮到港补签，请通知个别准备照片及一切手续云。侨务局接息后，已分别通知各华侨知照云。

《星光日报》1947年3月17日

菲领馆续发表华侨回菲名单

菲律宾华侨,连日前往鼓浪屿菲领事馆,申请往菲手续者,络绎不绝。每于该馆未办公前,各华侨即争先汇集。间因小故,辄生摩擦,时受该馆工役敲打。似此实有碍国体,希各华侨自爱。至于该馆昨经发表123名,限于本3月22日起至29日止,于办公时间内,前往该馆向助理领事BANTISTA接洽回菲手续。兹将该120名侨胞原大字姓名列下:

SY SIAK	SY LICN
GAW GFI	TIU FUI
MARIA MORALES	FELIX SAW
ROSITA	SAW
DELFIN ESTELLA	RAMON YU
CHAN SIU TY	TIU LEE
ANG HE	KIOK CHAN
CO TIU CHLU	SY HO PENG
PHI KIM YAN	NG HUA
SY CHI SIM	CHAN TAM ALIAS TAN AH
DEE SIU TIO	UY PING CHA
UY KIM TY	UY SIO TIM
TIU SIU NIO	KE TUY
LEE GUAN	FY BE GUIOK
FY BE CHU	DHO BON
CO TAM	ANG CHONG SUI
ANG KUAN TIONG	ONG SIOK KIM
ONC LIM SENG	TAN ENG CHONG
TAN TIONG CHIN	CO CHI SENG
CO YU HONG	CO DNG
TANG PENG	CHUA SIN
GO SUAN TIAN	TAN POO SIA
TAN HUE TIONG	ONG WI YIAK

JAW LAW HAN SUI ALIAS
LAW HAN SUI
ONG KA CHING
CHUA CHAI LIONG
CHUA CHAI LIM
YAP HECIO
SO SON THAN
LAO CHI SIU
CHOA PUE
CHOA LUN
CHOA KHAI
SY KAO KIT
CHIU KIM TY
CHIU ENG TY
SY LIONG
CHUA SIONG
NG YAO
CHUA TON PIO
CHUA MA
UY CHENG YAR
DCO HO
SY NGO THOY
SY NGO SAN
SY NGO GONG
CO GUIOK
CHUA SET
CHAN HUN HA

《江声报》1947 年 3 月 21 日

厦侨务局公告华侨回菲名单

限期到菲领馆接洽

本市讯　本市侨务局，顷接菲律宾领馆通知，有施锡（译音）等 121 名，经发表，准于 3 月 21 日至 29 日期间内，到领馆接洽回菲手续，并请侨局公告通知。兹将姓名译录如下：施锡、施良、肴讫、张菲、马利亚摩礼利示、菲力苏、罗示大苏、礼蒙杨、曾秀池、张李、洪喜、菊曾、许张周、施和平、彭金烟、黄华、施志森、曾淡（别名陈仔）、李秀赵、杨平查、杨金池、张秀娘、纪对、李元、美玉、美珠、卓罔、许淡、洪宗瑞、洪娟中、王淑金、王林声、陈荣宗、陈中真、许志圣、许尤丰、许塘、铜平、蔡信、吴旋天、陈宝谢、陈辉中、王伟约、卢汉瑞、王家贞、蔡财良、蔡财林、叶旭、苏爽颤、刘枳秀、蔡培、蔡润、蔡剀、施告乞、周金池、施良、蔡相、利引以示蒂丽、杨烧沉、周英池、黄姚、蔡东标、蔡玛、杨贞野、卓何、施吴所、施吴昂、施吴珊、许玉、蔡实、曾云霞、王中、南星、陈珍、王宗、许昭玲、许明房、许吟、许明东、许虚弦、许岁、李巴、蔡珠、曾金培、许云星、韦月、吴李、张格书、李起、蔡薛、施周、贞调、侯月、苏田来、李玉辉、薛陈中、曾秀甘、郭网、蔡家丁、施爽水、王孔、杨朝瑞、杨端力、露以西陈、罗要陈、中昂、陈秀英、陈章、许经满、徐霹、□伟欉、王琦美、朱孙季、林杰、谢相、陈德汉、陈李英、李淑英、陈秀琼、陈秀芳、邱相。

《中央日报》1947 年 3 月 22 日

星府来电挡驾　华侨无法出国　补助有例不如归去

行总厦处华侨复员遣送站，办理马来亚联邦及新加坡华侨复员，已先后遣送九批，计 5953 人。现登记待遣复员华侨，尚有 1000 人。该站正拟于 4 月 1 日由丰庆轮全部遣送，讵于昨日联总专员安培金，忽接香港联总代表克拉克来电，谓新加坡政府俟丰庆轮到达后，不再复员之消息。又丰庆轮运送名额，厦门方面仅限 700 名，除该站已登记待遣复员华侨 300 余人无法乘搭该轮外，尚有已来厦而未经登记之华侨 600 余人，均将无法出国。现正由华侨青年服务事业协进社厦门分社，及华侨公会，要求市政府代为解决。闻行总厦处已决按照前次补助缅侨回乡办法，拨发物资，辅助各该侨胞返回原籍云。

《江声报》1947 年 3 月 27 日

缅归侨复员应尽先登记

本报讯　本市缅甸归侨复员协助委员会，于日前接获联总驻厦专员安培金之通知，以关于缅甸华侨复员遣送问题，现正积极进行交涉中。希即转知各归侨，凡已取得缅甸政府入口许可证，及驻厦门英国领事馆之通知、准许返缅甸者，应予尽先登记，以便汇转核办。昨该会将情发出通告，俾各归侨周知云。

《星光日报》1947 年 3 月 28 日

华侨复员星洲　续得遣送一批

惟人数仅有八百人谱

本市讯　行总厦处华侨复员遣送站，办理新加坡及马来亚华侨复员工作，业经遣送 9 批。嗣准香港联总遣侨代表克拉克电厦门联总遣侨专员安培金，以新加坡政府限“丰庆”轮为最后遣送专轮，以后不再接收。惟来厦待遣华侨已登记及未登记者数约 900 余人，均无法出国。厦处以留厦待遣人数，既如是之多，自应再予设法，特再电请联总极力向新加坡政府交涉，续准复员，并一面托由厦门侨青分社，先予初步登记，至可能续遣送时，再送复员站办理登记手续。兹闻该处经得香港复电到厦，准续遣一批，人数约 800 人，由“万福士”轮运送出国。惟尚有已登记而超额者百余人，及一部因逾期尚未登记者，均属无法复员。行总厦处为免除滞厦侨胞流落异乡计，特参照前项遣送缅侨迁乡办法，规定各属侨胞还乡远近路程，每日发给旅程食米 2 斤，到家后并发给安家米 30 斤。由厦侨青分社继续登记，限期遣送回乡。

《中央日报》1947 年 4 月 9 日

宇吞貌乘丰祥来厦

中央社福州 11 日电 闽侨务处讯，缅甸政府派闽洽商华侨赴缅事宜之代表宇吞貌，可于本月 14 日乘“丰祥”轮抵厦。外部两广特派员公署派榕，办理遣侨工作之张廑恩，现在厦门等候宇氏。俟商妥后，即来榕办理赴缅华侨签证事宜。该处近根据时有不法侨人，以汽车载运华侨非法入缅，盼侨胞勿受其愚，以免损失合法赴缅机会。

《江声报》1947 年 4 月 12 日

菲驻领昨发表渡菲合格名单

驻厦菲领馆，昨发表 183 名华侨，经认为申请手续合格，可随时携带证件前往该馆面谒助理领事，办理一切手续。兹探录其姓名如下：

李尚查、林安孙、林李、林女娇、林女珊、林陈、林华、林忠谋、林杰、林李英、林良、柳南、摩礼示马利亚、黄丰、黄华、黄姚、吴兴、吴内宗、吴大秀、王曹福、王宗、王李、王里兴、王魏、王好、王娇、王国、王林、王林星、王淑金、张飞、张李、张端坚、黄金池、杨施、曾杨礼象、王珍美、王忠、王伟约、冯柔珍、彭金烟、番义碧、郭文、苏菲力士、苏罗丝亚、施陈忠、施砧水、施砧福、谢记时、谢商修、卿修钦、薛蔡朱、薛三、施美致、施芝森、施昭、施周、施荣描、施平和、施交留、施交乞、施良、施孙水、陈尾、李陈芝、陈真珊、陈颜利、陈玉英、陈玉珍、陈元连、陈月、陈辉忠、陈李英、陈露以西、陈宝射、陈露西、陈施洛、陈生金、陈西、陈世、陈西珍、陈秀芳、陈秀琼、陈秀荣、陈德云、陈金丁、陈顿平、陈蛮、丁瑞祥、张节、张雪英、张淑美、张瑞班、张瑞珍、黄萧珍、杨良何、杨思周、安森、洪喜、洪家贞、洪权忠、洪赐(董滇)、曾文良、曾云霞、曾金培、曾秀甘、庄民、庄舍耕、庄曹、庄发、庄生、贞林、周坚书、周金池、蔡世、蔡凯、蔡轮、蔡培、朱芝魏、朱锁利可、朱孙利、蔡贞金、蔡尊里、蔡在林、蔡在良、蔡险、蔡家丁、蔡金标、蔡妈、蔡钦、蔡商、蔡东霞、蔡云、许明珍、许明榜、许明东、许芝、许蛋、许吟、许云生、许虚弦、许坚、许銮、许谈、许绸周、许箸、邱赏、柯何、何央、赵荣周、张文央、张兜、鄙为月、比拉波礼示、杨培霞、王永蒙、施呈恩、李佑示谋、李针池、李玉辉、以示缔丽利菲、林木、颜运生、吴魏、吴新、吴金珠、吴大提、吴填(添)财、吴兆万、吴宇、袁贞、郭对、郭兆金、郭兆发、菊伟样南星、刘芝秀对纪、李元、李淑英,计 183 名。

《江声报》1947 年 4 月 12 日

缅甸归侨今起登记

本报讯 缅归侨复员协助委员会,顷准联总专员通知:“凡已取得仰光政府许准入口证,及经厦门英国领事签字之缅甸归侨,自本月 12 日起至 14 日,即往大生里华侨复员遣送站登记,以便由本期‘丰祥’轮遣送出国。”

昨该会特贴出通告,促使各缅侨前往登记,俾得早日复员。

《中央日报》1947 年 4 月 12 日

遣送星洲侨胞明日登轮出发

本市讯 行总厦处华侨复员遣送站办理第十一批华侨复员工作,于明日下午由“万福士”轮遣送出国,前往新加坡。复员总数为 385 人,内男 229 人,女 63 人,童 91 人,婴孩 2 人。闻尚有 400 余人,约本月 15 日左右可由“丰祥”轮遣送出国,以后马来联邦方面即不再遣送。

《中央日报》1947 年 4 月 13 日

华侨出国第十三批

行总厦处于本月 18 日,由菲律宾怡美利轮,遣送第十二批暹罗复员华侨 16 名,内男 13 人,女 2 人,婴 1 人。19 日,复由丰祥轮遣送第十三批马来亚及缅甸复员华侨计867名，其中往马来亚者男378人，女105人，童149人，婴13人。往缅甸者男74人，女79人，童54人，婴15人。并由联总派遣医师周崇实，护士周崇梅、林惠如随轮护送云。

《江声报》1947年4月23日

各地缅甸归侨纷纷来厦　出国登记已达数百人

本报讯　缅甸政府代表宇吞貌氏来厦办理缅侨复员事宜，情志本报。兹悉，本市缅甸归侨复员协委会日来接受登记者已达数百人，惟继续申请者甚形踊跃，预料可在5000名以上。第一批核准复员者仅2000名，宇代表此次来厦经已电缅政府，请准增加名额，惟未覆电。汕头、福州两地缅侨亦纷纷来厦集中申请，宇氏日前经在复员站召集各登记缅侨个别询问，但限于时间关系，仅询问80名，且经召询之缅侨，可否出国，无从得知。勾留在厦所费甚多，众咸盼经询问后，可能公开通告，俾得决定去留，以免时间、金钱多受损失。

《中央日报》1947年4月24日

申请赴菲合格归侨　领馆发表名单　即日起应亲往办理手续

海外社讯　驻厦菲领馆顷发表申请赴菲华侨110名，着于该馆办公时间内，亲自前往办理手续。兹志名单如下：洪森、洪喜、洪家精、洪德清、曾文良、曾瑞治、曾朝阳、庄洪、庄庄智、邹时、朱山梨、蔡永治、蔡那里曼、蔡锦、蔡赏、蔡东标、蔡东拔、蔡东华、蔡云、高敏冬、高志、高软、高锦、高符贤、高云星、高淡、柯清和、棉艺柯、柯和、李由西茂、罗文、李针治、李玉辉、李汉水、伊士德拉里芬、林木、郑荣华、吴业、吴新、吴现、吴世、范东、范宗、郭队、许软、许伟赞、许智、高衫、蓝生、刘芝秀、刘基、刘水、李前、林安荪、林利、林金棉、林秀玉、黄华、吴玉、吴兴、吴卓、王佐福、王宗、王义、王好、王和温、王林、王林生、王淑金、王珍妹、班华、林振民、冯周凌、施丹中、施添水、施添福、仇钦、施蔡珠、施美治、施芝森、施高举、施爽粹、陈茉莉、陈美真、陈志、陈真山、陈蔡、陈颜利、陈来金里连阁、陈李英、陈宝谢、陈露沙、陈世禄、陈成金、陈世、陈世学、陈秀卿、陈德轩、陈珍金、陈敦品、中戆、赵荣洲、张佐士、曾中书、张彪、张晓英、罗露丝张、张逗庇、张缎坚、张端琛、魏月、魏金治、魏秀琛、反罗维杂特、杨雷梦。以上 111 人，已被认为合格，均应于即日起前往该馆办理手续云。

《星光日报》1947 年 4 月 24 日

缅代表宇吞貌谈缅侨复员工作　遣送数以二千名为原则

本报讯　缅甸政府代表宇吞貌氏，自来厦办理缅侨复员事宜，颇见积极。据宇氏昨语记者称：去年 10 月，缅侨第一批由广东复员者 2000 余人。该批未经缅政府同意，近经该地中国领事馆向缅政府交涉后，始决定在厦遣配办理 2000 名，派本人来厦。经数日来审查询问，拟就登记之 5000 余名中选择 2000 名。在一次遣送，余者应俟本人回缅向政府要求，始克继续前往，以本人私忖可获政府同意，迟早当可复员。惟深盼落选者请勿失望，并盼各返原住地继续居住，非经名单公布可获前往者，万勿鬻卖田产，以免自误。宇氏又告以缅侨至遣送站询问者有全家皆往者，消耗时间至大，盼侨胞倘经通知询问者，盼家长一人可免挈老携幼。经询问后之侨胞，亦盼各安心返家，静候消息。因询问后不能即刻发表，原因公告后剩余人数无从补充，故须全部决定后始可发表。此次选择复员侨胞对象三点：一、缅甸战事各项建筑物被炸，损失至大，可能修理之技术人员。二、缅甸山坡人民皆移住仰光坡，致居住生活发生问题，往该地住食无虑不致失业者。三、缅甸有妻子田产者，宇氏末告以当本人经港时，该地联总主任面请赴广东、汕头、福州视察缅侨情形，至汕头特见有缅侨难民不少，经就地电请缅政府准予遣送，惟未得覆。本人系奉令负责厦门方面，对于港、汕、粤、榕未经电派，不能前往，至引为憾。关于此次挑选之缅侨 2000 名，系由四机关联合负责，即缅甸政府方面为本人负责，中国方面为同来之洪金命与行总林主任、联总安专员负责。2000 人名额，经挑选后，遣配手续系由联总、行总负责。本市缅委会缅侨登记，限下月 2 日截止。遣送日期，拟以速为原则，经与联总安专员洽商，倘可能，即拟就丰庆轮遣送，宇氏拟即同时返缅。

《中央日报》1947 年 4 月 29 日

缅侨复员登记限定明日截止

本报讯　本市缅甸归侨复员协委会于前日奉缅甸代表宇吞貌氏通知，

缅侨登记限在 5 月 2 日截止，该会经已发出紧急通知。查截止期间将届，昨到会声请登记记者颇形拥挤，数达百余人。

《中央日报》1947 年 5 月 1 日

江亚醒宇吞貌商谈缅侨复员　认复员手续应特别便利

本报讯　缅甸归侨复员问题，自缅政府派宇吞貌、胡茂萱等来厦办理后，工作颇为积极。惟华侨以人数仅限定先复员 2000 名，又因缅代表审核甚严，加以时间非短期内所能达到，华侨颇不安定。侨务局江局长亚醒为此特向缅代表宇吞貌氏约定于昨日（6 日）上午 9 时，偕通译员刘乔奇前往遣送站商谈，由胡宇二氏亲自接见。经江局长提出问题于下：（一）华侨在缅有悠久历史，在中缅感情日益亲密时期，对华侨复员应予特别便利。（二）战后逃难归侨，除缅政府经允 2000 名首先复员外，其余应享同样权利，以免向隅。（三）复原华侨于审查后，发给证据以凭遣送复员，（四）已审查合格归侨，随即集中遣送站，以便招待食宿遣送，而免往返之劳，（五）简化审查手续，俾早达复员目的。（六）留汕 2000 余名，闽侨应予同样遣送。以上各问题，由江局长提出后，经宇吞貌氏逐条答复，允于能力范围内，尽量做到，俾达华侨复员目的。其余当候缅政府命令办理，约谈一时余始行告别。

《中央日报》1947 年 5 月 7 日

华侨赴菲合格　菲领馆发表名单（上）

驻厦菲领馆，昨发表 136 名华侨。经认为申请手续合格，可随时携带证件，前往该馆面谒助理领事，办理一切手续。兹探录其原大字姓名如下：

YND SIN
ANG CHAY
ANG HE
ANG POE EING
ANG PUA
ANG TUAN UH
ANG YIO TEE
OHAN BON LION
OHAN SIU TY
CHAN TIAO YONG
GHIANG TEAK SHING
CHING HIAN KING
CHING SUY BOW
CHOA CHUN TI

CHU SUN LY
CHUA ENG TY
CHUA NELLIE MAN
CHUA SEE KUN
CHUA TONG HUA
CO DNG
CO KANG
CO TAM
DY TIOK
ENCARNACION,R.
DHO BON
DY HAN SUY
ESTELLA,D.
GAN TIANG TOMG
GAM SIN
CO CHAM
CO TEK LENG
GO WU EIAO

CHUA CHIONG LIAN
CHUA ENG TY
CHUA QUIM
CHUA SIONG
CHUA HUN
CO HUN SING
CO PEK NGO
CUA CHENG HC
ENCARNACION,V.
EUSEBIO DEE
DY GHIM TI
DY SUAN
FIU BOXH LIM BOK
GAN YE ENG
GO BUN KIAT
GO PO
GO TEK YU
HIAN TONG

《江声报》1947 年 5 月 7 日

华侨赴菲合格　菲领馆发表名单(中)

HUAN CHONG
KHU DNG
KN DNG
KO TEE
LAM SHING
LAO KEE
LEE GIOK
LIM DEE
LIM KING BIAN

KEH CHIAN
KNU CHIAG
KN WEE
KU KOK LIAN
LAO CHI SIO
LAO SUY
LIM AN SUX
LIM JUAN
LIM SIU GIOK

LUA KE TIAO
LUA LIAN CHAY
NG BUAN
NG HUA
NG TAH
LUA KE TIAO
LUA LIAN CHAY
NG BUAN
NG HUA
NG TAH
NGO HING
ONG CHAY PUE
ONG CHO HOK
ONG CHONG
ONG ENG
ONG GUI
ONG LIM
ONG LI SENG
ONG SIO TUAN
ONG SIOK KIM
ONG TIN BE
PAN HUA BEN
PANG JUE LINC
SEE TAN TIONG
SEE YONG HUE
STO EG
SIU KHIM
SIY CHUA CHU
SO PE GIOK
SY BITTY
SY CHI CHU
SY U
TAN BA LEE
TAN CHIE
TAN CHING

《江声报》1947 年 5 月 8 日

华侨赴菲合格　菲领馆发表名单(下)

TAN CHUI GO
TAN ENG WAN
TAN GAN LI
TAN GUAT
TAN HONG
TAN HUA SAN
TAN LAI KING
TAN LIM
TAN,ROSA
TAN POO SIA
TAN SAN
TAN SE LAK
TAN SENG KIM
TAN SHEI
TAN SHE LING
TAN SIU KENG
TAN TIANO LAM
TAN TIAO KUI

TAN TING KIM
TAN TIONG KI
TAN TIONG KO
TAN TEK HIAN
TAN CHIN SAN
TAN ENG CHUNG
TAN TUN PING
TIONG GONG
TIO ENG CHIU
TIOTINGCO, J.
TIU CHAN.TIONGCO.J
TIU FUI
TIU HIAO ENG
TIU PENG VY
TIU TAO PIE
TIU TUAN KIM KIAN
TIU TUAN TIM
VI GUAT
VY KEE SING
VY KEE PUAN
VY PEK GIM
YU,RAMON

《江声报》1947 年 5 月 9 日

华侨赴菲合格　菲领馆发表名单(中)

HIAN TONG
KAU CHIAU
KING SIOK HAN
KN DNG
KN WEE CHANG
KO TEE
LAN SHING
LAO CHI SIN
LAO KEE
LAO SUY
LIM AN SUN
LIM CHUAN TIONG
LIM DEE
LIM JUAN
LIM KING BIAN
LIM SAN
LIM SIU GIOK
LUI BIAN BOE
LUI KAM TEE
LUI OH HOT
LUY ENG SUY
LUY KIM SENG
NG SENG
NG SIOK TY
NG SOON
NGO HING
ONG CHIN CHIAT
ONG GUI
ONG LIM
ONG LIM SENG
ONG SIO TUAN
ONG SIOK KIN

ONG SIU TIN
ONG TIN BE
PANG JEU LING
SEE CHUN
SEE TAN TIONG
SEE YONG HUE
SYIVIA MALY
YIN FU CHAN
SIO EG
SIU KHIM
SO PE GIOK
SY CH U
SY FING
SY GUI
SY PIO
SY SIE

《江声报》1947 年 5 月 14 日

华侨赴菲合格　菲领馆发表名单(下)

SY TING
TAN BA LEE
TAN CHIE
TAN CHUI GO
TAN SAN
TAN GAN LI
TAN POK
TAN POO SIA
TAN SENG KIM
TAN SHEI
TAN SHE LING
TAN SIU KONG
TAN TEK CHIN
TAN TING KIM
TAN TEK HAN
TING TEK HAN
TING CHU LEE
TING KIM TONG
TIONG GOYG
TIOTINGCO,JUAN
JOSE TIU CHAN
TIONGCO
TIU FUI
TIU HIAO ENG
DOROTHY TIU
TIU LE SUY
TIU TAO PIE
TIU TUAN KIAN
TIU TUAN TIM
TSAI WE FU
UI GUAC
UY KEE SING
UY KEE PUAN
UY PEK GIM
YAP KOK LIONG
YU,RAMON

《江声报》1947 年 5 月 15 日

缅侨甄审今日截止

本报讯 大生里华侨复员遣送站,公布赴缅复员名单,其中215号苏万兴,误为224号陈转进,226号江泰原误为412号曾俊发。该项更正名单发表后,华侨群起哗然,据查224号陈转进,于宇吞貌甄审合格后,始接缅政府许可证。其执有许可证,在2000人中,自可减少1号。因是苏万兴洞悉个中情形,故出而从中活动,取得合格身份。事被陈转进查悉,以其有取用本人名义之嫌,故向缅甸代表交涉。苏亦自知着,故托人向陈转进求情,冀望免使事情扩大。

又讯 缅甸华侨甄审时间,原定昨午5时截止。嗣因宇吞貌患病,未克准时甄询完毕,故又延至今(20)午5时截止。华侨如不准时前往甄审,系属自误云。

《江声报》1947年5月20日

菲将派员来厦限制华侨入境
缅侨复员甄审告段落

本报讯 据悉:菲律宾移民局为加紧限制华人赴菲,将派遣调查员至厦门、台湾及其他我国口岸,从事调查"非法"入菲侨民。同时提高暂赴菲岛者之现金保额,自菲币1000元增至5000元,并规定仅在1941年前离菲者始享有返菲之居留权。

本报讯 缅甸代表宇吞貌,此次奉派来厦办理缅侨复员事宜,现甄询工作已告一段落。据闽南籍缅侨称:此次甄审对胡茂萱等作弊,袒护录取,诚有失公允,大部缅侨莫不烦言啧啧。兹悉:录取之缅侨2000名,于短期内即可成行。

《中央日报》1947年5月21日

可能再准复员　唯宇吞貌须延期返缅

本报讯 留厦缅甸复员华侨,自经缅代表宇吞貌莅厦甄选2000名,先行托由行总厦处遣送办理出国手续,候轮遣散,各情屡志本报。前据关系方面息，其登记复员之华侨，计已2700余号，候甄审赴缅者，数共7000余名。惟查宇吞貌前日发表，此次奉令甄选，仅2000名准可复员，且该候甄赴缅之华侨7000余名中，又皆适合宇吞貌规定条件。另据华侨方面息，将来发表2000名以外之落选华侨，届时必再一番争执。前据在厦华侨方面，接缅方私人电讯，谓我旅缅华侨，已向当地政府商请在限定数额以外之华侨，准予便利复员，并经当地政府口头允许。惟促厦地华侨应勉留宇吞貌，延至6月底离厦，俾可接待缅方命令，继续办理甄审工作。闻留待复员华侨，拟于最短期内，决再联请宇代表，商讨善策云。

《江声报》1947年5月21日

准续举办　驻缅领馆交涉后　已得缅政府同意

中央社福州21日电　缅政府代表宇吞貌，在厦办理华侨复员甄询工作，今日全部告毕，缅政府令渠续赴汕头、广州，办理华侨复员事宜。惟渠是否前往，尚在考虑。此间缅侨复员协会，定明晚设宴为渠饯行，该会今接获福建会馆复电称：我驻仰光总领事许绍昌，近向缅政府洽请继续办理华侨复员，已获允诺，可于6月底前续办一批。惟须俟刻正在厦之宇吞貌，视实际情形，再作最后决定。

本报讯　本市缅甸华侨复员协助委员会，定今22日下午5时，假鼓浪屿美国领事馆，设宴欢送缅甸政府代表宇吞貌暨洪金命等。会中拟举行中缅各种歌唱，以助余兴云。

又讯　该会日昨接仰光兴商总会来电，以缅甸政府准许闽粤两地华侨，复员14000名。其分配额为厦门7000人，福州4000人，粤省3000人（内汕头2000人，广州1000人）。此说如果属实，则本市缅甸华侨可能全部出国云。

《江声报》1947年5月22日

缅甸归侨复员名额并未限定　将来仍可继续办理出国手续

本报讯　缅甸归侨复员协助委员会，昨接侨务委员会代电及缅甸仰光兴商总会航函，报告有关缅甸归侨复员问题甚详。兹分录如后：

侨委会电　侨务委员会5月17日快邮代电第侨管移71598号称："厦门

缅甸归侨复员协助委员会鉴,(民国)三十六年(1947年)4月29日代电悉,所请向缅甸当局交涉,统准滞厦归侨一概返缅甸一节,经据情转电外交部,向缅方交涉宽放限制。特先电复知照,侨务委员会管移条件。”

缅甸来函 径启者:4月29代电敬悉,滞厦缅侨复员问题,据宇吞貌发表遣送名额仅限2000人等情。关于此事,经叩询总领事馆详情,并请其向有关当局交涉,以期达到在缅甸沦陷时,逃难回国者全体复员为目的。兹承总领事答复如后:一、宇吞貌此次被派赴厦办理缅侨复员手续,乃首批限2000名,其余尚能继续遣送。二、宇吞貌在厦手续办理明白后,尚当再往福州、汕头、广州等处办理。如福州华侨无多,或已来厦登记者,就免前往,可得优先前来。教师或店员,然后乃可续来,非绝对拒不准来也。以上情形,请转知各归侨为荷!此致

缅甸归侨复员协助委员会

缅甸华侨兴商总会理事长曾顺续(印)

5月12日

又讯 未中选复员之缅归侨代表陈祖铭等,昨下午7时招待各报记者,报告向联行总、侨务局、市政府等请愿之经过情形云。

《星光日报》1947年5月27日

我与缅方协商　缅侨继续复员　经接受一部分余在交涉

本报讯 缅侨协委会,昨外交部电,以关于归侨返缅事因,此次缅代表奉命来华仅限审查第二批归侨2000人。本部以除第二批外,其急待遣送者,约留达10000余人之众,麇集汕、粤、榕、厦各地,生活至困。且该侨等在缅事业及财产,均待重理。经即分别电令驻仰光总领事馆,及驻两广特派员公署港办事处,洽请缅政府令饬缅代表,并商请联总驻港代表克拉克转洽,该缅代表将所有以上各口岸待遣缅侨,一律审查完后,再行返缅,既免往返,延搁时间,且俾联总处得以早日筹划分批遣送。嗣据仰光许总领事迭电称:经向缅方提出,一、缅代表将归侨一次审查完竣。二、本年6月底以前至少应准第三批归侨2000人返缅。三、6月以后,缅甸一般情势必较进步,冀准每月2000人返缅。综上三点,再向缅方商洽。结果缅方于5月8日始函覆,已令该代表宇吞貌同时赴我国其他各埠审查。惟对一三两点未予答覆,第二点认为可以考虑。兹悉,外部现已电饬郭特派员设法联络缅代表及顾问

洽办外，一面电令许总领事继续交涉，电部候覆。

《中央日报》1947 年 5 月 28 日

陈宗珍将赴缅交涉缅侨复员

海外社讯 缅归侨 2000 名获准复员后，其余滞厦数千名无法复员，又无力返籍。本市华侨协会理事长张澜溪，缅侨复员□主任白三江等，特于日前向行总厦处商请资遣回籍。该处主任林承志允于每人□给卡哔布衣料一套，各代表以仅此一项，无济于事，现正商议妥善办法。惟各归侨最大目的在于要求复员，适值国民党缅支部委员陈宗珍告国，将赴京向中枢报告缅甸党务工作并有所请示，乃要求陈氏折返仰光，向缅政府交涉，准予滞厦缅侨全部复员。据悉：陈氏因同情各华侨遭遇，已决于今(29)日搭机飞港转缅，□交涉毕，再行返国晋京云。

《中央日报》1947 年 5 月 29 日

缅当局对华侨复员极尽推托延宕能事

外部对此仍积极交涉中　星流浪华侨首批运抵厦

本报讯 缅归侨复员协助委员会，昨又接获外交部于 36 年 5 月 23 日发出欧 36 字第 10739 号代电，撮叙最近向缅方交涉归侨返缅经过情形。兹特探录该电全文如下：

缅甸归侨复员协助委员会公鉴：关于归侨返缅事，本年 4 月 29 日代电诵悉，正办理间，适准行政院院秘书处通知单，案同前由。查关于交涉归侨返缅经过情形，前经于本年 3 月 12 日第 5079 号代电，请查照在案。此次缅代表奉命来华，原仅限于审查第二批归侨 2000 人，惟本部以除第二批外，其急待遣送者约留达 10000 万余人之众，集汕头、广州、福州、厦门各地，生活极为困难。且该侨等在缅事业及产业均待重理，经即分别电令驻仰光总领事馆及驻两广特派员公署、香港办事处，洽请缅政府令饬缅代表，并商请联总驻港代表 Clarke(克拉克)转洽，该缅代表，将所有以上各口岸待遣归侨，一律审查完竣，再行返缅，既免往返延搁时间，且俾联总亦得早日筹划分批遣送。嗣据仰光总领事迭电称："经向缅方提出：一、请缅代表将归侨一次审查完竣，实际遣送返缅速度可另商定。二、本年六月底以前至少应准第三批归侨 2000 人返缅。三、六月底以后,缅甸一般情势必较进步,希望准每月 2000 人返缅。经就以上三点,再向缅方商洽。结果缅方于 5 月 8 日始函覆,已令该代表宇吞貌同时赴我国其他各埠审查,惟对第一、三两点未予答覆。连日职复会同联总代表 Holiday(好利弟)续与缅复兴部长及秘书洽商,对方始终推托,对于以上第三点,仍以牵涉太广为理由,坚持须俟宇吞貌返缅报告后,由优先局(priority board)决定(按优先局系缅政府有关部会派代表合组而成,专理华印侨民返缅事项,截至 4 月初,尚未正式成立)。对以上第二点,则认为可以考虑,允即电询宇吞貌之意见后,由该部向行政委员会提请批准。职意第一点可稍候再谈,目前宜先促成第二点,拟请钧部设法联络宇吞貌及顾问洪金铭,使对于 6 月底以前遣送第三批归侨计划,提出于我有利之意见。又第三批归侨最好能闽粤人平均分配,以免纠纷。复查缅甸目前情形,复员确未竣毕,经济萧条,盗匪猖獗,缅政府复在改组期内,对华印侨民返缅事,均不敢放手办理。本馆交涉困难,当蒙钧答"等情。据此,除电饬郭特派员设法联络缅代表及顾问洽办电部,又电令许总领事继续交涉电部,统俟电覆再达,并函覆行政院秘书处,特电覆查照转知为荷。外交部电。

又讯 本市缅甸归侨复员协助委员会,为前登记缅甸大部落选遣送,昨特致书联总驻厦遣送专员安培金。其原函如下:

查去年 10 月间,本会承先生之嘱,登记 1942 年缅甸战事发生后回国之缅侨,经编造名册,兹请察收,企俟遣送。当蒙转向缅甸政府交涉各在案。此次缅甸代表宇吞貌凭其独自见解,对于去年先生所嘱登记各归侨不予整个甄审办理,优先遣送,而复坚嘱本会续行登记。笼统甄选,以致去年登记部分多数落选。查先生当时嘱办登记时,曾表示得享受优先遣送权益,情理上亦属当然。今宇吞貌反置顾倒,殊违先生当初雅意,而亦大失众望。且宇吞貌选取名额,限定 2000 人,核与本会前此登记人数(共约 6000 人)尚差甚多。各归侨滞困厦市既久,典鬻财产,耗费净尽,所望能得早日受遣复员,返缅重理旧业。不料竟遭落选,进退维谷,际此生活程度高涨不已,各落选归侨在此既乏恒产,生活实至堪虞。故前日归侨王学渊等 900 余人向贵署及各机关请愿,迫切之情已可概见。为此特请先生迅向缅甸政府再作有力交涉,俾各落选归侨能得早告继续遣送,重返缅甸,整理旧业,是所厚望云云。

《星光日报》1947 年 5 月 29 日

星岛复员华侨继续准予入境

联总厦处奉令准备遣送

本报讯 行总近接外交部电告，以关于新加坡归侨复员入境事。近经新加坡总领事馆，商准星洲移民厅长面告，凡经联总在3月杪以前，向该厅登记，尚未归来之复员华侨，均将继续准予入境。其未经登记者，如能证明系居留侨民，个别申请，亦得准予返境。年来我侨除由联总整批遣返者外，个别请求返马者甚多，该厅均予照准云。

又悉，该厅目前不拟公布华侨入口限额，惟事实上该厅每月批准入口之华侨，远超战前男女各500名之限额。行总接电后，已转请联总继续准备遣送，并分电各分署处知照。闽处现已接得是项命令，正与各方商洽办理云。

《江声报》1947年6月1日

缅甸复员华侨今晨下轮出国

敲诈华侨手续费已法办

在厦待遣缅甸华侨，经缅代表宇吞貌审核发表后，即集中厦港大生里行总厦处复员站，候轮遣送。查丰庆轮，业由香港驶厦。该赴甸华侨核准者计2484名(小孩一并在内)，由行总厦处编成23队，互选总领队曾金源，副总领队陈海南，率领全体华侨今日下轮。事前行总指派医生李依士，随轮赴缅。另据水上当局息，另有一部未经核准缅甸华侨，届时拟强拥上轮随行。当局为恐滋生事端，届时并拟协同陆上宪警，下船维持治安，以防意外。

又讯 缅甸复员华侨2200余人，原定昨日由丰庆配运出国。昨因本市宣布特别戒严，致无法下轮，经改定今晨8时下轮。联总厦处并更派护士、医生，随轮护送云。

《江声报》1947年6月4日

赴菲华侨合格者　驻厦菲领馆发表

(一)

驻厦菲领馆于昨日发表141名华侨，经认为申请手续合格，可随时携带证件，前往该馆面谒助理领事，办理一切手续。兹将各华侨原大字姓名列下：

ANG GIOK ENG
ANG GIOK LIAN
ANG GOAC
ANG HO
ANG SNI ENG
CHAN SAI
CHAN SIN TY
CHAN YAO TONG
CHEN HENGTZAO
CHENG LENG TEE
CHIANG TEAK SHING
CHING CHU
CHIU COAT
CHIN HAN CHONG
CHUA ENG
CHUA ENG TY
CHUD KUN
CHUA LAH
CHUA SE HIM
CHUA SIONG
CHUA SIU
CHUA YAN KENG
CHUA YONG HU
CO CHI PO
CC DNG
CO NONG
CO HUN SING
GO SY SUAN
CO TIAN UN
CUA HING
ENCARNACION, RAMON PAUIINE
EUSEBIO DEE
DHE BON
GYN LIM
GAN SE
CO CHING
CO CHU EUNG
CO PO
CO SIOK TING
CC TIONG
CO HU FIAO
HAO SIT LIONG
KHO SAM
JUANITO CHING EBEROIA
KING SICK HAN
KN ENG
KN HEE CHUNG

《江声报》1947年6月4日

赴菲华侨合格者　驻厦菲领馆发表
（二）

KO ENG SONG
KO TEE
KOO KIAM
LAM SHING
LAO CHI SIU
LAO KEE
LAO SUY
LAO THIAM SU
LAU TIU
LAW PO
LCONCIO TSN
LIM AN SUN
LIM DEE
LIM JUAN
LIM KING BIAN
LIM SAN
LIM SIY
LIM TAY HIAN
LUI BIAN BOE
LUI KAM TEE
LUI CH ROT
HG SICK TY
HGO SENG
ONG CHIO
ONG ENG KIG
ONG CIOK
ONG LIM SENG
ONG PO
CHUA TIU
CHUA TING
ONG SIN TUAN
ONG SIOK KIM
ONG TEK
ONG YIK ENG
PANG JEU LING
ROSE PE
SEE CHUN
SEE IT
SIA SIU TUAN
SIO EG
SO FOK HIO
SY CHEN
SY HONG
SY CHAU
SY CUI
SY KIN
TAI BUN LIAN
TAN BEH
TAN CHIE
LAN CHION WUI
TAN E BIO
TAN CUAT

TAN HEK
TAN IET
TAN SENG KIM

《江声报》1947 年 6 月 5 日

赴菲华侨合格者　驻厦菲领馆发表

(三)

TAN SHEL
TAN SHE LING
TAN SIU KENG
TAN SUAT CO
TAN TAK CHIN
TAN TINZ KIM
TAN TO
TE THIAN GAN
THENMS TAN FHEING CHUAN
TIA BIENG
TIU TONO
TING CHU TEE
TING KIM TONG
TIONG CONG
TIOTINGCO JUAN
TIU FUI
TIU HIAO ENG
DOROTHY TIU
TIU TAO FIE
TIU TUAN KIEN
TIU TUAN TIM
C.H.TSAI
CHUA HO
UI GUAT
UY KENG CLONG
UY KUI CHI
UY PEK GIM
UY PUE HOCK
UY PUE SIT
UY PUE YAO
WANG HU
YAO E CHU
YAO E HAM
YAP LE ENG
YAP SOY GAM
YAP TAU AI
YU CIOK BUN
YU SC
(完)

《江声报》1947 年 6 月 6 日

华侨赴菲合格者　驻厦菲领馆昨发表

（一）

驻厦菲领馆于昨日发表166名华侨，经认为申请手续合格，可随时携带证件，前往该馆办理一切手续。兹将各华侨原大字姓名列下：

ANG HE
ANG ANICETO
CHAN SAI
CHAN SIU TY
CHAN YAO TONG
CHENG LENG TEE
CHENG SIAN
CHIANG TEAK SHING
CHIU HEN CHONG
CHOA YU HAP
CHUA ENG
CHUA ENG TY
CHUA HUN
CHUD HUN
CHUA SIONG
CHUA SIU
CHUA YAN KENG
CO KA HO
CO DNG
CO NONG
CO HUN SING
CO SUN TIOK
CO TO TONG
COO TIAK
CUA NING
ENCARNAOION RAMON PAULINO
EUSEBIO DEE
DHO BON
GAN LIM
GAN SE
GO CHING
GO GIOK HUI
GO PO
GO TIONG
GO WU KIAO
HAO SIT LIONG
KAW CHUN
KEE POO
KHO SAM
LAMSHI NC
JUANITO CHING EBEROLA
KING SIOK HAN
KN DNG

《江声报》1947年6月12日

赴菲华侨合格者　驻厦菲领馆昨发表
(二)

KN WEE CHANG
KO TEE
LAM SHING
LAO CHI SIU
LAO KEE
LAO SUY
LAO THIAM SU
LAU TIU
LAW PO
LI GUIAN DU
LIAO KIM KEH
LIM AN SUN
LIM DEE
LIM KING BIAN
LIM SAN
LIM SIY
LUI BIAN BOE
LUI KAM TEE
LUI OH HOT
NG SIOK TY
NGO SENG
ONG ENG KIG
ONG LIM SENG
ONG PO
CHUA TIU
CHUA TING
ONG SIO TUAN
ONG SIOK KIM
ONG TEK
ONG YIK ENG
PANG JEU LING
SEE OHUN
SEE TIAN SALUADOR
SIA SIU TUAN
SIO EG
SY CHEN
SY GUI
SY HONG
SY KIAN HUA
SY KIM
TAI BUN LIAN
TAN BEH
TAN CHIE
TAN CHION WUI
TAN GUAT
TAN HOK

《江声报》1947 年 6 月 13 日

华侨赴菲合格者　驻厦菲领馆昨发表

（三）

TAN LE KENG
TAN LET
TAN SENG KIM
TAN SHEI
TAN SHE LING
TAN SIU KENG
TAN TEK CHIN
TAN TIAK HOK
TAN TING KIM
TE THIAN GUN
TIA BIENG
TING CHU TEE
TING KIM TONG
TIONG GONG
TIOTINGCO JUAN
TIU FUI
TIU HIAO ENG
TIU TAO PIE
TIU TENG ENG
TIU TENG SUY
TIU PUAN KIAN
TIU TUAN TIM
C,H.TSAI AIALS CHUA HO
JI GUAT
JY CHI CHUAN
JY PEK GIM
JY YAM LIONG
WANG HU
YAP CHIONG
YAP TSU AI
YU GIOK BUN
YU SU
CHAM PENG
CHASG LI
CHING BUN HUA
CHUA HUN
CHU BEE GIOK
CO ANG OHAUN

《江声报》1947 年 6 月 14 日

华侨赴菲合格者　驻厦菲领馆昨发表

（四）

CO KA CHU
CO TNG
CO YE
DY PIAN
GO LAM
GUE YAP

HAO G,PIAT
KAW TANG
KEH SAY
LAO THIAM
LEE SI
LIEU TENG KO
LI AND
LIM PENG
LUA KIM TI
LU CHI
NG SIM YAOK
NGO BOK
NG SBK SIU
NGO SU KLM O LINGINGCO
ONG GUAN
SEE HONG
SIM KENG RUN
SIY CHOE
SY PAN
SY PIENG CHIONC
SY SAM
SO SIH AK
TAN HO
TAN HUN
TAN SIO
TAN SIONG
TAN TUE
TING JUA
TING KIONC
TIU HO
TO PING HSI
UY BOCK
YU CHING
YU TEE

《江声报》1947 年 6 月 15 日

推举代表飞港交涉缅侨复员

本报讯 滞厦待遣归侨,前(14)日假大生里召集全体待遣缅侨会议,决定组织缅甸归侨留站待遣委员会,并推请侨务局长江亚醒、侨领陈伯诚为全权代表,即日飞港交涉复员事宜。

《中央日报》1947 年 6 月 16 日

滞留厦粤缅侨下期可能遣送

海外社讯 联总遣送复员未了之 300 余名,今(16)乘丰祥轮出国。另赴星华侨□百余名及锡薄(箔)、茶叶、竹器等货物 200 余吨,亦由该轮运载出洋。该轮将经汕头接运华侨 300 余名,分赴星、缅、槟城各埠。

又闻侨务局长江亚醒,近拟赴港,向港政府及联总港处商洽,继遣缅侨之事。闻在粤缅侨2000名,将于下期遣送复员,在厦之1000余名,或可获同批出国云。

《中央日报》1947年6月17日

滞厦缅侨遣送事　外交部续行交涉

侨委员电复本市侨务局知照

本报讯　缅甸归侨复员,除经缅政府代表宇吞貌审查合格2449名,缅人182名分别乘丰庆、丰祥轮相继遣送出国外,仍留复员遣送站待遣之缅侨尚有千余名。侨务局江局长关心侨(瘼),乃电请侨委会咨外交部交涉,再行遣送。昨该局接侨委会电覆,兹将原文照录于下:厦门侨务局虞电悉,滞厦返缅归侨经请外部续行交涉,并仍由行总设法救济。特电复知,侨委会,筱印。

又讯　江局长亚醒昨(18日)上午9时乘中央航空公司机飞港,向联总代表及宇吞貌交涉,冀能将滞厦缅侨全数遣送出国云。

《星光日报》1947年6月19日

(民国)卅四年返国菲侨　菲政府将准重返

已授意厦领馆加以研究

南侨社厦门讯　战事胜利后,1944年冬间,联总曾由马尼拉遣送难侨7600名返国。讵后菲政府竟宣布不准该批难侨重返菲岛,虽经联总驻菲总代表□恩斯,及我驻菲公使陈质平交涉,均未获结果。查该批难侨,实际并非完全为难民。盖当时战事甫告结束,交通工具困难,而于侨胞,因久别家园,烽火之后,咸渴望返梓省亲。于是遂自认难民,请求遣送,实则渠等甚多在菲地有家属及财产。如不准渠等重返,于情于理,均有未当。兹据关系方面消息,菲政府对此问题,似有考虑之余地。惟以该批难侨遣回之时,既无名册,又无办出口手续,如准重返,技术上颇感困难。故曾授意驻厦领馆对此加以研究调查,以供参考。我政府当局及侨团如能完成此调查工作,再由外交上向菲政府交涉,相信有成功之希望云。

《中央日报》1947年6月22日

荷印华侨获准复员 名额定为八百六十八名

行总厦处开始办理登记

南侨社讯 厦门华侨遣送站,顷接香港遣侨总站电云:接荷属当局来电称:凡属民国二十五年(1936 年)至三十年(1941 年)返国华侨,准予复员。名额定为 868 名,各埠复员名额,亦经规定,巨港 400 名,三宝垄 45 名,万隆 47 名,孟家锡 182 名,万鸦佬 80 名,安汶 88,安斑澜 26 名。该处接电后,已发出通告,凡合格复员华侨,应携带证明文件,亲至大生里复员站登记,准备出国,并定 7 月 1 日左右由芝连加遣送。闻此次系最后一次复员机会,凡欲复员华侨,幸勿自误。

《星光日报》1947 年 6 月 24 日

赴菲合格名单(一)

本报讯 驻厦菲律宾领事馆,昨发表申请手续合格,可随时携带证件,前往该馆办理一切手续之华侨 130 名。兹将其原大字姓名列下:

ANG HE
ANG SIONG
ANG GUAN
ANG THAP
ANICETO ANG
CHAN SIY TY
CHEN ER TI
CHIANG TEAK SHING
CHING BUN HUA
CHING SUY
CHIU SICK HUA
CHOA TONG
CHU BEE CIOK
CHUA BAT
CHUA CHO
CHUA ENG TY
CUA HIAN KIAO
CHUA ENG
CHUA CHI PO
CHUA HUN
CHCA LO
CHUA SIONG
CHUA SIONG BU
CHU TIAM TENG
CHU HUA DIB
CHUNG PIAC CHU PACITA CHUNG
CO DNG
CO HOK

CO HUN SING

COO TIAK

CUA MING

DING HOK HAI

DY BONG BIENG

ENOARNACION, HAMON PAULINO

EUSEBIO DEE

DHO BON

DAN LIM

GO LSM

GO PING GUAN

《江声报》1947 年 6 月 26 日

赴菲合格名单(二)

GO PO

GO WU KIAO

GUE YAP

HAO SIT LIONG

HISUNG JU

KEE POO

KING SIOK HAN

KN DNG

KN WEE CHANG

KO TEE

LAM SHING

LAO CHI SIU

LAO HU LIAN

LAO KEE

LAO SUY

LAO YENG HUA

LAU TIU

LI GUIAN DU

LIEU TENG KO

LIM AN SUN

LIM CARLOS

LIM DEE

LIM DEY

LIM KING BIAN

LIM KO HAM

LIM PENG

LIM SIONG KA

LIM SIY

LIM TAI

LUI BIAN BOE

LUI KAM TEE

LUI OH HOT

NG DE

NG SIOK TY

NGO BOK

NGO CHAN HA

NGO ENG

NGO SU KIM LIGO INGCO

ONG SIO TUAN

ONG SIOK KIM

ONG TE

ONG YIK ENG

PUA PUE LIN　　　　　　　　　　PUA PUE ONG

PUA YU

《江声报》1947年6月27日

滞厦复员缅侨经准继续遣送

名额八百名时间在八月　江局长飞港昨返厦谈称

本报讯　侨务局江局长亚醒，于周前飞港，接洽留在遣送站1000余名缅侨复员事宜，刻已公毕。于昨日乘中航机返厦，据云：抵港后恰值缅政府代表宇吞貌氏由广州返港，当即分别向驻港联行总负责人及宇氏等，磋商留厦缅侨继续复员问题，并由本人陈述留厦缅侨生活痛苦情形。经数次磋商结果，承联行总之关切，准厦门继续遣送800名。惟行期约待8月间始能实现，在此长距离时间，联行总甚希望留站缅侨于生活较有办法者，另谋生计，俟届遣送期间，再行集合。最近则拟遣送荷属东印度华侨复员云云。

《中央日报》1947年6月27日

未经复员缅侨全部可得返缅　陈其亨赴港交涉返厦称

本报讯　行总厦处华侨复员遣送站总干事陈其亨，此次奉派赴港，与联行总商讨遣侨事宜，经于公毕返厦。据称：本人此次赴港任务，(一)交涉荷属华侨遣送问题，已告解决。本站经已登报通告荷属巨港等七埠华侨，来站办理登记手续，以便候轮遣送。(二)关于滞厦缅甸归侨复员问题，除已由联总遣侨专员安培金赴缅与缅政府交涉外，本人此次在港更与宇吞貌作切实之洽商，并一再申述滞厦缅侨之苦况。宇氏深表同情，最后决定为除极少数因不合遣送条例者外，全部决予复员。当由本人协助其整理入口许可证，并经其签署，交由本人带厦。报载复员名额，仅准800人，本人未有所闻。惟缅侨赴缅日期，仍须由缅政府决定，大约尚需时日，一俟日期确定，即登报通知。(三)厦门侨遣站，前奉令于6月底结束。故本人奉派，请示结束事宜。嗣联行总以待遣华侨尚多，决继续办理，惟人事组织，则尚未奉到总署指示。

又讯　前经复员赴缅之华侨，据该批华侨来电称：彼等已于本18日抵缅。旅途中，各侨客均告安全，并云该批侨眷中曾在船上产生五婴孩。

《中央日报》1947年6月28日

赴菲合格名单(三)

SEE HING
SIO EG
SO CHIN
SY GUI
SY PAN
TAI BUN LIAN
TAN CHIE
TAN DY
TAN KA CHIONG
TAN LOE
TAN SEBASTION
TAN SHBI
TAN SIU KENG
TAN TING KIM
TIOTINGCO,JUAN
TIU HIAO ENG DOROTHY TIU
TIU TENG ENG
TIU TUAN KIAN
UI GUAT
UY PEK GIM
UY SIU SIN
YAP CHIONG
YU E

SEE KIAT
SIY POH
BUN BIO TIAM
SY KIAN HUA
SY PIENG CHIONG
TAN BIN
TAN CHIN
TAN HU
TAN LE KENG
TAN QUIA
TAN SENG KIM
TAN SHE LING
TAN TEW
TIONG GONG
TIU FUI
TIU TAO PIE
TIU TENG SUY
TIU TUAN TIM
UY LIONG LIM
UY SIO HONG
WANG HU
YAP TSU AI
UY UIOK BUN
(完)

《江声报》1947 年 6 月 28 日

滞厦缅甸华侨全部获准遣送　荷属华侨七月四日出国

南侨社厦门讯　滞厦缅侨遣送名额，外闻传说不一，记者为明了真相起见，特趋访华侨遣送复员站负责人，承称外间谣传滞厦缅侨只遣送800名事，绝非事实。此次本人赴港与缅代表宇吞貌交涉。经宇氏同意，全部遣送，除许婴哥、(黄)羡石2名。因经甄审不合格，难以遣送外，其余缅侨入口许可证，经已全部签准，手续并由本人全部带回。惟出国时间，尚难预定。因目前宇氏赴汕头甄审，约二周后，并拟转汕赴福州甄审。以此时间计算，最快须过1个月，始能实现。惟全部一次遣送或分批遣送，须俟宇氏全部甄审完毕后，始能全盘计划决定，总不超过1月时间。至于行联厦处撤销后，华侨遣送站依然存在，直接隶属于福州办事处，继续工作。

又讯　华侨遣送站奉令办理遣送荷属华侨，经已开始登记。截至目前止，仅100余名前往报到，办理遣送手续。该批华侨，已决定7月4日乘芝加连加轮出国。该站现已通知各侨，务于本月30日以前，前往该站领取出国临时护照云。

《中央日报》1947年6月29日

赴菲华侨合格名单(一)

驻厦菲律宾领事馆昨发表122名华侨，认为申请合格，可随时携带证件，前往该馆办理手续。兹将各华侨原大字姓名列下：

ANG GIAN(1631)　ANG HE
ANG SAN　ANG GUAN
ANG THAP　ANG，ANICETO
CHAN SIUTY　CHAN ER TI
CHING SUY　CHU BEE GIOK
CHN GO　CHNA BAT
CHUA BENG THON　CHUA CHO
CHUA ENG TY　CHUA ENG CHIU
CHUA ENG SUAN　CHUA ENG WY

CHUA CHI PO
CHUA HUN
CUA HIAN KIAO
CHUA ENG
CHUA SIONG
CHU TIAM TENG
CHU HUA DIB
CHUNG PIAC CHUPACITA CHUNG
CO DNG
CO HUN SING
CUA MING
DING HOK HAI
DSE EUSEBIO
DHO BON
ENGARNACION, EAMON PAULINO
GAN LIM
GO PING GUAN
GO PO
TUE YSP
HAO SIT LIONG
KAW BING GUE
KAW BING HUAT
KING SIOK HAN
KN DNG
KN WEE CHANG
KO TEE

《江声报》1947 年 7 月 5 日

赴菲华侨合格名单(二)

IAO CHI BIU
IAO KN LIAN
IAO KEE
IAO YENG HUA
LAU TIU
LI GGIAN DU
LIEU TENG KO
LIM AN SUN
LIM, CARLOS
LIM DES
LIM DOY
LIM KING BIAN
LIM PENG
LIM SIU HOY
LUI BIAN BOE
LUI KAN TEE
LUI CH HOT
NG DE
NG KIM
NGO CHAN HA
NGO ENG
NGO SU KIM LIGO ING CO
ONG BON SHONG
ONG BU TENG
ONG HUA
ONG SIOK KIM
ONG YIK HNG
PUA PUE LIN

PUA PUE ONG
PUA YU
RO SIAO
SIO EC
SIY BAN TUAN
SIY BAN YONG
SIY SIU ENG
SIY SIU YONG
SO CHIN
SY GUI
SY HOO

《江声报》1947 年 7 月 7 日

赴菲华侨合格名单(三)

TAR BEN
TAI BUN LIAN
TAN CHIE
TAN HU
TAN HUA
TAN KA CHIONG
TAN SEBASTIAN
TAN SONG KIM
TAN SHEI
TAN SHE LING
TAN SIOK
TAN SIU KENG
TAN TEW
TAN TING KIN
TAN TIONG
TIONG GONG
TIOTINGCO JUAN
TIU FUI
TIU HIAO ENG
DOROTHY TIU
TIU TAO PIE
TIU TUAN KIAN
TIU TUAN TIM
TIU YTO
UI GUAT
UY BOON HE
UY HO CHUN
UY LIONG
UY LIONG LIM
UY PEK CIM
WANG HU
YAP CHIONG
YAP YEE HA
YAP TION BIO
YAP TSU AI
YU E
YU GIOK BUN
SY KIAN HUA
SY PAA
SY PIENG CHIONG

《江声报》1947 年 7 月 8 日

驻厦菲领馆发表申请赴菲获准名单(一)

驻厦菲领事馆,于昨日发表各类获准往菲华侨一批,内计游历准往者250名。欲往者须先向驻厦菲领馆先行申请,候轮至其名额时,始可获准签字放行。至于回菲旧(1941年)客,获准计56名,学生字者,亦获准19名,受聘者1名,每年定额获准者11名,定额未获准者1名。以上各类获准者,兹将分别将各华侨大字原英文姓名分类探录如下:

(一)游历字

ANG CHONG CHUAN
ANG CHING TI
ANG CIAN
ANG GO
ANG GO HIONG
ANG GO KAY
ANG GO SEE
ANG GO YONG
ANG HO
ANG KIM CHIO
ANG KUN GUAN
ANG LIONG SUY
ANG SIM HA
ANG SING
ANG SIY
ANG TISN
ANG YOK KUAN
AO ENG HUA
CASTRO SANTIAGO
CHAN JUAN BON
CHAN SIU TY
CHANG CON
CHENG ENG PUAN
CHENG MUA
CHING ENG CHIO
CHING HONG
CHIONG CHIN KA
CHIU ENG TIAK
CHOA YEE HEE
CHONG CHIO TIAN
CHUA BNT
CHUA CHUY
CHUA ENG NIN
CHUA ENG TY
CHUA HOK
CHUA HUN
CHUA LIONG

《江声报》1947年7月18日

驻厦菲领馆发表赴菲获准名单(二)

CHUA LU TIN
CHUA OH TIA
CHUA SE BEE
KAW BING GUE
KAW BING HUAT
KHO LIONG PU
KHO LIONG TIAM
KING SIOK HAN
KN DNG
KO SIU KIAK
KO SNAT HUN
LAO CHI SIU
LAO KEE
LAO TEK CHI
LAU SAY
LEE KING YEK
LEE LE CHUN
LEE LE HA
LIM AN SUN
LIM CHAY
LIM DEY
LIM KING BIAN
LIM PANG FANG
LIM PO KI
LIM SEN HUE
LIM SIOK CHENG
LIM SIU
LIM SIU HONG
LIM SY HUAT
LIM TIAN
LIM TIANG SENG
LIM TIN
LIM YU HACK
LUA TIONG CHI
LUI BIEN BOE
LUI CH HES
LUI KAM TEE
MARIA LEE

《江声报》1947 年 7 月 19 日

驻厦菲领馆发表赴菲获准名单(三)

CHUA SE CHUAN
CHUA SIAN TEA
CHUA SIONG
CHUAG SUN HIONG
CO CHAU
CO CHIAU
CO CHUAN
CO DNG
CO GUAK
CO HUN SING

CUE BAOW
CHUA HIAN KIAO
DING HOK HAI
DY TICK CO
KO SUAT HUN
GO SO
GO,PODRO－PILLIEGA
CUA KIM PUAN
CHUA SIN TIN
GAW CIOK SU
GO KIN SIM
GO LING
GO PO
CHUA CHING TAM
DHO BON
DY DEK
ESS HACK TIANI
GO HONG
GO KIEM
CO PIO
CHUA LAY HOK
CHUA TIAN UN
GO KA ENG
GO LE LAN
GO PING GUAN
GO SEE TIAK

《江声报》1947 年 7 月 20 日

驻厦菲领馆发表赴菲获准名单(四)

GO THIAN
HAO SIT LIONG
JOSE TAN
NG CHIA CIUY
NG GIM TO
NG KHONG KHAY
NG SE YONG
NG YU PING
NOG BEE TIN
OH TONG
ONG BU TENG
ONG CHIN
ONG CHONG
ONG ENG SUAN
GUAT TO
JOSE CUA
NING KIM SING
NG KNG HUA
NG HIN
NG KUN TY
NG SUAT TY
NGO HONG
NOG DIAN TEE
ONG BON CHONG
ONG CHI TONG
ONG CHING SIAN
ONG ENG SENG
ONG OUAN

ONG HUA BIAN
ONG HUY TIN
ONG KA BIO
ONG KIM KIAT
ONG PO TE
ONG SIOK KIM
ONG TING
ONG YIK ENG
ONG YONG TANG

《江声报》1947 年 7 月 21 日

驻厦菲领馆发表赴菲获准名单(五)

ONG YUEN TI
QUE BE CHIAM
QUE SONG SUE
SEE SUAN
SEE TE
SIO SG
SIY BAN TUAN
SIY BAN TONG
SIY SIU ENG
SIY SIU YONG
SO LIAN QUIAO
SO TIONG BENG
SY BENG
SY BUG BIAE
SY CHAY
SY CHING TAM
SY GUE GU
SY GUE TO
SY GUI
SY HUAT
SY KAW KGAN
SY KAT
SY KAY
SY KHE KUN
SY KI LING
SY KIY
SY LIONG CHUAN
SY POE KNG
SY SIU THAIM
SY SUAN
SY TAN GIOK
SY TAN KIA
SY TAN KAI
SY TAN PING
SY TAN SE
SY TIAM
SY TUAN(FRS.)

《江声报》1947 年 7 月 22 日

第三批缅侨遣送　厦市赔额四百名

暹侨复员问题已获有结果

本市讯　本市华侨复员站，顷接香港联总通知，谓缅政府已同意第三批复员华侨入境，厦门分配额为400名，缅代表不日将以所选名册送厦，以便于8月上旬由海利轮遣送出国。该站及市政府以留厦待遣缅甸归侨尚多，经电香港请求优先遣送。

荷印第二批复员登记截至昨(25)日停止，计申请者有311人，将于8月初由荷轮芝沙丹尼载运出国。暹罗复员问题，已获初步结果，(甲)凡确系受战事影响(1937年中日战事以后)，因而滞留国内者得享受遣送权利。(乙)除持有1941年以前之居留证外，均须缴纳人口税暹币210元。安南方面，据最近消息传来，亦将复员。惟地域只限北部一处及南部，详细办法尚在接洽中云。

《星光日报》1947年7月26日

滞厦缅侨请求全部遣送出国

本报讯　本市待遣缅侨接获香港联总通知准遣400名后，昨(26)日特推派代表沈祖铭，向有关机关说明联总驻厦遣侨专员安培金氏，曾允遣散1000名声述，彼等滞厦数月，生活无着，亟盼早日复员。顷悉有关当局，将为彼等据理力争，闻已分电香港联总负责人邵阑德(译音)。香港联总遣侨专员尽量设法，俾能早日复员，并另电上海救济总署赈恤厅。兹录原电文如下："上海救济总署赈恤厅鉴，滞厦缅侨千余名，生活惨苦，及待遣送。现缅政府经准第一批2000名缅侨入口，请速转函香港国际难民办事处，克日派轮来厦遣送为务。"

《中央日报》1947年7月27日

缅侨复员明起登记　名额定四百人

南侨社厦门讯　关于滞厦缅侨请求优先及在厦全部缅侨复员事宜，华侨遣送站陈其亨日前赴港交涉，今晨由港返厦，承谈：关于全部复员事宜，彼等与缅代表宇吞貌商量多次。宇吞貌氏对滞厦缅侨表示十分同情,然彼近接缅政府命令,对限制缅侨入境,似更□□。第三批复员,名额只能400名,宇吞貌本拟今晨由港搭机过厦赴榕,办理滞榕缅侨复员工作。然据航空公司消息,榕机场未能降落,现决定改由港搭轮赴榕。至本批400名复员名单及手续,均由陈氏带返,明可公布,并决定本4日起至6日为登记时间。在规定期间内,若因特殊情形未能到站登记者,即将由候补人递补。闻登记手续办理后,约于本10日左右即可出国云。

《中央日报》1947年8月3日

缅代表声明　今后甄审工作

决定华侨返缅资格

厦门侨务局昨(11)日奉侨务委员会训令,原文照录,兹准外交部民国三十六年(1947年)6月19日欧36字第12966号代电开:一、据驻广东、广西郭特派员代电称:缅代表声明此后工作纯属甄审性质,无并不批准任何一人前往缅甸,请鉴察等。经即转知驻仰光许总领事,并令与联总代表ABKIN氏联系,催促缅当局早日作便利归侨返缅之决定。去后,兹据电复称:经洽,据缅方表示,缅代表今后甄审工作,系决定华侨返缅资格,发给证书,然后再由缅方通知,分批返缅等情。除达行总外,特电查照等由到会。除分令外,行令仰知照。

《江声报》1947年8月12日

滞厦复员缅侨议定处理办法

联电中央有力交涉　守法待遣爱护到底

关于滞厦缅甸华侨问题,昨市府召开第三次联合紧急会议,出席陈其亨、谢永明、何明福、陈祖铭、江亚醒、杨贻谋、江儒崧。主席丘启明,纪录陈祖铭。讨论事项:(一)关于滞厦缅侨1027名中,尚未获准遣送者,其一切善后问题,应如何妥予办理案。议决暂定处理办法如左(下):

一、由市府、侨务局、华侨协会、归侨协会,必要时得会同当地各法团遣送,由陈主任切实向缅代表反对抽选。二、由上列机关陈主任向香港联行总争取此后缅侨复员时,必须平均分配,尤其必须将收容大生里之滞厦缅侨

1027名中各名先行遣送。三、由侨务主任会请市府及有关机关，联电中央外交部转向缅政府作有力交涉，俾得达到滞厦缅侨复员为止。四、由上机关于行总遣送站结束任务时，切实共同负责向接收机关交涉，为大生里收容缅侨解决问题，以至全部复员为止。复员缅侨守法者，政府本护侨意旨，爱护到底。余略。

《江声报》1947年8月13日

荷印归侨复员难　据说因失却控制

外交部代电侨委会：以据驻广东、广西特派员办事处报告，该处在厦协助遣侨职员，与巴达维亚移民局长丘则民晤谈。据称：此次荷印政府批准归侨，系根据各埠情况及可以容纳人数之多寡为断，大城以外各地，因荷政府未能完全控制。而侨民返境暂遭拒绝，实为不得已之举。至于请求自费回境之侨民，向其侨居地作详细调查信件，往返太费时日，故每有申请数月而为得消息者。目下交通情形日趋快捷，保证此类公事绝不延搁，请转知各归侨忍耐云。闽侨务处业转知各荷印复员归侨注意。（南侨社）

《江声报》1947年9月4日

“有办法的先来　无办法的先去”
缅侨滞厦原因　李怡星视察返榕一席话

中央社福州6日电　闽侨务处长李怡星，上月杪以滞留厦等待复员之缅甸归侨生活困难，兼以行总结束在即，无法继续招待，特乘中央机赴厦询慰，并与有关方面洽商解决办法。顷已竣事，今乘中央返省，据与记者谈，现尚住于行总遣送站之缅甸归侨，实数446人，均已吃尽当光，生活无依。彼等逐日望洋兴叹，景况可怜。渠抵厦后，经考察实际情形，深感所以造成彼等目前进退不得之原因，主要系缘缅甸政府，对华侨复员之意见，及吾人所持者不同。缅方所持者为“有办法的先来”，吾人则希望归侨，在国内生活，“无办法的先去”。双方意见，在自己立场上，均无可非议。然决定权，自操该缅方。其次则为缅代表宇吞貌在厦甄询竣事后，因决定遣送先后之名单，迄未全部发表，均系在遣送时分批临时发表。归侨如回返故乡，则恐万一遣送时名列其中，即时无法赶回厦门，而留厦即又生活无依。渠在厦时，经商请行总遣侨专员安培金,致电香港国际难民机构负责人,申述此次情形。一面请遣送缅侨复员联合办事处顾问张松茂,赴港与宇吞貌洽商,发表此后分批遣送之归侨名单,及遣送日期,俾滞厦归侨得知究在何日可被遣送。现行总厦门遣送站已定 8 日停止供给,此 400 余人之食宿,渠除已商请厦市府拨米 100 市担先予救济外,拟与行总闽处亦酌配给物资,以作彼等返回原籍费用。一面暂由厦市缅侨协会,设立临时食宿地点。(东)

《中央日报》1947 年 9 月 7 日

本市遣侨秩序欠佳　如再不守规矩将予停止遣送

据悉,香港国际难民协会代主任萧兰德,最近曾致函联总遣侨专员安培金,略谓:本人经过厦门时,曾目睹遣送难民时之混乱情形,对于未受遣送者之粗暴行为,极为不满。本人曾接见未受遣送者代表声明,除非彼等担保以后守规矩,否则本会将停止厦门遣送工作云。萧氏并将上述函件抄送外交部驻广东、广西特派员公署香港办事处,该处昨特函请市府,对于是项秩序之维持,特别注意,以免影响遣侨工作。(南侨社)

《江声报》1947 年 9 月 9 日

战前战时被迫离菲华侨可能获准重返菲岛

我外部将请美政府出为转圈交涉　厦侨务局奉令开始登记

1941 年以前回国,因战时交通困难,未能按照规定年限,如期返菲律宾,及战时被迫离菲之华侨,为数甚多。惟因限于移民条例,均无法复员。重返旧地,曾经我外交部向菲政府交涉,迄未获得协议。关于遣送归侨复员事,本年 5 月 19 日,国际难民机构筹委会,曾决议分电有关各国政府,请其尽早收纳华侨,并在现行移民条例下,保留其战前身份,俾不致蒙受不利影响。菲律宾政府,虽经签字国际难民机构盖章,但从未派代表参加会议,可见有意宛避,推诿责任。而该难民机构又无代表派驻菲律宾,故两方无接触途径,仅凭电方催促。近闻我出席国际机构筹委会代表吴南如,建议外交部请美政府出为转圈,菲政府或可能酌变办法。兹悉:厦门侨务局顷奉侨委会准外交部代电,迅速办理登记 1941 年以前,及战时被迫离菲之华侨,于文到 10 日内办竣,俾便相机交涉。该局以 10 日期限短促,远道归侨限恐未及赶到登记，特呈请侨委会准予展限。该局已自即日开始接收登记，于本月 15 日以前截止，并函请各县华侨协会，转知各归侨，尽速到局申请查记，希各归侨勿自延误云。（南侨社）

《中央日报》1947 年 10 月 4 日

便利返菲华侨复员　晋江石狮设登记处

厦门侨务局发言人昨对记者谈称：该局业务现正尽力简化登记手续，目前每小时可登记 30 余名。该局此次奉命登记 1941 年以前及战时被迫离菲华侨，以便相机交涉出国。为便利侨区华侨登记而免长途往返计，经于前星期开始在泉州委托华侨协会，在石狮委托民声报社，代以办理登记。此后出国华侨当可更加便利，凡未来厦登记华侨，自即日起，可就近向该□处申请登记，时间亦规定至本月 15 日。至延缓时间，闻尚有待于侨委会之命令决定。

《中央日报》1947 年 10 月 12 日

劳斯康比飞港商洽厦处遣送华侨问题

国际难民机构厦处主任劳斯康，比今晨飞港，将就有关厦处若干问题，与国际难民机构驻港办事处主任薛雷德有所商洽。劳氏两日来对过去华侨遣送站之工作情形，调查甚详，据其向记者表示，该处成立后，职员拟尽量留用原有华侨遣送站工作人员，以资熟手。渠下周即可返厦。（中央社）

《中央日报》1947 年 10 月 30 日

菲归侨复员登记展限至下月十日

四百余人愿往开发婆罗洲

厦侨务局前奉令办理 1941 年以前及战时被迫离菲华侨复员登记，闻该局以侨委会原限定登记期间截止至本月 15 日止，时间迫促，远地归侨均赶办不及，向隅者众，特电请南京侨务委员会请求将登记期限展至本月底止。迨至日昨始奉到覆电，准予展期，惟电到之日，已近月杪，故决定自行展期至 11 月 10 日。一面续电侨委会备案，并分电各县华侨协会通知各归侨，同时并为便利华侨登记起见,仍委托晋江华侨公会及石狮民声报社代办登记手续。闻截至目前止,登记者已有3015人云。

又该侨委会前令该局登记志愿前往开发北婆罗洲之华侨,前往登记者,均颇为踊跃,前往索取登记表格者达四百二人。而办竣登记手续者,亦达百余人。闻其中以惠安籍之工人居多。闻一俟外交部与该地政府条件谈妥后,即可由该地当局派轮免费接运前往云。

《中央日报》1947年10月31日

华侨复员缅甸须待明年春天

华侨复员缅甸,前经缅政府派宇吞貌氏来厦办理审核工作,经核准启程者先后已有2000多名,尚有400名未得成行。前据复员站消息,谓11月或可遣送,惟迄今未见实现。据息:缅政府以过去复员华侨,目前多数未有职业,且缅甸政府未定,应俟缅政府于1948年1月4日正式成立后,始派领事来厦办理复员事宜。

《江声报》1947年12月8日

拉斯康告记者 滞厦复员缅侨 预料行期当在不远

经宇吞貌批准合格之复员缅桥400名,究竟何日可出国问题,记者昨承侨遣站英人拉斯康答复如下:经宇吞貌核准而未出国之缅侨,福州800名,厦、汕、港各400名,合计2000名。前以为可能于11月间出国,孰料迄今犹未得缅甸政府来电。其所以迟迟原因,可能因缅甸目前经济秩序未复常态,未便再容纳2000华侨入境。但滞厦之400名,业经经宇吞貌核准,应毋须待缅政府在厦成立领馆后,再多一番手续。预料行期当亦不远。现该站各种手续均已准备停当,一俟接奉电报,立可通知各人到站集中,并可于是时开始供应膳食云云。查目前借住该站之缅番,约200名,大多鹑衣百结。该站特每人发给旧衣一件,以资御寒。

《江声报》1947年12月16日

难民局派员飞缅交涉缅侨复员

关于待遣缅侨复员消息，昨联合国国际难民组织远东局厦门办事处刘主任发表谈话，略谓：为使缅侨早日复员，本组织刻派香港分局主任萧兰德前往仰光，向缅政府交涉。萧氏已于本月17日由港乘机飞仰云。

《江声报》1947年12月21日

南洋英属归侨即可登记复员　厦泉两地均将开始办理

本报讯　国际难民输送站厦门远东局办事处，昨奉到国际难民远东局令，略以凡于1936年及1945年由南洋英属返国华侨者，几经向各地政府交涉，已获复员协议。厦处副主任陈其享氏，为迅速利便华侨复员起见，昨(16日)往访侨务局长吕尘心，商讨联合办理复员华侨事宜，除本市登记外，并决定另在晋江设立临时登记处，使内地侨民免有跋涉之苦云。

《中央日报》1948年1月17日

政府同意免费遣送新马复员华侨　限定本月三十日登记截止

本报讯　关于新加坡及马来亚复员华侨，当地政府已同意继续遣送3000名，经国际难民遣送站厦门办事处会同侨务局举办登记，原限至本月30日截止，各华侨前往登记者甚为踊跃。本市侨务局昨接香港国际难民遣送站来电，定于31日由丰祥轮先行免费遣送500名，凡欲往各该地之华侨，须于26日以前前往登记云。

《中央日报》1948年1月22日

星马二批复员华侨日内出国

本报讯　厦门怡美利轮昨日由榕来厦，运载新加坡及马来亚各属第二批复员归侨500名出国。至于荷属复员华侨，计巴城200名，泗水200名，则于3月3日亦可由芝沙丹尼轮遣送出国。凡经侨遣站审核合格者，应于即日起前往大生里该站办理种痘防疫各项手续，以便集中候轮出国。至于马来亚各属第三批复员华侨,侨遣站经订于本月 23 日起至 3 月 6 日止续行登记,候轮遣送。闻此为最后一批云。

《中央日报》1948 年 2 月 20 日

伪造归侨证件复员　外部电厦协助取缔

荷印政府同意每月遣侨四百人

外交部昨电市府,谓关于近有不法分子伪造归侨证件,声请免费遣送出国事,本部本年 2 月 18 日代电到达。兹续准国际难民组织远东局 2 月 12 日函,以据该局香港办事处电称:荷印政府业已同意每月遣送归侨 400 人回返荷印,本月下旬或即可开始遣送。同时所有荷印归侨,现正重予登记名册,将送巴达维亚当局清查决定。关于此事,荷印政府曾指明其移民当局将在入境各口岸,严密审查归侨身份,如被发现其中有冒名顶替难侨情事,势必影响日后遣侨工作。希望我方采取必要步骤,以保证各口岸之我有关地方当局与该组织各办事处间有最充分之合作,于遣送离华之前,即审查归侨资格等由。查此事对整个归侨难侨复员前途,影响綦巨。我政府各有关机关,对各该办事处,自应予以充分合作协助及便利,俾能去伪存真,以利整个遣侨工作。(南侨社)

《江声报》1948 年 3 月 2 日

荷属复员归侨今可遣送出国

本报讯　荷属归侨,经荷领馆核准复员。业已向大生里难民接送站办理登记的泗水、吧城两地归侨 35 人,定今天上午集中侨遣站,搭由荷轮芝巴德号遣送出国复员。

《星光日报》1948 年 3 月 11 日

侨遣处招待记者　报告遣侨工作

滞厦待遣者为数甚多　各地政府审查都极严

市息　国际难民组织远东局厦门办事处主任刘士康、副主任陈其亨昨日下午 4 时在该处举行记者招待会,报告该处成立以来之遣侨工作情形。

刘士康主任先解释难民组织成立之经过状况，遣侨工作之范围与性质，与我国社会部之协议等。继称：我国社会部迄未在各设有该次机构之港口履行其应负之任务，致诸多事件颇感棘手。

陈其亨报告遣侨工作之过失与现在，缅甸方面，自宇吞貌来厦审查后，已按名单遣去三批，第四批名单虽已公布，然直到11月始由缅府最后批准。上月间，缅府电称：同意1948年一年间接收2000名之复员华侨，但附带声明，商人与交通两种职业者之入境将不受欢迎。因此，四批名单须重新经过选择。而在厦待遣者以商人居多，入选者将为若干，恐怕成分甚少。此事一俟名单案到，即可公布。

新加坡马来亚方面，35年10月至36年3月行总任内，共遣去8000余名。3月以后，因当地政府不同意入境，一部滞厦者乃发米，使其归鄂(籍)。迨去年10月，接获消息，重获许可入境，再登记65000余名。香港方面交涉结果，今年1月获准续遣，2月间丰祥及厦门怡美利运去750余名，而截至同期间，登记者为1500多名，仍旧办理申请手续，继续交涉中，能得成行与否，当未得知。前此，因未合格，假冒，伪证等致被配者颇多，亦影响及遣送工作。荷属过去因当地战事与人口过剩关系，限制入口，故遣送人数不多。其后，在难民组织之交涉下，荷印政府同意于3月间遣返泗水、巴城各200名。但成行前，荷印当局忽欲详查各人身份，因而受阻，100多名现均在厦滞留中。菲律宾未遣送任何复员华侨，各方交涉下，迄未获具体成就。此事已移在成功湖，由联合国办理中。

北婆罗洲政府已允接受复员华侨入境，该处定4月5日至10日间举行登记。至于安南(越南)、暹罗(泰国)，从未遣送，唯待遣者为数甚少云。

至于现在该处所收容之侨民，为荷属待遣之160多名，另有四批缅侨等待遣送，而无法归乡者250多名。该批未被供给膳食，仅借其留宿而已。

末由护送马来侨胞复员，赴新加坡归来之谢炳煌氏报告该批侨胞遣送情形，及当地政府对入口者身份、证件检查之严格，渠深望侨胞切勿轻易受骗，以伪证入口，致以身试法云云。(放)

《立人日报》1948年4月2日

新马归侨复员交涉尚无结果

本市讯 侨务局日前曾函国际难民组织新马办事处，请确定马来亚、新加坡、荷印缅甸等地归侨复员日期及供给待遣归侨膳食。今接该处覆称：（一）查本办事处系接行总、联总办理遣送复员华侨，据行总去年10月间最后总登记星洲及马来亚待遣之华侨人数，仅为650名。惟当本办事处进行遣送时，前来申请复员者，远超于上述数目，除已遣送700余名外，本处为欲明了确实数目，以便通知港办事处向新加坡当局进行交涉，故于2月23日起，再行办理登记，并经将结果转知香港办事处，惟迄未有正式答复。（二）本处因限于物资及经济，对待遣华侨不能普遍救济，惟凡经批准候轮之华侨，于集中期间方得招待入站膳食，但不超过两星期。故对该批待遣华侨入站膳宿之请求，遽难照办。（三）关于登记各项手续，系当地政府与本组织共同订定，并非本处单独规定。且就一般出国华侨申请手续而论，侨民之前来申请复员手续，已极简化之事。

《星光日报》1948年4月3日

漳泉厦各地归侨举办最后登记　以便进行交涉复员事宜

本报讯　联合国难民组织远东局厦门办事处，为欲明了荷属东印度、安南、暹罗、沙罗越及英属北婆罗洲等地自1937年至1945年返国之复员华侨确数，以便向各该地政府进行交涉遣送事宜，特举行最后一次之登记。凡以上各埠归侨条件符合者，可于本月12日起至27日至大生里该站登记。同时该站为避免漳泉两地华侨远道跋涉来厦，耗费川资起见，并决派员分赴各该地举办登记。泉州登记期间订本月17日起至20日止，漳州方面自24日起至27日止。同时该站并郑重声明，此次仅为登记而已，并非短期内可遣送者，故在未得各该地政府核准复员之前，各华侨于登记后应即返回原籍，勿行滞留在厦云。

又讯　前经该站登记合格之荷属复员华侨（以持有入口证者为限），将于本月10日由芝巴德轮遣送出国。至于马来亚及新加坡最后一批之复员华侨，亦订本月14日由夏捷臣遣送出国。以上两地复员华侨，均应于出发前2日集中大生里该站，以便编队登轮云。

《中央日报》1948年4月8日

滞厦缅侨难出国　吁请有效交涉

在未获复员前并应先予救济

本报讯　昨天下午4时，侨务局在该局会议厅，召开了一个滞厦缅甸归侨待遣问题会议。应邀出席的有：国际难民组织远东局厦处正、副主任刘司康、陈其亨，社会科长丘启明，华侨协会张澜溪，滞厦缅甸归侨代表苏志福、陈保全、曾天水、林孝左、黄益良、胡初炳等，由吕尘心主席，申述召开会议的意思。陈其亨报告国际难民组织的主要任务，与大生里遣侨站的遣侨经过。之后，开始讨论通过下面的两条议决案：

（一）关于待遣缅甸归侨，共计1300多人，均经缅甸代表宇吞貌审查合格，经已出国复员3批，其中400人，并经缅政府核准为第四批遣送。又经国际难民组织远东局厦处正式公布，乃近突奉电仅准入境86人，尚有滞厦600余人，因待遣已久，生活困难，且缅政府不顾信义，应如何作有效交涉，及提出严重抗议案。议决分为两方面进行交涉：A、缅政府不顾信义，国际难民组织远东局虽系代办公布，不无责任，应请该厦处主任刘司康，克日亲往香港交涉，将第四批待遣归侨400人，先行派轮遣送。B、由各有关机关联电侨委会、外交部、社会部、上海国际难民组织远东局等，请迅速作有效交涉予以遣送，并向缅政府提出严重抗议。

（二）关于待遣缅甸归侨600余人，马来亚1136人，荷属350余人，总数约近2000人。滞厦已久，生活极端困难，除最近仅奉准遣送缅甸复员归侨86人，其余人数，在交涉未确定复员日期以前，应如何设法救济案？

议决两点办法：A、依照国内外难侨遣送办法规定，电请社会部迅即派员来厦办理救济事宜；B、联电省政府，将中央拨闽缅甸归侨救济金2亿元，汇厦救济滞厦缅甸待遣华侨。

与会的滞厦缅甸难侨代表发言多而沉疼（痛），坚持力争，要求国际难民组织厦处应该要履行诺音（言），早日把他们遣送到缅甸仰光复员去。不然的话，恐怕将来会要演化成比中兴船更悲的惨案哩！直到入晚6时50分才散会。

《星光日报》1948年4月8日

滞厦未得复员缅侨短期内有新行动

对缅政府变更名额表示不满

本报讯 滞厦待遣缅甸归侨600余人,日昨国际难民组织远东局厦处,接准缅甸政府核准编号赴缅复员者仅86名,其名单业经发表:

王神发、张宝昌、陈俊杰、陈家和、吴南山、江万简、陈全忠、李义荣、王沧成、陈朝龙、苏祥云、张鸿书、胡初炳、黄益良、江育淹、卢祝三,以上32人,系被认为属于第三类之工业人员。林金凤、庄伟澄、刘顺礼、林秀琴、陈连秀、简峰、庄严娘、黄羡石、王润德、许添丁、李源机、梁好、林文佑、黄芳洲、陈振国、王英媛、苏英华、陈有财、陈纠成、江双英、杜清养、柯素琴、曾珠、林素、郭熙榕、陈赞富、周守读、郑长流、庄振元,以上54人,系被认为属于第八类之其他人员。该批86名获准复员归侨,预料本月间可能配轮遣送出国。所可怜的就是多大数名落孙山者,他们因为滞厦日久,生活已陷入进退维谷,濒于绝境了。据悉:该批落选归侨,此次疼(痛)于缅甸政府的不顾信义,反覆变更复员名额,除寄希望于国际难民组织厦处的能予同情设法交涉遣送而外,准备等待86名的复员者要下轮时,将有所行动。

中央社福州8日电 据国际难民组织香港分局电榕处称:该局决于4月22日派专轮怡美利来榕,运载缅甸政府发表之首批缅侨复员。其未经发表者,亦已向缅甸政府交涉,不久可另派专轮来榕。此次发表之名单中有在厦不及赶来福州者,可在厦门上船。榕处定8月9日起开始在白龙庵招待食宿,并办理防疫注射等出国手续。

又讯 一、榕处与闽侨务处近办理北婆罗洲及沙劳越归侨登记,以古田籍最多。为免该县归侨跋涉来榕,顷由榕处派杨位中前往古田县办理登记事宜。

《星光日报》1948年4月9日

滞厦缅侨三百名下月初遣送出国

本报讯 滞留本市之缅甸待遣华侨数百人,因在厦日久,生活均甚困难,至为各方所同情。前经本市各侨团分向各方交涉,予以早日遣送返缅。近闻缅政府已同意继续遣送归侨1000名入境,同时并取消当地政府前次规定之职业限制。凡持有缅政府(TP)旅行证,并经缅代表宇吞貌签字者,均可按照先后次序,分批前往。闻本市国际难民遣送站业已接香港办事处来电,以首批300名,拟于下月5日由丰祥轮负责运载出国。闻该首批300名,系依照厦门办事处11月7日通告第2号第四批之中选名次,先行遣送。凡中选侨胞,务须于本月24日至26日先行到大生里该站办理报到手续云。

《中央日报》1948年4月20日

难民组织厦处发表复员星马华侨一批

两外轮将接载难侨出国

国际难民组织厦处,顷发表候补赴新加坡及马来亚复员华侨一批,该处规定:(一)凡中选华侨,应于5月9日前到大生里遣侨站报到。(二)不适合复员条件之侨眷,不可携带。兹探志该批华侨姓名如下:陈铿、王天法、黄浅、林月九、李金才、庄亚纽、严合顺、吴文松、黄清平、黄滚、陈绳圹、林汝、陈悌悌、蔡楷、庄美娘、金显显、郑金炮、柯永贤、汪阿成、杨仁贵、许鸿凯、黄文凤、陈好治、庄国锭、张友生、陈义彬、陈捷元、吴凤宝、王钦熹、彭乃软、吴天林、周洞、吴谦记、黄森树、陈喜、李岸、林亚鼻、郭阿锁、蔡锦文、姚泽柳、庄进兴、张金聪、庄宝玉、黄春荣、黄亚向、郭银水。

又:该处定本月10日由芝巴德轮遣送荷属复员华侨(持有入口证者为限)出国,14日由夏捷臣轮遣送新加坡及马来亚复员华侨出国。前项华侨应于上开日前之前2日集中大生里遣侨站,以便编队登轮。否则取消遣送权利,侨胞幸勿自误。

《江声报》1948年5月8日

马星复员归侨昨日遣配一批

本报讯 马来亚、新加坡复员华侨450名,昨日经国际难民组织远东局厦处予以遣配,由夏捷臣轮输送出国。该批复员华侨于两星期前集中大生里侨遣站,办妥各项手续。直至昨午后2时许,分乘大卡车,到太古码头下轮,重新返回第二故乡,去开辟生路。

《星光日报》1948年5月17日

巴拉马归侨可以返巴

关于巴拉马归侨逾期返巴一事,外交部据巴拉马公使馆呈称:逾期返巴华侨 18 人入境无阻,可见巴方管理并不认真。倘滞留国内各侨已得美领过境签证,预计行程可于巴领签证未满 6 个月返巴,不妨由侨委会协助,使其速即前往云云。外交部据呈后,除已电两广特派员公署协助外,并函请侨委会,令所属转知各侨,并将各该侨行程查明见复,以便令饬驻巴拉马公使协助入境。本市侨务局,经奉到侨委会是项训令。(厚)

《江声报》1948 年 5 月 19 日

缅甸政府同意华侨千名入境

厦埠将于下月遣送三百名　往菲侨客十三人被扣

国际难民组织厦处,顷接香港办事处电称:缅甸政府已同意复员华侨另 1000 名入境,同时对该批华侨取消前定之职业限制。厦埠将于 6 月 5 日由丰祥轮遣送 300 名(根据厦处 1947 年 11 月 7 日通告第 2 号第四批中选名次)云云。该处经规定,凡中选侨胞应于 5 月 24 日至 8 日前往大生里遣送站报到。(厚)

本报岷里拉 19 日专电　荷轮芝渣连加号,于昨由厦抵埠,来菲搭客中,有 13 人持手续不清之"大字"入境,内 2 名系"旧客",被菲移民局指谓有意偷渡。现被扣押在移民局之拘留所。移民局长法勿例限令岷埠渣华公司迅即电询厦分公司,如何接收上述搭客购票下轮。

中央社福州 19 日电　国际难民组织遣侨专轮"怡美利"号,18 日来榕,19 日下午开赴香港,转往南洋,载去新加坡及马来亚归侨 195 人。该轮经汕头、广州时,亦将搭载一部分归侨出国。

《江声报》1948 年 5 月 20 日

侨务局登记滞厦待遣缅侨　在内地者可通讯登记

国际难民组织厦处,定 6 月 5 日遣送缅甸复员华侨 300 名出国一节,已志本报。查侨务局及缅甸归侨复员协助委员会,以待遣者尚多,为明了确实人数，以便再向缅甸政府交涉迅速复员，特规定自本月24日起至6月2日止，10天中，凡经缅代表宇吞貌审查合格之缅侨滞厦者，应向厦门侨务局及大生里陈祖铭处登记。在内地者可函寄侨务局登记，勿庸来厦。逾期不登记者，不予负责交涉，至不拟返缅者不必登记。（厚）

IRO厦处于本月17日至20日，派流动登记队黄镜湖、陈金楷、谢邦晖三员，在晋江办理荷属东印度、安南、暹罗、沙罗越及英属北婆罗洲等属归侨申请复员登记。兹悉，该登记队已于昨（22）日公毕返厦，此次在晋登见（记）者计五十四单位71人，内荷属67人，安南1人，暹罗3人。

《江声报》1948年5月23日

三百复员华侨后日赴缅

第四批获准复员华侨300名，已定本月12日乘丰祥轮赴缅。大生里遣侨站，顷已为该批侨民赶办出国手续，以便如期搭轮出国。又国际难民组织厦处主任刘士康（英人），于前日请假飞港转返伦敦，约三星期后可回厦。（厚）

《江声报》1948年6月10日

北婆罗洲复员华侨一批将送出国

国际难民组织厦处，定本月初旬由香港怡美利轮遣送英属北婆罗洲及沙罗越复员华侨一批出国。兹探志该批华侨姓名及号数如下：0086张容光，0152林展培，0153林天派，1728罗三都，1762郑金水，1801徐草（李修柴），1802张达信，1803陈标明。上列华侨应于本月3日以前，往大生里遣侨站报到，以便候轮出国。（厚）

《江声报》1948年7月1日

缅侨复员登记　市侨务局指示五点

本报讯　关于指示缅侨复员登记事项，市侨务局于昨（9）日贴出布告称：（一）本局此次登记缅侨，仅限于前经缅政府来华代表宇吞貌审查合格，列号给与凭证者为限。凡具有领馆发给华侨登记证，因前未经该代表审查，不得参加登记。（二）如合于前项规定之缅侨登记，不收任何费用，亦无须缴交相片。（三）各合于前项规定之缅侨，于本局登记后，仍应侯再向交涉，方可遣送复员。（四）由厦门至仰光船票，约 2 亿余元。（五）登记时期截至 6 月 5 日止，无法继续登记收件云。

《中央日报》1948 年 7 月 10 日

1941 年华侨返菲名额将准予增加

在厦登记归侨应有优先权

岷尼拉航讯 本社驻岷记者，顷据有关官员称：菲总统将于近日内正□下令菲外交部及移民局，准许 1941 年菲华侨旧客每月返菲份额自 400 名（再）增至 200 名或 250 名。此项建议，原则上已征外次及移民专员表示赞同，但外次亚顾利加反对准许 1940 年、1937 年归侨于此时回菲，意谓如果此时同意增加 1941 年旧客每月回菲名额，则不能再允许 1940 年及 1937 年归侨回菲。因无 1941 年待回华侨数尚达 2400 余人，同时容许 4000 余人于短期间内入境，必使职业、居屋及治安发生严重困难。亚氏认为已登记而在厦门之 4 年归侨应有回菲优先权。待此批回来后，再容许其他来菲。（南侨社）

《中央日报》1948 年 7 月 17 日

厦华侨由越赴暹　荷印归侨已准复员

侨务局前奉侨委会转外交部代电：请彻底制止人民取道越南赴暹，及严禁水客客栈不法行为。该局奉令后，即电知本市旅栈公会，切实协助防止。旅栈公会兹经覆函该局，略以暹罗限制华侨入口，年额 1 万名，其中分配由厦门申请出国，可占 400 名。惟因闽人侨暹甚少，逐年由厦赴暹华侨，只有百多人，尚不及限额之半，未见困难，从无至越取道入暹之情事。再查闽人侨居越南有数十万人，故前往是处之新客，为数较多。依当地现行移民条例，对新客入境，如能担保每年纳税 50 元，即准居留，无须先行取得当地政府之入口证，或领事证明书。依此而论，则今后凡属由厦申请赴越之闽籍新客，如非逃役壮丁，似应予以便利核发出国许可证，藉免影响人民向海外发展之机会云云。（厚）

又：今春国际难民局厦处登记合格之荷印复员华侨200余名，只缘印荷间战乱相寻，政局动荡，故迄难遣送。比来荷印时局已趋明朗，叠经巴城福建会馆交涉结果，荷府尹及移民厅兹已核准全部复员，并电驻厦领事馆签证放行。最近期内，即可乘桴浮海，重温椰乡之梦。又5月间登记合格之80名，该会馆理事长，顷特函托巴城新报驻厦通讯处代为调查全部姓名及登记号码。自即日起，每日下午4时至6时，该批侨胞可至本市水仙路22号金陵大旅社2楼205号该报特派记者吴紫金处填具姓名、号码(在内地者须速函告)，俾汇缴福建会馆，向荷当轴一一予以担保，庶有望乎早日复员云。

《江声报》1948年7月29日

待遣荷属归侨仍交涉复员中

本报讯 厦侨务局以滞厦待遣荷属落选归侨，进退维谷，生活至为困苦，特函IRO厦处，将该批归侨列名造册，以便分函泗水及吧城中华商会，就近向荷属政府交涉，迅准予复员。经IRO厦处函复照办，该批归侨共537名，内男374人，女81人，男童48人，女童21人，婴儿13人。

《中央日报》1948年8月21日

闽南各县待遣归侨　侨遣站作末次统查

IRO厦处为切实调查闽南一带各属待遣复员华侨数目，除在本市各大报刊登通告外，并印发复员申请书暨申请应行注意事项，分电闽南各县政府代予分发各该县待遣侨民填具，以凭交涉遣送。兹探录原电如下："查本组织、本办事处自去年10月1日成立以还，继行联总办理遣侨工作，先后计遣送复员华侨1万余人出国，其间虽迭经办理登记，而辽僻县域之侨民，终因交通阻塞，消息滞迟，未曾前来登记，坐失复员机会者，为数当亦不少。故目下待遣人额尚有几何，殊有进行末次统查之必要，素仰贵县长对于侨胞备极存注，策进侨务尤具热忱。为此订定复员申请书电送查照，敬希代予分发所辖各乡镇侨民依式填具，于文到10日内收回汇寄本处，以凭向有关当局交涉遣送。事关侨遣，亟盼惠予协助，至为企祷。"又申请注意事项，内容共分三点：(一)凡自1937年至1945年回国，因战事无法重返原居留地者，得填具申请书，向本处申请复原登记。(二)凡前曾向本处登记尚未获得遣送，或曾经申请而不合格者，均不必再行申请。（三）此项申请系调查性质，应俟各当地政府批准后，再由本处另函通知，始能决定遣送。

又息 凡荷属待遣复员华侨，经荷领馆签准入口者，如系贫穷无力自费出国，可前往大生里遣侨站报名，以便候轮遣送。

《江声报》1948 年 9 月 11 日

1941 年菲归侨复员　菲领馆许尽速签证

关于菲岛 1941 年归国之侨胞，因太平洋战争所阻，无法重返原居留地者，据侨务局之登记，仅晋江一带，即有 820 余名。目下除委托在菲亲友申请入口外，迄今尚无可能由难民组织遣送复员。至于在菲委托亲友申请而获准重返，且持有回菲居留许可证者，为数尚多，惟驻厦菲领馆每月签证规定，仅准 75 名入境。彼等留居国内，因伫候出国，致失去职业，生活甚苦。据侨务局息，此次侨委会顾问许文锦返晋，获悉此种情形，日前由晋返厦，特以此事向菲领馆商请尽速签证，俾便早日复员，重理旧业。菲领事经允许 1941 年归侨持有号列 2007 至 2276 号之电底者，可于本 9 月起，径向领馆办理出国手续。（厚）

《江声报》1948 年 9 月 28 日

归侨一十二名获准复原荷属

国际难民组织厦门办事处，顷发出通告，以荷属待遣复员归侨，陈友朋、陈君英、□天赏、黄贝、土尼、银纽、李安部、刘碧献、李传赐、林成群、陈金安、曾马良、林红李、林越超、柯晃、林清水、曾可谋、尼银坤、谢宝玉、陈雪妹等 22 位，业经获准复员。定本月 22 日由荷轮遣送出国，该侨胞应即往大生里该处遣侨站报到。

《中央日报》1948 年 10 月 9 日

芝渣连加载侨复员注意报到

市讯 国际难民组织厦门办事处，定本月 18 日由芝渣连加轮遣送荷属复员华侨一批出国。凡该属华侨，曾在该办事处登记，持有荷兰驻厦领事馆

之准字者，即日起至 12 日止，到大生里遣侨站报到，并办理手续，以便出国。（厚）

《江声报》1948 年 12 月 7 日

归侨出国应提早申请　免延误限期

市讯　侨务委员会昨令侨务局，以前据广东侨务处呈，近外交部规定，凡归侨重请出国，申请加签或展期，均由该部集中办理，归侨诸感不便，恳转请交涉，仍照向例办理前来。经电准外交部电复，略以归国侨民重请出国申请加签或展期一事，改由本部集中审核，系目前必要之措置。至手续方面，本部自当务求简捷，以利侨胞。至申请人之各项有关证件，仅须摄成影本寄部，无需原件，以策安全。且此类案件，一律航邮寄递，以资迅速。仰即转达归侨，提早申请，免误限期云云。（厚）

《江声报》1948 年 12 月 8 日

赴缅华侨如要复员注意报名

国际难民组织厦门办事处，以缅政府代表宇吞貌审查合格之复员缅侨，在厦待遣经年，间或因人事变迁，或因缅政局动荡，不愿前往者，颇不乏人。兹欲调查确实有意被遣人数，以作中缅双方商谈之根据，特规定下列办法：一、凡住居本市者，可于即日起至 12 月 15 日止，每日上午 9 时至 12 时，下午 1 时半至 4 时半，径往大生里遣侨站报名。逾期不报者，则以不愿接受本处复员遣送论，此后不得不得再由本处遣送出国。二、住居外县者，可于 12 月 15 日以前，径函本市鹭江道 44 号 4 楼本办公处。

《江声报》1948 年 12 月 24 日

滞厦缅侨三百名定月底遣送出国

本报讯　自太平洋战事发生、缅甸沦陷后，在缅华侨纷纷冒险返国。迨至胜利后，缅侨复员出国，重理旧业，于（民国）三十六年（1947 年）5 月份间，缅政府乃派宇吞貌来华甄审复员华侨资格。斯时因复员人数众多，故分配遣送。不料年来对于缅侨复员毫无消息，致滞厦缅侨生活遂陷于绝境，昨侨遣站获缅政府之许可，本月底拟遣送待遣之缅侨 300 人出国。自今(19 日)起至 25 日止，凡获准缅侨，应携带有关证件及 2 寸半身相片 3 张，前往递补。其 300 名待遣缅侨，系自 4 号起至 934 号止。候补者 10 名，号码由 935 号至 936 号止云。

《中央日报》1949 年 1 月 19 日

复员荷侨应有准字

本报讯 国际难民组织远东局厦门办事处，前办理申请复员荷属登记，经将各申请书汇送荷印当局，迄未获准。而滞厦候遣荷属归侨黄月桂等，时日一久，焦急万分，于是由侨务局转寻该处，昨得复函称：归侨“可径向荷兰驻厦领事馆申请，如获准字，再由本处资送出国”。

《星光日报》1949 年 4 月 21 日

荷属华侨续行遣送　已登记者速往报到

又息 联合国国际难民组织远东局厦门办事处，定 6 月 3 日由芝渣连加轮遣送荷属复员华侨一批。凡前经向该处办理登记并持有荷兰驻厦领事馆准字之荷侨，可速往鹭江道 44 号 4 楼该办事处报到，以便复员遣送。

《江声报》1949 年 5 月 31 日

榕厦两区复员缅侨月中可望着全部出国

华侨协会登记向隅缅侨

市息 榕厦两区特准复员缅侨 200 名，经由国际难民组织远东局厦门办事处，通告到该处登记，并由该处检验合格缅侨数 10 名，于 8 月 28 日再由该处通知，配搭 29 日赴港之贵阳轮到港转轮出国。但因时间太过短促，得及搭贵阳轮出国者寥寥无几，其他多数都赶不及。这数十名的缅侨，有的由内地到厦，由时局紧张关系，未能返回家乡，成为进退两难。为谋善后，经由发起人陈××向有关机关申援，得获由白江山之答许，负责向办事处申请，于 9 月 14 日丰祥轮到厦时，当可乘搭该轮出国。有志出国缅侨，当在本月 10 日以内速到中山路 135 号厦市海外华侨协会登记，以免向隅云。

《江声报》1949年9月6日

三、其他实务管理

荷侨泗水　华侨四人被逐回国

不认有越轨行为　案移市总局核办

市局侦缉队昨(5)晨5时许,派探警陈文彩等会同稽查队员及水上公安局并地方法院长警等十余名,雇乘电艇一艘,前往渣华轮船公司芝加冷轮搜捕反动洪纯等7名。登轮后,据该船二夫声称:轮抵香港时,洪纯等2人已上陆,由港来厦者,只有5人。经该探等分头搜查,当场拘捕4人,余一人被该轮船伙庇护免脱。该探遂将4人拘下电船,载由第八码头登陆,带入队所,由队长吴子安逐一讯问。一供游必达,30岁,龙溪人,在福建省立第二师范学校毕业。民国十六年(1927年)加入国民党,曾任龙溪第17区区党部执委。旋即渡往泗水,充当泗水晓东学校教员。去年7月间,因三民主义教科,被当地政府扣留下狱,最近将我配回,搭该轮返厦。一供林启灿,22岁,晋江浮桥人,在泗水高敖模业咖啡糖米店。因加入互助社,反对当地政府虐待我国华侨被拘,配回。一供曾清如,29岁,南安泮山人,在泗水陈嘉庚公司任书记,不幸因病入医院,护照遗失。又因加入南声社,故被拘下狱,配回。一供吴家温,19岁,南安黄陵人,在泗水开设咖啡店。因入互助社被捕配回,由芝加冷轮载返厦门,均不认有越轧行为。讯后,遂将案移解公安局核办。

《江声报》1934年2月6日

本市侨务局制复归申请书

迩来因往吕宋之华胞,例须前往美鼓领署签字后,方得渡洋。然以内地前往吕宋华侨,因签署大字关系,逗留厦市者,须数月后,方能起程。然以所带川资有限,何能长久逗留。故侨务局华侨招待所,为体恤该批华侨计,特于前日发帖通告云;

本局为便利复归内地华侨起见,起刊制再"复归内地华侨申请书"。凡有因出洋手续不合，或待美领签署大字，遥遥无期，欲再回原籍者，可向本所问事处，索取该项申请书。此启。

《华侨月刊》第1卷第5～6期合刊，1941年

华侨出国条通行证应向侨情申请

侨务局因鉴于最近各客栈，对于申请出国条及申请厦鼓通行证，均不依照手续。故特发帖通告如左(下)：

查自本月起，凡申请厦鼓通行证，及申报出国条者，务须依照本局发给之登记表日期填写。而厦鼓通行证申请书，须缮明出入国别。倘接办时发现日期不符，无缮出入国者，认为手续欠妥，暨不受理。希各客栈、各华侨知照。此布。

《华侨月刊》第2卷第1期，1942年

吕宋归侨　货难过关　每件均被开验

川走岷厦之吕宋轮，于昨晨7时移泊太古码头，起卸客货。海关全体外勤员到场检验行李，要塞司令部、总务局均派员莅码头监督，宪兵、水警队亦到场维持秩序。行李逐件开验，凡成宗货物，均扣留送入关栈，待报关估价纳税放行，竟日检验迄未完竣。定今晨9时继续点验，该轮俟客货卸完，定5日载客返菲云。又归侨离船上岸时，童丐百余人，立分头包围讨乞，路为之塞。此乃初使归侨认识劫后桑梓之真面目之也。

《江声报》1946年8月3日

华侨偷渡赴菲　市府奉令严究

华侨无居留证，偷渡入菲情事，迭见发生。最近一次有42名在厦门搭乘摩托澳船满潮号，于10月7日启程赴菲，途遇大风，折回台潮，至11月2日方抵吕宋岛中部，在LAUNION省私自入境，为该地宪兵捕获。外交部以此种事件，实为排华人士所持攻击之资料，如不严加阻止，对于在菲华侨有不良之影响。损玷侨誉，莫此为甚。故日昨特代电市府，请严究主持偷渡人，以儆来兹。市府接电后，除布告周知外，并饬警局查办中。

《江声报》1946 年 12 月 15 日

船票挂牌　改定国币

市府鉴于各船务公司，常以外币挂牌，以定船票标准，既影响本国币制，亦不利于华侨出国。特于本月 17 日上午 9 时，召各船务行开协调船票价格、外币改定国币座谈会，到太古、渣华、通安、岷（马）尼拉、联通、太平、新合美、和平等公司，及华侨协会代表，市府吴主任秘书，及社会科郭国威股长。讨论结果，议决二事：一、协调此后关于船票价格，一律改定国币挂牌，不得用港币汇水分毫为比率。二、在标定船票价格时，由各该公司通知华侨公会。

《江声报》1947 年 3 月 18 日

华侨非法渡菲　外部电厦防止

闽南人民间有偷渡入菲情事，前经发觉，被菲宪警捕押。经我方交涉后，始得遣送回籍。菲人对此，啧有烦言，影响我旅菲侨胞誉至巨。我外交部最近据驻菲公使馆电称：菲参议院内政部及反对派，亦一致表示对华侨非法入境事，应彻底查究。此种事件，势将招致严重之后果。外交部为此，特再电请有关机关，迅采适当有效办法，严予防止。省政府接电后，已分电沿海及有关各县市政府办理。市府昨奉省府代电，除发布告周知外，并严密防范云。

又查迩来有若干公司，在船票之外，另收行李费，每件数千元不等。此种情事，迹近苛索。市府获悉后，已函令各有关方面取缔云。

《江声报》1947 年 3 月 29 日

赴暹侨胞暂勿前往

本报讯　市政府，顷接暹罗曼谷福建会馆主席苏寿麻来电，以暹入口增税 1500 铢，约国币二千万元。缅侨受禁 70 余名，请制止。似此显系排华故态复萌。凡欲赴暹华侨，希暂勿贸然前往，以待政府交涉。

《中央日报》1947 年 5 月 17 日

检查外轮苛扰百出　华侨啧有烦言

市侨领陈伯诚提两项改善办法　吁请当局接收俾便利返国侨胞

迩来华南走私猖獗,政府为求防止有效,对于进口轮船检查甚严。此从国家经济着想,原无可非议,但以执行方法未尽完善,遂致苛扰百出,反成为病民之政。华侨对此,早已烦刻啧啧。本市侨领陈伯诚先生,昨在港搭万福七轮抵厦,途次汕头及本市,耳闻目见,亦认此为不必要之麻烦。据云:轮船抵埠,检查机关由医生、海关和水警三者负其全责,实已足维持一切。乃汕厦两地,则除此二机关之外,又有其他不必要之机关参加。因此,人多手杂,反而妨碍工作之进行,又检查时间之漫长,亦是全球所仅见。据陈氏云:此次万福士抵汕,时为上午8时许,而检查工作则直至晚上6时方告完毕,前后达10小时。唯渠曾闻诸同行旅客,则甚有达十三四时者。陈氏认为此种乃一种浪费时间之举,不但检查机关与受检查之轮船咸遭损失,且使正当归国华侨并受池鱼,政治上之损失尤为巨大。盖渠等由千万里外之炎荒困处孤帆,排生死凌海洋,正喜目的地已达,故土重临,乃因检查关系,仍不能如愿迅速登陆,与家人尽情畅叙离情,由心情之苦闷而引起其对当局之误会,亦人情之常也。在此,陈氏乃宣示其改善之办法:第一,由海关建筑一个或若干个大仓库,轮船到埠时,所有搭客及行李,用专备驳艇驳登仓库,加派关员,逐一检验,则办事精密而免时间多耗。至于征收课税,尤应体察情形,分别正当归侨与走私二者,不可混淆。仓库之建筑,如海关力有未达,则可由华侨团体及社会人士兴建。第二,由海关通知各船公司,于船到埠时,经医生检查后,所有搭客及行李,由船公司用公艇驳载,搬藏行李之工人,亦由船公司负责,至海关仓库受检查为止。旅栈招客,则可于海关仓库行之,无到轮船去。行李经海关检验后,分别由各旅栈接收。陈氏至此,乃郑重解释其办法,谓此乃轻而易举者,如海关与各船公司肯负起责任,则一切问题将可随时解决。同时并可消除厦门各码头工人与民船之纠纷,因船公司之公艇与搬驳行李之工人,通过船公司之集议谈判,利益均分,而免除地界权利之争也。最后,陈氏又表示,此一问题之解决,必须侨务会新任副委员长林庆年先生负起责任。盖如上述所有困难,实以华侨为最,而林副委长因为一闽侨,素对侨务极具热诚者也。

《星光日报》1947年8月27日

行总厦遣侨站开始赶办结束

滞站缅侨将得果腹　如愿离站可领粮食

本报讯　查行总厦门遣侨站，将告结束。惟现留住该站之缅侨，尚有四五百名。该站原定昨(9)日起停止供应膳食，但事实上寄住大生里之缅侨，如被中止发给口粮，势将果腹。故该站为轸念侨艰计，昨日仍照常开膳。兹悉，该站现正赶办结束手续，对于滞厦缅侨确难继续维持，故于昨日特电该站主任陈其亨(现在香港接洽接收机构)，请宇吞貌速将全部待遣缅侨出国前后次序发表，以便劝导离站。同时并接获行总闽处来电，兹志原电如下：行总遣侨站并转安培金，留站缅侨如8日出站，准每人发米10斤，菜贴(副食费)14000元，肉一罐。务须离站后发，希妥办云。

《中央日报》1947年9月10日

赴菲华侨进口时遭受裸体检查　我领事向菲提出抗议

厦门讯　菲政府对华侨虐待行为，每遇理厦往菲进口丈男女，竟被勒令裸体检查之侮辱。市华侨协会，曾将情呈请外交部提出交涉。顷奉侨委会电称：该案经由驻马尼拉总领事派员查复称：对菲方辱待侨民内境交涉，并提出抗议，招菲海港检疫所医师DAVID氏答复，谓该所现为防止霍乱症传染，故对自厦来客，实行检查粪之工作。尚不能免除，俟参考连续数轮之三等搭客，如无是项病症徒，当即考虑豁免。至于女客检查，均由女医师看护在另一室中举行，绝无当众检查之事。渠要求女客中如有受此辱待者，可随时检举，必均实究办。而海关与移民局所勤□查手续，亦系依照例定，别无歧视行为云。惟据查华评入菲境确曾被以上三机关之下级人员之无过待遇，侨胞多因畏事，仅作不负责之报告，不肯出面指证，亦缺乏法律当识，未及搜集合法佐证，当局即欲交涉，均无所根据。故被人侮辱，终无合理解决。该馆为明了真象(相)，及减少旅客困难，决定于每次轮船由厦抵菲时，派员前往码头照料，及调查此项工作。但为菲当局所忌，多方予以阻挠云。(海外社)

《中央日报》1947年10月10日

开发北婆罗洲　本市准七千名

据悉:外交部准予闽粤两地工人30000名,前往北婆罗洲开发矿业。经分配,厦门、汕头及广州三市各7000名,年龄在40岁以内者,均得申请登记前往,并不限制随带眷属。厦侨务局已开始办理登记。

《江声报》1947年11月5日

往北婆罗洲登记二千余人

侨务局奉令办理申请赴北婆罗洲开发工人登记,经于15日截止,前往登记者有2623人。凡已领得申请书未及于15日以前缴交者,准于24日以前补缴。至出国手续及启程日期,目前尚未奉到指示。

《江声报》1947年11月19日

厦海关请菲海关严密检查归侨行李

南侨社讯　据悉,厦门海关以最近菲岛归闽华侨之行李,多夹带应税货物及违禁品,特请菲海关合作,严密检查由马尼拉来厦侨胞之行李。故最近数次海陇由马开出,搭客均受菲海关严密检查云。

《江声报》1948年1月9日

赴菲华侨无外交护照　菲领馆拒绝签证
厦侨局电侨委会请示

本市讯　侨委会前为使华侨出国便利起见,曾训令厦侨局,以嗣后华侨出国,侨务局所发许可证为有效。除前往荷属华侨须持外交部护照外,余均由侨局签发许可证。兹悉:近日来,多数赴菲侨胞,持侨局许可证前往菲驻厦领馆,要求签证,突遭拒绝。据称:该领馆近奉菲当局命令,以嗣后赴菲华侨,须持有本国外交护照,始能签证。因此近日赴菲,侨胞受阻厦地者甚夥,特前往侨局请求设法补救。侨局获悉后,今午特电侨委会,请向外交部协商,派员驻厦签照或委托该局代办。闻一部分华侨因时间关系,近将直接飞沪转京，办理外部护照手续。

《星光日报》1948 年 1 月 13 日

移民北婆罗洲　外部续在交涉

南侨社厦门讯　前厦侨务局奉令办理登记移民北婆罗洲华侨事，时已多月，侨局尚无奉到其他指示，曾一度去电请示。近接侨会函，以关于移民北婆罗洲事，外交部近据驻亚庇领事馆呈复，以本洲当局对此项移民，仅准华工入境，现尚未获到具体办法。至国内对此报纸息消，过分报导，如近新加坡中国自由报刊载我政府准许华工 3 万人前来传说，以讹得讹，致引起各方误解。除继续与当地政府商洽具体办法外，请转函各报，对此项消息，不期对外宣传，以免影响交涉进行云。（南侨社）

《立人日报》1948 年 1 月 14 日

侨委会提醒归侨　勿为水客带私货

侨务局昨奉侨委会令，以据报港穗一带水客每以各种货物及违禁品委托少数归侨携带入口，藉以图利。而侨胞久居海外，待人素持忠厚，有时不察，竟为人所利用。结果被海关查扣，影响华侨信誉甚大。亟应提醒侨胞注意，以免供其利用云云。

《江声报》1948 年 2 月 25 日

外部签照人员经于前日抵厦　签照地点暂设市政府内

本报讯　外交部为便利本市华侨出国，特派钱临三为驻厦签发护照办事处主任及该部专员张希之两氏于前日抵厦。据悉，钱氏等昨分别拜会市府黄市长及侨务局吕局长，经已商妥签署护照地点，暂设市政府内，三四日后即可开始办公。每日签出护照预定为一百本，申请签发护照侨民应缴交照片 3 张，并缴验当地居留字或入口许可字，经审核完毕后，即行签发。现留厦待出国赴菲新旧侨客，约在四千名左右。钱等留厦工作期间，闻定 4 个月内赶办完竣。

《星光日报》1948 年 3 月 24 日

侨局慎重审核申请出国证件

本报讯 本市侨务局以迩来每有不肖分子伪造或非法涂改南洋各属入境证件,无知华侨因急于出洋,难免受其所愚。不但空费金钱,且抵达所在地时,不但不得登陆,且须受处罚或禁闭,实有损国家信誉。近为慎重审核起见,特订自本月 17 日起,以后凡欲申请签发出国许可证者,应于每日上午,将申请书及有关证件送往该局审核。至翌日下午始连同许可证一并发还,至下午则专门办理审核,概不收发云。

《中央日报》1948 年 4 月 13 日

侨局今上午照常办签证

渣华公司芝渣连加轮,定下午 2 时开往爪哇等埠。该公司商请侨务局同意,于今日上午(10 时至 11 时)照常办理签发出国证手续,俾便侨胞乘搭该轮。(厚)

《江声报》1948 年 5 月 23 日

归侨被没收金钞　不准携回或收兑

市参议会,前以华侨携带金钞返国,因事前不谙国内禁令,而事后负责检查之海关人员,未将现行法令先告归侨而遭没收者数目至巨。经电请财政部将前项被没收之金钞,准归侨出国时重行携带出国,或由政府依官价予以收买,俾减归侨损失。兹悉:昨参会已奉财部电复,略以厦门海关没收之金钞,于原携带人出国时重行携带出国,或由政府依官价予以收兑一节,核与规定不符,未便照准。惟检查人员于检查归侨时,未先告以现行法令,即遽将归侨携带逾限金钞予以没收者,当事人可依法提出异议,向法院起诉云。(愚)

《江声报》1948 年 6 月 15 日

侨民办理出国手续　假手于人易受敲诈

查政府为防止人民逃避兵役，前特规定年在20至26岁之现役及龄男子，不得申请出国。此种规定，竟为一般素为华侨代表手续者乘机敲诈。据查，有若干年近及龄之侨民，于办理出国手续时，代办者每借口碍于法令，无法办理，而从中勒索应酬等费。侨民因不知就里，每受其亏。又侨民回至国内，按规定10个月内得以缓役，其起算时间，系以办理回国登记之日为准。如未办理登记，则以领得出口证之日起算。惟侨民于领得该证后，未必即行出国，难免有所损失。侨务局为此，准凡持有当地船公司之证明者，得改以起程之日期起算。此原为易办之事，代办者亦乘机从中渔利，故侨民于办理手续时，最好勿假他人之手，以免遭受无谓之损失。（厚）

《江声报》1948年6月25日

华侨办理出国手续　非家属不得代办
侨委会令侨务局遵照办理

本市讯　侨委会据广东侨务处报告，近有不法之徒及旅栈职员，常利用权力，代替华侨办理出国手续，从中敲诈，以致华侨多费出国旅费，应即禁止。特通令此间侨局，设法严禁，今后凡华侨办理出国手续，若非华侨本人家属，不得代办。厦侨局奉令后，以厦门情形特殊，华侨出国多数系为委托旅栈办理手续，拟将情转呈侨委会，可否仍沿旧法办理。（南侨社）

《中央日报》1948年6月29日

侨委会覆示赴越办法

侨务局前制订华侨赴越南应行注意事项五点布告周知，并呈请侨委会核备。兹悉，侨委会昨经覆示到厦，略谓：该项应行注意事项现已不能通用，今后人民申请赴越，旧客须持有1937年以后之当地证件或纳税纸。如属新客，应有当地政府之入口证或领馆之证明书，并曾受征兵处理未及格，经该管县（市）政府证明者，方准发给出国许可证云云。按政府此举，为防止假道越南偷渡往暹之一种措施。惟赴越侨民，无形中亦受此种规定之限制。闻

本市旅栈公会及太古轮船公司将沥情函请侨务局转请侨委会另订补充办法,以释侨困。(厚)

《江声报》1948 年 7 月 17 日

护照迟未寄下　侨局三度电催

外交部驻厦临时办事处,于上月初奉令办理结束,签发护照手续托由侨务局代办,情志本报。查侨务局当时与该处商洽结果,每次汇寄证件往外交部护照科复审,11 日内该护照即可核发到厦,故侨务局于给发收据时即注明领照日期。该局系自 6 月 26 日起开始代办,已寄出八批,共 350 份,第一批系于 6 月 28 日寄出,迄今已将一月,护照尚未见寄下。侨胞等待日久,莫不焦急万分。据侨务局主办人员称:第一批至第七批航寄回执经收到多时,惟护照则未寄下只张,该局已三电外交部催寄。至迟迟未到原因,或系该部未用航空寄递,致延缓时日云。(厚)

《江声报》1948 年 7 月 22 日

首批护照昨日到厦

侨务局自上月初起代外交部办理申请护照事宜,经先后寄出八批,共 350 份。兹悉:第一批(收据列第 1 号至 43 号)护照,已于昨午到厦,侨民可持该局所给收据往领。(厚)

《江声报》1948 年 7 月 24 日

归侨带返黄金外币　政府按照市价收买

林庆年称不久可实施　检查行李事亦将改善

侨委会副委员长林庆年,日前由沪飞厦,情志本报。昨日记者往访,叩询有关侨务问题数点,承告中央对华侨返国时所遭遇之种种困难,已尽量设法改善。关于限制华侨返国时携带黄金外币一事,经考虑,予以改善。其办法即由政府按当日市价收买,俾华侨免受牌价差额之损失,不久当可公布实施。至华侨携带物资返国,限制尺度亦可能予以放宽,惟种类应以政府准许进口者为限。又华侨携带行李返国,每受检查之烦,最近侨委会经拟定一办法，凡华侨欲返国时，可将携带物件一一列明，由当地使领馆证明。抵国门时仅凭证明文件，不必再受检查。林氏在厦逗留数日后，即启程往新加坡，据称：此行纯系料理个人私事。（厚）

《江声报》1948 年 7 月 24 日

护照三批签竣寄厦

本报讯 厦侨务局前代外交部收转归侨护照，第二、三、四批，经已签竣，于昨航挂寄厦。凡该护照所有人，即可检具收条，向厦侨务局领回。兹将该三批护照之号码探誌如下：第二批：94、95、96、118、119、120、121、123、124、125、126、127、128、129。第三批：221、222、223、224、225、226、227、228。第四批：229、230、231、232、233、234、235、236、237、238、240、255、256、257、258、259、260、261、264、265。

又讯 侨务局接外交部通知，今（28）日起护照签证材料费改收 10 万元（原收 3 万元）。

《中央日报》1948 年 7 月 28 日

本市赴越侨民　手续并不困难

本报讯 侨务委员会为彻底制止人民赴越赴暹，及严禁水客客栈不法行为，经饬令本市侨务局今后凡赴越人民，须具有当地政府入口准字，或领事馆证明书，方可签发出国许可证。该局除布告通知外，并转知旅栈公会，切实协助防止，及严禁水客客栈不法行为。兹悉：该会以查暹罗限制华侨入境，年额 10000 名，其中分配由厦门申请出国可占 400 名额。惟因闽人侨暹为数甚少，逐年由厦赴暹华侨，只有百多人，尚不及限额之半，未见困难，从无至越取道入暹之情事，与潮汕方面情形不同。再查闽人侨居越南有数十万人，故前往是处之新客，为数较多，依当地现行移民条例，对新客入境，如能担保每年纳税 50 元，获准居留，无须先行取得当地政府之入口准字，或领事馆证明书。依此而论，则今后凡属由厦申请赴越之闽籍新客，如非逃役壮丁，似应予以便利，颁发出国许可证，藉免影响人民向海外发展之机会。昨经函请本市侨务局，转呈侨委会俯察实际情形，准将厦地例外办理，以利侨行。（堂）

《立人日报》1948 年 7 月 29 日

(侨局续接外部护照一批)

又:侨务局昨日续接获外交部寄到护照一批,计收据号码第 130 号至 137 号,139 号至 152 号,154 号至 159 号,242 号至 249 号,250 号至 254 号及 220、262、263 等号。上列侨民,可持据往侨务局领取。(厚)

《江声报》1948 年 7 月 31 日

侨民申请出国不得委人代办

本报讯 厦门侨务局以由厦出国侨民,每因不谙申请手续,致为不法之徒,乘机诈索,损失不赀。特于今日发出如下布告:查侨民申请出国,不得委由他人代办手续,以杜乘机敲诈,前经布告有案。据报,迩来仍有侨民申请出国许可证及证明书或出国护照被人从中渔利,不仅侨民蒙受损失,且有影响政府信誉,殊属可恶。兹者申请出国许可证及证明书,或因手续未合,须补证件,即可签发。又本局签发出国许可证及证明书,每件奉令征收工料费法币 10 万元。至代办出国护照,代收护照费法币 100 万元,印在税法币 1 万元,航空双挂号邮费法币 22 万元。随将表件及款项转寄外交部护照科,预计二星期左右即可签寄到局转发。今委之他人代办,自易受欺。本局职责所在,自应严加防止。嗣后侨民申请出国者,应亲自携带证件来局办理,倘有受诈骗,亦应随时检举,俾得根绝流弊。

《中央日报》1948 年 8 月 5 日

护照四十张续寄到厦

外交部签发护照,昨日续有 40 张邮寄到厦。凡申请侨民,持有侨务局发给之收据列第 271 号至 281 号,283 号至 293 号,340 号至 341 号,345 号至 348 号,320 号至 327 号,336 号至 339 号,及 299 号、350 号、334 号、301 号、398 号、282 号者,可凭据往该局领取。(厚)

《江声报》1948 年 8 月 19 日

签证护照已寄到一批

本报讯　侨务局昨夕接外交部寄来转发□已签证护照340本，经该局漏夜编排完竣。今日为抗战胜利纪念日，各机关例假，该局顾及急须出国华侨，特定上午10时至11时分发该批护照。凡有下列号码收据华侨，皆可前往领取，65至68，79至82，266至270，342至344，351至474，578至620，623至650，477至479，481至549，550至552，554至563，566至570，573至576，46、60、300、349、340。

《中央日报》1948年9月3日

改善侨民出国手续　侨务当局与菲领会商

本报讯　侨委会顾问许文锦，于昨(13)日上午10时偕同侨务局局长吕尘心，连袂赴鼓浪屿菲律宾领事馆，访晤该馆正领事沈仰，进行洽商有关华侨赴菲律宾一切手续之改善问题。经沈仰领事答复如下：一、签证手续，及受询时间，每日下午接受华侨询问，及交证件，经认为合格者，当发通知。在未接到通知者，切勿前往，等候另由侨务局通告周知。二、关于证件发给，现因人员增加，指定专办。如证件有被遗失，当可调查，或由侨务局函请领馆查询。三、华侨赴菲人口种类及限额：(一)正式移民全年500名，按号数签发。(二)1941年返国华侨，申请复员，每月75名。(三)游历观光者，人数免受限制。(四)探亲者每月15名。(五)教员与学生，均可依法申请。四、侨妇怀孕要回国，须于出口时，申请登记，并发给证明。如无者，亦应取具得医院证明书，送领馆签证，以免将来生产婴孩，入口发生问题。五、申请签证华侨，均勿委托中间人代办，以免受骗。(堂)

市息　侨务委员会顾问许文锦，定今早偕本市侨务局第一科科长许新民，坐搭飞安轮赴晋江一带视察侨情，并与当地政府洽商改善侨区诸问题云。

《立人日报》1948年9月14日

侨局续接到护照一批

侨务局昨日续接外交部寄到护照一批,华侨所持收据有下列号数者,即可持据往该局领取。计 701 号至 723 号,726 号至 746 号,748 号至 778 号,780 号至 851 号,853 至 855 号。(厚)

《江声报》1948 年 9 月 16 日

侨局昨接到护照八十四本

侨务局昨日接外交部寄到护照 84 本,收据号数如下:1048 至 1093,1142 至 1179。侨民所持收据有上列号数者,希即前往该局领取。

《江声报》1948 年 10 月 16 日

厦设处签照　外部电覆　准予考虑

查外交部前为便利本市附近华侨申请出国护照,曾派员来厦设立临时办事处,专办核发护照事宜。3 个月后,该处奉令办理结束,申请护照事宜,托由侨务局代办,最后核发机构仍由外交部护照科专司其职。惟因邮件来往费时,华侨申请护照,最快当需半月以上始可领到护照,甚至有鹄候数月而未能领到者。时间、金钱皆不经济,于是有部分华侨直接前赴台湾,向外部在台办事处申请护照。最近金圆券发行,台湾暂不流通,且当地当局限制旅客入口携带金圆数额不得超过 50 圆,是则华侨赴台请照事,亦遭阻碍。本市侨团联谊会为此,特于月前历情电请外交部,仍派员来厦设处,专办签照事宜。旋接外交部电复,谓准予考虑。兹悉,侨务局以在厦设处签照刻不容缓,乃于昨日再电外部,速派员来厦办理发照事。(厚)

《江声报》1948 年 11 月 2 日

洋船进口陆上检查一次为限

侨务局昨奉侨委会令,以奉行政院训令,关于海外归国侨胞船抵汕厦时,只许海关及海港检疫所人员上船执行职务,其他军宪警检查人员,一概不得上船一案，业经本院通饬遵照在案。兹为便利其他口岸归侨起见，上项训令施行地域，应自汕厦两地推广于全国沿海各口岸。惟今后海关当局关于检查事项，应事先与军宪警机关密切联系，军宪警机关如获有特别情报，或由于海关之请求，为确保治安必要时，可会同海关上船检查。此外军警检查，一律于陆上行之，并以联合一次检查为限。（厚）

《江声报》1948年11月3日

菲领突拒签护照　侨务局电上峰请示

市息　菲律宾驻厦领事馆，定于昨3日发表停止签发护照。其理由系奉菲驻京公使电称：凡在广州、厦门、台湾等三处所签发之我外交部出口证，一律无效，须在京由我外交部签发之出口证，始可凭发。本市拟行出口之华侨，经往侨务局查问，并请据理交涉。侨务局已电请侨委会转外交部，并一面函菲领馆查询真象（相）云。（直）

又讯　驻厦菲领馆，对侨民申请签署之护照，凡系由外交部广州办事处、台湾办事处，及前厦门办事处所签发者，一律拒绝签署。据该馆发言人称：系层接我外部通告，谓各地办事处签发护照，不能生效，一部分持有该项护照之侨民，乃纷向侨务局质询。侨务局以该局并未接获外部是项电令，对菲领馆持有此举，颇觉讶异。顷特电侨委会转外部查询，并另函菲领馆证询，部分侨民咸认外部愚弄侨民，口吐怨言云。（海外社）

《立人日报》1948年11月4日

出国护照发生波折　惟有静候外部指示

侨局开始登记以凭交涉

菲驻厦领馆拒绝持有非外部直接核发护照之华侨申请签证，经过情形已两志本报。查日来有若干华侨到侨务局请给申请护照证明书，以便再向外部直接申请。该局以依照法令，证明书只能发给一次，无法重发。故该批华侨惟有静候外部之指示，别无他法可想。据悉：侨务局已自昨日起开始登记持有外部办事处发给护照之华侨，以凭向有关当局交涉。（厚）

《江声报》1948年11月6日

申请出国护照　像(相)片应合规定　证件不全者部饬补缴

外交部护照科昨电侨务局,略以该局所送各批护照申请表内,申请人像(相)片多与规定不符,申请人之像(相)片应为6公分方形半身脱帽光面薄纸,其面部上额至下额不得短于3公分。2人以上同行,相片宽9公分,长6公分,相片尤不可翻印。不但与申请人入境有关,且本科此后歉难接受此种像(相)片,请转知申请人,即按规定办理。

又侨务局接外交部代电:以该局所送侨民申请护照各案,其中有因缺乏证件或证件不合,未能依次发给护照。希即转饬补缴,以凭办理。其姓名如下:姜宇文、李素丹、施文洲、蔡协见、施永、陈清泉、洛里敖、黎荷席、陈清江、李传琪、张仁、陈荣源、王淑英、林友老、描描捞王、章肇宁、章肇听、陈掩治、杨玉文、吴熙弟。(厚)

《江声报》1948年11月10日

藉词代办出国手续　侨棍诈骗华侨膏血

侨务局近接侨民陈志昌自上海来信,谓渠在厦时欲办理赴菲证件,因手续不明,托一丁某代办,被取去美钞200余元。讵料丁某乃一专门榨取华侨膏血之侨棍,款虽到手,证件并未代办,渠乃赴沪自行办理。惟丁某之辈神通广大,沪上仍有彼等足迹,照旧藉代办手续为名,从中渔利。经渠与受骗者多人向当地侨务处告发,该处已通知警方侦查逮捕。丁某之辈在沪从事此种投机甚为秘密,不若在厦之明目张胆。甚盼该局注意防范,以免侨民屡受其亏云云。侨务局接信后,除布告侨民勿受其愚外,并将加以防范,严予取缔云。(厚)

《江声报》1948年11月20日

侨局所发出国证　均漏贴印花

本报讯　厦国税稽征处,以侨务局所发出国证,皆未贴印花,于国家税源,损失颇大。经数次行文侨委会,令饬所属依照税法切实粘贴。讵至现在尚未见实行,该处乃于昨日"他士文"轮将行之际,派员下轮检查,搭客1200

名所持护照，皆无粘贴印花。经前往人员向诸搭客劝谕，黄种源、山板尼（菲人）等 8 人深明大义，即将出国证交予。该局取得侨务局违反税法证据后，拟依法向法院起诉。

《中央日报》1948 年 11 月 26 日

外部将派员来厦主持签发护照

市讯　外交部前曾一度派员来厦设立临时办事处，专办签发护照事务。嗣该处奉令撤销，签照事托由侨局代办，其间因邮件来往费时，侨民申请护照有等待 2 个月以上者，时间、金钱皆不经济。本市侨团曾为此数电外部，请仍派员前来专办其事。兹悉，外交部对此，已表同意，并于昨日电覆侨务局称：本部拟即派员来厦主持签发护照，所有申请护照文件，希即停止寄京云云。查侨务局自本年 6 月 26 日至本月 1 日，计经办护照 1770 件，其中有 254 件，尚在外部签发中云。（厚）

《江声报》1948 年 12 月 3 日

往菲华侨须先种痘

市讯　厦门海港检疫所，昨日分函各交通机构，以据菲岛海港检疫所通告称：该处进口之华侨来自各地，情形复杂。目前天花流行，凡前往华侨，无论乘船或飞机，均须施种痘苗，并须经过一星期以上，并加检验，始有效力。该证有效期间，仅限 6 个月，逾期即予遣回云。（厚）

《江声报》1948 年 12 月 17 日

外部寄到护照一批

市息　侨务局昨接外交部寄到护照 40 本，号码为 1590 至 1629 号，侨民可持据往该局领取。（厚）

《江声报》1948 年 12 月 23 日

无国民身份证者一律不准入境　即日起各要口严密检查

市息　市府为配合戡乱工作,巩固地方治安,防止奸宄潜入起见,特函饬水陆警察暨宪兵团等有关治安机关,自即日起在各交通要口严密检查国民身份证。凡年满18岁以上,无国民身份证或户籍誊本(军官、士兵为差假证,归国侨胞为护照)者,一律不准入境,配由原机船遣回。12岁以上者,自6月1日起,亦照上项规定办理。(默)

《江声报》1949年5月20日

移民名额未确定前　新客赴暹暂停办理

市息　侨务委员会昨电侨务局,以准外交部代电称:关于暹罗政府削减我移民限额及华人赴暹,均须持有暹方签证之护照。本案提出交涉已久,经引用中暹友好条约第四条最惠国待遇之规定,援照美暹成例,即两国人民往来同等,须凭护照,但不须签证等语,电令驻暹大使馆及驻曼谷总领事馆交涉在案。至自琼汕二地赴暹人民办理护照时,可将证件等邮寄厦门本部办事处或本部驻广东、广西特派员公署申请核发,毋须亲自跋涉领取护照。依照暹方以前规定,亦仅有自香港出发者,方由暹驻港机关签证。自国内出发者,仍由暹驻华使馆予以签证。总之,在赴暹移民限额及签证办法未获圆满解决前,人民出国赴暹一事,似不得不暂缓办理。又返暹旧客携有有效证件者,经电商外交部速订合理办法,以资维持。若系新客,则在移民名额未确定前,应即暂停办法。(默)

《江声报》1949年5月20日

申请护照办法变更　得由亲属代办

本市福清同乡会昨函侨务局,以申请护照按规定须由本人亲自到局办理,惟福清距厦数百里,交通不便,妇孺往返在在困难。若由本人亲自申请,长驻厦地待照出国,所需费用亦巨,请仍准委托客栈代请,俾侨民免受无故损失。该局据函后,以所言困难属实,特变更办法,准由申请人亲属代办。

但领取证件时，仍应本人亲自到局领取。（厚）

《江声报》1949 年 8 月 25 日

第三节　华侨出入境政策管理

一、遣侨复原政策管理

仰光入口所领护照须英领签字　否则配回

昨公安局布告，略谓奉市长交下驻仰光领事馆公函：查旅客来缅，须拥有合理护照，方准进口登岸，否则被拒，遣回原籍。业经迭次函达出口地政府，并通令侨民在案。近来来缅侨民，仍有未领护照，或领有护照未向驻在我国之英国领事签字，或经签字而已过期者，致叠被当地海关扣留。事后虽经本馆保释，然此纯为本馆与当地海关友谊通融办法，例之当地外人入口规章，绝无交涉可资根据。现当地海关向本馆声明，此后不再通融，应函请贵政府晓谕出国侨民，务须遵照手续，领取护照，并送往英国驻华领事签证，实为公便。批公安局查照，办理合布此告通知云。

《江声报》1935 年 6 月 5 日

难侨回国后不得返菲传说

系领事馆一时权宜布告　如手续完全仍可赴菲

菲律宾回国难侨胞，前传难胞回国后，即不准再往菲岛。记者昨为此事访驻厦四团体办事处主任周冰心，探寻真相。据云：此事不确，因当时欲回国者众多，争趋我领事馆报名，其中确系贫苦者固多，而急欲回乡省亲，冒充难侨回国者亦复不少。我领馆为权宜处理，乃通告侨民，凡为难侨回国者不准回菲，因是人数减少，始得顺利调度。其中亦有难侨不能回菲者，既前被征召或由陷区逃往者是也。如手续完全，仍可返菲工作云。

《江声报》1946 年 3 月 4 日

菲政府知会我领馆　华侨返菲四条件　合其规定均得返菲

岷讯　据记者由薛副领事方面获息:菲劳工部移民局,日昨会正式致函总领馆,列举该局目前准许华侨返菲之条件如下:(一)以前系合法入境,取得居留权者。(二)并未放弃在菲住所者。(三)离菲时曾表示拟再回菲居住者。(四)离菲时系属暂时性质者(如离菲过久,则须提出充分理由)。凡能证实合乎上述四项条件者,则均准许前行返菲云云。

厦门侨务局长江亚醒,昨接菲律宾中国总领事函云:"准菲移民局函,来菲华侨,除非持有有效之返菲许可证或其他旅行证件,经美领事签证者,不得径自搭船来菲。查最近恩典轮来菲时,载有未办入口手续之华侨,致生问题。特电请查照转知,如有未办手续之华侨,统请阻止搭船为祷。"侨务局接电后,即通告归侨周知,于下次轮船往菲时,当派员更严厉检查。凡未持有合法出国手续,决不准前往,以免受重大损失。

《江声报》1946 年 5 月 18 日

赴沪美领馆签证菲侨
中航允优先购票　惟前往购票时须带证件

本报讯　据中国航空公司厦门办事处讯,凡持有 1941 年出境证或居留字之菲律宾华侨,只须经上海美国领事馆重予签证后,便可在菲登陆。兹该公司为便利持有该年份证件之侨胞,凡欲赴沪办理美领馆签证手续者,均允设法优先售予厦沪飞机客票(国币 142500 元整)。但于购票时须携带该项证件,以便核办云。

《中央日报》1946 年 9 月 23 日

返菲证逾一年者　经美领签证有效

本报讯　前次所载旅客已暂准全部登陆,已志昨日本报岷里拉电讯。据昨由菲飞厦旅客称:该轮可于昨日启程来厦,惟新合美公司尚未接到此项报告。该公司仅于昨晨获得电报一通，谓1945及1946两年度归侨可以登陆。似此则菲移民条例仍照8月底所颁布者办理，即返菲证逾期1年者，非经沪美领签署，不得在菲进出云。

《中央日报》1946年9月30日

菲侨复员 分别贫富

富侨即可扫数返菲 赤贫华侨容后设法

本市讯 本市厦门侨务局，顷奉侨务委员会代电，兹将原电文录下：厦门侨务局长览，准外交部本年10月15日美（三五）第九九四四号代电开，准善后救济总署转据上海联合国善后救济总署驻香港代电H.P.AaRede电报称：菲方派赴厦门协助华侨返菲之五官员，菲政府现承认负担其费用，并允准该五官员搭乘末班遣送华侨之船返马尼拉，拟请转请厦门当局晓谕华侨，现有船只赴菲。华侨须缴船费美金58元左右，证件须由联总审查等语。依据办法，现时有力付之留厦华侨，即可扫数返菲，赤贫华侨容后设法等由。除电知厦门市政府暨驻马尼拉总领事馆外，相应抄同原电，请查照核办等由。准此，合亟电仰该局遵照办理，并转知赴菲归侨为要云。

《中央日报》1946年10月29日

缅甸华侨复员问题 仍待缅政府消息

昨安培金答覆委会询问

本报讯 缅侨复委会以业经登记出国复员缅侨为数已达2000余人，连日续请登记者为数仍不少。但缅侨究于何时得以遣送出国，颇为各归侨所关心。该复委会以遣侨之事，系归安培金氏办理，乃将各有关问题函请安氏回答，其要点大抵如下：第一点，前由香港搭丰庆轮遣送首批缅侨，已安全上陆。但迄今尚未得缅政府许可第二批前往，故究竟缅侨何日得成行，尚无把握答覆。第二点，请侨委会暂停登记，第一批遣送侨后，再登记未迟。第三点，切劝内地华侨切勿冒然来厦，致消耗旅费。此外尚有关于登记手续问题三点，兹将安培金答覆录后：

第一，女性1942年由缅甸撤退，现已结婚者，不能带其丈夫及儿子回缅，除非先获得鼓浪屿英领的特别许可。第二，小孩子其父亲旅居缅甸而在

1941 年以前方故者，但现在已 16 岁以上，在唯一条件可以登记，就是能现出其家庭合影及过期护照，并充分证明该现在 16 岁之小孩子即该影片中之小孩子。第三，关于差不多 30 个缅甸人，他们乃是英国籍民。这一点，我们将再查询香港总署，是否可以协助。照法律，既是英国籍民，便没有可能接受联总的帮忙的权利。虽然如此，但我们或仍有可能协助其回缅甸，其费用则由缅甸政府负责。

《中央日报》1946 年 11 月 3 日

外部电复侨务局　华侨复员缅甸

能适应两种条件　可准许先行入境

缅甸政府拒绝华侨复员事，本市侨务局日前曾会同市政府及复员协会，电请中央各机关，向缅政府交涉。侨务局昨日（19 日）接得外交部电复，兹探录于下：

厦门侨务局公鉴：戌鱼电敬悉。查华侨返缅，据驻仰光总领事馆呈称：当地政府并无异议，惟以该地战后食粮缺乏，交通困难。目前仅准：一、有亲友在缅，或到缅后之食宿均无问题者。二、协助重建缅甸者，如木工、铁匠、建筑工程师等，先行入境。顷如有合于上列条件，而拟返缅者，即请汇集有关证件寄部，以便转饬该馆交涉，并请行总核办为荷。外交部。市府订 20 日上午 9 时，假会议厅，召集各同乡会、华侨协会、行总厦处、侨务局、水警大队，协助滞厦缅侨返乡会议。

《江声报》1946 年 11 月 20 日

外部电厦　华侨赴日暂缓出发

外交部昨代电厦侨务局，略开，据驻日代表团称：查日本对外贸易尚未恢复，国内经济紧迫，经商不易。现时我国留日侨民 2 万余人，颇感谋生为艰，其无职游荡生活无着者，此刻已调查，拟设法救济遣送返国。依现时实际情形，归国华侨应暂缓来日。且驻日盟军总部规定，除外交部及与占领军有关人员外，普遍外国人民，概不允入境。后凡华侨申请遣送返日，自应从缓办理云云。

《江声报》1947 年 4 月 9 日

缅归侨先遣二千　侨协通告三办法

缅政府担保宇吞貌抵厦后，18 日与联总代表安培金商洽，决先遣送缅侨二千名复员，余视情形而定。本市华侨协会，昨特发出通告，内容如次：(一)凡前经该会登记缅侨，自本月 21 日起，每日上午 9 时至下午 5 时，由家长 1 人携同该会前发收据(遗失者再补)，前往大生里行总侨遣站，听候缅代表审核，候遣出国。(二)凡太平洋战后，由滇缅路回国，未向侨会登记复员者，亦应于同日由家长携带一应有关证件，及 2 寸半身照片 5 张，至侨会登记，汇送缅代表审核。(三)证件因战事遗失而欲复员者，除照前条办理外，并应取具侨领 2 人保证，到侨会登记。

《江声报》1947 年 4 月 20 日

关于遣侨安培金之谈话　滞厦缅侨下月遣送

行总侨民遣送站奉令结束，侨民遣送改归国际难民救济会厦门站接办，情志本报。昨记者往访该站负责人安培金氏，据语记者称：该站于本月 1 日成立，现正在移接中，遣侨业务仍将继续进行。惟因手续问题，当俟下月初方能继续将滞厦缅侨遣送。马来方面是否续遣，正在与英属政府磋商中，荷属方面则尚无消息。记者询以所传今后该站只负遣送责任，不另负责候遣侨民膳宿确否？据答：难遣站只负难侨遣散责任，其入站手续、膳宿等事，与侨遣站无异。凡非合于遣散条例者，该站绝不负任何救济责任。末谓：凡南洋各属遭当地政府遣送回国难侨，缺乏资斧返乡，而有证明文件者，可持向该站请求资遣回籍云云。又该站站址曾被接兵部队占住一部分，现正在迁移中。

《江声报》1947 年 10 月 4 日

遣送复员华侨　订定申请办法　由厦汕穗侨务局代理登记

联合国国际难民组织远东局成立后，专责办理归国华侨复员返原居地之遣送工作。该局近经饬侨委会，饬令广州、厦门、汕头侨务局及各所属侨务机关，办理归国难侨登记事宜，并订定复员华侨遣送办法一种：

(一)申请登记者依联总选定条例,以 1937 年对日战事爆发起,至 1945 年战事终结止。因战事影响,不能返回原居留地之华侨,而在当地有生活依据者,内包括战时被日军强迫离家,战后尚未能返原居留地者。(二)申请登记者须携证明文件,如居留证、护照、移民许可证及其他相当证件,亲至各侨务机关详填登记表。(三)滞留偏远地区,未能准时前往登记者,须先将以前侨居地址,侨居时间年月日,未能返原侨居地理由,有何证明文件,详函告附近侨务机关,以便设法调查属实后,补行登记。(四)有无能力负担复员全部或一部费用,应忠实报告。(南侨社)

《江声报》1947 年 11 月 6 日

前往印荷手续　侨务局详细解释

本报讯　关于华侨于战前前往荷印时,每受当地政府种种虐待,及至战后,又值荷印内战发生时期,荷盾币值日贬,是以该地归侨均无心前往。近因荷印战事业告结束,各归侨均事返荷印巴城等地。惟以目前申请前往该地手续,未尽明了,特请本市侨务局予以言释。经该局将当地政府规定新条例报告如下:(一)如父母、丈夫居住荷印,其子女或妻子战前回国者,其父得先向当地移民厅索取申请书三份,并缴费 5 万元。填就后,由当地民政局证明,该侨民抵达后,其住屋及职业不致发生问题,然后将此申请书由当地移民局转送巴城移民厅。经批准后,发交原申请人。申请人则以此准字寄回中国,请求荷国领事馆签准,即可出国。(二)无亲属在荷印之归侨,集由本人向厦门荷领馆登记、申请,然后由荷领与其移民厅调查属实,可出国。(三)已成年之儿子,其荷印之父母,不能代为申请重返。(四)去年回国而持有居留字者,如欲复往,须由其本人向驻厦荷领馆登记申请。(五)去年回国持有出口准字者,可凭此准字重返云。

《中央日报》1948 年 1 月 21 日

申请出国华侨资格办法规定

本报讯　本市侨务局,顷奉侨委会训令,以华侨申请出国办法及应具之证件。近经我外交部与各当地政府洽商结果,经分别规定如下:

甲、至海峡殖民地及英属马来亚:

一、申请返境者，须持有 1937 年后，当地政府所发之以下任何一种证件：A、驻当地领馆所发证明书。B、居留证。C、英政府证明书。E、出口证。D、回境证。二、新客须持移民局准入证及领馆证明书。

乙、至菲律宾：

一、现在菲驻厦领馆，只准 1941 年后回国，而持有回头纸或出身纸之华侨返境。二、新客不准入境。三、现在交涉准之 1941 年前之华侨返境。四、持有菲移民局之准入口证之新客可以入境。

丙、至缅甸：

一、欲返缅之华侨，须先得缅代表之签准，新客须得缅政府最近准许入口证。

丁、至越南：

一、回境华侨须持有 1937 年以后，向当地政府纳税收据。二、新客须持有当地政府及该地领馆证明书。

戊、至暹罗：

一、返境侨民须持有当地政府一年内有效之许可证。二、本年之移民定额一万人已超出，今年不再发许可证。

己、荷属东印度：

一、荷政府已决准若干华侨返其有住所之地带，现已准由广州及福州之华侨 1450 名返境。此等人须具有居留证，或出生证，或护证等件。又华侨于战事发生后回国，且适合联总遣送条例者，亦准返境。二、合格之商人，欲自费返境者，可以申请，如获得荷领馆之签准，当然可以返境。三、因当地情形尚未安定，新客暂不准前往。

庚、至欧洲各国：

申请者须具有当地准许入口证。

辛、至日本：

现在盟军统治下，不准作任何人返境。

壬、至美国：

一、官员、商人经营出入口商，教授、教士及学生等有适宜证件者可以申请入美。二、普通游客暂不得入境。三、华侨返境者，须持有效护照或回头纸，或土生字，或美移民局准入口证，经驻美领馆证明者。

癸、至加拿大：

一、入籍加拿大华侨之妻，及未满 18 岁之子女，有适当证件者。二、至中南美各国华侨持有当地政府许可入境证者,可以申请前往。

《中央日报》1948 年 2 月 1 日

新马复员归侨应行注意事项

本报讯 今年度第二批新加坡及马来亚各属复员华侨 500 名,经决定本月 16 日,由厦门恰美利轮输运遣送出国。国际难民组织远东局厦处函侨务局请求注意三点:

一、凡经该处审查合格之待遣侨胞,须准于本月 12 日前往大生里侨遣站报到,以便集中待遣出国。

二、凡已申请而未经批准者,嗣后如续有遣送,再行通知。

三、申请复员上开等地者,登记期间至本月 9 日截止。凡持有登记牌号,务须于第二批遣送出国完毕,再继续到大生里办理登记手续。

又讯 国际难民组织远东局厦处,昨续发表派员到泉州登记马新之申请复员华侨名单,经再审查,合格者三十七单位 81 人。

《星光日报》1948 年 2 月 8 日

荷国驻厦领馆函知赴荷手续

本报讯 侨务局息,荷印战事停止后,社会秩序较为安定,故迩来人民申请前往及归侨重返者日增。厦门侨务局为明了最近荷国驻厦领馆办理申请及签证程序,特函请该领事馆详示,以便转知出国人民。兹悉,该领馆经函复,略谓:申请前往荷属手续,日前尚无变更。查新客前往荷属东印度及归侨重返者,应具有贵国外交部护照(记者按:指新客),或有效之荷印证件(指归侨如居留字或出生字等),并相片四张,前来敝署申请。然后将其申请书缴送吧城移民厅,候其批准。敝领署方可在新客之护照,或归侨之有效荷属证件签证。至于归侨欲由荷印回国作短期省亲,得在荷印向当地政府申请往返许可证,同时获准出口。此类归侨于离厦返荷印之前,须来敝领署申报,敝领署当视其证件所准许之期限,立即签证。但此项往返许可证,其有效期间限(约 6 个月)。

《立人日报》1948 年 8 月 20 日

二、其他政策管理

出国侨民规定护照费　县府揭示周知

思明县政府，昨发出布告云：为布告事，案奉外交部训令内开，为令行事。据密报称：外交部颁布出洋旅客应领护照之命令，虽其规定各有差等，而领照之人多感不便，既应缴纳巨费，又受种种刁难。厦门领照费需十六七元，乡僻之人又须提前赶到办理领照手续，寄身旅舍，所费不赀。以一侨工南来谋生，非费百余金不可。拟请将规定护照费揭示，并令知各旅舍各船公司，将该揭示遵照悬挂，俾出洋旅客，一览而知，免受欺罔等情。据此，查护照条例第八条规定，请领护照者，每照应缴照费国币 2 元，学生、工人 1 元。又印花税、商人等游历护照 2 元，游学护照 1 元，侨工护照 3 角，早经公布在案。所称各节，是否属实，应严密查复。至所请将规定护照费揭示一节，事属可行，应即照办，并将办理情形呈复。合行令仰遵照，此令等因。奉此，查关于发给出国侨民护照收费一节，前经本府将护照条例规定各节，出示通告，并历经遵章办理各在案。兹奉前因，合行出示布告，仰出洋各侨民一体知照为要。切切此布。县长邱。

《江声报》1933 年 2 月 24 日

华侨出洋船票价限制办法

不得超过原价二成　违则拘办处罚重金

华侨出国船票评价委员会，昨假商会开二次会议，到评委及六和公司代表等十余人，侨务局长江亚醒，亦列席。主席陈联芬，六和代表陈铁安发表意见，谓六和对出国侨胞船票，向规定每名 61 元，最高只能卖到 81 元，超过此数，公司即停止与之交易。现欲讨论价格平允，最好由各帮客栈推派负责 1 人，购船票集中，平均均摊，方免抬高居奇云云。

次黄奕守主张，拟将全市客栈 40 余号，联合起来，向六和担保，将船票交其自行分配。白圻川主张，价格须使逐渐减低，自己支配，恐难实现□□。又江亚醒亦发表意见，谓此后出入口侨胞，均须到侨务局登记，应可就侨务局登记先后为标准,计算须船票若干,即免供应过于求。如无登记证,即有船票,亦不得出口。此法似尚可行云云。六和代表,对先后登记为购票标准,略有异议。结果依据黄士豪所拟办法,决议如下:一、手续费照船票原价(61元),不得超过二成。违反下列规定者,应受下列之处分:甲、指交官厅究办,并处罚金100元以上,300元以下。乙、责成六和公司停止交易。丙、若有发觉额外剥削,来会报告者,由会赏金100元。二、上列各条,呈报党政机关核准施行。

《江声报》1934年12月11日

侨务局布告取缔船票抬价照评价会决议办法

昨侨务局布告,关于取缔船票抬高事,兹录其原文如下:

案据思明县华侨船票评价委员会,委员黄奕守等呈称:查华侨为生活驱使,出洋谋生,遭受种种压迫,国人本应与深切之同情。但最近以侨外日多,星洲政府限制入口,经理船票业者,乘机居奇操纵,遂使票价暴涨。侨胞横受剥削,至堪痛心。本会奉令组织,迭经缜密研讨,认为持平划一,亟为急切要图。当于本会第二次会议妥商决议如左(下):

一、手续费照原票价,不得超过二成。二、不遵上条规定者,应受下列之处分。甲、指交官厅究办,并罚金100元以上,300元以下。乙、责成六和公司停止交易。三、如有发现额外剥削,来本会报告者,由会赏金100元。四、上列各条,呈报党政机关核准施行,决议通过,并记录在卷。除分呈外,理合备文呈请鉴核施行,俾票价得资抑平,侨胞咸受福利。至为切祷等情。据此,查维护华侨,政府明令具在,高抬轮船票价,剥削侨民,尤为法所不容。该会所拟办法,兼筹并顾,尚属妥善,应准照办。除通令经理船票商号一体遵照外,合行布告通知,嗣后如有故违,即以垄断操纵论罪,从而取缔。其各凛遵,切切此布。

《江声报》1934年12月23日

侨务局通令各旅社着留寓侨民到局登记

厦侨务局昨通令各旅社,颁布华侨出入国登记条例,略云:为明了出入口侨民确数,取缔不法收买劳工,防范作奸犯科,并便于解答侨民之种种咨询，便于指导出国侨民到达居留地时之烦琐手续，避免殖民地政府之排挤等等，特设出入国侨民登记处。凡出入国侨民留寓该旅舍，务须转知来局登记云云。条例如下：

（一）本局为明了出入国侨民确数，及便于解答指导侨民之咨询，特设立华侨出入国登记处。

（二）登记处附设本市升平路四号本侨务局。

（三）凡出入国侨民，务须来局登记，或由旅社客栈领导来局登记，出国侨民则由局发给登记证一纸付执，入国侨民须填表。

（四）出国侨民登记时应具有本人二寸半身相片一张，以资粘贴（入国侨民无须相片）。

（五）登记时应将本人姓名、籍贯、年龄、性别、职业、同行人数、前生何地、轮船名称、回国原因等详细填明。如不能自填者，得由本局登记员代填。

（六）登记概不收费，即旅社客栈，亦不得索取分文。如有极端苛索情事，得随时报告本局，以资严行处办。

（七）出国侨民登记后，得持证向领护照，及购买船票。又轮船出口，本局旅员下轮检验登记证，如发现无登记证时，本局得随时取缔。

（八）本条例自公布之日施行。

《江声报》1934 年 12 月 26 日

赴菲华侨携带杂物皆须报关

菲律宾海关，近对川走菲厦之安庆轮货件，特加注意。凡无关单载字混为行李者，概须缴交该地海关查验，手续至为繁难，且非经报关行代领，概不放行。前次该轮抵岷，因旅客带有茶叶及柚数十箱，装为行李，悉被扣留罚金，并着该轮负责人，兹后所载货件，如无关单载字，概予没收。太古行已通知各客栈，请转知各旅客遵守。又该轮客票规定，凡 12 岁以上童子，概买全票。此点最近时有发现童客携带真伪入口护照 2 张，以伪护照向该行购票，到菲时则伪照毁灭，使用其护照。往往被船主及关员查验发觉护照与船票年龄不符，时被该轮扣留，或菲海关扣留候查。昨太古行亦拟通知各客栈注意，凡童客须真实护照缴验，年龄购票，否则原轮配回。

《江声报》1936 年 10 月 28 日

归侨行李统一检查　水警大队函覆侨会

本市华侨公会，前函水警大队，对于归国华侨行李，仿照汕头市办法，实施统一检查。兹得该大队部函覆，略谓：奉省令，对归侨行李实施统一检查一案，候令厦门市政府，邀集当地关系机关议复核办等因，奉此，前准来函。当经本部以归侨行李，除认为可疑或据线民报告，方予检查外，其余概不检查，以利侨旅各情形，呈请核示在案。兹参前因，相应函达，即希查照云。

《江声报》1937 年 6 月 16 日

请领出口护照办理

厦门侨务局，顷奉侨务委员会颁发出国华侨请领护照办法如下：

(一)为便利侨胞申请出国护照起见，侨务委员会所属侨务处暨招待站所办理侨民出国登记，如当地未有外交部特派员公署之设立，而侨胞申请护照可由各该处局站将登记合格者，汇造名册，每名须缮写一事项表汇造成册，并每名须觅得同乡会或其他机关负责人为保证人，签名盖章于表上，一并呈侨务委员会代转外交部申请护照。

(二)侨胞申请出国护照，每人应缴照费 55 元，并附 4 寸半身相片 3 张，寄呈侨务处局转侨务委员会代转外交部。惟 15 岁以下之男女尚未成人，不必申请护照云。闻侨务奉令后，已通告各出国华侨，速为申请，以便出国。惟申请者，除填缴领照事项表外，并须缴此次该局所发登记合格证明书，以资检体，并附缴来往双挂号邮资 160 元，以便寄发护照及原件云。

《江声报》1946 年 3 月 14 日

侨局通知　菲侨出国须先验证

厦门侨务局，昨通知航行岷厦之轮船公司，今后华侨欲购船票往菲，须先检验出国证。否则希勿售与船票，庶免该侨胞渡菲时发生困难云云。查华侨往菲，须先将其 1945 年以后之回菲证明书，缴由侨务局检验。如该局认为手续完妥，即便发给华侨出国证。该局并决定今后派员登轮检验，如无领得出国证，即着上陆，不许出国赴菲云。

《江声报》1946 年 5 月 22 日

菲岛目前谋生不易　归侨幸勿轻自渡洋

市府严防不肖侨客贩女为娼　凡女性南渡者须先申请登记

市府昨接外交部来电开，据马尼拉总领馆电称：菲行政部现拟派员来驻厦检查华侨返菲资格。菲岛目前谋生不易，如无确凿把握，必感痛苦，请剀切晓谕归侨勿轻易赴菲云。市府奉电，昨即分别转各华侨机关转知各华侨云。

又市府昨电本市各轮船公司，以迩来交通渐次恢复，往返南洋各地华侨，亦日益增多。乃近有不肖分子，借名侨眷，贩运青年妇女前往南洋各地，操行不法营业。此种行为不特违法且涉辱国体。本府为防范未然计，自即日起，凡前往南洋各地女客，均须先期向市府民政科侨务股取得登记，方准购票放行。嗣后各轮船公司应负责关于女客部分，必须验证领票，以免发生弊窦。除分电外，合应电请查照办理。

又讯　菲岛对于女华侨进菲，刻取严苛之裸体检查。其原因关系有不肖华侨收买娼妓往菲操皮肉生活所致。

《江声报》1946 年 8 月 16 日

凡华侨赴菲护照　均须美领签证

菲律宾移民新条例规定

本报讯　菲律宾移民条例变更，致华侨入境有所限制事，已志昨报。查菲侨民新条例于本年 8 月 3 日经移民向长法勃雷暨劳工部长马萨林共同批准施行。全文甚长，要点如次：

（一）菲律宾与我国商妥协定，规定在菲国驻外领事馆成立以前，由美驻外领馆代表菲利益，凡欲赴菲外侨，无论以何种身份赴菲，均应向美领申请签证护照。

（二）除持有美领馆人员所发有效移民签证外，又须检验其本国政府所发护照或证明文件。

（三）凡有合法永久居留菲国侨民，欲离菲返国，应向移民局请领重行入境许可证，有效期限为一年。如有充分理由，得请求移民局长准予展限一年。

(四)凡被禁止入境外侨,应即被遣送回原地,其遣回费则由原轮船或原飞机负责。

(五)厦门尚无美领馆之设立,故凡由厦赴菲者,应向上海美领馆申请护照签证。

照上列五要点视之,则除去年11月初旬起,经联总遣回难侨所领重行入境许可证,迄今尚未满一年外,其于1941年前返国者,均已逾越期限,依新条例均不得入口。但经美领签证或得入口,故玛丹轮代理人胜丰公司,前晚托由旅栈公会代为征求华侨意见。该公司所开出条件为凡欲赴菲者,可由玛丹轮载往上海,请求美领签证,每人加纳保证金125元菲币。至于签证费用若干,由各人自理。但1945年及1946年、1947年归侨,以彼等已持有合法返菲证件,何必多此一举。而1941年前返国者,则以赴沪请美领签证费用未知若干,且美领肯否为之签证,均无把握,不便冒险。后又传闻新合美代理之荣旋轮,因系官商合办之轮船,凡搭该轮前往者,即使系1940年返国者,亦得登陆无阻,于是纷向玛丹轮退票。但昨晚新合美接得消息,荣旋轮已于昨日下午自菲开厦,前次所载往之华侨700余人,仅有少数因伪造居留证被遣回,余均已上陆。惟该轮仍不得收载1941年返国之华侨前往,并未能因系官商合办之关系所例外。初华侨多以为可搭荣旋前往,但今已不可能,其1945年返国待再前往者,仅少数业走水者,余均为1941年者。彼等得此消息,其迫待赴菲者,或将冒险赴沪,请求美领签证云。

《中央日报》1946年9月22日

要出国先种鼠

本市太古行,昨接香港英政府来电,凡出国华侨往香港及英属南洋群岛者,须加种鼠疫。种后5日内,始准购买船票,登轮放洋云。

《江声报》1947年4月28日

壮丁申请出国　今年暂缓登记

侨务委员会,前准国防部代电,略以届满20至23岁之适龄壮丁,经体格检查合格者,在本年度内应即函请当地侨务处局暂缓登记。其申请出国手续，惟该项年满20至23岁适龄壮丁，国防部原电并未指明向未出国之人民，或待遣复员归侨，亦包括在内。该会当即电复国防部，以适龄壮丁申请出国，如属向未出国之人民，侨务机关自可不予登记。惟战时归侨，经各侨务处局登记核准复员者，及战后新近回国探访亲友或整理家产业，在6个月以内拟重返原居留地者，似当仍准登记出国，请即明白解释。复经国防部电复，同意侨委会此项解释，并通令各省军管区遵照直。本市侨务局及各华侨团体，昨亦层奉侨委会令，转侨胞知照云。

《江声报》1947年5月11日

华侨出国注射　海港修正办法

南侨社厦门讯　厦门海港检疫所，为便利侨胞出国起见，对于防疫注射，前曾规定第一次必须在该所施行，第二次可就当地卫生机关接种。要出国时，将注射证缴验签盖认可，俾免在厦拖延时日，消耗旅费。惟近来该所迭向侨胞函告，内地卫生机关，间有办理未尽完善者。该所深虑长此以往，或至滋生弊端。爰将原办法修正，嗣后华侨出国第二次防疫注射，可于第一次注射后5日至10日期间内，前往该所免费补种。如有不得已延缓，亦得于出国前申请补种，以符实际，而利出行云。

《中央日报》1947年7月2日

侨委会制定　移民赴暹办法

厦门每年仅限四百人　经商游历不受限制

中央社福州10日电　侨委会顷制定移民赴暹管理办法，凡新客申请移暹，每年限由汕头出口7000人，海口1200人，厦门400人，广州1900人，均由各地侨务处局负责办理。申请者须合于下列规定：(一)识中国文字。(二)有自立谋生能力。(三)合于当地法令及环境需要，如有下列情形之一者，则禁止出国。(1)受刑事处分，在执行期内，或受褫夺公权尚未回复者。(2)适龄壮丁，应受兵役之证件者。(3)身患恶疾或沙眼者。(四)作不正当营业者。(五)有不良嗜好者。按暹政府对我移民限额，迭经我外部交涉后，业于4月29日公布名额，每年暂定10000人。凡经商游历赴暹暂居者，取道暹罗者，以及海员、学童等人，均不列为移民。

又暹政府聘任人员及其眷属暹罗妇女之关系,持有有效居留证者、传教士、教授、中小学教员,曾住暹国妇女在外国所生子女,随母返国者,以及出生暹国,因结婚而失去暹罗国籍之妇女,皆不在限额之内。

《江声报》1947年7月11日

归侨带回物品应税新规定
价值不逾五百美金免证　外币如非匿报不得没收

侨委会近据各地华侨报诉,以省政府施行限制携带外币入口办法后,以致侨民携带外币入口,恒为海关检查检去,指为违法,全数没收。该会近为体察侨情特殊,经与财政部协商,并令各地以中外人民入国境,随身携带之外国币券,应向海关报明登记。于入境之日,向当地中央银行或其委托之兑换处兑换国币,隐匿不报者没收之。归侨或因初入国门,未谙国家法令,可由海关解释说明,以便旅客自行登记,不得即指为违法,予以没收。如隐匿不报,始可没收充公。至侨民回国,所带行李物品,应税部分,不超过500美元价值者,可免请领输入许可证。海关对归侨携带物品,可依修正进出口贸易办法办理。此项命令,已由侨委会财、政部分饬有关机关遵照办理云。(南侨社)

《江声报》1947年7月17日

侨民出入国登记不得例外需索　仅收工料费三千元

本报讯　厦门侨务局新任局长吕尘心,前(11)日下午4时到局接收。昨日正式视事,即令属员自即日起办理侨民出入国登记,应遵照层峰令,准收取工料费国币3000元,不得例外需索,并应通告各旅栈,俾侨民周知,而免浪费云云。

《中央日报》1947年9月13日

申请赴菲华侨须经警局证明　警局订定办理手续

本报讯　菲律宾驻厦领事馆,前函厦门市政府规定,凡申请赴菲华侨,须具备该申请人住在地之警察局证明书,及厦门侨务局出口许可证,始合申请手续。顷悉本市警察局，为便利侨胞出国计，特订定请求出口证明书，应办手续注意事项，签奉黄市长核准施行，并通函闽南各县政府查照办理。兹探录其注意事项原文如下：

请求出国证明应办手续注意事项：

（一）凡内地各县请求出国侨胞，在未来厦前，须在本县取得本县警察局之确系良民，住在地，并无民刑及自治义务未了案件之证明书，径向领事馆请求签证。

（二）凡未依第一条规定取得住在地警察局证明书，来厦后向本局请求出国证明书者，无论新旧客，应先向原籍所在地之乡公所或保办公处取得证明书来局，以便审核，代发证明。其证明书要点如下：甲、非壮丁年龄，无中签征调者。乙、在原籍地，已无未了民刑案件者。丙、户籍登记手续是否完竣。丁、出国详细理由。戊、证件内附贴 2 寸半身相片 1 张，并加盖骑缝印章。

（三）乡公所保长证明文件连同 2 寸半身相片 2 张来局（行政科），领取空白申请书，应填各栏填妥盖印送核后，填发本局证明书，向驻厦各该国领事馆签证。

（四）非有第二条各款之规定者，应免来局申请给证。

（五）本市居民之出国请求证明，参照前条规定办理。

（六）本注意事项应函请闽南各县政府布告，并转饬该管警察局及各镇（乡）公所知照，并与本局随时联系。

《中央日报》1947 年 9 月 14 日

归侨进口　准许携带货物

办法已拟就待通过后施行

南洋各地，多限制华侨汇款返国，如暹罗一地，即规定华侨每月每人只准汇回暹罗币 50 元。此种限制，对于侨汇影响至巨。我政府为变通办法，特令全国输入委员会研究吸收侨汇妥当办法，经拟定办法，准许无限制携带货物进口，输管会前所公布之附表（一）（二）（三）中所列之各种货物，均准进口。惟仍须领取进口证，如在广州进口者，可向广州输管分会办理申请手续。如在厦门进口者，即可向厦输管会领取进口证，惟领取后，应向当地海关办理报关手续。至南洋侨胞身份之证明，应由当地之领事馆与中华商会

负责。此办法候通过后,即可颁布施行。(南侨社)

《江声报》1947 年 9 月 17 日

归侨带货进口暂准报税补证

嗣记者询以本市为华侨出入口门户,华侨归国时,每有随身携带货物,是否可予以特别便利,准其在寄存海关仓库,再向该处补领进口许可证。许氏答称:此点本处亦有注意及之,经函请上海输管会,以华侨归国无法带回巨额外汇,故每携带货物归来,应予以便利。经奉命,自 8 月份试办一个月,现正申请继续办理。惟对华侨进口货,以曾经向海关保税者,方准补领许可证,如属漏税货品,自当别论。最后许氏并对记者称:以外传该处在夏季申请第二类外汇时有与商人平分利益事,本处有串通若干商人舞弊情事,实绝无其事。而本人亦大感头痛。(闻第一类货品,包括机器、汽车原料、肥粉、西药、颜料、糖等民生重要必需品)至今后商户,凡有申请第一类者,须待冬季(11 月)申请。对于输入货物之外汇限额,本处亦经一再要求上峰放宽。惟以战后国家经济贫乏,虽有侨汇补充,然大部流入黑市。此次外汇调整后,侨汇如可增加,国家经济尺寸较宽时,对输入货物限额自可放宽。至于出口货品,政府向来是奖励输出,自无不准之理。

《中央日报》1947 年 9 月 23 日

去年最后三月申请赴菲准免抽签

马尼拉航讯 查去年度申请赴菲华侨新客,因菲方尚未在厦设立领馆,故无法发给护照签证,及移民签证。迨菲驻厦领馆设立后,又因时间关系,未克将 1946 年度申请新客手续完全办竣。乃将去年之申请者,列入本年度移民限额内,以抽签决定。惟抽签事属幸运,往往落选,于理殊欠公允。菲移民局长法布礼,经决定,予去年最后 3 个月申请者,免经过抽签手续,即可赴菲。惟须履行移民局条例所规定之一切应办手续。据悉,去年度最后 3 个月申请赴菲者约 100 人云。(南侨社)

《中央日报》1947 年 9 月 25 日

出国侨民证明核给办法

有许可证始能购票

侨务委员会顷电令厦门、福州、汕头、广州等侨务处局，嗣后凡出国侨民，须有出国许可证，始能购票。兹志该项证明核给办法如下：

（一）侨民申请给予证明，俾向外交部请领护照出国者，概依本办法之规定。

（二）申请证明之出国复业侨民，律须呈验海外携来之有关证件，如当地政府之居留字、出生字、回头纸，或驻外使领馆之护照登记证，无使馆地方则为党部或中华商会、中华会馆之证明书，至少须有一种且能发生效力者方予证明。

（三）海外带之证件遗失而确系归侨拟重往复业者，必须提出其他有关证件，足以作该侨居留该地之根据。

（四）申请将原核办延期以备出国者，必须呈验原护照，以凭核照。

（五）申请人如系应聘出国担任华侨教育及文化工作人员，应呈体华侨教育文化机关聘函及当地使领馆证明书（无使领馆地方则为党部或中华商会、中华会馆证明书）。

（六）申请人如系受国外机关、工厂、农场或商店雇往服务者，应呈缴合约或聘书。

（七）申请人如系订婚妇女请求出国与本国人士结婚者，应呈验其未婚夫及女方家长同意之证明文件及当地领馆证明书。

（八）妇女携带子女出国，投依有生业之亲属者，须填报该亲属之姓名、职业、地址及其关系。且经亲属呈报当地政府，准许入口之证件。

（九）本办法侨委会常务委员会通过，即日起开始施行。

《中央日报》1947 年 9 月 29 日

华侨带运货品申请入口办法　厦输管处函复市参会

市参会上次大会，曾提议华侨回国投资，运厦出产物资应予以便利，分函本市海关及输管处查照办理。昨经接获输管处函复：略以该处前以本区华侨最多，情形特殊，由顾问会议决，呈请层峰，凡确属华侨带运之货品，以及华侨厂商输入南洋等处本厂出品(均不需外汇),应予补救,拟请特准予以输入。至华侨自带货品入口,应照关章,以登入舱口单及持有提单为限(水客带货,仍由海关严密取缔)。上两项业经层峰批示,谓除属附表三、四类之货品外,其余准由厦门区办事处所提办法,先予试办1个月,经输入临时管理委员会执行委员会36次会议记录在案。现试办期满,以本办法施行后,华侨带货为数无多,情形良好,尚无流弊。该处经再呈展期,藉以优待华侨。凡华侨生产货品,果与本案符合,并经驻在地领事予以证明者,自应准予来处申请,不需外汇输入,以示优待云云。市参会据函后,即转通知国内外华侨厂商查照。

《江声报》1947年11月5日

菲岛归侨在菲先行注射可利检疫手续

马尼拉讯 驻菲公使馆讯:关于菲政府对于侨胞出入菲境办理检疫手续一事,使馆现正设法谋求简化。惟事关公共卫生,使馆望我侨胞仍应与菲检疫当局合作,以免引起困难。我国卫生署厦门海港检疫所林所长全盛最近来菲公干,拜访陈公使,便由建议我回国侨胞,于离菲之先,最好请菲海港检疫所,注射鼠疫及霍乱预防针各2次,并施种牛痘。检验结果后,领取菲海港检疫所之证明书。此项证明书,关于鼠疫及霍乱部分6月有效,关于牛痘部分3年有效。侨胞如在上述有效期间,持同该证明书返菲,国内及菲国海港检疫所均予承认,可省疫病检查手续,甚为便利。惟必须向菲海港检疫所领取证明书,方属有效等语。陈公使认为此项建议甚为妥善,侨胞如能在离菲之先,请菲海港检疫所照上述办法注射疫针及种痘,并领取证书,既可保全本身健康,并可简省检疫手续。希望返国侨胞,采用此项办法。

《江声报》1947年11月16日

侨胞前往越北须法领事签证

我驻河内总领事馆,顷复函厦市府称:本年9月间有侨民71人,未经在华任何一法国领事馆签证,即进入越北,为法驻越北专员公署扣留。嗣经各方交涉,始□□□□□□□□□□□驻越北专署,已规定自10月15日起,除西贡、□□、金边、白马四地外,华侨如进入越北,必须有在华法国领事馆之

签证。否则依照中法新约，必被遣送返国。厦市府已将原函转致厦侨务局，通知越北侨胞予以注意。（中央社）

《中央日报》1947 年 12 月 4 日

去年准赴菲限额华侨　签证未成行　今年仍得凭原证前往

去年经申请准予赴菲之限额内华侨，其中有因故未获启程者，今年是否可以成行，成为问题。兹悉，菲当局已答应予以通融，凡去年内已获得驻厦、港、沪各地美菲领馆签证而至去年底犹不克赴菲者，今年仍得凭原证件前往。其有经领馆受理而手续未办竣者，于领证后亦得往菲云。

《江声报》1948 年 1 月 10 日

赴菲护照问题获四点协议　吕尘心昨访菲领事交涉

本市讯　日前菲驻厦领事馆，奉令对缺少外交护照赴菲侨拒绝签证后，近日受阻厦地菲侨颇多。厦侨务局局长吕尘心，今晨 10 时特往鼓屿菲领馆拜晤代理副领事文理道万地实答，讨论关于华侨赴菲护照事，已获四点协议：（一）归侨具有未逾期回菲许可证者（即出口字），可免再请领护照，但仍向侨局请领出国许可证，即可返菲。（二）新客前经菲领馆签准，并办完各种入口手续，因事延搁而未逾限者，仍得返菲（以上二点，均由菲领馆电知本国政府）。（三）新客正在领馆办理中之证件（如游历字、教员字、学生字），即可发还各侨民，俾补办请领护照手续。（四）赴菲华侨以往而仅持有菲政府入口许可证及侨局出国许可证，即可入境。今规定须申请外交护照，增繁手续。该领馆允许将华侨实际情形，报告菲当局，仍照过去成例办法。此外，侨局为便利菲侨出国，特电侨委会函请外部派员来厦主持发给护照，或委托该局办理云。

《中央日报》1948 年 1 月 15 日

侨胞回国须向侨务局登记

本报讯　厦门侨务局奉令办理侨民回国登记，凡回国侨民，务须遵照奉颁人民出国回国管理规则，到该局登记，藉资保护及享受种种之权益。如：

一、回国未满六个月者，不予征集兵役，又如因航运未畅通及侨民当地政府不准入境，致未能如期出国者，仍准暂予缓征。二、出国时得持本证申请发给许可证。三、回国侨民登记后，得请求该局予以种种保护，案经通告在案。兹查侨民于回国时，尚有未到该局办理登记，惟事关保护，该局决难漠视，自应切实施行。特再通告：一、凡外轮进口时，各旅栈应负责派员引导住宿，该栈归侨应携带证件到侨务局办理回国登记手续。二、凡各旅栈得先向该局请领回国登记申请书，备得归侨预先填写，携带到局，申请登记发证。三、如因外轮进口之归侨急需回梓，即非办公时间，亦得先电话通知该局延长办公时间，予以便利登记发证。以上三点，该局已函厦门旅栈同业公会转饬各旅栈转知各侨民遵办云。

《中央日报》1948 年 1 月 16 日

携带黄金进口数额将展宽

本报讯 厦门侨务局昨奉侨务会训令，略以前据呈请关于侨民入国境携带饰金数量宽限度一案，经奉准财政部 26 年 12 月 5 日代电，以前为推行黄金政策暨进口旅客携带黄金，每人以关秤一两为限。嗣迭准对于居留地限制侨民黄金饰物展宽限度，以便利侨胞。财政部拟具黄金外币买卖处罚条例，正草修案一种，将进口旅客携带黄金饰物数额予以展宽，并规定过境旅客携带黄金、外币暂行保管办法，函请立法院、刑法委员会参议在案。兹准前由，已函请侨务委会迅予审议修正，公布施行云。

《中央日报》1948 年 1 月 17 日

华侨带黄金入口应放宽限制　市参会电政院呼吁

关于华侨携带黄金归国，屡被海关缉获一事，市参议会特为此代电行政院财政部，请予放宽限制，以利国计民生。兹录原电如下：

行政院长张、财政部长俞钧鉴：窃查厦门为南洋各属华侨出入必经之地，来往华侨至多。华侨回国，为经营实业，常将其历年积蓄，购买黄金，携带归国。以不谙法令，对于携带黄金入口之限制，致月来被厦门海关查出，予以没收者，经有数起。窃以华侨携带黄金入口，作为经营实业之资金，实符政府奖励华侨回国投资之旨，亦即间接增加国家之财富。年来市上金价飞腾,每为刺激物价之主因,如华侨能携带巨量黄金入口,足以抑平金价,亦即间接可收安定物价之效果。厦门为华侨都市,本会审察情势,考查侨情,深以限制华侨携带黄金入口之限制,实有加以修正之必要。如仍现有政策,等于隔绝华侨回国投资之路,至引起侨情疑惑怨懑,犹其余事。伏维钧院部俯察侨情,放宽限制,简化手续,毋使华侨历年辛苦之积蓄,倾毁于一旦。则国家幸甚,华侨幸甚。

《江声报》1948 年 2 月 24 日

本年移民赴暹　厦分配四百人

本市讯　移民赴暹办法,经外部修正颁闽。该办法规定每年移暹新客暂定为 1 万名,内分配汕头 3000 人,海口 1150 人,厦门 400 人,广州 1300 人,由各该地侨务处局负责管理。余额百五十人,则由其他各侨务处局移出。各口岸所定每年移出人数,应以 12 个月平均分配,并规定须能识中国文字,有自立谋生能力,合于当地法令及入境需要之新客,始准出口。惟因暂时赴暹游历休养及暂时入暹港之船只、船员、学生暨暹侨眷属等,不在所限额之内。又须呈验确实证件,经查明属实,即可准其出口。(南侨社)

《星光日报》1948 年 3 月 31 日

申请领取护照手续亟谋简化　三天可领取　家属可代办

本市讯　本市旅栈公会,日前函外交部驻厦签发护照办事处,请准由各旅栈代华侨办理申请领取护照。该处今特函覆如下:(一)本处鉴于出国侨胞申请护照时每因托人代办填写手续,迭有错误。嗣奉外交部令,凡申请护照者,务需本人亲自办理,俾免错误,且可防止不肖之徒,从中包揽取利。(二)本处为使侨胞便利申请护照起见,对各项手续,亟谋简化。现已减至 3 天,即可领取护照,非如贵会所云需时 10 天之久。(三)各菲侨如确有困难,不克亲身来厦办理者,本处业已斟酌实际情形,准由其家属代办。(南侨社)

《中央日报》1948 年 4 月 7 日

人民申请出国应行注意八项

本报讯 本市侨务局，为恐人民出国时未谙申请手续，致往返驳驳，辗转需时，特于昨日公布申请出国时应行注意事项八点。兹将其探录如次：

（一）人民出国须先填具申请书。（二）凡申请出国，应依照本局公布奉颁提示海外各地入口限制，各点呈验有关证件。（三）申请出国之新客（男子），年在18岁以上者，应随缴国民身份证，以便查验。（四）现役及龄男子（新客），申请出国，应缴该管县（市）政府证明曾受征兵处理未及格文件。（五）现役及龄归侨逾10个月出国者，应具备下列证明：（1）航路未通，或交通工具发生困难，经侨务主管机关证明者。（2）原居留地政府拒绝入境，或发生战事不能前往，经中国外交官（者）证明者。（3）处理府乡产业发生诉讼案，悬未结，必须其本人继续留住，经原审理机关证明者。（六）回国侨民自到达本国国境之日，应向本局申请回国登记，以为计算居留国内日期之核据。如入境之日未经回国登记者，均依当地政府所发出匚证件日期为凭。（七）申请出国人民所持之未经签盖准许入境抄件或通知书，应向原发机关签盖，以凭核发许可证。（八）国民身份证与侨居入境证件姓名、年龄未符者，应经应管乡（镇）保长出具证明云。

《中央日报》1948年4月14日

出国证料费改收三万元

侨务局奉侨务委员会令，出国许可证工料费改收3万元。该局奉令后，经于昨日起，按新订费额征收。（厚）

《江声报》1948年5月19日

归侨遭非法检查　可请彻查严禁　但禁制品切勿携带

侨务委员会前为归侨回国备受各种检查人员非法搜刮，特拟就办法三项，呈请行政院转饬所属遵行。海关总税司为此特拟具补充意见，呈请上峰转知海外侨胞，嗣后归国切勿携带禁制物品，所携行李财物金饰外钞，如有超出限额，于到达国境口岸时，应分别于行李报单上详细填明，以凭海关查验。以后如有其他机关人员检查非法搜刮,应将乘船名称、到达口岸、检查人员年貌,以及被搜损失财物等详细述明,直接或委托当地侨务机关,请其主管长官彻底查究,依法严办。上项办法,经由侨委会转饬各地侨务局处通饬侨胞遵照。(厚)

《江声报》1948 年 5 月 19 日

华侨向菲领馆申请签证新办法

游历字五百号复员字二千号　以上的概暂停签证

市府昨天接到菲领馆的公函,说该馆近日奉到菲外交部关于办理华侨赴菲向领馆申请签证的新办法,要点如下:(一)申请签证人应亲身前往领馆办理一切手续,不得托人办理。(二)临时游历字,号数在 500 号以内的,又复员字(1941 及 1945 旧客)在 2000 号以内的,即日起领馆可予接受办理。(三)号数在 500 号及 2000 号以上的临时游历字、学生字、旅外字、教员字,在还没奉到新命令以前,一概不予签证。不过申请延期的,持有新客字的,还是菲籍人民的签证,领馆仍应随时办理。(四)侨胞签证时候应纳的费用有两种,一种是申请手续费菲币 5 元,另一种是印花税菲币 20 元,合计菲币 25 元而已。(五)领馆决遵照上面规定,严格办理,凡是经人介绍,或是托人代办的,均予谢绝。(六)凡号数在规定以外的华侨,请静候以后的命令再来厦门办理手续,免得徒劳往返,或辗转请托,遭受意外的损失。(七)领馆人手不足,但仍将尽量给华侨以便利。

《江声报》1948 年 6 月 1 日

新客申请赴越侨局公布注意事项

市息　市侨务局,于昨日公布新客申请赴越南应注意事项如下:一、缴验国民身份证。二、取其该管乡镇长证明书或载明下列事项。三、申请人实足年龄及出生年月日。(一)保证到越后无失业事项。(二)申请人如系妇孺,应载明越南亲属姓名,并经证明非诱骗情事。(三)未成年儿童应载明同行亲属或监护人。(四)现役及龄男子应以曾受兵役处理未及格,经该县市政府证明者为限。(五)依照人民出国、回国管理规程第五条之规定,先填具申请书,核准发给出国许可证,方得凭证购买船票出国云。

《立人日报》1948年6月10日

赴美定额移民 交涉已有结果

侨委会昨令侨务局称:关于赴美定额移民事,经外交部向驻华美大使馆提出交涉,除美籍军人华裔妻室子女,不在限额之内,而定入定额计算待答覆外。至美籍华侨之妻室暨未满22岁之未婚子女赴美,依照美国1924年移民律及其修正法案第四节(G)项之规定,自可以“非定额移民”身份赴美,其所持护照亦毋庸由本部加盖“移民”字样戳记。又原曾以“非定额移民”身份领得普通护照者,嗣后若以需赴美永久居留而重新按照“移民赴美审查规则”申请以“定额移民”赴美时,似可准予依照该项审查规则所规定之手续审查办理。(厚)

《江声报》1948年6月15日

外部结束驻厦办事处 明日起停止签发护照 嗣后签照事宜托由侨务局代办

外交部前为便利本市及附近侨民出国,于3月杪派员来厦设立临时办事处,签发出国护照。3月来,该处共签出护照2800余张。现外交部以该处开支已超过原定预算,电令赶办结束,嗣后签照事宜,托由侨务局代办。该处奉令后,经定自明(23)日起停止收件,主任钱临□并于昨日往侨务局与吕尘心洽谈此事。侨务局经□□每日下午为收件时间,并自本月26日(星期六)开始。至申请时应缴各费,除护照费100万元及印花费1万元外,另应支付寄件邮费。兹将外交部规定,“嗣后厦门侨民出国请领护照办法”探志如下:

(一)请领护照事项表,由本部汇寄厦门侨务局代行免费出发。(二)申请人填具事项表及保证书后,应检附有关证件(侨务委员会或侨务局出国许可证及外国入境许可证件)及照片、护照暨印花费等缴由厦门侨务局转寄本部护照科核发护照,或由申请人径寄本部护照科核办亦可。(三)外国入境许可证件得由申请人摄影(4寸)呈验,原件准其自行保存。(四)护照办妥后,凡由侨务局转请核发者,由本部汇寄该局转交申请人。由申请人自行寄呈本部核办者,则径寄各该申请人。证件不妥或欠缺,须予查明,或退还时

亦同。(五)厦门侨务局代转各件之邮费,可由申请人自行支付。(厚)

《江声报》1948 年 6 月 25 日

菲侨携货入口　核定期限终止

本报讯　关于归国华侨携带货品入口办法,输管会厦门办事处于昨(10)日贴出公告称:查华侨带货办法,业奉会令,应至 5 月底为止,予以取消。嗣以侨民住在国外,有在 6 月间已起运在途或候轮回国者尚多,特予以通融办理,规定凡经驻外领事在 5 月 31 日以前到厦者,仍准予输入。后经呈奉会令,准予备查并公告在案。现 6 月底限期已过,而侨民携带货品入国因轮期耽误,以致到达口岸过期数天,向本处请求予输入者为数仍属不少。本处为体念侨民等在外辛勤,以其所得购运物质回国,偶因航期耽误,情尚可愿。查明实际进出日期及提单酌予照准,以恤侨难。但既奉会令核定限期,未便漫无限制,致悖法令,除将办理情形呈会察核外。特此公告,凡自本日起,再有侨民带货来厦请求准予输入者,本处概不收受,应候总会核示办法再行遵办云。

《中央日报》1948 年 7 月 11 日

限制现役壮丁出国　侨委会解释疑义九点

本报讯　自行政院颁布处理关于限制现役壮丁出国办法以来,市侨务局奉令实施该项办法时,有发生疑义九点,经电侨务委员会请示,迨至昨(10)日始获侨委会答覆解释如下:

一、待遣复员归侨,经联合国国际难民组织机构准予遣送,如届现役及龄之男子,可否出国?

解释:依照处理办法第一条规定,应准予出国。

二、现役及龄归侨,如未经办理回国登记,其出国时核计缓役期间,是否依所持之回国证或出号字记载之日期起算?又返国届 10 个月者,是否拒绝申请回国登记?

解释:如归侨抵达国境,未经登记,嗣后申请补办登记手续时,不准依所持之居留证、护照及其他证件记载返国之日期计算。

三、原居留地拒绝入境,或发生战事,不能前往,现经当地政府批准重返,并持有回返入境证之现役及龄男子,未约中国处交官署证明者,可否准予出国?

解释:归侨既经原居留地政府批准,重返且持有回返入境者,虽无中国外交官署之证明,应准出国。

四、现役及龄归国侨胞,因处理家乡产业发生纠纷,案经该管乡镇公所调解未结,必须其本人继续逗留,经该管乡镇公所证明者,其回国期间已超过10个月者,可否准予出国?

解释:归侨因案未结,如经原审理机关证明者,依照可以缓役,亦无时间之限制,案结后,应准出国。

五、侨生在高中以上学校或其同等学校肄业,已届现役及龄,拟回原居留地时,可否准予出国?

六、在回国内高中以上学校或其同等学校肄业之华侨学生,已届现役及龄,拟返原居留地继续求学,但未经教育部核准出国深造,可否准予出国?

五、六合并解释:回国侨生已届现役及龄,在高中以上或同等学校肄业,如拟回原居留地或拟返原居留地,继续求学,持有缓役证明书者,准予出国。

七、退役及龄之青年军,具有退役证者,可否准予出国?

解释:退役及龄青年军,如具有退役等证件,可准予出国。

八、团管区所发之缓役通知书,是否与县政府所发,曾受征兵处理未及格证明书同等有效,准予出国?

解释:团管区司令之缓役通知书有效。

九、新客之入境证件,当有转让情事。故证件(如大字)之姓名、年龄与国民身份不符者,如入境证件系现役及龄,而国民身份证则非现身及龄,可否由该管乡镇公所出具证明书,准予出国。又入境证非现役及龄,而国民身份证系现役及龄,是否(拒)绝出国?

解释:人民所持证件(按侨客之大字),其年龄与国民身份证填载不符,应以国民身份证之年龄为标准。

《中央日报》1948年7月11日

侨委会覆示赴越办法

侨务局前制订华侨赴越南应行注意事项五点布告周知,并呈请侨委会核备。兹悉,侨委会昨经覆示到厦,略谓:该项应行注意事项现已不能通用,今后人民申请赴越，旧客须持有1937年以后之当地证件或纳税纸。如属新客，应有当地政府之入口证或领馆之证明书，并曾受征兵处理未及格，经该管县(市)政府证明者，方准发给出国许可证云云。按政府此举，为防止假道越南，偷渡往暹之一种措施。惟赴越侨民，无形中亦受此种规定之限制。闻本市旅栈公会及太古轮船公司，将沥情函请侨务局转请侨委会另订补充办法，以释侨困。(厚)

《江声报》1948年7月17日

新客出国应备手续　厦侨务局列举六点

侨务局以华侨新客出国，因政府对壮丁年龄者限制甚严，间有未谙手续，假手他人代办，致被人从中渔利，损失不赀。特编就"新客出国(有关姓名、年龄)应备手续简表"一种，俾有意出国者遵照，兹志其内容如下：

(一)入口证(即大字)所载申请人，年龄在实足20至25岁者，应备：一、入口证。二、县政府证明书，证明曾受征兵处理不及格。(二)入口证所载申请人，年龄在实足20至25岁而国民身份证尚未及龄或逾龄者，应备：一、入口证。二、国民身份证。(三)入口证所载申请人姓名与国民身份证姓名不符者，应备：一、入口证。二、国民身份证。三、乡镇公所证明书，证明大字与国民身份证姓名确系同一人。(四)入口证所载申请人姓名、年龄与国民身份证不符者，应备：一、入口证。二、国民身份证。三、乡镇公所证明书，证明大字姓名与国民身份证姓名确系同一人，年龄确系国民身份年龄。(五)入口证所载申请人在18龄以下，未有国民身份证者，应备：一、入口证。二、乡镇公所年龄证明书。(六)入口证所载申请人年龄在18至20或25岁以上者，应备：一、入口证。二、国民身份证。(厚)

《江声报》1948年8月18日

归侨有正当理由　逗留逾十月

侨局呈请仍应准予出国

本报讯　厦侨务局以"归国侨胞及国内现役及龄男子申请处理办法"施行以来，近常有归国之现役及龄侨胞因情形特殊，而逗留祖国境内逾十个月者，如：一、侨胞在国内疾病，健康未恢复，经登记合格医师出具证明书。二、为直系亲属治丧,经乡镇公所证明者。三、因业产纠纷,在乡镇调查委员会调解,案悬未结,经乡镇调查委员会证明者。等属正常理由者,似应准予出国,该局乃于昨呈侨委会请示云。

《中央日报》1948 年 11 月 25 日

在印尼侨生子　返印签证手续简化

市息　市侨务局近奉侨委会,以据荷属东印度巴达维亚移民厅规定,自6 月半起,凡在印尼生长之华侨,不论男女回国,欲重返印尼者,可直接在中国(如厦门、汕头、香港等地)向荷兰领事馆申请签证,无须再取得印尼移民厅之核准。但居留地政府认为已有危险性之人物,虽有出生字,亦不许其入境。市侨局奉令后,经将该项情况通告侨民知照。

《江声报》1949 年 9 月 17 日

第七章

华侨事略

庄银安与新省委谈革命

当年夙愿未酬　经费被欠两万

陈复函云：

银安志兄大鉴：昨奉惠书，敬聆一切，针言痛谕，一字一珠，钦惭无似。吾等当年聆先总理言谈，因悉清政不振，将召危亡，国计民生，在在日蹙。始行决志牺牲，团结革命，意冀鼎革后，国有所福，民有所安全。讵料转入民国，拾有七年，锋盾干戈，尚无宁息，民生国计，痛感依然。殊出吾侪望想未及，瞻念前途，良足吁已。弟知此次入闽，希冀有所改革之苦衷，正如尊论，弟密审环境。闽痛过深，欲求彻底整理，恐难速达。当稍假以时日，使逐渐调治，感能奏效，所憾者恐曲高寡和，棉(绵)力有限。当赖我侨同志，多所匡扶，时相指导，方有遵循耳。尊处经费，积欠如许，诚可闷事。顷者闽中财政，已由徐厅长整理，将来当可条绪日臻，暂归有序，一俟库藏丰裕，弟自当从旁赞议，陆续补领。弟在职一日，对夫吾民痛苦，终不忘怀也。谨此敬覆，顺颂合祺。

弟陈楚楠谨复

拾月七日

林覆函不录

《民钟日报》1928 年 10 月 17 日

神户华侨陈清机等回国
一行男女二十人

县执委会顷接神户福建商业会议所函云：

敬启者，兹有第三帮驻神华侨代表陈清机、吴增炎等，带眷乘新地亚鸭家轮回国，计男女老幼 20 人。抵埠时恳祈妥为保护，以慰侨情，无任切祷，专此奉恳。敬请公安员至社会教育机关职员之抚恤，依照本部成案，得援照官吏恤金条例办理等语，批示、知照在案。仰即知照，此令等因，奉此。查前项指令，关系社会教育机关职员之待遇，自应通令周知，以资依据。除分行外，合行令仰知照，并转行所属社会教育机关一体知照，此令。

《江声报》1931 年 11 月 4 日

许友超王泉笙等今日搭轮返菲　客栈公会昨设席饯行

菲律宾华侨代表许友超、王泉笙，及秘书张时英，拟日内返菲各情，经志昨(9 日)日本报。兹查许王张三氏，昨经购定渣华公司利加拿尼轮票，定今(10 日)晨 10 时下轮，经香港转往菲律宾。昨(9 日)下午 4 时，菲律宾中华商会会员黄仲照，特假洞天酒楼宴请许、王、张，杨忠懿、杨孔莺诸代表，及四十九师长张贞，同席者有黄奕守、颜文初、陈荣芳、黄友情、周一尘等。闻许、王等返菲后，除敦请李清泉氏，勉就省委职外，同时即积极进行募款赞助国防建设，及分函各地华侨，一致奋起。至杨忠懿、杨孔莺二氏，暂时仍留厦负责通讯事务云。

《江声报》1932 年 12 月 10 日

许友超昨返菲　王泉笙杨忠懿张时英同行

菲律宾华侨代表许友超、王泉笙、杨忠懿及秘书张时英一行 4 人，昨(10)上午 10 时，搭渣华公司之尼加拿轮返菲律宾。登轮送别者，有王廷一、周一尘、杨秉如、王宗仁、蓝琛等，及崇实小学教员学生萧春荣等 7 人。王泉笙住 20 号房，张时英 19 号，许友超 21 号，杨忠懿 22 号，该轮于 12 时启碇。

《江声报》1932 年 12 月 11 日

许友超下轮返厦

原拟今日返　因所事未毕

市政筹备处长许友超，日前因要公及米捐问题，晋省向省方有所报告。兹据可靠消息，许氏原拟搭海宁轮，于今日返厦。现所事尚未十分完毕，决俟下期轮始能返厦。

《华侨日报》1933 年 10 月 20 日

许友超仕优则学

前厦门市政筹备处长许友超氏，不受民府龙汀省长之任，毅然赴菲，其志趣有足多者。自许氏卸职后，厦门市政秩序，虽相安如常，然欲在短时间内有所建树，则非易易。故厦门人士对许氏颇多去思，盖以许氏廉洁持躬，非晚近热中（衷）利禄者之所能及也。记者以许氏赴菲后，其近况如何，当为一般所关注者。爰于安庆轮抵埠时，上船访诸由菲返厦之某君。据谈，许氏返菲后，不但对于政治，不愿闻问，即社会事，除慈善性质者外，亦概不参与。似专心发展其个人商业，并聘有素有研究之中英文教员，研究中西学术，晨夕孜孜不倦。假日则约友徜徉于山水之间，殊自得其乐云。（闻）

《昌言》1934 年 4 月 1 日

曾上苑远走高飞

春风

大千旅社东曾上苑，自由同安脱险返厦后，客有往访者，其家人辄以病辞。即戚友，非最密切者，亦不获见其一面。故外间遂多认为曾果患病，实则曾于返厦之越日，已乘轮远渡重洋，仍过其“番客”生活矣。此事初无人知者，至昨日东方药房开股东会，曾为该药房大股东，其子仰望（前被拘公安局，现已保释）代表出席。而曾氏渡洋之消息，乃始传外云。

《昌言》1934 年 4 月 19 日

从闽粤人之豪俭说到闽南华侨及漳龙铁路

尝闻人言，闽南人重实际，广东人尚外表。吾初以为不然，及观陈嘉庚、叶清池等诸老，衣服皆朴敝补缀，如为人，而陈叶固拥有资产千或几百万者也。反之，粤人则大异是，梁燕孙、叶詹虎辈，非万元底麻雀不打。然此犹可谓为财阀，不同于众也。若梁启超一穷措大耳，起码亦非五千元不摸。粤人之阔绰，闽南人之朴质，可于以上诸人窥豹一斑。时代不同，流风亦变。今之摩登男女，衣服一套，价值百金；舞袜一双，须养羊 20 只。此种奢靡，虽不足方梁叶辈之豪，然持较陈叶诸老之穷衣敝裤，则判若霄壤矣。谁谓闽南人但重实际哉！

闽报载，厦门地价，一落千丈。在昔大同路一带，每方丈可售 3000 元，今则五六百元亦无人过问云云。在一般视之，未尝不为投资者惜，实则此辈只知以利为利，无远大眼光。其失败，初不足惜也。

福建华侨称最，其间拥资千百万者，不知其几何。乃区区一漳龙路，竟任荒废达二十领年，而无或顾问，俾其完成。而于都市之电影戏院、娱乐场，则争趋唯恐不及，以视独资创建潮汕铁路之张弼士辈，诚足汗颜耳。

不独此也，一人数人，或十数人，合办之汽路公司，其多乃如鲫。假使能合以着重于生产建设，漳龙路亦何尝不可以举，而皆莫能。吾不禁为福建前途忧，岂仅“生产建设”而已哉！

《昌吉》1934 年 5 月 5 日

通缉许友超感言

最近厦门特种公安局，奉省令通缉前厦门市长许友超，以其参加伪组织，被控有案云。该局已转饬所属，于外洋进口轮船，严密注意。记者因有感焉，查许氏为一旅菲侨商，非有任何政治学识与经验也。十九路军淞沪抗日之役，旅菲华侨，颇多赞助。迨十九路军入闽，菲华侨复捐款购飞机，以固国防。十九路军之需要许氏，不过欲利用其号召华侨，投资祖国，开发富源。许氏之返国做官，非想发财，志在澄清吏治，建设地方，如修筑县政府，以壮观瞻；筹设工艺厂，以利平民。至其廉洁自持，尤足多也。如思明鸡鸭捐，每月课款二千二百元。前任县长，仅以千五百元缴省，许氏不特不饱私囊，且移此七百元为民众学校经费。其廉洁有如此者，今竟以通缉闻，殊可概已。若谓做人民政府官员，便是参加伪组织，何以周醒南逍遥法外，毛维寿重握军权，他如某也，升某官；某也，任某职。皆前此人民政府之官员也，未闻政府下令通缉。许氏之心，岂能服乎？虽然政府之通缉许氏，殆有其他原因欤？

《禾山旬报》1934 年 11 月 1 日

陈新政先生事略

晚香

陈新政，禾山岭兜人，幼好学勤耕，性倔强，有义侠风，乡党多器重之。年十九，南渡槟屿，助乃父营帆业。因与伟人审，久蓄澄清中原之志，自是厥后，努力革命不懈。亡命要人之南走者，大都视先生为尾闾，先生亦资助如恐不胜。民十一(1922 年)，林子超长闽，电邀先生回乡。之省，欲依为股肱。先生见政治混乱已极，台上衣冠，大都野狸，拒不同污。及回厦，往泉州，或请之长财政，先生指所着白衣毅然曰："我着白衣从南洋来，但愿仍以白衣归去，足矣。"其高洁也如是。顾天不假龄，哲人易萎，无何噩耗传来，竟于暹罗终其年，闻者痛之。南北统一后，国府尝一度议立碑新都，以旌先烈。荏苒至今，迄无事实。前年本县党部，亦议决在厦门中山公园，建立革命先烈陈新政纪念碑，以志不忘，并推举董事数人，负责进行。旋又中止，斯可异已。

《禾山旬报》1935 年 1 月 1 日

陈谦善先生铜像

菊农

先生名最，别号乐峰，谦善其字也，禾山仙岳人。少商于岷，为人乐善好施，轻财尚义，遇人有难事，辄出为排解，慨然有古侠士风。三十年间倡办学校，建筑医院，购置义冢，筹设领事，种种擘划，凡属有益华侨之事，无不竭力提倡，人以是多先生。清廷闻其贤，饰以崇衔。卒年五十有八，时清光绪廿七年辛丑(1901 年)七月廿一日也。旅菲华侨，追念其劳，乃于宣统二年(1910 年)四月，为先生铸像于崇仁医院，昭示来兹云。

《禾山旬报》1935 年 1 月 1 日

同文校友　邓世熙异军特起

在菲进行文同中学　本市同文今日开课

同文学校本日已开学,学生据说有百二十人,校长由王启炜暂代,风潮似已告一段落。第闻旅菲该校校友会,近复有"文同"中学之组织,以邓世熙为中坚。邓现留菲担任旅菲校友会坐办,进行募捐。据接近邓氏方面者言,邓氏在菲,先已募得基金一部。嗣各旅菲校友闻悉,校潮之不易解决,前所认捐,复多有增加。俟集有成数,即归国进行建筑校舍,筹备成立。

《厦门大报》1937 年 3 月 1 日

陈嘉庚先生行踪记

白芦

母校创办人陈嘉庚先生,此次领导南侨慰劳团回国以来,足迹遍历全国通都小镇,万里长征,不辞劳瘁,老成为国感召实深。谨将其行踪摘要汇编如次,以志劬劳:

渝　三月廿六日晨六时三十日,由仰光起飞返国。下午一时三十七分过昆明,四时十五分抵渝。蒋委员长代表应昌安及各院部会、中央各部处、市党政军机关、各民众团体二百余单位,代表五百余人,争先齐集飞机场欢迎。当中航机康定号落地后,吴铁城首先趋前致候并示欢迎。次由妇女慰劳总队马沈慧莲、陈逸云两女士代表献花,厦大、集美两校同学献旗。陈先生及侯西反诸氏,与欢迎者握手寒暄。欢迎者并高呼口号,陈侯诸氏,即频频点头示谢。在休息室略进茶点后,陈先生乃于鼓掌声中,起立演讲,首向欢迎者致感谢之词,概述此次回国四大任务。旋侯西言演讲,时已傍晚,陈侯诸氏,乃乘车赴预定寓舍嘉陵新村休息。当晚中央社记者往谒,陈先生对该团行程及任各点有详细谈话。

四月十九日晨开团务会议,商讨分组慰劳前方将士事宜。午后二时,赴军委会拜会各长官,由古应芬等亲任招待。旋赴行政院,孔副院长偕各部会长官招待。晚出席海外部座谈会,由王龙惠主持。廿日晨,渝各机关举行联合欢迎大会。

五月一日,慰劳团分三路出发劳军。

蓉　陈先生十一日晚九时，在蓉广播电台，用闽语向南洋侨胞广播，并由该台用国语播述。

兰　陈先生十四日下午七时，由蓉乘机抵兰。十八日晨，偕侯西反、李铁民赴某地谒成吉思汗之灵，并考察当地农村经济状况，傍晚始行返兰。

青　十九日赴清海考察，勾留三日。廿二日晚，陈先生由青返兰。定廿四日赴陕。

陕　廿五日，陈先生由兰赴陕。

廿六日下午五时，陕各界欢迎陈先生及侨胞慰劳团第一团大会，及慰劳团向蒋主席献旗典礼合并举行。到三百余人，情绪至为热烈。

陈先生及南侨慰劳分团，廿八日晨乘汽车赴咸阳、兴平等地，谒茂陵，并游杨贵妃、卫青、霍去病等墓后，参观水利机关，对陕省农田水利现状，考察至详。下午二时返省，晚五时陕各界公宴陈先生及南侨慰劳一分团，到各界首长百五十余人。

晋豫　陈先生、侯西反、李铁民等由陕省府科长寿家骏陪同，赴中部纬谒黄陵后，至延安考察陕北地方近况，并转道晋西，向阎司令长官致敬，并慰问前方将士。十五日晚抵西安。十六日晨赴临潼游览，并瞻仰民族复兴石碑。十七日晚，赴洛阳转前方劳军。

陈先生等自四月七日起，前往甘肃、青海、宁夏、陕西、山西、河南、湖北等省考察，历时两月有余，观感甚佳。

滇　七月廿日，陈先生偕侯西言等重返重庆。于晋谒蒋委员长后，廿三日晨由渝出发，前往西南各省，先赴昆明，再经黔、桂、赣入闽。即由该地出国，不再返渝。故各机关均派代表至机场欢送。蒋委员长代表陈布雷以及海外部长吴铁城、副萧吉珊、朱部长家骅、中宣部长及潘公展等，均先生后到机场送行，海外部并派秘书吴士超伴送赴滇。

陈先生七月二十三日抵滇后，连日参观昆明建设，并赴下关视察。八月七日下午四时，拜会龙云主席，表示慰劳。八月十三日，陈侯二氏应昆明广播电台之请，分别广播。

黔　筑各界八月十七日，在省党部举行欢迎陈先生大会，到六百余人，由赵昉主席致欢迎词后，即由陈先生讲演，报告南洋侨胞协助祖国抗战之情形。历二小时始毕，末主席致答词后散会。

桂　陈先生于廿一日由柳抵桂，不日由衡来韶，粤各界今日午下开会筹备欢迎。

陈先生在桂事毕，廿九日晚偕侯西反、李铁民乘车赴湘，省府派孙士贤随行。

湘 陈先生偕李铁民等一行四人，九月一日中午，乘轮抵长沙。各界代表百余人，均在江干欢迎。据陈先生晤记者，湖南兵源多，粮食足，诚为建国之基石。此行观感极佳，途经衡阳，视察被炸灾区，见难民在瓦砾堆，埋头再起经营，依然生气蓬勃。又如现值秋收，各地驻军纷纷助农民收割，凡此辛苦奋斗与军民合作之精神，均足为最后胜利之保证云。

陈先生等一行，三日晨四时，离长赴粤。

粤 陈先生、侯西言等一行四人，四日晨由衡阳抵韶关。粤各界代表百余人，凌晨齐集曲江车站欢迎。省府主席李汉魂暨各机关长官，均往访晤。晚六时，粤各界设宴为陈侯二氏洗尘。五日举行欢迎大会。

赣 陈先生一行，二日由粤赴赣县，略事考察，当晚抵泰和，备受欢迎。晚间熊主席设宴款待，并邀党政各委员作陪。席间畅谈，备极欢洽，陈先生留泰两日，即转吉安等地考察。

陈行生等一行，以吉安为江西最大商业区，于十二日晨由泰和乘车抵吉。环绕市区一周后，参观江西建设工作人员训练所（编者按：教导组组长为母校举业同学陈淇君）。陈氏对该所情况及学生生活探询颇详，据侯李、两氏对记者表示，渠等经过三省市，学校俭洁朴实，尚以该所为最。午后三时，陈氏参加吉安各界茶会，由专员李林致欢迎词，陈先生答词。至三时余，乘车赴泰和。

陈先生一行四人，十三日午访晤赣省熊主席，会谈甚洽。定十四日离赣，经浙赴闽。

陈先生一行抵上饶后，十九日顾司令长官设宴招待。廿日，党政军文化各界，举行联合欢迎盛会。

浙 陈先生于廿一日晨五时抵金华，党政机关及各界代表方青儒等八十余人，于火车到站时列队持旗，情形热烈。十时赴×××访刘总司令，在总部午餐。三时应各界招待。廿二日赴×××访晤黄主席，廿三日赴丽水、龙泉。

闽 久别的故乡，老幼翘望归来

陈先生等一行，于二十四日午后二时三十分，自浦城经建欧抵延，各界列队在车站一带恭迎。事前因承陈先生函约，谢绝铺张。但民众夹道迎迓，仍极拥挤。下车后，由省府科长陈延进导往××休息。南方日报记者，以厦大为陈氏个人毁资所创建，此种兴学精神，前例罕有。目前改归国办后，乞以对该校之发展前途意见赐知，陈先生对此至感兴趣，语记者于一月后将转赴长汀视察。

中午，省府陈主席亲临旅寓探访，陈先生特于是晚赴主席公寓答拜，留作便饭，旋即告辞。廿五上午休息，下午三时在中南食堂参加各界欢迎茶会。廿六日上午参观各工厂，廿七日赴下道参观，登葫芦山，饱览闽江胜景。廿八日参观合作事业管理局，廿九日乘专车赴崇安，九月一日抵建阳，二日赴邵武。

陈先生等一行于十月五日由南平乘专艇抵福州，各界代表在龙潭角列队欢迎，极为热烈。全市各商店悬挂国旗及欢迎旗，各机关首长及厦大毕业生数十人，事先均到江干迎接。次日并开盛大欢迎会。陈先生留榕时表示，拟投资廿万开垦闽西北荒地，并计划以十万元建设武夷风景区。

十日，陈先生等一行抵福清。

十五日，陈先生一行抵枫亭，厦大、集美二校校友会特推派代表前往枫亭及涂岭等处迎候。十六日晨七时过涂岭，在区署休息。十一时抵达县城，各界代表在北门外接官亭迎接入城，下榻卫生院。下午四时，各界在县党部大礼堂举行欢迎会。晚七时举行公宴。八时，集美与厦大两校校友会集合前往献旗致敬。陈氏对两校校友严如一家人，备极勉慰。十七日晨五时，离惠赴泉州。

陈先生等一行，十七日由惠安到达泉州，同行者有省府侨务科长陈延进、集美校董陈村牧。十七日上午九时，各界代表百余人集合东郊候迎。十时许，陈等莅临止。

十八日下午三时，晋江各界在县府大礼堂开欢迎大会，到党政军商学侨文化界等代表五百余人。

陈于廿日晨五时许，离泉往××等考察。

陈先生等一行，由南安于廿三日下午二时抵永春，各界代表百余人，集合云龙桥头候迎。当晚举行公宴。

廿四日，各界在公共体育场开欢迎会。下午三时，厦大、集美校友假西安镇中心小学开欢迎会，恭请陈先生训话。

陈先生等一行廿五日离永春赴安溪，视察集美，廿九日赴××故乡一行。

四日，陈先生等一行抵漳，各界热烈欢迎。

七日,陈先生等一行抵岩,各界举行盛大欢迎会,厦大校友会代表叶广麟、叶书德等六日抵岩候迎赴汀。

九日中午,陈先生等一行抵汀。厦大校友会召集在汀全体校友,在郊外恭迎,全体学生列队车站欢迎。陈先生于十日出席厦大欢迎会,及校友会总会欢迎会,当日下午即离汀。

《厦大通讯》第 2 卷第 11 期,1940 年 11 月 9 日

本市闻人陈学海晋谒汪主席　荣蒙召觐　垂询侨胞状况

本市闻人陈学海氏,前经遍历南洋群岛、暹罗(泰国)等地,现在厦市经营海南洋行,兼面粉公会主席及孔教会财政部长,颇著声誉。此次该氏为救济本市柴薪燃料,特亲赴南洋各地采办大批吕宋柴,拟来厦平卖,以利民用。日前因完成任务,由南洋归国,为仰慕汪主席之伟大人格,特转道赴京。日前偕同李宪,氏抵京后,分别拜访各机关长官,连日在京盘桓,酬酢颇忙,为国府诸要人所器重。陈君并于前(10 日)下午 3 时赴主席官邸,晋谒汪主席致敬。当由主席延见,对南洋华侨状况,垂询颇详。谈约五十分钟,陈君等始恭辞而出。闻陈君在京略盘桓,拟日内遵道返厦。故陈君此行赴京,荣谒主席,实为厦市商界中人造几光荣之史迹云。

《华侨月刊》第 1 卷第 5～6 期合刊,1941 年

(何葆仁等亦随该轮抵厦)

又讯　参政员何葆仁,侨会委员参议暨海外部侨民运动指导员林珠光、黄亮等上月由重庆率眷抵港,昨搭安徽轮抵厦,下榻瑞芳客栈、大千旅社等处。查何葆仁,马来甲华侨,哥伦比亚经济学博士。回国后,在上海复旦大学执教甚久,后赴马来亚任华侨银行经理。南洋战事爆发返国,任重庆华侨建设公司总经理。林珠光系国立中山大学教育硕士,卒业后任吉隆坡中学校长,亦系于太平洋战事后返国,在陪都任有关侨民事业者。何氏等在厦略事考察后,将候轮赴新嘉(加)坡。又英人丁乃明,前任泉州惠世医院医师,昨亦偕其新妇由港来厦。闻丁氏带来红十字会药品甚多,不日将赴泉惠世医院任职云。

《中央日报》1946 年 5 月 15 日

荷属侨领返闽访问

市府昨奉省电，略以荷属侨民代表吴慎机、王尚志返闽原籍访问民间疾苦，仰饬属保护。市府奉电后，经电饬各区公所及警局遵照云。

《江声报》1946 年 8 月 6 日

滞厦八千菲岛华侨待签证后即可返菲

薛安然畅谈此行来厦任务

本报讯 菲律宾中华总商会驻厦代表及中华商业航空公司厦门分公司经理薛安然氏，于日前乘芝巴德轮由菲抵厦，下榻华侨服务社。记者往访，询以此行来厦任务。据称：本人此次来厦，系协助办理返菲侨民复员手续。盖联合国救济总署协助带□之八千余名侨民返菲。事前经领馆、商会与各方接洽，并将侨民登记名单公布后，商会已请准总□□委派移民局副专员亚兰礼查氏及其随员赴厦为出国侨民主持签证并电达厦市府。故本人来此，乃与在厦之联总移民专员暨市当局联络。目的在协助解决返菲侨民所有出国手续上之困难问题，以免被人撞骗。凡返菲侨民，如有合法证明文件，经驻厦移民专员签证后，即可便利赴菲，无须额外开费。侨民于文件签证后，联总即行派轮，免费运送赴菲。其往菲者名单，亦将由联总依序寄交商会，在岷市发表，使在菲亲属明了，以便到时妥予照应。如有前期住在外省，仍欲返原处者，于该等侨民到岷后，由联总给付用资，遣送至原居住地。商会此种措施，无非欲为出国侨民节省费用，亟望侨界将此情形转告行将来菲诸国内亲友。其次，本人携带救济款三百十九万九千三百六十元。此次系菲岛中兴银行总经理薛敏老（禾山庵兜社人），将其长公子大弼节省婚费者，转由妇女慰劳会李清泉夫人，再交本人携来施放庵兜社乡民。凡贫苦者，均为放赈对象。再次，为中菲航空公司菲沪线、菲港线，业已通航。菲厦一线，俟本人筹备后，料不久即可飞航云云。查薛氏于抗战前，任禾山第五联保主任。陷敌后即逃出至菲，家只遗夫人、儿女，屋宇被敌烧毁，农场亦被台奸商水仪占夺。因家陷敌，生活十分贫苦。至薛日昨返禾，始知其长女及幼儿均亡故，深为哀痛不置。又查薛安然、洪源港两氏，先后到市党部及到侨务局拜访黄书记长、江局长等，洽商此次来厦协助办理菲侨复员出国事宜，薛氏并将访晤联总侨务专员安培金氏,有所洽商云。

《中央日报》1946 年 9 月 5 日

巴城侨领蓝长泽昨日抵厦

本报讯 巴达维亚中华商会理事蓝长泽,于昨日(2 日)搭芝沙丹尼轮船抵厦。查蓝氏,系本市救济院院长蓝长江胞弟,前在本市执行律师业务,厦岛沦陷,不愿为顺民,避往爪哇。此次始行返国,本市漳汕同乡会理监事及亲友,均登轮欢迎云。

《中央日报》1946 年 12 月 3 日

缅甸归侨佳音 宇吞貌将来厦办理复员

本报讯 仰光南通洒家号东王宗启君,于 3 月 1 日晚 6 时为陈宗珍先生回国设宴洗尘,并宴请缅甸复员部主任宇翁,及副主任宇吞貌,借以联络感情。是晚出席者有李文珍、邱新□、郭忠基等数十人,席间王启宗发表陈宗珍先生将搭海利轮赴南京,而宇吞貌系受缅甸政府之命,应联总邀请,将赴厦门办理遣送缅甸归侨回缅之事务。经由宇吞貌发表称:此次本人奉命前往厦门办理缅甸归侨复员事务,深感荣幸。战后各地均注重复员,且父子、夫妻分离实为人生之悲剧。本人任此战务,能设法使离散之人,重复团圆,实属功德之事,何乐而不为乎!且本人系与华侨林荣丽之女结婚,与华侨有直接关系。故无论如何,必尽力设法使缅甸归侨尽早复员。又宇翁发表称:厦门之缅甸华侨,政府已草就章程,并派宇吞貌前往厦门办理,最近即可乘机离仰。最后陈宗珍表示决在厦门逗留,待帮助宇吞貌筹备缅甸华侨复员之事务安当(后),方欲赴南京云。

海外社讯 缅甸独立问题纷争已久,滞闽缅侨复员遥遥,经缅当局举派代表宇欧山氏(译音,意即首脑者)前往英京伦敦出席会议,商讨独立事宜。卒无结果,乃激起罢市罢课风潮。据在厦缅侨息,缅京罢课之潮业经恢复,政局解决事,且已有具体办法。关于在缅侨复员,当使缅代表宇顿莫氏于不久抵厦,与联总代表安具金氏商后决定。是复员之期,当在不远。至海利轮于本月四日由缅启程,预计在本月中旬即可抵厦云。(海外社)

《星光日报》1947 年 3 月 12 日

缅归侨复员　陈宗珍抵厦可定

本报讯　关于缅甸复员部副主任宇吞貌暨陈宗珍先生将搭海利轮来厦,办理遣送缅甸归侨复员一息,记者为彻底明了起见,昨特走访本市缅甸归侨复员协助委员会负责人,探询以该会有否获接是项确讯。据答称:陈宗珍先生搭海利轮来厦,确为事实。至宇吞貌何日可来,则尚未闻及。目前缅甸归侨复员事宜,仍无确定把握,一切详情,必须候诸陈宗珍君抵埠后,方能决定。故在此期间,深盼散居各县缅甸同侨,切勿孟浪来厦,致徒劳往返,虚耗川资。又所有流落本省之缅侨,经承联总回厦专员安培金转托本会代为办理登记手续,其返籍问题,将由安专员再请示联总另为设法云。

《星光日报》1947 年 3 月 14 日

陈宗珍氏来厦协助缅侨复员

本报讯　国民党驻缅甸总支部常务委员兼三民主义青年团驻缅团务筹备主任陈宗珍氏,来厦协助缅甸归侨复员。记者昨赴访于本市缅侨复员协助委员会,承告回国后之观感及缅甸党团活动情形称:本人自太平洋战事发生后,即问关入川,在重庆服务于海外部。因在缅曾 10 年,对缅侨之思想感情,息息相通。渠等归国后,对祖国之情形大多隔膜,目睹战后我国现状,多存不满心理,尤其闽粤归侨,因受地方不良分子之压力,更觉难安。经余多方分别劝导,对祖国之观念已有转变。盖战后国家因受战争破坏,社会经济及道德思想均暴露其矛盾反常之状态与缺点,此乃过度之现象。战时国家,无不皆然。故余希望归国缅甸勿存失望,并尽力激发其对祖国之爱国热情。陈氏述及缅甸党团活动时,以谦逊之语气称:缅甸党团组织及活动,中央已派员设处指导,本人不过以党员一分子,尽协助推进之责。且该地环境与国内不同,侨胞纯系经商,党员中除极少数之地方文化人士外,多属商人。故党团之活动多采取间接方式,凡属侨胞之福利事业,无不悉力以赴,以争取他们之同情,从而发生组织力量。现缅甸党员人数近九千人,党部机构,如分支部等,共有十余单位。团部现在进行筹备中。是地党团融洽无间,工作开展颇为顺利。陈氏定短期内遄赴同安籍,并拟作京沪一行,然后转道返缅。

《中央日报》1947 年 4 月 25 日

厦侨界电中央　促林庆年就职

海外社讯　星(新)加坡侨领林庆年氏,侨居海外多年,声望卓著,闽侨拥戴尤多。近经中央简派侨务委员会副委员长,侨界闻讯,殊表倾忭。惟林氏于日前返国过厦,曾表示前途困难甚多,对此新职,拟不接受。本市侨界人士张澜溪、蔡杰士、陈伯诚、白三江、庄春木、周冰心等以林氏在南洋群岛各地宣扬国策,成就良多。最近星洲土人排华事件,林氏领导华侨应付周旋,尤为侨胞所景仰。此次新职苟不往就,殊失侨胞之热望。昨特联电中央表示拥护,并请敦促林氏早日就职,以副众望云。

《中央日报》1947 年 5 月 16 日

中央侨委会　嘉奖蔡杰士

本报讯　厦市华侨服务社开办以来,业务蒸蒸日上,对归国华侨服务,不遗余力,实至名归,成绩斐然。中央侨务委员会以该社主任蔡杰士工作努力,特予颁状嘉奖。兹悉,蔡氏为推展该社业务,近将赴菲一行,联络海外同志,借以扩大服务范围。查蔡氏,系菲岛侨领之一,战前任菲律宾抗敌后援会宣传部长,号召菲侨从事抗敌工作,备著辛劳。于民国三十年(1941 年)奉召返国,受训后,因交通阻梗,未克回菲,乃为华侨服务以迄于今。此次承在菲友好之敦促,及该社业务之需要,故有菲岛之行。

《中央日报》1947 年 5 月 21 日

宇吞貌昨日离厦　发表书面谈话　对各界协助深致谢忱

本报讯　缅甸政府此次派代表宇吞貌氏来厦,办理缅甸归侨复员,经一月余之工作,现已办理完竣,经于昨日下午上船离厦。宇氏于行前发表书面谈话如下:本人到厦后,备承厦市各界人士,惠予盛意招待,及衷诚合作。值兹离厦前夕,谨见报端,表示万分谢忱。吾人到达时,即闻众人人均愿赐予协助,而厦市环境的幽美,人士的相爱,实较吾人在缅所闻知者为尤甚,实为吾人留下很深的印象。本人抵厦伊始,即行公开宣布,此来一切措施,均依缅甸政府命令执行。可是急待复员的华侨，超过缅政府所规定的最高额二千名。结果落选者必定感到重大的失望与误会。其实不可如此，吾人应能忆及在厦市各界的欢迎会中，黄市长曾问及此事。且深信全部华侨，在该地内部及一般情况渐复原状时，必得复员。余决将此事向政府力请，原则上固无问题，惟在缅地的复员工作，及内部情况，未臻完善时，复员事宜，亦受限制。本人深望大家，予以谅解，即吾人失望的痛苦，将如早晨的朝雾，一遇阳光即形消散。本人回缅后，决将各种难题，报请政府，予以妥善解决。本人在厦月余，每日均得与诸华侨作离别谈话，深稔诸人内心之痛楚，和生活的艰困。本人最近奉令前往福州、汕头、广州等地，继续办理复员事宜。余在各地，将遇到各种不同困难，决以耳闻目睹诸事宜，报请政府设法解决。缅地沦陷期间，本人及家属亦曾度过四年半之难民生活。因此对于诸位未得即日复员的华侨，更能充分明了和绝对同情。中国人民素富坚忍精神，深望大家本此精神，以期光明前途。最后本人及同行诸人，谨再向厦市各界人士机关社团，所给予吾人之深切协助及盛待，表示无限感激云。

《江声报》1947 年 5 月 24 日

厦门的遣侨工作　华侨复员难关重重　安培金的苦闷

为了协助福建华侨复员，联总于去年二月间派了一位专员安培金，到厦门来负责这事宜。实际上，业务是由行总厦门办事处另外设立一个华侨遣送站办理的，安氏是美国人，对所负的工作，颇有经验。一年多来，他来往香港、仰光、新加坡、马尼拉等地，交涉华侨复员的事宜，颇见努力。最近，记者在一个星期六晚会上，得聆安氏发表华侨复员的报告，现在把他的演词摘要介绍给各位关心华侨复员的读者。

他首先阐述联总的理想说："从贵国经过八年的艰苦抗战，我们深感除非世界上所有民族能获得机会与方法，利用它的天然资源以解决其生存的问题，不独和平无以获致，则任何国家的繁荣与安定，也无法实现。所以联总的理想是与过去旧历史不同的。今天世界任何民族和国家，彼此的一切，都相互负有责任，不仅我们的共同利益息息相关，即全体和平的生存，也不可分。唯有这样，我们的世界才能进步和发展。"

跟着他将联总协助中国遣送华侨复员的使命加以说明："战争给参加的国家带来了不少危机，即英国亦不能例外。中国的八年抗战，使万千人民从沿海流离迁徙到内地,忍受不可言状的痛苦。胜利后,这些逃难者得着政府的协助,复员回到他们各(阔)别的家园,重整旧业。联总的使命就是要协助中国复员,因此,帮助华侨复员也是联总的重要工作。而为我现在正从事的,在过去两年中,婆罗洲、菲律宾、马来半岛及新加坡等地,华侨被遣送复员的,已超过一万二千名。我所以引为慰的,是前年曾协助马尼拉华侨八千名返回他们的祖国。"说到这里,安氏把话头转到福建华侨复员的意义:"或者有人会问:联总在福建的工作有什么重大意义?这问题使我忆起当我初到厦门时,有人向我说厦门是一个华侨港埠。我起初还弄不清楚它的意义,后来我才晓得,原来它是由福建华侨的经济、商业所支持的一个港埠。继而我更知道有许多的福建人移民到荷印、马来亚、菲岛等地.华侨富有活动力和工作能力,所以大多能建立健全的经济基础。事实上,国内很多大事业,就是他们所完成的。今日中国正为着工业化及经济独立而艰苦奋斗,无疑的,华侨对此努力将会予以很大帮助。所以联总也乐意协助华侨复员回到海外。"最后,他以诚恳的希望,结束他的演词:"永远要记得海外万千华侨在等候协助他们的祖国,他们和你们一样,有机会为国家效力。所以你们海内外应该为着你们国家的利益而合作,同时,在美国的华侨也在等候你们的呼唤,共同努力。"由安专员这短短报告中,我们可以看出他对所负的工作充满了热诚。但事实上,他的工作并不十分顺利,好像缅甸与菲律宾华侨的复员,就费了很多周折。当地政府不是说秩序还未安定,就是说经济条件还未复原,拒绝入境或是把准允入境的数目限得很少。这些阻挠,自然使具有工作热诚及富有责任心的安专员感觉焦灼苦闷了。

《星光日报》1947 年 6 月 7 日

谢云声自星洲来鸿去雁

伯远足下:刻读大报,惊悉林东山病瘵身死,殊堪悲悼。文人结局,大抵如斯,即如秉涵兄所谓:"文人非饿死即穷死,或艰难颠沛而死也。"距此耗半月前,得香江洪浩来书报告,谓洪雪堂因病胃入院疗割,终竟不起。胜利后,一般旧友,频告凋零,能无痛心。他日一帆归去,"访旧半为鬼",其时心坎底难过为何如矣?此间出版界如雨后春笋,叠出不穷,文化水准亦较吾厦为高。其原因多由抗战后,文化人、艺术家,南来日众,遂造成今日超高之境界耳。许作杂稿,迄未下笔,文债缠身,即此可知。盖在此间,除食饭穿衣外,几无一时一刻得闲。夜非过十二时后，无法入睡。待稍暇，当将“客星诗话”及“海外杂感”二稿寄上。海天万里，不尽所言，弟谢云声。

六月三十日

《厦门大报》1947 年 7 月 12 日

革命前辈侨委会常委吕渭生昨莅厦 不日晋省公干然后转返南京

本报讯 中央侨务委员会常务委员吕渭生氏，为本党革命前辈，有辉煌之革命历史，久为国人所景仰。月前返闽南安原籍，度其六秩寿辰毕，闻已于昨日莅厦，寓鼓浪屿私邸。不日晋省公干，然后返京云。

《星光日报》1947 年 7 月 18 日

爪哇领事兼闽省顾问林继明抵厦

本报讯 爪哇领事兼闽省顾问林继明，于日前乘荷轮芝尼加拿抵厦，暂住大同路泰安行亲友处。查林于爪哇陷敌时曾领导华侨干地下工作，光复后，在异地侨胞虽处外人压迫境状下，林氏以不屈不挠精神，皆用外交上得能解决。此次荷印战争，侨胞被杀戮者甚多，情况之困难，空前未有。虽赖氏之与双方交涉，然情况尚无法转佳，侨胞仍在水深火热之中。故氏此次返厦，订日内赴京向中枢报告荷印区内华侨被杀经过，并请示遣侨办法云。

《星光日报》1947 年 8 月 24 日

侨委会副委长林庆年昨抵厦　畅谈海外侨胞近况

外汇率改订侨汇可增加　建设银行最近可望成立

本报讯 中央侨务委员会新任副委员长林庆年氏，昨晨乘中国班机于 11 时 30 分飞抵厦。前往禾山机场迎迓者，有黄市长天爵、谢营长铎、谢局长桂成暨林氏友好及记者等共百余人。林氏身着鹅黄色西装，精神奕奕，下机后与欢迎者一一握手言欢。遂驱车赴市区，下榻晨光路友处。稍事休息后，单独接见本报记者，林氏对记者谈称：渠奉任新职，此次于本月 19 日晨由新加坡乘机启程，当日下午 3 时抵达香港，备受港九群侨团体 200 余单位热烈欢迎，衷心感激。嗣后自当勉尽所能，为侨胞谋权利。原拟早日来厦，因私务急待摒挡，致延迄今。在厦约有数日勾留，倘下星期一有机位，即赶沪转京。此行纯为晋京就职，并无其他任务。记者叩询马来亚侨胞生活近况，承告商业部分，马来亚华侨约数 200 万人，多数经营树胶、锡类。目前此间已临商业不景气时代矣。盖树胶每担跌价二三十元，华商遭受损失极大，几至破产。至于锡类方面，销路狭窄，无法抛售。舍此而外，并无大宗商业可言。教育部分，此间英政府拟具教育十年计划，各程度学校学校均授中国语，因英校学生待遇与华校学生待遇相差至巨，华校遭受影响甚大。且华校原有教师每多改弦易帜，从商者多，师资遂起恐慌，殊难罗致，甚盼国内从事教育工作人员南渡任教。至于报业，甚为发展，单就新加坡而言，有星洲、南洋、中兴、南侨等四家日报。文化人亦殊缺乏，个能聘请国内文化人南渡，报业改进必多。记者再询外汇问题，林氏继称：前因外汇官价与黑市金额相差殊，致福建侨报汇款多逃港转沪。政府无法吸收外汇，国家受无形损失至大。目前政府调整外汇，官价与黑市至为接近，据 19 日行情，叻币官价 1300 元，黑市 1320 元。以此华侨多能寄汇国家银行，今后法币价值稳定，比值不常变更，侨汇必然源源而来，国家收益自然于无形中增加，国内经济问题并可大部分解决。再有一事可奉告者，则本人于抵港后，会晤贵报董事长胡文虎先生，谈及侨胞投资问题，胡氏欣然语，本人以彼于月前曾接张群院长来函称：福建经济建设公司创设之建设银行，经财部提呈政院核准设立。以此侨汇畅通有期。记者末询马来亚大选名额及竞选情形，林氏称：马来亚已经我政府指定名额为立委 3 名，国大代表 9 名(其中女性 1 名)，监委 1 名。目前参加登记选举为数不多，盖规定以侨生为限。林氏最后强调语记者，渠居留海外，朝夕接触侨胞，对侨情甚为明了。侨胞痛苦，决于就职竭力建议政府改善侨胞环境。语毕，由本报摄影记者拍取宝贵镜头，始握别返社云。

中央社厦门 23 日讯 新任侨务委员会副委长林庆年，今日携眷离港飞厦，下榻林金泰茶行，定下星期飞沪赴京。厦新记者往访叩询林氏，对有关侨务问题之意见，据称：海外千余万华侨，今日处境甚劣，尤以印尼、越南等地因战事影响，所受损失甚重。马来亚方面，则因今年树胶惨跌，华侨经济一蹶不振。其他各属，亦多有今不如昔之感。林氏认为战后海外侨胞除经济方面受损失外，当地教育大多未尽复员，马来英语教育大有取而代之之势。此乃无形损失，实需极力挽救。侨汇方面，据林氏估计，每月总数当在美金 1000 万元，惟过去因受黑市影响，逃汇香港等地，国家损失至大。此次改善外汇，办法甚佳，现黑市与官价已趋平衡。林氏并谓今后渠当本其所知，贡献政府，俾可稍尽对侨胞服务之职责。按林字少颖，今年54岁，福建安溪人，北大毕业，过去在新加坡提倡侨教，及办理汇兑业务，极著声誉。抗战时尽力筹赈工作，并推动爱用国货运动至力。曾任新加坡中国总商会会长，福建会馆执行委员，安溪会馆常务主席，星华筹赈会执行委员，南洋女子中学董事长、华侨中等中华女学董事，国民参政会第三四届参政员，国民大会主席团主席，为新加坡林金泰茶庄主人及中南行乘公司董事长。

《星光日报》1947年8月24日

李怡星谈话

本报讯 本省侨务处处长李怡星，此次偕同联总遣侨专员安培金氏，来厦处理遣送缅侨事宜，已公毕。李氏决于今(6)日乘机返榕，行前对本报记者谈称：自抗战发动，各属侨胞对于祖国贡献甚大，惟自太平洋战事爆发后，侨胞蒙受损失至巨，尤其缅甸归侨，彼等于缅境战事紧迫之期，于战乱中奔回祖国怀抱。间有不幸者或于中途病亡，或为敌机炸毙。而能安然投入祖国之门者，其生活亦极清苦。遣侨工作，曾经政府多次向缅方交涉，于胜利后之第二年，缅方始派宇吞貌氏来华办理甄审。惟缅政府至今为止，仍表示缅甸情况未能完全恢复，对于华侨复员事，只能分批遣往。而本省缅甸归侨复员心切，大多将其仅足糊口之家产，变卖来厦甄审。而复员日期无定，费用无着，生活更感窘迫。现滞厦者仍有四五百名，于月前曾由行总复员站暂时予以收容。现该站即将结束，而国际救济机构尚在筹备中，在此青黄不接之时，食宿俱成问题。本人及安培金氏曾先后函电缅代表宇吞貌及香港国际救济机构办事处，设法早日遣送，并发表各批名单。同时，函托张茂松先生赴港，向宇吞貌及沙礼(香港国际救济机构主任)洽商。而安培金氏在此稍事休憩后，亦将奉令赴港，商议在闽设立国际救济机构，并向宇吞貌建议复员名额公允分配办法(即按期使闽粤二省待遣缅侨得以平均分配)。至于行总厦门复员招待站结束后，滞厦缅侨处置办法，深得黄市长之同情，允拨食米作为救济。另由本人赶赴福州，向行总闽处交涉，请拨物资救济。住宿方面，则由缅甸归侨协会协助寻觅适当地址，俾免流落。最后李氏向记者表示，愿尽最大努力，向有关机关商妥办法，俾所有滞厦缅侨得以早日复员。同时，盼望在厦侨团，亦能伸出同情之手，予彼等以物质上援助，并规劝第四批名单发表后，未中选之归保(侨)，先行回籍，以免流离异乡，而为饥寒折磨云。

《中央日报》1947年9月6日

侨委会顾问许文锦由菲抵厦

中央侨务会委员会顾问兼菲律宾中医公会理事长许文锦，前日自菲抵厦，午后访问黄市长及侨务局长吕尘心。昨晨渡鼓访问菲领事，商谈改善菲侨赴菲签证手续。许氏提出意见数点，闻菲领表示愿予采纳。(厚)

《江声报》1948年9月12日

厦门侨政十三年

江亚醒

考我国旅居海外侨民之历史，已有200余年之时间，而旅居海外之华侨，则80%为吾闽、粤两省所移殖者。溯自民国以前满清政府时，所谓华侨，在当时是被认为不良人民，在原籍因冒犯王法而逃海外者。故满清政府对于所谓侨政，实与国内毫不相关。迨民国成立，华侨赞助革命，功绩彪炳，“华侨问题”始为政府所关心。但北洋政府时代，又以国内纷争迭起，当时政府对内分赃不暇，对华侨问题亦不关痛痒。民国十三年(1924年)国民政府成立，鉴于华侨协助祖国民族解放，输财、输力效果甚大，革命之成功与失败，与旅外各地华侨之赞助关系至为密切。故国府始有护侨之方案，设立护侨机构，冀望革命的政府必须与革命的海外华侨合作，始可收到革命预期的成功。国父多次革命失败，而卒能把革命事业奠定基础者，其主要力量亦莫不由华侨赞助支持所致，只看国府革命失败之后，不断向海外奔波，一切精神与物质之资助，全由先进之侨辈不断供应。卒于辛亥一役，得推翻满清帝制，建立民国，即可知道华侨在我国革命史上的重要也。国民政府奠都南京，完成革命初期工作后，对侨务行政虽有所表现，但吾闽有侨务行政机构，乃在民国二十三年(1934年)冬之事。中央鉴于闽省华侨出入国门户集中厦门，故于是年12月间，侨务委员会任命本人为首任厦门侨务局长。本人自受命以还，鉴于过去自幼侨居南洋，目睹华侨地位之低下，与夫行动未趋一致，欲负华侨之“移殖保育”责任实重且大。所幸自就任至今，上蒙侨务委员会之指示，下承各工作同仁之合作，与夫社会贤达之协助，及各地华侨之爱护，工作经过虽离原有目标尚远，但对于政府维护侨胞之旨意，尚尽一部分责任。今者本人（已）获准辞职，接替有人，移交在即，谨将在任13年来之工作经过作一概况，以就教于我八闽海内外侨胞之前。

甲、属于移殖方面者。

侨务行政之主要工作，依照侨务委员会之工作纲领，不外“移殖保育”四字。所谓移殖，即是指我国在外侨民之确数，以历年出入口之侨民统计。此项工作关系居留地，与我国贸易、外交各部门甚大，在我国整个侨政中，何处移民与我国有利，何处移民须加限制，必须能了解当地侨民数目，与历年出入口之多寡，始有所依据。是故对于出入国华侨统计，为厦门侨务局之一般中心工作。统计自民国二十三年（1934年）12月至民国二十六年（1937年）年8月份止，由厦门出入口华侨总数，计出国者180345人，入国者232550人。在（民国）三十年（1941年）太平洋战事起至（民国）三十三年（1944年）止，为华侨停止出入期间。

乙、属于保育方面者。

关于华侨保育方面，在行政上可分作二部分：一是属于在居留地者，一是在国内者。兹将二者分别胪列于后：属于居留地者，厦门侨务局的工作范围，其主要职责系办理当地华侨纠纷，解决事宜。对于本省旅外华侨在原居留地所有保护工作，依照侨务行政工作，只能接受侨胞之诉愿，向上级侨务机关建议，或转请有关机关依照国际惯例，妥为交涉。此项工作自世界大战结束的2年来，更见增加，如菲律宾政府之排华事件，越南法越纠纷事件，缅甸复员事件，荷印害侨事件等。本人莫不在保护华侨利益原则下，努力向中枢建议护侨方针，所得效果颇佳。至属于国内方面者，又可分为两项工作：一、为原籍地产业纠纷案之处理，及受土豪劣绅之敲诈，与改良出入口手续，简化海关查验手续等；二、为扶助回国侨生升学及解决其困难等。兹将两项分述于下；关于产业诉讼纠纷调处，防止敲索及改良出入口查验手续，办理免缓役者。在产业诉讼方面，统计13年来共受理案件4615件，其中全部系侨胞远在外洋谋生，所得辛劳积蓄，在祖国购置产业，或被侵占，或因购置时发生纠纷。移交当地法律机关凭公处理者，纠纷调处案件3517件，大部分属于侨胞与侨胞间之纠纷，其复杂多端，处理必须秉公。上列件数均经处理完毕者。于防止敲诈方面，本人任内共办理540件，其中有属于当地土霸借机勒索或被匪徒抢掠等。此项案件必须向出事地方详行调查，作为保护之方针。又关于出入口简化查验手续者,查华侨出入口,我国国民以华侨为番客,凡出入口各项手续以及上下舟船,海关查验华侨手续繁多,敲诈备至,每一华侨抵步国门,莫不视为畏途。保护华侨,当以此为首要,统计本人任内共办理此项案件约达千件之多。又关于华侨服兵役问题,依照中央规定,凡华侨从居留地返回原籍者,在两年期间内(现改为本年)有应召规定,但各县市办理兵役工作,未能切实依照法令办理。间或有以华侨多资为可欺,故捏造事实,强拉华侨服兵役者。此种行为大背政府护侨旨意。自民二十五年(1936 年)兵役法实施之后,至今本局奉令办理兵役案件计 1205 起,其次扶助侨眷回国升学方面,扶助指导华侨青年子弟回国升学,为国内外教育沟通之主要工作。吾人要培植华侨子弟之民族意识,必须尽量鼓励华侨青年子弟返国求学,否则华侨久居海外,经年积月,数典忘祖,沦入当地土著,为吾国之莫大损失。鼓励侨胞返国求学,中枢设有专门机构,统计 13 年来厦门侨务局办理扶助回国学生,计共 980 人,其中计入大学者 35 人,中学者 150 人,师范者 120 人,职业学校者 150 人。此外在大战期间回国参加青年军者,共有 560 人。(未完)

《星光日报》1947 年 9 月 12 日

厦门侨政十三年

江亚醒

丙、战争救济方面。

民国二十六年(1937 年)中日战争爆发,民国三十年(1941 年)太平战争发生,我国土不但整个陷入战区内,即是所有华侨居留地,除南北美洲外,莫不受到战争的影响。菲律宾、香港、马来亚、荷属东印度以及安南、暹罗均先后沦入敌手,不但华侨遗留国内眷属受到敌军的打击,即其居留地本身,亦莫不受到重大的威胁,其中受日寇焚烧残杀而亡者,不知凡几。华侨本身既受日本的残害,而国内侨眷又受到侨汇中断之痛苦,如何使侨务工作配会国家,动员及抚恤赈济眷属,是为侨务机构最感困难者。民国二十七年(1938 年)厦门沦陷,本局奉令移设福州。嗣为实际所需,奉准在泉设局。其经常工作,除仍执行平时“移殖保育”之原则外,对于国内侨眷之救济,堪为当时之最紧张者。计民国三十年(1941 年),日寇陷仰光、缅甸、全境入于战火糜烂。旅缅闽籍华侨 2 万余人,从滇缅路退返回闽,本人除特派专人从事慰问指导外，同时并漳属之石美设立机构，作招待遣送资助之工作。另一方面，则吁请各县政府及各属同乡会、各团体捐资救济及分别遣送返籍，一本政府护侨之用意，自入闽境，即设法膳宿、招待事宜。其次是侨眷赈济问题，吾闽之闽南各县以及闽岩永，及福州市、福清等县，平昔所有侨眷，其日食所给，全赖侨汇以资挹注。自沿海各海口被封锁，南洋各居留地被陷，侨汇断绝，对上述各县侨眷生活，大感苦痛。经本人不断呼号，中央始决定办理赈济暨侨眷贷款及小本贷付等方法。本人奉令后，即会同当地有关机关，积极展开急赈事宜，举几救济金分发、平粜米供应等。统计漳属一带，受赈人数约五万六千人，泉属侨眷达 20 万人，其他尚未列入。此项救济与全省侨眷统计相较，数难甚微，但无疑地国内国外对于侨务上之认识，均有深刻之印象。

丁、属于战后复员者。

战争期内，本人对于侨务救济方面的概要约如上述。现在关于战事结束后的两年来的华侨复员工作，以及临时偶发事件的救济指导，再扼要叙述于下：自联合国难民遣送委员会成立后，战后世界各国难民的遣送工作急激展开。我国侨民散布全世界，且大部分的侨居地均受战火波及，是则对于难侨遣送工作当为战后初期的主要工作之一。虽然所谓难民遣返工作，难侨方面系属一部分，且联合国救济总署，与我国行政善后救济总署，没有专门机构从事工作。但我国侨民众多，遣送工作，为今后侨务之百年大计，故在联总行署的遣侨工作上，自有联系之必要。统计自民国三十四年（1945 年）冬，厦门侨务局由晋江复员回厦工作后，本人实以大部分时间从事指导遣送工作。这期间，本人曾数度前往南京、上海、香港等地洽商遣侨工作。统计 2 年来遣送前往马来亚、新加坡、北婆罗洲、缅甸、荷印等地之华侨，计共 19 批，及协助自费前往者计 25495 人。这其中尤以缅甸复员华侨之遣送问题，较为复杂。盖缅甸政府藉当地情形未复员状为词，对我在战争期间，退回国内之难侨复员迟迟未允进口，且在开始遣送时，更不准全部遣送，致使数以千计之缅甸华侨，集结厦埠，衣食住发生问题。迭经奔走呼号，得蒙各方救济，本人实为感激。但至目前为止，仍有论千之缅甸难侨，仍未得复员出国，望后继者完成之。此外又如去今两年，新加坡人力车失业，工人被遣回国之救济问题，及本年 6 月间由仰光驶厦之丰庆轮，遇风沉没之难侨 800 余人之救济工作。经本人之多方奔走，卒获当局之救济，尤其次要工作也。此外仍须附带叙述者，在本人任内 33 年中，指导侨民回国考察实业者，统计有 2560 人；指导投资祖国交通、农业、垦荒者，约计有 1550 人；指导报关纳税，为国家尽义务者,五十(百)零六十四人。统计13年来派员上轮指导接待侨民者,共1万余次。

戊、尾声

以上所述为本人任厦侨务局13年工作中之荦荦大者,而所有之工作,亦系针对侨务中之"移殖保育"四字而设。在任职期间内,本人始终以本身系华侨之姿态,深知侨胞之当前境况,故知之切。所幸13年来得受各地侨领与当地各界首长之协助,深表感激,当兹卸任之夕,谨将工作经过列于上述,求海内外侨胞之指教与参考。(续完)

《星光日报》1947年9月13日

陈而铿氏首途返厦

华侨陈而铿,为菲律宾战时特工总队顾问。旅菲有年,关怀桑梓,近决回国一行。兹悉,陈氏经于前日乘渣华公司之芝沙连加轮返厦,本市菲律宾华侨暨菲战时特工总队人员得讯,正准备盛大欢迎。

《江声报》1947年9月13日

南侨志士陈觉生要求志愿从军　在港上书刘主席

中央社福州18日电　现旅居香港之闽籍华侨陈觉生,顷致书闽省府刘主席,要求志愿从军,为国戡乱。据原函内称:渠现年32岁,战前经商星洲、缅甸、澳门、香港、广州、杭州、汕头、厦门、福州一带,在上列各地,均置有产业。战时悉遭损失,现住香港干诺道,门牌125号。渠父陈添爽,早年追随国父,参加革命,于抗战时期病逝陷区。渠现身无牵挂,惟念国事纷扰,深知必须戡平内乱,使国家走上复兴途径,寄人篱下之华侨,始得有出头之日。故愿投效中央军队,参加戡乱云。

《中央日报》1947年9月19日

叶鸿恩昨由沪来厦

马来亚华侨闻人叶鸿恩,于前月回国晋京,除向中枢报告侨情外,并参加中央党团联席会议。叶氏于日昨搭乘中央机由沪抵厦,记者往访,并询以马来亚迩近情形。据谈:马来亚侨胞多有回国投资之意,唯因国内情形未臻明了,致多裹足不前。此后国内与南洋正确消息之报导,实属必要。叶氏又称:日来外间(闻)传,闽省党部正主委由陈联英氏回任,实则由现任省党部主委陈联芬氏膺任为正主委云。

《中央日报》1947 年 10 月 2 日

菲岛侨领杨启泰前日来厦探访亲友

菲岛侨领,前菲律宾抗敌会主席杨启泰,于上月下旬由菲飞港,转沪、杭等地观察战后情形。勾留约两星期,上周由沪转榕。前日来厦,探访亲友,下榻厦大旅社,不日将再赴菲。查杨氏于菲岛未沦陷前,领导华侨展开抗日工作不遗余力,深遭日方之忌。菲岛沦陷后,被日人逮捕,判处徒刑。氏忠贞不二,敌不能屈,终予释放。侨胞以杨氏爱国情热,关心侨益,多表拥护云。

《江声报》1947 年 12 月 18 日

国府表扬忠烈　陈桂琛等生死荣哀　欧阳女士崇祀昭忠

抗战发生后,本市参加地下工作,被敌处死,惨烈牺牲者为数不少。内政部为表扬忠贞,顷发下褒扬令六件如下:(一)孙世赏(厦门人),旅居菲岛,被敌迫充苦役。誓死不屈,忧愤戕生,殊堪矜悯。应予褒扬,以资表彰。(二)孙世品(厦门人),旅居菲岛,从事教育工作,于民国卅二年(1943 年)八月被敌迫充苦役。誓死不屈,惨遭杀害,殊堪矜悯。应予褒扬,以彰忠烈。(三)陈桂琛(厦门人),旅居菲岛,从事教育工作,不受敌人威胁,被敌枪杀,殊堪矜式。应予褒扬,以资表彰。(四)郑瑞生(厦门人),当敌军登录厦门时,抗节不屈,被奸伪陷害,致遭惨杀,殊堪矜悯。应予褒扬,用彰忠烈。(五)叶清轩(厦门人),参加抗敌工作,拒任伪职,致招敌忌,逮捕入狱,严刑暗杀,殊堪矜悯。应予褒扬,以彰忠烈。(六)欧阳彩云(厦门人),于抗战期间,从事地下工作。不幸被敌侦获,备受非刑,忠贞不屈,惨遭杀害,殊堪矜式。应予褒扬,以彰忠烈。

查欧阳女士,惨烈之牺牲,甚感动每一厦门人。除传令表扬外,国府并将列入忠烈祠。该项奖令,凡烈士家属,可向教育科具领云。

《厦门大报》1948 年 3 月 9 日

本市革命先进王振邦昨逝世

本市名医王振邦，为革命先进，早岁参加同盟会，厥功颇伟。辛亥起义，曾任厦门革命军总司令兼军政分府主任。晚年以来，持斋念佛，然其谈论之间，常以国事为念。最近益复忧劳，遂致卧病不起，于昨(25)日下午六时二十分逝世于思明北路寓次，享年六十七岁。其公子王潜龙在南安原籍，已于前(24)日来厦，现王氏生前友好正筹备治丧事宜云。

《江声报》1948 年 4 月 26 日

止园集

故邑侨陈敬贤先生传　止园主廿五年三月原作

同安陈敬贤居士以民国二十五年(1936 年)二月二十日示寂怛化于杭州之弥陀寺，遗命从佛家火化。识者咸称其达厦门大学及集美学校，以陈君对于两校夙著功绩，特开会追悼，以志哀忱而征词于余。余与君世交，生同里，侨同坡，游同方，心钦其行能者久，乌敢以不文辞。君为杞柏翁第五郎，而嘉庚先生同母弟也，前清光绪十四年(1888 年)戊子诞生同安集美社。少时就其乡读书，聪悟迈凡曹国学，具有根底。弱冠后，娶王碧莲女士为室，以贤淑闻。旋南来，佐乃兄嘉庚君绪业，秉性恬淡，治事精勤。

民国五年(1916 年)，集美创办中学、师范、农林、水产等各级，亲至江浙各地考察教育，延聘校长、职员、设计，从事大规模之建设，监督其事者数年。至民国八年(1919 年)，嘉庚君回国创办厦门大学，君南渡以代，己劳经营树胶厂、制造厂及砖窑火锯枋厂、黄梨厂等。时当欧战告终，树胶价格锐跌，君沉机观变，与时消息，亿中之余，获利颇厚。奈禀赋素羸，为结核菌所侵袭，加以操心积劳，遂成痨症。友受医生之劝告，于民国十年(1921 年)回国转换空气，旋东渡日本，习静坐法于日本某医士。具有心得，并将其书诠释、疏解，冀有益于人世身心之学焉。君有济世大志，既以负疾受顿挫，而在养疴中犹能推己及人，汲汲译书以益世，可谓之难矣。

余适其时东游，曾与之旅，次晤谈，讵意后此再见无缘一别，而人天永隔，至今思之犹如梦寐。君到东瀛，前后凡数次，且与碧莲偕，又聘叶青眼君教其子女辈。碧莲贤慧能尽调护慰，藉故君之身体亦日见复元矣。家居时对于集美教育事务，多由君主持者。最后以心身修养，乃放下一切而专精佛学，断荤茹素，遍历国内名山及闽中古刹，虔诵经藏，五戒坚持，堪推为一模范居士。往岁诗文，亦超尘脱俗，知君根器之深，故闻道斯通，不与凡伍。君之出门也，迩来恒孑然一身，不带仆从，布衣粗饭，舟车跋涉，夷然不以为苦。清修无异头陀，净室安禅，家人追踪问安，但点头示意。涉及俗事，则嘿然不对，且麾手使退。盖有得于中而不溷乎外者。

当弥留时，家人闻讯，碧莲乘飞机往，已不及面诀，享年四十有九，撒手西归，脱然无累。此君素志，岂凡情所能测哉！挽近功利深中人心，物质追求颠倒陷溺者，有如邓林逐日，渴死不止。君以富贵中人，功成业立，名行并著。在他人方满腔得失，如饮者之长酣，君独超然。其度不向镬汤避热，乃从大海翻身。求诸近代，其殆金坛蒋超之流亚欤，故乐为表扬之，以谂哲者。

《同安乡讯》第 2 期，1948 年 5 月 31 日

菲慈善侨领吴达三逝世

素为菲岛华侨誉为“慈善侨领”之吴达三氏，于前(10)日下午 5 时在厦门外清巷 39 号寓所病逝。吴氏原籍晋江金井镇下寮乡，生平热心公益。早岁渡洋，曾参加号召华侨慷慨输将，襄助国父革命义举。现任岷里拉中国领事馆仲裁委员会副主席，中正中学董事，启明小学董事长，菲律宾延陵吴氏家族自治会理事，襄助华侨善举公所历十余年。乐善好施，助学济困，裨益侨务不浅。近因积劳成疾，客岁 9 月回国养疴，不幸逝世，享年 68 岁。家境清淡，噩耗传出，各侨团及亲友，纷电吊唁。治丧事宜，刻由其长子吴天赏、谊侄蔡实鼎料理，不日运柩返乡卜葬云。

《江声报》1948 年 9 月 12 日

王泉笙电唁吴达三家属

本报讯 菲岛侨领吴达三氏，于前(8 月 10 日)下午 5 时在厦门外清巷 39 号寓所病逝。吴氏原籍晋江金井镇下寮乡，生平热心公益。早岁渡洋，号召华侨慷慨输将，襄助国父革命义举。现任菲律宾中国领事馆仲裁委员会副主席，菲延陵吴姓家族自治会理事，襄办华侨善举公所历十余年。乐善好

施,助学济困,俾(裨)益侨务不浅。近因积劳成疾,客岁 9 月回国养疴,享年 68 岁。家境清淡,噩耗传出,各方侨团及亲友,纷电吊唁。治丧事宜,刻由其长子吴天赏、谊侄蔡实鼎料理,不日运柩返乡卜葬云。又中委王泉笙,昨由菲来电,慰唁吴氏家属。

《中央日报》1948 年 9 月 12 日

陈桂琛先生

菊农

陈桂琛,字丹初,厦门人,漱石山人,其别号也。幼读书于厦门玉屏中学堂,及长,毕业福建省立全闽师范数学选科,历任桃源、思明、同文各中学校教员,上海泉漳中学校长,并手创厦门励志女学。门生弟子,桃李春风,遍布海内外。民廿六年(1937 年)夏,受聘为宿务华侨中学国文教员。(民国)二十九年(1940 年),改应古岛中华中学之聘,华侨耆宿,咸推老师。丹初尤善于诗,书法东坡,晚临霾松禅,别饶妩媚。

太平洋战事爆发后,南岛相继沦亡,丹初与同事余十人,避居兰老毕雅涧山中,日耕夜读,备尝艰苦。然为国惜身,毫无怨尤颓唐之态。讵六月七日(民卅三年),敌骑猝至,以其集队屯荒,疑有使命,遂围而捕之,咸被惨杀。同难者有刘凤毛、陈汝珍、黄蔚宗、陈淑谦、林少华等二十九人,呜呼痛矣!丹初少而岐嶷,读书有夙慧,战前及战时,其诗文散见于海内外报章者甚多。所著漱石山房笔记,及诗文集若干卷,尚未付梓。菊农与丹初同学同宗,交非泛泛,顾丹初年壮力强,正等身著作而未有艾,岂虞其竟丧身于敌人之手。故其遗作,多未录存。凡属丹初旧雨新知,或故人子弟,如存有丹初作品者,尚望录示,或代搜求,俾本社编成单行本,借以宣扬潜德,发表事功,亦人间之美事,君子之雅怀也。忆民国丙子年(1936 年)九月,菊农四十三岁初度,丹初曾撰短诗寿我,并亲写绢轴以赠。迄今犹挂寓中,与余长日晤对,独惜人亡物在,不免增痛已耳。

《厦门画报》创刊号,1948 年

江亚醒氏任侨务顾问

本报讯 前任厦门侨务局局长江亚醒氏,自卸职后,专心研究侨务,并于去年前往京沪，搜集有关侨务材料甚丰。返厦后，仍继续研究，将著一侨务专书问世。兹悉，中央侨务委员会以江氏过去努力侨务多年，成绩优异，特聘任为侨务顾问。该聘书已于日前邮寄到厦。

《星光日报》1949 年 5 月 17 日

后　记

近代厦门旧报刊数量庞大，报道内容繁多，有关华侨的相关报道亦十分丰富。限于篇幅，我们在收集整理时，不求全贪多，面面俱到，只选择有价值的报道内容，选编成书。

《厦门华侨资料选编（1909—1949）》主要内容分为：一、华侨出入境概况；二、海外创业；三、爱国建乡；四、机构与团体；五、侨务工作；六、华侨出入境管理；七、华侨事略。各部分又再细分，内容以时间先后为序。这些资料记录了20世纪上半叶厦门乃至东南亚等地的华侨情况，对研究近代厦门华侨史具有一定的参考价值。相信对当前厦门侨务工作也有历史的借鉴意义。

《厦门华侨资料选编（1909—1949）》能够顺利出版，得到了中共厦门市委、厦门市政府的关心支持，中共厦门市委宣传部以及市文化旅游局领导的重视和指导。在前期整理搜集旧报刊资料的过程中，得到了福建省图书馆的大力支持，厦门日报社叶胜伟对本书的编纂提出了宝贵的建议，厦门大学出版社薛鹏志等为本书的出版付出了辛勤的劳动。在此谨向以上单位和个人一并致以衷心的感谢！

由于旧报刊年代久远，字迹模糊，繁体竖排字，且部分文字稿没有标点断句，录入、点校工作量巨大，耗时费力。虽经反复校对，限于编者水平，疏漏和差错之处在所难免，恳请读者给予斧正，不胜感激。

编　者

2019年2月